THiNKr

新思

新 一 代 人 的 思 想

# WORLD
# 大决
# WAR II
# 洋战
# AT SEA

## 第二次世界大战
## 海战全史

A
**Global History**
Craig L. Symonds

[美] 克雷格·L.西蒙兹 著

李耕 刘小磊 译

谭星 译校

中信出版集团 | 北京

图书在版编目（CIP）数据

决战大洋：第二次世界大战海战全史 / （美）克雷格·L. 西蒙兹著；李耕，刘小磊译 . -- 北京：中信出版社，2022.10（2025.8重印）

书名原文：World War II at Sea : A Global History

ISBN 978-7-5217-4466-8

Ⅰ.①决… Ⅱ.①克… ②李… ③刘… Ⅲ.①第二次世界大战－海战－史料 Ⅳ.① E195.2

中国版本图书馆 CIP 数据核字（2022）第 104561 号

决战大洋——第二次世界大战海战全史

著者：[美] 克雷格·L. 西蒙兹
译者：李耕　刘小磊
译校：谭星
出版发行：中信出版集团股份有限公司
　　　　　（北京市朝阳区东三环北路 27 号嘉铭中心　邮编　100020）
承印者：　嘉业印刷（天津）有限公司

开本：880mm×1230mm　1/32　　　　印张：27.75　　　　　　　字数：695 千字
版次：2022 年 10 月第 1 版　　　　　印次：2025 年 8 月第 3 次印刷
京权图字：01–2019–7338　　　　　　书号：ISBN 978–7–5217–4466–8
审图号：GS（2022）3659 号　　　　　定价：168.00 元

版权所有·侵权必究
如有印刷、装订问题，本公司负责调换。
服务热线：400–600–8099
投稿邮箱：author@citicpub.com

# CONTENTS 目录

# PART II:
# THE WAR WIDENS

# PART III:
# WATERSHED

# PART IV:
# ALLIED COUNTERATTACK

# PART V:
# RECKONING

# 推荐序

1890 年，阿尔弗雷德·马汉出版了《海权对历史的影响》，提出制海权是国家繁荣昌盛的关键，谁能控制海洋，谁就能成为世界强国。马汉的海权论提出后迅速受到世界重视，引起了主要强国的一股"大舰巨炮"热潮，进而成为第一次世界大战的触发因素之一。

第一次世界大战给欧洲列强带来了惨烈的损失。战后，为了维持世界和平，减轻海军军备竞赛带来的沉重负担，英国、美国、日本、意大利、法国五个主要海军强国先后通过《华盛顿海军条约》（1922 年）和《伦敦海军条约》（1930 年）限制主力舰的建造。然而，不到 10 年以后，大战就再次爆发了。

1939 年 10 月 14 日，德国海军 U-47 潜艇偷袭英国皇家海军基地斯卡帕湾，击沉"皇家橡树号"战列舰，由此拉开了第二次世界大战的海战序幕。

第二次世界大战期间，海战发生了革命性的变化。1940 年 11 月 11 日，英国航空母舰舰队成功突袭意大利塔兰托军港中的战列舰，成为这一革命性变化的标志。日本也是率先建造和应用航空母舰的国家，偷袭珍珠港取得了巨大成功。此后，原本充当辅助角色的航空母舰成为舰队中的主角，而数百年来称霸海洋的战列舰则走下了历史舞台，取得战果十分有限。与此同时，海战也由单纯的"大舰巨炮"式的火炮对决转向水下、海面、空中三位一体的立体作战，航空兵、潜艇兵、陆战队、岸防兵成为海军的重要兵力，声呐、雷达、加密和解密等技术手段成为海战的重要工具。

在二战中，海战的规模和作战范围进一步扩大，海战的胜败对战争总体走势已经变得至关重要。与战事主要发生在欧洲的第一次世界大战相比，第二次世界大战是一场真正的全球战争，正是海洋将全球各地联系在了一起。二战全面地体现了马汉的海权理论，这场战争不仅是陆权的较量，更是海权的较量。

在这场全球战争中，单独一场战役的胜利远不能决定战争的走向，战役和战役之间互相影响，环环相扣；不仅在陆战与陆战之间是如此，在海战与海战之间、海战与陆战之间也是如此。我们可以看到，日军在中国战场泥足深陷，迫使其孤注一掷地在太平洋与英美开战；大西洋上的护航运输船队为英国抵御德国的威胁提供了坚实的物质基础，而德意无法掌握地中海制海权使"沙漠之狐"隆美尔终于在北非独木难支。此外，在整个二战海战过程中，如何在不同战场间分配有限的资源，也是各国决策者必须通盘考虑的问题。例如，对马耳他补给线的争夺使英国不得不压缩大西洋护航舰队，也使德国用于大西洋破交战的潜艇被分流；而美军在大西洋上运输船只的损失，则制约了太平洋上瓜岛登陆的力量。

《决战大洋：第二次世界大战海战全史》是首部二战海战全史，作者克雷格·L.西蒙兹是美国著名海军历史学家，长期在美国两大海军院校——美国海军学院和美国海军战争学院教授海军历史，其著作获得过多个重要奖项。该书囊括了二战中全部重要海战和登陆战，且并未孤立地单独叙述各个战场的战斗，而是强调它们彼此的联系，并穿插讲述同一时段中不同战场上的事件。本书为我们观察这场战争的全貌提供了极佳的视野，从宏观战略的角度揭示不同战场间、海战与陆战间的内在联系，真正理解这场战争的全球性。在本书的撰写过程中，西蒙兹教授参阅了大量资料，包括交战各方的大量官方报告、技术文档、历史文献、军事专著，以及当事人的亲自叙述，"让历史人物为其自己发声"，力图全面而准确地还原战争的真实状况。本书虽然叙述了众多战役，覆盖四个大洋，但并未失之简略。书中不仅记述了各次战役的经过，也阐述了战役的背景、战略意图、兵力部署，以及技术、情报、补给、气象等各方面的影响，使读者对这些战役获得更全面的了解。

除了军事方面的叙述之外，作者也很重视对具体的人的描写。书中不仅有著名海军将领如尼米兹、哈尔西、拉姆齐、山本五十六等人的运筹帷幄过程，也有普通海军官兵在战场上的真实体验，其资料均来自回忆录和采访等，叙事生动且真实可靠。战争不仅是武器的较量，也是对人的试炼。拼死搏杀的极限条件不仅能最大限度激发人的潜能，也会将深层次的人性体现得淋漓尽致，促使我们思考，而这也是读史的最大魅力之一。

《决战大洋：第二次世界大战海战全史》问世之后颇受好评，如曾任美国欧洲司令部司令的詹姆斯·斯塔夫里迪斯海军上将对此书予以高度肯定，《兄弟连》《太平洋战争》《灰猎犬号》等多部二战影视作品制片人、著名演员汤姆·汉克斯也盛赞此书。本书译者和译校者都在军事史领域有丰富的著译经验，中信出版社"新思文化"也出版过一系列优秀的军事史著作，由他们将这部著作译介到国内，可谓相得益彰。经过他们的精心翻译和编辑，相信这本书同样会受到广大中国读者的青睐。

**中国第二次世界大战史研究会常务副秘书长、**

**军事科学院研究员　肖石忠**

# 作者自序

　　第二次世界大战是人类历史上死伤最大的一场灾难。在二战期间，全球共有大约 6 000 万人丧生，约占当时世界总人口的 3%。几乎每个国家都有学者和传记作家出版相关著作，这些作品由多种语言写就，已有数千种甚至数十万种之多。

　　在这些著作中，许多都有关于海军和海战的记载。相较于战败国，战胜国往往得到了人们更多的溢美之词，例如，英国历史学家斯蒂芬·罗斯基尔和美国历史学家塞缪尔·埃利奥特·莫里森在各自卷帙浩繁的著作中，分别强调了英国皇家海军和美国海军为盟国取得二战胜利所做出的特殊贡献。其他学者也研究并分析了各参战国海军在某一特定战区或某一特定战役中所起的作用，特别是在地中海地区和太平洋地区。然而，对于各国海军对二战总体走势乃至结局造成的影响，目前还没有任何一部专著涉及。如果有这样的著作出版，无疑将有助于阐明诸多海战以及在全球各个水域发生的大小事件对二战进程产生的深远影响。

　　本书的雄心壮志正在于此。当然，要完成本书，必然会面临诸多挑战。1939—1945 年，全球爆发了大量海战，它们共同构成了一篇不断变动的宏大叙事，关乎国家利益的纷争和冲突、科学技术的发展和进步以及名过其实的风云人物。要讲好这样一个故事，如果采用单一的叙事视角，会令人望而生畏，但如果采用其他叙事方式，则容易产生误导。二战中的海战并非孤立地发生在不同的水域，也就是说，在大西洋、太平洋、地中海、印度洋和北海等水域爆发的海战并非彼此毫不相关。如果按照时间的顺序，将爆发于不同水域的战事孤立地分别进行记录和叙述，也许能让这宏大叙事看起来简单一些，但战争实际展开的方式却并非如此，当时的决策者们也并非以这样的方式运筹帷幄的。在大西洋之战期间，盟国遭遇了巨大的航运损失，这导致其在瓜岛战役期间运输船只捉襟见肘，运输效率大打折扣；在地中海，为了给受困的马耳他岛运送物资，盟国不得不派出舰队为运输船护航，这导致在大西洋执行护航任务的盟国军舰数量有所减少；为了围剿德国的"俾斯麦号"战列舰，英军不得不从冰岛、直布罗陀以及英国本土抽调大量军舰。从总体脉络上，本书将按照时间顺序进行叙述。当然，机械而孤立地逐日叙述爆发于各个水域的战事也是不明智的，这种东一榔头、西一棒槌的叙事方式不仅不现实，还可能导致读者困惑不已。因此，在本书的各章之间存在一些时间上的重叠，这也是很有必要的。

我会尽可能地多让本书中的历史人物为其自己发声，因为我之所以撰写本书，就是想尽量把当事者亲历二战海战的过程和方式展现在读者们的面前。这段故事是一幅极为复杂的宏大历史画卷，在这幅画卷中，既有各国的国家元首，又有战略决策者和舰队指挥官，还有舰船驾驶人员、机械维修人员、枪炮手、飞行员、商船船员以及海军陆战队的官兵们，各色人物都有各自相应的位置。这场史诗级的巅峰对决波澜壮阔，对世界范围内的人类历史产生了巨大而深远的影响。

# 序 幕

# 1930 年，伦敦

　　英国国王乔治五世踱入英国议会大厦的皇家回廊之中，英国首相和英国宫务大臣紧随其后。随着他们的到来，回廊中交头接耳的窃窃私语声戛然而止，与会代表们纷纷站起身，恭迎国王的到来。乔治五世步履缓慢而坚定，走向位于上议院另一端的华美宝座，坐定之后，就庄重地静待代表们落座。乔治五世现身这次会议，这本身就已经是一件大事了，因为在此之前，他早已卧床多时（很可能患了最终将夺走他生命的败血症），并从伦敦移驾至克雷格威尔别墅养病。这座别墅位于西萨塞克斯海岸的博格诺，是一处海滨度假胜地。数月封闭式的疗养生活枯燥乏味，这让乔治五世郁郁寡欢、萎靡不振，因此他决定排除万难，出席这一典礼。

　　1930 年 1 月 21 日，<sup>*</sup>英国上议院大厅的方格穹顶金碧辉煌，绘满图案的玻璃窗五彩斑斓，静待着摆驾回銮的乔治五世，一切都显得恰如其分。只不过，当天伦敦浓雾弥漫，从玻璃窗透进来

---

* 原文为 1930 年 1 月 20 日，第一次伦敦海军会议的开幕时间是当地时间 1930 年 1 月 21 日，作者此处使用的是美国时间。对于历史事件的发生时间，作者后文中有的地方使用的是当地时间，有的地方使用的又是美国时间，中文版都统一为当地时间，不再一一说明。——译者注

的光线明显不足，伦敦政府不得不在大白天点亮路灯。这一天，上议院大厅人头攒动，但云集于此的不是英国的王公贵族，而是来自 11 个国家的上百名代表。其中加拿大、澳大利亚、新西兰等 6 个国家与英国渊源颇深，因为这些国家此时都是大英帝国的自治领。出席当日会议的还包括来自世界三个大洲各军事强国的代表。其中既有来自欧洲的法国和意大利的代表团（但魏玛共和国，也就是当时的德国，以及社会主义的苏联都没有受邀派代表参加），也有来自西半球的加拿大和美国代表团，还有来自亚洲的日本帝国代表团（日本代表团的阵容相当庞大，但当时的中国并未获邀派团出席）。各代表团均由文职高官率领。在济济一堂的各国代表中，总共有两位总理（首相）、两位外交部长（外交大臣）和一位国务卿。所有与会代表都是男性，大多数人的年龄为五六十岁，基本都身着深色西装，白色领口端正，一个个表情都十分庄严肃穆。[1]

然而，在这些文职高官中，零星坐着一些身着制服的军官。此外，在大厅的后排，也有一排排军官落座。这些军官都来自前述十多个国家的海军，其制服袖口到肘部处的金色条纹数量不同、粗细不一，彰显了他们显赫的军衔和级别。虽然这些军官来自不同的国家，但其制服之间的差异却不甚明显，这是因为大厅里的每一位海军军官，包括日本海军军官在内，都穿着仿英国皇家海军军服样式的制服：深蓝色（标准的海军蓝）双排扣外套，胸前缀有两竖排金色纽扣。这些证据都清楚无误地表明，在很大程度上，英国皇家海军是所有现代海军的原型。

其中的很多军官佩戴有华丽醒目的星形勋章和饰带，这些都是他们为各自国家的海军事业奉献大半生的光荣象征。身着华美军服的海军将官们坐在身着深色西装的文职高官中间，显得鹤立鸡群，格外惹眼。就连做笔录以及提供翻译等技术支持的校尉级军官也同样引人注目：身上的金色绶带一端扣在肩章之下，另一端则扣在衣领下方，垂在胸前，足以表明他们是在座某位海军将领的下属。

乔治五世本来也可以身着海军军服，因为他不仅身为大不列颠、爱尔兰以及所有英属海外领地的君主，而且还拥有英国皇家海军的元帅军衔。不过，他当天选择了穿一件简单朴素的黑色礼服大衣。他庄严地端坐在宝座上，向各国贵宾致了一段简短的欢迎辞。根据《泰晤士报》的报道，乔治五世用其"铿锵有力的声音"指出，与会各国都为自己国家的海军感到骄傲和自豪，这理所当然。不过，他又表示，各国海军之间激烈的军备竞赛是引发1914年那场"巨大惨痛悲剧"的主要原因之一。1905—1914年，大英帝国与德意志第二帝国展开了一场激烈而疯狂的战列舰造舰竞赛，这成为双方互相猜忌的焦点。这种猜忌愈演愈烈，最终引爆了"一战"。大厅里的每个人对此都心知肚明，因此乔治五世也不必展开详述，只是点到即可。[2]

正因为认识到了这一点，在"一战"结束几年后，战胜国于1921年举行了华盛顿会议，旨在对未来的战列舰建造进行限制。德国并未受邀参加华盛顿会议（以及此次伦敦会议），因为《凡尔赛和约》已经禁止德国建造战列舰和潜艇。华盛顿会议算得上是圆满落幕，并于1922年签订了条约，对各签约国海军能够拥有的战列舰规模和数量加以限制。这一限制就是著名的5∶5∶3公式，即该条约要求英国、美国和日本建造战列舰的总计吨位之比为5∶5∶3。此外，该条约允许法国和意大利建造战列舰的总计吨位更少。这一天，乔治五世向出席此次伦敦会议的各国代表呼吁，是进一步推进和深化这一崇高历史使命的时候了——各国应该力争将造舰限制的范围扩大到包括巡洋舰和驱逐舰在内的各类、各级军舰上，尤其是潜艇。

国际社会之所以在这时重提并努力推进此事，有两方面的原因，一方面是基于理想主义的哲学理论，而另一方面则是基于现实主义的经济因素。两年前，62 个国家——包括此次伦敦会议的全部与会国——共同签署了《非战公约》(《白里安-凯洛格公约》)。该公约禁止各缔约国以战争作为推行国家政策的手段，因此为扩大造舰限制范围奠定了理想主义的哲学理论基础。然而，几年后，日本、意大利和德国就先后开始对外发动侵略战争，狠狠嘲弄了一下这项高尚宣言。各国都逐渐意识到，这项公约过于一厢情愿，无比迂腐。不过，在 1930 年的时候，《非战公约》依然受到国际社会的严肃对待，至少在公开场合仍然如此。

前一年 10 月，纽约股市崩盘，随即引发了全球范围的经济大萧条。截至此次伦敦会议召开时，这场世界经济危机还远未探底。这正是扩大造舰限制范围的现实主义经济因素：在当时全世界的大部分国家，失业率节节攀升，人们的收入锐减，各国政府都在想方设法削减开支，而建造军舰则是各国财政预算中最烧钱的项目之一。因此，增加对海军军备的限制，不仅是在迎合和平主义的理念，也是为了改善各国捉襟见肘的财政窘境。考虑到这方方面面的因素，乔治五世敦促在座的各国代表设法减少军舰的建造，以"减轻世界各国人民背负的沉重军备负担"。[3]

\*\*\*

至此时为止，战列舰仍然是衡量一国海军实力强弱的公认标杆，这也正是战列舰成为 1922 年《华盛顿海军条约》焦点的原因。

当时，一艘战列舰的长度超过600英尺*，排水量超过3万吨，每艘上一般有1 200～1 500名舰员，仿佛是一座浮在海面上的城市。这些战列舰船坚炮利，全副武装，其舰首和舰尾均安装有旋转炮塔，配备有大口径舰炮。战列舰主炮的最大口径已经从曾经的12英寸†增至14英寸，不久前更是增加到了15英寸。这些主炮可以将重量近2 000磅‡的炮弹射至10～15英里§外的目标。战列舰主炮拥有如此远的射程，以至于绝大多数战列舰上都搭载有飞机。除了执行侦察任务外，这些飞机还负责观察并报告炮弹落点的情况。在炸药的助推下，这些飞机从战列舰上弹射升空并执行飞行任务。它们配备有浮筒，因此完成任务后能降落在战列舰旁的水面上，由舰上人员吊回舰上。

　　与战列舰相比，有些战列巡洋舰的长度更长。不过，一般而言，战列巡洋舰的火炮口径更小，装甲厚度更薄，这意味着战列巡洋舰的排水量往往小于战列舰的排水量。1930年时，在英国皇家海军的所有军舰中，长度最长的是"胡德号"（HMS Hood）战列巡洋舰。该舰长达860英尺，是整个英国皇家海军的骄傲。"胡德号"配备有8门15英寸口径的主炮，是当时世界上口径最大的舰炮。不过，"胡德号"也有致命的弱点：与战列舰相比，它的装甲较薄，因此更为脆弱。在1916年的日德兰海战中，英国的战列巡洋舰惨遭重创，有三艘被德军炮弹击中并引发了大爆炸，舰上的官兵几乎全部阵亡。经此一役，英国皇家海军将领戴维·贝蒂（David Beatty）以英国人特有的冷静口吻评论道："这些破船今天好像有毛

---

* 　1英尺＝30.48厘米。——译者注

† 　1英寸＝2.54厘米。——译者注

‡ 　1磅＝453.6克。——译者注

§ 　1英里≈1.61千米。——译者注

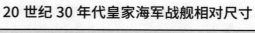

# 20 世纪 30 年代皇家海军战舰相对尺寸

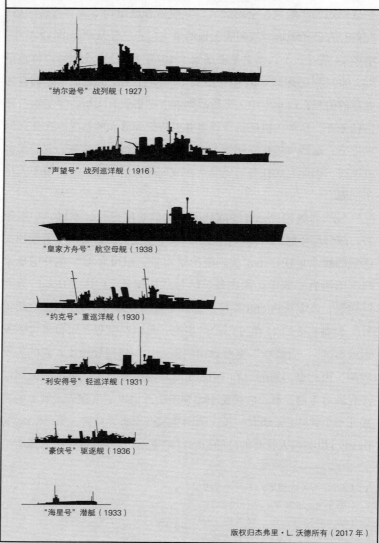

"纳尔逊号"战列舰（1927）

"声望号"战列巡洋舰（1916）

"皇家方舟号"航空母舰（1938）

"约克号"重巡洋舰（1930）

"利安得号"轻巡洋舰（1931）

"豪侠号"驱逐舰（1936）

"海星号"潜艇（1933）

病。"自此以后，大多数国家的海军战略规划和决策者更倾向于将战列巡洋舰看作超大型的巡洋舰，而不是轻型的战列舰。

从外观来看，巡洋舰与战列舰十分相似。两者的舯部都拥有标志性的上层建筑，而舰首和舰尾处都设有旋转炮塔。两者的主要差异在舰的大小上，与战列舰相比，巡洋舰较小。重巡洋舰通常配备8英寸口径的主炮，排水量约为1万吨（大约为一艘战列舰排水量的三分之一）。实际上，根据《华盛顿海军条约》的规定，任何一艘军舰，只要其排水量超过1万吨，或配备有8英寸以上口径的舰炮，就被认定为战列舰。这使大多数国家以此作为精确标准，建造尽可能大的重巡洋舰。

与重巡洋舰相比，轻巡洋舰的尺寸就更小了。轻巡洋舰通常配备6英寸口径的主炮，排水量约为6 000吨。与其他国家相比，英国更偏爱建造轻巡洋舰，因为轻巡洋舰的造价更低。这意味着英国可以建造出更多的战舰，以便巡逻并守护其治下从直布罗陀海峡到苏伊士运河，从印度到新加坡的漫长的海上航路。

驱逐舰是20世纪各国海军的"老黄牛"。最初建造驱逐舰，是为了对抗灵活小巧的鱼雷艇，因此当时的人们将其称为"鱼雷艇驱逐舰"。一艘巡洋舰的排水量大约是一艘战列舰排水量的三分之一，而一艘驱逐舰的排水量则大约是一艘巡洋舰的三分之一，只有1 200~2 000吨。由于自身的体形太小，驱逐舰无法与较大的军舰单打独斗，一决雌雄，因此通常被用来充当护卫舰艇，行驶在战列舰前方，侦察附近可能存在的敌方潜艇，为战列舰开道，或者护送商船队。一般而言，驱逐舰配备的舰炮的口径为4~5英寸，但其最有效的反舰武器是鱼雷。虽然鱼雷有时候并不是那么可靠，但配备了鱼雷发射器的驱逐舰仍然可以对最庞大的军舰构成致命的威胁。

***

　　各国代表此时云集伦敦出席这次会议，从表面上看，其目标是将 1922 年签订的《华盛顿海军条约》中对战列舰施加的限制扩大到巡洋舰以及体形更小的军舰上，特别是重巡洋舰。在临行前，美国海军总顾问委员会（General Board）已指示美国代表团，必须至少为美国争取到 27 艘重巡洋舰的配额，只有这样，才能够保证夏威夷群岛、威克岛、关岛、菲律宾群岛等美国在太平洋地区的前哨基地安全无虞。不过，该顾问团也曾私下秘密表态：如果美国代表团最终能够争取到 23 艘重巡洋舰的配额，美国也可以勉强接受。英国人则希望少一些重巡洋舰的配额，多一些配备 6 英寸口径主炮的轻巡洋舰的配额。因此，此次会议的难题之一是设计出一种方案，可以将若干艘轻巡洋舰换算成一艘重巡洋舰。

　　相比之下，日本的情况较为特殊。根据《华盛顿海军条约》的相关条款，日本的战列舰总计吨位配额仅为美国或英国战列舰总计吨位配额的五分之三，日本虽然当时极不情愿，但最终还是接受了这一比例。从某种意义上说，这还是比较合乎逻辑的：英美两国在大西洋、太平洋、加勒比海和地中海地区分别都有各自的利益所在，此外，英国还控制着印度洋，而日本的势力和利益范围几乎完全集中在西太平洋地区。如此看来，虽然日本的战列舰配额少于英美，表面上居于下级地位，但这足以令日本在其势力范围内的海域拥有相对强大的制海权。然而，对于日本而言，配额比例关乎民族自豪感。一些日本报纸曾将《华盛顿海军条约》规定的"5：5：3"方案戏称为"劳斯莱斯-劳斯莱斯-福特"方案。这一次，根据日本国内的严格指示，日本代表团只能接受不低于美国或英国重巡洋舰数量配额 70% 的比例。正如当时的日本海军军令部部长加藤宽治所说，"关键问题不再是日本的海军力量本身如何，而是整个日本民族的威望和声誉"。[4]

事后看来，各国将如此多的精力集中在巡洋舰，而不是航空母舰上，这实在令人惊奇。截至 1930 年，航空母舰只有不到 10 年的历史。世界各主要海军强国此时仍认为，航母只是一种试验性质的舰船，仅仅是战列舰的一种辅助舰艇。英国代表团提议，英美两国各接受 10 万吨的航母总计吨位限额，但美国代表团拒绝了这一提议，部分原因是美国此时既有的两艘航母——"列克星敦号"（USS Lexington）和"萨拉托加号"（USS Saratoga）——排水量都分别超过了 36 000 吨，会占用掉 10 万吨限额的三分之二以上，这样一来，就没给未来试验新航母留下多少余地了。

在潜艇方面，与会各国也未达成任何实质性的协议。"一战"期间，德国展开了无限制潜艇战，几乎让英国人屈膝投降，而这也是美国于 1917 年参战的重要原因之一。鉴于这段历史带来的惨痛教训，在接下来的会谈中，英美代表团都敦促各国彻底停止使用潜艇，就毫不令人感到意外了。英美两国代表团呼吁，与细菌战和毒气战一样，潜艇战也应该被全面禁止。美国代表团团长、美国时任国务卿亨利·史汀生宣称，"使用潜艇作战有悖全世界人民的良知"。他还富有远见地指出，关于潜艇的使用，无论订立了怎样的国际规则，"潜艇使用者都难以抵挡住强大的诱惑，这种诱惑往往是难以抗拒的，使其只想以最有效的方式使用潜艇，立即达到目的"，这种诱惑便是利用潜艇摧毁毫无反抗能力的非武装商船。[5]

然而，意大利和法国却拒绝这一论调。两国代表坚决主张，潜艇是一种防御性的舰艇，对于海军力量相对较弱的次等海军强国来说，潜艇具有重大的意义和价值。如果全面而彻底地停止使用潜艇，只会增强英美的制海权。时任法国海军部长的乔治·莱格认为，潜艇本身并不邪恶，关键是要看人们如何使用它。他还指出，飞机也极具杀伤力，各国都会利用飞机轰炸敌国的城市，那么是否也要禁止使用飞机呢？最终，关于潜艇，各国代表团达成的唯一共识是，每艘潜艇的排水量不得超过 2 000 吨。当时，绝大多数潜艇的排水量连这个数值的一半都未达到，因而这实际上相当于完全没有设定任何限制。不过，关于潜艇的使用，各国代表团的确制定了一项人道主义的新规定：在潜艇发起攻击前，潜艇艇长必须给敌方舰船上的人员留出充足的时间，让其从容弃船逃生。当然，这一规定无法强制执行，因而在很大程度上也毫无意义。[6]

\*\*\*

在以上所有这些讨论中，德国都像不可见的幽灵一样未受重视。在参会法国代表团成员的人生经历中，法国曾两次惨遭德国入侵，因此这一点对他们而言再明显不过。德国并未受邀派团出席此次会议，因为《凡尔赛和约》已经详细规定了德国获准拥有的海军规模和舰船类型，这样一来，关于德国海军，就没有什么可讨论的了。昔日的德意志第二帝国的海军此时已经不复存在。1918 年 10 月，眼见大势已去，德国海军海战指挥部长赖因哈德·舍尔海军上将命令德国"公海舰队"出海，想必是要为捍卫德国海军的荣誉进行一场自杀式的决战。然而德国水兵们拒不从命，其中一些水兵还公然起义，升起了代表布尔什维克主义的红旗。因此，当德国于 1918 年 11 月 11 日被迫签订停战协定时，德国"公海舰队"仍驻泊在北海南缘的威廉港，该港口位于荷兰与丹麦之间，是德国当时的主要海军基地。"一战"结束后，各参战国代表团齐聚法国巴黎的凡尔赛宫，举行了巴黎和会。在此期间，德国"公海舰队"的众多舰艇及其骨干官兵一道，被扣押在苏格兰北方斯卡帕湾的英国皇家海军锚地。当英国意欲将德国"公海舰队"作为战利品据为己有的消息传来时，舰队的官兵们自沉了这些军舰：他们打开位于舰艇甲板下方的通海阀门，让它们沉入了斯卡帕湾冰冷刺骨的海底。11年后，当各国代表聚首伦敦，共商全球海军的裁军大计时，这些军舰依然长眠于斯卡帕湾的海底，时至今日，亦是如此。

即便如此，也并未能让法国人打消其对德国复兴的忧虑。无论如何，如果英美两国要求法国自行削减防御能力（比如放弃使用潜艇），法国政府就希望两国能够做出承诺，一旦法国再次遭受德国的攻击，两国就要为法国提供援助，或者至少要与法国商讨应对办法。然而，英国人的岛国偏狭传统使他们不愿意做出这样的保证，而孤立主义政策此时仍在美国居于统治地位，因此美国人也坚决拒绝了法国的这一要求。

此次会议遇到的最大困难在于日本方面提出的要求。日本坚持要求其重巡洋舰的数量配额不能低于英国或美国重巡洋舰数量配额的70%，而英美则坚决主张将这一比例保持在60%。各方最后达成了一项略为复杂的妥协方案，根据该方案，美国获得了18艘重巡洋舰的配额，而日本则获得了12艘的配额，占美国数量配额的66%。这似乎不失为一个折中方案，但其他因素却使问题变得复杂起来。一方面，日本此时已经拥有12艘重巡洋舰，而美国则只有4艘。因此，根据该方案，美国还能建造14艘重巡洋舰，日本则只能继续保持此时既有的12艘重巡洋舰的数量。但另一方面，根据该方案，日本可以在接下来的5年里，用新造的重巡洋舰逐一替换此时既有的重巡洋舰，而美国要直到1935年才能造出最后一艘新的重巡洋舰。因此，从总体效果上来说，如果《伦敦海军条约》能够签署生效，那么在其有效期内 *，日本与英国或美国重巡洋舰数量的实际比例就在 70% 左右。鉴于这些因素，同时避免谈判破裂，日本代表团团长、前首相若槻礼次郎接受了这一折中方案。即便如此，这一决定还是激怒了陪同日本代表团参会的大多数日本海军军官，尤其是日本海军军官中的少壮派，他们甚至当面痛斥若槻礼次郎。不过，在东京，日本首相支持这一方案，更关键的是，天皇本人对这一方案表示赞同，该条约因此得以批准并正式签署。[7]

在此次伦敦会议的最后一天，若槻礼次郎起身感谢东道国英国的盛情款待，并致了结束辞。若槻礼次郎十分清楚，尽管通过他的极力争取，日本获得的配额比例略有增加，但条约并不会受到日本海军的欢迎，日本代表团中海军军官们的反应就是明证。不仅如此，他还很有可能会因此葬送自己的前程和地位，甚至搭上性命。尽管如此，若槻礼次郎还是出于外交礼仪，称赞该条约及各方达成的有关共识是"通往和平与人类进步道路上的历史性永恒丰碑"[8]。

当然，德国根本没有机会置喙。新条约并未放松"一战"的战胜国对德国海军的苛刻压制，德国人对《凡尔赛和约》带来的耻辱也仍然耿耿于怀，心存怨恨。5 个月后，民族社会主义德意志工人党，也就是"纳粹党"，在德国全国大选中赢得了 18.3% 的普选票，因此在德国国会中获得了 107 个席位，使其成为德国的第二大政党。

---

* 《伦敦海军条约》的有效期是签署之日至 1936 年 12 月 31 日。——译者注

# PART I:

# THE EUROPEAN WAR

## 第一部分

## 欧战

《伦敦海军条约》签订后不到 3 年，阿道夫·希特勒在德国上台了。与他在 1924 年时的尝试不同，希特勒这一次并没有通过暴力攫取政权：凭借纳粹党在大选中获胜，希特勒受邀出任德国总理。上任后，希特勒颁布了一系列紧急法案，巩固了大权，魏玛共和国也因而名存实亡。又过了两年，1935 年 3 月，希特勒公开撕毁了《凡尔赛和约》，包括对德国海军规模的限制条款。然而，希特勒单方面的弃约声明没有引起任何反响，这更坚定了他对所谓的西方民主国家所持的看法：这些国家软弱无能，欺软怕硬。

　　对于德国海军来说，撕毁《凡尔赛和约》这一举动固然重要，但直到 3 个月后，随着英德两国签订《英德海军协定》，德国海军重生的关键时刻才真正到来。当时，很多英国人都在积极寻求与德国和解。英国的外交家们将希特勒政权视作对约瑟夫·斯大林领导下的苏联的有效缓冲，因此很欢迎英德和解这一策略。1935 年 6 月 18 日，在未与法国和意大利协商的情况下，英国同意解除《凡尔赛和约》强加给德国海军的大部分限制措施。

　　根据《英德海军协定》，德国海军舰艇的总计吨位最高可以达到英联邦海军的 35%。尽管该协定确保了英国海军对德国海军的优势地位，但它却为德国海军的扩张打开了方便之门。协定甚至还允许德国自 1918 年战败以来首次建造潜艇。协定的相关条款规定，德国平时可以保有不超过英国海军潜艇总计吨位 45% 的潜艇吨位。此外，协定还包括一项例外条款，允许德国在遇到关乎国家安全的危机时，拥有与英国海军相当的潜艇吨位。然而，协定并未明确说明，德国在遇到何种危机时才能激活这一条款。此外，德国海军还获得了一个新名字。在德意志第二帝国时期，德国海军的正式名称是"帝国海军"（Imperial Navy）。在魏玛共和国时期，它的正式名称是"国家海军"（National Navy）。到希特勒掌权时，德国海军的正式名称变成了"战争海军"（War Navy）。

1939 年 9 月 1 日，复兴的德国国防军入侵波兰。海战于同日爆发，德国军舰向波兰格但斯克（德语称但泽）要塞开火。两天后，英国首相内维尔·张伯伦发表广播讲话，称德国未按英法两国最后通牒的要求从波兰撤军，因此正式对德国宣战。张伯伦阴郁而低沉的语调凸显了一个事实：英国政府中的几乎所有人——甚至可以说几乎每一个英国人——都十分害怕战事再起。为了避免战争爆发，张伯伦竭尽了全力，但最终还是失败了，这是因为他既低估了希特勒的野心，也低估了其意识形态的偏激。上一次世界大战结束仅仅20 年左右，战争再次爆发了。

# 第 1 章

# 潜艇战

1939 年 10 月，一如每年的深秋时节，欧洲的北海海域狂风肆虐、波涛汹涌，特别是在如此靠北的高纬度海域，风浪尤甚。德国海军潜艇 U-47 奋力游弋在汹涌的波涛中。在这艘潜艇小小的指挥塔上，站着三个人，他们拼尽全力，尽量站稳。狂风掀起黑色浪花上的泡沫，把三人打得浑身湿透，纵使他们穿着防水服，也无济于事。其中的一人正是这艘潜艇的艇长——31 岁的君特·普里恩。普里恩 15 岁时就在一艘商船上当客舱服务生，真真正正是在海上长大成年的。在早年的一次航行中，他曾经把一个试图恐吓他的水手揍翻在地，这名水手比他年长，而且比他高大强壮得多。终其一生，普里恩都把这次胜利看作自己人生中里程碑式的光荣时刻。年仅 24 岁时，普里恩就获得了水手长的执照，但那是在 1932 年，正值大萧条水深火热之际，因此他无法找到工作。普里恩将这一切归因于《凡尔赛和约》的苛刻条款以及懦弱无能的魏玛政府。内心的愤懑与痛苦促使普里恩加入了纳粹党。1933 年（也就是阿道夫·希特勒就任德国总理的那一年），普里恩已经是缓慢复苏的德国海军的一名候补军官。6 年后的此时，作为德国海军的一名上尉军官，普里恩正指挥着自己的潜艇，执行一项极其特殊的任务。[1]

君特·普里恩上尉，在指挥U-47作战的一年半时间里击沉船只的总计吨位达到19万吨

来源：维基百科

据普里恩后来回忆，他当时不得不紧紧倚靠在潜艇 U-47 的栏杆上，才能举起自己的"莱茨"牌双筒望远镜，向远方眺望，在灰色的大海与天空的边缘搜索，寻找一个可供辨识的地标。最终，在水天线上，普里恩发现了他的目标：奥克尼群岛。它孤绝于世，南眺苏格兰的最北端，环绕着英国皇家海军宽阔的锚地——斯卡帕湾。

虽然位置偏远，但斯卡帕湾却是英国皇家海军的命脉所在。"一战"期间的 1916 年，英国皇家海军的"大舰队"（British Grand Fleet）正是从这里起航，在日德兰海战中与德国的"公海舰队"展开对决的。"一战"结束后，德国海军被扣押的 52 艘舰艇也是在这里自沉的。与位于朴次茅斯港以南的斯皮特海德

（Spithead）海峡一样，斯卡帕湾也是英国皇家海军最重要的基地之一。

独特的地理位置赋予了斯卡帕湾无与伦比的价值。来自北海或波罗的海的任何船只要想进入浩瀚的大西洋，要么经朴次茅斯和普利茅斯穿过英吉利海峡，要么绕过苏格兰最北端，从斯卡帕湾附近海域驶过。另外，在斯卡帕湾，便于军舰停泊的水域面积十分宽广，超过100平方英里*，足以停泊世界上所有国家的海军舰只，而且还绰绰有余。石质岛屿星罗棋布，拱卫着斯卡帕湾。岸炮、航行拦阻链条、防潜网以及水雷场遍布斯卡帕湾内外。如果舰船想进出斯卡帕湾，只有三条戒备森严的航道可以通行：西侧的霍伊海峡（Hoy Sound）、南侧的霍克斯海峡（Hoxa Sound），以及东侧狭窄的柯克海峡（Kirk Sound）。英国海军部认为，斯卡帕湾防御的唯一薄弱环节就是防空，因为斯卡帕湾恰好位于德国轰炸机的最大作战半径之内。[2]

将近一周前，也就是英法两国对德国宣战仅仅一个月后，驻守斯卡帕湾的英国皇家海军本土舰队司令、海军上将查尔斯·福布斯爵士获悉两艘德国巡洋舰——"格奈森瑙号"（Gneisenau）和"科隆号"——在9艘驱逐舰的护卫下冒险进入北海。福布斯随即命令麾下的本土舰队向这支德国舰队进击。一支由数艘战列舰、战列巡洋舰和巡洋舰组成的庞大英国舰队浩浩荡荡驶出斯卡帕湾，试图找到并歼灭这支德国舰艇编队。此前，在两艘英国驱逐舰的护卫下，英国皇家海军的"皇家橡树号"（HMS Royal Oak）战列舰已经向北疾驶而去，前往奥克尼群岛与设得兰群岛之间的费尔岛海峡巡逻，准备在这个名字有些古怪的水域堵住这支德国舰队的突围路

---

\* 　1平方英里 ≈2.59平方千米。——编者注

线。然而，这支德国舰队立即缩回了德国港口，出海对德舰进行围追堵截的众多英国军舰也因此返航，舰队主力停泊在了苏格兰西海岸的尤湾，因为那里已经超出了德国战机的有效作战半径。"皇家橡树号"战列舰则在驱逐舰的护卫下返回并停泊在斯卡帕湾。[3]

4天后，1939年10月13日，普里恩通过自己的双筒望远镜，仔细观察着斯卡帕湾的入口。U-47号潜艇从德国出发已经向北航行了很远的距离，然而无论是目的地，还是将要执行的任务，普里恩一直都守口如瓶，不肯向部下透露只言片语。但到了此刻，他的大副恩格尔贝特·恩德拉斯（Engelbert Endrass）终于忍不住了，斗胆询问普里恩："我们这是要去'访问'奥克尼群岛吗？"

是时候告诉下属实情了。"沉住气，"普里恩对恩德拉斯说，"我们要进入斯卡帕湾。"[4]

＊＊＊

U-47的任务可谓非常大胆，却并非年轻热血的普里恩海军上尉灵机一动想出的主意，而是德国海军潜艇部队司令卡尔·邓尼茨海军少将在柏林主持制订的周密计划。邓尼茨面容清癯、嗓音尖细，当时已经47岁。1910年，18岁的邓尼茨就应征加入了德国海军，并在3年后被委任为军官。其后，他在水面舰艇上又待了两年，然后申请调到潜艇部队。1918年10月，正当邓尼茨指挥一艘德国潜艇在马耳他附近的地中海海域游弋时，潜艇轮机舱里发生了机械故障，迫使他命令潜艇上浮至海面。潜艇恰好上浮到了一支英国商船队中间，并被其护航舰艇包围。邓尼茨和部下随即被英军俘虏，在英格兰的战俘营中度过了"一战"的最后一段时光。尽管有过这样一段经历（也有可能正是因为这段经历），邓尼茨把余生都奉献给了德国的潜艇部队。[5]

1919 年，邓尼茨从位于英国的战俘营返回了德国。虽然《凡尔赛和约》严格限制了德国海军此后的规模，只允许德国海军拥有 6 艘老式战列舰、6 艘轻巡洋舰和 24 艘吨位更小的战舰（驱逐舰和鱼雷艇），并全面禁止其拥有潜艇，但邓尼茨仍然愿意留在德国海军中继续服役，因为他坚信，这种情况不会持续太久。此后，他在德国海军各个部门中辗转任职。魏玛共和国的德国海军规模可怜，而且只有水面舰艇，邓尼茨一直在苦苦等待德国海军能够再次拥有潜艇部队。[6]

事实证明，这段等待无比漫长：邓尼茨足足等待了 15 年。在这期间，他在数艘水面舰艇上服过役，累升至海军上校军衔，并指挥过"埃姆登号"（Emden）轻巡洋舰。虽然德国此时仍然没能重新拥有潜艇部队，但邓尼茨从不怀疑这一天迟早会到来。在这段空白期中，德国人一直在秘密努力，保持乃至进一步发展了复兴潜艇部队所需的专业技术，一俟禁令解除，就能大力发展潜艇。在这期间，德国海军的工程师和建造人员以一家荷兰公司为掩护，试验潜艇的新设计方案，而一些德国公司则在为西班牙和芬兰制造潜艇。[7]

早在希特勒 1935 年撕毁《凡尔赛和约》之前，德国就在积极试探其海军受到的限制措施的底线在哪里。第一次尝试是建造"德意志号"（Deutschland）战列舰。建造工作始于 1929 年，当各国代表于 1930 年聚首伦敦参加伦敦海军会议时，"德意志号"仍在建造中。尽管《凡尔赛和约》允许德国在其 6 艘战列舰过于老旧时建造新舰进行替换，但明确规定每艘新战列舰的排水量不得超过 1 万吨（而其他西方国家的战列舰的排水量已经三倍于此了）。即便如此，"德意志号"的排水量仍比 1 万吨限额高出了至

在两次世界大战之间，卡尔·邓尼茨一直是忠实而狂热的潜艇支持者。到 1939 年 9 月二战爆发时，邓尼茨已经是德国潜艇部队的总指挥。此外，二战期间，他还经常敦促希特勒将潜艇的建造列为德国战时经济的重中之重

来源：美国海军学会（U.S. Naval Institute）

少 20%。此外，"德意志号" 11 英寸口径的主炮和长达 1 万英里的巡航距离都表明，这艘战舰不是为近岸防御，而是为远海作战设计建造的。"德意志号" 于 1931 年下水，该舰比任何巡洋舰都大，但比常规的战列舰小，因此被通俗地称为 "袖珍战列舰"（pocket battleship），或者从德语翻译过来，被称为 "装甲舰"（armored ship）。建造 "德意志号" 已经轻微违反了《凡尔赛和约》对德国海军的限制，这就像是在国际关系领域玩起了体育场上的小伎俩：脚稍稍踩线，如果不被警告或惩罚，就得寸进尺，更进一步。然

而，无论是英国还是法国，都没有正式提出抗议。德国因此很快又建造了两艘袖珍战列舰。* 这三艘袖珍战列舰与两艘新建造的巡洋舰——"科隆号"和"卡尔斯鲁厄号"（Karlsruhe）——一起，成为德国海军复兴倡导者们"希望与精神重生的象征"，而邓尼茨便是这个群体中的一员。[8]

1935年6月，一俟《英德海军协定》签订，德国就加快了复兴海军的步伐，特别是开始建造自己的第一批潜艇。在"一战"期间，德国的潜艇部队几乎把英国人逼到因粮食短缺不得不投降的境地。英国此时之所以能容忍德国潜艇部队的重生，主要是因为英国的科学家已经研发出了一种新式的反潜武器。这种武器被称为"潜艇探测器"（Asdic），其名称是"反潜艇侦测调查委员会"的英文缩写，正是这个委员会在20世纪20年代推动并助力研发出了这一武器。通过不断重复发射声波脉冲，测量回声信号并记录回声返回的时间，潜艇探测器能定位并追踪在水下活动的潜艇。后来，美国也开发了一项类似的技术，将其称为"声呐"（sonar，即"声音导航和测距"的英文缩写）。不过，在这一领域，英国整整领先了美国10年，因为这项技术对英国的生存至关重要。在潜艇探测器发明之前，只有在看到附近的商船被鱼雷击中而爆炸时，水面舰艇上的海军官兵才会意识到附近有潜艇出没；有了潜艇探测器，海军官兵就能发现并追踪在数千码[†]之外活动的潜艇。在有些人看来，随着潜艇探测器的出现和相关技术的不断成熟，潜艇已经变成一种完全过时的反舰武器。在1936年的一份备忘录中，英国海军部宣

---

* 另外两艘即"舍尔海军上将号"和"施佩伯爵号"，它们与"德意志号"同属"德意志"级。——译者注
† 1码≈0.91米。——译者注

称，由于潜艇探测器的问世，"潜艇再也不可能给我们带来我们在
1917 年时面临的麻烦了"。然而，后来发生的诸多事件表明，这
样的结论太过乐观了。[9]

德国重新建造的第一批潜艇非常小（每艘的排水量仅 250 吨左
右），主要用于近岸防御，因此被戏称为"北海鸭"。很明显，这
些潜艇的用途是港口防御。1935 年，甚至在《英德海军协定》谈
判之际，德国军工厂就已经在秘密组装潜艇了。协定签订一天后，
第一艘这种潜艇就下水了。没过多久，排水量为 500 吨和 750 吨的
潜艇纷纷开始下水，陆续加入德国海军的序列。到 1939 年时，德
国最常见的潜艇是 VII 型潜艇。该型潜艇每艘长 220 英尺，排水量
为 769 吨，可携带 14 枚鱼雷，装备有 5 具鱼雷发射管，艇首 4 具，
艇尾 1 具。VII-B 型潜艇由两个 1 400 马力*的柴油引擎驱动，另装
备有补充式外置油箱，这几乎将其燃料携带能力增加了一倍，使
其最大航程达到了 7 400 英里。在水面上，这种潜艇的航速可达
17 节†，比任何商船和护航船队都快。此外，每艘潜艇装有一个由
124 个电池组成的蓄电池组，使潜艇能够连续潜航 80 英里，潜
航速度可以达到 7.6 节，但最省电的潜航速度是 4 节。新的海军
协定一签署，德国人就有能力快速建造潜艇，因为他们已经提前
生产并储备了大量的零部件，正在翘首以盼禁令解除的那一天。
《英德海军协定》签订几周后，邓尼茨就请辞了"埃姆登号"巡
洋舰舰长一职，转任新成立且迅速发展的纳粹德国海军潜艇部队
的指挥官。[10]

为了约束德国潜艇部队的发展，英国采取了另外一项措施。

---

* 1 马力 ≈ 735 瓦。——编者注

† 1 节 ＝ 1 海里 / 时 ≈ 1.85 千米 / 时。——译者注

《英德海军协定》允许德国再次建造潜艇后，纳粹德国于 1935—1936 年建造了 VII-A 型潜艇 U-36。在这类潜艇上服役非常危险。1939 年 12 月，U-36 号潜艇在挪威外海被英国皇家海军"鲑鱼号"潜艇击沉，全体艇员随该艇一同沉入海底

来源：美国海军历史与遗产司令部（Naval History and Heritage Command）

1936 年 11 月，包括英国、法国、德国和意大利在内的多国在伦敦签署了一份协议，该协议明确规定了潜艇在未来战争中的作战规则以及相关的作战方式。作为签字国，四国一致同意，在参与战争行动时，潜艇必须遵从与水面舰艇一样的作战规则。具体来说，就是在拦截下可疑船只后，潜艇会派出一支登船小组上船检查相关文件；一旦确认可疑船只为敌国船只，登船检查小组会允许船员和乘客登上救生艇逃生；在此之后，潜艇才能用鱼雷或甲板炮击沉该船。虽然各国代表都郑重其事地在协议上签了字，但没有人清楚，到底有没有人从内心深处真正相信这样的君子协议，也没有谁敢保证，一旦真正进入战争状态，这些规则是否还会被严格遵守。

1938 年，希特勒借口苏联在波罗的海地区对德国构成威胁，激活了《英德海军协定》中有关紧急状态的条款：在紧急状态下，德国可以建造总计吨位与英国相当的潜艇。德国随即开始大力扩张其潜艇部队。到 1939 年 9 月 3 日英国首相张伯伦正式对德宣战时，

邓尼茨已经拥有一支由 57 艘潜艇组成的潜艇部队，潜艇数量与英国相同。不过，在这些潜艇中，只有 46 艘能够立即投入作战，其中又有一半都是吨位较小，用于海岸防御的"北海鸭"。因此，在战争爆发时，邓尼茨手中只有二十多艘较大的 VII 型潜艇。

在邓尼茨看来，更大的问题是，无论什么时候，在能够用于作战的潜艇中，有三分之二不是在往返于敌方航线的路上，就是正处在修缮中，或者正在补充物资，所以在任何时候，他都只有八九艘潜艇处于可供使用的待命状态。有鉴于此，邓尼茨向希特勒明确表示，如果想有效打击英国的海上贸易，那么至少需要 300 艘这种类型的潜艇。迟至 1939 年 8 月 28 日，也就是德国入侵波兰的 4 天前，英德两国正式开战的 6 天前，邓尼茨向元首提交了一份备忘录，直白地告诉希特勒，如果近期爆发战争，德国海军，特别是潜艇部队，"无法保证能够完成分配给其的战斗任务"。但希特勒已经没有足够的耐心了，并且公然怀疑英法干涉德国入侵波兰的决心。1939 年 9 月 1 日，在接到希特勒的命令后，德军越过德波边界，入侵波兰。[11]

希特勒此前就曾通过虚张声势，恫吓过西方列强并大获成功，使德国得以吞并奥地利和捷克斯洛伐克的苏台德地区，后来又吞并了捷克斯洛伐克的其余地区。这一次，他相信英法很可能会再次妥协。出于这一原因，即使在英法正式对德宣战后，希特勒仍然命令邓尼茨严格遵守《海牙公约》及 1936 年签订的有关潜艇战的协定，至少暂时如此。希特勒这时并不想让一些意外事件刺激到英国，以免英国的态度变得强硬起来，导致重返谈判桌的难度增加。然而，在英德正式开战的第一天，德国潜艇 U-30 的艇长弗里茨-尤利乌斯·兰姆普海军中尉在距离爱尔兰海岸数百英里的海域发现了一艘船，该船正在实行灯火管制并沿"之"字形航线航行。兰姆普艇长据此判断，这艘船要么是一艘武装商船，要么是一艘运兵船，总之，这是一个可以合理攻击的目标。

实际上，这是一艘英国邮轮——"雅典娜号"，当时船上载有1 400多名乘客。在被U-30的2枚鱼雷命中后，"雅典娜号"迅速沉入了海底，导致超过100人死亡，其中有28名美国人。直到兰姆普艇长指挥U-30浮上水面，并目睹"雅典娜号"乘客惨死的一幕后，他才发现这是一艘邮轮。听闻此讯，希特勒暴怒异常，因为他担心这一事件会让英德和解的可能性化为泡影。德国官方否认与这一事件有任何关系。纳粹德国的宣传部长约瑟夫·戈培尔宣称，"雅典娜号"极有可能是被英国人自己击沉的，目的是骗取美国人的同情。但除了德国人外，几乎没有人相信戈培尔的这番鬼话。[12]

对于元首限制自己麾下潜艇部队作战方式的做法，邓尼茨只是稍微有些失望而已，因为此时他手中可以支配的潜艇数量很有限。用邓尼茨自己的话说，此时他能做的也只是"小打小闹"一下。希特勒很快意识到，英国根本就不会考虑撤回其对德宣战的决定。因此他下令解除了对潜艇部队的约束并通知邓尼茨，不需要提前发出警告就可以攻击敌方的任何船只。当然，敌方的军舰一直都是可以攻击的合理目标。事实上，早在希特勒下令解除禁令的两周前，邓尼茨就通知普里恩艇长，说有一项特殊任务要交给他去执行。[13]

＊＊＊

普里恩一直耐心地等到夜幕降临，才尝试指挥U-47驶入斯卡帕湾。他离开潜艇小小的指挥塔，钻进了相对安静的控制室。接着，他把部下们召集到身边，给他们传达并布置了具体的任务，然后命令他们回到各自岗位，各司其职。在后来的回忆录中，普里恩绘声绘色地描述了当时的场景：舱盖关闭锁紧的声音低沉无比；潜艇增压导致耳膜内外气压失衡，并伴随着耳鸣；艇员们关闭了排气阀，柴油引擎也关闭了，轻微的嗡嗡声表明电动马达开始工作。只有当引擎、照明设备、风扇以及其他机械设备耗光所有电池的电量时，U-47才会浮上水面充电。[14]

普里恩命令部下打开潜艇的压载水舱，开始往里注水。4名艇员跪在地上，向下压住操纵杆，把空气从压载水舱中排出去。排气时会发出咝咝声，接着是海水注入时的汩汩声。U-47艇首下倾，艇尾上翘，潜入了水中。它不再在海面上游弋，而是悬浮在水中，产生了普里恩所谓的"飘浮在气球里的感觉"。随着U-47越潜越深并缓缓抵达海底，潜艇之外已经不再是狂风和巨浪，取而代之的是一种极不自然的宁静。普里恩决定就静静地待在这里，第二天晚上再动手。为了节约蓄电池组的电量储备，潜艇的引擎关闭了，灯也都熄灭了。尽管毫无必要，艇员们都本能地压低了嗓门，轻声低语。[15]

第二天（也就是10月14日）下午4点，全体艇员被叫醒。大家随后吃了一顿丰盛的大餐（至少对潜艇上的官兵来说是如此），菜品包括小牛肉和卷心菜。饭后，艇员们检查了引擎和鱼雷，确保一切正常。晚上7点，普里恩推测，时至10月中旬，而且又是非常靠北的高纬度地区，天肯定已经黑透了。他命令部下将潜艇上浮至潜望镜深度——水面以下大约45英尺。潜艇就位后，普里恩命令升起潜望镜，然后凑到目镜前，把潜望镜旋转360度，仔细观察。四周空无一物，因此他命令潜艇上浮至水面。

浮出水面后，U-47在汹涌的海浪中剧烈地颠簸起伏。普里恩后来回忆道，U-47当时"就像已经半醉了一样"。普里恩和恩德拉斯费力地爬到指挥塔上。指挥塔的面积很小，只够两人勉强站立。站定后，他们仔细倾听海水中螺旋桨的声音，但什么都听不到。两人定了定睛，看到了海岸线，**无比清晰**的海岸线。邓尼茨将普里恩指挥的这场千里偷袭定在新月之日，这本该是光线最暗的一晚，但天空此时却格外明亮，而且亮得不同寻常：夜空笼罩在橙色和绿色的光芒之中。在短暂的困惑后，普里恩意识到这是北极光。他曾听说过北极光，但从未目睹过。有那么一刻，他曾考虑暂时取消行动并潜入水面以下，但最终还是决定继续行动，命令潜艇以半速前进。就在U-47号潜艇驶近霍姆海峡的入口时，普里恩注意到，潜艇甲板上的一名瞭望哨兵正惊奇地瞪大眼睛，出神地仰望着闪烁摇曳、忽明忽暗的北极光。[16]

英国人此时可能也在仰望天空，欣赏北极光的美景，因为当U-47号潜艇小心翼翼地穿越霍姆海峡，进入狭窄的柯克海峡时，居然没有遇到来自岸上的任何麻烦。此前，为了堵住这条通道，英国将一些报废的船只沉入了海底，并且计划在这里沉入更多的废旧船只。不过，在这天晚上，柯克海峡仍然有足够的空间，浮在水面上的U-47可以从最北侧的沉船与海岸线之间挤过去。虽然有北极光，但能见度仍然很有限，这使在封锁船与岩石海岸间缓慢前行显得殊为不易。在前进的过程中，U-47一度挂住了一艘封锁船的锚链，挣脱后不久，潜艇的底部又短暂搁了浅。此外，沿海公路上还曾驶过一辆汽车，车与潜艇间的距离非常近，前灯的灯光甚至都扫到潜艇的指挥塔了。突然间，U-47彻底穿过了狭窄的柯克海峡，进入了宽阔的斯卡帕湾。普里恩多少有些惊喜之感，虽是耳语，但声音还是有些大："我们进来了！"[17]

几艘油轮正停泊在斯卡帕湾南侧，在其他情况下，这些油轮都是绝好的攻击目标，但普里恩此时正在搜索更有价值的猎物。他命令 U-47 往北转向，朝着锚地的北侧驶去。午夜刚过，他就看到了预期的目标。海岸衬托出了它的轮廓——"刚硬而清晰，就像是用黑色的墨水在天空中画出来的一样"——毫无疑问，这是英国皇家海军的一艘战列舰。[18]

这艘军舰是英国皇家海军的"皇家橡树号"战列舰。该舰于1914 年"一战"爆发前夕开始建造，建造完成后已在英国皇家海军服役很长时间了。不过，老归老，它终究是一艘战列舰，其排水量超过 3 万吨，有超过 1 000 名舰员，8 门 15 英寸口径的主炮，另外还有 14 门 6 英寸口径的副炮。哪怕只用其两门 3 英寸口径舰炮中的任何一门，"皇家橡树号"也能把脆弱的 U-47 打开花。事实上，"皇家橡树号"最致命的弱点是其缓慢的航速，最高也只能达到 28 节。*这也解释了为什么该舰在一周前被派往费尔岛海峡执行巡逻任务，而不是被编入英国海军的特混舰队，参与追击"格奈森瑙号"和"科隆号"。英国人想当然地认为斯卡帕湾锚地非常安全，因此停泊在这里的英国皇家海军舰艇中，没有一艘将潜艇探测器设置成主动搜索模式。不过，即使英国人将探测器设置成主动搜索模式，也同样于事无补，因为潜艇探测器是被设计用来追踪潜伏在水中的潜艇的，而 U-47 此时浮在水面上。

敌人的一艘大型军舰就在大约 4 000 码外的地方，看到这一壮观场景，普里恩不禁喜出望外，激动不已。他感到血脉偾张，几乎喘不过气来。普里恩透过舱门轻声向部下们喊话，让他们准备好连续发射 4 枚鱼雷。根据普里恩的命令，U-47 的鱼雷兵们打开了潜

---

\* 根据相关资料，"皇家橡树号"在这一时期的最高航速为 20 节，此处应为作者笔误。——编者注

"皇家橡树号"战列舰是英国皇家海军5艘"复仇"级战列舰之一,这5艘战列舰的英文名均以字母R开头,并且都是参加过"一战"的"老爷舰"。虽然航速较慢,但"皇家橡树号"拥有较厚的装甲,吃水线处的侧面装甲防护钢板厚达13英寸

来源:美国海军历史与遗产司令部

艇的鱼雷发射管,海水随之倒灌入管中。艇员们能隐隐约约听到海水的汩汩声,然后是空气被压缩的咝咝声,接着是操作杆到位后发出的金属撞击的咔嗒声。普里恩随即下达了发射命令。第一枚鱼雷出膛后,其后坐力让潜艇向后退了一下。两秒钟后,U-47发射了第二枚鱼雷。紧接着,又发射了第三枚。第四枚鱼雷哑火卡住了,没能发射出去。负责发射鱼雷的鱼雷军官大声读秒进行倒计时,普里恩和潜艇里的所有人都在安静地等待着。漫长的三分半钟后,从"皇家橡树号"战列舰的舰首处传来了一声低沉的爆炸声。令德国人感到奇怪的是,"皇家橡树号"上没有任何反应——没有亮起探

照灯，没有响起枪炮声，也没有发生二次爆炸。[19]

　　事实证明，在 U-47 号潜艇成功发射的第一轮 3 枚鱼雷中，有 2 枚完全偏离了目标，另一枚仅仅击中并切断了"皇家橡树号"的舰首锚索。爆炸使海水像喷泉一样喷溅到了"皇家橡树号"的前甲板上，但并没有给这艘英国战列舰造成明显的结构性损伤。在听到异响后，"皇家橡树号"上的值班人员本能地向天空望去，因为他们认为斯卡帕湾的防御固若金汤，能想到的危险只可能来自空中。但这些值班人员没有听到任何飞机的声音，因此不确定究竟发生了什么。有一名值班人员猜测，可能是一个二氧化碳储罐爆炸了；其他一些人则认为，声音和喷溅的海水也许是锚索崩断并落入水中引起的。"皇家橡树号"的舰长、海军上校威廉·G. 本原本已经在自己的舱室内睡着了，听到动静后，他赶紧起床并跑到甲板上，看看究竟发生了什么情况。来到甲板后，本上校凭借直觉立刻怀疑可能是军舰内部发生了爆炸，并派出一队人员下去调查原因然后向他汇报。然而，他并没有命令全舰进入一级战备。实际上，舰上的很多人甚至都没听到爆炸声。即使是那些听到爆炸声的官兵，多数人也只不过是翻个身继续睡觉，因为他们知道，如果真的发生了什么要紧的事情，舰上的值班人员会发出通知的。然而，没人发出任何通知。正如本上校后来做证时说的那样，根据接到的汇报，他当时得出结论："一定是'皇家橡树号'的易燃物储藏室出于某些内部原因发生了爆炸。"[20]

　　与此同时，普里恩掉转潜艇，改用艇尾的鱼雷发射管发射了一枚鱼雷。不过，这枚鱼雷要么没有命中目标，要么压根就没有爆炸。普里恩孤胆无畏，命令潜艇向南驶离"皇家橡树号"，为艇首的鱼雷发射管装填鱼雷并掉头。刚过凌晨 1 点，掉转头的 U-47 向"皇家橡树号"又发射了 3 枚鱼雷。直到这时，"皇家橡树号"上的官兵仍然没有意识到，一艘德国潜艇潜入了斯卡帕湾。

这一次，战果辉煌。3枚鱼雷中的第1枚准确命中了"皇家橡树号"的舯部，爆炸激起的冲天水柱，达到了这艘巨舰的上层建筑那么高。紧接着，又是2枚鱼雷，一前一后相继准确命中了"皇家橡树号"。战舰的碎片四处飞溅，火光冲天，各色火焰——有蓝色的、红色的，也有黄色的——照亮了夜空。黑色的浓烟腾空而起，直冲云霄。这艘巨舰很快开始向右侧严重倾斜，并在几分钟内就开始迅速下沉。平时，为了安全起见，"皇家橡树号"上的一些水密舱门都被关得死死的；然而在此时，当数百名官兵争先恐后地试图从下甲板各层往上逃生时，这些水密舱门却挡住了他们的逃生之路。在这艘巨舰垂死挣扎之际，其15英寸口径的主炮炮塔脱落并砸进了海里，同时舰内燃起了更多火焰。有幸逃到最上层甲板的舰员纷纷跳进冰冷刺骨的海水中。随后，这艘巨舰向其右舷侧翻，空气从舰内逸出时产生了巨大的声响。根据至少一位亲历者的回忆，这声巨响听起来像极了绝望的悲鸣。在这场灾难中，有370人死里逃生，超过800人遇难。[21]

远远地看着这宏大的毁灭场景，普里恩欣喜不已。他透过舱门往控制室里喊道："它完了！"艇员们欢呼雀跃，普里恩赶紧命令他们保持安静。直到这时，英国人才意识到，这绝不是一场由内部因素导致的意外事故。普里恩明白，在缓过神之后，英国人一定会急于找到这场致命攻击的源头。附近的一艘英国水上飞机母舰（普里恩将其误认为是另一艘英国战列舰）已经打开了探照灯，开始进行搜索。此外，还有几艘舰艇——普里恩推断，是几艘英国驱逐舰——也赶了过来。是撤离的时候了。

普里恩保持在水面上航行，拼命奔向斯卡帕湾的出口。在水面上航行可以使U-47的航速达到17节，而如果潜入水面以下，航速仅能达到 7 节。英军的一艘水面舰艇紧追不舍，朝 U-47 的方向高速驶来。看到这艘英国军舰志在必得，普里恩下令以"极限速度"撤离，但下属却告诉他，潜艇的引擎目前已经达到极限工作状态了。就在即将追上之际，这艘英国驱逐舰——如果这是一艘驱逐舰的话——却跟丢了目标，怏怏地掉转方向驶离了：尽管沐浴在北极光之下，这艘英国军舰的舰长还是没能看到 U-47 在海面上的低矮轮廓。普里恩紧握着安全护栏，低声催促部下把潜艇开得再快一点。U-47 奋力前进，驶向斯卡帕湾狭窄的出口。

然而，此时已经退潮了。普里恩突然回想起来，在进入斯卡帕湾时，柯克海峡靠北侧海岸的水道非常浅。因此他决定紧贴着柯克海峡的南侧海岸航行。这艘德国潜艇先贴身擦过了另一艘封锁用的船只，然后又绕过了一处突出的岬角。渐渐地，"皇家橡树号"战列舰爆炸解体的声响越来越远。到 10 月 15 日凌晨 2 点 15 分，潜艇终于驶入了宽阔无垠的北海海域。普里恩选定了一条航线，准备向南返回德国威廉港，他还告诉部下，大家现在想怎么欢庆，就可以怎么欢庆了。[22]

不过，返航之路并非一帆风顺。英国皇家海军的数艘巡逻艇在苏格兰东面的马里湾追上了 U-47，迫使其下潜躲避。普里恩还试图通过不断改变航线来摆脱追踪，但无奈这些英国巡逻艇都装备了潜艇探测器，能够追踪下潜的潜艇。艇员们能听到探测器搜索潜艇时发出的"乒……乒……乒"声，这种声音持续不断，阴森可怖。很快，深水炸弹开始在附近爆炸，听起来就像一把榔头在重重地敲击潜艇的外壳：先是一声尖锐的叮当声，就像金属被撞击一样，紧接着就是一声震耳欲聋的巨响。脆弱的潜艇在颤抖，就像一只被小猎犬咬住拼命挣扎的老鼠。潜艇内的灯泡被震碎了，潜艇的两条传动轴之一被巨大的冲击波震裂成了两半，从轴承上掉落下来。普里恩因此再次命令 U-47 下潜至海底，希望能熬过英国巡逻艇的攻击。除了负责维修损坏的传动轴和轴承的技师外，其余艇员如需走动，都穿着拖鞋，蹑手蹑脚，尽量避免发出声音。英国巡逻艇的搜索还在继续，U-47 的艇员们不仅能听到潜艇探测器主动搜索时发出的"乒……乒……乒"声，还能听到巡逻艇的螺旋桨在头顶上发出的"嗖嗖"声。最终，"乒……乒……乒"声停止了，螺旋桨的声音也远去了。眼见潜艇中的氧气含量和蓄电池组的电量双双告急，普里恩急令将潜艇上浮至潜望镜深度。经过仔细观察，他最终确定，折磨了自己这么久的英国巡逻艇终于离开了这一海域。此时，传动轴和轴承也修好了，U-47 潜艇选定了一条航线，继续向威廉港驶去。[23]

\*\*\*

普里恩在斯卡帕湾取得了辉煌的胜利，但这并非德国潜艇在二战中第一次取得成功。虽然首先需要长途跋涉才能抵达爱尔兰以西海域巡航，但在开战后的 6 周里，邓尼茨手下为数不多的潜艇仍然击沉了超过 60 艘盟国舰船——相当于平均每周 10 艘左右。在这些船只中，绝大多数都是商船，但也包括英国皇家海军的"勇敢号"（HMS Courageous）航空母舰。1939 年 9 月中旬，也就是普里恩指挥 U-47 潜入斯卡帕湾击沉"皇家橡树号"的 4 周前，"勇敢号"在爱尔兰外海被德国潜艇 U-29 击沉。在被 U-29 发射的两枚鱼雷命中后，"勇敢号"在 15 分钟内就沉没了，舰上 519 人阵亡。这一事件令英国人感到特别不安，因为英国皇家海军当时仅拥有 5 艘在役的航空母舰，"勇敢号"被击沉意味着英国的航母力量损失了 20%。然而，普里恩在斯卡帕湾的胜利仍然独一无二，意义非凡。一艘独狼般的德国潜艇只身犯险，勇闯英国皇家海军的核心腹地，击沉一艘停泊在港的英国战列舰，而且毫发无损地全身而退，这种虎口拔牙式的奇袭令英国海军部感到不寒而栗。对德国人来说，这一胜利是绝佳的宣传契机，戈培尔因而对此大做文章。当U-47号潜艇抵达威廉港时，邓尼茨和他的顶头上司、纳粹德国海军总司令埃里希·雷德尔元帅亲自登上这艘潜艇，当面向普里恩及其部下表示祝贺。希特勒则派自己的专机将普里恩等人接到柏林，参加一场从滕珀尔霍夫机场到皇宫大酒店的胜利游行庆典。[24]

然而邓尼茨很清醒，并不认为击沉敌方的1艘航空母舰和1艘战列舰就能极大地影响战争的进程。邓尼茨坚信，德国潜艇部队的真正目标绝不是英国皇家海军，而是英国的商业贸易。他也很清楚，要到数月甚至数年后，自己才能拥有数量充足并能投入实战的潜艇。只有到那时，他才能实现自己梦寐以求的那种规模和形式的潜艇战，进而在战略层面影响整场战争的进程。此外，在战争爆发后的头几个星期里，德国鱼雷就已经暴露出了一些问题，而鱼雷是潜艇的主要武器。德国鱼雷的战斗部是通过磁性装置触发的，但当潜艇在北方的高纬度地区发射鱼雷时，鱼雷却经常失灵。据邓尼茨估计，在二战爆发后的6周里，"在发射出的所有鱼雷中，至少有25%都失灵了"。他担心，一旦艇员们对自己的鱼雷丧失信心，他们的士气就会逐渐低落，从而影响到他们不畏艰险完成任务的积极性。因此，邓尼茨决定尽他所能，鼓舞潜艇部队官兵们的斗志。对于战争局势的严峻性，邓尼茨从来没有掩饰过。他告诫部下，这场战争必将十分艰苦而漫长，可能会持续7年之久，哪怕到了7年之后，最后的结局很可能也只是双方回到谈判桌前，达成某种协议，而不是某一方在战场上大获全胜。尽管如此，邓尼茨仍然决心尽好

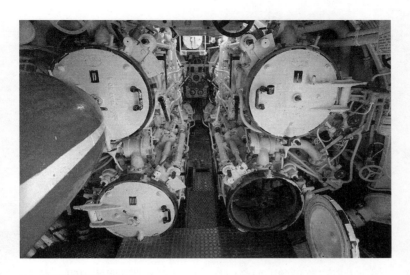

VII–C 型潜艇的艏鱼雷舱

来源：维基百科

自己的职责，而这意味着要尽快打造一支愈加强大的潜艇部队。这
样一来，德国潜艇部队每周能够摧毁的盟国舰船的数量就不再是
10 艘，而是 20 艘、30 艘，甚至更多，并最终彻底切断英国赖以生
存的贸易线。[25]

# 第 2 章

# 装甲舰

　　德国海军上尉普里恩指挥 U-47 号潜艇潜入斯卡帕湾的当天，德国的"施佩伯爵号"（Graf Spee）袖珍战列舰正劈波斩浪于其正南方 5 000 多英里的大西洋中部，位于非洲和巴西的中间。不过，与刺骨寒冷的北海不同，"施佩伯爵号"所在海域的水温接近 27 摄氏度。"施佩伯爵号"袖珍战列舰是德国在 20 世纪 30 年代前期建造的 3 艘装甲舰之一。1939 年 8 月，希特勒命令纳粹德国海军总司令埃里希·雷德尔元帅把这 3 艘中的 2 艘——"德意志号"和"施佩伯爵号"——提前部署到大西洋中。如果英国在德军入侵波兰时威胁对德国宣战，这两艘战舰就能在第一时间对英国的船只发动攻击。

　　此后，德国按计划入侵了波兰，英国也的确对德宣战了。然而，"施佩伯爵号"却一连 3 个星期都远离英国的海上航线，小心翼翼地避免接触任何其他船只，因为希特勒始终认为，只要德军能够迅速征服波兰，德国就能诱使英国人重新回到谈判桌前。正如希特勒命令邓尼茨让麾下的潜艇不要贸然攻击英国船只一样，希特勒也同样命令雷德尔让德国海军的水面舰艇部队保持克制。不过，到 9 月 26 日时，波兰战役行将结束（波兰首都华沙将于次日被德军占领），希特勒确信，英国人根本不会做出"理智"的决定，因此批准当时部署在北大西洋的"德意志号"和南大西洋的"施佩伯爵号"开始展开攻击行动。[1]

"施佩伯爵号"的舰长是汉斯·朗斯多夫海军上校。这位天庭饱满的职业军官是当时德国海军中传统型军官的代表：一名有绅士风度的老派军人，为人正派，一丝不苟，不愿意让战争影响自己的良好言行和美德。无论是对下属，还是对敌人，朗斯多夫总是风度翩翩、举止得体。早年生活在杜塞尔多夫时，朗斯多夫与马克西米利安·冯·施佩海军上将比邻而居。1912 年时，出于对这位邻居的景仰，18 岁的朗斯多夫加入了德国海军。施佩是一位普鲁士贵族，拥有伯爵头衔，于 1914 年在福克兰群岛（马尔维纳斯群岛）海战中阵亡。此时，朗斯多夫指挥的正是以马克西米利安·冯·施佩命名的军舰。冥冥之中，这真是一种奇妙的缘分和巧合。几乎可以肯定，相较于悄悄跟踪并击沉非武装商船，朗斯多夫更愿意与敌方军舰进行对决。然而，攻击非武装商船是他的任务，因此尽管主观上并非十分积极，朗斯多夫还是愿意为夺取胜利倾尽全力。[2]

在接到攻击英国船只的命令后，朗斯多夫旋即开始搜寻猎物。9 月 30 日，"施佩伯爵号"的瞭望员报告说水天线上出现了一缕烟痕。朗斯多夫立即命令舰载侦察机从舰中部弹射起飞，前往侦察，同时命令"施佩伯爵号"接近该目标。这缕烟的源头是英国商船"克莱门特号"的烟囱。这艘蒸汽轮船的排水量为 5 000 吨，显得平平无奇，当时有人将其描述为"一艘典型的桶状远洋货轮"[3]。

此时，"克莱门特号"的船长 F.P.C. 哈里斯只有在船首才能看到快速驶近的"施佩伯爵号"。刚开始，哈里斯误认为"施佩伯爵号"是英国的"埃阿斯号"（HMS Ajax）巡洋舰，因为他当时相信，"埃阿斯号"正在这片海域执行任务。直到"施佩伯爵号"的侦察机掠过"克莱门特号"，并用机枪扫射"克莱门特号"的驾驶室时，哈里斯船长才意识到自己此前的判断完全错了。他立即命令关停"克莱门特号"的引擎，放下救生艇，同时开始销毁"克莱门特号"上包括英国海军密码本在内的机密文件。此外，哈里斯船长还通过无线电发出了求救信号。他不断发出"RRR"字母组合的电报信号，表明自己的船正在遭受一艘敌国水面舰艇的攻击。此外，他还提供了"克莱门特号"所在海域的地理坐标。*在得知"克莱门特号"成功发出了求救信号后，朗斯多夫感到异常沮丧。但当哈里斯船长被押送至"施佩伯爵号"上时，朗斯多夫仍对其以礼相待。他先向哈里斯船长敬了一个军礼，接着用标准的英语说道："船长先生，非常抱歉，我将不得不击沉您的船，因为这是战争。"[4]

朗斯多夫将哈里斯和"克莱门特号"的轮机长妥善地安置在了"施佩伯爵号"上，同时还确保"克莱门特号"的其他船员在救生艇中安全无虞。此外，他甚至还把这些救生艇的准确坐标报告给了距离这一海域最近的巴西沿海港口。一切安排妥当后，朗斯多夫下令用鱼雷击沉"克莱门特号"。第一枚鱼雷没有命中目标，第二枚也没有。朗斯多夫决定，不再在一艘货船上浪费更多这种宝贵（很显然，也不可靠）的武器。他下令使用"施佩伯爵号"上的5.9英寸口径副炮击沉"克莱门特号"。在经受了 25 枚炮弹的轰击

---

\* 与 1905 年发明并在全球通用的传统国际求救信号 SOS 不同，英国海军部采用了一种专门针对战争爆发而设计的新的信号协议规定。RRR（或 RRRR）重复数次，表示信号发出船只正被一艘水面舰艇攻击，SSS 表示正被一艘潜艇攻击，而 AAA 则表示正在遭受空袭。在发出这些信号后，遇到紧急情况的船只还会发出一系列代码表明自己的身份，然后再提供经纬度坐标。

后，"克莱门特号"依然顽强地浮在水面上。朗斯多夫于是下令改用"施佩伯爵号"上的 11 英寸口径主炮。在又被轰击 5 次后，"克莱门特号"终于沉没了。[5]

***

　　和普里恩潜入斯卡帕湾执行的任务一样，朗斯多夫在南大西洋执行的任务也是一个更大规模行动的一部分：雷德尔海军元帅计划出动数十艘快速水面舰艇，打击英国的全球贸易。作为这一构想的一部分，朗斯多夫的"施佩伯爵号"被派往了南大西洋。如果说邓尼茨是潜艇的毕生拥趸，那么雷德尔则是水面舰艇的坚定捍卫者。"一战"期间，雷德尔在德国的数艘战列舰和巡洋舰上服役过，并亲历了两场大规模的水面战斗——多格尔沙洲海战和日德兰海战。在日德兰海战期间，雷德尔曾是海军中将弗朗茨·冯·希佩尔的参谋长。

　　雷德尔年长邓尼茨 15 岁。无论是相貌，还是秉性，两人都大不相同。与面色惨白、形容枯槁的邓尼茨不同，雷德尔强健而英俊。实际上，在很多人看来，雷德尔都是普鲁士男子汉气概的理想化身。他崇尚严格的纪律、正式的规定和庄重的礼节，遵从崇高的职业道德，不仅严于律己，也严格要求他人。雷德尔后来将自己的核心价值观归纳为"敬畏上帝，热爱真理，洁身自好"。邓尼茨则一直在给自己麾下的潜艇部队官兵灌输另一种理念，用邓尼茨自己的话说就是"个人的幸福掌握在团队手中，而每个人都是整个团队不可或缺的一部分"。然而，雷德尔对邓尼茨所竭力营造的轻松自在、兄弟情深的环境持怀疑态度。对雷德尔来说，邓尼茨这种集体主义的空话毫无吸引力。这是因为他是德意志第二帝国的海军

自 1928 年起，埃里希·雷德尔就担任德国海军总司令一职，立志将德国海军打造成一支以水面舰艇为主，以战列舰和战列巡洋舰为核心的传统型海军。希特勒曾一再保证德国不会在 1946 年或 1947 年前主动开战。基于这种保证，雷德尔制订了一个长远的规划，以期实现自己的这一追求和梦想

来源：美国海军学会

（即"帝国海军"）培养出来的军官，所以倾向于恪守那种他认为庄重得体的职业精神和操守。例如，雷德尔曾试图恢复一项在魏玛共和国时代被废止的规定，要求全体官兵在周日举行正式的宗教仪式。在这件事以及其他一些事情上，雷德尔与希特勒偶有争执，因为希特勒对宗教仪式（以及大规模的水面舰艇部队）兴趣寥寥。由于希特勒不留情面的斥责，雷德尔曾至少两次递交辞呈，但希特勒两次都成功说服了他，让他收回辞呈留任。[6]

虽然雷德尔与邓尼茨有诸多不同，但两人都共同致力于重振德国海军。两人还认为，如果未来发生战争，至少应该推迟到 1944

年或 1945 年，只有这样，才有足够的时间打造出他们心目中能赢得战争胜利的舰队。1928 年，雷德尔出任德国海军总司令。从一开始，他就致力于打造一支以战列舰和战列巡洋舰为核心的实力均衡的舰队，那种在 20 世纪上半叶能够赢得制海权的舰队。雷德尔与邓尼茨还存在另一个分歧，那就是雷德尔认为，潜艇很有用，但只是辅助性的舰艇，要想成就一支强大的海军，单纯依靠潜艇是远远不够的。1935 年，英德两国签订了《英德海军协定》，这为德国海军扩张打开了方便之门，雷德尔因此立即着手按自己的设想加速建设德国海军。

除了 20 世纪 30 年代早期建造的 3 艘袖珍战列舰外，雷德尔还积极倡导一份更具雄心壮志的建造计划，拟建造的舰种包括战列舰、重巡洋舰，甚至航空母舰。第一步是要建造两艘气派的战列巡洋舰，这两艘军舰后来被命名为"沙恩霍斯特号"和"格奈森瑙号"。"沙恩霍斯特号"和"格奈森瑙号"全长均为 771 英尺，这一长度比英国最新式的战列舰都还要长。两艘军舰之所以被划分为战列巡洋舰而不是战列舰，是因为它们只配备了 11 英寸而非 15 英寸口径的主炮，而且其防护装甲也没有战列舰的装甲厚。不过，这使它们比大多数战列舰更轻（但排水量仍然达到了 32 000 吨之巨），航速也更快（高达 31 节）。1935 年，"沙恩霍斯特号"和"格奈森瑙号"正式开工建造，开工时间与《英德海军协定》签订的时间前后仅相距数日。这两艘战列巡洋舰分别于 1938 年和 1939 年入役，及时地赶上了第二次世界大战。此外，雷德尔还主持建造了两艘排水量更大的战舰："俾斯麦号"战列舰和"提尔皮茨号"战列舰。这两艘战列舰的标准排水量都超过了 4 万吨，满载排水量超过了 5 万吨。两舰分别配备了 8 门 15 英寸口径的主炮，在 1936 年开工建设时，它们是按照当时世界上最大最强的战列舰设计的。二战正式打响时，"俾斯麦号"和"提尔皮茨号"仍在建造之中。不过，几个月后，两舰就正式完工并入役了。[7]

在建设这支新型海军时，雷德尔就预见到，德国未来可能会在格但斯克问题上与波兰爆发冲突，[*]法国也很可能会卷入其中。此外，德国还可能会因为波罗的海的制海权问题与苏联发生战争。然而，雷德尔没有预见到德国会与英国开战。和德国海军的很多军官一样，雷德尔坚持认为，德国在"一战"中与英国交战是"一个永远不应重演的可悲错误"，而且他相信将来绝无与英国开战的可能。希特勒也告诉雷德尔，他与雷德尔持相同的观点，并不断向雷德尔保证，在未来的任何战争中，英国都不会是德国潜在的敌人。直到 1937 年 11 月，在德军各军种最高指挥官参加的一次秘密会议上，希特勒才向三军将帅宣布，德军必须开始制订针对英国和法国的作战计划，而且战争可能会在 1944 年前打响。[8]

雷德尔对于希特勒政策的 180 度大转变感到非常恼火。雷德尔认为，希特勒这是对英国的坚定决心视而不见，"自欺欺人"。雷德尔相信，德国需要并且应当拥有一支实力均衡的舰队，但此时看来，这个梦想已经化为了泡影。在自己的私人日记中，雷德尔痛苦而心酸地写道，在这种情况下，自己心爱的德国海军注定将难逃覆灭的命运，但德国海军也将证明它一定会"英勇赴死"。即便如此，雷德尔还是积极考虑了一位年轻的参谋军官——赫尔穆特·海耶海军中校制订的计划。根据这份计划，德国需要拥有 10 艘大型战列舰，其任务是拖住英国的主力舰队。此外，德国还需要 15 艘

---

[*] 格但斯克历史上一直是德意志与波兰两大相邻民族反复争夺的焦点。"一战"后，根据《凡尔赛和约》，包括格但斯克在内的德国东部部分领土被划给了波兰。——译者注

快速灵活的装甲舰，以便打击英国的全球贸易。虽然这个计划并未体现出太大的雄心壮志，但即便如此，它也注定会胎死腹中，因为希特勒入侵波兰的时间表太过紧迫了，这个计划无法在战争爆发前完成。[9]

眼见无望打造一支令人生畏的水面舰艇部队，进而挑战英国的海上霸权，雷德尔只能积极考虑另一个计划——争取让英国人挨饿到主动投降。贸易是英国的生命线，在"一战"期间，德国主要试图使用潜艇来扼住英国的咽喉，阻断英国的全球贸易。尽管雷德尔没有贬低潜艇在这场即将到来的大战中的重要性，但他还打算在不列颠群岛周围的航线上布设水雷，并动用一支由快速灵活的水面舰艇组成的舰队来阻断英国的全球贸易。这些水雷基本上都是由德国飞机空投布设的，并且在战争爆发后的头几个月里充分证明了其效果和价值。部分原因是德国人发明了一种精密的磁性水雷，一旦有舰船从水雷上方通过，就会干扰磁性水雷的磁场，从而引爆悬浮在海水中的水雷。截至1939年底，英国已经损失了总计吨位达42.2万吨的舰船，其中超过一半是被这种磁性水雷炸沉的。英国人对这种新技术也进行了反击，把电线缠在英国舰船的船体四周，这种技术称为消磁。这种办法极大地降低了德国磁性水雷的有效性，但在整个二战中，这些磁性水雷始终都是对盟国舰船的重大威胁。[10]

除了潜艇和水雷外，雷德尔还将相当多的希望寄托在了负责袭击的水面舰艇上。然而，可供他使用的资源相当有限。此时，雷德尔手中仅有3艘袖珍战列舰、2艘战列巡洋舰、数艘巡洋舰以及即将竣工的2艘大型战列舰。尽管如此，他仍然希望通过采取创造性的策略来部署这些不算厚实的家底，逼迫英国人拆散其舰队的舰艇为各支商船队护航，这样就能有效地削弱驻防在其他地区的英国舰队的实力。在战后撰写的回忆录中，雷德尔写道："把我们的舰艇广泛地部署到全世界的各个角落，这样一来，在敌人集中优势兵力对付我们之前，我们就能出其不意地对他们实施有效的打击。"[11]

在被希特勒告知德国即将入侵波兰后，雷德尔获准将两艘德国袖珍战列舰提前部署到大西洋："德意志号"被部署到了格陵兰岛以南的北大西洋，"施佩伯爵号"则被部署到了南大西洋。一旦英国决定挑战德国扩张的雄心，这两艘德国战舰就将开始攻击并尽力破坏英国的全球贸易体系。虽然形势的变化让雷德尔非常失望，但他还是决心"采取一切手段对敌人给予打击"[12]。

\*\*\*

在针对商船和商业航线展开袭击的过程中，朗斯多夫和他指挥的"施佩伯爵号"遵从了一项长久以来的海上传统。在 70 多年前的美国内战期间，英国曾为美国南部邦联建造和舾装过一艘袭击舰——"亚拉巴马号"。1863 年 5 月和 6 月，在"施佩伯爵号"部署的同一片水域，"亚拉巴马号"对美国北方联邦的商业航运实施了破交战，在巴西最东端的外海摧毁了十几艘美国北方联邦的商船。"亚拉巴马号"的舰长拉斐尔·塞姆斯无法将战利品带回港口进行裁决，*因此，在把俘获的商船上的船员和乘客转移到安全地点后，塞姆斯下令烧毁了这些船只。塞姆斯偶尔会从战利品中抽出一艘船，把逐渐增多的俘虏转移上去，然后成批地放走。1863 年的

---

\*  根据惯例，被俘获的非军用船只需要经过捕获法庭裁决，才能决定其归属。——译者注

这场破交战为朗斯多夫和"施佩伯爵号"提供了一个很好的样板。不过，1863年与1939年存在一个巨大的不同，那就是无线电的出现。1939年时，遇袭或即将遇袭的商船能够使用无线电把来袭军舰的位置发送给本国的军舰和政府——正如"克莱门特号"的哈里斯船长所做的那样。朗斯多夫很清楚，要想有效打击英国的航运，"施佩伯爵号"绝对不能暴露自己的行踪。如果拦截下的每一艘船都用无线电将"施佩伯爵号"的位置发送给了英国军舰和英国政府，隐匿行踪就无从谈起了。

"克莱门特号"被"施佩伯爵号"击沉在英国激起了巨大的反响。哈里斯船长发出的求救信号最先被一艘巴西船只接收到，并在经过不断传递后，于第二天传到伦敦。1939年10月4日，英国第一海务大臣、海军元帅达德利·庞德爵士在位于伦敦的英国海军部大楼里主持召开了一场会议，议题是该如何应对这一新增的威胁。截至此时，庞德在英国皇家海军中已经服役了将近半个世纪。与雷德尔一样，庞德也参加过日德兰海战。在这场大海战中，庞德指挥英国皇家海军的"巨人号"战列舰英勇作战并载誉而归。虽然从年龄上来说，时年62岁的庞德是雷德尔的同代人，但他看起来却比雷德尔老不止10岁，部分原因是庞德的健康问题。庞德的髋部患有关节炎，这使他走起路来轻微地一瘸一拐。此外，会议只要稍长一点，他经常就会打瞌睡。在英国皇家海军中，至少有一位军官曾将庞德描述为"一位精疲力竭的老人"。更尖酸刻薄的人则将庞德描述为"一个愚蠢而顽固的人"，认为无论是性格还是气质，他都不适合担任英国第一海务大臣这一要职。事实上，庞德此时刚担任这一职务。相较而言，雷德尔从1928年起就开始掌管德国海军了，而庞德在1939年夏天，也就是二战爆发3个月前才接任英国第一海务大臣一职。[13]

英国皇家海军元帅达德利·庞德爵士于 1939 年
6 月，也就是二战爆发的 3 个月前接任英国第一
海务大臣一职。截至此时，他已经在英国皇家海
军中服役长达 48 年之久。然而，在被任命为第
一海务大臣时，他的健康状况已经很令人担忧

来源：美国海军学会

　　面对着从大西洋上传来的消息，庞德和他在英国海军部的顾问
们开始紧急商讨对策。此前，为了保护加拿大及美国与英国之间至
关重要的跨大西洋航线，英国皇家海军已经展开了护航行动。然
而，被派到北大西洋航线上执行护航任务的英国军舰都是小型舰
艇，在面对一艘德国袖珍战列舰时，这些舰艇毫无胜算。因此，庞
德和英国海军部做出的第一个决定是将数艘相对老旧的战列舰派往
哈利法克斯*，加强那里的护航力量。至于南大西洋，英国此时缺乏
足够的护航舰艇，因此无法在这片广阔的海域建立一个完整的护航
体系。不过，英国海军部还是派出了"声望号"（HMS Renown）

---

\* 哈利法克斯是加拿大的港口城市，二战期间是盟国在北大西洋的舰艇集结地
　　和护航基地。——译者注

战列巡洋舰和"皇家方舟号"（HMS Ark Royal）航空母舰前往南大西洋，一同前往的还有一艘为"皇家方舟号"护航的轻巡洋舰，搜寻击沉"克莱门特号"的德国军舰，但英国人此时将"施佩伯爵号"误判为了德国的另一艘袖珍战列舰——"舍尔海军上将号"（Admiral Scheer）。[14]

为了保护英国的全球贸易免遭德国水面舰艇的袭击，庞德和英国海军部还制订了一整套全新的、更加宏大的计划。这套计划不同以往那样让军舰像巡警一般在贸易航线上来回巡逻，而是设立了多个"袭击舰猎杀编队"，多数编队由两艘英国巡洋舰组成。一支编队（F编队）被派往北美洲附近海域执行搜索和猎杀任务，第二支编队（H编队）被派往南非附近海域，第三支编队（G编队）被派往南美洲东海岸附近海域，第四支编队（M编队）则前往法属西非的达喀尔，与驻扎在那里的法军会合。在驻达喀尔的法国海军军舰中，有新入役的"敦刻尔克号"（Dunkerque）战列舰。这种局面正是雷德尔求之不得的：为了搜寻并歼灭执行破交战任务的少数几艘德国水面舰艇，英国皇家海军的力量被分散了。[15]

对于袭击舰猎杀编队的能力和任务，英国皇家海军的书面命令颇为直白地写道："每一个猎杀编队的力量都足以摧毁德国海军任何一艘'德意志'级袖珍战列舰和'希佩尔海军上将'（Admiral Hipper）级重巡洋舰*。"这种表述——英国皇家海军的两艘巡洋舰

---

\* "希佩尔海军上将"级重巡洋舰，是1935年《英德海军协定》签订后，德国摆脱《凡尔赛和约》对大型舰只的限制，建造的用于破交战的大型远洋巡洋舰，具有舰体长、长宽比大、航速高的特点。该级巡洋舰建成三艘，分别为"希佩尔海军上将号"、"布吕歇尔号"和"欧根亲王号"。——译者注

"足以"战胜德国海军的一艘袖珍战列舰——反映了白厅 * 以及英国海军长久以来的一种坚定信念：无论对手的纸面实力有多强，凭借卓越的作战技能和战斗热忱，英国皇家海军都必将压倒对手。这种观念始于拿破仑战争时期，一直深刻地影响着英国人的思维方式。在第一次世界大战的日德兰海战中，面对强大得多的英国"大舰队"，德意志第二帝国的公海舰队在战术上以弱胜强。尽管英国海军的表现令人失望（甚至难堪），但英国人这种根深蒂固的优越感却从未发生过改变。在派去执行搜寻和猎杀"舍尔海军上将号"袖珍战列舰（当然，实际上是"施佩伯爵号"）任务的英国巡洋舰中，大部分都是重巡洋舰。这些重巡洋舰装备有 6 门 8 英寸口径的主炮以及相当数量的副炮。然而，"施佩伯爵号"装备有 6 门 11 英寸口径的主炮，这些主炮的射程比英国巡洋舰主炮的射程远 3 500 码（接近 2 英里）。在英国巡洋舰驶近到足以向德舰开火的三四分钟里，德国人可能已经发射出十几轮炮弹了。当然，如果这些英国巡洋舰能够以两艘为一组，协同攻击，那么这艘德国袖珍战列舰就需要同时对付两个甚至多个目标。这样一来，英国军舰就能集中所有火力对其进行打击。无论何种情况，一切都表明英国海军部自信满满，坚信英国巡洋舰能够猎杀这艘德国袖珍战列舰。[16]

***

1939 年 10 月 14 日，也就是普里恩海军上尉指挥 U-47 号潜艇潜入斯卡帕湾的同一天，朗斯多夫指挥的"施佩伯爵号"袖珍战

---

\* 白厅是英国伦敦的一条大道，英国多个重要政府机构都坐落在此，因此白厅常被用于指代英国政府。——译者注

列舰按计划与"阿尔特马克号"（Altmark）补给舰会合并接受了补给。"阿尔特马克号"由一艘油轮改装而来，1939年8月就被派往大西洋中，担任"施佩伯爵号"的移动补给基地。截至此时，"施佩伯爵号"已经击沉了包括"克莱门特号"在内的4艘商船，其攻击方式也已经很清楚了。无论是"施佩伯爵号"，还是它攻击的商船，此时都还没有装备雷达，因为这项技术及相关装备当时还处于研制的初级阶段。这意味着朗斯多夫必须依靠目视来寻找他的猎物。如果在水天线上看到了一缕黑烟，或者接到"施佩伯爵号"舰载水上飞机的飞行员发回的搜索报告，朗斯多夫就会指挥"施佩伯爵号"全速前进。在即将靠近英国商船时，朗斯多夫会使用英语版本的莫尔斯电码打出闪光灯信号，命令对方停航，并且不得发出任何无线电信号。尽管如此，在大多数情况下，商船的船长都会立即发出无线电求救信号。一场比拼双方的意志，可能事关生死的猫鼠游戏随即开始。

　　1939年10月22日就发生过这种情况。这天，"施佩伯爵号"在大洋中间拦截了"特雷维尼安号"（Trevanian），朗斯多夫照例对其发出警告（"如果你胆敢发出无线电报警信号，我就要开火了"）。然而，几乎在同一刻，"施佩伯爵号"上的无线电报务员就侦测到"特雷维尼安号"发出了一条无线电信息。在得知这一情况后，朗斯多夫立即命令"施佩伯爵号"的机枪手扫射"特雷维尼安号"的驾驶室。这一招似乎很奏效，因为"特雷维尼安号"立刻就停止发送无线电信号了。然而，在"特雷维尼安号"上，船长J.M.爱德华兹冲进无线电收发室，问无线电报务员是否成功地发出了整条无线电信息。这名无比紧张的无线电报务员回答说没有，因为在机枪声响起后他就停止发送了。爱德华兹船长遂命令他再发一遍，并一直站在他身旁，直至整条信息成功发出。当"施

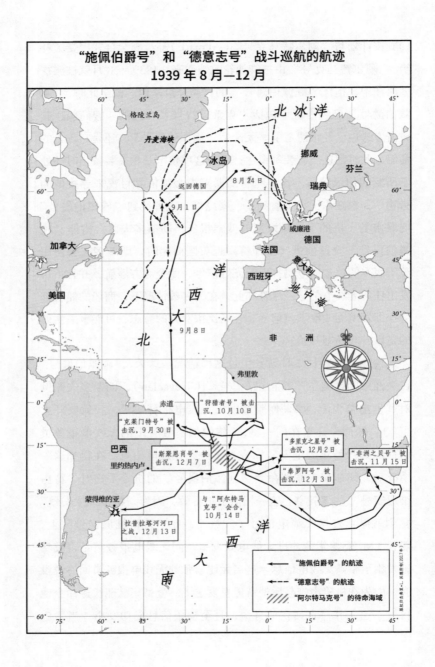

"施佩伯爵号"和"德意志号"战斗巡航的航迹
1939年8月—12月

格陵兰岛

北冰洋

丹麦海峡

冰岛

挪威

芬兰

瑞典

返回德国

8月24日

9月1日

威廉港

德国

加拿大

法国

西班牙

意大利

地中海

美国

北

大

西

洋

非

洲

9月8日

弗里敦

赤道

"狩猎者号"被击沉，10月10日

"克莱门特号"被击沉，9月30日

"斯聚恩肖号"被击沉，12月7日

"多里克之星号"被击沉，12月2日

"非洲之贝号"被击沉，11月15日

巴西

里约热内卢

"泰罗阿号"被击沉，12月3日

与"阿尔特马克号"会合，10月14日

蒙得维的亚

拉普拉塔河河口之战，12月13日

南

大

西

洋

"施佩伯爵号"的航迹

"德意志号"的航迹

"阿尔特马克号"的待命海域

佩伯爵号"上的无线电报务员侦测到"特雷维尼安号"新发送的无线电信号时，朗斯多夫再次命令机枪手开火。这一次，虽然不断有子弹射入并穿出"特雷维尼安号"的无线电收发室，无线电报务员最终还是成功发出了整条无线电信息。[17]

虽然爱德华兹船长拒绝服从朗斯多夫的命令，但朗斯多夫并没有对他怀恨在心，反而非常钦佩。正如朗斯多夫手下的一名德国军官后来写道的那样，"只要敌人足够勇敢，我们的机枪就几乎毫无用处"。"施佩伯爵号"的无线电报务员发现，在发出求救信号后，"特雷维尼安号"没有收到任何回复。对朗斯多夫而言，这是好消息，他认为也许根本就没有人收到"特雷维尼安号"发出的求救信号。不过，当爱德华兹船长被押上"施佩伯爵号"上时，朗斯多夫还是照例向他表达歉意，并告诉爱德华兹："非常抱歉，我不得不击沉您的船。战争就是如此。"面对朗斯多夫的这些言语，爱德华兹船长依然倔强地保持沉默。此时，朗斯多夫抓住爱德华兹的手，坚定地摇了摇，以示握手。[18]

在不到 4 周的时间里，朗斯多夫已经在大西洋海域击沉了 5 艘英国船只，因此他决定转场继续狩猎：指挥"施佩伯爵号"绕过好望角，驶入印度洋。按照事先的约定，"施佩伯爵号"首先在偏远的小岛特里斯坦-达库尼亚岛与"阿尔特马克号"补给舰会合并补充了给养，随后向东驶去，并始终与好望角保持一定的安全距离，确保"施佩伯爵号"置身于英国侦察机的侦察和作战半径之外。然而，一进入印度洋，朗斯多夫就发现，他能截获的船只变少了。一连一个星期，他寻寻觅觅，但毫无收获。最终，在莫桑比克海峡，他拦截下了一艘小型油轮——"非洲之贝号"（Africa Shell）。这艘油轮的船长向朗斯多夫提出了抗议，声称"非洲之贝号"当时距离葡属莫桑比克海岸不到 3 英里，而葡萄牙在大战中保持中立，因此朗斯多夫俘获"非洲之贝号"违反了国际法。在仔细勘察距离后，朗斯多夫坚持认为，"非洲之贝号"被俘获时距离葡属莫桑比克海岸有 7 英里，因此俘获"非洲之贝号"是合法的。由于"施佩伯爵号"已经暴露了行踪，朗斯多夫决定往南折返，重返大西洋。[19]

这时已经是 1939 年 11 月。截至此时，"施佩伯爵号"已经在海上连续漂泊了将近 4 个月，巡航了超过 3 万英里，相当于绕地球航行了一周。在同一时期，"德意志号"袖珍战列舰在战斗巡航中仅仅击沉了两艘盟国船只，战果令人失望，因此德国海军总部已经将其从北大西洋的巡航狩猎场召回了德国本土。朗斯多夫预感到，"施佩伯爵号"很快也将被召回德国。然而"施佩伯爵号"此时依然拥有充足的燃料储备和补给，足以坚持到 1940 年 1 月。朗斯多夫开始意识到，结束"施佩伯爵号"战斗巡航任务的最佳方式，就是击败一艘敌军的军舰。1939 年 11 月 24 日，朗斯多夫告诉麾下的军官，此次战斗巡航任务已经接近尾声，从此刻开始，没有必要再小心翼翼地躲避敌人的军舰了。实际上，从 11 月起，朗斯多夫的种种行为都表明他正在积极寻求一战。对于这种求战的决心，从一点中可以看出端倪。朗斯多夫让部下对"施佩伯爵号"进行了巧妙的伪装，他们在舯部摆设了一根假的大烟囱，还用木头和帆布搭出了一座用来摆样子的假炮塔，这些伪装极大地改变了"施佩伯爵号"的外观。经过这种伪装，从远处看，"施佩伯爵号"很容易被误认为是英国皇家海军的"声望号"战列巡洋舰。如果一艘英国巡洋舰没有起疑心，驶入"施佩伯爵号"的舰炮射程之内，那么"施佩伯爵号"的机会就来了。[20]

朗斯多夫的另一种行为也可以证明他可能在积极求战，那就是他变得毫不在乎"施佩伯爵号"的行踪是否会暴露。1939 年 12 月

2 日下午，在纳米比亚海岸以西数百英里的南大西洋洋面上，"施佩伯爵号"偶然遇到了"多里克之星号"（Doric Star）。"多里克之星号"是蓝星航运公司的一艘大型轮船（排水量达 1 万吨），当时正满载着羊肉和羊毛，从新西兰驶往英国。此前，每当遇到盟国的商船时，朗斯多夫的常规做法都是命令"施佩伯爵号"高速驶向目标，并用信号灯向对方发出信号，要求对方不要发送无线电求救信号。可这一次朗斯多夫却一反常态，命令"施佩伯爵号"在很远的距离就开火了，警告性地发射了数发炮弹。这为"多里克之星号"的船长威廉·斯塔布斯提供了充分的时间。在"施佩伯爵号"向"多里克之星号"渐渐驶近的过程中，他让无线电报务员反复发送了几遍无线电求救信号，而且其内容十分详细。当两船靠近时，"施佩伯爵号"的确向"多里克之星号"发出了惯常的信号："停止发送无线电求救信号，否则我就开火了。"但到这时，斯塔布斯船长已经把无线电求救信号反复发送好几遍了。不仅如此，附近已经有多艘船只收到了"多里克之星号"的求救信号，并向"多里克之星号"发回了确认信息。[21]

　　在击沉"多里克之星号"后，朗斯多夫还没来得及考虑下一步该如何行动，"施佩伯爵号"的瞭望员就发现了另一个可以攻击的目标——"泰罗阿号"（Tairoa）轮船。和"多里克之星号"一样，对于朗斯多夫发出的不许发送求救信号的警告，"泰罗阿号"也采取了无视的态度。在"施佩伯爵号"开火后，"泰罗阿号"的无线电报务员居然俯卧在甲板上成功地发出了数条无线电求救信息，信号中甚至还报告了"施佩伯爵号"的身份——无线电报务员认为这艘德国军舰是"舍尔海军上将号"袖珍战列舰。在很短的时间内，"施佩伯爵号"就俘获并击沉了两艘敌船，但这两艘船都将内容详尽的报告成功地发送了出去，这些情报比英国皇家海军此前掌握的有关情报要详尽丰富得多。在此前的两个多月里，"施佩伯爵号"的战斗巡航狩猎场范围无比广阔，这使它能在茫茫大洋中隐匿其踪迹。但这时，一切都即将改变。[22]

***

12月3日，英国皇家海军"埃阿斯号"轻巡洋舰收到了来自"多里克之星号"和"泰罗阿号"的报告。"埃阿斯号"是亨利·哈伍德（Henry Harwood）海军准将的临时旗舰，他是英国皇家海军袭击舰猎杀编队G编队的指挥官。哈伍德身材圆胖，有些双下巴，眉毛浓而密，已经在英国皇家海军服役36年了。哈伍德此时麾下有4艘巡洋舰，但在12月3日这天，这4艘巡洋舰四散在广袤的南大西洋各处。在这4艘巡洋舰中，有两艘是配备8英寸口径主炮的重巡洋舰，而另外两艘（包括"埃阿斯号"）则是配备6英寸口径主炮的轻巡洋舰。英国海军部此前曾设想过，如果它们能形成合力，那么"施佩伯爵号"就绝不是这4艘巡洋舰的对手，但前提是哈伍德需要在正确的时间和地点将这4艘巡洋舰聚集起来，充分发挥数量上的优势。哈伍德平日的旗舰是"埃克塞特号"（HMS Exeter）重巡洋舰，但"埃克塞特号"此时正在福克兰群岛的斯坦利港（阿根廷港）接受紧急维修，距离"施佩伯爵号"最后一次劫掠出没的地方超过4 000英里，因此哈伍德暂时以"埃阿斯号"作为自己的旗舰。哈伍德麾下的另一艘重巡洋舰是"坎伯兰号"（HMS Cumberland），此时位于"埃阿斯号"以北1 000英里的水域，正在驶往福克兰群岛，以便在斯坦利港接受维修。除了"埃阿斯号"轻巡洋舰外，哈伍德麾下的另一艘轻巡洋舰是"阿喀琉斯号"（HMS Achilles）。"阿喀琉斯号"的舰员基本上都是新西兰人，该舰此前从新西兰出发，自西向东横跨南太平洋，并在 1939 年 10 月下旬穿过麦哲伦海峡进入南大西洋。1939 年 12 月 3 日这天，"阿喀琉斯号"正停泊在巴西的里约热内卢。*

在收到"多里克之星号"和"泰罗阿号"发出的报告后，哈伍德尝试从这艘德国军舰舰长的角度来思考问题。哈伍德相信，不管这艘德国军舰的舰长是谁，他都会尽快撤出最近猎杀商船的海域。这艘德国军舰极有可能再次向西航行，横穿南大西洋，驶往南美洲。如果这艘德国军舰的舰长想对南大西洋的商业贸易造成最大限度的打击，那么他极有可能会前往多条航线的交会点。南美洲东海岸有两处这样的地方：一处是巴西的里约热内卢，另一处是拉普拉塔河宽阔的河口，河口自西向东一直延伸至乌拉圭首都蒙得维的亚，在蒙得维的亚附近与大西洋交汇。哈伍德在一张便笺纸上随手画了一下这艘德舰可能的航线并进行了计算，最后得出结论，如果这艘德国袖珍战列舰以 15 节的巡航速度向西航行，那么它很可能将于 1939 年 12 月 12 日清晨抵达里约热内卢和蒙得维的亚之间的某处海岸。哈伍德最终决定，命令自己麾下的所有战舰（除了仍然需要完成大修的"坎伯兰号"）于 12 月 12 日早上 7 点在蒙得维的亚至里约热内卢航线中间的某个指定位置会合。如果自己预料对了，哈伍德打算届时命令麾下可用的全部 3 艘巡洋舰立即对这艘德国袖珍战列舰发动攻击。在给各舰舰长下达的命令中，哈伍德写道："无论昼夜，发现目标就立即发起攻击。"[23]

事实上，关于"施佩伯爵号"下一步的行动，哈伍德的推测并不正确。这艘德国袖珍战列舰的确向西驶去了，但航速并非 15

---

* 新西兰皇家海军直到 1941 年 9 月才正式成为一支独立的部队，所以严格说来，"阿喀琉斯号"此时是英国皇家海军新西兰部队的一部分。

节，而是 22 节。不过，另一方面，"施佩伯爵号"在途中停了一下，与"阿尔特马克号"补给舰会合并接受了补给。此外，它还在西行途中俘获并击沉了一艘轮船——"斯聚恩肖号"（Streonshalh）。这些行动让朗斯多夫的西行之旅放慢了脚步，所以虽然哈伍德的推算并不对，但他的结论却歪打正着，基本上八九不离十。在俘获"斯聚恩肖号"后，朗斯多夫从船上一份布宜诺斯艾利斯的报纸上了解到，英国人一直在以布宜诺斯艾利斯作为护航船队的集合点。此外，一份柏林总部新发来的无线电报也通知朗斯多夫，一支由一艘巡洋舰和两艘驱逐舰护航的船队将很快从拉普拉塔河河口起航。为了截击这支船队，朗斯多夫决定前往南美洲东海岸附近海域。

与此同时，哈伍德麾下 4 艘巡洋舰中的 3 艘已经成功在指定位置会合（"坎伯兰号"此时已完成维修，但仍然在赶往会合点的路上）。1939 年 12 月 13 日早晨 6 点 10 分，英军瞭望员报告水天线上出现了一缕黑烟。接报后，哈伍德立即命令"埃克塞特号"前去一探究竟。"埃克塞特号"的舰长发回了令人兴奋的报告："我认为这是一艘袖珍战列舰。"哈伍德立即命令麾下的 3 艘军舰加速前进并展开队形，意图分进合击"施佩伯爵号"。[24]

其实，朗斯多夫也已经决定发起进攻了。基于柏林总部发来的情报，他认为自己此时面对的只是为商船队护航的盟国护航编队，也就是一艘巡洋舰和两艘驱逐舰。甚至在他准确地辨认出眼前的两艘较小型舰艇是两艘轻巡洋舰后，朗斯多夫也不改初衷，执意保持原定航线，并向自己手下的高级枪炮官 F.W. 拉森内克（Raseneck）海军中校说道："我们要击沉它们。"毫无疑问，如果能够获胜，这次战斗巡航将达到一个新的高潮。[25]

朗斯多夫是在"施佩伯爵号"的前桅楼——舰桥上方一个长 5 英尺，宽 3 英尺的小平台——指挥这场海战的。站在这里，朗斯多夫能统观全局,看清 3 艘英国军舰的航行路线。但这样做也有弊端:他无法在海图桌上分析战局,也无法听取其他军官的建议,只有他年轻的副官站在他身旁。相较于眼前的 3 艘英国军舰,"施佩伯爵号"拥有射程更远、火力更猛的 11 英寸口径主炮,这让朗斯多夫占了先机。"施佩伯爵号"齐射的第二轮炮弹就对"埃克塞特号"形成了跨射。在第五轮齐射中,一发 11 英寸炮弹直接命中了"埃克塞特号"的第二座舰首炮塔(又称 B 炮塔,位于舰桥的前下方)。这座炮塔被彻底摧毁了,炮塔上的两根 8 英寸口径的炮管像醉汉一样歪歪扭扭地倒在了一旁。爆炸威力巨大,一并摧毁了"埃克塞特号"的舰桥。除了"埃克塞特号"的舰长弗雷德里克·S.贝尔和另外两人外,舰桥上的所有人都被炸死了。这一炮还破坏了"埃克塞特号"上的全部内部通信。贝尔舰长被迫撤出舰桥,转移至位于舰尾的控制室继续指挥作战,而且不得不通过传令兵发号施令。在 20 分钟的时间里,"埃克塞特号"连续被 7 发炮弹命中。很快,"埃克塞特号"就只剩下 1 门炮勉强还能使用,并且因为进水而向右舷严重倾斜。尽管如此,贝尔舰长仍继续坚持战斗。最终,哈伍德命令"埃克塞特号"撤出战斗,尽快驶回斯坦利港接受抢修。这样一来,哈伍德手中就只剩下两艘轻巡洋舰了,却要面对一艘强悍的德国袖珍战列舰,而且这两艘英国轻巡洋舰也都已经遭受重创。"埃阿斯号"的舰尾中了一发 11 英寸炮弹,导致两座舰尾炮塔无法继续参加战斗,另有一发炮弹削去了该舰的桅杆。在"阿喀琉斯号"上,一发 11 英寸炮弹爆炸的弹片飞溅过"阿喀琉斯号"的舰桥,产生了可怕的后果:好几分钟过去了,舰桥上的幸存者才注意到该舰的测距员趴在仪器上,死在了自己的战斗岗位上。[26]

当然,"施佩伯爵号"也受了伤。最严重的伤害来自"埃克塞特号”发射的8英寸炮弹，有3发命中了要害部位，其中一发穿透了“施佩伯爵号”厚达5.5英寸的装甲防护钢板。两艘英国轻巡洋舰的6英寸炮弹击中“施佩伯爵号”的次数更多，但造成的伤害较轻。此时，“施佩伯爵号”上已有37名舰员阵亡，57人受伤，伤员中包括朗斯多夫本人。他被震得失去了意识，有可能出现了脑震荡。但在苏醒过来后，朗斯多夫一直坚守在前桅楼上指挥作战。[27]

随后，哈伍德命令仅剩的两艘轻巡洋舰发射鱼雷，但“施佩伯爵号”迅速转向避开了。双方的指挥官这时都获得了一次喘息之机，可以重新评估一下战场的态势。在分析了形势后，哈伍德认为强令手中仅剩的两艘轻巡洋舰继续进攻是非常愚蠢的行为，因此命令英舰撤到德舰的射程之外。朗斯多夫则既没有试图击沉“埃克塞特号”，也没有再下令攻击两艘英国轻巡洋舰，反而默许英舰退出了战斗。在快速巡视了一遍“施佩伯爵号”后，朗斯多夫得出结论，“施佩伯爵号”必须经过维修才能返回德国。“施佩伯爵号”的厨房被摧毁了，如何喂饱舰上的上千人开始让朗斯多夫犯难。该舰的主炮塔测距仪也已经被摧毁，这意味着“施佩伯爵号”的11英寸口径主炮已经不再可靠。不仅如此，副炮炮塔的弹药升降机也已经被摧毁。此外，“施佩伯爵号”的左舷艏还被炸出了一个直径6英尺的大洞，如果试图以这种状态返回德国，“施佩伯爵号”很可能挺不过北大西洋海域的狂风巨浪。没有与任何部下商量一下，朗斯多夫就决定指挥“施佩伯爵号”驶入拉普拉塔河河口，在沿岸某处进行抢修。[28]

在哈伍德的指挥下，这两艘英国轻巡洋舰一直跟在“施佩伯爵号”的后面，并与这艘德舰保持着一定的距离。与此同时，哈伍德还向“坎伯兰号”以及“声望号”战列巡洋舰和“皇家方舟号”航空母舰分别发去无线电报，请求它们尽快赶来。“坎伯兰号”

1939 年 12 月 15 日，朗斯多夫（唯一一个敬海军礼者）在蒙得维的亚出席拉普拉塔河战役中阵亡士兵的葬礼，几天后他自杀身亡

来源：维基百科

预计将于次日赶到，但"声望号"和"皇家方舟号"可能还需要5 天才能抵达。问题是，"施佩伯爵号"在拉普拉塔河会维修多久？哈伍德麾下的两艘轻巡洋舰已经遭受了重创，如果"施佩伯爵号"在维修后重返大西洋，它们对付得了"施佩伯爵号"吗？即使"坎伯兰号"能按时赶到，届时也免不了会有一场恶战。无论这些问题的答案如何，哈伍德都决定留下来。[29]

＊＊＊

其实，朗斯多夫已经作茧自缚了。根据国际法的相关规定，除了无法继续航行的情况外，交战国的军舰最多只能在中立国的港口停留 24 小时。朗斯多夫竭力试图说服乌拉圭当局，允许"施佩伯爵号"在蒙得维的亚停留两周接受维修，理由是"施佩伯爵号"已经无法在海上航行了。然而，"施佩伯爵号"的真正问题不是无法航行，而是其战斗力已经大打折扣。刚开始时，哈伍德认为，即使自己无法摧毁"施佩伯爵号"，至少也能"拔掉它的牙齿"，严重削弱它的战斗力，甚至逼迫其用光弹药储备。然而，"施佩伯爵号"此时仍然拥有一定的战斗力，但与此前相比，其战斗力确实已经大打折扣了。正因为如此，朗斯多夫恳求当地官员，希望允许"施佩伯爵号"能在蒙得维的亚多停留一些时间。

颇为讽刺的是，哈伍德此时也希望如此。如果"施佩伯爵号"此刻就出港，虽然其战斗力已经大不如前，但仍然可能会突破两艘英国轻巡洋舰的拦截，因为经过此前的激战，这两艘英舰也已经耗光了几乎所有的弹药储备。甚至在"坎伯兰号"于次日（即 1939 年 12 月 14 日）抵达后，英方也仍无必胜的把握，而"声望号"和"皇家方舟号"预计还需要 5 天才能抵达。乌拉圭政府最终把期限放宽到了 1939 年 12 月 17 日晚上 8 点。"施佩伯爵号"届时如果仍未离港，就将被乌拉圭政府扣押。这一决定让英德双方都很失望。在此期间，哈伍德和英国驻蒙得维的亚领事尤金·米林顿-德雷克精心编造并散布了一则假消息，希望诱骗"施佩伯爵号"尽可能久地停留在蒙得维的亚港："声望号"和"皇家方舟号"已经抵达蒙得维的亚附近海域，正在水天线附近游弋。[30]

对朗斯多夫来说，避免被扣押比其他一切都重要，因为一旦被扣押，他就会失去"施佩伯爵号"的控制权，全舰官兵也将被关押起来，而且乌拉圭人最终很可能会把"施佩伯爵号"转交给英国人。朗斯多夫并没有奢望"施佩伯爵号"能突出重围，他也很清楚，"施佩伯爵号"不可能一直停留在这里。无线电静默此时已经没什么用了，因此他通过无线电把自己面临的困境汇报给了远在柏林的雷德尔。然而雷德尔并不愿越俎代庖，替 5 000 英里外的朗斯多夫做决断。他让朗斯多夫见机行事：如果可以做到，就杀出一条血路；如果不行，就自沉军舰；但在任何情况下，都不能让"施佩伯爵号"落入英国人之手。在收到雷德尔的回复后，朗斯多夫几乎立刻就做出了决定："在现在这种情况下，我别无选择，只能自沉'施佩伯爵号'。"在当地政府设定的驻留期限到达之前几分钟，朗斯多夫和部下在"施佩伯爵号"上升起了巨大的德国海军军旗，并按约定驾驶这艘德国袖珍战列舰越过了 4 英里的水域线。像他们此前在多艘盟国商船上所做的那样，德国海军的专业爆破人员先在"施佩伯爵号"上安装了炸药，然后全体舰员离舰。1939年 12 月 17 日晚上 7 点 54 分，6 组独立的炸药把"施佩伯爵号"送上了天，爆炸声惊天动地。在 10 英里外的海面上，英国巡洋舰上的英国海军官兵站在甲板的护栏旁欢呼雀跃。[31]

撤离"施佩伯爵号"的德军官兵们站在拖船、小艇和德国商船"塔科马号"上远眺。这艘巨舰此时仍有一部分上层建筑位于水面之上，众人神情沮丧，场面死一般地沉静。朗斯多夫本人也已经从"施佩伯爵号"撤离，目送着它慢慢沉入水底。朗斯多夫接下来的目标是确保全体部下的安全，并将他们安全地送到阿根廷，因为他预计阿根廷政府能更好地安置德军官兵。但令他失望的是，"施佩伯爵号"的大部分官兵此后一直被乌拉圭政府拘押，并在乌拉圭度过了二战剩余的岁月。朗斯多夫本人的命运原本可能也会如此，但在 1939 年 12 月 19 日，他将一把手枪对准了自己的头，扣动了扳机。第一发子弹只擦到了头皮，因此他再次举起了枪，这一次他成功了。

在他自裁之前几个小时，朗斯多夫与一名阿根廷海军军官进行了一番谈话。在这场谈话中，朗斯多夫高声说道，德国出动水面舰

"施佩伯爵号"被该舰的官兵亲手炸毁，沉于拉普拉塔河的河底。时至今日，朗斯多夫自沉战舰的决定一直都饱受争议

来源：美国海军历史与遗产司令部

艇袭击英国的贸易航线和商船，这一策略完全错了。"德国应当放弃出动水面舰艇实施破交战，"朗斯多夫告诉阿根廷海军中校爱德华多·阿纳曼，"而是应当把所有精力都放到潜艇战上。"[32]

如果邓尼茨听到这句话，他肯定会表示完全赞同。

\*\*\*

这段历史还有一个补充花絮。虽然"施佩伯爵号"未能逃出南大西洋，但它的补给舰"阿尔特马克号"却成功做到了这一点。满载着 299 名英国战俘（都是"施佩伯爵号"俘获的英国商船上的水手），"阿尔特马克号"穿过大西洋的中心向北航行，途经冰岛东海岸，然后驶向挪威。在进入挪威领海后，"阿尔特马克号"的舰长海因里希·道命令卸下舰上的枪炮，并把英国战俘藏在底层，这样一来，"阿尔特马克号"就可以以商船的名义在中立国水域寻求庇护。当然，道舰长和他的"阿尔特马克号"仍然需要沿着挪威犬牙交错的曲折海岸再向南航行大约600英里，才能抵达德国的港口。

与此同时，英国皇家海军一直在竭力搜寻"阿尔特马克号"。1940年2月15日，英国人的不懈努力终于有了回报——一架英军侦察机发现"阿尔特马克号"正停泊在挪威卑尔根以南的约星峡湾（Jøssingfjord）附近。3艘英国军舰很快就出现在了挪威的海岸附近。不顾挪威此时的中立国地位，其中一艘英舰发射了两发警告性的炮弹，炮弹飞过了"阿尔特马克号"的舰首。这迫使"阿尔特马克号"立刻向约星峡湾的深处驶去，因为道舰长深信，英国人不敢公开无视挪威的中立国地位，深入峡湾追击"阿尔特马克号"。[33]

然而，与朗斯多夫一样，道也作茧自缚了。温斯顿·丘吉尔此时已经被召回伦敦，再次担任英国海军大臣[*]一职。他亲自下达命令，授权英国驱逐舰搜查"阿尔特马克号"，看看该舰到底有没有藏匿英国战俘。在命令中，丘吉尔写道，如果"阿尔特马克号"的舰长不允许英军彻查该舰，那么英国皇家海军部队可以不用管"阿尔特马克号"是否停泊在中立国的水域，"登上'阿尔特马克号'，解救英国战俘，并夺取该舰"。[34]

1940年2月16日午夜前不久，在英国皇家海军上校菲利普·维安的指挥下，英国驱逐舰"哥萨克人号"（HMS Cossack）不顾挪威

---

[*] 海军大臣是英国文官政府的海军首脑，属于内阁成员，近似于美国的海军部长。而第一海务大臣则是在役海军军官，掌管海军作战部队，类似于美国的海军作战部长。

皇家海军两艘鱼雷艇的阻拦，大胆突入约星峡湾。当"哥萨克人号"靠近时，道命令"阿尔特马克号"全速后退，希望能撞击"哥萨克人号"，使其搁浅。然而，事与愿违，"阿尔特马克号"自己却搁浅了，卡在冰面上动弹不得。维安指挥"哥萨克人号"与"阿尔特马克号"并排停靠，接下来发生的一幕让人联想起了大航海时代风帆战舰作战时的场景。一个英军的登船检查小组冲上了"阿尔特马克号"的甲板。在"哥萨克人号"明亮的探照灯灯光下，双方发生了小规模的交火，8名德国舰员命丧黄泉，其他人则跳上冰面往内陆逃去。英军登船检查小组随即开始检查"阿尔特马克号"。英国皇家海军上尉布拉德韦尔·特纳打开一扇通往底层货舱的舱门，大声呼喊："下面有英国人吗？"这引来了一阵激动的回应："有，我们都是英国人！""快上来吧，"特纳上尉喊道，"我们是英国皇家海军，来救你们了。"很多年后，当维安回忆起这一幕时，他绘声绘色地描述道："'阿尔特马克号'的上层建筑在冰面和雪地上投下了长长的阴影，阴影前是它那被探照灯照得很亮的甲板。甲板上开始出现被解救的英国战俘，他们大笑着，欢呼着，还不停地挥手，对能够绝境逢生感到无比满意。"[35]

听闻朗斯多夫不是战斗到底，而是下令自沉"施佩伯爵号"，希特勒暴怒异常（雷德尔的描述是"怒不可遏"）。希特勒坚持认为，如果能够战斗到底，"施佩伯爵号"至少可以击沉几艘英舰陪葬。在与雷德尔的交谈中，希特勒无意中表达了与朗斯多夫临终前所持观点类似的看法。他告诉雷德尔，动用战列舰——哪怕是袖珍战列舰——去实施海上破交战，是对资源的一种浪费，因为只要出动潜艇，就能高效地完成这个任务，而且成本更加低廉。也许是出于一种自我辩护，雷德尔向希特勒指出，朗斯多夫的战斗巡航还产生了巨大的间接作用：数量庞大的英国皇家海军舰艇疲于奔命，忙

1940 年 2 月 17 日，"哥萨克人号"在营救了关押在"阿尔特马克号"上的英国囚犯后返回利斯

来源：维基百科

于追歼"施佩伯爵号"。虽然这的确是事实，但希特勒仍怒气难消。雷德尔不得不向德国海军部队下达了一道死命令："德国军舰必须战斗至最后一枪一弹，一兵一卒，要么取得最后的胜利，要么与高高飘扬的战旗一起光荣沉没。"正如雷德尔两年前预言的那样，在面对英国皇家海军时，除了"英勇赴死"外，德国海军别无选择。[36]

挪威人的行为也令希特勒暴怒不已。他认为，"哥萨克人号"的英军士兵悍然登上"阿尔特马克号"，是对挪威中立国地位赤裸裸的侵犯，而挪威人不仅没有阻拦，反而袖手旁观。至少在这一点上，雷德尔完全同意希特勒的观点：作为中立国，挪威未能尽到应尽的责任与义务，因此需要付出代价。[37]

# 第 3 章

# 挪威战役

几乎从二战爆发之日开始，雷德尔海军元帅就一连几个月催促希特勒批准占领挪威。其中的一个原因是：如果邓尼茨麾下的德国潜艇能以挪威的港口为基地，则它们少走数百英里就能进入苏格兰北部的通道，然后直抵大西洋航道，这将极大地延长德国潜艇保持有效战斗巡航状态的时间。面对战火的迅速蔓延，雷德尔也急于展示他挚爱的德国海军是多么重要。

然而，德国攻打挪威的主要原因是铁矿，也就是炼钢的主要原材料。从坦克到军舰，谁都离不开钢铁。德国每年都要消耗 3 000 万吨铁矿石——战争爆发后，这一数量肯定还会激增。虽然消耗的铁矿石量要大幅提高，但在整个 20 世纪 30 年代，德国国内铁矿的年产量连其每年所需的一半都满足不了。1939 年 9 月之前，德国从法国、西班牙、卢森堡甚至纽芬兰进口铁矿石，然而，战争爆发后，这些来源立马就被切断了。剩余的不足主要由从瑞典北部进口的铁矿石加以补足——整个 1939 年，德国从瑞典进口的铁矿石超过了 900 万吨。随着战争的爆发，德国必须提高其国内的铁矿石产量，同时还必须确保它从中立国瑞典进口铁矿石的安全，对德国来说，这些都至关重要。[1]

在夏季的几个月里，轮船载着产自瑞典的铁矿石从这个国家的吕勒奥港出发，沿着波的尼亚湾南下，最后抵达位于波罗的海南岸的德国各港口城市（见"挪威战役地图，1940 年 4 月"）。不过，在冬季，波的尼亚湾的北半部分水域会结冰，这个时候铁矿石就会通过铁路运至受墨西哥湾暖流影响而终年不冻的挪威港口城市纳尔维克。德国的轮船可以载着这些铁矿石从纳尔维克出发，沿着挪威海岸一路南下回国。德国人本来是这样考虑的：作为中立国，挪威可以为这些德国船只提供庇护，也理应这样做，只要它们在挪威水域航行，挪威就会保护它们免受对手的袭扰。然而，这种所谓的"保护"其实脆弱如芦柴。"阿尔特马克号"事件就凸显了这一事实的本质，用雷德尔的话来说：挪威人"缺乏坚定的决心和坚强的意志，因而无法坚决抵制英国对其中立地位的侵犯"。如果英国人决意干涉、袭扰那些沿着挪威海岸运载铁矿石的德国轮船，挪威是无法依靠其中立国地位阻止英国人的。雷德尔说服希特勒相信：作为一项自卫措施，十分有必要占领挪威。1940 年 3 月，元首批准了代号为"威悉河演习"的军事行动。雷德尔下令，德国海军定于 1940 年 4 月第一个星期的新月暗夜开始侵略挪威。[2]

雷德尔对英国无视挪威中立国地位的担忧是有道理的。甚至当希特勒刚刚同意这位德国海军元帅武力攻占挪威时，英国海军部的新任海军大臣温斯顿·丘吉尔就已经在催促英国政府抓紧介入。二战刚刚爆发时，英国时任首相内维尔·张伯伦所做的几乎第一个决定就是，立即召丘吉尔重返他在"一战"的头 15 个月里任职的老岗位——海军大臣。对于法国、澳大利亚以及英国军队而言，"一战"中的加里波利战役简直就是一场彻头彻尾的灾难，而丘吉尔在这场战役中的作用和角色令他难辞其咎，因而于 1915 年 11 月丢掉了英国海军大臣的乌纱帽。虽然丘吉尔的这次军事冒险以失败告

在成为英国首相之前，温斯顿·丘吉尔曾经两次担任海军大臣。他在第一次担任英国海军大臣期间（1911—1915）倡议并策划了对奥斯曼土耳其帝国的入侵——加里波利战役，但以失败告终。在他第二次担任英国海军大臣期间（1939—1940），他策划并指挥了盟军在挪威的行动

来源：美国海军历史与遗产司令部

终，但在整个 20 世纪 30 年代中，他利用自己雄辩的口才积极呼吁英国重整军备，加上他对英国皇家海军与生俱来的热爱，使此公极受英国皇家海军官兵的衷心欢迎和爱戴。因此，当他复职英国海军大臣的消息传到英国皇家海军各大舰队时，大家看到的消息简单明了："温斯顿回来了。"

时年 64 岁的丘吉尔给英国海军部注入了新能量并树立了奋斗的目标，也让整个英国内阁为之一振，当然，他鲜明的个性和咄咄逼人的态度也经常让其阁僚感到十分不安。不仅如此，丘吉尔还有一个坏毛病——他喜欢掺和到具体的行动计划中去，事无

巨细都要亲自过问、亲力亲为，经常一竿子插到底，在战术层面也要插上一脚，而批评他的人把他的这种喜好定性为他喜欢干涉部下。丘吉尔下令登上德国补给舰"阿尔特马克号"，便证明了他的这种喜好。丘吉尔的这类行为自然导致他经常与英国第一海务大臣达德利·庞德之间产生摩擦。有趣的是，丘吉尔和庞德两人的母亲都是美国人，两人都是在精英教育的环境里长大的，而且两人都能长时间忍受艰苦的工作及其带来的压力。然而，与丘吉尔不同的是，庞德能包容甚至听取和接受与己不同的意见和建议。此种性格差异的结果就是，丘吉尔总能压制住性格宽厚的庞德，而面对态度强硬、永不妥协的温斯顿·丘吉尔，庞德似乎降职扮演了海军参谋长的角色。[3]

为了阻截德国人从瑞典运回铁矿石，丘吉尔的本能反应就是让皇家海军派出一支强大的水面舰队，令其穿过丹麦与瑞典之间的狭窄水道（卡特加特海峡），然后进入波罗的海，从而彻底切断德国与瑞典之间的这种贸易往来。其实无论是从战术还是从后勤保障的角度看，丘吉尔的这个设想都是不现实的，庞德被吓到了。曾经有一次，庞德站直了身子，冲着丘吉尔争辩道：如果派出一支水面舰艇部队突入波罗的海，那么不仅会丢掉该舰队的大部分或全部战舰，还会危及英国在北海乃至全球的海上霸主地位。丘吉尔转而开始敦促内阁批准英国军队在挪威的纳尔维克港登陆，之后沿铁路逐步推进，最终占领瑞典北部的铁矿区。此行动的借口则是为此时正在冬季战争中抵抗苏联的芬兰人提供支援。然而，英国内阁对丘吉尔的这一提议并未太当回事。1940年3月芬兰人向苏联求和后，这一方案也随之无疾而终。接着，丘吉尔主张英军至少应该在挪威沿海的峡湾和峡湾入口处布设水雷。"英国必须控制挪威的海岸线，"丘吉尔坚称，"这是一个头等重要的战略目标。"布雷行动必将严重挑战挪威的中立国地位，不过，相应地，这也将逼迫德国的铁矿石运输船只冒险深入北海航道，英国皇家海军就可以在北海的公海海域俘获或击沉这些德国船只。虽然有些顾虑和担忧，但英国内阁最终还是同意了丘吉尔的这一提议。于是，丘吉尔立即签署命令：从1940年4月5日开始，英国皇家海军将在挪威沿海布雷。[4]

在1940年4月的第一个星期里，英德两国几乎同时准备远征挪威这一中立国。此时，德国远征挪威的计划无疑更具野心，甚至可以说是胆大妄为，因为德国人想要的是全面入侵，占领挪威整个国家。此外，德国还要顺带占领丹麦，这主要是纳粹德国空军总司令赫尔曼·戈林强烈要求的，因为他想获得丹麦日德兰半岛上的飞机场。德军如能占领丹麦，特别是如能成功控制名义上虽已独立，但在历史和文化上与丹麦联系极深的冰岛，这势必会对海战产生巨大的影响。不过，雷德尔却深知，对于德国海军来说，拿下挪威必将是一个巨大的挑战，而远在天边的冰岛更是鞭长莫及。[*] 德国与丹麦之间有陆上边界，所以占领这个国家也就是一次陆地推进而已。不过，占领挪威就必然是雷德尔麾下德国战争海军"义不容辞"的责任了。

庞德不愿意派一支规模庞大的英国舰队深入死胡同一般的波罗的海，因为他不敢把大英帝国的制海权当成赌注。雷德尔则愿意搭

---

\* 在德国进攻挪威的一个月后，一支英国皇家海军陆战队的特遣队占领了冰岛。由于英国人是不请自来的，因此严格来讲这是一次入侵，当地政府提出了抗议。由于英国人提供了经济补偿，并承诺在战争结束后立即撤离部队，冰岛人同意接受占领。1941年12月珍珠港事件发生后，美国军队取代了英国军队。冰岛在整个战争期间一直在盟军手中，在大西洋之战中发挥了重要作用。

上德国海军的全部家当，去几乎堪称英国内湖的北海与英国皇家海军决一雌雄。此举风险极大，甚至可以说是莽撞之举。虽然雷德尔承认这是一个"令人痛苦的决定"，但他仍然坚持"德国别无选择"。这次行动要想成功，几乎全部取决于保密性、突然性以及对时机的精准把握，还需要十足的好运。[5]

德军入侵挪威的计划十分详细而复杂。1940 年 4 月的第一个星期里，大量的德国船只或单独或成群地在海上忙忙碌碌，其排布让人看不出有什么目的。其中有些是补给舰伪装而成的商船，德国海军把它们提前部署到了挪威的各个港口里，以便在入侵挪威的德军抵达后迅速地为他们提供后勤和物资支持。根据入侵计划，德国陆军官兵将挤在军舰里——大部分是驱逐舰，分 6 批在挪威 5 个相距甚远的港口同时登陆。该计划的精髓是在英国皇家海军本土舰队从斯卡帕湾出海干涉之前，打英国人一个措手不及。当然，即便该计划得以完美实施，英国人也肯定会迅速做出反应，雷德尔故而做出安排：在把德军登陆部队运送到挪威之后，全部德国军舰立即返回德国本土。雷德尔担心若不如此，众多德国军舰定将一去不复返。[6]

雷德尔为德国海军新入列服役的两艘战列巡洋舰——"沙恩霍斯特号"和"格奈森瑙号"——设定了双重角色，而这正是德军入侵挪威这一计划的核心要素之一。雷德尔早已注意到了一个现象：只要德国海军水面舰艇出港执行任务，英国人总会立即派出部队进行围追堵截。比如，1939 年 11 月，当雷德尔为了掩护"施佩伯爵号"而派遣"沙恩霍斯特号"和"格奈森瑙号"前往北海吸引英国皇家海军的注意力时，后者迅即对此做出了反应。在这次战斗巡航任务期间，"沙恩霍斯特号"和"格奈森瑙号"在法罗群岛以北海域击沉了由商船改装而成的英国辅助巡洋舰"拉瓦尔品第号"（HMS Rawalpindi）。闻讯后，英国皇家海军本土舰队几乎全军出动，展开了一场大规模搜捕，试图找到这两艘德舰，不过最终未能成功。雷德尔指望着英国人此次也能做出类似的反应。因此，在掩护德军部队登陆纳尔维克之后，这两艘德舰就在挪威海中横冲直撞，扮演起了诱饵角色。[7]

德国其余主力舰则在挪威各地打头阵。"希佩尔海军上将号"重巡洋舰和 4 艘驱逐舰一道，载着 1 700 名德国陆军官兵，计划在特隆赫姆登陆。而"德意志号"袖珍战列舰则作为先锋远征挪威首都奥斯陆。根据希特勒的命令，"德意志号"于此前刚刚改名为"吕佐夫号"（Lützow），其原因是，希特勒不愿意冒该舰被俘获或被击沉的风险。一旦如此，这艘舰的舰名就会令英国及其盟友获得一场重大的宣传胜利。与"吕佐夫号"一同出击的还有不久前刚服役的"布吕歇尔号"（Blücher）重巡洋舰、一艘轻巡洋舰以及众多更小型的舰只，这些德舰将协同配合，共同征服奥斯陆。另有几艘德国巡洋舰和驱逐舰负责掩护一部分德军部队登陆卑尔根和克里斯蒂安桑。邓尼茨麾下的德国潜艇部队也全部出动，甚至包括通常用于训练的六艘岸防潜艇，不过，邓尼茨私下里却认为这是对资源的一次滥用。总之，为了征服挪威，雷德尔几乎投入了整支德国海军。[8]

正当入侵挪威的德军从德国威廉港和基尔港起锚时，英国的布雷部队也出海了，按原定计划前往挪威沿海执行布雷任务。这支英国布雷部队本身包括 4 艘经过改装的驱逐舰，而为其护航的则是 4 艘全副武装的驱逐舰。为这 8 艘驱逐舰提供掩护的是"声望号"战列巡洋舰——该舰此时已经从南大西洋返回欧洲了，其自身还有另 4 艘驱逐舰贴身保护，它们统归英国皇家海军中将威廉·惠特沃思爵士指挥。威廉·惠特沃思时年 56 岁，是一位职业海军军官，

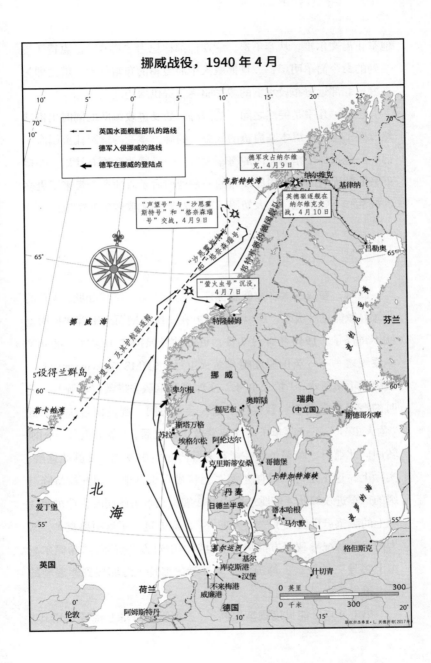

挪威战役，1940 年 4 月

英国水面舰艇部队的路线
德军入侵挪威的路线
德军在挪威的登陆点

德军攻占纳尔维克，4 月 9 日

"声望号"与"沙恩霍斯特号"和"格奈森瑙号"交战，4 月 9 日

英德驱逐舰在纳尔维克交战，4 月 10 日

"萤火虫号"沉没，4 月 7 日

韦斯特峡湾

纳尔维克

基律纳

吕勒奥

波的尼亚湾

芬兰

特隆赫姆

挪威海

设得兰群岛

斯卡帕湾

卑尔根

挪威

奥斯陆

瑞典
（中立国）

斯德哥尔摩

斯塔万格

苏拉

埃格尔松

阿伦达尔

克里斯蒂安桑

福尼布

哥德堡

卡特加特海峡

波的尼亚海

北海

丹麦

日德兰半岛

哥本哈根

马尔默

格但斯克

爱丁堡

什切青

英国

荷兰

伦敦

阿姆斯特丹

莫尔运河

基尔

库克斯港

汉堡

不来梅港

威廉港

德国

0 英里   300
0 千米   300

版权所有专里·L·沃德所有2017年

他举止温文尔雅、从容不迫，朋友们都称他为"乔克"。惠特沃思接到的命令简单明了：一旦挪威人干涉盟军的布雷行动，就立即为在挪威北部近海布设水雷的盟军驱逐舰提供保护。

然而，几乎是突然之间，德国海军数支进攻编队的同时出击骤然改变了惠特沃思本来肩负的任务。的确，骤变的情况让英国海军部——包括那位精力充沛的海军大臣——必须改变原有计划。在接下来的数周时间里，白厅发布的一系列前后矛盾的命令带来了更多的混乱和不确定性，大大妨碍了英国对德军进攻做出的反应。

\*\*\*

此时，参战的大多数舰艇都还未配备雷达，不仅如此，4月的北海海域能见度极差，所以敌对双方在一次不期而遇中首次见面也就不奇怪了。1940年4月7日，负责贴身保护"声望号"的4艘驱逐舰之一——英国驱逐舰"萤火虫号"（HMS Glowworm）上一名舰员不慎落水，"萤火虫号"立即离开编队去搭救这名舰员。此时的海况非常糟糕，营救花了好一会儿时间，舰员们很快意识到"萤火虫号"已经落单了。完成营救工作之后，"萤火虫号"刚刚转回向北航行，瞭望员就在晨雾和阵阵小雪中发现了2艘驱逐舰。实际上，这正是与"希佩尔海军上将号"巡洋舰一同开往特隆赫姆的德军进攻编队4艘驱逐舰中的2艘。几乎与此同时，德国驱逐舰上的瞭望员也发现了"萤火虫号"，双方进行了远距离交火，恶劣的天气状况导致双方都瞄不准也射不中对方。然而，"希佩尔海军上将号"的舰长、德国海军上校赫尔穆特·海耶接到驱逐舰的交火报告后决定掉头支援。

早上9点，能见度逐渐提高了，"希佩尔海军上将号"用其8

1940 年 4 月，在"威悉河演习"中，德国巡洋舰"希佩尔海军上将号"运送登陆部队到达特隆赫姆

来源：维基百科

英寸口径主炮向"萤火虫号"驱逐舰齐射了一整轮炮弹,而"萤火虫号"火炮的最大口径仅为 4.7 英寸。双方的实力悬殊。齐射了几轮炮弹之后,眼看己方炮弹无法威胁到"希佩尔海军上将号","萤火虫号"的舰长、英国海军少校杰勒德·B.鲁普下令鱼雷齐射,然后施放烟幕,转身撤退。海耶认为对方在全速逃跑,就追了上去。接着,令人瞠目结舌的事情发生了:"萤火虫号"突然从烟幕中猛冲出来,从极近距离上往"希佩尔海军上将号"的一侧撞去,巨大的冲击力在"希佩尔海军上将号"的舷侧装甲板上撕开了长达 130 英尺的裂口。这次撞击给德国巡洋舰造成了严重的创伤,但对"萤火虫号"而言却是致命的——"萤火虫号"的舰首完全撞碎了。无情的大火摧残着无助的"萤火虫号",数分钟之内,该舰就爆炸了。德军官兵在大海上救起了"萤火虫号"147 人中的 38人,可是其中并不包括鲁普。鲁普在尝试顺着绳索上船时坠回海里并且身亡。海耶指挥着"希佩尔海军上将号"继续驶往特隆赫姆,将搭载着的德国陆军官兵成功地送上岸,不过,"希佩尔海军上将号"随后不得不马上返回德国进行全面维修。又过了几年,在二战结束之后,因其英勇的战斗精神,鲁普舰长被追授维多利亚十字勋章。* [9]

事后证明,这只是第一回合。鲁普发出的无线电报告给"声望号"战列巡洋舰上的惠特沃思和远在伦敦的英国海军部都提了个醒:德国海军水面舰艇部队的主力已经来到了北海。根据来自白厅的最新命令,惠特沃思率领着"声望号"特混舰队先与由上

---

\* 鲁普获得"维多利亚十字勋章"是基于一种假设,即他是主动选择猛撞德舰"希佩尔海军上将号"的。这完全是有可能的,而且可能性很大。不过,根据当时的情况,还有一种可能:两舰仅仅是无意中相撞了。

"沙恩霍斯特号"战列巡洋舰及其姊妹舰"格奈森瑙号"都是二战爆发前夕最新建成并刚刚入列的。每舰各配备了9门11英寸口径的主炮，最高航速达31节。它们比重巡洋舰更为强大，而且速度比绝大多数战列舰都要快。请注意照片里"沙恩霍斯特号"上面的两架水上飞机：一架停在舰尾炮塔顶上，另一架就停在桅杆的前面

来源：美国海军历史与遗产司令部

述8艘驱逐舰组成的布雷编队会合，再由惠特沃思统一指挥这些军舰，挥师北上挪威纳尔维克，因为纳尔维克是整个挪威战役的战略目标。丘吉尔下达给惠特沃思的等级为"最紧急"的最新命令是："集中力量阻止任何来犯之敌靠近纳尔维克。"[10]

　　1940年4月8日稍晚，舰队在茫茫暴雪中抵达了指定海域。惠特沃思觉得，在如此暗夜中，德国人应该不会冒险闯进狭窄的峡湾。于是，他率军离开海岸，等待黎明的到来。这是一次后果深远的误判。面容冷峻、不苟言笑的德国海军中将君特·吕特晏斯是德军侵挪舰队第一分舰队司令，他率领着10艘德国驱逐舰以及战列巡洋舰"沙恩霍斯特号"和"格奈森瑙号"开往纳尔维克，并于当晚抵达了韦斯特峡湾外海。吕特晏斯命令这10艘满载登陆部队的驱逐舰不顾恶劣天气的影响立刻驶入峡湾。之后，与惠特沃思一

样，吕特晏斯也命令"沙恩霍斯特号"和"格奈森瑙号"这两艘巨舰往西北方向驶离海岸，以获得机动空间。

吕特晏斯和两艘德国战列巡洋舰沿着惠特沃思与"声望号"于此前几个小时刚刚经过的路线航行着，不过吕特晏斯并未意识到这一点。凌晨3点钟，惠特沃思指挥的这支英国舰队刚刚向挪威海岸方向完成一个180度的掉头，一名瞭望员便发现那两艘德军战列巡洋舰出现在了10英里外的暴雪中。然而，惠特沃思把这两艘德舰错误地辨认成了一艘战列巡洋舰和一艘巡洋舰，这主要是因为他此前见过关于这样两艘德舰已经出海的情报。或许正是这一误判令他决心上前一战，不过就算他知道那是两艘战列巡洋舰，他或许也会如此。无论如何，这都是一项大胆的决定，这是因为，虽然英军的"声望号"拥有15英寸口径的主炮，但只有6门，而德军战列巡洋舰却拥有数量是"声望号"三倍之多的11英寸主炮。惠特沃思还有9艘驱逐舰护航，吕特晏斯则一艘也没有，但这应该不会改变战局，因为这些英国驱逐舰仅配备有4.7英寸口径的主炮。而且无论如何，这些驱逐舰都无法在如此风大浪高的海域里跟上战列巡洋舰，因为高度惊人的大浪经常会吞没驱逐舰的上层建筑。

无论是主动求战还是被迫应战，惠特沃思都下令座舰将航速从12节提至20节，然后向对手吐出了火舌。"声望号"迎着滔天巨浪颠簸前行，不断逼近德舰，而巨浪卷起的冰冷海水甚至飞溅到了舰桥之上。"声望号"的第五轮齐射对吕特晏斯的旗舰"格奈森瑙号"形成了跨射，其中一发炮弹摧毁了"格奈森瑙号"的测距仪和火控指挥仪，"格奈森瑙号"的大炮成了摆设。吕特晏斯见状，立即命令"沙恩霍斯特号"施放烟幕，掩护舰队撤退。德国人随即往西北方向撤去，吸引惠特沃思远离纳尔维克。也许，从一开始这就是吕特晏斯的计划，也可能是他受到了远处惠特沃思麾下众多驱逐舰长长一排炮管的威慑与影响——这意味着"声望号"背后也许有更多的英军大型战舰。惠特沃思一路追击，把竭力挣扎在滔天巨浪里的数艘英国驱逐舰远远地甩在了后面，这就产生了一个奇怪的局面：一艘英国的战列巡洋舰在海上追击德国的两艘战列巡洋舰。然而，到了早上 6 点 15 分，两艘德舰不见了踪影。最终，"沙恩霍斯特号"和"格奈森瑙号"于 1940 年 4 月 12 日安全地返回了德国的威廉港，一同返回威廉港的还有受创的"希佩尔海军上将号"。[11]

德军入侵挪威的最初几天里，英国人和挪威人夺取了诸多战术上的胜利。就在 4 月 9 日当天，德军进攻挪威首都奥斯陆时，挪威岸炮部队击沉了崭新的德国重巡洋舰"布吕歇尔号"，该舰三天前才刚刚服役。第二天，英国潜艇"旗鱼号"（HMS Spearfish）发射鱼雷击中了"吕佐夫号"袖珍战列舰，令其不得不返回基尔港进行近一年的大修。另一艘英国潜艇"懒惰号"（HMS Truant）重创了德国的轻巡洋舰"卡尔斯鲁厄号"。最后，以奥克尼群岛为基地的英国"贼鸥"式俯冲轰炸机机群炸沉了德国的"柯尼斯堡号"（Königsberg）轻巡洋舰。在人类的整个战争史上，用俯冲轰炸机炸沉一艘军舰，这还是开天辟地头一回。面对着德国海军主力，盟军取得的这些战果令人欢欣鼓舞。然而，就在惠特沃思指挥着"声望号"把"沙恩霍斯特号"和"格奈森瑙号"追到水天线之外时，吕特晏斯先前安排侵入韦斯特峡湾的那 10 艘德国驱逐舰却正在奔向这场战役的战略大奖——纳尔维克。

\*\*\*

这 10 艘德国驱逐舰的指挥官是弗里德里希·邦特。邦特时年

44岁，参加过"一战"，在两个月之前，他刚刚晋衔为海军准将。作为一名海军军官，邦特非常勇敢且能力突出，但他对纳粹政权却持怀疑态度，这种怀疑让他内心充满矛盾和冲突，甚至备受折磨和煎熬。与德国海军的其他所有军官一样，他也发誓过要效忠元首，并认为军人的荣誉来自遵从命令。不过，下达给他的命令颇有宿命论的意味。这或许让他更容易接受吕特晏斯那令人胆战心惊的命令：率领10艘驱逐舰进入狭窄的韦斯特峡湾，然后驶入更为狭窄的奥福特峡湾，在漆黑的夜里顶着狂风暴雪向纳尔维克挺进。在好不容易活着穿过了这条令人痛苦不堪的水道之后，邦特率领着5艘驱逐舰径直开进了纳尔维克的港口。其中2艘停下来送部队上岸，另外3艘在邦特的指挥下进入了拥挤的锚地，来自5个国家的23艘商船正停泊在该锚地中。此时，驻防纳尔维克港的有两艘40岁高龄、已经老掉牙的挪威海军岸防舰——"埃兹沃尔德号"（Eidsvold）和"挪威号"（Norge），这两艘岸防舰各装有两门8.2英寸口径的主炮和一座5.9英寸口径副炮，不过，它们的火控系统已经严重落后于时代了。[12]

当邦特率领着3艘德国驱逐舰接近锚地时，挪威海军上校奥德·伊萨克森·维洛克指挥"埃兹沃尔德号"对其警告性地开了一炮。这让邦特的座舰停了下来，不过，另外一艘德国驱逐舰仍然继续往前驶向栈桥，卸下了运载的陆军部队。与此同时，邦特派了一位信使乘小艇前往"埃兹沃尔德号"。这位信使只带去了一份声明，强调德国人是为保护挪威人免受英国人攻击而来的，希望挪威人不要抵抗，因为"所有的抵抗都是徒劳的"。听闻此言，维洛克不容分说地怒斥了德国信使，并回绝了德国人提出的将其麾下的挪威军舰交给德军的要求。信使离开了。刚一离开目标区，他就打出了一发红色的信号弹，这是要邦特进行鱼雷齐射的信号。两枚鱼雷击中了"埃兹沃尔德号",该舰随即断成了两截,几秒钟后便沉没了,177名挪威官兵与舰同沉,仅有8人生还。在拥挤的锚地里,另一艘岸防舰"挪威号"开始与德国的驱逐舰交火,不久后也被鱼雷击中了。与"埃兹沃尔德号"一样,"挪威号"也迅速沉没,又有100多名挪威海军官兵遇难。事实上,这场战斗就此结束,德国人控制了纳尔维克的港口及其市区。[13]

德军占领了纳尔维克,这再次改变了惠特沃思的任务。他原先的任务是阻止德军进入韦斯特峡湾,而到了此时,他的任务变成了堵住德舰,不让德舰离开纳尔维克。的确,德军占领纳尔维克的消息给英国人敲响了警钟,在英国和英军的指挥系统上上下下引起了极大的困惑。英国海军部如雪片般发出了一大堆命令(大多出自丘吉尔之手),而且这些命令居然绕过了惠特沃思,直接下达到惠特沃思的两位部下那里:轻巡洋舰"珀涅罗珀号"(HMS Penelope)的舰长乔治·D. 耶茨上校和第二驱逐舰支队指挥官伯纳德·沃伯顿-李上校。虽然沃伯顿-李已经44岁,但他长着一张娃娃脸,战友们都叫他"沃什-李"("Wash-Lee")或简称其为"沃什",而下达给沃伯顿-李的命令特别具有决定性意义。丘吉尔注意到"新闻报道"显示一艘德国舰船已经抵达了纳尔维克港,遂命令沃伯顿-李"马上赶往纳尔维克并击沉或袭扰敌军舰艇。由你决定是否让英军部队登陆并从敌人手中夺回纳尔维克"。[14]

对于惠特沃思——这些命令也抄送给了他——和沃伯顿-李来说,虽然有"新闻报道",但很明显的一点是,这些命令是在信息不完备时下达的。例如,驻泊于纳尔维克的显然不会只有一艘德舰,而沃伯顿-李麾下仅有5艘H级驱逐舰的小部队只是英国皇家海军此时可用兵力的极小一部分。如果英军指挥系统上上下下能协调得更好一些,也许他们能组织一支更合适的进攻部队。不管怎么

1940 年 4 月，在英国皇家海军的伯纳德·沃伯顿-李指挥驱逐舰攻击之前，两艘德国驱逐舰下锚停泊在栈桥旁边。两艘德国扫雷艇停泊在照片中的右侧。在英军抵达纳尔维克之前，德国人已经占领了纳尔维克的港口及其市区

来源：美国海军历史与遗产司令部

说，把沃伯顿-李这区区几艘小型驱逐舰组成的小舰队派进狭窄的挪威峡湾寻找德国进攻部队，这简直就是羊入虎口。惠特沃思对此并没有进行干预，因为他觉得海军部清楚他们在做什么。

在收到可以自行决断是否"夺回纳尔维克"的命令之后，沃伯顿-李旋即开始对韦斯特峡湾进行侦察，并从一个挪威岸上引水站那里了解到，至少有 6 艘德国大型驱逐舰和 1 艘德国潜艇驶入了峡湾，而一支强大的德军地面部队已经控制了纳尔维克市区。沃伯顿-李麾下的 5 艘舰都是小型驱逐舰，每艘排水量都不到 1 500 吨，仅有 4 门 4.7 英寸炮。与之相比，那 6 艘德国大型驱逐舰的排水量都超过 2 200 吨，而且都装备有 5 门 5 英寸炮。虽然如此，但沃伯

顿-李深知：此时反对这道命令是非常不合时宜的。因此，在给海军部汇报自己的侦察情报的同时，沃伯顿-李也委婉地表达了自己的意图："挪威人报告说德军已经武力占领了纳尔维克，他们有 6 艘驱逐舰和 1 艘潜艇，而且峡湾里可能已布设了水雷。我准备在黎明时进攻。"这份报告至少让海军部（在此次情况中，具体指丘吉尔）有机会重新考虑一下此前下达的命令。沃伯顿-李甚至可能曾盼望命令会被更改，但结果，他得到的回复却是明确让他"于拂晓时分进攻，祝好运"[15]。

当夜晚些时候——确切地说是第二天凌晨 1 点刚过——沃伯顿-李收到了新的命令，强调要搞清楚德军是怎样登陆的，他们是否已经占领了岸防炮台。这意味着他要去执行的是一次侦察任务，而非攻击。接着，又传来了一条消息，通知说德国人可能已经俘获了驻防在纳尔维克的两艘挪威岸防舰，英国海军部发来的原文是："在这种情况下，是否可以实施攻击，请你独立判断。"毫无疑问，若要弄清楚德国人是否真的已经拿下了岸防炮台和挪威军舰，唯一办法就是进入纳尔维克港，看看他们是否会朝自己开火。英国海军部发来的最后一条消息在结尾时保证道："无论你做何决定，我们都全力支持你。"理论上，英国海军部把自行决定权留给了沃伯顿-李。然而，在英国皇家海军四个世纪光荣传统的重压之下，沃伯顿-李将做出什么决定，这是再确定不过的事情了。[16]

4 月 10 日，黎明前，天还在下着大雪，沃伯顿-李率领着 5 艘小型驱逐舰先驶过韦斯特峡湾，继而进入奥福特峡湾。凌晨 4 点半，沃伯顿-李麾下的舰艇以 6 节的航速悄无声息地进入了纳尔维克的港区，压根没人注意到它们的到来。此时，港口里停泊着 5 艘德国驱逐舰，其中 2 艘停靠在"扬·维勒姆号"（Jan Wellem）旁边加油。如前所述，德国人提前派去了很多后勤补给舰船，"扬·维勒姆号"油料补给舰就是其中的一艘。此时,邦特麾下的另外5艘德国驱逐舰正停泊在附近的小峡湾里。沃伯顿–李坐镇英国"哈代号"(HMS Hardy)驱逐舰进行指挥,趁着尚未被发现之际,他命令该舰对停泊在右侧的一艘德国驱逐舰齐射鱼雷,同时,英军"猎人号"驱逐舰也向停泊在左侧的一艘德国驱逐舰齐射鱼雷。在数分钟之内,受到攻击的两艘德舰就爆炸沉没了。其中的一艘正是邦特的旗舰"威廉·海德坎普号"(Wilhelm Heidkamp),邦特本人战死,他对这次任务的不满也随之湮没无闻。随后,黑暗中一片混战,5英寸炮弹和4.7英寸炮弹在锚地上方飞来飞去,鱼雷不时划过水面。这场混战也给多艘商船带来了惨重的损失。英军驱逐舰击沉了6艘德国后勤船只,不过,"扬·维勒姆号"油料补给舰却侥幸逃过一劫。停泊在港口内的其余3艘德国驱逐舰也被击中了,有些还受损严重。沃伯顿–李用了40分钟的时间,克服了重重困难,在拂晓前实施了大胆突击。看起来,英军的打击已经严重削弱了侵占纳尔维克港区的德国侵略军,从而为下一步快速反击并夺回纳尔维克铺平了道路。[17]

不幸的是,沃伯顿–李并不知道:德国人在纳尔维克的驱逐舰不是6艘,更不是5艘,而是10艘!正当这支英国驱逐舰支队沿着奥福特峡湾凯旋时,隐蔽停泊在附近小峡湾里的另外5艘德国驱逐舰从左右两侧突然杀出。德军一发5英寸炮弹击中了英国驱逐舰"哈代号"的舰桥,沃伯顿–李的头部受了致命伤。据说他的临终遗言是"继续与敌人作战"。"哈代号"燃烧起熊熊大火,很快就搁浅报销了,该舰的官兵们迅速弃舰上岸。英舰"猎人号"也被数不清的炮弹击中。在漫天的大雪中,"猎人号"无法行驶也无法操控,结果被后面的英国驱逐舰"热刺号"(HMS Hotspur)猛地撞上。但不可思议的是,本已身中7弹的"热刺号"居然仍浮在水面上。对英国人来说，此时的情况已经够糟糕的了，但他们原本可能会更加悲惨。3 艘德国潜艇刚刚被派到韦斯特峡湾。它们对进出峡湾的英舰展开了多次攻击，但它们发射出的鱼雷却一枚也没有爆炸。德国潜艇 U-51 的艇长迪特里希·克诺尔在极近距离向一艘英国驱逐舰连射 4 枚鱼雷——其中的 2 枚还没抵达目标就提前爆炸了，而其余的 2 枚则压根没爆炸。显然德国鱼雷问题严重。[18]

英国驱逐舰"哈沃克号"（HMS Havock）的舰长是雷夫·E. 卡里奇少校，他真是人如其名 *，正是在他的英勇指挥下，"哈沃克号"掩护着幸存的 2 艘英国驱逐舰撤出了战斗。在撤离的过程中，"哈沃克号"还击毁了德国的弹药补给舰"拉乌恩费尔斯号"（Rauenfels），将其化为一团壮观的火球。此战结束之后，双方的最高指挥官——邦特和沃伯顿-李都被各自的国家追授了最高等级的勋章：邦特被追授骑士十字勋章，而沃伯顿-李被追授维多利亚十字勋章。[19]

＊＊＊

与此同时，在挪威海岸的其他地方，指挥着英国本土舰队主力的海军上将查尔斯·福布斯爵士也在寻找机会阻止德军登陆纳尔维克南面的特隆赫姆和卑尔根。虽然福布斯在战列舰方面拥有优势，但他发现自己每天都会受到大批德国飞机的威胁，这些飞机都来自刚刚被占领的挪威各机场。戈林派出 700 多架德国飞机参加挪威战役，这些德国飞机整日不断地袭扰英国军舰，击沉了"廓尔

---

\* 因为此人的姓氏"Courage"音译为"卡里奇"，而作为一个英语单词，意思为"勇敢"。——译者注

喀人号"（HMS Gurkha）巡洋舰 *，还击伤了福布斯的旗舰"罗德尼号"（HMS Rodney）战列舰。当挪威战役爆发时，英军在该地区仅有一艘航空母舰"暴怒号"（HMS Furious），而且舰上仅有鱼雷攻击机 †，没有战斗机。于是，英军急令"皇家方舟号"和"光荣号"（HMS Glorious）航母从地中海火速驰援挪威战场。不过，这两艘英国航母直到 1940 年 4 月 24 日才赶到指定海域。此外，恶劣的海况导致航空母舰运作困难。而且，英军飞机中大部分都是慢速的格罗斯特"角斗士"式双翼战斗机、"剑鱼"式双翼攻击机以及"贼鸥"式俯冲轰炸机，而无论是数量上还是性能上，德军的飞机都要完胜这些英国飞机。[20]

起初，福布斯接到的命令是，指挥英国本土舰队阻止德国人在特隆赫姆和卑尔根登陆。然而，就像在纳尔维克一样，这两处的德军也都赶在英国皇家海军抵达之前抢先登陆。根据这一情况，英国海军部给福布斯下达了新的命令："在卑尔根的入口处进行巡逻，防止敌舰逃跑。"然而，德军的威胁在沿岸各地无处不在。如此，为了加强其他地区英军的作战力量，白厅（准确地说，就是丘吉尔本人）把福布斯的舰队主力当成了抽调的来源，不时把军舰从福布斯的麾下抽调到其他受威胁地区增援。到最后福布斯手中就只剩下了两艘战列舰、"暴怒号"航空母舰以及六艘驱逐舰。[21]

4 月 11 日，也就是沃伯顿-李率部突击纳尔维克港区之后，福布斯收到了一条命令：把"厌战号"（HMS Warspite）战列舰和"暴怒号"航空母舰调拨给惠特沃思，再次进攻纳尔维克，而这又进

---

\* "廓尔喀人号"实际应为"部族"级驱逐舰。——译者注

† 鱼雷攻击机是通过低空投射鱼雷攻击舰船的战机，又称鱼雷轰炸机，简称鱼雷机。——编者注

英国皇家海军本土舰队司令、海军上将查尔斯·莫尔顿·福布斯爵士这张身着戎装的官方肖像由奥斯瓦尔德·伯利爵士绘于 1947 年。根据历史学家科雷利·巴尼特的评论，福布斯是"18 世纪 74 炮战列舰的人形化身"：面无表情、相当可靠，更像是某个更早时代的产物

来源：大不列颠皇家海军学院博物馆

一步削弱了福布斯舰队的力量。再战纳尔维克已经没有任何突然性可言了，不过，这次英国人并不需要突袭，因为此次他们送入纳尔维克这个狼窝的不再是羊，而是一头凶悍的爱尔兰猎狼犬。随后，惠特沃思把装备有 8 门 15 英寸口径主炮的"厌战号"战列舰当作自己的旗舰。4 月 13 日，惠特沃思率部杀入了通往纳尔维克的峡湾。当"厌战号"威风凛凛地在峡湾里前行时，该舰的舰载侦察机侦察到并击沉了正在奥福特峡湾里守株待兔的德国海军的 U-64 号潜艇，随后飞行员为"厌战号"的巨炮发来了目标信息。幸存的几

艘德国驱逐舰勇敢地杀出来迎战，但很快就被英军打垮。在用完大部分鱼雷、打光所有的 5 英寸炮弹之后，这些德国驱逐舰被赶进了洛姆巴克斯峡湾——这是奥福特峡湾的一个小分支，舰员们让军舰在那里搁浅，然后上岸钻进了森林里。英国方面受到的损失就小得多了。由罗伯特·圣文森特·舍布鲁克指挥的英军"哥萨克人号"驱逐舰在两分钟之内身中 7 发炮弹并顺流漂到了岸边搁浅，不过，该舰最终还是获救了。一枚鱼雷炸掉了英国驱逐舰"爱斯基摩人号"（HMS Eskimo）的大半个舰首，为了避免更大的损失，该舰不得不撤出峡湾。[22]

　　纳尔维克的德国海军被消灭后，丘吉尔便制订计划，准备夺回纳尔维克市区。他起初希望惠特沃思能组织一批英国水兵，从军舰上岸直接登陆。然而，当地德军有来自奥地利蒂罗尔的 2 000 名精英山地部队，外加 2 000 名弃舰上岸的驱逐舰水兵，于是他还是决定派遣一支正规登陆部队过来。英国陆军少将皮尔斯·约瑟夫·麦克西负责指挥这支登陆部队，为运兵舰护航的有英国皇家海军的 7 艘巡洋舰和 5 艘驱逐舰，这些舰艇统归威廉·博伊尔海军元帅（他的头衔是爱尔兰科克和奥雷里勋爵，人们常简称其为"科克勋爵"）指挥。与德国人精心筹划的入侵不同，英军这次远征就是英国人所说的"草台班子"（lash-up）——手边有什么就用什么。这支部队简直就是一个大杂烩，其中包括一个苏格兰近卫旅、爱尔兰边民团和威尔士团的几支部队、法国外籍军团的几个小队以及两个营的波兰流亡政府军。此外，盟军原本应按照"战斗装载"的标准装船——最先使用的器材要最后装船，但事实上，每当一批装备或后勤物资运抵码头，盟军就将其"扔"上运输船，直至船装满为止。甚至没几个人知道哪艘船具体载有什么装备。更不同寻常的是，这么重大的作战行动居然没有总指挥官。人们认为麦克西和科克勋爵两人理应协同配合，但问题是这两人在出航之前从来都没有见过面。[23]

几乎与此同时，英国内阁开始重新斟酌这一远征计划。英国外交大臣哈利法克斯勋爵认为守住特隆赫姆将带来更大的政治影响，坚称这里才应该是英军行动的焦点。丘吉尔很快转而支持哈利法克斯勋爵，于是正在航海途中的纳尔维克登陆部队遂分出了一部分兵力分别前往特隆赫姆以北的纳姆索斯及其以南的翁达尔斯内斯进行登陆，意图展开一场钳形攻势，拿下城市。分出的这部分兵力倒是成功登陆了，但他们却遇到了漫天大雪和崎岖地形，而且每天都饱受德国空军的轰炸，所以其进展极为缓慢。为了支援这批部队，丘吉尔催促福布斯用其所剩的唯一一艘战列舰从海上直接攻击特隆赫姆。丘吉尔相当乐观地给此次行动命名为"铁锤行动"。然而，福布斯拒绝了，这在很大程度上是因为他缺乏空中掩护。福布斯甚至敢于在这个问题上教训这位海军大臣，他指出："在德国空军连续的空袭面前……发动强行登陆，这几乎是不可能实现的。"面对福布斯的态度，丘吉尔勉强让了步，不过，他会记得福布斯对他的不敬的。[24]

与此同时，麦克西率领着剩余的进攻部队于4月15日在纳尔维克附近的哈尔斯塔登陆了。登陆场面相当混乱，耗时远超预期。举个例子来说，登陆部队花了5天的时间才卸完了2艘船上装载的物资装备，其间还遭到德国飞机的不断袭扰。英国皇家海军的"暴怒号"航空母舰以及刚刚抵达此地的"光荣号"航空母舰总共放飞了两个中队的舰载机飞到陆地上空，但在与德国飞机较量的过程中，英国飞机并没有交到好运，反而是德国空军击沉了6艘英国舰艇。面对着来自丘吉尔的压力，科克勋爵催促麦克西赶紧展开陆上强攻，但麦克西的登陆部队正在齐腰深的雪窝里挣扎

前行，无法快攻，只能逐步包围纳尔维克市区。正如对福布斯施
压一样，丘吉尔此时也在给科克勋爵施压，他让科克勋爵用其麾
下大型军舰的舰炮猛轰纳尔维克市区。科克勋爵于 4 月 24 日照
做了，但几乎没取得任何效果。到 4 月底，纳尔维克地区的盟军
部队达到了 3 万人，其中有英国人、法国人和波兰人，然而德国
人一直坚守着纳尔维克市区。[25]

＊＊＊

就在盟国向挪威战场集结部队之时，伦敦开始收到明确的情
报，德军此时正在欧洲大陆进行更大规模的力量集结——德国的数
个装甲师正在德国与法国、比利时的边境集结。自从 1939 年 9 月
波兰沦陷以来，欧洲大陆的地面战事一直处于休眠状态，但此时看
起来，德国正准备发动一场大规模的进攻。这让张伯伦首相和英国
内阁的其他成员（包括丘吉尔在内）都在考虑，英国皇家海军是否
应当继续分兵挪威。早在 1940 年 4 月 24 日那天，也就是科克勋爵
的舰队炮轰纳尔维克之时，英国内阁就进行了秘密投票，同意结束
挪威战役。英国政府把这个决定通报给了法国政府，却对挪威人保
持了缄默。

在 1940 年 5 月的第一个星期里，张伯伦首相要求英国议会下
议院对他进行信任投票。张伯伦多少出于自我辩护的目的，告诫下
议院议员们"别对挪威战役的结果过早地下结论"，其实，盟军此
时已经在挪威战场上陷入了泥潭。虽然张伯伦首相勉强通过了信任
投票，但考虑到改组英国政府或可提振英国军民的士气，他还是辞
职了。盟军在挪威战役中犯下的很多错误都源于丘吉尔的胡乱插
手。然而，他作为积极、绝不妥协的反纳粹主义者的声誉〔"纳粹

主义"（Nazism）这个词在丘吉尔口中的发音就好像是从"恶心"（nausea）一词派生出来的一样〕让他成了继任张伯伦首相大位的唯一合适人选。于是，1940 年 5 月 10 日，英国国王乔治六世让丘吉尔负责组阁。作为首相，丘吉尔还把国防大臣的大权握在手中，当然了，他还要继续对海军事务施加巨大的影响，因而在整个二战期间，他手握几乎全部的军事战略决策权——包括海军战略决策权，还有政府的决策权。[26]

1940 年 5 月 10 日，在德国空军的掩护下，德国装甲部队冲过了德国与法国和比利时两国的边境线。法国战役迅速展开，这必然成了丘吉尔此时的头等大事，不过，他仍然希望能在从挪威撤退之前拿下纳尔维克。这部分是因为他想摧毁那里用来装运铁矿石的码头以及铁路设施，但他也希望靠占领纳尔维克来证明早前做出的进军挪威的决策是正确的，而且挪威战役并非一场彻头彻尾的大败仗——另一场加里波利战役。于是，他开始换将，撤换掉了谨慎有余但冒险精神不足的麦克西，取而代之的是更加积极求战的克劳德·奥金莱克。此外，丘吉尔还给科克勋爵施压，令其"尽快为夺取纳尔维克扫清障碍"。[27]

5 月 27 日，盟军部队向纳尔维克发动地面进攻。希特勒命令驻守纳尔维克的德军部队战斗至最后一人，但他们还是向内陆撤去，并且沿途破坏了很多铁路隧道，不过，这实际上却帮助英国人实现了其既定目标——让纳尔维克无法再转运来自瑞典的铁矿石。第二天，英国人终于攻占了纳尔维克。不过到了此时，纳尔维克的重要性已经让位于其他重大事件。几乎就在此刻，英国人开始准备撤离此地——不仅是从纳尔维克撤军，而且是从整个挪威全面撤离。挪威国王哈康七世接受了英国关于组织流亡政府的建议，6 月 1 日，哈康七世从挪威特罗姆瑟出发，带走了挪威 50 吨的国家黄金储备。至少同样重要的是，数艘挪威军舰和一千多艘挪威商船选择继续效忠哈康七世。考虑到全球范围内都缺乏足够的航运力量——对交战双方而言均是如此——这对英国的战争努力是个重大利好。[28]

雷德尔元帅实现了既定目标。德军已经占领了挪威，至少是挪威的主要港口城市。然而，雷德尔为此赌上了他的大部分水面舰艇部队，并遭到沉重打击。三艘巡洋舰——其中就有崭新的"布吕歇尔号"——以及派到纳尔维克执行任务的全部十艘驱逐舰和其他十几艘舰船被击沉，几乎所有幸存下来的大型德舰都有不同程度的损伤。截至 1940 年 6 月，还能出海作战的德国水面舰艇只剩下十来艘了，无论是在北海，抑或是在其他海域，德国海军水面舰艇部队都已经无法再给英国皇家海军带来实质性的威胁。雷德尔个人也对挪威的政治局面感到非常失望。最开始的时候，他本希望战役结束后德国统治当局能对挪威人采取"一种温和而友善的态度"。但事与愿违，希特勒派驻挪威的总督像对待一个被占领的省份一样冷酷残暴地对待挪威人。这种情况一直在折磨着雷德尔的良心，他曾反复尝试说服希特勒对挪威人采取怀柔政策，却未能成功。[29]

最终，讽刺的是，原本令挪威值得赌上整个德国海军去攻打的局面，在转眼间发生了剧变。没过多久，德国国防军就碾过了法国，邓尼茨麾下的德国潜艇部队得到了位于大西洋沿岸的法国众多港口，这使得挪威的诸多港口变得几乎毫无价值。此外，德军还获得了法国洛林储量巨大的铁矿。这样一来，远在瑞典北部的铁矿就变得远没有当初那么重要了。最后，虽然在很多人看来，的确是德国人取得了挪威战役的胜利，可是雷德尔付出了一切，损失巨大，却几乎一无所获。[30]

***

当然，英国人也在挪威战役中损失惨重，而且还有一个巨大的悲剧需要他们去承受。1940 年 6 月 8 日，英国皇家海军的"光荣号"航空母舰从挪威特隆赫姆撤回英国本土，为其贴身护航的是两艘驱逐舰"热心号"（HMS Ardent）和"阿卡斯塔号"（HMS Acasta）。当时，"光荣号"上面搭载着刚刚从挪威撤回的一个中队"飓风"式战斗机。虽然英国皇家空军的飞机没有尾钩，无法钩住航母上的飞机拦阻索，但这些"飓风"式战斗机还是成功地降落在了航母上。然而，"光荣号"的甲板上停满了"飓风"式战斗机，自己的舰载战斗机也就无法升空了。恰在此时，"沙恩霍斯特号"和"格奈森瑙号"突然出现在水天线上。四天之前，根据雷德尔的命令，威廉·马沙尔率领这两艘姊妹战列巡洋舰前往挪威，准备攻击纳尔维克附近的英国舰船。这一任务的时机未免太晚了一点，但马沙尔误打误撞地居然碰上了一次预料之外的机会。

"光荣号"的飞行甲板上堆满了"飓风"式战斗机，舰员们无法把任何一架战斗机或轰炸机送上天。然而令人费解的是，当天"光荣号"桅顶的瞭望哨上居然无人值班，而在看到德国军舰之后，"光荣号"的舰长盖伊·多伊利-休斯又等了 20 分钟才命令转入一级战备。其结果就是，"光荣号"创下一个极不光荣的纪录，成了有史以来第一艘被水面舰艇炮火击沉的航空母舰。"沙恩霍斯特号"开火后仅仅 34 分钟，"光荣号"就开始向右翻滚，沉入海中。[31]

两艘英国驱逐舰拼尽全力，加速朝两艘德舰冲去，发射鱼雷，并用其小口径舰炮轰击。场面无助到简直令人绝望。其中的一艘——"热心号"——几乎是瞬间就被德舰击沉了，而另外一艘——由查尔斯·E. 格拉斯福德指挥的"阿卡斯塔号"——则继

"光荣号"原为第一次世界大战中入役的"勇敢"级战列巡洋舰,该级还包括"勇敢号"和"暴怒号"。战后由于《华盛顿海军条约》的限制,英国将"勇敢"级都改为航空母舰,成为皇家海军最早的一级航空母舰

来源:维基百科

续孤军奋战。自始至终,"阿卡斯塔号"都在施放烟幕,并用其 4.7 英寸口径的主炮轰击德舰,直至最后被德舰的炮火击沉为止。在这一过程中,格拉斯福德跟"阿卡斯塔号"上的一位军官说,"至少我们还可以秀一把"。在战斗中,"阿卡斯塔号"发射出的一枚鱼雷居然还击中了"沙恩霍斯特号",给这艘德舰造成了巨大的损伤。不过,几乎与此同时,"阿卡斯塔号"自己也被德舰齐射出的一轮 11 英寸炮弹击中而沉没,舰上的全体舰员仅有 1 人生还。人们最后一次见到格拉斯福德舰长时,他正镇定自若地在"阿卡斯塔号"的舰桥上点着一支香烟。这 3 艘英舰上的总共近 1 500 人中,被救生还者仅有 45 人。

伦敦直到很久之后才获悉了这场灾难。因为在遭遇战刚刚打响时，"光荣号"的无线电设备就被德舰的炮火击毁了，所以该舰甚至都没能发出无线电报告，附近的盟军舰艇也就无从得知其真实处境，因而未能前来救援。其结果是，直到数日后德国广播电台播出了这则消息时，丘吉尔才知道大英帝国损失了一艘航空母舰。从任何意义上来讲，这都是一种奇耻大辱。除了那个星期在英吉利海峡发生的更加严重的事件之外，"光荣号"的悲剧绝对能算是这个国家当时最大的耻辱了。[32]

# 第 4 章

# 法国沦陷

1940 年 5 月 15 日早晨 7 点半，法国总理保罗·雷诺给伦敦唐宁街 10 号的温斯顿·丘吉尔打去了电话。丘吉尔从不习惯早起，当时他还在睡觉，铃响了好长时间之后，他才勉强接起电话。在电话里，雷诺劈头第一句话就是："我们被打败了。"丘吉尔彻底惊醒了。

听到这句话，丘吉尔的第一反应就是去宽雷诺的心，他说情况不可能那么糟糕的，德国人 5 天前才发动进攻，形势会好转的。然而，雷诺却听不进去。"我们被打败了，"雷诺又说了一遍，"我们输掉了这场战役。"第二天，丘吉尔飞赴巴黎，在那里，他发现每个人的想法都与雷诺一模一样。[1]

法国人的沮丧事出有因。拖延已久的德军地面进攻以 1 800 辆坦克打头阵，坦克和飞机协同作战，向西快速挺进。这股钢铁洪流好似一把锋利的匕首，迅速突破了位于马其诺防线北边原本被认为是不可突破的阿登森林，如砍瓜切菜一般打垮了防守色当的法国第九集团军，然后迅速穿越位于索姆河东北方向的大片开阔地带。在20 年之前的"一战"中，敌对的双方军队在这片土地上打了一场以"码"为单位进退的战役。这一回，德军装甲纵队仅仅花了十天的时间就推进到了英吉利海峡。由于英国远征军和法国第一集团军在开战之初就匆忙赶赴比利时迎战推进过来的德军部队，现在他们的退路被切断了。截至 5 月 20 日，50 万英军、法军和比利时军队被德军赶进了位于加来和奥斯坦德之间沿海地区的口袋里，口袋的中间则是敦刻尔克港。[2]

5 月 24 日，被围困在这个狭窄口袋里的盟军部队得到了一个意想不到的喘息之机，为了等待步兵部队跟上来，德军装甲部队停了下来。趁此当口，英国远征军司令约翰·维里克将军（人们通常称他为戈特勋爵）派维克托·戈达德空军上校赶赴伦敦面见海军元帅庞德，向他报告十万火急的战场局势。庞德立即同意眼下的当务之急是撤回被困的英军部队，并批准了后来被称为"发电机行动"的计划。为了实施该计划，庞德把任务交给了英国皇家海军多佛军港司令、海军中将伯特伦·霍姆·拉姆齐。[3]

朋友们都昵称拉姆齐为"伯蒂"。他的长相并不怎么吸引人，中等个头，长着平平的圆脸，头发稀疏。拉姆齐的父兄都是陆军军官。不过，在 15 岁的时候，他却为了彰显独立性而选择了加入英国皇家海军，而不是英国陆军。作为英国皇家海军的一名行政人员，他展现出了极高的工作效率。在其后来的海军职业生涯的大部分时间里，拉姆齐担任的职务基本上不是这位高级将领的参谋人员，就是那位高级将领的幕僚。20 世纪 30 年代，他的职业生涯遭遇了瓶颈和波折。在担任英国海军上将罗杰·巴克豪斯爵士的参谋长之时，时为海军少将的拉姆齐由于觉得巴克豪斯总是插手他的参谋工作而选择辞职。很快，拉姆齐就被列入退役名单，随后，他享受了一段闲云野鹤式的退休乡绅生活。然而，在 1938 年的慕尼黑阴谋危机期间，英军将拉姆齐重新召回了现役。二战爆发初期，拉姆齐担任英国皇家海军多佛尔军港司令一职，因此，在法国敦刻尔克的危机急剧恶化之际，他就成了距离敦刻尔克最近的海军指挥

此图中，英国皇家海军伯特伦·霍姆·拉姆齐中将站在多佛尔城堡中著名的将军步道（Admiral's Walk）上，手握单筒望远镜，远眺着欧洲大陆的佛兰德斯海岸。拉姆齐精心策划并负责实施了 1940 年的敦刻尔克大撤退以及 4 年之后盟军重返欧洲大陆的诺曼底登陆

来源：帝国战争博物馆（Imperial War Museum）

官。盟军真是走了运，事实证明，凭借着超强的行政能力以及不知疲倦的工作作风，拉姆齐在"发电机行动"的实施过程中起到了极为关键的作用。起初，坐镇白厅的庞德和英国皇家海军其余的高级将领预计被困法国海岸的将近 40 万人中只能救回来 4 万，但最后，"发电机行动"救回了超过 33.8 万名盟军将士。[4]

\*\*\*

为了执行此项任务，拉姆齐将自己的指挥部设在了筑于多佛尔海岸白垩质峭壁旁的一座城堡里。雕凿建成这座城堡的是拿破仑战争时期的法军战俘。该城堡中一个阳台的位置绝佳，可以将英吉利海峡壮阔的景色尽收眼底。*从这里，拉姆齐能看见、听见不到20英里外欧洲大陆上的浓烟和炮声。在接下来的两个星期里，拉姆齐几乎未曾离开过这座位于悬崖峭壁旁的城堡。在这里，拉姆齐及其麾下的参谋人员通宵达旦地工作。"昨夜，我们一宿都没休息，"时年57岁的拉姆齐在5月23日给妻子的信中写道，"我太困了，眼睛都无法睁开。"拉姆齐及其部下每天就靠着三明治填饱肚子，靠咖啡提神，但他们仍然在坚持不懈地工作——征集物资和人力，计划安排船只，协调并解决这场史无前例的大撤退近乎混乱的局面。这就和他后来协调诺曼底登陆战一样，当然，方向是反过来的。[5]

拉姆齐面临的第一个挑战就是征集船只。虽然传统上认为英国远征军是被五花八门的一大群游艇和渔船从法国的敦刻尔克救回来的，但实际上，这项任务主要还是由一二十艘正规的运输船和英国皇家海军的几十艘驱逐舰来完成的。在接到该项任务之后，拉姆齐采取的首批措施之一就是立即从挪威战场和其他够得着的战区召回驱逐舰，就连正在大西洋上为重要商船队护航的英国驱逐舰也放弃了护航任务，全速赶回英吉利海峡。通过诸如此类的措施，拉姆齐迅速集结了一支由39艘驱逐舰、36艘扫雷艇、34艘拖船以及113艘货轮和拖网渔船组成的"舰队"。同时，他指定弗雷德里克·韦克-沃克海军少将统一指挥这些舰船，并指定威廉·乔治·坦南特

---

\* "一战"期间，多佛尔城堡中的一个房间里装备有一个发电机，该发电机可以为后来成为拉姆齐总部的这座城堡发电。这就是英国将此次撤离行动的代号定为"发电机行动"的最初来源和灵感所在。

上校担任敦刻尔克的滩头指挥官，具体负责协调指挥敦刻尔克海岸的登船行动。[6]

大撤退开始于 5 月 26 日。在整个撤退行动中，盟军很少使用敦刻尔克的港口设施。5 月 24 日德军暂停向前推进之后，戈林说服希特勒相信德国空军轰炸机能够炸平敦刻尔克这个口袋里的一切，德军的坦克就不用再冒险往敦刻尔克推进了。虽然事实证明戈林言过其实了，但纳粹空军的确把敦刻尔克港的码头和堤坝炸成了一片废墟，以至于码头设施几乎都不能使用了。在向上级进行汇报时，坦南特说：整个敦刻尔克的大街小巷"堆满了各种残骸"，所有的窗子都碎了，码头也都不能用了。当英国的 2 艘运输船试图进入敦刻尔克的港口时，一艘被击沉，另一艘则严重受损，不得不撤回英国。拉姆齐据此得出结论：盟军将不得不从海滩上撤离。[7]

然而，说起来容易做起来难，这是因为敦刻尔克的海岸是缓坡，因此吃水超过 12 英尺的英国驱逐舰无法驶入距离海岸 600 ~ 800 码以内的水域。这样一来，盟军就不得不先用小船把部队从海滩运送到驱逐舰上去，这是一个劳神费力的过程。当一艘小船抵达海滩时，绝望的官兵们立即争先恐后地爬上小船，可想而知，小船常因超载而搁浅在沙滩上。一旦发生这种情况，为了让小船重新浮起来，最后上船的几个人就不得不爬下去，当然，他们是不情愿的。当小船好不容易来到驱逐舰或运输船的旁边时，这些人又不得不再次争先恐后地爬上网梯或梯子，这一过程通常都是在德国飞机的扫射中进行的。最后，当漫长的一天终于接近尾声时，小船的桨手们已经筋疲力尽，这整个往返过程就变得越来越慢了。正如当时正在驱逐舰上服役的一位英国皇家海军军官所描述的那样，这个过程"效率极其低下"。[8]

很快，盟军调来了来自荷兰的 40 艘运河驳船，在荷兰语中，这种驳船叫作 schuitje。英国佬无法读准这个单词的荷兰语发音，因而从他们嘴里说出来，这个单词就变成了"skoot"。英国皇家海军的官兵们驾着这些运河驳船，尽可能地靠近沙滩，这样岸上的人就可以涉水走向它们。一旦装满，这些驳船就移动到等候着的驱逐舰和拖网渔船的旁边，而在有些情况下，这些运河驳船会直接驶向英格兰。然而，盟军仍然需要更多的小型船只。1940 年 5 月 27 日，坦南特催促拉姆齐"赶紧把每一艘能派过来的小船立即派到敦刻尔克东侧的海滩"。拉姆齐的团队总共征集到了 300 多艘小型船只，其中包括皇家大洋赛艇俱乐部的帆船以及泰晤士河里的小游船。此外，盟军还把英国救生员用的多艘摩托救生艇绑成长长的一串，在夜间将其拖到英吉利海峡的南岸，然后再使用这种摩托救生艇把部队带到驱逐舰的旁边。为了找到足够的人手来操作这些小型运载工具，拉姆齐的助手们征召了大量的退役海军军官、渔民甚至还有帆船运动爱好者。虽然有众多热情高涨的志愿者参与其中，但也有很多人要逼着干。在海滩的枪林弹雨中跑了第一趟之后，很多志愿者再也不想跑第二趟了，英军只能用刺刀逼着他们再次冒险。[9]

　　相较于运河驳船以及众多小型船只，更为重要的则是两座用巨石筑成的长条状防波堤，它们位于敦刻尔克港的两侧，一左一右，像两条伸展开来的细长胳膊一样伸进英吉利海峡，热情地拥抱抵达这里的各种船只。这两座防波堤原本是用于防止英吉利海峡的狂风巨浪影响港口，而非栈桥。尽管如此，东侧防波堤\*顶上狭窄的木质步道，却使得官兵们得以排成长队从沙滩走到两英里之外的防波堤最前端。不过，他们必须保持极大的耐心并展现出坚韧不拔的意志，在长长的队伍里等待，因为一旦踏上防波堤就再也没有回

---

\*　根据相关资料和照片，西侧的防波堤已经被德军的飞机炸毁了。——译者注

1940 年 5 月 26 日至 29 日，英军在敦刻尔克海滩上列队等待撤离时的情景
来源：维基百科

头路，还会暴露在德国飞机的扫射之下。一位幸存者后来回忆道：
"一个小时……两个小时……三个小时……四个小时……五个小
时……六个小时……我们就一直在沙滩上排队等待。最后，我们往
前移动了吗？确实没错，是在朝着防波堤移动！"英国皇家海军驱
逐舰的舰长们也面临着极度危险的状况，因为他们必须指挥舰员们
把驱逐舰精准地侧泊在防波堤旁边，但这样一来，失去了机动性的
驱逐舰就直接暴露于德国飞机的枪炮和炸弹之下。此外，它们还要
对付高达 20 英尺的大浪和速度为 3 节的海流。尽管如此，作为极
少的可利用设施之一，防波堤确实极为关键。5 月 28 日，防波堤
投入使用当天，官兵们就以每小时 2 000 人的速度登上了英国皇家
海军的驱逐舰，截至当天结束时，又有近 1.8 万人获救。[10]

正当拉姆齐及其团队竭尽全力地让更多的人上舰时，德国国防军恢复了向盟军阵地的进攻。此时，比利时人终于顶不住德国人的进攻压力了，于 5 月 28 日投降。由于比利时军队负责防御的是盟军环形防御圈的东侧，戈特勋爵因而不得不收缩防守。此刻，盟军需要与时间赛跑，因为大家都不知道，随着包围圈收缩得越来越小，盟军的防御阵地还能不能撑到把这些部队都撤走。为了赢得这场与时间的赛跑，拉姆齐请求英国海军部调来更多的驱逐舰。5 月 29 日，庞德授权拉姆齐可以调动英国皇家海军的任何驱逐舰。[11]

筋疲力尽的官兵们好不容易才登上船，许多人都觉得自己的磨难总算熬到头了。实际上，与滞留在敦刻尔克的沙滩上相比，驶过英吉利海峡同样危险。在占领挪威的过程中，德国海军损失惨重，因此，德国人此时无法直接从水面上袭扰盟军的大撤退。然而，海上的威胁却远不止于此，同样具备杀伤力的还有德国空军、水雷、邓尼茨的潜艇，以及一种鱼雷快艇，盟军称其为 S 艇或 E 艇。这种鱼雷快艇长度为 100 英尺左右，由戴姆勒-奔驰公司生产的 7 500 马力双引擎驱动，比美国人所谓的 PT 鱼雷艇稍大。虽然德国 E 艇装备有 40 毫米口径的艇炮，但其主要武器是鱼雷，每艘 E 艇都携带有 4 枚鱼雷，其鱼雷射程接近 4 英里。由于这种鱼雷快艇小而脆弱，所以它们严重依赖偷袭，并且几乎毫无例外地都是在晚上行动。[12]

5 月 28 日至 29 日午夜刚过，当天已经完成了一轮撤离任务的英国驱逐舰"清醒号"（HMS Wakeful）再次满载盟军官兵，准备第二次返回英国。正在此时，德国 E 艇射出的一枚鱼雷正中这艘英国驱逐舰的舯部。爆炸炸断了它的龙骨，导致该舰在一分钟之内就沉没了。"清醒号"的 110 名舰员中仅有 25 人获救。然而，真正的悲剧发生在"清醒号"的甲板下面，因为当时有 640 名官兵像沙丁鱼一般挤在那里。这些人几个小时前刚刚从敦刻尔克

这艘不知名的驱逐舰上面挤满了此前刚刚从法国敦刻尔克撤离的盟军官兵，即将沉没在英吉利海峡里。击沉它的要么是一艘潜艇，要么是一艘鱼雷快艇。请注意照片中正在从驱逐舰舰首跳到海里的那名军人

来源：美国海军学会

的防波堤来到这艘英国驱逐舰上，随着"清醒号"迅速沉没，这640人中仅有1人生还。此时，搭载有700人的英国驱逐舰"格拉夫顿号"（HMS Grafton）恰好路过这一海域，见此惨状，舰长立即命令停下来拯救"清醒号"的幸存者。随后，它也被一枚德国鱼雷击中。与"清醒号"不同的是，"格拉夫顿号"在海面上坚持漂浮了很长一段时间，得以让第三艘驱逐舰"艾文霍号"（HMS Ivanhoe）赶来把"格拉夫顿号"上面的绝大部分舰员和乘员都救出去。恰在此时，又有一艘舰艇影影绰绰地出现在黑暗之

中，2 艘驱逐舰一同向它开了火。悲剧的是，它们误击了一艘英国驱逐舰"舒适号"（HMS Comfort）*，还把它给击沉了。第二天，搭载着盟国士兵的法国驱逐舰"狂风号"（Bourrasque）触到了德军水雷而沉没，150 人遇难。[13]

在这场大撤退中，英国失去了 6 艘驱逐舰，法国失去了 3 艘驱逐舰，另有 19 艘英国驱逐舰受损。因此英国最初调来的 39 艘驱逐舰中有 25 艘失去了战斗力。巨大的损失让庞德大为震惊，他决定撤回一些新型驱逐舰，不再让它们参与撤退，因为他觉得有必要把这些舰艇留下来抵御德军入侵。不过，在拉姆齐的恳求下，庞德收回了这一决定。[14]

截至此时，"发电机行动"每天能接走五六万人，几乎都是英军官兵。这一海域为数不多的法国舰船，包括前述的法国驱逐舰"狂风号"，则负责接法军撤离。不过，法国舰队的主力此时部署于地中海地区，以至于很多法国人都觉得英国人正在抛弃他们。5 月 29 日发生了一件丑事：当一队法军官兵冲上前试图登上一艘英国登陆艇撤离时，他们被英军官兵拿枪逼着退了回去。丘吉尔考虑到这种事会给此时依然存在的英法联盟带来无可挽回的伤害，因而指示英军要给予法军同等的撤离优先权。戈特勋爵曾对此加以抗议，他认为应当优先撤离他自己的部下，此外，他还坚持认为，英国舰船应当只搭载英国官兵，而法国官兵理应由法国舰船进行撤离。丘吉尔驳回了他的抗议，戈特只能不情不愿地服从丘吉尔的指示。[15]

6 月 1 日，当日撤离的法军官兵数量首次超过了英军，不过这只是因为大部分英军都已经撤走了。6 月 2 日至 3 日夜，英军的后

---

\* 也有其他资料显示"舒适号"是一艘英国的扫雷流网渔船，而非驱逐舰，录以备考。——编者注

卫部队 4 000 人撤离敦刻尔克。6 月 4 日，"发电机行动"正式宣告结束，此时，仅有 265 名英军官兵因为伤势过重而不得不被留下。在 9 天里面，通过"发电机行动"，盟军从敦刻尔克的包围圈中总共救出 338 226 人，包括 123 095 名法国人，但还有超过 4 万名法军官兵未能撤离。他们大多数人坚忍地接受了命运的安排，坚守在敦刻尔克外围的阵地上，等候德军到来。[16]

"发电机行动"算不上胜利。能有数量如此之多的盟军官兵得救，这令英国人异常欣慰。这场行动在当时就立即被冠以"敦刻尔克奇迹"之美誉，然而无法掩盖的事实是，这其实只是一场灾难性惨败达到了最顶点而已。虽然众多官兵得救了，但英国远征军却丢弃了他们所有的重型装备，包括 12 万部各种车辆、2 472 门各种火炮、445 辆坦克、9 万支步枪以及数百吨弹药。*正如丘吉尔在英国下议院那次动人演讲中所坦承的那样，"战争并不是靠撤退赢得的"。[17]

的确，如果把英国远征军从敦刻尔克的成功撤离视作胜利的话，那也只是事后的视角。在当时，英国远征军被逐出欧洲大陆，再加上"光荣号"航空母舰在 6 月 8 日被击沉，这些都标志着英国的国运到了几百年以来的最低点，而德国的胜利达到了一个前所未有的新高度。两天后，意大利向英法两国宣战。又过了 12 天，6 月 22 日，法国正式投降。在数周之内，德国人征服了挪威、丹麦、荷兰和比利时，此时则轮到了法国。在挪威的纳尔维克战役和"发电机行动"期间，英国皇家海军的驱逐舰损失惨重，这直接威胁到了攸关大英帝国生死存亡的大西洋商船队的安全。此外，还有一

---

\* 在敦刻尔克大撤退之后，美国总统富兰克林·罗斯福从美国代理司法部长那里得到授权，获准将美国"过剩的"武器送给英国，而并不违反美国的《中立法案》。这让罗斯福总统总共把 60 万支步枪、近 900 门 75 毫米口径的火炮以及 8 万挺机枪送到了英国，也部分弥补了英国在敦刻尔克海滩上的巨大损失。

点，在欧战爆发之前，为了能把英国皇家海军的主力集中于北海，英国人把西地中海地区的防御和制海权交给了自己的盟友——法国海军。然而，法国此时已经崩溃投降，意大利也已经主动卷入了这场战争，这一切都严重威胁着地中海地区的航运，而自从西班牙王位继承战争以来，英国皇家海军就一直牢牢地掌握着地中海的海上霸权。如果英国失去对地中海的掌控，从直布罗陀到苏伊士运河的重要航线将被切断，前往印度、新加坡或中东地区的英国舰船将被迫绕行南非的好望角，其航程会增加两万英里，行程延长数星期，而这对英国而言是致命的。从丘吉尔的角度来看，已经没时间好好休养生息了，英国必须紧急采取措施：首先确保法国海军绝对不能落入德国人之手，其次是坚决对抗意大利海军的威胁。

***

首先要对付的是法国海军。1940 年 6 月，法国海军仍具有相当强悍的实力，它拥有 8 艘主力舰，其中包括 2 艘装备 15 英寸主炮的最新式"黎塞留"级战列舰，以及 2 艘配备 8 门 13 英寸主炮的"敦刻尔克"级战列巡洋舰，这 8 门主炮分别安装在两座巨大的四联装前炮塔上。此外，法国还拥有 32 艘超大型驱逐舰，其大小与轻巡洋舰相当，法国人称其为 contre-torpilleurs（意即"超级驱逐舰"）。这种驱逐舰排水量近 4 000 吨，装备有 5.5 英寸口径的主炮。法国海军位居世界第四，仅次于英国、美国和日本。希特勒决定允许法国保持名义上的自治，其结果便是所谓的"维希法国"傀儡政权。希特勒的这个"创举"很大程度上是由于他担心一旦德军占领了法国全部领土，法国舰队将无可挽回地倒向英国海军，这样就更加壮大了英国的海上霸权。与其让法国舰队加入英国皇家海军，希特勒宁愿其保持中立。[18]

然而，丘吉尔可不这么想。对他而言，地中海存在一支强大而不结盟的海军，这本身就不可容忍。在此一个半世纪之前，当英国与拿破仑的法国厮杀得最激烈的时候，霍拉肖·纳尔逊将军指挥的一支英军分舰队于丹麦首都哥本哈根攻击了中立国丹麦的海军作战舰队，这是因为英国海军部当时担心，拿破仑有可能控制这些丹麦舰船并利用它们来挑战英国的海上霸主地位。结果，纳尔逊摧毁了丹麦的舰队，甚至当纳尔逊的顶头上司、舰队司令海德·帕克海军上将在远处紧张地观察并命令纳尔逊停止这种屠杀时，纳尔逊都没有收手。后来，纳尔逊放话说，他当时把单筒望远镜的目镜贴着自己的那只瞎眼，所以并没有看到收兵的信号。受此启发，丘吉尔也打算对法国海军做同样的事。

1940 年 6 月 22 日，法国和德国在法国东北部的贡比涅森林签订了法国投降协议，根据这份协议，"在德国人和意大利人的监督与见证之下，法国海军的舰艇必须解除武装并退役"。然而，这句话的准确含义并不是十分清晰。在法语中，该协议里所使用的 contrôle 一词有"监督与见证"的意味，但英国人更倾向于把这个词按照与它拼写几乎一样的英语单词"control"来解读，因而将其理解为"控制"，由此担心德国人将不择手段，最终得到并利用这些法国海军舰艇来对付英国。虽然德国人已经庄严承诺自己"无意[将法国海军舰艇]为己所用"，但丘吉尔对纳粹德国的"庄严承诺"压根不相信。6 月 12 日，丘吉尔与法国总理雷诺结束会谈离开巴黎后，他找到法国海军总司令、海军元帅让·弗朗索瓦·达尔朗并告诉他：即使法国被迫投降，"你也绝不能让德国人得到法国海军舰队"。达尔朗同意了。他告诉丘吉尔：不管发生什么，"我们永远不会把法国海军舰队交给德国人或意大利人。一旦

法国海军元帅弗朗索瓦·达尔朗，
法国海军总司令，也是维希政府
的二号人物

来源：维基百科

发生危险，我将立即下达命令自沉舰船"。虽然达尔朗做了保证，丘吉尔对此仍十分担忧。"兹事体大，事关整个大英帝国的安危，"丘吉尔后来写道，"我们不能把赌注全都押在达尔朗元帅的口头承诺上，因为我们输不起。"[19]

6月22日之后，为了逃避被移交给德国人的命运，数艘法国军舰想方设法来到了英格兰，包括2艘老式战列舰"孤拔号"（Courbet）和"巴黎号"，数艘超级驱逐舰以及7艘潜艇。其余大多数法国海军舰艇则离开了它们位于欧洲的基地，前往非洲的各个港口，其中最大的集中地是位于法属阿尔及利亚的米尔斯克比尔港，该港口位于奥兰以西不远处。到6月底，在该港停泊的法国海军舰艇包括2艘老式战列舰"布列塔尼号"和"普罗旺斯号"、2艘新式战列舰"敦刻尔克号"和"斯特拉斯堡号"、1艘水上飞机母舰以及 6 艘驱逐舰。"黎塞留号"（Richelieu）当时去了位于非洲西海岸的达喀尔，同级的"让·巴尔号"（Jean Bart）则去了卡萨布兰卡。其他的小型舰艇驻泊于奥兰和阿尔及尔。此外，还有一支代号为"X 编队"的法国舰队，它作为英法联合舰队的一部分，此时正驻泊于埃及的亚历山大港，这支舰队此时统归英国海军将领安德鲁·布朗·坎宁安爵士指挥。1940 年 6 月 21 日的时候，法国海军仍然是英国皇家海军的盟友和伙伴。然而，到了 6 月 22 日，严格来说，法国海军已经中立了。这时候，至少有一种可能性开始出现，那就是法国海军在未来有可能会成为英国皇家海军的敌人。丘吉尔不能冒这个险。对他而言，失去地中海的控制权与失去英吉利海峡的霸权一样，都是灾难性的。[20]

眼下的当务之急就是赶紧填补法国投降带来的西地中海力量真空。庞德建议把坎宁安指挥的舰队从埃及亚历山大港调往直布罗陀，这就等于英国主动放弃了其在东地中海的制海权。丘吉尔并没有采纳庞德的这一建议，因为无论哪片海域的制海权，丘吉尔都不想失去。随后，丘吉尔说服了英国内阁，同意让坎宁安留守原地，而由英国皇家海军再另派一支编队前往直布罗陀。这支新组建的舰队被编为"H 编队"，包括 2 艘战列舰"勇士号"（HMS Valiant）和"决心号"（HMS Resolution），巨型（排水量为 4.8 万吨）战列巡洋舰"胡德号"，"皇家方舟号"航空母舰，2 艘轻巡洋舰，以及 11 艘驱逐舰。这些舰艇主要是从英国皇家海军本土舰队中抽调出来的，从本土舰队中抽调如此多的舰艇倒也不难，这是因为挪威战役消耗掉了德国海军的大部分有生力量。英国海军中将詹姆斯·萨默维尔爵士被任命为这支新编队的司令。萨默维尔经验丰富，而且深谙如何得到同僚和部下的忠诚拥戴，广受欢迎。1939 年的时候，萨默维尔已经因为疑似得了结核病而被迫退役，不过，他很快就恢复了健康，当年

英国皇家海军上将安德鲁·布朗·坎宁安爵士后来官至英国第一海务大臣。当时（1940年），他正率部驻防于苏伊士运河附近的埃及亚历山大港，其麾下有英国皇家海军的一支舰队。在法国向德国投降的时候，他的处境一度非常微妙

来源：大不列颠皇家海军学院博物馆

秋天二战爆发后，他也得以重新入役。[21]

　　萨默维尔指挥的这支编队来到了直布罗陀。即便如此，丘吉尔仍然对法国海军舰队的未定地位忧心忡忡。在6月27日英国战时内阁的关键会议上，丘吉尔援引了纳尔逊于1801年在哥本哈根攻击丹麦舰队这一前例。丘吉尔坚持认为，要么解除法国海军舰艇的武装，要么将其摧毁。理想的解决办法是，法国海军的指挥官们一方面拒绝接受法国政府给他们下达的投降命令，另一方面加入英军，共同对纳粹作战。如果无法实现这种理想状态，法国海军可以把军舰自我软禁在英国的港口里，或驶到西印度群岛，或者效仿德国人于1919年在斯卡帕湾所做的那样——自沉。丘吉尔坚持认为，如果法国海军拒绝上述这些选项，那就只能消灭他们。虽然多名内阁成员都表达了对此事的极度担忧，但丘吉尔还是成功取得了内阁全体一致的支持。丘吉尔给这次行动取名为"弩炮行动"。同日，丘吉尔给驻防直布罗陀的萨默维尔和驻防亚历山大港的坎宁安下达了新命令。[22]

此时，坎宁安所面临的问题尤为棘手。他麾下的那支法国舰队（"X 编队"）包括 1 艘老式战列舰"洛林号"、3 艘重巡洋舰、1 艘轻巡洋舰以及 3 艘驱逐舰。法国海军将领勒内-埃米尔·戈德弗鲁瓦是这些法国军舰的直接指挥官，不过，这些法国军舰也是坎宁安指挥下的英法联合舰队的组成部分。甚至在坎宁安接到丘吉尔的最新命令之前，戈德弗鲁瓦和坎宁安就曾面临过令彼此难堪的境地。事实上，6 月 23 日，戈德弗鲁瓦就接到了达尔朗的命令，要求他率部离开亚历山大港并前往法国的一个港口，以符合停战协定的要求。就在 6 月 23 日当天，坎宁安也收到了来自庞德的命令，庞德要求他坚决不能让戈德弗鲁瓦的法国舰队离开亚历山大港。[23]

坎宁安从来不以外交才能而出名。事实上，他待人严苛，始终充满自信，面容坚毅（海军历史学家科雷利·巴尼特曾经称坎宁安"下巴的轮廓酷似一艘战列舰的舰首"）。尽管如此，坎宁安认为海军部的命令会引发不必要的冲突。他认为攻击戈德弗鲁瓦指挥的法国舰队将是一次"完完全全的背叛行为，这种行为既不明智，又非必要"。因此，坎宁安带着同理心主动找到戈德弗鲁瓦，与之共同认真探讨这几个选项的利弊。虽然在此期间，坎宁安不时接到丘吉尔的命令（丘吉尔的一句原话是"不能失败，绝对不能失败"），但坎宁安还是继续平静地与他的法国同行商讨并分析每一种选项的利弊。坎宁安甚至还让自己手下的英舰舰长们去找法舰舰长们谈心，共同仔细考虑并探讨每一个可能的解决方案的优缺点。最后，这个办法居然奏效了：过了几天，戈德弗鲁瓦同意解除武装，选择自己把舰艇给软禁起来。此后，英法双方都表扬了己方在这一过程中的主角，并称赞他们具有外交家所特有的宽容和克制精神。甚至连丘吉尔都感谢并表扬坎宁安成功地化解了这一危机，不过，丘吉尔是通过第三方给坎宁安发去的贺信。[24]

\*\*\*

相比之下，米尔斯克比尔港的法国舰队给英国带来的问题更加棘手。这支法国舰队的规模要比戈德弗鲁瓦麾下的那支编队更大，而且与盟军之间没有任何联合关系。与坎宁安一样，萨默维尔本来也指望和期待不用武力就能解决问题。萨默维尔甚至给伦敦发去一份备忘录，提出了一种对抗性不那么强的解决方案。然而，丘吉尔驳回了方案，同时正告他，这是英国政府"坚定的意图"，如果法国舰队不接受这些选项，那么"就必须摧毁这些法国舰艇"。[25]

丘吉尔之所以如此强硬，其原因之一在于他要向世人展示英国的决心。此时，丘吉尔面临着各种内忧外患。对内，他需要安抚英国人不断增长的不安；对外，他需要解决各种不确定性。因此，6月4日，丘吉尔在英国下议院发表了演讲，几乎是低吼着说道："我们将不惜一切代价保卫本土。我们将在海滩作战，我们将在敌人的登陆点作战，我们将在田野和街头作战，我们将在山区作战。我们绝不投降。"在丘吉尔看来，若对法国舰队主动采取行动，必将彰显这种决心。[26]

当然，对法国人而言，这事关其民族感情。与戈德弗鲁瓦一样，驻防米尔斯克比尔港的法国舰队司令马塞尔–布鲁诺·让苏尔海军中将也把国家的战败视为个人的奇耻大辱。6月24日，驻直布罗陀的英军司令、海军上将达德利·诺思爵士登门拜访了让苏尔，发现他处在"一种木然的痛苦之中"。有好几次，诺思都觉得让苏尔就要哭出来了。谈话结束之前，这位法国将军向诺思保证：他永远不会把其麾下的舰艇交给德国人或意大利人。然而，问题是，对丘吉尔来说，这些承诺虽然的确十分诚挚，却是远远不够的。[27]

丘吉尔命令萨默维尔在7月3日前解决这一危机。动作要快，这一点至关重要，因为德国人看起来很快就会尝试渡过英吉利海峡入侵。如果德国人真这么做了，萨默维尔的舰艇就要被召回英吉利海峡。于是，萨默维尔派出海军上校锡德里克·霍兰担任特使，乘坐"猎狐犬号"（HMS Foxhound）驱逐舰先行一步，赶在舰队主力前抵达米尔斯克比尔港，把伦敦精心构思的最后通牒面呈让苏尔。从某种意义上来说，霍兰（人送外号"钩子"，因为他长着一个大大的鹰钩鼻）是个再合适不过的人选了，因为他曾经在巴黎担任过两年的大使馆海军武官，操着一口流利的法语。但另一方面，清高的让苏尔觉得萨默维尔自己不来，竟然只派了一名部下过来，简直是过于怠慢，因此他起初并不愿会见霍兰。然而，霍兰觉得事关重大，不敢耽搁，就托付让苏尔的副官把通牒呈交上去。让苏尔读完以后开始意识到事态的严重性，于是见了霍兰。然而直到此时，处于某种情绪之中的让苏尔仍然一点也不打算向最后通牒低头。让苏尔告诉霍兰，他永远也不会把自己麾下的任何一艘法国军舰交到德国人的手中，但也不会把它们交给英国人；他接受"武力对决"。[28]

当天下午，让苏尔收到发自土伦维希法国海军总部的一份电文，电文支持他拒绝英国人的最后通牒，电文还暗示说，整个地中海地区的法国海军部队都会站在让苏尔这一边。伦敦方面截获了这条消息，从而引起了丘吉尔的警觉，他担心事情有变，遂赶忙给萨默维尔发了一条电报，命令他赶紧把事情解决："法国海军必须听从我们的要求，要么自沉其舰艇，要么由你在天黑之前击沉那些法国军舰。"于是，萨默维尔立即命令霍兰停止会谈。当天下午5点25分，霍兰无比失望地离开了让苏尔的旗舰"敦刻尔克号"，此时，霍兰听到军号声，法军进入了一级战备。[29]

霍兰乘坐的驱逐舰刚一驶出米尔斯克比尔港区，萨默维尔就下

法国建造的新式"敦刻尔克"级快速战列舰"敦刻尔克号"和"斯特拉斯堡号",其8门主炮装在前甲板两座巨大的四联装炮塔上。当它们停泊在法属阿尔及利亚海岸的米尔斯克比尔港时,突遭英军袭击,悲惨至极

来源:美国海军学会

令向法国舰队开火。虽然与霍兰的会谈冗长,但让苏尔没想到英国人居然真的对他下手了。让苏尔麾下的全部 4 艘大型舰艇,包括 2 艘新式的战列巡洋舰在内,在停泊时舰首都是冲着陆地方向的。而这 2 艘新式战列巡洋舰的全部 8 门 13 英寸口径主炮都安装在前甲板上,所以法军无法马上使用它们的主炮对付来自港口外面海上的威胁。这些法国军舰若想反击此类威胁,就必须立即起锚并掉转舰首。在此期间,萨默维尔的战列舰用 15 英寸重炮向法舰进行了 36轮齐射而未遭还击。[30]

　　2 艘老式的法国战列舰境遇最惨。"布列塔尼号"于"一战"爆发前夕的 1912 年开工建造,该舰在短时间之内一连中了 4 发炮弹，其中的第 4 弹击中了该舰的弹药库，造成"布列塔尼号"全舰剧烈爆炸。该舰迅速翻沉，近 1 000 名法军官兵遇难。"布列塔尼号"的姊妹舰"普罗旺斯号"也被击沉，不过遇难人数相对少一些。让苏尔的旗舰"敦刻尔克号"同样受损严重，若不是其舰员把该舰开到浅水区搁浅，那么该舰很可能也已经沉没了。"斯特拉斯堡号"战列舰以及 5 艘驱逐舰成功地驶了出去。夜色渐浓，这几艘法国军舰驶出了米尔斯克比尔港区，沿着海岸线往东突围，然后再往北驶向法国本土的土伦港。萨默维尔坐镇"胡德号"战列巡洋舰，率队发动追击，还命令"皇家方舟号"航空母舰放飞舰载机展开空袭。尽管如此，受损的"斯特拉斯堡号"战列舰仍然成功地摆脱了英军的围追堵截，于 7 月 4 日晚上抵达了土伦港。

事后，萨默维尔自觉可鄙，他在给妻子的信中写道，"我们自己都感到非常肮脏、非常可耻"。即便如此，萨默维尔还是在三天之后命令把扫尾工作做完，"皇家方舟号"航空母舰再次放飞了舰载机，使用鱼雷攻击了此时已经搁浅并废弃在米尔斯克比尔港的法国"敦刻尔克号"战列舰。1940 年 7 月 7 日，在距离米尔斯克比尔港 1 000 英里之遥的达喀尔，从英国小型航空母舰"竞技神号"（HMS Hermes）上起飞的舰载机向停泊在此地的法国"黎塞留号"战列舰实施了鱼雷攻击。此次攻击更加有策略，英国鱼雷炸坏了"黎塞留号"的方向舵和螺旋桨，从而让该舰无法动弹，同时又不造成大量人员伤亡。"让·巴尔号"此时停泊于达喀尔，*远未完工，

---

* 根据相关资料，"让·巴尔号"在战争期间一直在卡萨布兰卡，并没去过达喀尔，此处应为作者笔误。——译者注

由于绝大多数武器尚未安装，所以该舰被放了一马。*

在米尔斯克比尔港里，共有 1 297 名法国水兵遇难，其中大部分是死于"布列塔尼号"的爆炸，此外还有 351 人受伤。让苏尔幸存了下来，甚至还因为他对英军拒不配合而晋衔为海军上将，不过，他至死都未再出过海，也不愿谈起 1940 年 7 月 3 日这一天发生的事。[31]

同样是在 7 月 3 日这天，有备而来的英军在英国朴次茅斯和普利茅斯登上并夺取了自愿来到此地的法国军舰的控制权。这场行动没有流太多血，不过双方还是死了几个人，因为当时有一些法国人进行了反抗。其余的法国人都面临着两个选项：要么加入英军一起战斗，要么被关押；选择后一个选项的法国人得到的待遇基本等同于战俘。[32]

虽然从战术角度上来说，英国人的"弩炮行动"成功了，但不难想见，英国舰队对米尔斯克比尔港的突袭引起了法国人的愤怒。达尔朗被激怒了，他命令法国军舰"只要遇到英国军舰就立即发动进攻"，不过，他在第二天就撤回了自己在一怒之下下达的这道命令。在接下来的数周时间里，英法两国——以及两国的海军——之间的关系恢复成了一种若即若离的状态。从法律角度上看，维希法国政府官方号称中立，不过，英法两国新型关系的不确定性和不稳定性变得显而易见，这在所谓的"威吓行动"中尤为明显。"威吓行动"是丘吉尔极力推进的众多措施之一，英国在此次行动中派出皇家海军的 2 艘

---

* 因法国沦陷，海外的其他法国军舰也陷入困境。法国"贝阿恩号"航空母舰（1920 年下水）停泊在法属西印度群岛的马提尼克的港口，该舰的存在牵动着英美两国的神经。美国海军甚至还设计出了一个计划——"印度行动"，准备如有必要则立即入侵并占领马提尼克。不过，好在它最终没走到这一步，因为指挥该舰的法国海军将领乔治·罗贝尔同意接受美国观察员常驻于该舰。一直到 1943 年 6 月，该舰都停泊在马提尼克。1943 年 6 月，该舰及其全体舰员正式加入"自由法国"，不过，该舰从未真正参与过战斗。

战列舰"决心号"和"巴勒姆号"（HMS Barham）以及以"皇家方舟号"航空母舰为核心的航母特混舰队前往西非，欲夺取被维希法国政府控制的达喀尔，并试图在此地建立由"自由法国"掌握的根据地。但是，维希法国政府海军从土伦派过来 3 艘轻巡洋舰和 3 艘驱逐舰，随着这些法国军舰抵达达喀尔，丘吉尔策划的行动半途而废。这些从土伦赶来的法国军舰是在 9 月 10 日经过直布罗陀英军诺思上将的同意才通过海峡的，因为他认为英法之间又恢复了和睦相处的关系。在英军和"自由法国"军队联合进攻达喀尔未果之后，丘吉尔把诺思上将当成了替罪羊，令其退出了现役。[33]

\*\*\*

关于突袭米尔斯克比尔港一事，丘吉尔从来没有道歉过。他坚持认为自己在当时的环境下别无选择。制海权攸关英国生死，特别是在英国必须以一己之力单挑强大的轴心国集团的情况下。虽然法国海军诚心承诺永远不会把自己的军舰拱手交给德国人，但丘吉尔不敢冒险把大英帝国的国运押在法国海军的承诺上。正如丘吉尔在英国下议院演讲时所说，他愿意让历史评判自己。"我愿意让我的祖国——英国来评判我，"他说，"我也愿意让美国来评判我。我同样愿意让世界和历史来评判我。"[34]

两年后，法国海军有了一次证明自己忠于盟国的机会。1942 年 11 月，盟军开始登陆北非。此后，德军横扫并直接占领了法国本土的南部地区（见第 16 章）。此时，法国海军践行了他们于两年之前做出的承诺，自沉了 77 艘战舰，其中就包括"敦刻尔克号"和"斯特拉斯堡号"。正如达尔朗所承诺的，法国军舰永远不会为纳粹政权效力。[35]

# 第 5 章

# 意大利海军

消灭法国舰队并不能让英国皇家海军抓稳地中海的制海权。一直等到巴黎沦陷前夕的 6 月 10 日，意大利大独裁者贝尼托·墨索里尼才正式对英国和法国宣战，他这么做，完全就是为了从德国人的战利品中分一杯羹。这一决定是纯粹的投机主义，但意大利的参战却极大地改变了地中海海军力量的平衡，这是因为意大利海军的规模与法国海军不相上下。意大利海军拥有 6 艘最新式的战列舰、19 艘巡洋舰、59 艘驱逐舰以及 116 艘潜艇，不过其中很大一部分潜艇都是负责海岸防御的小型潜艇。当时，意大利海军是全世界第五大海军，其规模远大于德国海军。很多意大利军舰造得都很漂亮，以追求航速为主，不过它们的装甲防御能力不足；而且因为长期缺乏燃料，航行训练时间有限，所以意大利海军官兵的经验普遍不足，不如英国皇家海军那样训练有素、高效善战。尽管如此，随着法国海军这颗棋子从二战这个战略大棋局中出局，意大利海军一跃成为地中海地区最强大的一支海军力量。不仅如此，自从控制了利比亚，并在 20 世纪 30 年代进一步巩固在利比亚的统治之后，意大利已在西西里海峡占据了支配地位。墨索里尼决心继续扩大这种优势，并力争把地中海变成意大利的内湖。正如在古罗马帝国的辉煌岁月里一样，墨索里尼要让它再次成为"我们的海"。[1]

一个非常重要的地理因素影响着英国与意大利在地中海的战斗，简单来说，地中海几乎全部位于意大利陆基飞机的作战半径之内（见地图"地中海及其周围地区，1940—1941"）。意大利海军最高司令部严重依赖从靴形的意大利半岛、撒丁岛、西西里岛和利比亚起飞的作战飞机为其海军舰队提供掩护，这也是意大利并未投资建造航空母舰的原因。在地中海地区，英国人同样拥有重要的航空兵基地，其中包括地中海西端的直布罗陀、东端埃及的亚历山大港以及位于中部的马耳他岛。作为大英帝国的一个小型海外基地，马耳他岛差不多位于地中海正中央，处于西西里岛的正南方向，与西西里岛仅相距50英里。然而，英国皇家海军还拥有数艘航空母舰，事实证明，这些航母正是英国后来获胜的关键。英国最终获胜的另一个关键因素是，1939年，就在二战爆发前夕，重组的英国国防部将海军航空兵的控制权从英国皇家空军手中转到了英国海军部的手里。这一改革措施确保了英军的空中力量与水面舰艇能够进行有效的配合，而与此相比，意大利的空军和海军仍是各自为政。*

为了维持各自的重要海外基地——意大利的利比亚和英国人的马耳他——这两国必须在火药味十足的海域为商船队护航。意大利人似乎更容易解决这一问题，因为意大利西西里岛的马尔萨拉距离突尼斯的突尼斯城仅仅170英里。与此相比，从埃及的亚历山大港到马耳他，距离则超过1 000英里，而从直布罗陀出发到马耳他，则将近1 200英里。不过，其他一些因素也影响着往北非进行运输

---

* 意大利海军最高司令部在1940年6月1日才成立，而在此之前，意大利海军下属各兵种的司令部分散在意大利各地，指挥权极为分散。另外，意大利三大军种间也缺乏协同性。——译者注

的意大利船队的效率和成果。其中的一个因素是，在宣战之前，墨索里尼居然没有提前通知意大利的众多商船主他准备参战——这导致了一大奇观：就在意大利对英法宣战的当天，意大利足有三分之一的商船都被盟军扣押在自己的港口。另一个因素就是突尼斯和利比亚的港口设施容量以及吞吐能力均十分有限，这些都制约了意大利的航运，以至于意大利的每支护航船队最多只能有三四艘舰船，甚至很多"护航船队"经常仅由两艘舰船组成。最后，也是最具决定意义的是，意大利一直处于燃料短缺的状态。意大利华美的战舰被迫滞留在港口里，因为燃料不足而难以外出执行任务。从开战伊始，意大利就面临着燃料不足这个老大难的问题，而随着战争的不断深入，燃料危机也愈演愈烈。[2]

与意大利情况相反，英国人并不缺燃料。然而，要想从直布罗陀或亚历山大港抵达马耳他，英国人的护航船队必须长途跋涉上千英里，而且还要冒着沿途的意军空袭航行，这些空袭几乎无休无止，到了后来还有来自德国人的空袭。英国海军部里的某些人建议道：为马耳他运送物资过于困难，无法在马耳他实施有效的防御，应该对马耳他进行战略性放弃。丘吉尔对这种论调连理都不理，所以，后来在整场战争中，地中海的海战都与马耳他有着千丝万缕的联系。地中海战事的最初阶段贯穿了 1940 年的夏秋两季，由一系列大大小小的海上遭遇战组成，一位海军史权威把这种不时发生的战斗比作海上游击战。[3]

在这场战争中，墨索里尼相信意大利的陆基空军会给它带来巨大优势。事实证明他想错了，其中有两个原因。第一个原因是，如前所述，意大利空军和意大利海军在行政上是相互独立的。此外，这两者没有联合指挥机构，通信密码不同，甚至也没有任何战术通信联络。这种缺陷真让人惊讶。这意味着，如果意大利海军的一位

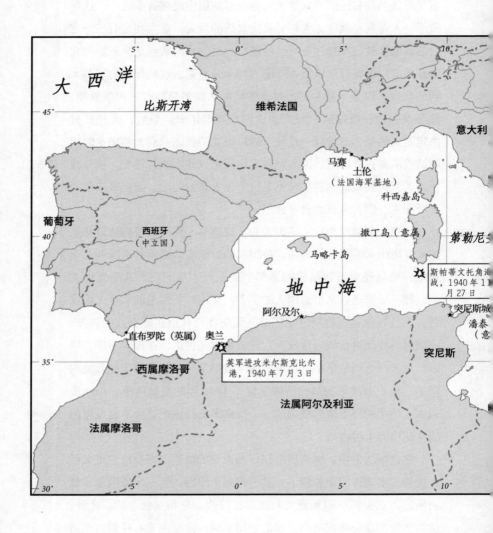

大西洋

比斯开湾

维希法国

意大利

45°

马赛　土伦
（法国海军基地）

科西嘉岛

葡萄牙

西班牙
（中立国）

撒丁岛（意属）

第勒尼...

40°

马略卡岛

斯帕蒂文托角海
战，1940 年 11
月 27 日

地 中 海

突尼斯城

阿尔及尔

直布罗陀（英属）　奥兰

潘泰
（意...

35°

西属摩洛哥

英军进攻米尔斯克比尔
港，1940 年 7 月 3 日

突尼斯

法属阿尔及利亚

法属摩洛哥

30°

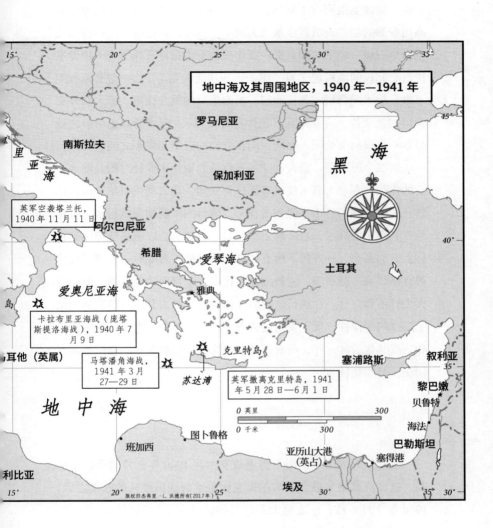

地中海及其周围地区，1940 年—1941 年

罗马尼亚

南斯拉夫

亚
里
亚
海

保加利亚

黑 海

英军空袭塔兰托，
1940 年 11 月 11 日

阿尔巴尼亚

希腊

爱琴海

土耳其

爱奥尼亚海

雅典

卡拉布里亚海战（庞塔
斯提洛海战），1940 年 7
月 9 日

克里特岛

塞浦路斯

叙利亚

耳他（英属）

马塔潘角海战，
1941 年 3 月
27—29 日

苏达湾

英军撤离克里特岛，1941
年 5 月 28 日—6 月 1 日

黎巴嫩

贝鲁特

地 中 海

0 英里                    300

0 千米        300

海法

巴勒斯坦

班加西

图卜鲁格

亚历山大港
（英占）

塞得港

利比亚

埃及

指挥官想请求空中支援，他必须把自己的请求通过海军的指挥系统
一级一级地上报到位于罗马的意大利海军最高司令部，然后海军最
高司令部的相关人员再联系意大利空军总部，再通过空军指挥系统
把命令一级一级下达到负责一线作战的空军指挥官那里。一位专家
把这套冗长的流程定义为"组织机构功能失调"，这一整套流程走
下来，战术配合根本无从谈起。墨索里尼的乘龙快婿、意大利外交
大臣加莱亚佐·齐亚诺在日记中这样写道："海战的真正纷争之处
根本不在我们与英国人之间，而在我们的空军与海军之间。"[4]

　　第二个原因是，意大利空军飞行员的训练主要针对的是陆地上
空的作战。在意大利入侵埃塞俄比亚期间，意大利飞机给地面目标
带来了毁灭性的打击，但攻击在海上航行的军舰则要难得多。根据
意大利空军的战术，攻击海上军舰时，轰炸机会以密集队形飞到目
标上方的高空，一齐扔下所有炸弹，然后期待着能有一枚或多枚炸
弹有幸炸到一艘军舰。这种战法的优点在于可以确保敌舰上的防空
火力打不到自己。在执行这类战斗任务时，意大利飞行员们展示出
了高度的纪律性，坎宁安对此留下了深刻的印象。然而，地中海也
和二战其他战区一样，所有从高空轰炸机动中的军舰的尝试都难有
斩获，基本是徒劳。[5]

***

　　敌对双方的第一次海上遭遇战发生在 1940 年 7 月的第二个星
期，就在萨默维尔摧毁了米尔斯克比尔港的法国舰队的 6 天之后。
1940 年 7 月 6 日，一支意大利运兵船队从那不勒斯出发，开往班
加西，为该船队贴身护航的是意大利海军的 2 艘轻巡洋舰和 8 艘驱
逐舰。此外，伊尼戈·坎皮奥尼海军中将也指挥着一支作战舰队掩

护这支船队，包括 2 艘战列舰、6 艘重巡洋舰、8 艘轻巡洋舰以及 16 艘驱逐舰。几乎与此同时，一支英国护航船队也离开马耳他前往埃及。为了掩护船队，坎宁安指挥着英国皇家海军的 3 艘战列舰、"鹰号"（HMS Eagle）航空母舰、5 艘巡洋舰以及 15 艘驱逐舰从亚历山大港前去接应。7 月 9 日，这两支战斗编队在距离意大利靴形半岛的"靴尖"只有 30 英里之遥的地中海上狭路相逢。英国人称这次海战为"卡拉布里亚海战"，而意大利人则称之为"庞塔斯提洛海战"。[6]

英国人在战列舰方面握有优势——三对二，而坎皮奥尼则在重巡洋舰方面占有明显优势，如果他能让这些意大利重巡洋舰与英国军舰靠得足够近的话，他就能将这种优势发挥出来。坎宁安命令英军"鹰号"航母放飞鱼雷攻击机发动空袭。不过，这次攻击最多也只是扰乱了意军舰队的队形而已。双方的战列舰开始远距离重炮对轰，炮弹在海面上爆炸，激起了巨大的烟团和水柱，但几乎未造成任何损伤。下午 4 点整，坎宁安的旗舰、曾经参加过挪威纳尔维克战役的老舰"厌战号"发射的一发 15 英寸炮弹命中了坎皮奥尼的旗舰"朱利奥·恺撒号"（Giulio Cesare）战列舰。爆炸导致"朱利奥·恺撒号"八台锅炉中的四台熄火，该舰的航速降到了 18 节。坎皮奥尼马上指挥"朱利奥·恺撒号"转向，同时命令意大利驱逐舰发射鱼雷攻击英舰，并且施放烟幕以掩护"朱利奥·恺撒号"撤离战场。坎皮奥尼此时仍在盼望着从意大利本土飞来的飞机能迅速抵达战场，帮助自己扭转颓势。然而，直到 40 分钟后，意大利空军的机群才赶到。它们居然进行了无差别轰炸，炸弹漫无目的地落在双方舰队众多舰艇之间的海面上。炸弹从 1 万英尺的高空落下来，海面上耀眼的爆炸此起彼伏，巨大的浪花犹如间歇泉一般，令人印象深刻。意大利空军飞行员们报告说他们炸到了不少英舰，收获很大。然而事实上，他们扔下的炸弹无一命中，只有一小部分近失。不过，其中的一枚炸弹在爆炸后还是给英军"鹰号"航母吃水线以下的舰体造成了一定程度的损伤。坎皮奥尼感到缺乏足够而有效的空中支援，因而十分失望，指挥意大利海军舰队返回了母港，而坎宁安也到了马耳他。虽然英国方面声称取得了这场海战的胜利，但双方的船队都安全驶抵各自的目标港口，这场遭遇战几乎没给地中海战区的战略平衡带来任何影响。[7]

几个月后，英国人取得了一项技术上的重大成就，并为数艘军舰添置了这种新设备。英国人称之为"无线电测向仪"（RDF），美国人则称之为雷达，它为英军带来了巨大的技术优势。此时，这种技术实在是太过新颖，以至于人们起初对它的实际功用半信半疑。8 月的最后一天，配备了雷达的英国"谢菲尔德号"（HMS Sheffield）轻巡洋舰用无线电通知"皇家方舟号"航空母舰，说敌军的空袭将至。然而，"皇家方舟号"上的值班军官忽略了这条信息。不久，"皇家方舟号"果然遭到了空袭，这条信息于是又被拿出来重新评估。当天下午晚些时候，"谢菲尔德号"又用无线电给"皇家方舟号"发去了一条预警信息。这次，"皇家方舟号"不再大意，而是果断派出舰载战斗机前去迎击并击退了敌机机群。没过几天，"皇家方舟号"上的军官们登上了"谢菲尔德号"，试图了解并掌握这种令人称奇的新技术装备。截止到当年 10 月，英国皇家海军的航空母舰全都装备了雷达。最初，这种技术还有些不够成熟，并非总是那么可靠，然而过了一段时间，作战指挥官们就越发信任雷达了。[8]

与此同时，墨索里尼一再催促驻利比亚的意大利第十集团军司令鲁道夫·格拉齐亚尼元帅率军越过利比亚与埃及的边界，向东侵入英国的殖民地埃及，向亚历山大港和苏伊士运河推进。格拉齐亚尼坚持认为自己实力太弱，根本赢不了这场战役，而且他的后勤补给线西西里海峡太不安全。然而，墨索里尼却不管这些，他命令格拉齐亚尼无论如何必须进攻。无奈之下，格拉齐亚尼只能例行公事一般于9月9日率军侵入埃及。对此，齐亚诺在日记中这样写道："我从来没见过一场军事行动，居然被指挥官如此抵触。"[9]

正如格拉齐亚尼所担忧的那样，坎宁安果然以攻击格拉齐亚尼的补给线来回应他的入侵。英军不仅攻击了意军经过西西里海峡开往利比亚的护航船队，还攻击了从利比亚的班加西到战斗前线这一段漫长的沿海公路上的意军卡车运输队。坎宁安麾下的众多巡洋舰和驱逐舰对沿海公路进行了炮击，从英军"光辉号"（HMS Illustrious）航空母舰上起飞的战机对意军的卡车运输队和用来存储给养的军需仓库进行了空袭。

执行这些空袭任务的英军飞机是"剑鱼"式双翼攻击机，这是英国费尔雷航空器制造公司于20世纪30年代设计制造的一型飞机。该型飞机拥有帆布包裹的双翼、开放式座舱以及固定式的起落架，看起来非常像前一次世界大战遗留下来的老古董。由于该型飞机的上下翼之间有很多支杆和张线，许多人觉得其绰号"网兜"就是这么来的。其实不然，"网兜"这一绰号实际上是在向它们的多用途致敬：英国人喜欢在购物时把买的东西装在可伸缩的网兜里。虽然该型飞机最初是按照侦察机的标准来设计的，但实战证明，它同时也十分胜任俯冲轰炸机和鱼雷攻击机等不同的角色，而且执行任务十分有效。尽管该型飞机看起来是个老古董，但它们却是英国皇家海军舰队航空兵标配的攻击机。[10]

1940年8月，格拉齐亚尼开始进攻的几个星期之前，英军3架"剑鱼"式飞机从位于埃及沙漠中的西迪巴拉尼起飞，前去攻击位于利比亚图卜鲁格与班加西之间本拜湾的港口停泊的意大利舰

英国费尔雷公司的一架"剑鱼"式双翼攻击机在1939年一次舰队演习中投下鱼雷。虽然从外观上看起来已经过时了，但该型多用途飞机能够进行远程侦察、俯冲轰炸、鱼雷攻击，是二战期间英国皇家海军航空兵部队的主力机型

来源：美国海军历史与遗产司令部

队。这次出击战果辉煌，3架英机仅用3枚鱼雷便击沉了4艘意大利舰艇。其中一艘潜艇补给舰发生了大爆炸，把其自身和靠泊在近旁的一艘倒霉潜艇双双送上了西天。[11]

　　此次攻击给人留下了深刻的印象，而航母舰载机成为现代海军主要打击力量的决定性时刻甚至是革命性时刻，就出现在三个月后。当时，约20架"剑鱼"式飞机攻击了位于意大利靴形半岛靴跟内侧塔兰托军港中的意大利战列舰队主力。早在20世纪30年代，英国皇家海军就设想过用航空母舰的舰载机机群去突袭停泊在港口的敌军战列舰舰队。地中海地区的英国皇家海军航母部队司令拉姆利·利斯特海军少将正式制订并提交了具体计划，请求坎宁安批准自己出动航母舰载机，前去毁掉坎皮奥尼麾下此时正停泊在塔兰托港的6艘意大利战列舰。坎皮奥尼让这支意大利主力作战舰队驻泊于塔兰托而不是那不勒斯，是因为这里距离英国船队的航线更近，不过这也令其更容易遭受空袭。利斯特起初计划出动 2 艘航空母舰去完成此次作战任务，但"鹰号"航母在卡拉布里亚海战中受伤无法出击，这意味着他只能出动"光辉号"这一艘航母，不过"鹰号"航母上的 5 架舰载机被临时调到"光辉号"上参战。

在又一次完成了前往马耳他的护航任务之后，坎宁安派遣"光辉号"航母在巡洋舰、驱逐舰各 4 艘的护卫下，于 11 月 11 日"一战"停战日这天，高速北上直扑塔兰托。利斯特原本希望于 10 月 21 日特拉法尔加海战纪念日当天发起此次空袭行动，然而"光辉号"上的一场火灾损坏了几架飞机，行动不得不推迟。与此同时，每架"剑鱼"式飞机分别加挂了 60 加仑*的副油箱以保障远距离往返，飞行员们也进行了夜战演练。[12]

11 月 11 日晚上 8 点钟刚过，天已黑透，"光辉号"航母转向迎风航向放飞舰载机。若按后来的标准，此次行动的规模并不大。仅有 21 架"剑鱼"式飞机参战，其中约一半携带的是炸弹，而另外一半则挂载鱼雷。第一轮攻击的 12 架飞机由肯尼思·威廉森海军少校率领，而第二轮攻击的 9 架飞机则由"红头发"J.W. 黑尔海军少校率领。这些飞机在 5 000 英尺高度以 90 英里的时速（满载情况下的省油航速）费力而缓慢地飞行了两个小时，于晚上 11 点之前飞抵了目标上空。意大利人此时还未拥有雷达，但一架与大部队失散的"网兜"飞机提前飞临目的地，惊动了守军，顿时高炮阵地火力交织，让一位英军飞行员联想到了埃特纳火山喷发时的可怖场景。[13]

英军的第一批飞机投下了降落伞式照明弹照亮港口，随即轰炸了岸边存放的燃料罐，这对于本已严重缺乏燃油的意大利海军是一

_____

\* 英制 1 加仑 = 4.546 升，美制 1 加仑 = 3.785 升。——编者注

个巨大打击。携带着炸弹的飞机率先发动俯冲轰炸，但是运气欠佳：只有一枚炸弹落到了一艘军舰——"西南风号"（Libeccio）驱逐舰上，而且这枚炸弹并没有爆炸。其后，挂载着鱼雷的飞机接踵而至。在参与此次行动的英军 21 架"剑鱼"式飞机中，有 11 架挂载着 Mk-12 型鱼雷，每枚该型鱼雷超过 16 英尺长，重达 1 548 磅。为了投射这样一件武器，英军飞行员不得不在接近目标时飞得又低又慢，因为如果投雷时飞机高度超过 150 英尺或速度高于 70 节，水的冲击就会让鱼雷失灵。因此，挂载着鱼雷的"剑鱼"式飞机要超低空飞行，以至于至少有一名英军飞行员在事后声称，自己座机的轮子碰到了水面。这就给意军舰艇上的炮手们制造了一个两难的境地：如果他们压低舰炮朝掠海飞行的英国飞机开炮，那就有射中友舰的风险。但是，如果意大利人能够把防鱼雷网安装到位的话，那么英军飞行员们纵使勇敢也是徒劳。然而，为了第二天早上出击，平时安装到位的防鱼雷网被意大利人拆掉了。

P.J.D. 斯帕克海军中尉驾机向"加富尔伯爵号"（Conte di Cavour）战列舰飞去，这艘老式战列舰的排水量为 2.3 万吨。在投射鱼雷的一瞬间，斯帕克感到飞机猛地一晃，而这枚鱼雷则笔直、精准地冲出去，于晚上 11 点 14 分爆炸，在这艘战列舰吃水线以下的舰体上炸开了一个 27 英尺的大洞，令其坐沉在泊位上。仅仅过了几分钟，另一枚鱼雷击中了更新型、更庞大的"利托里奥号"（Littorio）战列舰，该舰排水量为 4 万吨，拥有 15 英寸口径的主炮。当"利托里奥号"战列舰上的官兵试图扑灭大火时，第二枚鱼雷又击中了它。当第二批"剑鱼"式飞机于 11 月 12 日凌晨抵达塔兰托时，"利托里奥号"又挨了第三枚鱼雷。该舰虽然没有完全沉没，却也不得不缺席作战五个月，去进行维修。另一枚鱼雷击中了老式战列舰"卡约·杜伊利奥号"（Caio Duilio）战列舰，该舰舰员不得不放水淹没了两个弹药库以免殉爆，同时赶紧抢滩搁浅以避免沉没。在此次突袭中，英军损失了 2 架"剑鱼"式飞机，2 人阵亡，威廉森海军少校和诺曼·斯卡利特-斯特里特菲尔德海军上尉被俘。就在这短短的时间里，区区 20 架"剑鱼"式飞机就让 3 艘意大利战列舰失去了战斗力——相当于意大利海军全部主力舰的一半。后来坎宁安感慨道：20 架英国飞机"给意大利舰队造成的损失，比在日德兰海战给德国公海舰队造成的损失还要大"。在当天的日记中，齐亚诺言简意赅地写道："黑色的一天。"[14]

英军对塔兰托港的突袭成果辉煌，引起了多方的关注，其中之一就是日本——日本于次年 5 月派出了一个代表团到访塔兰托。他

经过英军 11 月 11 日至 12 日的突袭，意大利海军的"加富尔伯爵号"战列舰坐沉在意大利塔兰托港的海底。虽然意大利人稍后将其打捞了上来，但其维修工作耗费的时间超出了预期。1943 年 9 月，德国人在意大利东北部的里雅斯特的船舶修理厂里俘获了该舰

来源：美国海军学会

们格外关注空投鱼雷如何在塔兰托港的浅水区有效使用这一问题。[15]

如此重大的事件肯定会有政治余波。多梅尼科·卡瓦那里（Domenico Cavagnari）海军上将遭到解职，自从1934年起，卡瓦那里就担任意大利海军参谋长，正是在他的主导下，意大利着力建造战列舰而不造航空母舰。阿尔图罗·里卡尔迪接任意大利海军参谋长，并一直干到意大利投降。在伦敦，丘吉尔欣喜若狂。他在英国下议院演讲时称，对塔兰托港的突袭"决定性地影响了地中海战区海军力量的平衡，以及……全球各处海军力量对比的形势和格局"。[16]

＊＊＊

11月11日的塔兰托之战使得意大利海军最高司令部命令坎皮奥尼马上将其舰队余部从塔兰托港转移到西面200英里左右的那不勒斯港。不过他们并没有阻止坎皮奥尼拦击英国船队的进一步尝试。又过了仅仅一周，坎皮奥尼从西班牙的亲法西斯间谍那里得知，萨默维尔的"H编队"已经离开了直布罗陀，掩护一个向东开往马耳他的船队。自从1940年7月以来，萨默维尔的实力已经严重下降。他此时能够动用的仅有"声望号"战列巡洋舰（此时为其旗舰）、"皇家方舟号"航空母舰以及数艘轻巡洋舰。坎皮奥尼决计从那不勒斯的新基地出发，用2艘战列舰和6艘重巡洋舰前去攻击这支英军舰队。坎皮奥尼也知道附近还游弋着英军的另一支水面舰队——坎宁安正指挥着一支由老式R级战列舰"拉米利斯号"（HMS Ramillies）、3艘巡洋舰和3艘驱逐舰组成的舰队从东面驶来。不过，这并没有让坎皮奥尼感到慌张，他反而将之视为难得的机遇。坎皮奥尼决心先摧毁萨默维尔的"H编队"，到时候如果一切顺利而且自身损失不大，他将再攻击坎宁安舰队。意大利人的前景看起来十分美妙。[17]

11月27日早晨，萨默维尔获悉坎皮奥尼的意大利舰队正在逼近自己。尽管如此，他仍然率"H编队"继续向东航行。他知道自己胜算不大，但也必须掩护那支极为重要的船队——该船队载有派往亚历山大港的700名英国皇家空军人员。11月27日上午晚些时候，萨默维尔才知道坎宁安指挥的编队距离他自己的"H编队"只有34英里远了，而且正在逐渐靠近，这让他如释重负。与此同时，坎皮奥尼也了解到坎宁安率领的编队距离萨默维尔越来越近。重新评估局势后，他意识到自己面对的已经不再是两支分开的英国编队，他或许不得不对抗萨默维尔和坎宁安的两面夹击。坎皮奥尼或许曾经决心贯彻计划——无论如何，他手中的2艘战列舰比英军的战列舰都更新更快，而且他在重巡洋舰方面也手握优势——但是，他已经没有机会切断这两支英国海军编队的联系，将其各个击破了。于是，坎皮奥尼决定取消此次攻击并返回基地。[18]

撤退本应该是轻而易举的事情，因为坎皮奥尼麾下新式战列舰的最大航速能够达到30节以上，而已经服役25年的英国"拉米利斯号"战列舰只能勉强达到21节。不过萨默维尔还是展开了追击。英军11架"剑鱼"式飞机从"皇家方舟号"航空母舰上起飞空袭坎皮奥尼的舰队，尽力减缓其撤退速度，从而为英军舰艇争取追击的时间。然而，高速航行中的军舰比锚泊状态的军舰难打得多，结果可想而知，这些英机没能命中任何一艘意大利军舰。如果这些英机能成功地击伤一艘意大利战列舰并让其放缓速度，那么萨默维尔毫无疑问将继续追击，但眼见坎皮奥尼那些快得多的军舰越开越远，萨默维尔也只能放坎皮奥尼一马了。毕竟，萨默维尔此次的主要任务还是掩护船队，而且坎皮奥尼把他诱入潜艇伏击区的风险也始终存在。[19]

地中海上这第二场海战被称为"斯帕蒂文托角海战"*，罗马和伦敦双方都对这场小冲突颇为不满。意大利海军最高司令部的高级将领们都深感失望和挫败，因为这场突袭可谓是雷声大雨点小。12月10日，坎皮奥尼被调任助理参谋长。意大利海军主力作战舰队的指挥权转交给了安杰洛·亚基诺海军中将，亚基诺此前负责指挥坎皮奥尼的巡洋舰部队。

丘吉尔的失望更甚。丘吉尔天生对自己认为缺乏攻击性的人不耐烦。在他看来，萨默维尔应该对坎皮奥尼追击到底。回想起这位将军对攻击米尔斯克比尔港的法军舰队感到良心不安，大英帝国的首相得出结论：萨默维尔缺乏杀手的本能。于是，丘吉尔主持召开了调查委员会会议，建议由曾在拉普拉塔河河口逼沉德国海军"施佩伯爵号"袖珍战列舰的亨利·哈伍德接替萨默维尔。不过，英国海军部的官员和将领们这次仗义执言，积极地为广受欢迎的萨默维尔辩护。丘吉尔不得不破例让步。虽然萨默维尔勉强保住了自己的职位，但这一事件更加突显了丘吉尔在考量部下的表现时会采用冷酷无情的标准。[20]

虽然丘吉尔对此事不甚满意，但英国皇家海军分别于1940年7月和11月痛击了法国海军和意大利海军，从而恢复了其在地中海的海军优势，即便这种优势并不绝对。英国船队无论是往来马耳他，抑或是从直布罗陀驶往亚历山大港，仍然必须经受空袭的严酷考验，但从此以后，英国人再也不会提及放弃地中海这一话题了。不仅如此，12月8日，驻埃及的英军开始对格拉齐亚尼麾下的意军展开反击——战斗打了两个月，意大利军队后撤600英里，一直撤到了利比亚欧盖莱，最后导致格拉齐亚尼被解职。正如坎宁安所

---

* 意大利人称之为"托伊拉达角（Cape Teulada）海战"。——译者注

言，"1940 年在巨大期望中结束"，这位将军以此表达了英国在地中海战区的光明前景。的确，地中海战区的战略态势完全反转，以至于墨索里尼终于发现自己把摊子铺得太大了，不得不向希特勒寻求支援。纳粹头领的回应是，派埃尔温·隆美尔将军率领第 15 装甲师开赴北非，他将在那里获得"沙漠之狐"的盛誉。[21]

* * *

这一整段时间里，丘吉尔和英国军民都严阵以待，准备迎击德军横跨英吉利海峡的入侵。德军最高统帅部将该行动的代号定为"海狮行动"。为了实施这一计划，德国人需要把 50 万德军及所需弹药和装备送过海峡，为此，德国人在海峡旁的港口里集结了 200 艘大型运输船以及 1 700 多艘机动驳船。然而，除非戈林的德国空军能够夺得海峡上空的制空权，否则这些船只便无法行动。戈林一再向希特勒保证，说自己指挥的德国空军进展神速。然而，事实上，英国皇家空军的飞行员们表现十分出色，给德国空军造成的损失远超自身付出的代价。此外，从 8 月底开始，英国的轰炸机经常在晚上轰炸那些为了入侵英国而集结在法国和荷兰海岸的船只，摧毁了 21 艘运输船以及将近 200 艘机动驳船。

1940 年 8 月 25 日，英军空袭柏林，不列颠战役进入了一个新的阶段。暴怒的希特勒命令戈林把德国空军的目标从英国的机场改为包括伦敦在内的各个城市。虽然这给伦敦及其居民带来了巨大的灾难，但这同时也使疲于奔命的英军"喷火"式和"飓风"式战斗机飞行员获得了难得的喘息之机。9 月中旬之后，形势明朗起来：纳粹空军没能赢下不列颠战役的胜利。9 月 17 日，希特勒决定搁置入侵英国的计划，不过丘吉尔还要过一段时间才能意识到这一变化。希特勒已经决定将自己的注意力转向东方。[22]

德国元首一直认为，夺取欧洲霸权的终极一战必定是与苏联决一雌雄，因为苏联的广阔领土可以为德国人民提供"生存空间"，而希特勒在其著作《我的奋斗》中曾向德国人民许诺要扩大"生存空间"。当"海狮行动"变得不切实际之时，希特勒立即命令将军们把德军的主力从海峡沿岸转移至东部边界，准备启动旨在侵略、征服、占领苏联的"巴巴罗萨计划"。希特勒原本希望于1941 年 5 月中旬开始执行"巴巴罗萨计划"，不过，地中海战区和巴尔干半岛的局势变化延迟了这一计划的开始时间。

这一延迟是他那爱惹麻烦的意大利盟友带来的。虽然 1940 年9 月意大利进攻埃及之战令人失望，但仅仅过了一个月，墨索里尼就命令意大利的陆军和海军入侵希腊，而且没提前通知柏林方面。这位意大利"领袖"对于先前德军没有告诉他就入侵罗马尼亚十分气恼，这次他决定不向希特勒打招呼就入侵希腊，在他的"大哥"面前反客为主一回。正如墨索里尼向自己的女婿齐亚诺所说的那样，"希特勒将从报纸上得知我已经占领了希腊"。轴心国之间正是如此，看似结盟，实则各自心怀鬼胎。他们是站在同一边的，但从来都不是真正的盟友。[23]

入侵希腊的意军说出发就出发了。意大利海军成功地把 50 万意大利军人以及 50 万吨装备和物资通过亚得里亚海运送到了阿尔巴尼亚。然而，意军的地面作战却举步维艰。希腊军队不仅抵挡住了意大利人的进攻，而且还把敌人赶回了阿尔巴尼亚。此时正孤军奋战对抗轴心国的英国正渴望着能有盟友。眼见意大利开始侵略希腊，英国立即伸出了援手。很快，英国发起"光彩行动"，利用船队把人员、装备和物资源源不断地从埃及的亚历山大港横跨东地中海运送到希腊的比雷埃夫斯港。雷德尔对墨索里尼的入侵之举深感厌恶。在 11 月给希特勒的一份备忘录中，雷德尔把意大利人入侵希腊描述为"一个严重的战略性错误"，并且直言不讳地写道，"意大利的领导层真是可恶"。[24]

1940 年的整个冬天，意大利人都没能时来运转，而且越来越多的证据表明，墨索里尼的军团再一次深陷泥潭。为了挽回局面，雷德尔催促希特勒全面接手整场希腊战役，甚至应该组织德国陆海军联手行动，一鼓作气拿下苏伊士运河。虽然希特勒的精力此时都放在苏联大草原上，但意大利人把希腊战役搞砸了，另外南斯拉夫的反轴心国行动也是个威胁，这一切都迫使希特勒决心侵入巴尔干半岛。德国元首非常气恼，这不仅仅是因为他不得不再次为意大利人火中取栗，更重要的是，这将迫使其不得不推迟实施进攻苏联的"巴巴罗萨计划"。[25]

＊＊＊

当德国人准备插手巴尔干之时，他们也没忘了敦促意大利人去袭击向希腊运送物资的英国船队。整个冬天，意大利海军都无所事事。至少意大利官方的解释是燃料不足，不过德国人有足够的理由认为这只是他们消极不作为的借口。墨索里尼这时候已经在展望战后的和平谈判了，他想尽力多保存一些自己海军的实力，因为这样一来，当谈判开始的时候，他的谈判筹码会比较大。当然，德国人并不会同情意大利人的这种小花招。1941 年 2 月 13 日至 14 日，在阿尔卑斯山区意大利梅里诺举行的一次战略会议中，雷德尔向其意大利同行阿尔图罗·里卡尔迪施加压力，催促他马上派遣一支水面舰队在东地中海发动突袭。里卡尔迪暗示道，要发动这样的进攻，就需要德国人从罗马尼亚的油田为意大利提供更多燃油。雷德尔回复说自己将会研究此事。其实，雷德尔很清楚，既然进攻苏联的"巴巴罗萨计划"已是箭在弦上，那么就不太可能给意大利人提供更多的燃油。[26]

1941 年 1 月，德国空军把一个中队的轰炸机从挪威调到了西西里岛。他们向马耳他附近的英军护航船队屡次出击，斩获颇丰，从而让德国人更有底气迫使意大利海军派遣水面舰艇在东地中海发动突袭。这支空军部队隶属于德国第 10 航空队，其主要任务是切断马耳他的补给线。虽然为船队保驾的英国护航舰队变得越来越顽强，但德国人——特别是"斯图卡"式俯冲轰炸机的机组人员——证明了自己战果卓著。1941 年 1 月 11 日，德军击沉了英军轻巡洋舰"南安普敦号"（HMS Southampton），并重创了"光辉号"航空母舰——有至少 6 枚炸弹命中了它，这也多少算是报了"光辉号"突袭塔兰托港的一箭之仇。受伤的"光辉号"拖着大火挣扎着驶入了马耳他的港口，最后不得不送到美国大修。到 1 月底，德军在西西里岛和意大利的欧洲大陆部分总共部署了 200 多架飞机，1941 年春天，这一数字仍在增长。[27]

到了 1941 年 3 月，德国海军代表开始理直气壮地声称，在地中海战区，德国轰炸机比意大利海军截击了更多的英国船队。德国空军击伤了坎宁安麾下的 2 艘战列舰——"巴勒姆号"和"厌战号"，这让德国人相信，在东地中海地区，英国人此时仅剩下了一艘尚未受损的战列舰。尽管如此，德国人还是尖刻地指出，希腊军队仍然能从埃及的亚历山大港接收到"持续不断的人员和装备补充"。驻罗马的德国海军联络官隐晦而公开地暗示道，盟国的这些护航船队为"意大利海军提供了特别值得袭击的目标"。这种言语几乎是一种奚落。[28]

巧合的是，亚基诺将军此前也已经向意大利海军参谋部请命，要求对东地中海进行一次扫荡，却被驳回了，官方的理由是缺乏燃料。

这一次，亚基诺奉命抵达罗马，海军参谋部的高级将领们告诉他，终于要实施他此前的提议了。制订此次作战计划时，除了缺乏燃料，亚基诺的另一个主要顾虑其实是缺可靠的空中掩护与支援。意大利空军根本不是个可靠的伙伴，而在没有空中支援的情况下深入东地中海是一件特别危险的事情——从埃及或者希腊起飞的英军飞机的作战半径都能覆盖这里。意大利海军参谋部的将军们向亚基诺保证，以西西里岛各个机场为基地的远程轰炸机和战斗机——包括德国第 10 航空队的飞机——都可以支援亚基诺的舰队。即便得到了这样的保证，亚基诺仍将信将疑，但又不便明说，因为他不想被上级斥责，于是 3 月 26 日日落后，亚基诺率舰队从那不勒斯起航。[29]

亚基诺麾下这支舰队的规模十分庞大。他的旗舰是排水量高达 4 万吨的 "维托里奥威尼托号"（Vittorio Veneto）战列舰，该舰拥有 9 门 15 英寸口径的主炮，最大航速可以达到 30 节。此外，他还有 6 艘重巡洋舰、2 艘轻巡洋舰以及 13 艘驱逐舰。根据德国人的战报，亚基诺相信坎宁安此时在亚历山大港仅剩下一艘可以作战的战列舰——"勇士号"——以及一些小型舰艇，这支英国舰队太弱小了，不足以挑战自己的舰队。[30]

事实上，德国空军给坎宁安的那 2 艘战列舰造成的损伤，并没有狂热的德军飞行员们上报的那么严重，英国的 3 艘战列舰战斗力依然完好。虽然它们都是参加过 1916 年日德兰海战的 "老兵"，航速也很慢，但战斗力不可小觑，这 3 艘战列舰都配备着 15 英寸主炮——航速并不是太大问题，它们一样可以接近到主炮射程之内。此外，坎宁安还有权指挥驻泊于雅典附近比雷埃夫斯港的 4 艘轻巡洋舰和 4 艘驱逐舰。坎宁安的弱点在于此时他的麾下连一艘可用的重巡洋舰都没有，而这正是整场战役甚至是整个二战中最大胆的一次冒险造成的。

在前往东地中海进行突击时，亚基诺的旗舰是最新式的"维托里奥威尼托号"战列舰，照片上是该舰于 1940 年刚刚服役时的样子。请注意该舰左舷中部装甲带上的防鱼雷突出部

来源：美国海军历史与遗产司令部

　　就在亚基诺从那不勒斯出击当晚，8 名意大利海军突击队员驾驶着满载着炸药的被称为 MT 的微型摩托艇，悄悄地驶入了克里特岛北部苏达湾狭长的入口之中，英国皇家海军的"约克号"（HMS York）重巡洋舰正锚泊于此。这次行动让人联想到二战爆发之初的几个月里，君特·普里恩潜入斯卡帕湾之战。意大利海军的突击队员们驾艇低速安静地驶入了这个被盟军守卫的港口，把自己的微型摩托艇对准了锚泊着的舰只，然后前推油门手柄，赶在撞击之前从摩托艇上跳下来。突击队员游到岸上后被俘，不过在此之前他们的微型摩托艇已经撞上了目标。其中的两艘微型摩托艇撞上了"约克号"，随后的爆炸致使它的锅炉舱和轮机舱被水淹没，为了避免沉没，这艘巡洋舰不得不抢滩搁浅。这次大胆的奇袭造成的结果是，当坎宁安麾下的 3 艘战列舰于第二天晚上出海的时候，为它们

护航的就只有 9 艘驱逐舰了。[31]

值得注意的是，坎宁安还拥有一艘新型航母"可畏号"（HMS Formidable）——该舰是刚刚从英国本土调过来接替受损的"光辉号"的。"可畏号"此行大费周折，先是绕过非洲南端，然后向北穿越印度洋，随后驶入了红海。由于德军飞机在苏伊士运河空投了水雷，"可畏号"在红海中耽搁了一段时间，最终等到水雷被清扫干净，"可畏号"才于 3 月 10 日——亚基诺从那不勒斯起航的两周之前——抵达了埃及的亚历山大港。[32]

3 月 26 日晚些时候，亚基诺的舰队向南穿过了意大利与西西里岛之间的墨西拿海峡，然后向东驶入了爱奥尼亚海。第二天上午，一架在二战爆发前原本用于在大西洋上空运载乘客和邮件的英国"桑德兰"式远程水上飞机发现了亚基诺舰队的部分舰艇，于是坎宁安报告说，发现敌 3 艘巡洋舰和 1 艘驱逐舰，航向东，位置在卡拉布里亚以东 80 英里处。事实上，坎宁安此前早已令舰队做好最高级战备了，而这正是二战期间将密码破译应用于实战的最早实例之一。位于伦敦西北 50 英里外的布莱奇利庄园里设有盟军绝密的密码破译机构，他们已经截获并破译了亚基诺本次出击的命令电报并送到了英国海军部。*坎宁安对这些消息做出的第一反应就是立即让所有原本计划前往希腊的船队取消行动。既然那些船队是亚基诺的首要目标，那么这就让他失去了任何成功的可能。在此之

---

\* 亚基诺是用固定电话发出的命令，这是相对安全的，因为电子监听无法截获固定电话的通话。然而，意大利空军却使用了无线电向数个机场发出命令，要求意大利侦察机从各个机场起飞，前往希腊克里特岛与埃及亚历山大港之间的东地中海海域进行侦察，而布莱奇利庄园截获和破译的就是这些无线电传输的信息。在二战后来的岁月里，密码破译发挥了更大的作用，特别是以"超级"（Ultra）为代号的轴心国相关情报在海战中发挥了巨大的作用，具体情况见第 12 章。

后，坎宁安命令自己麾下的舰队准备起航。为了掩人耳目，坎宁安于当天下午像模像样地拎着一个公文包离开了"厌战号"战列舰，假装他当天晚上要在岸上过夜，接下来又在天黑后悄悄地返回了自己的旗舰。当天深夜，坎宁安率领舰队出海。[33]

与此同时，亚基诺也有了别的想法。3 月 27 日晚上 10 点半至 11 点半之间，他收到了最新情报：坎宁安在亚历山大港拥有 3 艘战列舰，而不是 1 艘，而且英国人已经知道他要来。尽管如此，亚基诺还是决定：继续向东航行到第二天早上，然后再返航。亚基诺将舰队分成了三支编队：他的旗舰及其护航驱逐舰组成主力战斗编队，6 艘重巡洋舰分为两支编队，每队 3 艘。那架"桑德兰"式飞机于当天上午发现并上报给坎宁安的就是其中一支巡洋舰编队。[34]

无独有偶，坎宁安也把自己麾下的舰队进行了分编。根据他的命令，亨利·丹尼尔·普里德姆-威佩尔海军少将率领 4 艘轻巡洋舰和 4 艘驱逐舰从希腊的比雷埃夫斯港出发，在战列舰编队前面 100 英里处进行侦察。当晚一整晚，敌对双方迎头对进，彼此却都不知道对方的准确位置和真正实力。

\*\*\*

接下来的大海战史称"马塔潘角海战"。马塔潘角是希腊本土伯罗奔尼撒半岛向南延伸的三个小半岛中居中的那个（见地图"地中海及其周围地区，1940—1941"）。3 月 28 日刚破晓，战斗爆发，双方都组织了空中侦察以寻找对手的位置。或许并不令人意外的是，原本说好的来自西西里岛的意大利空中支援并未到达，亚基诺只好依靠自己旗舰搭载的水上飞机去侦察。然而，意大利人存在着一个严重的缺陷。在英国的战列舰上，英军能够使用卷扬机把完成任务的水上飞机回收到战列舰上,意大利人却没有这种设备,所以一旦放出水上飞机前去侦察,意大利飞行员就只能在完成任务后飞走,找到一个岸上基地着陆。这就意味着,亚基诺和意军只有一次找到敌舰位置的机会。[35]

即便如此,还是亚基诺的侦察机于当天早上6点35分率先发现目标,飞行员看到了普里德姆-威佩尔的轻巡洋舰编队。又过了20分钟,从英军"可畏号"航空母舰上放飞的8架英机中的1架发现了那两支意大利巡洋舰编队中行驶在最前面的舰艇。说来也奇怪,这两份报告都没能帮助己方的指挥官对战场态势做出正确判断。那名意大利飞行员起初错把自己看到的普里德姆-威佩尔编队当成了那两支意大利巡洋舰编队中的一支,而在英军的"厌战号"战列舰那边,坎宁安则在猜测,"可畏号"的侦察机看到的可能是普里德姆-威佩尔的舰队。当另一架英军侦察机报告称在前次报告的舰队位置的20英里外又发现一支巡洋舰编队时,情况也没能变得更加清晰一些:这是敌军的另一支巡洋舰编队吗?会不会与此前发现的是同一支?抑或这才是普里德姆-威佩尔的舰队?[36]

到了早晨8点,一切疑惑都烟消云散了。路易吉·圣索内蒂海军中将麾下3艘意军重巡洋舰上的瞭望员们全都目视看到了普里德姆-威佩尔的英国轻巡洋舰编队。几乎与此同时,普里德姆-威佩尔的英军瞭望员也看到了圣索内蒂的巡洋舰编队。英军有4艘舰,意军只有3艘,不过,意大利重巡洋舰上的8英寸口径主炮的射程要远胜于英国轻巡洋舰的6英寸口径主炮。因此普里德姆-威佩尔在将接触报告发给坎宁安("发现3艘不明身份的舰只,距离18英里")的同时掉转船头,加速撤离。这一方面是为了拉开距离,同时也是为了把意大利人引诱到坎宁安那些战列舰的射程之内。看到英军战舰不战而逃,意大利人欢欣鼓舞,圣索内蒂下令追击。8点

12 分，意大利舰队的大炮响了。为了躲避四处横飞的意大利炮弹，普里德姆-威佩尔的舰队只能走"之"字形航线，直至 8 点半。此时圣索内蒂收到了亚基诺的命令，要他停止追击，并立即向自己的旗舰靠拢。亚基诺之所以急于把圣索内蒂召回来，是因为他怀疑英国人在把圣索内蒂往圈套里引——英国人当然是在这么做。不过，亚基诺担心的是潜伏的英国潜艇，因为他此时还不知道坎宁安的战列舰与自己已然近在咫尺。[37]

当圣索内蒂掉头返回时，普里德姆-威佩尔也转向尾随圣索内蒂编队，同时小心翼翼地保持在意大利舰队主炮的射程之外。这两支舰队就这么往北行驶到上午 11 点钟左右。突然之间，亚基诺的旗舰——"维托里奥威尼托号"战列舰的桅顶出现在了水天线上，这让普里德姆-威佩尔在当天上午第二次大吃一惊。此时，在普里德姆-威佩尔的旗舰"猎户座号"（HMS Orion）的舰桥里，一位正在吃三明治的英国海军军官看到远方的桅杆后，马上指着西北方向大声问道："那是哪艘战列舰？我以为咱们的战列舰距离这里还有很远一段距离呢。"普里德姆-威佩尔不敢怠慢，马上令舰队紧急掉头向东南撤退，并向坎宁安（错误地）报告，"发现两艘战列舰"。[38]

接报后，坎宁安马上命令海军航空兵前去攻击意大利战列舰。"可畏号"随即调整方向，6 架航母舰载机逆风起飞。这些飞机是"大青花鱼"式舰载鱼雷攻击机（或者按照英军舰载机飞行员们的叫法——"苹果核"飞机*），它们只是在非常实用的"网兜"——"剑鱼"式攻击机的基础之上做了一些小改进而已。虽然该型飞机也是双翼飞机，但其速度要比"剑鱼"式飞机快一些，航程也

---

* 这是因为在英语中，Albacore（大青花鱼）和 Applecore（苹果核）这两个词谐音。——译者注

更远一些，能比"剑鱼"式飞机挂载更重的弹药。此外，它还拥有封闭式座舱。在上午11点半左右，这6架"大青花鱼"发现了"维托里奥威尼托号"战列舰，并发动了鱼雷攻击。虽然无一命中，但它们印证了亚基诺此前的疑虑：突袭英国船队的战机已经不复存在。除此之外，意军的空中支援迟迟未到，加之此刻英军攻击机已然出现，一切都在暗示着，强行突袭的风险也许会远大于收获。于是，亚基诺命令舰队掉头西返。[39]

此时，猎人变成了猎物。当天下午，英军飞机再次空袭亚基诺舰队。在一天之内，亚基诺的旗舰遭受了8次攻击，来袭的既包括"可畏号"航空母舰上的鱼雷攻击机，也包括从希腊各机场赶来的高空轰炸机。当天下午晚些时候，3架英国鱼雷机背对着阳光从"维托里奥威尼托号"战列舰左舷再次发动攻击。当舰员们发现这3架英机时，为时已晚，无法规避，亚基诺只能眼睁睁地看着英机来袭。"那一刻太漫长了，时间仿佛已经停滞，"亚基诺后来对此回忆道，"在那一刻，我们的心都提到了嗓子眼，一动不动地盯着那三架飞机。"两枚鱼雷未命中，但另一枚鱼雷击中了该舰左舷处的螺旋桨上方舰体，爆炸卡住了方向舵。这艘巨大的意大利战列舰开始进水，并稍稍向左倾斜。该舰暂时停了下来，不过6分钟后，它依靠着仅剩的右舷发动机再次启动。到了下午5点，该舰终于恢复到了19节的速度。直到此时，亚基诺终于看到了10架德国梅塞施密特战斗机来到头顶——德国人终于前来兑现空中掩护的承诺了。不过，这些德国飞机仅仅盘旋了50分钟就返回加油去了。[40]

此时，坎宁安的旗舰"厌战号"正位于"维托里奥威尼托号"后面55英里处。由于担心煮熟的鸭子飞走，坎宁安下令再次发动空袭，争取赶在黄昏时飞抵意军战列舰的上空。英军6架"大青花鱼"式飞机以及3架"剑鱼"式飞机旋即升空，它们发现意军水面舰艇正聚拢在"维托里奥威尼托号"战列舰周围编成一个阵形。这些英国飞机赶忙趁着日落前的最后片刻发起了进攻。一位飞行员回忆道："西边天空的最后一点余光映衬出了意大利舰艇的轮廓。"落日余晖中很难判断这最后一轮攻击给意军舰队带来的打击，多位英军飞行员报告说自己可能命中了意大利军舰。事实上，唯一的一次命中落在了意大利重巡洋舰"波拉号"（Pola）的身上。但事后证明，这是整场海战中最具决定性的一击，因为这一击炸毁了"波拉号"的5个锅炉，切断了主要的蒸汽管道，还导致全舰停电，军舰瘫痪在水中无法动弹。亚基诺仍然带着大部队继续西行，直到半个多小时后才得知"波拉号"被击中瘫痪的消息。他闻讯立刻命令卡洛·卡塔内奥海军少将率领他的巡洋舰部队折返陪伴"波拉号"，尽量把它开回来，实在不行就把"波拉号"的舰员救回来。[41]

这一整天，特别是在收到普里德姆-威佩尔那令人兴奋的"发现两艘战列舰"的报告之后，坎宁安一直想要让3艘老爷战列舰的行动更快一些，超过慢吞吞的22节速度，但未能成功。当"维托里奥威尼托号"战列舰被鱼雷击中时，坎宁安觉得自己可能要捉住它了，但当它恢复成19节的速度时，这似乎又不可能了。于是，坎宁安派出速度快的驱逐舰先行一步去实施鱼雷攻击，但他并未指望自己的15英寸巨炮在这场海战中还能有用武之地。然而，亚基诺让卡塔内奥巡洋舰队救援被打残的"波拉号"的决定，为坎宁安送来了意料之外的新机会。[42]

当天晚上8点15分，"波拉号"和卡塔内奥麾下的其他舰艇陆续出现在装备了雷达的英舰雷达屏幕上。由于意军没有雷达，卡塔内奥压根没能意识到敌军的水面舰艇距离自己是如此之近。英军的战列舰队趁着夜色逼近了意军的巡洋舰队，而完全未被察觉。坎宁安对当时那一幕场景记忆犹新。他记得"厌战号"的指挥舰桥里一片肃静，这种肃静"似乎能被人感觉到"，只有"炮手将火炮指向目标时的声响"会将其打破。向舰首望去，他看到"炮塔在稳稳地转动着，直至 15 英寸主炮炮口直指敌军的巡洋舰"。此时就是战列舰官兵海军生涯的巅峰时刻。后来，坎宁安写道："在我的一生中，我再也没有经历过比这更令人激动的时刻了。"[43]

当晚 10 点 28 分，正当卡塔内奥和其僚属的精力还放在严重受损、随波逐流的"波拉号"上时，突然，一束明亮的白光从英国人的探照灯里照射出来，穿透暗夜，照亮了卡塔内奥的旗舰——"扎拉号"（Zara）重巡洋舰。几秒钟后，十几门 15 英寸巨炮的炮口喷出了橙色的火焰。此时，在仅有 3 800 码的直射距离上，英国人几乎不可能射偏。英军"厌战号"战列舰首轮齐射的 6 发炮弹中有 5 发击中了意军"阜姆号"（Fiume）重巡洋舰。首轮齐射原本通常仅用来校正目标的距离和方位，因此，在看到这一幕后，"厌战号"上的高级枪炮官道格拉斯·费希尔海军上校惊呼不已。"我的天啊！"他喊道，"我们击中它了！"还没等"阜姆号"上的意军官兵意识到战斗已经打响，该舰的上层建筑就被轰成碎片了，其舰尾炮塔也被炸飞到了舷外。在不到五分钟的时间里，卡塔内奥的旗舰"扎拉号"就身中 20 弹。从"厌战号"的舰桥里望去，坎宁安能看到"整座炮塔以及其他沉重的碎块在空中旋转，然后溅落到大海之中"。[44]

"扎拉号"完全无法承受英军的炮火，从舰首开始下沉。卡塔内奥费力地走到舰尾，向集合于此的舰员们进行了最后的训话。他说自己已安排几组人在"扎拉号"四周装上了炸药，以确保它不会落入敌人之手。然后，他带领舰员们三呼致敬祖国并下令弃舰。正当舰员们争先恐后地弃舰逃生时，卡塔内奥回到舰桥，他准备与舰偕沉。作为旗舰舰长，路易吉·科尔西也紧跟着卡塔内奥走进舰桥。

意大利海军"扎拉号"重巡洋舰于 1931 年服役,是"扎拉"级首舰;"阜姆号""戈里奇亚号""波拉号"也属于"扎拉级"

来源:维基百科

科尔西向一位遇到的轮机军官要烟抽,对方给了他一整包烟。不过,科尔西深知自己连吸第二支烟的时间都没有了,于是面色苍白地笑着说:"这些太多了。"3 月 29 日凌晨 2 点 40 分,"扎拉号"彻底沉没,783 名意军官兵阵亡,其中就包括卡塔内奥和科尔西。[45]

由澳大利亚海军军官赫克托·沃勒上校指挥的盟军驱逐舰部队也加入了战斗,把鱼雷射进正在熊熊燃烧的意大利军舰的残骸之中,并攻击了那几艘意军驱逐舰,击沉了其中两艘。正如坎宁安在战报中所写的那样,沃勒的驱逐舰"尽情开火,消灭了不少敌舰"。到上午 11 点,卡塔内奥的舰队已经全军覆没,于是,坎宁安把分散在四处的盟军战舰召了回来。两艘英军驱逐舰"努比亚人号"(HMS Nubian)和"杰维斯号"(HMS Jervis)靠到被击伤的"波拉号"旁边,赶在它于凌晨 4 点 10 分翻身沉没前救出了幸存的舰员。其他驱逐舰从水中打捞出了更多的幸存者。英国军舰总共救出了大约 900 名意大利海军官兵。此时，数架德国轰炸机姗姗来迟，开始扫射盟军舰艇，救援工作便到此结束。坎宁安随即率部东撤，不过他向意大利海军发去了无线电报，告知了交战位置的地理坐标。随后，意大利医院船"格拉迪斯卡号"（Gradisca）赶到事发现场，最终又救起了 160 名幸存者。[46]

3 月 29 日上午，当凯旋的坎宁安进入亚历山大港的时候，亚基诺终于得到了此前许诺的强有力的空中掩护。意大利和德国的100 余架飞机到此时才飞来护卫意军舰队返航，却为时已晚。虽然亚基诺带着受伤的"维托里奥威尼托号"战列舰逃出生天，但他在马塔潘角海战中损失了 3 艘重巡洋舰、2 艘驱逐舰以及 2 400 多名部下。英军仅仅损失了一架飞机。这一打击无比沉重，不仅打碎了墨索里尼独霸地中海的希望，还沉重打击了意大利的士气和威望。在马塔潘角海战之后，墨索里尼下令：意大利海军只能在陆基飞机作战半径之内的近海海域活动。[47]

又过了 6 天，希特勒的军队开始入侵巴尔干半岛。

\*\*\*

纳粹德军的直接插手决定了希腊的战局。几天后，英国和希腊的地面部队开始全面撤退。虽然德国人没能为亚基诺的舰队提供足够的空中掩护，但是他们的飞机在地面作战中发挥了毁灭性的威力——"斯图卡"式俯冲轰炸机和容克斯公司生产的高空轰炸机统治了巴尔干半岛的天空。在几乎是缩小版敦刻尔克的撤退行动中，英国的运输船和驱逐舰竭尽全力，想要把受困的盟军部队营救出来。5 万多人成功地从希腊本土撤到了南边 250 英里外的克里特岛，不过，仍有 4 000 名英军官兵以及来自英属巴勒斯坦的 2 000 名殖民地军人被困在希腊本土当了俘虏。

坎宁安下令："任何敌人都不能通过海路抵达克里特岛。"他的确做到了。由于没有水面舰艇可用，德军无法横渡爱琴海追击盟军。然而 5 月 20 日，1.3 万名德军空降兵从空中杀入克里特岛。起初，德军伞兵伤亡极其惨重，英国和希腊的将领们相信自己能够完全消灭他们。可是盟军内部协调不力，令德国人夺下数个机场。这样一来，德军就可以派出运输机，将援兵和物资源源不断地补充进来。几天后，盟军便不得不撤出克里特岛。[48]

正如一年前的敦刻尔克大撤退一样，盟军投入了每一艘能用的驱逐舰。同时，仍然与敦刻尔克大撤退一样，由于德军掌握了制空权，撤离也只能在晚上进行。从 5 月 28 日到 6 月 1 日，一连 4 个晚上，盟国的驱逐舰都趁深夜悄悄地驶近克里特岛海岸，从防波堤接上盟军士兵，然后赶在黎明之前带着筋疲力尽、饥肠辘辘的人们回到远海。大约 16 500 名盟军官兵得以撤离，但还是有 5 000 余名盟军官兵未能撤退。在此期间，德国飞机一直在地中海上空追杀盟军舰艇，而坎宁安舰队的损失则令人震惊，甚至要比意军在马塔潘角海战中的损失更加惨重。英军共有 3 艘轻巡洋舰和 6 艘驱逐舰被击沉，另有 16 艘各类舰船严重受损，包括"厌战号"和"巴勒姆号"战列舰以及新服役的"可畏号"航空母舰。2 400 余名英国皇家海军官兵阵亡。[49]

虽然意大利海军付出了种种努力，英国人仍掌握着地中海的制海权。然而，德国人却掌握了制空权。因此——和意大利人相似——英国皇家海军也无法在陆基飞机保护伞之外有效作战了。英国皇家空军司令阿瑟·特德对此评述道："任何战舰只要离开亚历山大以东或以北 150 英里半径区域，就会是代价高昂的冒险。"英国皇家海军依然在东地中海保持存在，但其活动范围已经受到了严重限制。[50]

# 第 6 章

# 破交战（一）

　　当英国皇家海军与轴心国为了地中海制海权斗智斗勇时，北大西洋争夺战也进入了新一轮危局。1940 年 6 月 23 日，也就是法国投降的第二天，卡尔·邓尼茨就乘火车一路西行，横穿了被击败且充满沮丧之情的法国，前往大西洋沿岸的诸多港口，为他的潜艇部队寻找可能合适的新基地。从比斯开湾的港口出发，德国潜艇距离大西洋航运线的距离可以缩短近 500 英里，这将极大地缩短潜艇在往来狩猎场的路上所花费的时间。两个星期后的 7 月 7 日，U-30 号潜艇驶入了位于法国布列塔尼半岛西南岸的洛里昂港。8 月，德国人开始在洛里昂港入口处附近的凯尔内瓦尔（Kernevel）修建能抵御炸弹的潜艇总部。*到当年秋天，德国潜艇部队已经能从比斯开湾沿岸的五个港口出发作战了，它们分别是布雷斯特、洛里昂、圣纳泽尔、拉罗谢尔和波尔多。这标志着德国对英国航运线的破袭无论从性质上还是从强度上都发生了剧变。[1]

---

*　英国皇家空军经常轰炸德国潜艇部队在法国的新基地，这让德国人不得不开始建造大型钢筋混凝土式加固掩藏坞，上面有厚度超过 16 英尺的顶板。自从有了这种防护措施，德国潜艇就可以安全地待在它们位于比斯开湾的港口基地里了，再也不用担心频繁的空袭。

英伦三岛的粮食产量仅能满足其粮食需求量的一半左右。从一开始，邓尼茨就一直坚持一个观点：只要潜艇部队击沉盟国船舶的速度比盟国新造船舶的速度快，就可以让英国人因饥饿而不得不屈膝投降。无论是运载着关键战争物资从美国驶来的船只，抑或是所装基本都是压舱物的开回去的船只，都没关系，关键是要击沉它们。为了衡量进展，邓尼茨为德国潜艇部队制定了每个月的任务指标。1940年时的最初目标是每个月击沉吨位总计10万至20万吨的盟国船只。在美国参战之后，他把该目标提升了一倍。到了1943年，根据他的指示，潜艇部队每个月需要击沉70万吨盟国船只。无论指标如何，有两点非常清楚：为了贯彻这一所谓的"吨位战"战略，他需要比现有多得多的潜艇；另外他还坚持认为，所有的潜艇都应当派往北大西洋，其唯一攻击目标是盟国的商船。在这两个问题上，邓尼茨都与自己的顶头上司雷德尔意见相左。

邓尼茨还为他的潜艇部队采取了一套全新的战术，他从1918年就开始琢磨这套新战术了。他不再把潜艇逐一派出去独自巡航，而是计划把它们编成战斗小组协同作战，这种战术后来被称为"狼群战术"。其思路是：在北大西洋中，把"狼群"沿南北方向部署成一条长长的侦察巡逻线，这样其中的某一艘艇就更有可能遇到横跨大西洋的船队并通报其位置。起初邓尼茨设想潜艇的指挥官们可以通过无线电直接相互联系，他还在1939年秋天对此进行了试验。然而，他很快就得出结论，如果他本人在凯尔内瓦尔新设立的德国潜艇部队总部亲自协调，其效率和效果都将更好。这就改变了潜艇战的游戏规则。在此之前，单独作战的潜艇或许能击沉一支船队中的一两艘船，而一个"狼群"则可能在一支船队中击沉10艘到15艘船，甚至能让整支船队全军覆没。[2]

德军占领了法国北部，这意味着其潜艇部队将会受益于从沿海机场起飞的福克-沃尔夫-200"兀鹰"式远程飞机的侦察报告。这种身形修长的四引擎飞机原本是设计用来载着富有乘客从柏林直航纽约的，它们可以寻找、跟踪，有时还能攻击英国船队。不过，该型飞机与德国潜艇部队之间的协作从来都没能充分发挥作用，这部分是因为该型飞机数量不足，部分是因为戈林不容他人向德国空军发号施令。虽然德国海、空军之间的关系从来没有像意大利海、空军之间那样严重失调，但至少可以认为德国的这两大军种配合并不默契。此外，7月时戈林的注意力几乎全集中在对英国城市的空中作战方面，此即所谓闪电空袭。而在英吉利海峡的另一边，英国皇家海军和皇家空军海岸司令部于1941年2月在利物浦成立了联合指挥部；但与德国人一样，英国人此时拥有的远程飞机数量也极为有限，英国皇家空军更愿意将其中的大部分飞机优先用于轰炸德国本土，首相丘吉尔对此也非常认同。最后，保卫大西洋航运的主要责任还是落在了已经不堪重负的海军护航力量的头上。[3]

　　想要在当年夏天重创英国的海上航运，邓尼茨首先必须解决两个问题，一个是技术问题，另一个则是体制问题。技术问题是德国的鱼雷战斗部不可靠的老毛病。在挪威战役中，德国鱼雷的磁性引信大量失灵，邓尼茨当时认为这是由于挪威过于靠近地磁北极。但整个1940年4月以及进入5月份以来，在其南方很远处执行任务的德国潜艇也报告称鱼雷不能正常工作了。德国潜艇的艇长们沮丧到了愤怒的程度，因为他们小心瞄准，并在极近距离连发了4枚鱼雷之后，鱼雷要么提前爆炸，要么潜深过大，从商船底下钻了过去而失效。邓尼茨对此感到非常气愤，他在日记中写道："我不相信战争史上还会有其他人被迫用这么无用的武器对付敌人。"[4]

　　讽刺的是，居然是英国人为德国人提供了一个能至少部分解决这一问题的方案。5月上旬，德国的工程师们检测了从俘获的英国

"海豹号"（HMS Seal）潜艇中取出来的鱼雷，结果发现，英国鱼雷引信的设计比德国的更加简单可靠。邓尼茨闻讯后，立即命令把德国鱼雷的磁性引信全部换装成英式的触发引信。至于德国鱼雷潜深过大的问题，却要拖到 1942 年初才完全解决——德国的工程师们直到那时才发现鱼雷的平衡腔存在慢性泄漏问题。

体制问题就不是这么容易解决的了：德国海军潜艇数量少到了几乎无法打仗的程度。事实上，相较于 1939 年 9 月二战爆发时，1940 年 6 月时邓尼茨手中的潜艇数量并没有增长。虽然在这段时间里德国新造了 28 艘潜艇，但也有 28 艘潜艇毁于敌手。邓尼茨从一开始就坚持认为："德国海军此时最紧迫的任务就是打造一支强大的潜艇部队。"然而，虽然邓尼茨得到了雷德尔的正式认可——更重要的是，他也得到了希特勒的正式同意——每个月为德国海军新造 25 艘潜艇，但这一目标一直未能实现。这起初是因为德国把重点放在了入侵英国上，在希特勒于 1940 年 9 月决定搁置入侵英国的计划后，缺乏技术工人和机床的难题又制约了德国建造潜艇的进度。其结果就是，邓尼茨的大西洋沿岸新基地中只有区区 21 艘潜艇可用。[5]

尽管数量有限，但德国潜艇部队仅 1940 年 6 月就在爱尔兰和英国外海击沉了 31 艘船，仅普里恩指挥的 U-47 便击沉了其中 7 艘。7 月，奥托·克雷奇默指挥的 U-99 创下了单次战斗巡航击沉船只总计吨位 65 137 吨的新纪录，然后顺利返回了法国的洛里昂港。潜艇部队的艇长们把这段时期称为"幸福时光"。每次完成战斗巡航回到洛里昂或布雷斯特，邓尼茨都会为潜艇艇长授勋，并向艇员们道贺。这些成功令潜艇部队官兵们因鱼雷失灵而受挫的士气得以重振。在潜艇部队中，士气尤为重要，因为大约 45 名官兵要在一个狭小密闭的铁管子里工作与生活，他们经常需要手脚并

1940 年 8 月，雷德尔向 U-99 的艇员颁奖。左为克雷奇默中尉

来源：维基百科

用，才能在隔舱之间穿行。通常情况下，艇里的官兵们会一连几个星期无法沐浴，忍受着彼此身上散发出来的馊味，大家轮流值班，轮流在床铺上睡觉。在这样的一种环境里，艇员们要么成为兄弟，要么难免翻脸。[6]

德国潜艇部队在 1940 年 6 月打出的小高潮并没能持续整个夏季，因为邓尼茨手中潜艇数量不足，无法保持足够数量的潜艇出海巡航。当月，他又损失了 3 艘潜艇，另有数艘艇需要入坞维修。因此，到 7 月时，邓尼茨手中在英国外海关键海域作战的潜艇只有 4 艘。在意大利参战之后，意大利海军的 116 艘潜艇似乎可能弥补德国潜艇数量的不足——当年夏天，确实有一个中队的意大利潜艇在法国波尔多外海执行任务。这些意大利潜艇身形巨大，令人印象深刻，不过，它们的实战表现实在过于平庸，在 8 月仅仅击沉了 4 艘盟国船只。邓尼茨在心理上已经把它们视为完全没用的废物了。尽管如此，从法国港口出击的德国潜艇旗开得胜，这充分展现出了对海运线发动全力潜艇战的潜在力量。[7]

＊＊＊

面对潜艇的威胁，英国建立起了一套护航船队体系。虽然自从大航海时代以来，海上强国就一直在采用护航制度来保护航运线，但在"一战"期间，英国海军部起初并不情愿采用这种方式。不管怎么说，一支护航船队把所有商船集中到了一起，这就为悄悄接近的潜艇提供了一个猎物丰富的猎场。此外，整支护航船队的速度必然迁就速度最慢的那艘船。然而，即便有这些显而易见的缺点，1917年至1919年发生的事件还是证明，护航队仍然是对付潜艇威胁的最为有效的方式，远超其他手段，所以甚至在1939年二战爆发之前，英国就已建立起了一整套护航体系。

从一开始，每支船队就被赋予了一个代号以标识其始发地、目的地和次序。例如，驶出利物浦港的第一支船队的编号是OB-1。到了后来，在直布罗陀（航线代号为HG）、牙买加（代号KJ）、塞拉利昂的弗里敦（代号为SL）以及其他几十个地方都有了定期始发船队。不过，最繁忙和最重要的航线还是往来于加拿大新斯科舍、哈利法克斯与英格兰利物浦、苏格兰克莱德湾内的格拉斯哥之间的跨大西洋航线。从加拿大向东开往英国本土的船队代号为"HX"（homebound from Halifax 的缩写），而从英国本土西行的船队则被编为"ON"（outbound to North America 的缩写）。典型的船队由20至40艘商船组成，它们组成7到10个纵列，每个纵列有四五艘商船。为了避免在风大浪急或浓雾密布的大洋上相撞，每个纵队中的商船之间需保持 400～600 码间隔，纵队之间则保持 1 000 码距离。这样，一支由 40 艘商船组成的船队会占据一块宽 5 英里，长两三英里的海面，其面积可达 15 平方英里。[8]

船队中的商船由一位指挥官统一管辖，这位指挥官以船队队长身份搭乘在一艘商船上，虽是平民，但通常由英国皇家海军的退役军官担任。他的任务是维持船队的秩序，并且利用信号旗或闪光信号灯指挥整个船队定期改变航向，保持"之"字形航迹，此举可以甩开潜在的尾随之敌。让一支商船队保持队形是非常艰难的任务，这是因为平民船长们不习惯于进行精确的战术机动，然而让 40 艘商船同时转向却是必不可少的。如此，在下令改变航线时，船队队长必然要降低对行动齐整性的心理期望值。

护航舰会行驶在这支巨大长方形船队的前锋和侧翼阵位上，它们也时常独立行动。在邓尼茨苦于可用潜艇不足的同时，英国人也同样缺乏护航舰艇。驱逐舰是最有效的船队护航舰，然而，到处都需要驱逐舰。英军在挪威战役尤其是敦刻尔克遭受的惨重损失，意味着英国皇家海军此时正严重缺乏这种关键的"老黄牛"式战舰。为了弥补这种短缺，各种舰船都被调来担负起了护航的重任。

其中有一种被称为"轻型护卫舰"的新款小型军舰。因为第一代轻型护卫舰都以花卉命名，所以人称其为"花"级轻型护卫舰，它们的名称和战争完全没有联系，比如"杜鹃花号"（HMS Azalea）、"秋海棠号"（HMS Begonia）、"蓝铃花号"（HMS Bluebell）、"金凤花号"（HMS Buttercup）等。它们的排水量仅为 940 吨，身形非常小，武器仅有前甲板上的一门单管 4 英寸口径的舰炮，外加一些双管 0.5 英寸口径的机枪，在常规军舰面前完全没有战斗力。它们不仅小，而且还很慢，最高航速仅为 16 节，并不比水面状态的德国潜艇快到哪里去。不仅如此，坐在里面还无比难受，特别是在风浪滔天的北大西洋中，就算是在天气稍好的日子里，它们也会如同碎木片一般被卷来抛去。"石楠花号"（HMS Rhododendron）的一名舰员后来回忆道，在一艘这样的护卫舰上"感觉就像是被小猎犬咬在嘴里的破布。这艘旧舰会被甩到浪尖，你站在高处往下一看，下面是深渊似的波谷。你会想，哎呀，真可怕，接着你就掉进了那个深谷之中，滔天巨浪向头顶压来"。不仅如此，50 名舰员必须长期挤在一艘 190 英尺长的军舰里，这使得在"花"级轻型护卫舰上服役成了对一个人体力和耐力的双重挑战。小说家尼古拉斯·蒙萨拉特就曾经在轻型护卫舰上服过三年役，他生动地描写了在舰上吃饭这一看似简单却充满挑战的场景："喝东西的时候，饮料会泼出来溅你一身。吃饭的时候，食物会从盘子里跳出来，同时，你也别指望刀叉等餐具老实待在原处。东西滚得到处都是，互相碰撞，还会从桌子上发疯似的全滑下去。"站在高处瞭望也是个考验。"每天晚上，一连十七个晚上，"蒙萨拉特写道，"副水手长都会在凌晨四点差十分时把你叫醒去换班。这时候，你就会盯着天花板想：**我的天啊，我不能再去那漆黑一片的地方淋着雨站四个小时岗了。但是，当然，你能的。**"[9]

但从更宏观的角度看，轻型护卫舰造价低廉，建造速度也很快，同时还配备了潜艇探测器和深水炸弹。丘吉尔曾经赞美它们"既便宜又令人讨厌"，意思是它们的建造成本非常低廉，同时又令敌人讨厌。1939 年 9 月 3 日之前，英国就在建造 56 艘这种轻型护卫舰了。而在英法对德国宣战以后，英国又开工了 41 艘。在二战结束之前，英国总共建造了 269 艘这种轻型护卫舰，其中包括为加拿大海军建造的 130 艘。虽然它们以花花草草命名，虽然它们的武器差得不能再差了，虽然舰上局促不堪，但是，它们对于守护英国本土与外部世界之间的海上生命线起到了关键作用。[10]

"龙胆号"是首批"花"级轻型护卫舰之一。该级护卫舰于 1940 年专为商船队护航而设计建造，身形较小，舒适性差，但在二战爆发后的最初两年里，该级护卫舰却特别宝贵。"龙胆号"这一艘护卫舰就曾经在北大西洋上为 70 多个船队护航

来源：帝国战争博物馆

 

 

其他种类的舰船也被用作护航舰。其中两种用的还是大航海时代的称呼。一种是"驱潜艇"（sloop-of-war）*，1940 年时，这一名称被指定给了一种首尾各有 1 门 4 英寸舰炮的小型（排水量 1 000 吨）驱逐舰。另外一种舰身形稍大（排水量 1 350 吨），英国人起初称其为"双螺旋桨轻型护卫舰"（twin-screw corvette），最后定名为"护卫舰"（frigate）。虽然英国人最终建造了数百艘各种小型军舰，但在 1940 年时，护航舰的数量仍是捉襟见肘，因此，英国

---

\* 其名称直译应为"军用单桅帆船"，国内通常称之为"驱潜艇"。——编者注

人还使用了一部分所谓的武装商船巡洋舰（armed merchant cruiser，缩写为 AMC）。

这种舰艇大得多（其排水量通常为 1.4 万 ~ 1.6 万吨），其实就是给一艘货轮或客轮加装了几门 6 英寸炮，把它当成军舰。这种军舰的出现表明英国已经到了拼死抵抗的时候，因为给一艘货船装上几门大炮就成为有效军舰的时代早就过去了。这些武装商船巡洋舰没有装甲，火炮老旧而且没有保护，操作它们的也都是些没有经过特别训练的志愿人员。这些冒牌战舰上的水手们称所谓 AMC 的意思就是"海军部造的棺材"（Admiralty-made coffin）。武装商船巡洋舰的舰员通常是原来同一艘商船上的同一批水手。由于他们加入海军时签署的文件编号是 T-124，故而他们有时也被称为 T-124 水手。那些同意承担此职责的商船指挥人员会接受英国皇家海军志愿后备队（RNVR）的任命，身穿传统的海军蓝制服，只是袖口上绣着的金色条纹是波浪形的。因此他们也被戏称为"波纹海军"。[11]

即便有这些增援，英国仍然极度缺乏护航力量。加拿大是一支重要的援军。然而，1940 年时，名称听起来十分有气势的加拿大皇家海军其实规模非常小——就在前不久的 1933 年，为了节约开支，加拿大政府曾认真地提出要将其完全裁撤掉。此时，加拿大海军开始扩编，起初很慢，后来就快了。1939 年 9 月二战爆发时，加拿大海军仅仅拥有 6 艘驱逐舰和 10 艘轻型护卫舰。虽然几天之内加拿大就批准新建 54 艘轻型护卫舰以及 25 艘扫雷艇，但其中任何一艘舰艇都还要等上几个月才能参战，而此刻的战场就需要它们。[12]

正因为如此，丘吉尔急切地盼望着美国的援助——此时的美国仅在其东海岸就有 120 艘封存状态的"一战"时期建造的驱逐舰，它们在各个港口里停了长长的一排又一排。这些美制驱逐舰最显著的特征是上面都有四个大烟囱，因而它们也被称为"四根管"

"奇里乞亚号"客轮曾隶属于"锚"航运公司，它是 1940 年到 1941 年由商船改造而成的众多武装商船巡洋舰之一。改造之后，该船更名为"大西洋小岛号"。后来，英国逐渐拥有了更多的常规护航舰艇，该船随之改为运兵舰

来源：美国海军历史与遗产司令部

（four-pipers）或"四烟囱"（four-stackers）。它们老旧，低效，需要改造，但总归聊胜于无，所以丘吉尔恳请罗斯福把这些驱逐舰送给英国，称其"事关生死"。甚至连英国乔治国王都提笔给美国总统写信："我想您一定会赶在为时已晚之前，尽您的全力把它们送给我们。"罗斯福确信美国自身的安全与英国的国运紧密相连，他本人很可能是愿意把这些驱逐舰送给英国的，但多疑的美国国会却迫使他不得不进行艰苦的讨价还价。[13]

结果，双方于 1940 年 9 月签署《驱逐舰换基地协议》，美国向英国提供 50 艘四烟囱驱逐舰，以交换百慕大、安提瓜、巴哈马以及西半球其他一些军事基地的 99 年使用权。英国的批评人士认为这个代价过于高昂。然而，丘吉尔却对美国极为感激，他致信

罗斯福称："你们送给我们的每一艘驱逐舰都价值连城。"在交接给英国皇家海军之后，这些驱逐舰被定名为"城"级驱逐舰，都以美国和英联邦共有的城市名字命名。不过也有例外，其中的一艘驱逐舰就被重新命名为"丘吉尔号"，它原先是美军的"赫恩登号"（USS Herndon）。1944年，该舰又被转让给苏联，改名为"德雅特尔尼号"（Deyatelny），后来该舰于1945年1月份被德国海军U-286号潜艇击沉。美国海军"亚纳尔号"（USS Yarnall）驱逐舰的经历更加丰富，它被交给英军后改名为"林肯号"，接下来被编入挪威海军，最后又转入苏联海军并改名为"德鲁日内号"（Druzhny）。1952年，这艘有44年舰龄的老舰被归还给英国人拆解变卖。在这种"一战"时代美制驱逐舰里服役的感受与在"花"级轻型护卫舰上服役的感受同样糟糕，它们在海里摇晃得特别厉害，同时也极难驾驭。然而，无论如何，它们当时的确为英国人提供了50个能远航的护航平台。[14]

正如每支商船队都有一位队长一样，护航舰队也有一位由现役军官担任的指挥官，通常是皇家海军上校或中校。平民身份的船队队长与护航舰队指挥官之间的关系十分微妙。商船队长通常是一位英国皇家海军退役将军，其年龄通常要比现役的舰队指挥官大得多，军衔也高得多。但另一方面，他既然已经退役，那么无论二人各自军衔如何，他都无权命令护航舰队指挥官。不过，很多护航舰队指挥官也不愿意专横地直接向以前的将军下命令。虽然存在这种潜在的混乱或冲突，但这种分离式的指挥体系在大部分情况下实行得相当成功。[15]

在二战爆发之后的头六个月里，德国海军潜艇从德国威廉港出发，需要绕过苏格兰的最北端才能前往大西洋，这让它们无法抵达过于遥远的大西洋中央。英国海军部也意识到了这个问题，于是规

"林肯号"是英国用西半球诸多海军基地长期使用权换来的 50 艘四烟囱驱逐舰之一。它们虽然式样老旧，而且需要进行升级改装，但的确帮助英国人保护了跨大西洋的商船运输队

来源：美国海军学会

定：护航舰队最远只将离开英国本土的船队护航到爱尔兰以西不远的西经 12°，之后就不再继续陪同了。在此之后，商船队继续往西独自赶路，而护航舰队则在原处等着从加拿大哈利法克斯向东驶往英国本土的商船队（航线代号为"HX"），与其会合后护卫该船队驶过通往各个港口的危险海域。这些持续不断的护航交接工作由英国海军部中一个被称为"贸易办公室"（Trade Plot）的机构负责。在该机构里，负责不同航线的军官协调管理着庞大而复杂的英国全球贸易网络中各个商船队的护航工作。他们轮班追踪着英国在全球的每一支商船队、每一艘护航舰艇的准确位置。[16]

法国沦陷之后，随着比斯开湾沿岸出现新的潜艇基地，英国海军部只得将护航舰队与驶往英国本土商船队的会合点向西移动 400 英里，到西经 20°。在二战余下的时间中，这条看不见的线与不列颠群岛之间的海域被称为"西部水道"（Western Approaches），当商船队和疲于奔命的护航舰队在接连不断的致命猫鼠游戏中与德国潜艇交手时，这片海域也变成了屠场。

想要完美地协调船队及其护航舰队驶过"西部水道"是不可能的。商船队在航行时需要严格保持无线电静默，故而贸易办公室的调度人员很难精确计算出商船队抵达西经 20° 的具体时间和具体地点。而且，英军护航舰艇的数量永远都不够，这意味着护航舰队经常需要拆东墙补西墙，在各支商船队之间疲于奔命。1940 年 9 月，当 HX-72 船队开往西经 20° 时，英国海军部命令仅有的一艘护航舰"杰维斯湾号"（HMS Jervis Bay）武装商船巡洋舰中断任务，转而加速返回哈利法克斯去为另一支商船队护航。由于从英国本土派来的接班护航舰队还需要再过 24 小时才能抵达会合点，HX-72 商船队只能在没有舰艇护航的情况下航行一天一夜。也许是冥冥之中的命运使然，就在当晚，仍然担任德国 U-47 号潜艇艇长的君特·普里恩发现了它们，并将其位置通过无线电告知了其他几艘潜艇。在接下来的 24 小时里，U-47 与另外几艘德国潜艇联手击沉了 11 艘船只，总计吨位高达 7.2 万余吨。此战预示了盟军将会面临何种遭遇。[17]

\*\*\*

大西洋之战这一名称并不十分恰当，它听起来似乎在暗示船队与"狼群"之间的对抗只是一场战斗。但实际上，这样的战斗无休无止，一直持续了四年多——根据地理范围的变化和技术的不断革新（包括双方破译对方密码的尝试），这些战斗也经历了几个不同的阶段。1940年秋，当德国空军开始夜袭伦敦以及英国其他城市时，漫长的大西洋之战的第一个阶段的模式方才浮现。1940年10月的第三周发生在"西部水道"的一场交锋向我们展示了这些模式。

10月5日，SC-7船队从加拿大新斯科舍出发开往英国利物浦。编号SC表明船队的始发地是加拿大新斯科舍省东北部布雷顿角（Cape Breton，代号为C）的海港城市悉尼（Sydney，代号为S），位于哈利法克斯东北约200英里处。不过这个编号也可理解为"slow convoy"（慢速船队），因为从哈利法克斯出发的正常HX船队要求商船必须能够保持9节的平均速度，而这支船队当中的全部35艘商船都达不到此要求。*根据官方说法，9节的航速要求意味着HX船队是"快速船队"，尽管9节的标准未免太低了些。不过说SC-7是"慢速船队"倒是名副其实。理论上"慢速船队"也应当达到7节的平均航速，但这在实际航行中常常做不到。例如，曾经有一场"呼啸的狂风"令ON-126船队把航速先是降为4节，接着再降为1.25节，到这个时候，根据一位水手的说法，"这支船队似乎待在原地不动了"。这一回，SC-7船队的平均航速为6.6节。[18]

SC-7船队的35艘商船大部分是英国船，不过正如其他大部分船队都有一些外国船只一样，它也包括16艘外籍船只：6艘挪威船、4艘希腊船、3艘瑞典船、2艘荷兰船以及1艘丹麦船。这些

---

* 航速超过15节的船只可以无须护航独自穿越大西洋，因为虽然潜艇在昼间晴好天气下的水面航速达到16节至17节，但它们很难甚至不可能抢占位置攻击15节航速的水面舰船。

船只的大小从 1 500 吨到 1 万吨不等，载着从卡车到谷物的各种货物。其中几艘船运载有所谓的"坑木"：从加拿大的森林里砍伐的原木，它们能够用来支撑煤矿井的顶部。有了它们，英国的矿工就能维持源源不断的煤炭供应，而在冬季，千千万万的英国家庭主要依靠这些煤来取暖。[19]

编号为 SC-7 的这支商船队自然也设有船队队长一职，该职由拉克伦·麦金农担任，此人是英国皇家海军的一位刚刚退役两年的中将。在 20 世纪 20 年代的某一段时间里，拉克伦·麦金农曾经指挥过英国皇家海军的"胡德号"战列巡洋舰。麦金农把"亚述人号"货船当成了自己的旗舰，不过，具有讽刺意味的是，这艘船当初其实是在德国建造的。虽然聚集在加拿大新斯科舍省悉尼港码头的船只数量很多，但当这支船队出航时，其护航力量仅为一艘驱潜艇"斯卡伯勒号"（HMS Scarborough），其舰长是 40 岁的英国皇家海军中校诺曼·迪金森。20 世纪 30 年代，"斯卡伯勒号"曾经被改装为测量船，二战爆发后很快重回现役，被改造为一艘战舰。但改造后的它只配备了 1 门 4 英寸口径的火炮，而不是像其他的驱潜艇那样配备 2 门。它还没装备潜艇探测器，不过事实证明这也无关紧要。[20]

最初几天，船队中有 4 艘商船由于天气恶劣或引擎故障而掉队，其中 2 艘后来被德军潜艇发现并击沉，不过麦金农和迪金森当时并不知道它们的结局。船队遇上了北大西洋海域常见的恶劣海况。据船队里一名水手所述，"当我们滑入浪底时，船尾都会被海水淹没，我们拼尽全力保持身体平衡，感觉一会儿在天上，一会儿又滑进了绿白相间的泡沫中"。经过连续 11 天的艰难跋涉，到了 10 月 16 日晚上，迪金森终于看见了赶来和他一起穿越"西部水道"的 2 艘护航舰，这让他备感宽慰。这 2 艘友舰分别是驱潜艇"福伊号"（HMS Fowey）和轻型护卫舰"蓝铃花号"。这让迪金森既能够掩护船队的两翼，又有了开路先锋，而且这2艘军舰都装备有潜艇探测器。此时，迪金森很可能在想：最坏的日子总算过去了。不过事实上，如果他真的这么想的话，那么很快他就不会再有这种念头了。[21]

就在第二天晚上，快到半夜时分，德国海军U-48号潜艇的一名瞭望员在左前方看到了几个黑色的物体。艇长海因里希·布莱希罗特上尉闻讯后，亲自爬上指挥塔去看个究竟。跟踪一段时间后，他高兴地认定这是一支英国商船队，事实确实如此。接着，他用新密码给坐镇凯尔内瓦尔的邓尼茨发去了一条电报。然后，他命令进行机动，准备发动攻击。

在这支船队里，无论是那些商船，还是3艘英国军舰，都没有意识到德军的潜艇U-48居然在跟踪自己。由于这艘潜艇是在海面航行，因此后加入的那两艘英国军舰上的潜艇探测器即便一直处于主动搜索模式，也还是什么都没发现。护航船队里没有任何一艘商船或军舰配备雷达，而在夜间，人的肉眼根本看不见德国潜艇低矮的轮廓。危险来临的第一个迹象是，凌晨4点，吨位达1万吨、满载燃油的"朗格多克号"突然爆炸了。仅仅数分钟后，稍小一些的"斯科斯比号"也被击中——这艘商船的甲板上堆满了坑木。麦金农见势不妙，赶忙命令船队向右急转，而迪金森则指挥着3艘军舰冲向了事发海域。然而，英国护航军舰上装备的潜艇探测器却什么都没发现，舰长们只能在茫茫暗夜中尽力却徒劳地搜索潜艇的轮廓，并拯救那两艘正在沉没的商船的幸存者。[22]

当晚再无更多爆炸。几个小时后，随着太阳升起，迪金森收到来自一架英军"桑德兰"式远程水上飞机的报告，说距离他仅仅数英里的地方有一艘浮在海面上的潜艇。那正是U-48，迪金森立即杀了过去。英舰迫使布莱希罗特下潜，随即用深水炸弹覆盖了这片海域。英舰虽然什么都没炸到，却也迫使 U-48 号潜艇因下潜过久而蓄电池耗尽，不得不远离船队，船队因而得以继续向东航行。[23]

在凯尔内瓦尔，邓尼茨对布莱希罗特没有等"狼群"其他潜艇赶到就独自进攻深感失望，因为这让他与船队脱离了接触。即便如此，邓尼茨居然还是算出了这支船队可能的航线，并且命令 5 艘潜艇在指定的地理坐标会合。这 5 艘潜艇中有 3 艘都是由此前已经因技术高超而在德国家喻户晓（同时在英国臭名昭著）的艇长指挥。他们分别是 U-99 的奥托·克雷奇默，U-100 的约阿希姆·舍普克，以及普里恩曾经的大副恩格尔贝特·恩德拉斯，他此时在独立指挥U-46 号潜艇。

当德国潜艇逐渐靠近 SC-7 船队时，又有 2 艘护航舰从英国本土赶到，让船队的护航舰达到 5 艘。新到达两舰之一是罗兰·C.艾伦中校指挥的驱潜艇"利思号"（HMS Leith）。资历更高的艾伦取代迪金森成为这支护航舰队的指挥官。指挥权的突然更迭势必弱化护航舰队的默契配合。当然，德国潜艇也缺乏战术协同计划。邓尼茨的"狼群战术"把这些潜艇集结到了一起，但一旦战斗打响，各艇艇长还是会各自为战。[24]

临近午夜，恩德拉斯呈扇面向船队射出 4 枚鱼雷，拉开了攻击的序幕。其中的一枚鱼雷击中了瑞典籍汽船"铃兰草号"，这艘满载着纸浆用木材的小型货船（吨位为 2 000 吨）不到 5 分钟就沉入了海底。另外一枚鱼雷击中了满载着木材、钢铁和装好箱的飞机的英国籍汽船"贝亚图斯号"。之后便是一艘接一艘船被击中。人们根本不可能找到危险来自何方。正如后来另一支商船队的一位幸存者所说："船队中的一艘船被鱼雷击中沉没，而其他船可能都不知道这回事……人们会听到或者感觉到爆炸，但这只表明某个地方有战斗而已。"潜艇探测器再次被证明毫无作用,因为参与此次伏击战的德国潜艇全部都是浮在海面上发动攻击的。很明显,潜艇不止一艘;商船的船员们看到了它们低矮的黑影从夜色中掠过。大部分商船的艉部都装有一门 4 英寸口径单管火炮,许多商船向潜艇开了火,却毫无效果。护航舰往夜空中发射了挂着降落伞的照明弹,它们从空中慢慢飘下来,照亮了夜空和漆黑的海面。与商船一样,护航舰上的 4 英寸炮也开了火,不过同样无一命中。照明弹的白色磷光和炮口的橙色火焰照亮了黑夜,倒映在海面上。偶尔会爆出一阵更明亮的闪光,那肯定又是某艘商船爆炸了。克雷奇默的 U-99 号潜艇发射的一枚鱼雷击中了 6 000 吨的"白鼬帝国号"轮船。他在作战日志中描绘了当时的场景:"先是鱼雷的爆炸声,接着就是一团高高升腾起来的火焰。大爆炸把整艘轮船连同其船桥都炸得粉碎,只留下高达 600 英尺的黑烟。"几分钟后,他补充道:"这艘轮船仍在剧烈燃烧,发出绿色的火焰。"[25]

从午夜到凌晨 2 点这两个小时里,船队中有 9 艘船被击沉。克雷奇默的 U-99 击沉了其中 6 艘。英军护航舰舰长们被迫变成了救生员,忙于把落水的商船船员从海中搭救上来,最后被救的船员数量甚至超过了舰员。"蓝铃花号"轻型护卫舰救起了 203 名幸存者,是该舰官兵数量的四倍多。然而,鱼雷还在继续袭来。截止到黎明时分,德国潜艇共击沉了 16 艘商船。算上此前走丢的那 4 艘船,这支船队从新斯科舍出发的 35 艘船已经损失了 20 艘。然而,这场大屠杀还没有真正结束。[26]

德军潜艇无一受损,不过,其中的 3 艘已经打光了鱼雷,不得不返回比斯开湾的港口补充弹药。舍普克的 U-100 和恩德拉斯的 U-46,以及布莱希罗特的 U-48 还剩一些鱼雷。又过了几个小时,这几艘德国潜艇收到一条来自洛里昂的消息,得知又有一支船队正在开来。邓尼茨正引导另外两艘潜艇前往其位置，其中一艘正是普里恩指挥的 U-47。

这个临时重组的"狼群"的目标是"快速船队"HX-79。这支船队尤为庞大，编有 49 艘商船。它们 10 月 8 日离开哈利法克斯时，为其护航的只有两艘武装商船巡洋舰。但和 SC-7 船队一样，就在德国"狼群"发动攻击前，它们得到了一支规模特别庞大的护航舰队的增援，包括 2 艘驱逐舰、4 艘轻型护卫舰、1 艘扫雷艇以及 3 艘武装拖网渔船。德国潜艇再次在零点刚过的暗夜里动手，仍然选择在海面上发动攻击。它们此番击沉了 13 艘商船，其中包括运载着 13 500 吨燃油的"麦秆虫号"。尽管船队的护航力量十分强大，但德国潜艇均毫发无伤。[27]

HX-79 后面还有一支 HX-79A 船队，这支船队由挤不进 HX-79 的船只组成。德国潜艇也发现了 HX-79A 船队，击沉了其中的 7 艘船。要不是因为打光了鱼雷，损失还要更大。不到三天，8 艘德国潜艇击沉了 37 艘商船，且自身零损失。如果 8 艘都能造成这么大的破坏，那么若是有 80 艘或者 100 艘潜艇呢？这强有力地证明了邓尼茨的观点。于是他再次请求上级在军工生产计划里为潜艇赋予最高优先级。

从 1940 年 9 月 2 日到 12 月 2 日这三个月里，邓尼茨的潜艇"狼群"击沉了 140 艘英国及其盟国的船只，其中的绝大多数都是在"西部水道"击沉的。被戏称为"北海鸭子"的德国小型潜艇也击沉了另外 17 艘船只。在这段时间里，德国潜艇部队已经摧毁了总计吨位将近 85 万吨的船只。英国根本无法承受这种损失速度。

当然，生命损失同样极为惨重。当初"施佩伯爵号"游猎南大西洋时，朗斯多夫在面对遭袭者时还保持着一些骑士精神，现在，这全都不存在了。为了避免自己的潜艇和艇员冒险，邓尼茨命令部下不要尝试救助任何遇袭商船的幸存者。"管好你自己和你潜艇的安全就行了，"他告诫自己的部下们，"在这场战争中，我们必须要铁石心肠。"这就意味着不仅在商船沉没时会有大量的人员伤亡，而且幸存者还将在几天乃至几周的漂流中渐渐死于饥渴。[28]

船队中的其他船只也不敢停船搭救水中的幸存者。若如此，则不仅会打乱整个船队的队形，而且很有可能会让自己成为下一个受害者。其结果就是，运输船把救援幸存者的任务甩给了护航舰艇，自身则牢牢保持着船队队形。在水中挣扎呼救的人近旁无动于衷地开过，是一件很困难的事情，许多不得不如此做的水手也在想，下一回会不会轮到他们自己眼睁睁看着其他船只开过。曾有一位跑过多趟越洋航线的老水手回忆过水中人们的各种反应："有些人在咒骂，有些人在祈祷，而有些人则嘲弄似的伸出大拇指，高声叫道：'先生，来不来？'而我们当时就离他们不到 100 英尺远。"[29]

船队唯一的解脱来自天气。当冬天到来以后，北大西洋上的冬季风暴让船员十分痛苦，在排水量仅为 750 吨的德国潜艇尤甚，所以在特别恶劣的天气里，被击沉的商船数量会锐减。然而，在当年秋天和冬天，大海里还存在着别的危险。

\*\*\*

正当邓尼茨请求得到更多的潜艇之时，雷德尔重启了他派遣重型水面战舰出海破交的方针。虽然希特勒对用昂贵的大舰去打商船顾虑重重，但雷德尔却希望德国水面袭击舰能够迫使英国人——用他自己的话说——"不得不把强大的海军力量分散到全球各大洋，这样就能削弱其主力舰队"。此外，雷德尔还预计水面袭击舰可以权且填补潜艇的不足，它们将会拖住英国人的后腿，直到邓尼茨得到他需要的足够的潜艇。[30]

为了实现这双重目标，在 SC-7 和 HX-79 船队大屠杀的 4 天之后，雷德尔派遣特奥多尔·科朗克海军上校指挥的"舍尔海军上将号"袖珍战列舰前往北大西洋进行破交作战。北大西洋此时天气极为恶劣，英军侦察机只能停在机场里或舰艇上。科朗克指挥"舍尔海军上将号"驶入北海，先绕过苏格兰和冰岛，再向南穿越丹麦海峡，居然没被发现。到 11 月 1 日，他已经来到格陵兰岛南方远超西经 20° 的位置，盟国商船队一般认为这里相对安全。来自柏林的电报通知科朗克，两支向东行驶的 HX 船队正在开来，他立即前去拦截。11 月 3 日和 4 日，舰上的瞭望员都发现了在海上独行的船只，不过科朗克都不允许靠近它们，以防被它们辨认出来。科朗克想要放长线钓大鱼。11 月 5 日（英国的"篝火之夜"）这天，"舍尔海军上将号"遇到了"莫汉号"汽船，这艘船装载着 7 万串香蕉，简直就是一艘香蕉船。用火炮摧毁了"莫汉号"之后，科朗克派出侦察机前去搜索最可能出现船队的方位。飞机很快回来，飞行员摇摆机翼表示有重要情况汇报。侦察机降落在军舰旁并被吊上甲板之后，飞行员跳出驾驶舱，几乎是一路小跑着奔向舰桥报告：就在正前方 88 英里处，发现了一支规模庞大的船队。[31]

HX-84 船队由 38 艘商船组成，排成 9 个纵队。这支船队 8 天前离开哈利法克斯，当时有两艘加拿大驱逐舰为其护航。不过，它们一开到外海就掉头返回了。大洋中段的护航舰就只剩下武装商船巡洋舰"杰维斯湾号"。"杰维斯湾号"正是英国海军部贸易办公室前一天从 HX-72 船队中抽调出来的那艘舰，它火速赶回正是为了执行此次任务。贸易办公室原本计划调 3 艘前不久刚刚从美国那里换来的四烟囱驱逐舰来增援该船队的护航力量，但这些美制驱逐舰此时仍在进行改装，包括加装潜艇探测器，所以，当该船队于

"舍尔海军上将号"袖珍战列舰（装甲舰）是"德意志号"（后来改名为"吕佐夫号"）袖珍战列舰的姊妹舰

来源：维基百科

10月28日出海时，这些美制驱逐舰都还未做好战斗准备。虽然"杰维斯湾号"武装商船巡洋舰装备了7门6英寸火炮，但型号老旧，没有集中火控系统，也没有炮塔，火炮只是简单地固定在甲板上，实际作战效能值得怀疑。此外，"杰维斯湾号"上既没有雷达，也没有潜艇探测器，又没有鱼雷发射管，更没有深水炸弹。"杰维斯湾号"的舰长是爱尔兰人爱德华·S.F. 费根海军上校，他来自爱尔兰的蒂珀雷里郡，时年49岁，是个职业海军军官，而其祖父和父亲也都是海军军官。[32]

11月5日，费根收到了船队最北侧"欧石楠木号"发来的闪光信号，说在北方的水天线上看到了一根似乎是军舰的桅杆。当不明船只靠近一些的时候，费根用闪光信号发出了当天的识别口令：M-A-G，意欲试探一下这位不速之客的反应。结果，那艘船回复了相同的三个字母——回答错误。见此状况，费根立即几乎同时做了三件事：一是发射红色火箭弹，这是让全体商船迅速散开的信号；

二是用无线电给英国海军部发报，一艘敌方水面舰艇正在攻击船队（无线电码为 RRRR）；三是命令原本位于船队最前方的"杰维斯湾号"急转弯冲向逐渐驶近的那艘军舰。费根非常清楚：他的"杰维斯湾号"在面对德国袖珍战列舰时毫无胜算。事实上，他是想牺牲自己和"杰维斯湾号"，为众多商船争取宝贵的逃生时间。[33]

费根还没等进入射程就率先开了火，这是为了把敌舰的注意力吸引到自己身上来。这一举动确实奏了效。在"舍尔海军上将号"上，科朗克看出"杰维斯湾号"是船队中唯——艘火炮大到足以击伤自己的船只。要知道，这是在大西洋中部，距离友方基地 2 000 英里之遥，哪怕是很普通的损伤都会带来大麻烦。因此，他把所有注意力都集中在了这艘大型武装货船上。"舍尔海军上将号"的炮弹一发又一发击中了毫无装甲防护的"杰维斯湾号"——最终，在"杰维斯湾号"身上，科朗克花费了 300 多发炮弹。很快，"杰维斯湾号"的火势便失去控制。这艘船失去动力，漂在海面上，黑烟不断升腾，甲板上的火炮仍在怒吼，可是落得最近的炮弹也只不过把一些水花溅到德舰甲板上而已。对手的坚定决心给科朗克留下了深刻的印象，他后来在评价费根时如此写道："无论他是谁，他都是真正的纳尔逊再世。"[34]

没过多久，烈焰从头到尾笼罩了"杰维斯湾号"，全部火炮都被打哑。这时候，费根已经受伤濒死。活着的最高级军官虽然也受了致命伤，但还是勉强下达了弃船的命令。"舍尔海军上将号"又向"杰维斯湾号"进行了几轮齐射，然后调整炮口方向，开始攻击最近的商船。这场战斗仅仅持续了 22 分钟，却让众多商船至少逃出了一段距离。正因如此，费根事后被追授维多利亚十字勋章。[35]

科朗克开始将注意力转移到四散逃命的商船身上。几乎所有船只都在施放烟幕掩护自己撤离，再加上燃烧的"杰维斯湾号"上升腾的浓烟，能见度相当低。即便如此，还是有一艘商船吸引了科朗克的注意力。这艘大型货船竟然用其船尾的一门4英寸火炮和船首的一门3英寸火炮向"舍尔海军上将号"射击。商船的炮弹并不能给德舰造成什么严重的损伤，只不过一发近失弹震开了德舰的几个舱口盖板。于是，科朗克决定先干掉它。然而事实证明，这一过程比科朗克原本设想的要困难得多。这艘"比佛福特号"轮船的船长是休·佩蒂格鲁，一位出生在苏格兰的加拿大人。"比佛福特号"在浓烟中穿入穿出，佩蒂格鲁及他的船显得异常顽强。最终"舍尔海军上将号"命中它19发11英寸和5.9英寸炮弹。即便如此，科朗克还是不得不决定用一枚鱼雷来了结它。鱼雷的爆炸把"比佛福特号"的整个船体炸出了水面。正如科朗克后来所描述的那样，"发出了爆炸破裂的巨响……船尾高高地翘到了半空中，接着，整艘船滑入了海面下方"。船上无线电报务员的最后一条无线电报是："现在轮到我们了。再见。"这艘船上无一人幸存。[36]

与"杰维斯湾号"一样，"比佛福特号"的拖延也为其他船只的逃生赢得了时间。追上并击沉了另外4艘船后，科朗克决定鸣金收兵，晚上再来。在6个小时之内，"舍尔海军上将号"共击沉了吨位总计5.2万吨的数艘英国商船，比朗斯多夫的"施佩伯爵号"在6个星期里击沉的还要多。要不是"杰维斯湾号"和"比佛福特号"的自我牺牲，他的战绩还会更高。[37]

在伦敦白厅，费根的RRRR警报信号使得英国海军部再次派出数个"猎杀小组"去寻找并摧毁这艘兴风作浪的袖珍战列舰。丘吉尔此时还不知道希特勒已取消了"海狮行动"，所以他仍有些担心这是希特勒引诱英国海军离开英吉利海峡的调虎离山之计。但即便如此，丘吉尔还是批准了福布斯的决定：派出"胡德号"和"反击号"（HMS Repulse）两艘战列巡洋舰以及3艘巡洋舰和6艘

1940 年，特奥多尔·科朗克海军上校指挥着德国"舍尔海军上将号"袖珍战列舰在大西洋中执行破交作战。雷德尔相信，科朗克在海上破交战中取得的成功证明，动用大型水面舰艇去攻击英国航运线这一战略是可行的

来源：Alamy 图库友情提供

驱逐舰，前去猎杀"舍尔海军上将号"。与此同时，"罗德尼号"和"纳尔逊号"（HMS Nelson）两艘战列舰前往爱尔兰西北海域巡逻，防止"舍尔海军上将号"逃回德国。正如雷德尔希望的那样，单艘德国水面袭击舰足以吸引英国海军多到不成比例的注意力。[38]

\*\*\*

在这个"篝火之夜"，"舍尔海军上将号"用其巨炮攻击了数艘商船，其中之一是老鹰石油公司的 8 000 吨"圣德梅特里奥号"油轮。它是从位于西印度群岛的荷属库拉索岛开始此次远航的。这艘船装载着 11 200 吨高辛烷值航空燃料，以供正在不列颠战役中与德国空军苦战的"飓风"式和"喷火"式战斗机使用。它简直就是一个浮动炸弹。该油轮的船长是乔治·韦特上校，一位船员这样描述他："韦特船长身材高大、精力充沛，50多岁，腰围稍微比肩围宽一圈。"韦特深知，只要一发炮弹引燃他的货物，整艘船和所有人就都要去上帝那里报到了。因此，他下定决心：一旦船被击中，他会立即下达弃船命令。大约下午5点半的时候，"舍尔海军上将号"发射的一枚炮弹击中了"圣德梅特里奥号"油轮吃水线上方的船体。"油轮震动着，嘎吱作响，"时年18岁的凯勒姆·麦克尼尔如此回忆道，"厨房和食堂里的餐具和厨具掉得到处都是，碰撞着发出砰砰啪啪的响声。全船的灯都灭了。"又过了几秒钟，第二发炮弹击中了船中部，船上多处起火。该是弃船的时候了。船员们争先恐后地放下救生艇，很快就离开了这艘受伤的油轮，油轮燃烧着熊熊大火，在水面上动弹不得。韦特船长起初决定留在船上，准备与油轮同归于尽。不过在一艘又一艘救生艇离开后，面对着一艘救生艇上一位船员的苦苦恳求和劝说，韦特船长被说动了，于是，他也放弃了"圣德梅特里奥号"。最终，韦特船长安全地回到了纽芬兰。[39]

"圣德梅特里奥号"的船员们坐在救生艇中，旁观着"舍尔海军上将号"攻击船队中的其他船只。黄昏很快过去了，夜色逐渐降临。他们不得不开始与大海做起斗争。"浪花和大片的泡沫无休止地往我们身上涌过来，"一位船员如此回忆道，"最后，我们所有人都湿透了，寒冷刺骨。"半夜的天气更加糟糕，他们赶紧抛下船锚，来止住小小救生艇剧烈的震荡和摇晃。[40]

黎明时，出现在船员们眼前的只有空荡荡的海面。然而，就在这天下午，他们看到水天线上有一个东西正在冒着浓烟。当救生艇半漂半划着靠近过去，他们才发现那是一艘船。这艘船低伏在海面上，黑烟还在从船上涌出。突然，一位船员大声嘟囔起来，"啊呀，真该死"，他认出这艘船正是"圣德梅特里奥号"。这艘油轮周围的海面上到处都是高辛烷值航空燃料，一颗小火星就能点燃它，所以，他们又熬过了一个寒夜才决定登船，并努力灭掉了火。[41]

"圣德梅特里奥号"上面一团糟。甲板"都皱起来了，像是硬纸板一样，上面到处都是弹孔"。轮机舱和许多关键舱室都被齐腰深的海水淹没了。不过，在大副阿瑟·霍金斯和轮机长查尔斯·波拉德的指挥下，船员们忙活了起来，恢复了电力供应，启动水泵，最后他们排出了足够多的海水，引擎也终于恢复了运转。罗盘坏了，船员们就只能靠星空导航，独自向东艰难跋涉。5天后的11月13日星期三黎明，瞭望员突然高喊道："前方有陆地！"英国海军部贸易办公室的调度人员得知一艘据说8天前就已经被击沉的船抵达爱尔兰海岸的时候，都惊掉了下巴。最后，这艘"圣德梅特里奥号"油轮装载着大部分完好无损的货物，成功地抵达了苏格兰克莱德湾内的罗斯西港，成功交货。[42]

与此同时，科朗克转向南面，开赴南大西洋，这里正是此前一年德国海军"施佩伯爵号"袖珍战列舰纵横驰骋的舞台。正如朗斯多夫曾经做过的那样，他也绕过南非的好望角，进入了印度洋，开始攻击盟国在这一地区的航运。更为重要的是，他做到了朗斯多夫所没能做到的事：成功地返回了德国基地。科朗克出海5个月，航行4.6万英里，击沉了17艘船只，最后于1941年4月1日凯旋基尔港。雷德尔亲自登上"舍尔海军上将号"道贺，科朗克请他品尝了此行的战利品——从英国冷藏船"杜克萨号"上缴获来的牛排和鸡蛋。[43]

雷德尔相信"舍尔海军上将号"的战斗巡航证明了他破交战略的正确性。雷德尔写道，科朗克的成功"为使用其他舰艇发动新一轮袭击创造了有利条件"。为了抓住这个机会，雷德尔又派出"希佩尔海军上将号"重巡洋舰进行了两次战斗巡航，一次是在 1940 年 12 月，另一次则是在 1941 年 2 月，不过，这两次行动都没有什么重大战果。他还派出仍由吕特晏斯将军指挥的"沙恩霍斯特号"和"格奈森瑙号"这对战列巡洋舰，前去袭击大西洋船队。在接下来的三个月（1941 年 1 月至 3 月）里，这对姊妹舰共击沉 21 艘船只，而其中的 16 艘是在 1941 年 3 月 15 日至 16 日这两天之内击沉的，之后它们于 3 月 22 日安全返回了法国布雷斯特港。这一次，雷德尔依然非常高兴，他宣布：此次战斗巡航"格外成功"，特别是迫使英国皇家海军不得不分散了兵力。几乎可以肯定，就是这种观念导致德国人向意大利海军参谋长里卡尔迪施加压力，派出亚基诺的水面舰队出击，并最终导致了地中海战区马塔潘角海战的爆发。[44]

***

　　1940 年秋，除了潜艇和水面舰艇之外，德国海军还有第三种力量也在威胁着英国的海上航运，这就是所谓"辅助巡洋舰"。它们原本是商船，加装全套火炮设施并加大油箱、增加航程之后就成了袭击舰。从某种意义上来说，它们就是英国武装商船巡洋舰（例如"杰维斯湾号"）的德国版本。不过，这些德国辅助巡洋舰的外观却与英国武装商船巡洋舰完全不同。德舰的火炮是藏在假的舱壁后面的，或者伪装成甲板上的货箱。在海上，它们会伪装成无辜的中立国船只，到最后一分钟才撕下伪装，突然向英国和盟国的船只开火。1940 年夏秋两季，德国海军派出十余艘这类辅助巡洋舰出海作战。仅仅在 5 月至 11 月这半年间，它们就击沉或俘获了 80 多艘英国和盟国的船只，总计吨位超过了 50 万吨。事实证明，辅助巡洋舰给盟国航运造成的损失比潜艇还要大。[45]

早在 1940 年早春时分，第一艘这样的德国辅助巡洋舰就出海了。[*] 当时，伯恩哈德·罗格海军少尉[†]指挥着由货轮"格尔登菲尔斯号"改装而成的"亚特兰蒂斯号"（Atlantis），沿着与"舍尔海军上将号"和其他水面袭击舰相同的路线出发，穿过冰岛与格陵兰岛之间的丹麦海峡，继而向南开赴南非的好望角。为了节省燃料，"亚特兰蒂斯号"保持着 10 节的巡航速度。一路上，它像一条变色龙一样，不断地变换着伪装。它的桅杆甚至烟囱都可以升起或降下。舰员们经常使用木框、帆布以及油漆改变它的轮廓和外观。在穿越北海之时，它是"挪威货轮""克努特·纳尔逊号"；在过了苏格兰以北驶向格陵兰岛的这段航程中，它变成了"苏联海军辅助船""克里木号"；4 月下旬驶入南大西洋后，它又摇身一变成了"日本商船""花水丸"；几个星期后在印度洋，它通过变形和变色，又把自己变成了"荷兰货船""阿比科尔克号"。[46]

一直到德军进攻法国几天前的 5 月 3 日，"亚特兰蒂斯号"才第一次有了真正的斩获。"亚特兰蒂斯号"假装不带恶意地靠近了吨位为 6 200 吨的英国货轮"科学家号"，然后罗格撤掉用于伪装的挡板，露出了狰狞的炮口。他还警告并命令"科学家号"不要发出任何无线电求救信号。尽管如此，"科学家号"的船长 G.R. 温莎还是立即使用无线电向英国皇家海军发出了代码为 QQQ 的求救信

---

[*] 具体时间为 1940 年 3 月 31 日。——译者注

[†] 根据相关资料，伯恩哈德·罗格当时为海军上校（Kapitän zur See），此处应为作者笔误。——译者注

号。这个代码表示：他的船正在遭受一艘武装商船的攻击。*"亚特兰蒂斯号"开了火，而"科学家号"的船员们则不得不弃船。在俘虏并安顿好这些船员之后，罗格用一枚鱼雷击沉了"科学家号"。[47]

"亚特兰蒂斯号"随后在南非开普敦外海布设了 92 颗水雷。在接下来的 6 个月里，它接连击沉了 10 艘船，吨位总计达到 72 640 吨，另外还俘虏了 3 艘船，总计吨位 21 300 吨。其中的一个受害者是埃及客轮"扎姆扎姆号"（Zam Zam），船上有 140 名美国人。虽然没有美国人因之丧命，但这一事件还是在美国国内引起了愤怒和抗议。不过，"亚特兰蒂斯号"最影响深远的战果，当数其于 1940 年 11 月 11 日在印度洋俘虏了英国轮船"奥托墨冬号"（Automedon）。在"奥托墨冬号"的船长发出 RRRR 的报警信号之后，"亚特兰蒂斯号"开了火。其第一轮齐射就炸死了船桥上的所有人，炸开了船桥，就如德军登船队的一名成员回忆的那样，"像一个被刺刀撬开的罐头"。因此，当德军登船队上船时，那里竟然无人销毁秘密文件，而这些文件包括了有关英国在太平洋地区布防的详细信息。一个月后，"亚特兰蒂斯号"抵达日本神户港，罗格将这些交给了日本方面。日本此时虽然表面中立，但早已经对英国和荷兰在南太平洋的广大殖民地虎视眈眈。[48]

事实上，"亚特兰蒂斯号"并不是太平洋上唯一一艘德国辅助巡洋舰。在破冰船的协助之下，两艘德国辅助巡洋舰"猎户座号"（Orion）和"彗星号"（Komet）成功地完成了一次看似不可能的征程。它们首先绕过挪威的北角，再沿着苏联的北部海岸穿过北冰

---

* QQQ 这个无线电警告信号的代码来自"一战"期间的"Q 船"。"Q 船"是一种武装商船，其上面装有甲板炮。在 1914 年至 1915 年，英国使用这种"Q船"把德国潜艇引诱到海面上，接着再由"Q 船"将其击沉。

洋，然后穿越白令海峡进入太平洋。在太平洋中，这一对德舰袭击了英国、荷兰和澳大利亚的船只，接着，它们再绕过南美洲最南端的合恩角，进入大西洋，然后北上返回德国，完成了一次真正的环球航行。另一艘德国辅助巡洋舰"鸬鹚号"（Kormoran）在澳大利亚西海岸附近与澳大利亚皇家海军的轻巡洋舰"悉尼号"（HMAS Sydney）打了一场以命相搏的战斗。激烈的炮战之后，"悉尼号"击沉了"鸬鹚号"，自身也遭受重创。"悉尼号"的两座前炮塔都被击毁，两座后炮塔也卡住了。它全身起火，舰身倾斜，蹒跚着离开了自己为之付出巨大代价的胜利之地，从此之后再也没人看到它或听到过它的消息。2008 年，一支科学考察队在澳大利亚西海岸的鲨鱼湾附近发现了"悉尼号"的残骸。[49]

潜艇、水面袭击舰和辅助巡洋舰三者结合，在 1940 年夏秋之际紧紧卡住了英国的海上生命线，但并没有将它彻底切断。不仅如此，被商船水手和护航舰官兵们反复咒骂的北大西洋恶劣天气，在冬季成了弥足珍贵的英国盟友，它有效地降低了德国袭击舰的攻击效率。1941 年 1 月一直是德国潜艇部队战绩最差的月份，直到 1944 年中期。

在邓尼茨看来，远比这糟糕的是，最优秀的三位潜艇艇长，君特·普里恩、奥托·克雷奇默和约阿希姆·舍普克在 3 月初要么战死，要么被俘。3 月 7 日，普里恩在爱尔兰以西海域攻击 OB-293 船队时失踪。当时，两艘英国驱逐舰"狼獾号"（HMS Wolverine）和"真理号"（HMS Verity）相互配合，使用潜艇探测器和深水炸弹，穷追不舍地猎杀在水下左躲右闪的普里恩 U-47 号潜艇。发动多轮攻击之后，"狼獾号"驱逐舰的舰长詹姆斯·罗兰看到海面下闪出一束"微弱的橙色光芒"，这也许就是爆炸解体的 U-47，但他并不确定。不过，几乎可以肯定罗兰是正确的，因为自此之后，再也没有人听到过有关普里恩的任何消息。[50]

　　10 天后，克雷奇默的 U-99 和舍普克的 U-100 以及 U-70 三艘潜艇共同攻击了 HX-112 船队。这支船队从哈利法克斯出发，正向东开往英国本土，护航力量特别强大，包括了 5 艘驱逐舰和 2 艘轻型护卫舰——"蓝铃花号"和"绣球花号"（HMS Hydrangea）。克雷奇默的 U-99 号潜艇击沉了 5 艘商船，但自己的引擎也被深水炸弹击伤，不得不上浮至海面。由于已经无法动弹，它只能坐以待毙。克雷奇默无奈之下下达了弃艇的命令，他本人和艇上的大部分官兵都被俘虏了。相比之下，舍普克的命运更富戏剧性。英国驱逐舰再一次紧密配合，把舍普克的 U-100 号潜艇也逼出了海面。英军的"范诺克号"（HMS Vanoc）驱逐舰当即发现了 U-100。事实上，"范诺克号"是英国皇家海军中第一批装备水面搜索雷达的驱逐舰之一。这使得"范诺克号"得以发现并撞向 U-100。舍普克刚刚喊出"弃艇"的命令，"范诺克号"的舰首就捅碎了他的指挥塔，舍普克当即毙命。接着，英国的护航舰艇又追击并击沉了德国海军的 U-70 号潜艇。接连失去 3 位最有经验、最为成功、获得过骑士十字勋章的艇长和 4 艘潜艇，这令邓尼茨大为震惊。普里恩的阵亡让德国人感到特别沮丧，为避免打击士气，其阵亡的消息被德国宣传部门封锁了超过 2 个月。[51]

　　对德国海军而言，这些损失也算是一针清醒剂。不过，雷德尔仍然有锦囊妙计——事实上，他的手中还握有两张王牌。他计划派出德国两艘最新的战列舰——"俾斯麦号"和"提尔皮茨号"——前往布雷斯特港与"沙恩霍斯特号"以及"格奈森瑙号"会合。这将成为一股足以让大西洋上的英国航运地动山摇的战列舰力量。

第 7 章

# "俾斯麦号"战列舰

回到 1936 年的夏天，当"俾斯麦号"和"提尔皮茨号"这两艘德国战列舰刚刚开始铺设龙骨时，雷德尔一度视其为一整支由超级战列舰组成的强大舰队的第一梯队。按照希特勒在 1939 年二战即将爆发时批准的"Z 计划"，德国将建造 10 艘这样的战列舰。然而，纳粹德国的战争时间表却决定了至少在短期之内它们就是德国海军仅有的两艘同级舰了。不过雷德尔仍然希望，如果它们为德国的胜利做出巨大贡献，证明超级战列舰的价值，那么他长久以来关于打造一支世界级水面舰队的梦想便能实现。但在眼下最紧要的还是让这两艘舰加紧完工、舾装，入列服役。[1]

两舰建造地点相距 100 英里："俾斯麦号"建于易北河畔汉堡附近的布洛姆-福斯海军造船厂，"提尔皮茨号"则是建于威廉港的老帝国造船厂，此处还建造了"沙恩霍斯特号"战列巡洋舰以及全部 3 艘"德意志"级袖珍战列舰。英国海军部从一开始就密切跟踪这对姊妹舰的进展，他们深知两艘此等战舰将会给海军力量的平衡带来何种影响。两舰均于 1939 年初下水——"俾斯麦号"是在 2 月，"提尔皮茨号"则是 4 月——不过最终竣工还要再等 2 年，形成战斗力则要到 1941 年。[2]

它们都是海上巨无霸。在满载弹药和燃油时，其排水量超过 5 万吨，是当时最大的在役军舰。与之相似的英国军舰是于 20 年前的 1920 年服役的战列巡洋舰、皇家海军的骄傲"胡德号"，它比俾斯麦级长 71 英尺，但装甲弱得多，因此排水量更小。与"胡德号"一样，俾斯麦级拥有 8 门 15 英寸主炮，装在四座双联装主炮塔中，前后甲板各两座。其每一根炮管长 57 英尺，重 122 吨，可以将重达 1 764 磅的炮弹发射到 20 英里外。此外，得到改进的火控系统也使得德国战列舰的舰炮射击比"胡德号"更准确，更可靠。两舰还装有多种类型的副炮，各装 12 门 6 英寸炮、16 门 4 英寸炮以及 16 门 1.5 英寸炮。它们还大量采用水密隔舱设计，装甲带最厚处达 14 英寸。雷德尔相信，这些特点令它们"永不沉没"（雷德尔原话）。[3]

　　战争爆发一年多后，"俾斯麦号"在小心谨慎的首任舰长恩斯特·林德曼海军上校的指挥下离开汉堡附近的造船厂，穿过基尔运河驶入波罗的海进行海试。1941 年 1 月中旬，林德曼舰长报告该舰已经做好了战斗准备。不过，"提尔皮茨号"还需要更多时间，它要等到 1941 年 3 月才能服役，*而试航中将要遇到的诸多技术问题则意味着它还要再多等几个月才能形成战斗力。然而，雷德尔却不想再等了。他原本计划着把两艘战列舰派到北大西洋发动突袭，就像"沙恩霍斯特号"和"格奈森瑙号"之前的行动那样。雷德尔也已经指定君特·吕特晏斯海军上将担任这个双战列舰战斗群的指挥官。按照雷德尔的设想，吕特晏斯将先在北大西洋袭击盟国船队，然后再前往法国布雷斯特港与"沙恩霍斯特

---

* "提尔皮茨号"实际是于 1941 年 2 月 25 日入列服役的，1941 年 3 月 16 日，该舰开始到波罗的海进行为期五个月的海试和训练。——译者注

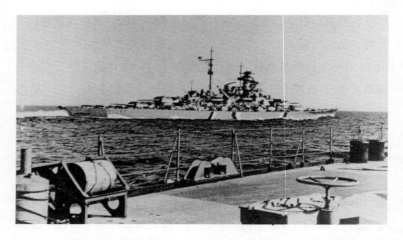

在雷德尔的带领下，德国海军逐渐复兴，排水量高达 5 万吨的"俾斯麦号"战列舰则是德国海军的骄傲。这张照片摄于 1941 年 5 月 19 日，是摄影师站在其僚舰"欧根亲王号"重巡洋舰上拍摄的。当时，这两艘德国军舰先途经挪威，再前往大西洋执行海上破交战

来源：美国海军历史与遗产司令部

号"和"格奈森瑙号"会合。一旦四舰合力，它们将具备称霸大西洋航线的能力。[4]

　　然而，这一诱人的前景几乎顷刻间就烟消云散了。除了"提尔皮茨号"的技术问题外，4 月份英军的空袭重创了"格奈森瑙号"，该舰不得不停留在布雷斯特。舰长报告称它在 10 月份之前都无法参加战斗。而"沙恩霍斯特号"则面临着另一种困扰，它的锅炉管道腐蚀严重，必须将整个动力系统拆开维修，它也不得不趴窝好几个月。雷德尔原本打算同时出动这 4 艘大型战舰以发挥最大威力，可在 1941 年春能出动的就只有"俾斯麦号"了。雷德尔在私人日记中吐露了心声，称这是"沉重一击"。[5]

　　雷德尔本可将此次突袭推迟到再有一艘或几艘战列舰能出海

之时，而且吕特晏斯也主张雷德尔至少应该等到"提尔皮茨号"完全形成战斗力再动手。然而，雷德尔决心已下：不等"提尔皮茨号"，让"俾斯麦号"单舰出击。后来，雷德尔将这个决定描述为"在整个战争期间，我个人最难下而又不得不下的决定之一"。事实上，这个致命决定背后的影响因素很多。首要的因素就是，雷德尔急于证明大型水面舰艇也能在破交战中发挥巨大的作用。希特勒对于动用水面舰艇攻击船队的想法一直将信将疑，当1941年4月雷德尔向他提出此次出击计划时，他便是如此表态的。不过，他最终还是把决策权交到了雷德尔的手中。因为希特勒此时早已全神贯注于入侵苏联的"巴巴罗萨计划"，没太多精力顾及此事。不过，箭在弦上的"巴巴罗萨计划"也让雷德尔产生了一种强烈的紧迫感。德军的陆军和空军如果在苏联取得新的胜利，那么德国海军的战绩就可能愈加黯然失色。如果雷德尔的大型战舰不能迅速展现价值，那么希特勒对德国海军原本就不冷不热的支持说不定将彻底消失。"如果我不把这些战列舰派出去打仗，"雷德尔告诉威廉·马沙尔将军，"那么我们就不可能拥有更多的战列舰了。"[6]

除此之外，雷德尔永远都无法忘记1919年时德国公海舰队最后的悲情命运。"一战"的最后两年里，德国公海舰队的众多舰艇毫无用处，只能停泊在港口之内，官兵们则士气低下。结果，当最后命令他们出海时，德国水兵们拒绝执行。因此，他担心，如果"俾斯麦号"在这个大西洋战略局势几乎注定要发生变化的夏天里待在港内无所事事，这样的命运最终也会落到他们头上。雷德尔认为，美国可能会卷入战争，可能性甚至还相当大，一旦如此，英美舰队便可联手出击，德国战列舰就只能被永久封锁在波罗的海中了。雷德尔认为，派一艘战列舰前去搞一场突袭，总比让两舰一起被变化的战略态势困死强得多。[7]

既然"提尔皮茨号"无法出击,雷德尔只能把最新的"欧根亲王号"(Prinz Eugen)重巡洋舰调给吕特晏斯指挥,作为"俾斯麦号"的僚舰共同前往大西洋突袭盟国船队。纵然"欧根亲王号"无法与一艘标准的战列舰相提并论,但其排水量毕竟也有1.8万吨,是德国袖珍战列舰吨位的一倍半。因此派"欧根亲王号"给"俾斯麦号"当僚舰还是比较合适的。雷德尔还考虑着,等到吕特晏斯完成了此番破交作战,此时正在布雷斯特港维修的那两艘战列巡洋舰说不定也做好战斗准备了。到时候,"沙恩霍斯特号"和"格奈森瑙号"这对姊妹舰就可以加入由"俾斯麦号"和"欧根亲王号"组成的战斗编队中去。这种情况是有可能的。一旦"俾斯麦号"、"沙恩霍斯特号"、"格奈森瑙号"和"欧根亲王号"会合,那么毫无疑问,它们必将形成一股强大的战斗力量,足以抗衡英国皇家海军除本土舰队之外的任何一支力量。为了实现这一宏图大志,雷德尔走出了第一步:1941年5月18日,由"俾斯麦号""欧根亲王号"以及三艘德国驱逐舰组成的编队从但泽港出发,途经丹麦与瑞典之间的狭窄水道——卡特加特海峡,直奔北海而去。[8]

\*\*\*

此时,英国本土舰队已经有了一位新的司令。丘吉尔一直努力尝试向皇家海军灌输积极进取的精神和永不妥协的领导风格。为此,他安排了一场人事变动:让海军上将约翰·托维爵士接替可靠但毫无特色的查尔斯·福布斯担任英国本土舰队司令。托维时年55岁,面容粗犷,非常精干,他比福布斯年轻5岁,已经在军

这张照片中，英国皇家海军上将托维爵士正在海军礼兵的管乐欢送仪式中从旗舰"英王乔治五世号"上登岸。托维于 1940 年 11 月接替查尔斯·福布斯担任英国皇家海军本土舰队司令。1941 年 5 月，托维精心策划了对德国海军"俾斯麦号"战列舰的追击

来源：帝国战争博物馆

中树立起了自己英勇无畏的水手形象。的确，托维在英国皇家海军中少年得志。早在"一战"期间的日德兰海战中，他就勇敢地率部发射鱼雷攻击德国舰队，这为他赢得了"杰出服务十字勋章"，并得以在年仅 31 岁时就晋衔为海军中校。在其他一些方面，托维也是一位丘吉尔式的人物：他不仅是大英帝国利益无可辩驳的捍卫者，还是喜欢品尝美酒佳肴的美食家。因此，到了 1941 年 5 月份，搜寻、跟踪并最终摧毁"俾斯麦号"成了托维的工作。[9]

关于"俾斯麦号"闯入大西洋的第一份情报颇费一番周折才

送到托维手中。5月20日，瑞典人目睹了"俾斯麦号"穿过卡特加特海峡，就把消息告诉了挪威人，再转达给英国人。次日，英国皇家空军一名飞行员驾驶特制的"喷火"式远程战斗机，发现"2艘巡洋舰"出现在挪威卑尔根附近的格里姆斯塔峡湾里。飞行员返回基地之后，照片立刻被冲洗了出来，于是真相大白：实际上，"2艘巡洋舰"就是"俾斯麦号"和"欧根亲王号"。英国皇家空军立即准备对这两艘德舰实施轰炸。不过，就在出发前，锋面导致挪威上空阴云密布，能见度几乎降到了零。结果，英军轰炸机未能找到这两艘德舰。[10]

托维认为，吕特晏斯可能会利用这种恶劣天气闯进大西洋，但他很难确定吕特晏斯会走哪条路。最近最快的路径是向西通过设得兰群岛，然后往南沿着爱尔兰西海岸继续航行，即可直接进入"西部水道"。不过，这条路线距离托维在斯卡帕湾的主基地太近了。另一条更可能的路线是，先向西北航行，抵达法罗群岛以北，再掉头向南或西南，从法罗群岛与冰岛之间穿过。当然，吕特晏斯还有另外一条路线可选，那就是他曾经走过的丹麦海峡路线，这是最远的一条路线，不过，正因为这条路线距离不列颠群岛最远，英国人也最难以进行有效监控。出于天气原因，英国皇家空军的飞机只能停在机场里，托维因而向上述3个咽喉要道各派出一支水面舰艇小分队负责侦察。托维叮嘱这些小舰队的指挥官们：其任务并非与"俾斯麦号"及其僚舰直接交火，而是找到这两艘德舰，报告其位置，然后尾随德舰，直到托维的大舰抵达为止。为了更好地监控德舰最有可能走的丹麦海峡路线，托维特地指派弗雷德里克·韦克-沃克海军少将，令其负责指挥两艘重巡洋舰——"诺福克号"（HMS Norfolk）和"萨福克号"（HMS Suffolk）——前往丹麦海峡，而在此整整一年之前，弗雷德里克·韦克·沃克在敦刻尔克大撤退中扮演了极为关键的角色。*

托维的一个主要顾虑是，英国所有的大型水面舰艇主要是为了在北海作战而设计，因而都是"小短腿"，油箱容量不足，它们的最大航程仅约 4 000 英里，只有"俾斯麦号"的一半左右。因此，如果此时就派出大型水面舰艇前去远程搜索"俾斯麦号"，那就意味着它们可能会在找到对手之前就耗尽燃料——运气再背一点的话，可能会在你死我活的海战时燃油告罄，那就更糟了。另一方面，丹麦海峡离斯卡帕湾有 700 余英里之遥，即便以 28 节的速度也至少需要 24 个小时才能赶到。于是，托维决定两面下注。在那架"喷火"式飞机的飞行员报告格里姆斯塔峡湾中那 2 艘德国"巡洋舰"的情况之前，托维就已经命令"胡德号"战列巡洋舰和"威尔士亲王号"战列舰从斯卡帕湾起航向西出发。"威尔士亲王号"战列舰太新了，造船厂的工人们不得不随舰远航，奔赴战场途中还能不时看到工人们在舰上手持焊枪进行作业。一俟确定吕特晏斯舰队已经从卑尔根起航，托维本人也将马上亲率本土舰队其余舰艇出击。[11]

5 月 22 日早上，飞往格里姆斯塔峡湾的另一架英军侦察机报称吕特晏斯舰队已经离开此地。接报后，托维于第二天上午 10 点钟离开斯卡帕湾，率领着旗舰"英王乔治五世号"战列舰、"反击号"战列巡洋舰、"胜利号"（HMS Victorious）航空母舰以及 7 艘

---

\* 为了找到"俾斯麦号"，丘吉尔也向美国人寻求了帮助。1941 年 5 月 23 日，丘吉尔致信罗斯福，希望美国海军舰艇能留意"俾斯麦号"或者任何一艘派出去供应"俾斯麦号"的德国补给船。"请给我们消息，"丘吉尔给罗斯福写道，"然后由我们来完成剩下的工作。"其实，丘吉尔私下里希望美国人能先于英国人找到"俾斯麦号"，然后美舰与德舰之间发生交火，这样美国就会卷入二战。罗斯福批准美军派出多架 PBY 远程飞机展开空中侦察，并指示美国海军的指挥官们：一旦获得关于"俾斯麦号"的任何情报，都要马上将其发送给英军。不过，罗斯福并没有指示美国舰艇主动进行搜索。

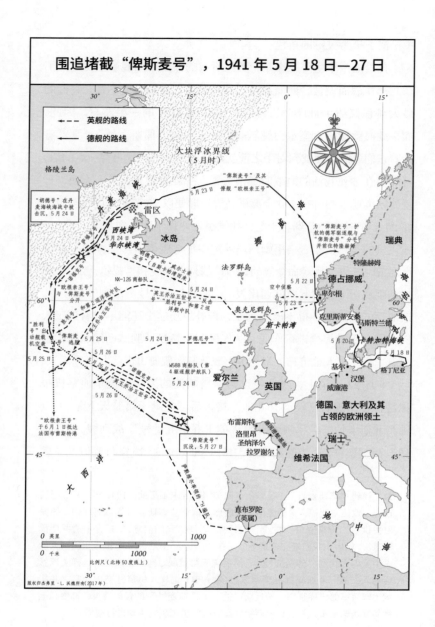

围追堵截"俾斯麦号",1941年5月18日—27日

驱逐舰向西驶去。此时，托维提前布下的两枚棋子——"胡德号"战列巡洋舰和"威尔士亲王号"战列舰已经向西驶出了500余英里，正在逐渐驶近丹麦海峡。[12]

根据托维的命令，负责统一指挥"胡德号"和"威尔士亲王号"的是兰斯洛特·霍兰海军中将，他正急于与"俾斯麦号"交手。霍兰并没有托维那种勇士般傲人的个人履历，而是凭借着多年参谋和外交岗位上的优异表现才一步步晋升上来的。这一天赐良机会大大提升他的声誉。霍兰急于求战的另一个原因是在一年前发生的一件事情。在地中海的斯帕蒂文托角海战中，在萨默维尔麾下指挥一支巡洋舰分舰队的霍兰惹来了丘吉尔的批评。战斗中，萨默维尔决定放弃追击坎皮奥尼麾下正在逃跑的意大利战列舰，这令丘吉尔非常失望。丘吉尔也将部分怨气撒到了萨默维尔的部下们头上，其中就包括兰斯洛特·霍兰。与萨默维尔一样，霍兰成功地过了质询这一关，但那次的经历也让其深深地明白了一个道理：只有大胆无畏甚至有些鲁莽的行动，才是满足丘吉尔期望的关键，这一点毋庸置疑。[13]

\*\*\*

格陵兰岛与冰岛之间的丹麦海峡有200多英里宽，不过，在每年5月，该海峡西半边2/3的海面仍然结着厚厚的冰，而英国人早已经在海峡东半边的部分海域布设了水雷，因此，该海峡实际可通航的水道仅有不到50英里宽。如果吕特晏斯像之前一样选择这条路线的话，那么他将不得不穿过这个相对狭窄的水道，而托维此前已派出韦克-沃克指挥"诺福克号"和"萨福克号"来此进行搜索。这两艘英国重巡洋舰此前刚刚配备了雷达，其中"萨福克号"上配备的雷达性能更加可靠，但它只能搜索前方。5 月 23 日的晚上 7 点 22 分，当"萨福克号"在巡航时转向南面时，桅顶的瞭望员看到舰尾方向的雾霭中出现了一个巨大的灰色轮廓。韦克-沃克赶忙上报了目击报告。到了当天晚上 8 点，这两艘英国巡洋舰已经一左一右占据了德舰的两翼，开始尾随跟踪。由于此时正在穿越雾堤 *，加之飞雪阵阵，这两艘英舰必须尽量靠近德舰以免跟丢，但又要保持在"俾斯麦号"15 英寸口径的主炮射程之外。[14]

此时，300 英里外霍兰的旗舰"胡德号"上，军官们都趴在桌上研究海图，急于测算出"俾斯麦号"的位置，后者差不多位于他们的正北方。霍兰本来可以选择继续向西行驶，以切断德舰进入北大西洋的路线，但一想到丘吉尔对进攻的强烈偏好，他转而选择加速至 28 节驶向西北，力争尽快截击"俾斯麦号"，他还指示"威尔士亲王号"的舰长约翰·利奇海军上校跟随自己行动。在北极地区短暂的初夏夜间，双方战舰相向而行，相对速度接近 50 节。[15]

5 月下旬的丹麦海峡太阳升起来得特别早，5 月 24 日早上 5 点 35 分，太阳已经当空高照了，此时，两军舰艇在大约 3.2 万码（18 英里多一点）的距离上几乎同时看到了对方。在英军"威尔士亲王号"上，随军牧师 W.G. 帕克通过舰上的扬声器，向"威尔士亲王号"的官兵们诵读祈祷词。这段祈祷词正是英国议会军于 1642 年埃奇山战役开始之前所诵读的那段："上帝啊，您应该知道我们今天有多忙。如果我们今天忘记了向您祈祷，也请您不要忘记眷顾我们。"[16]

1939 年时，亨利·哈伍德曾命令各舰分散开来，从不同方位攻击德舰"施佩伯爵号"，这次霍兰则让他的两艘舰集中行动，或

---

\* 雾堤是温暖潮湿的气流经过寒冷的陆地或水域上空时形成的自然现象。雾堤的雾有时特别厚，如果不慎被雾堤包围，那么有可能什么都看不见。——译者注

许是为了集中火力。"胡德号"率先开火，其头几轮齐射打的都是领头的那艘德舰。霍兰认为那一定是"俾斯麦号"，但事实上那是"欧根亲王号"。"欧根亲王号"也不甘示弱，开始还击，它的一发8英寸炮弹居然击中了"胡德号"上的信号火箭贮存舱，引发了一场颇为壮观的焰火表演，不过并未造成严重损伤。在"俾斯麦号"上，吕特晏斯命令舰长林德曼海军上校先不要开炮，等8门15英寸主炮全都能够指向目标再说。虽然"俾斯麦号"的高级枪炮官一再恳求上级下令开炮，但"俾斯麦号"还是等了几分钟才开始回击。当它的炮声一响，"胡德号"装甲相对较薄的弱点就以壮观的形式被揭露了出来。到了早上5点55分，"俾斯麦号"第六轮齐射击中了"胡德号"，一枚炮弹钻进了"胡德号"的弹药库，爆炸了。[17]

"胡德号"就如同被一柄巨锤砸中舰腹，顿时断成了两截，其舰首像一把折叠刀一样向上撅了45°，火光冲天，浓烟弥漫。林德曼舰长的副官伯卡德·米伦海姆-雷希贝格站在"俾斯麦号"上，他后来回忆说自己看到"高山般的火焰和黄白色的火球在它的桅杆之间爆裂、喷发，直插云霄。白色的星星一样的东西——可能是熔化的金属碎片——从黑烟中喷射出来，与火焰一起升腾到空中。巨大的碎片像玩具一样被抛到空中，其中之一看起来很像是主炮塔"。几秒钟内，"胡德号"就沉没了。皇家海军最大的战舰，20年来的骄傲，就这么折戟沉沙。"胡德号"上的约1 500名官兵中仅有3人生还。[18]

林德曼几乎没有停下来回味这一震撼的场面，就马上命令将炮口转而对准"威尔士亲王号"。随后，几乎是在顷刻之间，一发15英寸炮弹击中了英军这艘崭新战列舰的舰桥。除了舰长、文书军士长、通信长之外，舰桥里的所有人当场阵亡。那场面如同屠

皇家海军"胡德号"是英国建造的最后一艘战列巡洋舰，建成近 20 年中一直是世界最大的军舰，此图摄于约 1940 年

来源：维基百科

场，鲜红的血液顺着通话管流了下去，滴在海图桌上。接着，"威尔士亲王号"又很快连中三弹，火控系统损坏，侦察机被摧毁，吃水线以下的舰体也被洞穿，400 吨海水迅速涌入舰内。同时，一些更小的炮弹——"欧根亲王号"的 8 英寸炮弹和"俾斯麦号"副炮的 6 英寸炮弹——不断地击中"威尔士亲王号"。祸不单行，"威尔士亲王号"舰尾巨大的四联装炮塔也失灵了。眼看主炮火力削弱，加之损伤惨重，利奇舰长命令引擎室施放烟幕，并赶紧掉头驶离战场。[19]

林德曼急于追击"威尔士亲王号"并将其干掉，却被吕特晏斯拦住了。吕特晏斯是一位看起来始终郁郁寡欢的人物，对他来说，命令永远是无比神圣的。雷德尔要他力避与敌方水面舰艇交战，聚焦于破交战，吕特晏斯打算照此指令行动。林德曼简直不敢相信自己的耳朵。他原本有机会再击沉英国的一艘主力舰，而且是英军中最新的仅次于"胡德号"的第二大战舰。它的毁灭将会为这个无比荣耀的日子再添一抹不朽的印记。可是，永远冷峻铁面的吕特晏斯上将，他说不。最后自然是吕特晏斯赢了，"俾斯麦号"和"欧根亲王号"继续向南驶去，林德曼的心里则骂了一路。[20]

\*\*\*

5月24日早上7点，丘吉尔还在伦敦北边的契克斯庄园里睡觉。"胡德号"被击沉的消息彻底惊醒了他。这又是一场痛苦的打击。在二战中还将有很多打击等着他。丘吉尔后来获悉，"胡德号"爆炸之后，利奇退出了战斗，指挥"威尔士亲王号"驶离了战场。丘吉尔后来写道，他对此"极度失望"。对丘吉尔而言，他的海军指挥官们再一次背离了不可动摇的战斗到底的信条。庞德也很失望，不仅对利奇，也对韦克-沃克。霍兰阵亡后，韦克-沃克自然就成了英军的现场最高指挥官，可是，他并没有指挥两艘重巡洋舰以及受伤的"威尔士亲王号"一起把这一仗打下去，而是选择继续尾随跟踪这两艘德舰。当时，韦克-沃克知道托维正率领着"英王乔治五世号"战列舰外加一艘战列巡洋舰和一艘航空母舰从东边赶来，对他来说，最稳妥的选择就是等待援军的到来。[21]

吕特晏斯此时也需要做一些决定。在这场炮战中，"威尔士亲王号"的一发14英寸炮弹在"俾斯麦号"的前部舰体上炸开了一个5英尺见方的洞。虽然"俾斯麦号"有水密隔舱，但数百吨海水还是灌进舰内，致使舰首明显下沉，并左倾9°。对它而言另一件极为危险的事情是，另一发炮弹炸裂了两个油箱，这不仅在海面上留下了一串长长的油迹，燃油的损失也严重制约了该舰的航程。这对于一艘袭击舰而言可能会是潜在的致命打击。

不过，吕特晏斯自有主张。但他向来守口如瓶，此次也不例外。无论当时有何种想法，他都未与林德曼或者其他任何人分享过。如果他们继续南下，按照预定计划与提前部署的一艘德国补给舰在大西洋中部会合的话，这或许有助于解决燃料问题。但这样也会引来一直尾随的英国巡洋舰，这样会合便不可能成功。"俾斯麦号"遭到的损伤令其难以继续充当袭击舰，而"欧根亲王号"只要仍一起行动，就一定会被拖累。于是，吕特晏斯决定分兵。他派未受伤的"欧根亲王号"南下前往预定会合点，"俾斯麦号"则转向东南驶往法国海岸，以甩掉追兵。吕特晏斯盘算着：等到在布雷斯特港或圣纳泽尔港修好之后，"俾斯麦号"便可再与战斗巡航中的"欧根亲王号"会合。吕特晏斯给雷德尔发去了一条长长的无线电报，报告了击沉"胡德号"一事以及自己前往比斯开湾港口的计划。当雷德尔把这份电报转给希特勒时，与丘吉尔一样，希特勒也在想：为什么德国的海军指挥官没有把丹麦海峡的战斗继续进行下去并击沉敌人的战列舰。雷德尔再一次解释说，"俾斯麦号"的目的是突袭海上运输线，可希特勒并没有为这一解释所打动。[22]

"俾斯麦号"和"欧根亲王号"是在一场雨飑 * 中分道扬镳的，时间是 5 月 24 日下午 6 点 15 分左右。之后"俾斯麦号"就独自航行了，它会时不时与尾随的那两艘英国巡洋舰以及"威尔士亲王号"远距离交个火，而这三艘英舰一致选择尾随"俾斯麦号"

---

\* 飑是一种突然发作而持续时间较短的强风，常常伴随雷暴、暴雨、冰雹等强降水现象。——译者注

这张照片是君特·吕特晏斯海军上将在指挥"俾斯麦号"编队时所拍的。吕特晏斯性格内敛，其举止和态度让人感觉颇为冷漠，这为其带来了"铁面人"的绰号。虽然如此，或者说也许正因如此，雷德尔和邓尼茨都非常敬重吕特晏斯

来源：德国联邦档案馆（Bundesarchiv）

而非"欧根亲王号"。与此同时，托维也率舰队从东面赶了过来。此时，"俾斯麦号"的速度降到了大约21节，主要是为了节省燃料。为了迫使"俾斯麦号"继续减速，托维派出"胜利号"航空母舰在4艘轻巡洋舰的护航下高速驶向"俾斯麦号"并用鱼雷机发动攻击，而他的主力舰则继续往西南方向驶去，准备拦截"俾斯麦号"。

　　"胜利号"航空母舰甚至比"威尔士亲王号"还要新一些，它于10天前的5月14日刚刚服役。此时，"胜利号"上仅有9架可挂载鱼雷的作战飞机，且均为"剑鱼"式双翼攻击机。不仅如此，"胜利号"上的飞行员们全都是未经实战考验的新手，其中的大部分飞行员在上舰之前只有一两次着舰经验，而且无人练习过夜间着舰。这次进攻"俾斯麦号"还是他们的第一次作战任务，第一次

夜间任务，第一次在恶劣天气条件下执行的任务，还是第一次挂载沉重的Mk-12型鱼雷的任务。尽管如此，晚上10点15分，亨利·C.博维海军上校指挥航母转向迎风，把这9架"剑鱼"放飞了出去，当时他心里可能也很紧张。[23]

在尤金·埃斯蒙德海军少校的率领下，这些"网兜"和新手飞行员在漆黑的夜空里迎着强风向西飞去。晚上11点半，他们发现了"俾斯麦号"。埃斯蒙德随即将自己的中队拆分为三机小队，展开了教科书式的攻击。"俾斯麦号"上能用的枪炮全开了火，绿色的曳光弹划亮夜空。就连巨大的15英寸主炮也在向"剑鱼"机前方的海面开火，期待在敌机缓慢而坚定地进入投雷航线时在其面前打出巨大水柱。"俾斯麦号"上的一名枪炮长回忆道："那些飞机飞得是如此之慢，以至于它们看起来像静止不动一样。"纵然如此，这些英国新手飞行员毫不动摇，成功射出了所携带的鱼雷。天色黑暗，加之"俾斯麦号"拼命规避，因而仅有一枚鱼雷命中，打在"俾斯麦号"厚重的装甲带上。"俾斯麦号""轻轻地打了个颤"，一名德国水兵因猛烈撞击而身亡，但"俾斯麦号"没有遭到任何结构性损伤。吕特晏斯自吹自擂道：这不过刮掉了一点油漆。他向柏林报告说："中雷，无实质损伤。"[24]

然而，此番空袭还是让吕特晏斯深感忧虑。这意味着，除了尾随在后的三艘英舰外，自己100英里范围内一定还有另一支英国特混舰队，而自己离法国的布雷斯特港或圣纳泽尔港都还超过1 200英里。如保持21节的速度，"俾斯麦号"仍需要再航行48小时才能进入德国陆基飞机的保护范围之内。不仅如此，"俾斯麦号"在空袭时剧烈的规避机动震松了损管人员堵在之前弹洞上的堵漏器材，因此林德曼不得不将"俾斯麦号"的航速暂时降至16节，好让损管人员再次把弹洞给尽量堵严实。此时，吕特晏斯也收到了电子侦听部发来的电报，得知英国皇家海军已经派出一支实力强大的舰队来找他，不仅包括韦克-沃克和托维，还包括从直布罗陀过来的萨默维尔的"H编队"。本来，"H编队"正在为一支运兵船队护航，但此时英国海军部命令其火速北上并加入对"俾斯麦号"的围猎。这样，英国人总共投入了4艘战列舰、2艘战列巡洋舰、2艘航空母舰、13艘巡洋舰以及21艘驱逐舰。[25]

5月25日是吕特晏斯52岁的生日，这天刚到凌晨3点，他就收到了一份"生日礼物"。自从"俾斯麦号"与"欧根亲王号"分开之后，尾随"俾斯麦号"的英国巡洋舰就一直保持着"之"字形航线，以免成为德国潜艇的袭击目标。这一预防措施非常明智，因为邓尼茨确实已派出7艘潜艇赶来协助"俾斯麦号"，而吕特晏斯的一部分计划就是把追兵引入潜艇的伏击圈。*因此，跟踪"俾斯麦号"的这两艘英国巡洋舰走"之"字形路线，每次都是先远离"俾斯麦号"，等"俾斯麦号"进入"萨福克号"284型雷达屏幕最边缘时，再向"俾斯麦号"折返，如此往复。凌晨3点，吕特晏斯找准时机，等到"萨福克号"又到了距离"俾斯麦号"最远时突然转向，提升至全速。"俾斯麦号"突然从"萨福克号"的雷达屏幕上消失了。"萨福克号"舰长罗伯特·埃利斯猜测"俾斯麦号"很可能转向西边去突袭大西洋航线上的盟国商船去了，因此，两艘英舰赶紧转向西南方向搜寻"俾斯麦号"。实际上，"俾斯麦号"完整转了一个圈，它先向西驶去，转而向北，继而向东，最后重新转回东南方向。"俾斯麦号"成功地摆脱

---

\* 在邓尼茨临时派去的潜艇中，有数艘此前刚完成战斗巡航任务，此时已经用尽了鱼雷。U-556的艇长于5月26日就曾发现英国皇家海军的"皇家方舟号"航空母舰和"英王乔治五世号"战列舰，该艇长在作战日志上是这样写的："我现在的位置完全适合发动攻击……要是我现在还有几枚鱼雷就好了！"

了跟踪。"俾斯麦号"这么大一艘战列舰，就直接从英国人的眼皮底下消失了。[26]

为了提振舰上士气，吕特晏斯在这天中午向全舰官兵发表了正式讲话。他首先祝贺"俾斯麦号"的官兵击沉了"胡德号"，然后向大家保证"俾斯麦号"此时正驶往法国，很快就能进入德国空军的保护范围。本来到这里也就足够了，可是，他却又告诉大家，英国皇家海军毫无疑问会集中全部力量对付"俾斯麦号"，并声明自己决心"战斗至炮管通红滚烫、打完最后一发炮弹为止"。最后还说："不成功便成仁！"虽然他原想激励士气，但这番讲话不仅没能达到效果，反而让舰上的众多官兵觉得自己在劫难逃。[27]

＊＊＊

收到"俾斯麦号"消失的警报后，托维开始猜测"俾斯麦号"去哪儿了。推算之时，托维不仅要考虑各种可能性，而且要考虑何种情况对英国的利益最为危险。"俾斯麦号"摆脱围捕，进入大西洋袭击盟国船队，这是那时候让英国人觉得最可怕的事情。因此，与韦克-沃克一样，托维也决定向西搜索。5月25日上午的某一时刻，向西南方向进发的托维恰好穿过"俾斯麦号"往东南方向航行时留下的尾流，而这正是夜间有舰船途经此地的明证。而在更往南的地方，萨默维尔的"H编队"正迎着大浪和强风拼命向北赶来。在这复杂的海上动态中，此时距离"俾斯麦号"最近的一艘英舰是20岁"高龄"的"罗德尼号"战列舰，不过当时并无人知道。"罗德尼号"战列舰的舰长是弗雷德里克·达尔林普尔-汉密尔顿爵士。如果能与"俾斯麦号"靠得足够近，"罗德尼号"上的16英寸主炮就能起到决定性的作用。但问题是"罗德尼号"已然老迈，最高速度仅为 21 节，因此哪怕是受了伤的"俾斯麦号"也能轻易甩开"罗德尼号"。这个巨大战场上的最后一块拼图是菲利普·维安指挥的驱逐舰支队，一年多前正是他在挪威约星峡湾里擒获了德国补给舰"阿尔特马克号"。因为此前派来围捕"俾斯麦号"的数艘英国驱逐舰全都因燃油即将耗尽而被迫返航，所以英国海军部派菲利普·维安的 6 艘驱逐舰前来接替它们。5 月 25 日，维安的驱逐舰编队也在北大西洋的惊涛骇浪中奋力前行，以最快的速度驶向搜索海域。[28]

与此同时，这场大搜捕的目标正孤零零地继续驶向法国的圣纳泽尔港，而英国人仍然没能找到它。吕特晏斯面前已是一片坦途，他的位置和航线对于追兵来说完全是一个谜。然而讽刺的是，吕特晏斯自己却不知道这一点。"俾斯麦号"上的雷达侦测仪一直显示"萨福克号"雷达发射的脉冲信号仍在抵达这艘巨舰，不过，吕特晏斯以及"俾斯麦号"上任何人都不知道的是，这些信号已经没有足够的能量再返回"萨福克号"了。据此，吕特晏斯判断自己仍在英军追踪之下，因而也就没必要继续保持无线电静默了。这一点成了他败亡的原因。当他把加密电报发往柏林时，舰船上和陆地上那些英国无线电报务员立刻便使用高频无线电测向仪测出了无线电信号源的方向。[29] 根据多个监测点的数据，就可以对"俾斯麦号"的大概位置进行三角测量。于是，英国海军部立即通知托维：他搜索"俾斯麦号"的方向是错误的。*

托维此前也已经命令参谋们自行破译数据。经过讨论，他们得

---

* 这是以"超级"为代号的解密情报首次派上大用场。布莱奇利庄园里的密码破译员们于 5 月 25 日晚上 6 点 12 分通知英国海军部：截获的无线电信号强烈表明"俾斯麦号"正驶向法国海岸。不过，当托维收到英国海军部转来的这条情报时，他的舰队已经调整了方向，准备向东南方驶去。

出结论："俾斯麦号"此刻的确正在驶向法国海岸。于是托维在 5 月 25 日下午将近 6 点时转向了东南方。不过，截至当时，东南方的"俾斯麦号"正遥遥领先于托维，而且无法追上。此时，托维大部分舰艇的燃料开始告急，不得不停止追击，前往冰岛补充燃料，其中包括"反击号"战列巡洋舰和"胜利号"航空母舰。为托维护航的英国驱逐舰更是早已补充燃料去了，所以托维的旗舰"英王乔治五世号"战列舰一度只能载着他这个"光杆司令"独行。此时，"罗德尼号"正在另一条平行航线上追击。最终，"英王乔治五世号"追上了"罗德尼号"，托维因而实力倍增。不过，虽然托维有了"罗德尼号" 9 门 16 英寸口径的主炮助阵，"英王乔治五世号"却也不得不降低速度以迁就"罗德尼号"。低速度固然可以节省不断减少的燃料，然而猎手和猎物的速度都是 21 节，追上"俾斯麦号"的希望似乎十分渺茫。如果没有奇迹，那"俾斯麦号"很有可能就要逃走了。[30]

这个奇迹来自萨默维尔的"H 编队"。此时，萨默维尔也没有护航驱逐舰。他此时手中仅有"声望号"战列巡洋舰、"谢菲尔德号"轻巡洋舰和"皇家方舟号"航母，因而无法与"俾斯麦号"正面对轰。不过，萨默维尔决定先缠住"俾斯麦号"，迫其降低速度，好让托维有机会捉住它。因此，萨默维尔命令"皇家方舟号"舰长洛本·E.H. 蒙德海军上校发动空中鱼雷攻击。

实际上，当时的天气条件不允许进行空袭以及其他任何类型的空中行动。狂风时速高达 35 英里，10 英尺高的大浪一波波扑向"皇家方舟号"，让其舰体上下起伏的落差高达 56 英尺，大风掀起的海浪不断飞溅到飞行甲板上。天气如此恶劣，以至于吕特晏斯收到了通知：他期盼已久的空中掩护来不了了，德军飞机都被困在了法国的机场上。尽管如此，那天早上，"皇家方舟号"的舰载机不仅

英国"皇家方舟号"航空母舰及其上空的舰载"剑鱼"式飞机。这张照片是 1939 年二战爆发之前拍摄的，1941 年 5 月的实际海况要比照片中恶劣得多

来源：美国海军历史与遗产司令部

成功地起飞了，还发现并汇报了"俾斯麦号"的位置。两架"剑鱼"式飞机一直慢慢地盘旋在"俾斯麦号"的上空，定时汇报"俾斯麦号"的实时位置，其余英机则返回"皇家方舟号"去挂载鱼雷。萨默维尔决心不让"俾斯麦号"再一次溜掉，于是派"谢菲尔德号"轻巡洋舰前去跟踪对手。当天下午快到 3 点时，"皇家方舟号"航空母舰上的 15 架"剑鱼"式飞机都重新加好了油，挂载了鱼雷。下午 3 点，蒙德转向迎风方向，开始放飞舰载机。海风如此之强，以至于一架"剑鱼"在向舰首滑跑时几乎被风垂直抬上了天空。一架紧接着一架，其他的飞机陆续升空，组成队形，向北

边的猎物扑去。[31]

"剑鱼"机群的长机配备着雷达——机载雷达在当时可是个稀罕物——考虑到当天糟糕的能见度，这个机载雷达可谓是天赐之物。不过不幸的是，这台雷达差点导致了一场灾难。长机的雷达操作员 N.C. 库珀海军中尉看到自己的雷达屏幕上显示前方有舰艇，他断定这一定是"俾斯麦号"。由于"剑鱼"式飞机之间不能直接使用无线电通信，因此库珀不得不在开放式座舱中站起身来，挥舞着手臂向右指。当机群降低高度、穿过云层、准备投射鱼雷之时，有几名飞行员立即认出这艘军舰显然不是"俾斯麦号"，有些人甚至直接认出那是英国的"谢菲尔德号"轻巡洋舰。\*尽管如此，还是有 11 名飞行员不假思索地投下了鱼雷。不稳定的海况救了"谢菲尔德号"，因为这让绝大多数鱼雷都提前爆炸了。目瞪口呆的"谢菲尔德号"舰长查尔斯·拉科姆果断采取措施规避了其余的鱼雷。过了一会儿，这些后知后觉的飞行员才意识到自己犯了个错误，差点炸了本方的军舰。接着，他们心怀愧疚地飞回"皇家方舟号"航空母舰，此时的时间是下午 5 点 20 分左右。降落后，他们重新加油、挂载鱼雷——这次鱼雷上安装的是触发引信——飞行员们之后钻回了各自的座舱，他们要再尝试一次。[32]

晚上 7 点前不久，"剑鱼"式飞机向"俾斯麦号"发动了俯冲。德国炮手们再次操起一切能用的武器开火。在舰桥上，林德曼进行了一系列剧烈机动，一会儿左满舵，一会儿右满舵，同时以轮机舱来得及响应的最大频率命令加减速。这些"剑鱼"式飞机三架一

---

\* 巧合的是，美国海岸警卫队的小型武装快艇"莫多克号"此时也正在这一海域搜索一艘沉没货轮的幸存者，它航行到某处时，有艇员瞥见了"俾斯麦号"。不过，"莫多克号"并没有参与搜索和攻击"俾斯麦号"的行动。

组，从不同的角度发动攻击，这让"俾斯麦号"更难以躲开所有的鱼雷。持续了半个小时的攻击结束后，英军机群指挥官用无线电给"皇家方舟号"发去了一条沮丧的消息："估计没有命中。"不过，这个报告描述的仅仅是长机自己的情况，因为事实上，勇敢的"剑鱼"式飞行员们已经命中了"俾斯麦号"两枚鱼雷。其中一枚击中了"俾斯麦号"的舯部，它未能攻破这艘巨无霸战列舰厚实的装甲带。另一枚鱼雷则击中了舰尾附近，此处装甲相对薄一些。这一击是决定性的。[33]

这枚鱼雷在"俾斯麦号"右舷舰尾炸开了一个大洞，大量的海水灌进了轮机舱。更为严重的是，两个巨大的舵被卡住了。此前林德曼下达的最后一道命令是右满舵，所以现在舵被卡在了右满舵的位置，于是"俾斯麦号"开始顺时针绕圈子。见此状况，林德曼试图使用引擎转速差来恢复左右平衡，但引擎无法克服巨大的舵所带来的偏航力。此时，吕特晏斯忍不住又开始给柏林拍发电报："本舰已不堪操纵。"虽然"俾斯麦号"此时距离安全海域仅有400英里，但它再也无法靠近那里了。半个小时后，德国人竭尽全力也未能成功将舵修复。吕特晏斯又给柏林发去了一条电报——这也是他发出的最后一条电报："本舰已不堪操纵。我们将战至最后一弹。元首万岁。"[34]

\*\*\*

众多英舰的指挥官一度还并不十分清楚"俾斯麦号"受损的真实程度。直到连续收到几份关于其航线不规则的报告之后，托维才意识到"俾斯麦号"被打跛了。得知这一点之后，托维从郁闷无比转为欣喜若狂。不过，他没有选择立即加速，以免耗尽英舰宝贵的燃料。他觉得反正"俾斯麦号"此时已被钉在原地，等到天亮再行攻击也不迟，到时候自己从"俾斯麦号"的西边驶近它，藏身在黎明前的黑暗中，让升起来的太阳衬托出"俾斯麦号"的轮廓。这段时间内，英军其他的编队也纷纷赶过来。维安率领 6 艘驱逐舰夜里赶到了"俾斯麦号"的附近。一连数个小时，这些英国驱逐舰轮番对严重受损且在慢慢绕圈子的"俾斯麦号"实施鱼雷攻击——这真像是一群豺狼包围了一头受伤的狮子。[35]

5 月 27 日早晨 7 点 22 分，黎明到来了。又过了 1 小时 21 分钟，"英王乔治五世号"战列舰上的瞭望员喊出了最令人兴奋的报告："发现敌人！""俾斯麦号"就在不远处：它也许受了伤，但仍然巨炮林立，飘扬着巨大的纳粹德国海军旗。4 分钟后，"罗德尼号"率先开火，"英王乔治五世号"也紧随其后。"俾斯麦号"的北边是韦克-沃克指挥的"诺福克号"，这艘英国重巡洋舰已经连续跟踪"俾斯麦号"将近四天了，它也对"俾斯麦号"开了火。一时间，双方四艘战舰的炮口都喷吐出了耀眼的橙色火焰。大炮的轰鸣声如巨雷，还夹杂着敌方炮弹落在近旁的尖啸，入海的炮弹把成吨的海水掀到二三百英尺高处。不过，"俾斯麦号"上的炮手们却难以瞄准，这是因为林德曼此时已经无法控制"俾斯麦号"的机动了，所以德国炮手们需要不停地转动炮塔，费力地瞄准目标。[36]

早上 9 点 02 分，"罗德尼号"首开战绩，它的一发 16 英寸炮弹击中了"俾斯麦号"上层建筑的前部。德舰两座前主炮塔全都被敲掉了，其中一座炮塔的两根炮管悲哀地朝海面耷拉着，另一座炮塔的两根炮管则毫无用处地指向天空。此后，"俾斯麦号"的舰桥里再也没传出过任何命令，这很有可能是因为吕特晏斯和林德曼已经双双阵亡。虽然如此，战斗仍在继续。"俾斯麦号"此时只能使用其后甲板上的四门主炮了。不久，这四门主炮也都哑了

蒙塔古·道森（Montague Dawson）于1943年所绘的油画描绘了"俾斯麦号"的最后时刻。虽然"俾斯麦号"被连续猛轰，火光冲天，但该舰仍浮在海面上。位于前景处的英国皇家海军"多塞特郡号"重巡洋舰刚刚发射了一枚鱼雷，可以在画中辨识出该枚鱼雷的轨迹——正是它发射的几枚鱼雷将"俾斯麦号"最终送入了海底

来源：美国海军学会

火。不过，舰上有些副炮仍在开火，战旗仍在飘扬，因此英国战舰继续进攻。到了上午10点，"俾斯麦号"已经挨了400多发炮弹。直到这时候，才能看到德军官兵们纷纷从"俾斯麦号"上跳进海里，因为这艘巨舰已经向左舷严重倾斜，全舰已燃起不可控制的大火。[37]

上午10点21分，英军停火。"俾斯麦号"仍浮在海面上。然而，托维此时十分担心自己的燃料余量，他急着赶回英格兰，否则就不得不接受被拖回港口的命运。于是，托维一边向北调整航向，一边命令"多塞特郡号"（HMS Dorsetshire）重巡洋舰发射鱼雷了结"俾斯麦号"。3枚鱼雷在"俾斯麦号"侧舷爆炸，

这艘号称"永不沉没"的德国战列舰最终在上午10点40分疲惫地向左翻倒,沉入海面。"多塞特郡号"与维安的一艘驱逐舰共同搭救了"俾斯麦号"的110名幸存者,但随后英国人停止了救援,因为他们担心德国的潜艇即将到来。德国海军的U-74号潜艇随后赶到现场,救起了"俾斯麦号"的5名幸存者。至于"俾斯麦号"其余的人,包括吕特晏斯和林德曼在内的2 000多名德国海军官兵殒命大洋。[38]

在具有历史意义的5月27日,英国下议院正在开会。不过会议并不是在议会大厦,而是在威斯敏斯特大教堂旁边的英国圣公会总部大楼里面举行的。因为在17天之前,德国轰炸机炸毁了英国下议院议事大厅。会上,丘吉尔站到台前,通报了在大西洋东部与"俾斯麦号"进行的重大战斗。丘吉尔刚刚落座,一名传令兵大步走了进来,交给了他一张纸条。丘吉尔快速读了一遍,要求再次发言。"我刚刚接到战报",丘吉尔大声宣布,"'俾斯麦号'被击沉了。"下议院的议员们起立欢呼,而松了一口气的丘吉尔站在原地,静静地享受着这一时刻。[39]

希特勒是在其位于德国巴伐利亚州阿尔卑斯山区贝希特斯加登附近的家——贝格霍夫别墅里收到"俾斯麦号"被击沉的消息的。然而,这则消息并没有让他太过惊讶,因为自打他收到吕特晏斯最后那份报告的一刻起,他就已经在心里把"俾斯麦号"勾掉了。不过,为了鼓舞"俾斯麦号"全体官兵的士气,他当时还是口授了一条信息:"全德国与你们同在。"希特勒认为是雷德尔的战略计划导致了这场灾难。于是他再度如人们所熟悉的那样大发雷霆,并发誓"再也不会让第二艘德国战列舰或巡洋舰进入大西洋"。他说到做到。"欧根亲王号"于1941年6月1日抵达法国布雷斯特港,而自此之后,德国海军就再也没派出过大型水面舰艇进入大西洋航

1941年6月，在对"俾斯麦号"作战凯旋时，海军中将詹姆斯·萨默维尔在"谢菲尔德号"上向该船的船员表示祝贺。背景中可以看到巡洋舰的两组三联装6英寸火炮

来源：维基百科

线了。雷德尔知道，这对他自己来说也是一个转折点，就在"俾斯麦号"沉入海底的那一刻，他为德国建立强大水面舰艇力量的梦想也随之烟消云散。[40]

\*\*\*

　　甚至当"俾斯麦号"还在垂死挣扎时，希特勒的目光便已看向了东方，那里，他的将军们正在把部队陆续集结到苏联的边境上。在此前的20多年中，无论是军事上，还是在意识形态领域，希特勒都一直把布尔什维克的苏联当成德国的真正敌人。希特勒认为，只有在那里，德国人民才能获得足够的原材料和"生存空间"；英国虽未被彻底打垮，还在岛上苦撑，希特勒却认为英国已被压制。那么，经过长久的等待和虚与委蛇，现在到了该与德国的死敌撕破脸皮的时候了。为了确保对苏战争的胜利，希特勒在东方部署了有史以来最强大的一支军队。正如历史学家安德鲁·罗伯茨所指出的："'巴巴罗萨行动'的规模令战争史上的其他一切都相形见绌。"至1941年6月中旬，轴心国在苏德边境部署了183个师，包括400万名士兵和4 000辆坦克。1941年6月22日凌晨3点15分，他们开始向前推进。[41]

# PART II:

# THE
# WAR
# WIDENS

## 第二部分

# 战争扩大

希特勒不是唯一一个盯着东边的人。远在地球另一端的那个岛屿帝国上，日本人正虎视眈眈地盯着辽阔的太平洋对岸的美国。日本对西方国家尤其是美国的总体方针，受到了经济和文化两个因素的重要影响。经济方面，残酷的自然条件让日本天然缺乏现代化工业赖以存在的大部分必需原材料，包括铁、铜、锡、锌和橡胶，特别是石油。当然，这些都能从海外，其中就包括从美国进口。但问题是，这会带来令人不舒服的依赖性，相当一部分日本人对此难以容忍。此外，为了对日本的外交和军事政策施压，美国人在对日出口时附加了很多条件，这让日本人更加难以接受。到了20世纪30年代，很多日本人觉得，日本已经到了做出选择的时候了：要么全盘接受美国开出的条件以继续购买原材料，要么从别处找到同类替代品以确保经济的独立性。

　　影响日本政策的文化因素就更加微妙了。19世纪末，日本经历了从半封建社会到现代化工业社会的快速转型。这场变革很快，甚至有些混乱。作为此次变革的一部分，明治天皇（1867—1912年在位）邀请英国人来指导日本打造一支现代化的海军。这样一来，虽然日本成功地保留了自己特有的文化，但在军舰、武器、制服、军衔制度、值班制度以及其他很多方面，日本帝国海军都借鉴了英国皇家海军的经验——就连日本江田岛海军兵学校校舍的砖都是千里迢迢从英国进口的。日本在甲午战争（1894—1895）、日俄战争（1904—1905）中连续获胜，在对马海战中更是令人难以置信地大败沙皇俄国舰队，这一系列胜利帮助日本奠定了其世界强国的国际地位。此外，在"一战"期间，日本加入协约国这一边，这极大地加强并巩固了其强国的地位——事实上，到了1930年的时候，日本已经一跃成为世界海军三强之一。

然而，1922年和1930年先后于华盛顿和伦敦签署的海军条约却将日本决定性地钉在了从属于英美的地位上。这对于那些年轻的极端民族主义的军官而言格外难以接受，很多人甚至觉得《华盛顿海军条约》的条款会让人产生切肤之痛。当1930年的《伦敦海军条约》进一步确定了日本的从属地位之后，这些自封的"爱国者"简直要武装造反了。几乎是顷刻之间，日本帝国海军的军官们就分成了势同水火的两派。接受《伦敦海军条约》的一派把条约视为一种合理的折中方案，并寻求与说英语的这两个超级大国进行合作，此派被称为"条约派"；而另一派人则深以这两个条约为耻，被称为"舰队派"。在接下来的十年中，这两个派系的斗争愈演愈烈，甚至发展成为可能导致海军分裂的重大危机。

# 第 8 章

# 日出之国

1930 年夏天，甚至在参加伦敦海军会议的日本代表团回国之前，日本海军内部对立的两派就已经划出了势力范围。"条约派"的将领们主导了海军省，也就是海军的政策制定机构，而"舰队派"的将领们则控制了海军军令部，该机构负责掌管作战行动。虽然这两派人穿着相同的制服，都对同一个天皇效忠，但各自的理念却相差万里，无法调和。[1]

加藤宽治海军大将时任军令部总长，他也是"舰队派"的主要代言人。1930 年，加藤宽治正值花甲之年，他是个一板一眼的人，留着短短的平头和修剪整齐的小胡子。1891 年，他以第一名的成绩从江田岛海军兵学校毕业，在 1926—1928 年担任日本联合舰队司令，随后升任海军军令部总长兼高级军事参议官。虽然早年曾在伦敦担任过大使馆海军武官，但他对英国在"一战"结束后抛弃对日盟约的做法感到特别厌恶。此外，德国海军首脑们的韧劲给他留下了深刻的印象。20 世纪 20 年代时，他曾与德国海军的工程师密谋交换有关潜艇技术的情报，不过，日本海军省拒绝认可该协议。1929 年底，在日本代表团出发赴伦敦之前，加藤宽治坚持认为日本的目标是确保与英美两国的军舰吨位对等。他说，如若不行，日本代表必须坚持"对美七成"论，不容谈判。他们也基本上实现了这一目标。《伦敦海军条约》达成了妥协：日本海军的总计吨位达到了美国海军的 69.75%（日本为 367 050 吨，美国为 526 200 吨）。为表抗议，加藤宽治做足了姿态：向裕仁天皇面呈辞呈。这种策略——辞职或者威胁辞职——是日本陆海军将领惯用的伎俩，其目的是逼迫日本内阁按自己的意愿制定政策。[2]

不过加藤宽治这次失算了。裕仁虽然驳回了他的辞呈，*却同意了首相滨口雄幸以及海军省的意见，他们认为日本脆弱的经济将受益于海军军费的削减。因此，该条约得以在日本通过并成为法律。天皇在此次决策中的作用仍不清楚，因为日本人认为天皇神圣无比，不可能犯错，所以把政策失误算到天皇头上是不可想象的。于是加藤宽治和"舰队派"的其他将领只得把气撒在首相滨口雄幸身上，这给日本当时充满戾气的政治局势带来了实实在在且迫在眉睫的危机。1930 年 11 月 14 日，在东京火车站的站台上，一名刺客向等车的滨口首相开了枪。首相大难不死，但这次遇袭凸显了一个事实：与日本军方对着干，不仅危险，还可能会送命。[3]

与海军一样，日本帝国陆军内部同样存在着对立的两派。相对温和的一派被称为"统制派"，他们主张在日本原有的宪法框架内建设一支强大的军队。而较为激进的另一派则被称为"皇道派"，此派对文官政府的"蓄意阻挠"非常不耐烦。这些"精神武士"鼓吹一个理想化的神话般的过去，并妄图在此基础上把国家带到一个前所未有的"新高度"。该派一直在宣扬一种说辞，称天皇周围

---

\* 但加藤宽治很快以属于"条约派"的海军大臣财部彪辞职的条件为前提，还是辞去了海军军令部长一职。——译者注

有一群意志薄弱的奸佞小人，而天皇成了这些贼人的囚徒，因此，"皇道派"要把天皇从"奸佞小人"的暗中影响下解救出来，恢复帝国的荣光。"皇道派"认为，如果有必要的话，他们愿意甚至急于单方面动手。有这么一个例证：1931年9月18日，日本军队在中国东北沈阳附近的日占铁路上自己炸毁了一段铁轨，并以此为借口强占了中国东北全境。[4]

　　日本海军内部的少壮派军官也不甘人后，想仿效陆军的激进派，将局面掌握在自己手中。"九一八"事变后不到一年的1932年5月15日晚上，11名年轻的日本陆军和海军军校学员先到东京皇居附近的靖国神社集合——这里供奉着为国而死者的牌位，在日本几乎是个"圣地"。在祭拜了先辈们之后，这些年轻的军校学员径直前往新任首相——77岁高龄的犬养毅的住所。进了门，这些军人告诉首相，整个日本都在沉睡，"如果不流血，国家就无从振兴"。他们已经想好了，要流血的就是首相。犬养毅首相哀求给自己一个解释的机会。他临终前的最后一句话是："如果让我解释，你们会理解的。"这伙人冷冷地回答道，"多说无益"，然后就射杀了首相。之后他们直接坐出租车前往东京警视厅，向警方自首。[5]

　　这群年轻人将自己制造的这一骇人听闻的暴行称为"下克上"，这是一种有原则的不服从，高尚正直之人应当借由此举大胆地纠正其上级所犯的错误。实际上，"下克上"一词虽是日本独有，但此类观念在西方文化中也颇有市场。正如海军历史学家斯蒂芬·豪沃思所指出的，英国著名海军将领霍拉肖·纳尔逊就体现过这一原则：在哥本哈根海战中，纳尔逊用瞎眼对着单筒望远镜，故意不看上级召他回去的命令。在英国皇家海军里，纳尔逊这一举动被普遍视为英雄之举，而没有被扣上"抗命不遵"的帽子，直至今日这还被视为勇敢无畏的范例——当然，前提是此举帮助纳尔逊打赢了那一战。而在日本，哪怕是极端粗暴且毫无人性的"下克上"行为，甚至包括暴力和谋杀，也会被认为是可以接受的。如果这还是为了所谓"高尚"的目标并符合"大和魂"也就是日本民族精神的话，那么他们甚至还会受到追捧。[6]

在庭审中，谋杀犬养毅的凶手们称自己恪守了日本军人的五种基本"美德"：忠诚、得体、无畏、信义和朴素。这些人坚称他们深切地热爱天皇，以至于无法容忍那些文臣奴颜婢膝的懦弱政策。他们宣称自己无比忠诚——当然不是忠于日本政府，因为政府是不停改换的——他们只忠于天皇，只忠于"大和魂"。他们的"职业举止"和"青年情怀"在日本军官队伍和全体国民中激起了普遍的同情。例如，野村吉三郎海军大将立场相对温和，后来还担任了日本驻美国大使，而甚至连他这样的人都对凶手表示过同情，他是这么评价的："我自己曾经也是个急性子的莽夫。"随后，这些凶手全部都被轻判了，在有些地方还被奉为英雄和烈士。[7]

这场后来所谓的"五一五事件"，是日本从君主立宪制蜕变为军事独裁的里程碑。"舰队派"将领们卑鄙地发出警告：如果日本政府不能配合军队实现"雄心"，那么他们就无法控制住手下那些"极端爱国的"少壮派军官。这种政治蜕变还体现在另一个方面：因为代表各军种的内阁大臣都必须是现役军官，日本陆海军便可以通过让陆军大臣或海军大臣辞职这一方式来直接搞垮不合他们意的首相或内阁。其实际后果就是，日本军队对政府的政策有一种类似一票否决的权力。"五一五事件"以后，"舰队派"在日本海军内部占据了上风。于是在接下来的十年里，"条约派"的大部分军官都被迫退役或被边缘化。[8]

逃过清洗的"条约派"军官中，有一位是山本五十六海军少将。他五短身材（身高约 160 厘米），天资聪颖且极度自信，时任日本海军第 1 航空战队司令。伦敦海军会议召开时，山本五十六是日本代表团的成员。虽然他起初也反对饱受"舰队派"鄙夷的"妥协方案"，但他随后逐渐认识到，调整过后英美日 10：10：7 的比例已经是日本所能期待的最好结果，也是日本经济所能负担的上限了。在其他方面，与大部分日本军人相比，山本五十六也算个另类。他有过两次旅美经历，美国强大的工业实力给他留下了深刻的印象，美国底特律市的亨利·福特汽车装配工厂和得克萨斯州多产的油田向其展示了美国真正的力量。于是，山本五十六得出结论：与这样一个强大的国家开战，简直是愚蠢至极。当然，"舰队派"的将领们，例如加藤宽治，并没有完全无视美国的物质和经济优势，但是他们坚持认为日本的"大和魂"必将战胜仅仅在财富数量上占优的敌人。就像美国内战初期拿下萨姆特堡以后，南部邦联的支持者自夸说一名南军士兵能打倒五名北军一样，这些日本人也认为精神力量一定能战胜物质优势。当被问及是否担心美国人的战斗机会比日本多时，"赤城号"航空母舰上一名战斗机队长回答道："我们的一架战斗机能够对付三架美国飞机。"正如加藤宽治在 1934 年 7 月的一番讲话中所言："无论处于何种逆境，日本帝国海军的士气和自信必将帮助我们战胜假想敌。"而山本五十六则认为这种观念既天真幼稚又极度危险。[9]

另一方面，山本五十六也试图挑战统治"舰队派"的作战理论，他一直怀疑战列舰的崇高地位。此前，大舰巨炮一直是海军强国的首要标志。在 20 世纪初世界各国海军的观念中，这几乎是放

1926 年 2 月，日本驻美国海军武官山本五十六上尉与美国海军部长柯蒂斯·D. 威尔伯、长谷川清上尉和爱德华·沃尔特·埃伯勒上将（由左至右）

来源：维基百科

之四海而皆准的真理。德国几乎倾尽国力打造了"俾斯麦号"和"提尔皮茨号"，而英国人也建造了"英王乔治五世"级战列舰，这便体现了此种理念。美国海军军官阿尔弗雷德·塞耶·马汉上校（后晋衔为少将）在 1890 年出版的《海权对历史的影响：1660—1783》中将这种观念加以归纳，后来影响了全世界。马汉在这本书中阐述了拥有一支强大风帆战列舰队（大航海时代的海上霸主）的英国人是如何一步步地先击败荷兰人，再击败法国人，最后登上世界之巅的。英国人统治了海洋，这为其带来了巨额的财富、巨大的影响力和无限的权力。日本列岛的地理环境和特点与英国多有相仿之处，这为日本人指点了迷津，而且马汉也暗示道，其他国家可以通过打造并维持一支强大的战列舰队来复制英国的成功。马汉的这本书很快被翻译成了日语，其中心思想被日本海军奉为圭臬。[10]

与同时代的其他日本海军军官一样，山本五十六也是在江田岛上学时读了马汉的著作，起初也对其深信不疑。然而，到了1930年时，他骨子里的怀疑精神促使他重新思考这本书。在参加伦敦会议之前，他先后担任"赤城号"重型航空母舰的舰长和第1航空战队的司令官，该战队辖有"龙骧号"和"凤翔号"轻型航母。部分是基于自己的这段经历，他开始逐渐相信航空母舰将取代战列舰的地位，并认为在航空母舰面前，战列舰即使不是无足轻重，至少也将退居次席。1934年时，他曾与一个班级的海军航空兵学员分享过这么一个观点：战列舰就像富人家里昂贵的艺术品一样，它们被摆在客厅里只是为了给访客留下深刻的印象，它们也许非常美观，但是并没有什么实际用处。在另一个场合，他说大型战列舰的拥趸们（他称之为"铁炮屋"）都是"榆木脑袋"，并预言"大舰巨炮的时代即将成为历史"。此外，日本陆军也逃不过他的口诛笔伐。他曾质疑日本陆军"皇道派"的野心和权力欲，并公开反对在中国东北开战。有一次，他还当众称日本陆军的某些人为"陆军那些笨蛋"。[11]

山本五十六似乎很乐于冒险，对此他也从不讳言。他是个天生的赌徒，具体表现出来就是：他几乎无所不赌。山本五十六很喜欢技巧性的游戏，例如桥牌和棋类。此外，他还特别喜欢玩美式扑克，能一连玩几个小时而乐此不疲，经常通宵打牌。他的直言不讳难免惹恼日本陆海两军里那些容易冲动的莽夫，他自己对此也很清楚，不过，这并未阻止他继续发出批评的声音。这是一种高空走钢丝的危险行为。曾有一天，有阴谋者计划去暗杀他，幸亏他运气好，凑巧出城了，才让刺客们扑了个空。[12]

日本帝国海军联合舰队司令长官山本五十六海军大将是日本海军中的另类，他既质疑"舰队派"将领们（例如加藤宽治）的"宏图大志"，又质疑战列舰在海战中的统治力

来源：美国海军历史与遗产司令部

　　其实，山本五十六并不是唯一一个断言航空母舰及其舰载机势将取代战列舰的人。例如，井上成美将军就曾悲叹过加藤宽治这种"舰队派"将领的"比例焦虑症"，他认为，从密克罗尼西亚那几十个小岛上起飞的日本陆基飞机足以有效地击退敌人的战列舰队。井上成美和山本五十六都支持生产更多性能更好的陆基远程轰炸机，并希望在美国舰队试图驶入西太平洋时出动这些轰炸机对其展开攻击。第一型此类飞机是 1936 年服役的双引擎的三菱 G3M 轰

炸机（正式名称为"九六式陆上攻击机"*），美国人称其为"内尔"（Nell）。4 年后日本又研制了另一型飞机，即飞得更快、装备更强的 G4M 一式陆上攻击机，西方称其为"贝蒂"（Betty），它同样是三菱公司的产品。不过，除此之外，山本五十六认为，海军航空兵的最有效使用方式还是部署在航空母舰上。[13]

早在 1922 年，日本就在英国人的帮助下打造了自己的第一艘航空母舰——"凤翔号"。"凤翔号"与英国早期的航空母舰一脉相承，其排水量不到 1 万吨，仅能搭载 15 架舰载机。然而，到了 20 世纪 30 年代，美日两国都拥有了大型航空母舰，英国的航母顿时相形见绌。之所以如此，是因为美日两国利用了 1922 年《华盛顿海军条约》的一项特别例外条款：美日两国必须拆毁一定数量全新或者部分完工的战舰，不过，作为补偿，两国可以把数艘已经完工的舰体改造成航空母舰。据此，日本人将未完工的"加贺号"战列舰舰体改造成了"加贺号"航空母舰，将未完工的"赤城号"战列巡洋舰改造成了"赤城号"航空母舰。而美国人也利用了此次机会，打造出了两艘超大型航空母舰"列克星敦号"和"萨拉托加号"。这 4 艘航母的满载排水量都超过了 4 万吨，且能够搭载多达 90 架飞机。事实上，它们是如此之大，以至于其改变了航空母舰设计的初衷。它们不再只是辅助战列舰作战，而是让自己成了强大的打击力量。1929 年 1 月美国海军举行的一场年度例行舰队演习就充分展现了这一点。当时，美国海军梅森·里夫斯将军将"萨拉托加号"航空母舰从舰队主力中拉出来，独力对巴拿马运河区发动了空中打击。对于关注这一领域的人们来说，梅森·里夫斯

---

* 日军的陆上攻击机用于执行从陆地机场起飞的水平战术轰炸任务，一般被归为轰炸机。——编者注

1936 年拍摄的"加贺号"航空母舰。该舰是由一艘未完工的战列舰舰体改造而来的。20 世纪 20 年代，日本人和美国人分别打造了两艘这样的超大型航空母舰。请注意该航母的直通式飞行甲板，其舰岛相对较小，位于右舷侧的烟囱从甲板下方向外伸出并向下排烟

来源：美国海军历史与遗产司令部

指挥的此次突袭是一个风向标。不过，这种趋势尚未带来真正的变革。无论在日本还是在美国，绝大多数海军将领仍然痴迷于马汉的理论，并认为里夫斯的开拓之举只不过是出风头而已。[14]

\*\*\*

虽然对《伦敦海军条约》的限制深感沮丧，但掌控了军令部的"舰队派"将领们仍努力在条约规定的范围内尽可能地增强海军实力。这主要是依靠提升质量来实现的。日本人对其已有的战列舰进行了现代化改造，其中包括"扶桑号"（1932 年施工）、"金

刚号"（1935年施工）、"伊势号"（1935年施工）和"陆奥号"
（1936年施工）。为了提升这些战列舰的航速，日本人将其燃煤锅
炉更换成了新式的燃油锅炉，不过，这样的改造让日本原本已经捉
襟见肘的石油资源更加紧缺。此外，日本人还为每艘战列舰加装了
防雷突出部，并加厚了装甲带。尤其值得一提的是，日本人还要确
保其战列舰的射程超过美国战列舰。为此，日本人改造了所有战列
舰的炮塔，确保其炮管能够抬升至40°。[15]

此外，日本人还加强和扩大了自己的巡洋舰部队。由于日本手
中装备8英寸主炮巡洋舰的数量已达条约限额，所以其1931年到
1936年的《补充建造方案》聚焦于打造一级全副武装的新型轻巡
洋舰。虽然这种"最上"级巡洋舰主炮口径仅为6英寸，但每一
艘都配备了15门主炮，装在5座三联装主炮塔上，其中前甲板3
座，后甲板2座。另外，日本人还对这些炮塔进行了特殊设计，一
旦战争爆发，其6英寸口径火炮能够迅速换成8英寸主炮。[16]

日本人的另一项技术进步则完全不在《华盛顿海军条约》和
《伦敦海军条约》的限制之内：他们研制出了更大、更有效的鱼雷。
到20世纪30年代中期，日本人已经弄明白了如何使用压缩氧气来
驱动鱼雷。此后，日本鱼雷比西方国家的鱼雷射程更远、威力更
大，因为西方的鱼雷此时仍依靠压缩空气推动。最大的日本鱼雷是
九三式氧气鱼雷，英国人和美国人后来称其为"长矛"鱼雷。这
种"长矛"鱼雷每枚长达30英尺，重近3吨，最大射程超过20
英里，这意味着它们能从几乎所有舰炮（除了最大口径的舰炮）的
射程之外发射。这种鱼雷战斗部重达1000磅，其威力几乎是美国
鱼雷的两倍。这种"长矛"鱼雷在设计时用于从巡洋舰和驱逐舰
上发射，日本人还研发了两种小型款，即专供潜艇使用的九五式鱼
雷以及专供飞机使用的九一式空投鱼雷。在性能方面，上述所有这

些日本鱼雷都要比西方国家的同类产品更加优异。[17]

日本人决心按照条约的上限打造自己的舰队，而在大萧条期间，美国人对发展海军兴趣不大，于是，到了 1934 年，日本海军的实力不只是达到美国海军的 70%，而是接近 80%。此外，为了分别保卫太平洋和大西洋沿岸，美国必须将自己的舰队分别部署在东西两条海岸线上，日本人因而在事实上取得了太平洋上的海上优势。即便如此，当美国人抗议日本强占中国东北时，日本的海军首脑们还是警觉起来，认定日本不免与美国人撕破脸皮。他们向日本政府施压，要求撕毁所有条约。就在这一年，当海军列强开始为即将在伦敦举行的新一轮海军会议做准备时，日本政府指示参会代表务必取得与英美绝对平等的海军力量份额，否则就退出会议。[18]

此时已经晋衔为海军中将的山本五十六率领日本代表团参加了第二次伦敦海军会议，但他得到的指示使他没有任何谈判余地。他深知，英国人和美国人无论如何都不会接受日本提出的"绝对平等"要求，所以这次会议从一开始就已注定失败。随后，日本根据《华盛顿海军条约》的相关规定，提前两年提出退约。在此之前，为了"抗议"国际联盟对日本侵略中国东北的谴责，日本已经退出了国际联盟。因此，日本实际上已经全盘抛弃了国际社会追求的集体安全政策。虽然后果是必须与美国展开军备竞赛，但日本海军"舰队派"的将领们似乎对这一前景并无担忧。当年冬天，日本又发生了一场未遂政变，此后，日本海军"舰队派"的将领们开始更加深入地控制日本政府。[19]

1936 年 2 月 26 日，日本陆军中一千余名"精神武士"（其中绝大多数都是年仅二十多岁的低级军官）对政府官员们展开了一系列毫不留情的袭击。他们认为自由派政党在前不久的大选中获胜，意味着军费必将遭到削减，因此决意推翻政府。他们杀害了大藏大臣（即财政大臣）、教育总监以及内大臣（即掌玺大臣），还打算刺杀首相，却认错了人，把首相的妹夫给杀了。[20]

与"五一五事件"不同的是，这次事件的杀手们并非仅仅为了表达日本精神，他们的目的是夺权。他们的暴行不仅没能得到大众的同情，反而遭到了广泛谴责。共有 17 位主谋者被判处死刑，"皇道派"的势力就此衰落。然而讽刺的是，主谋们的宏大目标实现了。军队首脑们以严肃纪律、避免再次出现此类暴动为借口，成功得到了更大的权力和权威。日本首相此前刚刚侥幸逃过一劫，他深知政府内部虽然不愿意把主导权交给军队，但他们更担心的是下一场政变。于是，到了 1936 年底，日本实际上已经成了一个彻头彻尾的军事专政国家。在希特勒的德国，最高的权威和控制权掌握在希特勒本人手中；与此不同的是，日本的专政是一种军事寡头集团的统治，国家的大政方针都是在陆军参谋本部与海军军令部之间复杂而无休止的争斗中形成的。在很大程度上，日本的文官们乃至天皇已经降格为给军队制定的决议签字盖章的角色而已。时任美国驻日本大使的约瑟夫·格鲁称之为"恐怖主义专制"。[21]

此时，山本五十六口中的"陆军那些笨蛋"又挑起了另一场战争。

\*\*\*

1937 年，日本挑起了第二次中日战争，之所以如此命名，是因为日本与中国在 1894 年到 1895 年已经打过一场战争。当时，驻扎在中国北平（今北京）的日军在宛平城外卢沟桥上向中国军队发起攻击，中国的抗日战争就此全面爆发。中日战争也逐渐融入了一场更为广泛的战争，日本人称其为"大东亚战争"，西方人则称其为"第二次世界大战"。[22]

发生在中国的战争几乎完全是在陆地上打的，这主要是因为中国当时还没有一支现代化的海军。虽然中日之间几乎没有爆发海战，但日本海军还是派出了九六式陆上攻击机深入中国腹地狂轰滥炸，在青岛、厦门、福州和广州等地发动了一系列几乎未遇抵抗的两栖登陆，还派出航母舰载机攻击了沿岸的中国军队阵地。当日本轰炸机发动空袭时，中国空军战斗机表现出了出乎意料的战斗力，这促使日本的设计人员拿出了一款航程远、机动性优异的新型战斗机来为轰炸机护航。这就是日本三菱公司生产的大名鼎鼎的 A6M 零式战斗机，该型战斗机从此时起到后来的整场太平洋战争中被称为"零战"。该型飞机的性能在当时堪称优异。1940 年刚服役时，它不仅比当时世界上其他任何战斗机的航程都要更远，而且爬升率更高，转弯半径更小。零式战斗机拥有强大的火力，包括装在机翼内的两门 20 毫米机关炮。不过，该型飞机虽然性能优异，但其装甲防护薄弱，易受攻击，一旦被击中，其飞行员将难以存活。[23]

甚至在侵华战争全面爆发之前，日本就已经推出了其《基本国策纲要》，明确了日本的国家目标，即"在名义上和实质上都成为东亚的安定势力，确保东方的和平，为世界人类的安宁和福利做出贡献"。日本人把该纲要塑造成了一种日本版的"门罗主义"，不过，大部分美国人都将其视作日本意欲独霸东亚和西太平洋地区的决心宣示。[24]

在中国战场上，日本海军只是扮演着次要角色，大部分海军军官的眼睛仍在盯着东边的潜在敌人。大部分日本海军军官认为，美国很可能会把中日战争当成干涉日本的借口，在这种情况下，美日之间将爆发一场全面的海上战争。日本海军尤其是"舰队派"的很多军官都认为这种情况将无可避免，他们甚至渴望出现这种局面。为了打赢这一战，日军计划，等美国舰队推进到西太平洋并准备决战的时候，出动部署在密克罗尼西亚各个岛屿基地里的飞机和潜艇来削弱美国舰队。而到决战之时，为了确保必胜，日本人构想出了一种新型武器。1937 年，就在侵华战争全面爆发的当年，这一新武器开始动工。

***

濑户内海是一大片可通航的水域，由日本列岛四个主岛中的三个（本州岛、四国岛和九州岛）环绕而成。这是一个有保护的巨大锚地，长 280 英里，宽 30 英里。与英国的斯卡帕湾一样，要进入这里，就需要通过几处把守严密的狭窄水道，其中特别著名的一个就是四国岛与九州岛之间的丰后水道。不过，与斯卡帕湾不同的是，濑户内海景色别致，海面上星罗棋布着将近 3 000 个植被葱郁的小岛，其中一个就是日本江田岛海军兵学校的所在地——能美岛。濑户内海沿岸分布有十几个重要的海港城市，其中就包括广岛市东南 6 英里处的吴市。

吴港被官方指定为镇守府，拥有各种类型的船舶维修设施、钢铁厂、武器工厂，以及全日本最大的造船干船坞。即便如此，1937年的夏末，数百名工人还是花了几个月的时间拓宽、加深这一干船坞。11 月 4 日，工人们开始铺设一艘新战列舰的龙骨。按照一般的文化传统，这时候总会有一些庆祝活动，因为这是国家取得进步的里程碑。然而这艘军舰不仅未能享此殊荣，日本人还把一张剑麻制成的巨大帘子竖立在船坞朝向陆地的一侧，遮挡住了船坞中的工程。日本人征用了如此之多的剑麻来制作这个帘子，居然造成日本

这张照片摄于 1941 年 10 月，也就是日军偷袭珍珠港的两个月之前，当时日本海军超级战列舰"大和号"刚刚完成舾装，正在进行海试。这艘战列舰是人类历史上建造过的最漂亮的军舰之一。日本人对其寄予了厚望，期待着舰上配备的 9 门 18.1 英寸主炮能在即将到来的日美太平洋大决战中为日本海军提供决定性的海战优势

来源：美国国家档案馆（照片编号：80–G–704702）

渔民买不到剑麻来编织或维修渔网，导致海鲜一时间成了稀罕货。被安排建造这艘新战列舰的工人们都必须发誓保密，还必须佩戴带编号的臂章，才能进出造船厂和这个干船坞。这里的每个大门口都戒备森严，站岗的武装警卫会对进入工作区域的任何人进行严格的盘查，以确定此人是否获准进入其中。[25]

没过多久，这艘新战列舰的尺寸浮现了出来，工人们终于明白为什么会有如此保密措施了。它太大了。该舰最初的代号是"一号战列舰"。与正在地球另一端的汉堡建造的"俾斯麦号"战列舰相比，正在吴市逐渐成形的这艘日本战列舰比前者长40英尺，宽10英尺，还要重很多。最终，在吴市建成的这艘舰排水量超过7万吨，几乎是一艘英国或美国战列舰的两倍之巨。不过，该舰最引人注目之处是其火炮。与德国"俾斯麦号"战列舰的15英寸主炮和英国"罗德尼号"战列舰16英寸主炮相比，新造好的这艘日本战列舰居然拥有9门18.1英寸口径的主炮，这些主炮分别安装在3座三联装的主炮塔上，而每一门主炮都能把重达3 200磅的炮弹打到25英里之外。这艘日本战列舰主炮的射程比任何一艘美国战列舰都要远，因而能够在美舰开炮之前将其击伤或击沉。不到6个月之后，1938年3月29日，代号为"二号战列舰"的第二艘同级舰开始在长崎铺设龙骨。长崎也是一座港口城市，位于九州岛的西端。*"二号战列舰"的建造过程也是在极度保密之中进行的，哪怕徒步旅行者爬到造船厂附近的小山上，也会被宪兵拘留并受到审讯。[26]

这两艘分别在吴市和长崎市建成的超级战列舰最终被分别命名为"大和号"和"武藏号"，它们的建成代表着日本希望依靠战舰的吨位和质量优势来抵消美国在战舰数量方面的优势。日本人坚信，美国人不愿意建造吨位如此之大的军舰，因为它们无法通过巴拿马运河。因此，日本人认为，"大和号"和"武藏号"将毫无疑问能够战胜美国制造出来的任何军舰，这样的话，它们必将在不可

---

* 日本两艘超级战列舰分别建于广岛与长崎，这两地之后会以截然不同的原因永载史册，这为历史上的众多讽刺之处又添一例。

避免的对抗中获得决定性的胜利。然而不幸的是，当这两艘超级战列舰开始服役的时候，也就是 1941 年和 1942 年时，战列舰已经不再是衡量世界各国海军实力的主要标准了。认识到这一点后，1940 年 5 月（"俾斯麦号"就是在第二年同月被击沉的）开工建造的第三艘"大和"级战列舰在建造的过程中被改建成了航空母舰。然而在 1937 年，全世界的海军专家们仍然对战列舰顶礼膜拜，将之奉为"海战女皇"。当时日本人坚信，拥有了"大和号"和"武藏号"，他们就掌握了击败太平洋彼岸敌人的关键一着。[27]

***

此时，中国战场上的战事仍处于胶着状态。虽然日军几乎打赢了所有的大小战役，但中国军队在大多数情况下只是今日暂时撤退，明日卷土重来。日军被这样的战术打得疲惫至极，再加上相信了日本自己关于"不领情"的中国人拒绝被"解救"的反动宣传，他们便疯狂地把怒火发泄到中国人头上，肆无忌惮地用飞机和大炮对众多中国城市狂轰滥炸。日军不仅攻击神出鬼没的中国军队，还对中国平民进行了惨无人道的烧杀抢掠。其中就包括发生在 1937 年 12 月的南京大屠杀，这场暴行恶名昭著，有 30 万中国人遇难，包括无数的妇女和儿童。关于这次惨案的新闻图片出现在了美国的报纸和新闻短片中，导致日美关系进一步紧张。同月，日本战机击沉了正在南京附近的长江江面上航行的美国炮艇"帕奈号"（USS Panay）。日本人怀疑这艘美国炮艇正在搜集情报（这倒也不无道理），不过，他们事后却坚称此番只是误击，日本政府向美国政府进行了道歉和赔偿，但这一事件还是导致美国人对日本人的态度进一步恶化。与此同时，日军更加深入中国腹地。到了 1939 年，日军在管理占领的广大中国领土时遇到了麻烦。很快，日本军方高层开始另觅出路，试图从泥潭里抽身。[28]

这时候，战争早已在欧洲爆发。虽然日本仍然对欧洲的战事保持中立，但德军于1939年9月闪击占领波兰，1940年4月拿下挪威，接着把英军赶下敦刻尔克海滩，并席卷了法国，这一切都给日军高层留下了深刻的印象。此前，日本曾经与德国签署过一份针对苏联的《反共产国际协定》*，随后，日本当局又在此基础之上更进了一步。1940年9月，也就是欧洲战事爆发一年后，德国、意大利和日本的代表在柏林签订了所谓的《三国同盟条约》。该条约的各签字国一致同意：三国将"立场一致，紧密合作"。日本承认德国和意大利"在欧洲建立新秩序"之后的统治地位，而德国和意大利则承认"日本在大东亚建立新秩序后的领导权"。三国保证：如缔约国一方"受到尚未参与欧战的势力"攻击，则应"互相援助"。事实上，当时世界上仅有两大强国符合这一条款的描述：苏联和美国。既然德国此前已经与苏联签订了一份互不侵犯条约，那么《三国同盟条约》最显而易见的目标就是美国了。[29]

德军在欧洲取得了一连串惊人胜利，这为日军在亚洲的扩张创造了机会。此时，法国和荷兰均已战败，退守英伦三岛的英国风雨飘摇，这意味着这些欧洲国家在亚洲南部的殖民地成了没人管的孤儿。荷属东印度群岛的婆罗洲、爪哇岛和苏门答腊岛以及英国殖民地马来亚蕴藏着丰富的石油，而法属印度支那则是橡胶和锡的主要产地。这些殖民地既重要又唾手可得，日本人无法抵挡它们的诱惑。特别是对于日本陆军的将领们来说，进军东南亚

---

\* 在1936年11月25日签署的《反共产国际协定》中，日本和德国称苏联"威胁全世界的和平"。两国将倾力合作，"应对苏联的扩张"。

不仅具有经济价值，而且能让他们觉得可以从中国战场的泥潭中脱身。这种想象不仅奇怪，在很多方面还自相矛盾：为了击败中国人，日本人需要顺利拿到东南亚欧洲殖民地的丰富资源。而如果要获得这些资源，就不得不与英国和荷兰开战，还可能同美国交战，日本军方高层却认为：如果能帮助自己摆脱在华的困境，那么这也是可以接受的。[30]

不过，向南进军东南亚以攻占欧洲国家的殖民地并不一定要与美国开战，因为美国人也许并不愿意为了保卫英国殖民帝国而卷入战争。但问题是：如果日本油轮要把石油从婆罗洲、苏门答腊或马来亚运到日本本土，就必然穿过或绕过美国控制的菲律宾。这样，美国人仍然拿捏着日本石油运输线的阀门。因此，一并夺占菲律宾既必要又符合逻辑，而这就意味着**必须**要与美国开战。这一逻辑的支持者认为，既然与美国的战争注定不可避免，那还不如先发制人，突然入侵东南亚，这样还能让日本主动选择开战的时机和环境。[31]

与日本陆军急于扩大战争相比，日本海军还是更谨慎一些，不过这只是一种无言的谨慎。虽然日本海军从 1936 年以来取得了一些进步，但海军高层深知，他们的舰队还远远没强到能战胜美国海军的地步，尤其是在持久战中。但他们也明白另一个道理：如果自己承认了上述这一点，那么控制着日本政府的陆军将领们可能会断绝日本海军继续建设所急需的经费。正如一位日本海军军官在二战结束后所说的那样："在内心深处，我们感觉自己不能与英美这些强国开战，但是我们又不便这么明说……因为我们担心陆军会说：'如果你们海军不能战斗，那就把你们的资源和预算给我们吧。'"[32]

加藤宽治死于 1939 年。1941 年时的军令部总长是身材魁梧，人送外号"大象"的永野修身海军大将。虽然此人身型颇有震慑

在这张照片中，永野修身还是海军中将。他于 1941 年 4 月接替皇族伏见宫博恭王出任军令部总长，成为日本海军的最高指挥官。虽然与加藤宽治相比，永野修身对战争没那么狂热，但他却抱着宿命论的态度，例如他坚持认为，"各种情况和环境因素……逐渐逼迫我们必须下定决心开战"

来源：美国海军学会

力，但其为政的主要目标之一却是避免与日本陆军高层为敌。1941
年 7 月，德国入侵苏联的 10 天以后，日本陆军将领们在一场会议
中坚持认为，日本与美英开战已经不可避免。永野修身对此附和
道："那好，既然政府已经下定决心，我们日本海军也愿意服从。"
山本五十六对此感到非常厌恶，他告诉一位同僚，"永野修身就是
个废物"。不过，山本五十六也说了宿命论式的话："现在，我们
什么都做不了了。"山本五十六觉得，如果"陆军那些笨蛋"非要
把国家拖入对美战争，那么，日本在战争中幸存的最好机会（可能
是唯一的机会）就是一开始便给予对方毁灭一击。早在 1941 年 1 月，
山本五十六就开始设计一套 9 页纸的作战方案，该方案主张：在与
美国开战的第一天，就集中日本拥有的全部 6 艘大型航空母舰，对
停泊在夏威夷珍珠港海军基地的美国战列舰队发动突袭。[33]

当日本人仍在考虑如此突袭是否明智之时，1941年夏末，日美关系陷入了危机。8月1日，在日本出兵进入法属印度支那之后，美国宣布对日本平时常进口的多种战略物资进行禁运。这一时刻终于到来了，日本不得不面临选择：到底是屈从于美国人的要求，还是攻占英国和荷兰在东南亚的殖民地以夺取资源。1941年10月，日本陆军大将东条英机担任日本首相，日本未来的政策选择也就几乎毫无悬念了。日本军令部命令作战部队指挥官们做好开战准备，而航母舰载机的飞行员们则开始向停泊在日本九州岛鹿儿岛港的船只进行模拟攻击，因为鹿儿岛港的地形地貌与夏威夷珍珠港相仿。

# 第 9 章

# 两洋海军

　　富兰克林·德拉诺·罗斯福终其一生都是"海军人士"。和他那五代之内的堂亲（也是他妻子的亲叔叔）*、曾经于 1907 年派遣著名的"大白舰队"环球航行的美国总统"泰迪"西奥多·罗斯福一样，小罗斯福也是自孩提时代起就着迷于海军历史。小罗斯福在海德公园的哈得孙河畔长大，几乎在刚学会走路时，他就学会了驾驭小船。小罗斯福还是一个小男孩的时候就阅读过老罗斯福的历史学著作《1812 年战争中的海战》，15 岁时就已经如饥似渴地拜读了马汉的划时代巨著《海权对历史的影响：1660—1783》，该书认为一支战列舰队足以成就一个国家的伟业。他还酷爱收藏舰船模型和海军画作，特别是与大航海时代有关的。"一战"时期，小罗斯福曾担任过伍德罗·威尔逊政府的助理海军部长，经常与海军将领们打成一片。每当他踏上军舰甲板时，他总有一种回家的感觉。有

---

*　西奥多·罗斯福（史称"老罗斯福"）和富兰克林·德拉诺·罗斯福（史称"小罗斯福"）这两位美国历史上著名的总统之间的亲缘关系比较复杂。这两人都是荷兰移民克拉斯·马特森·范·罗斯福的后裔，只不过两人属于不同的支系，一种说法为两人是远房堂兄弟（即两人是同一辈人）。后来，小罗斯福与老罗斯福的亲侄女安娜·埃莉诺·罗斯福结了婚。——译者注

一次，他甚至曾亲自引导一艘驱逐舰顺利地通过了美国东北部缅因州海岸那蜿蜒曲折的水道。在他后来的人生岁月里，他经常把担任助理海军部长的这段职业生涯称为"我在海军时"。1933年3月4日，小罗斯福宣誓就任美利坚合众国第32任总统。[1]

当时正值大萧条，饱受煎熬的美国人民对罗斯福寄予了巨大的期望，使他以压倒性票数当选美国总统，他们急切地等着听他有什么计划能拯救这个国家于水火之中。事实上，罗斯福也没有详细而系统的计划可以往就职演说里写，于是他把重点放在了帮助美国人民重拾信心上面。"我们唯一不得不恐惧的就是，"他特地停顿了一下，"恐惧本身。"在就职演说中，他的具体施政建议并无新意，包括为国家金融机构止血的银行假日、削减政府雇员开支来平衡预算，甚至还包括削减军费。不过，这位新总统很快就迅速左倾，资助了一系列创新项目，旨在救济急需帮助的人民并提振经济。他倡导建立了失业保险制度，对农业进行帮扶，大规模兴建公共工程设施，还颁布了《全国产业复兴法》，等等。在国会的配合下，这一系列措施在他任职之初那举世闻名的一百天里得到了顺利实施。[2]

虽然为国内经济纾困是这位新总统日程表里的重中之重，但他并未因此而忽视掉国际上的威胁。就在他宣誓就职的第二天，纳粹党在德国大选中获胜，不久之后就成为全国唯一合法的政党，希特勒确立了其对德国政府的绝对控制。在日本，陆军"皇道派"此时正在试图取得支配地位。罗斯福延续了上届政府的国务卿亨利·L. 史汀生制定的对外政策，拒绝承认日本强占中国东北后扶植的"满洲国"傀儡政权，此举至少表达了美国反对任何侵略战争的态度。罗斯福也不只是动动嘴，他还大力扩建海军。这可谓一举两得：一方面他兑现了推动大众就业的承诺，另一方面也实现了他大力建设自己心爱的海军的夙愿。在美国众议院海军事务委员会主席、来自佐治亚州的民主党人卡尔·文森的推动和支持下，罗斯福在其总统任期的第一年就把 2.38 亿美元的公共工程资金投向了海军建设。第二年，他又支持立法，将美国海军的规模扩大到《华盛顿海军条约》和《伦敦海军条约》允许的上限。这两项法案合称为《文森-特拉梅尔法案》，授权政府为美国海军新造 1 艘航空母舰、65 艘驱逐舰、30 艘潜艇以及近 1 200 架飞机。2 年后，当日本正式宣布退出国际军控体系之时，罗斯福说服国会同意拨款建造 1929 年时就已经批准，但由于大萧条而始终未曾开工的 2 艘航空母舰以及 6 艘重巡洋舰。自然，这些决定也让日本人进一步确信：美国正在扩军备战，准备与日本最终摊牌。[3]

＊＊＊

日本人的判断不算错。在此前的 20 多年里，美国海军的大部分计划、训练和演习都是为了与日本之间的战争而准备的。当然这大部分只是美国海军分内的战备工作，海军军官们此举只是防患于未然而已。早在 20 世纪 20 年代，美国海军就已经设计了一整套所谓的“颜色方案”，每一种颜色代表一个潜在敌国：红色代表英国，黑色代表德国、绿色代表墨西哥、橙色代表日本，还有其他一些。正如绝大多数日本海军将领将美国视为未来最有可能的敌人一样，美国海军的将领们也不约而同地把大部分精力花在了“橙色方案”上。[4]

“橙色方案”的第一个版本于 1911 年成形。虽然后来屡经修订，但其基本轮廓并没有太大的改变。根据该方案，如果日本对菲律宾发动攻击，美国和菲律宾的地面部队应立即撤至马尼拉附近的巴丹半岛，在那里掘壕固守 6 个月。这将为美国海军作战舰队争取时间，在夏威夷的珍珠港集结，并向西横跨太平洋，与日本海军作战舰队一决雌雄，决定战争的胜负。"橙色方案"只是针对突发状况而设计的预案，并非美国政府的政策，但在 1911 年以后的这 20 多年中，美国海军一直能够以此为由申请预算，同时也为可能的突发状况做好准备。

然而，问题在于后勤。很明显，从夏威夷派遣一支战列舰队杀到 5 000 英里之外的菲律宾海，补给线将十分危险。显而易见，如果能在太平洋上占领一个或多个岛屿，在岛上建设基地，这不仅十分有用，而且可能也是必要的。早在 1921 年，美国海军陆战队的"皮特"厄尔·埃利斯少校就曾草拟过一份名为"密克罗尼西亚前进基地作战"的方案，这表明两栖登陆战已经成了美国海军陆战队的专门课题。到了罗斯福担任总统的时候，最新版本的"橙色方案"已经加入了在前往马尼拉的途中夺取两个临时基地的计划，这两个临时基地分别为马绍尔群岛的埃尼威托克环礁和加罗林群岛中的特鲁克群岛（今称丘克群岛）。然而，说起来容易做起来难。因为国际联盟把这两个群岛委托给日本管理，虽然 1922 年的《华盛顿海军条约》禁止在这些岛屿上修建军事设施，但日本人肯定会秘密地加强这些岛屿的防御。1936 年日本宣布退出《华盛顿海军条约》后，这些岛屿便公开要塞化了。[5]

除了制订作战预案，美国海军每年还会组织大规模的军事演习以检验舰队的战备状态。在两次大战之间，美国海军的主要关注点就是这些军事演习的策划、实施和评估。美国海军指挥部会将参演舰队分为实力对等的双方，其中之一被定为"己方"，代号通常是白军或蓝军，另一方则扮演敌人，代号通常是黑军或橙军。[*]在整

---

[*] 当然，也有例外。在 1939 年春季举行的代号为第 20 届"舰队问题"的大演习中，"己方"部队（即美军）为"黑军"，入侵部队（假定为德国）为"白军"。很有意思的是，在日军举行的军事演习中，"己方"部队（即日军）通常为"蓝军"，而敌军（即美军）通常为"红军"。

个演习过程中，担任裁判员的军官们会判断射击是否命中以及造成的伤害。这种演习通常会以巴拿马运河的攻防为主题，比如在1929年1月，梅森·里夫斯将军指挥着"萨拉托加号"航母对巴拿马运河区实施了"打击"，展现了航空母舰的灵活性。1937年，在夏威夷与阿拉斯加之间的北太平洋海域，美国海军组织了一场规模特别巨大的演习，参演部队包括152艘各类舰艇和496架飞机。日本人对此提出了抗议，他们认为在距离日本如此之近的地方展开大规模军事演习，就是在故意挑衅。虽然如此，这场演习还是如期举行了。在此不得不提一下此次演习中的一项重要内容：入侵舰队的航母舰载机对夏威夷群岛发动了突袭。[6]

当年末，受南京大屠杀和"帕奈号"事件的影响，本已剑拔弩张的美日关系更是火上浇油。在罗斯福的内阁中，平时为人随和的海军部长克劳德·斯旺森坚持认为：日军蓄意攻击"帕奈号"是战争行为，美国应当做出回应。不过，罗斯福还不想在民怨沸腾之前就按捺不住，他只是宣布对日本进行经济制裁，而且他没有使用"经济制裁"这个说法。"我们不把这些措施叫作经济制裁，"罗斯福告诉记者们，"我们把这些措施叫作'隔离'。我们想创造一种不会导致战争的技术手段。"然而，罗斯福又切实地增加了军费开支。4个月后的1938年5月，美国国会同意将美国海军总规模扩大20%。[7]

*＊＊

欧战的爆发让美国陆海军的计划工作变得复杂。德军在开战之初的胜利让日本人看到了机会，他们急不可耐地向希特勒政府靠拢。而美国人则似乎不约而同地决心置身事外，因此，罗斯福在第一时间就宣布美国中立。然而，美国只是保持中立，而不是对战争漠不关心。罗斯福从一开始就把英国的生存视为美国国家安全的重要保障，而丘吉尔则进一步巩固了他的观点——他经常将战争的最新进展及时通报给美国总统，特别是海战。例如，在拉普拉塔河河口摧毁德国"施佩伯爵号"袖珍战列舰后，丘吉尔给罗斯福写信对此战进行了详细而生动的长篇描述。罗斯福则回信感谢了这位"前海军人员"（丘吉尔经常在信中这样署名）"对此次战斗有趣的记录"。在日本偷袭珍珠港的整整一年之前，丘吉尔就同罗斯福分享过自己的主张："美国的国家安全、我们两国的未来，以及我们所代表的文明的命运，与英联邦的生存和独立牢牢地绑定在了一起。"罗斯福对此深表同意。在表面宣布中立的这两年多里，罗斯福都在竭尽所能地确保英国的生存。为此，罗斯福不惜一再试探乃至扩大美国法律甚至宪法的边界。[8]

1935 年和 1937 年的《中立法案》禁止美国以赊账方式将武器销售给英国或者其他任何参战国，也不允许用美国的船只去运输武器。这样，罗斯福所能做的最多也就是得到美国国会的授权，以"现购自运"的方式把武器卖给英国，以及利用手中的行政权力宣布从美国海岸向外 200 英里的安全区由美国海军负责巡逻。罗斯福此举明面上是一种防御措施，旨在把战争阻止在美国海岸线以外，但这同时也有助于英国人追踪德国军舰，而这绝非巧合。当美军舰艇对安全区内各交战国舰船进行监控时，官兵们都使用英语明码电报来记录和通报它们的位置和特征。美国海军"朱厄特号"（USS Jouett）驱逐舰的舰长弗兰克·K.B. 惠勒曾如此评论，"我们互相发送监控报告，目的就是让英军舰艇得以追踪"报告中提及的舰船。[9]

德国客轮"哥伦布号"事件是美国海军违背所谓"严格中立"

精神甚至是违反明文规定的另一个例子。欧战爆发时，滞留在加勒比海地区的"哥伦布号"选择了前往中立国墨西哥的韦拉克鲁斯港避难，乘客们也都上了岸。然而这艘客轮在港口里一待就是一年，因为美国海军的驱逐舰一直蹲守在港外。1940 年 12 月，船长接到了来自德国国内的命令，要求他即使面临被英国人截击的风险，也要立即把"哥伦布号"开回德国。可一俟这艘德国客轮出了港，美国军舰就跟着它穿过墨西哥湾，驶入大西洋，而且还每隔四个小时就将该船的实时位置广而告之。当"哥伦布号"行驶到距离美国新泽西州"五月角"425 英里时，英国驱逐舰"许珀里翁号"（HMS Hyperion）出现了。在一艘美国巡洋舰的旁观下，"许珀里翁号"毫无顾忌地向"哥伦布号"船首前方连开数炮，将之逼停。德国船员们不愿意将这艘船拱手让给英国人，只能放一把火，再打开通海阀自沉，然后爬上救生艇。那艘美国巡洋舰救起了德国船员，把他们带到了美国就地释放。在整个过程中，虽然美国海军从头到尾没放过一枪一炮，但无论怎么看，美国海军都不像是恪守中立的样子。[10]

在接下来的几个月里，罗斯福逐渐扩大了安全区的范围，还不断增加美国军舰在安全区内的行动自由。在一场记者招待会上，记者们问罗斯福安全区到底会拓展到多大。他随意地回答说，只要有必要，多大的范围都有可能。不过，这项任务让处于非战时状态的美国海军精疲力竭。因此，美国海军作战部长哈罗德·斯塔克海军上将下令，让数艘"一战"时代的"四烟囱"驱逐舰恢复现役。事实上，这些老爷舰全都需要进行大规模改装，而且驾驶它们出海巡逻的都是些新手。其结果就是：所谓中立巡逻从一开始就步履蹒跚。[11]

1940 年 6 月，法国的沦陷令美国国会对战争的态度发生逆转。

虽然美国民众的主流意见仍倾向于继续置身事外，但法国军队的惨败和英国军队从敦刻尔克仓皇撤退，让很多美国人相信德国人在欧洲取胜不仅是可能的，而且很可能已迫在眉睫。在这种情况下，美国就有必要多做一些军事准备了。虽然不想主动介入战争，但是一旦德国胜利，美国就必须承担保卫西半球的责任。7月19日，就在法国投降后不到一个月，美国国会通过了其历史单次金额最大的海军拨款，准备新添置不少于257艘各类军舰，将舰队规模几乎翻一倍。这项《两洋海军法案》授权建造数量惊人的18艘航空母舰、7艘战列舰、33艘巡洋舰以及115艘驱逐舰，规模几乎与整个日本海军一样大，而与之相比，德国海军的规模更是小得可怜。虽然这项法案拨款超过了85亿美元，但众议院投票结果却是316比0。这显示了日本当初决定与美国展开军备竞赛时是多么欠考虑。当然，这年夏天批准建造的舰艇还需要数年才能形成战斗力，这就意味着日本人还有很短的一段窗口期能让日本舰队挑战美国，特别是在美国不得不将舰队分散在两个大洋里的情况下。根据日本人的计算，相对于美国海军，日本海军的实力比例将于1942年中期达到最大值，之后美国海军的实力就会开始明显领先，而且优势还将快速扩大。对于那些认为与美国开战无可避免的日本人来说，倒计时已经开始了。[12]

* * *

当美国东西海岸的造船厂忙碌起来时，美国海军现有的舰艇还要继续在大西洋上中立巡逻。1940年9月，罗斯福宣布与英国签订《驱逐舰换基地协议》（见本书第6章）。罗斯福不想将这个方案呈递给美国国会，担心可能被否决，于是他动用了自己的行政权力。然而，这却让斯塔克陷入了尴尬。这位海军作战部长有个奇怪的绰号"贝蒂"*，他是个一丝不苟的海军将领。根据美国法律，斯塔克必须确认用来交易的这些驱逐舰"过时而无用"，这令他左右为难。它们可能的确已经老旧了，但其中很多艘甚至还在参加中立巡逻，这意味着它们还没完全"无用"。此外，在1940年夏，与几乎其他所有人一样，斯塔克也在怀疑孤军奋战的英国到底能否抵挡得住纳粹德国的铁蹄。如果英国人真的败了，那么美国人就会需要这每一艘老旧过时的驱逐舰。罗斯福与斯塔克在"一战"时就已相识，他任命斯塔克而非其他年资相当的海军将领来担任这一美国海军的最高职务，主要就是因为他觉得此人非常忠诚。斯塔克没有辜负罗斯福，他最终认识到：与50艘旧驱逐舰相比，那一批海军基地能为美国带来更大的安全感；如果总司令要自己证明这些驱逐舰已经无用，自己就会照办。[13]

斯塔克在当年秋季美国的新一轮军事计划评估中起到了核心作用。当年11月，他为罗斯福的新任海军部长、曾在老罗斯福的志愿骑兵团里当过兵的芝加哥报业大亨弗兰克·诺克斯准备了一份非常详尽的备忘录，仔细地分析了剧变中的世界局势。在斯塔克看来，美国当时面临着四种主要战略选项：

A. 专心防守西半球。

---

* 哈罗德·斯塔克是在美国海军学院读一年级时得此绰号的。当时一位高年级学员问他，他与美国独立战争时期的约翰·斯塔克将军之间到底有没有关系，而作为一名新学员，斯塔克承认他对此人一无所知。这名高年级学员就告诉他，在美国独立战争时期的本宁顿战役爆发前，为了鼓舞士气，约翰·斯塔克将军宣布道："今天要么是咱们战胜，要么我的夫人贝蒂·斯塔克当寡妇。"讲了这个典故之后，这位高年级学员命令这名新生在整个一年级同学面前逢人便说这句话。从此以后，哈罗德·斯塔克就得了这么一个绰号：贝蒂。不过，约翰·斯塔克将军夫人的名字不是贝蒂，而是莫莉。

1942 年 4 月，富兰克林·德拉诺·罗斯福总统在白宫椭圆形办公室里为哈罗德·斯塔克上将颁发金星勋章，相当于第二枚杰出服役勋章。虽然斯塔克对于调整美国海军战略规划发挥了关键作用，但在太平洋战争爆发后，为了给欧内斯特·约瑟夫·金上将腾出位置，斯塔克主动辞去了美国海军作战部长一职

来源：美国海军历史与遗产司令部

  B．遵循传统，专心应对与日本之间可能的军事斗争。

  C．尽力在两个大洋保持有实力的海军力量。

  D．集中精力应对德国的威胁。

  虽然日本是美国海军 20 年的假想敌，但斯塔克此时的分析结论却是：希特勒德国才是美国更严重、更紧迫的威胁。因此，他认为第四个选项——D 计划才是首选。"一旦我们被迫与日本开战，"

斯塔克写道，"我们应当竭力避免在远东或中太平洋作战，这将会使得海军无法向大西洋调集足够的力量，进而无法在英国沦陷时捍卫自己的利益，或贯彻执行自己的政策。"这几乎是对美国海军20年来战争计划的大反转。[14]

此外，要击败德国就必须与英国协力，因此斯塔克还敦促美国军方立即与英国建立英美参谋部非正式会谈机制，共同制订规划。这固然是个不错的战略，但在政治上就是个炸弹。美国政府哪怕表现出一丁点与交战国合作的迹象，都必将引爆美国民众和国会中强大的孤立主义势力。因此，罗斯福坚持两国参谋部的会谈必须是非官方且低调的，而且会谈结果不能具有任何约束力。此时的美国距离积极加入战争，还有很长的路要走。[15]

1941年1月至3月，英美两军参谋部的代表们在华盛顿进行了会谈。美国人视德国为主要敌人的观点令英国人喜出望外。当美国人同意"在形成和执行战略性政策和规划等方面继续保持合作"时，英国人同样非常满意。为了贯彻这次会议的精神，英美双方一致同意互派一名高级别海军联络官常驻对方首都。虽然罗斯福没有正式接受提议——他对任何官方性质的承诺都保持着警惕——但他也没有拒绝。这是他的典型管理风格：先保留所有的可选项，再视情况定夺。不过，他的确派了罗伯特·李·戈姆利海军少将前往伦敦担任非正式联络官。[16]

同年秋季，罗斯福还重组了美国舰队。在此前几十年中，美国海军是根据马汉"大国永远不应当把战列舰队分散开来"的论述来构建舰队的。因此，美国的战列舰队始终是集中行动的，此外，还有一支以中小型舰艇为主的"侦察舰队"。理论上，这支战列舰队可以根据威胁的方向，通过巴拿马运河在两大洋之间调动，这准确地解释了为什么美国把巴拿马运河视为安全利益的关键。不过，日本在太平洋上的威胁越来越大，而德国的潜艇则在大西洋上蹂躏着商船队，此时的美国同时面临着来自两个大洋的威胁。因此，在 1941 年初，罗斯福命令美国海军分出两个司令部，分别掌管大西洋舰队和太平洋舰队（还有小得多的第三支舰队：亚洲舰队，部署在菲律宾及其附近）。这道命令意味着美国承认了一个事实：再将一支统一的美国舰队从一个大洋调动到另外一个大洋已经不现实了。

罗斯福任命欧内斯特·约瑟夫·金海军中将担任美国海军大西洋舰队司令。这位职业海军军官干练而勤勉，不过他的为人处世却"臭名昭著"。他生性冷酷，对低效者毫无耐心，对无能者毫不通融，会当众对达不到他严苛要求的下属破口大骂。美国陆军参谋长乔治·C. 马歇尔将军曾称他"永远都很刻薄"。马歇尔手下负责战略计划的德怀特·戴维·艾森豪威尔为人谦和低调，几乎从不说人的坏话，但他也评论金这个人"格外粗鲁"。这些性格特点都让金在 1937 年时与他的海军作战部长之梦渐行渐远，这一职务落到了更灵活、更内敛的哈罗德·斯塔克的头上。金觉得自己的海军生涯要结束了。金来到海军里看似有名望其实影响力有限"总顾问团"待了几个月，他觉得这就是自己的最后一程了。然而，到了 1940 年 12 月，斯塔克和诺克斯说服罗斯福，金就是新成立的大西洋舰队理想的掌门人，这给金的海军生涯带来了新的生机。斯塔克预言金能够"点石成金"。[17]

金的确不辱使命。他主持制定了战时条例，例如规定美国军舰在夜间必须保持灯火管制，航行时必须走"之"字形航线以甩掉可能跟踪的敌方潜艇。舰员们常常奉命转入一级战备，射击训练和鱼雷演习更是家常便饭。金干了很多罗斯福不敢干的事。金曾向各舰舰长发布过一份通令，宣布"我们正在准备——而且正在走

这是欧内斯特·约瑟夫·金将军的戎装半身肖像画。罗斯福任命他为新组建的大西洋舰队司令。金为人严肃，简单直接，讲求实际。他甫一上任，就立即命令舰队按照战时编制进行训练并执行任务，让美国海军大西洋舰队迅速适应了战时的节奏。他的女儿曾经说他是"美国海军中情绪最稳定的人，因为他永远处于暴怒之中"。她的这个评论非常有名

来源：美国国家档案馆（照片编号：80-G-K-13715）

近——'积极行动'（通常来说就是'战争'），这需要训练，需要指挥岗位上的每一位军官拿出所有的精力和能力"。为了确保所有人都领会了这份通令的精神，几天之后，金又发布了一条通知，声称"我们现在已经不是身处和平时期了"。[18]

美国海军太平洋舰队的规模比金的大西洋舰队庞大得多，其司令还兼有美国舰队总司令的头衔。1941 年初，担任美国舰队总司令的是詹姆斯·O. 理查森上将。理查森是一位直来直去的得克萨斯人，他与金一样办事老练。然而，理查森却突然丢了官帽。太平洋舰队的战列舰队于前一年春抵达了夏威夷的珍珠港，虽然按照最初的计划，这支舰队将于数周后返回美国西海岸的永久基地，但为了威慑日本人，罗斯福决定将舰队留在这里。理查森对此决定很不满，主要是因为这令他的后勤和训练计划更复杂了。而且，为了掩饰延长舰队驻留时间的真实原因，罗斯福政府公开宣称舰队是应理

查森的"主动请求"而留驻夏威夷的，这同样让理查森十分不快。理查森当然没提过这事，于是他直接飞往华盛顿去抗议这一决定以及政府编给公众的说法。在面对总统时，理查森过激地说："美国海军将领们对这个国家的文官领导层缺乏信心，而打赢太平洋战争离不开这种信心。"对美国总统说这种话是很惊人的，特别是在总统一直把海军当成自己人的情况下。罗斯福当时并没有做出任何反应，因为他不喜欢与人当面爆发冲突，会避免出现这样的场面，但从这一刻起，理查森的美国舰队总司令任期就开始倒计时了。1941年2月1日，就在金晋衔为四星上将的同日，罗斯福任命赫斯本德·爱德华·金梅尔上将接替理查森执掌太平洋舰队。理查森对此怒火中烧，他要求知道原因。诺克斯告诉他："你上次来华盛顿的时候伤害了总统的感情。"[19]

\*\*\*

1941年春，希特勒的德国国防军席卷了希腊，打败了南斯拉夫的抵抗并把英军赶出了克里特岛，而在北大西洋，美国离全面参战又近了一步。当年3月，罗斯福赢得了一场重要的政治胜利——严重分裂的美国国会批准了至关重要的《租借法案》。于是美援开始像打开了水龙头一样源源不断流向英国。然而，如果这些美国物资不能越过北大西洋送达英国，那也没有意义。1941年4月，德国潜艇造成的损失几乎翻了一倍，从36.5万吨激增至68.7万吨，史汀生因而敦促罗斯福：尽快批准美国海军为运输租借物资的船队护航。

然而有两件事让罗斯福难以下定决心。其一是在4月1日，共和党提出一项法案，令美军军舰为船队护航不合法。其二则是日本与苏联签订了一份互不侵犯协定，*从而为其南下太平洋扫除了后顾之忧。面对着国内外的双重压力，罗斯福没有批准美国海军在大西洋为船队主动护航，而仅仅进一步扩大了中立巡逻的范围。关于这些巡逻军舰到底在巡逻海域做些什么，罗斯福的态度总是模棱两可。在 4 月 25 日的一场记者招待会上，有记者称，公众怀疑罗斯福正在用军舰护航。面对质疑，罗斯福坚称这是"巡逻"，并非护航。"指鹿为马……难道就能让鹿真的变成马？"他对记者们说着俏皮话，"我不这么认为。"然而，事实上，指鹿为马的人正是罗斯福。有一名记者再次问及这个问题："总统先生，您能否告诉我们，巡逻与护航之间到底有何区别？"罗斯福立马反唇相讥道："你知道鹿与马之间的区别是什么吗？"[20]

不管是巡逻还是护航，金都必须协调好日益扩大的舰队行动，为此，金向大西洋舰队公开宣布进行"战争动员"。为了加强大西洋舰队的实力，罗斯福总统把"约克城号"（USS Yorktown）航空母舰和 4 艘驱逐舰从太平洋调来交给了金。6 月，又调来了 3 艘战列舰和 4 艘巡洋舰。罗斯福的调动十分低调，每次只秘密调动少量几艘。到了此时，他仍不愿意做出任何有故意挑衅意味的事情。在 5 月 23 日（"俾斯麦号"击沉"胡德号"的前一天）举行的一次美国政府内阁会议上，罗斯福告诉自己的阁僚们："我不愿意开第一枪。"这可能是他的心里话，但他此时其实正在走钢丝。美国内政部长哈罗德·伊克斯觉得，罗斯福此时正在"等待德国人主动挑起事端"。[21]

希特勒并不想这么做。他已经决定，一旦占领巴尔干半岛，就立马入侵苏联，所以他决心不做任何可能招致美国参战的事情，至

---

* 指苏日两国于 1941 年 4 月 13 日签订的《苏日中立条约》。——译者注

少在击败斯大林之前要如此。6月，就在计划进攻苏联的数天之前，美国派出了一个营的海军陆战队接管了冰岛。针对这种情况，雷德尔言辞激烈地劝说希特勒相信，美国人的所作所为事实上已是战争行为，德国海军特别是潜艇部队应该好好地教训教训爱管闲事的美国人。希特勒对此一口回绝，他正告雷德尔：一切以进攻苏联为先。此外，希特勒还要他向潜艇艇长们下令，无论美国人如何挑衅都"坚决不能使用武器"。[22]

6月，美国政府获悉一艘德国潜艇（U-69）击沉了美国商船"罗宾·穆尔号"。没有人员伤亡，因为这艘潜艇的艇长少见地遵守了1936年的相关国际公约，他拦下了"罗宾·穆尔号"，要求该船出示相关的文件。由于该船夹带了禁运物品（一些打靶用步枪和弹药），德国艇长命令"罗宾·穆尔号"的全体人员登上救生艇，然后击沉了该船。直到几个星期后人们发现并救起这些幸存者，此次事件才为人所知。虽然此事并不像1915年"卢西塔尼亚号"事件那样富有戏剧性和出现惨重的人员伤亡，但如果罗斯福真想做文章，那么这就是一条好理由。不过，罗斯福只是向美国国会发去了一封控诉函。他此时不仅怀疑美国人并不支持他对轴心国采取对抗姿态，而且还希望英国人能在美国不直接参战的情况下打赢大西洋之战。[23]

6月22日，德军闪击苏联。显然，希特勒的全部注意力终究还是转向了东方。斯塔克觉得，时机已经成熟，美国海军为大西洋船队护航时已经没有必要再遮遮掩掩了。罗斯福起初同意了斯塔克的请求，但日本人占领了法属印度支那后他又退缩了。面临着两洋危机和动荡的太平洋局势，罗斯福还不愿意把美国海军的力量过度集中到大西洋一个方向上。在写给伊克斯的一封信中，罗斯福哀叹道，真实原因其实是"我手中没有足够的海军力量可调动"。[24]

不过，罗斯福最终还是决定与英国人共同承担护航的责任。几周后，7 月中旬的一天，罗斯福与自己的私人顾问哈里·霍普金斯坐在白宫的办公室里，他从一本《国家地理杂志》上撕下来一幅大西洋的地图，拿出一支铅笔，在图上画了一条南北向的线，其北端是冰岛以东 200 英里处，南端则是亚速尔群岛，与西经 26° 线基本重合。他让霍普金斯通知丘吉尔，美国海军将负责此线以西的商船队的安全，这样就能让一直以来疲于奔命的英国皇家海军集中力量于更加靠近欧洲大陆的战区。这是将英美两国海军连接在一起的另一条纽带。[25]

\*\*\*

1941 年 9 月 4 日，美国海军一艘重新服役的四烟囱驱逐舰"格里尔号"（USS Greer）正运载着邮件和补给从美国本土驶向冰岛，为从 6 月起驻防那里的 6 000 名海军陆战队官兵补充给养。航行时，英国皇家空军的一架远程巡逻飞机飞临"格里尔号"上空打出闪光信号：一艘德国潜艇正在 10 英里外水面航行。"格里尔号"舰长劳伦斯·H. 弗罗斯特海军少校当即决定改变航线去探个究竟。弗罗斯特无意攻击这艘潜艇，他只是打算遵照标准作战指令跟踪并报告该艇的位置。[26]

弗罗斯特找到潜艇时，它已潜入水下，于是他用声呐进行了跟踪。U-652 号潜艇艇长听着美舰声呐的"砰砰"声，眼看电池即将耗尽，他却没有办法判断这艘无休无止追赶自己的舰船到底是哪国的。这时候，英国的巡逻飞机投下了数枚深水炸弹，但都未能命中。可是潜在水下的 U-652 艇长却以为这些深水炸弹都来自头顶上的那艘驱逐舰。于是，在海面下躲藏了长达三个半小时以后，U-652

选择好战位，向折磨他的对手发射了两枚鱼雷，但无一命中。发现自己受到攻击后，作为回应，弗罗斯特投下了数枚深水炸弹。此番双方都没有受损，却是美德两国海军之间的第一次实弹交火。[27]

罗斯福在一周后的一次"炉边谈话"中提及此事并表达了对德国蓄意挑衅的强烈愤慨。不管罗斯福的愤慨是真心还是假意，他告诉广播听众："格里尔号"驱逐舰"当时的任务完全合法"，而德国潜艇发射鱼雷就是"有意要击沉它"。因此，他宣布，北大西洋的美国军舰不会再等到危险降临时才开火。"在响尾蛇摆开架势要咬你的时候，你不会等它咬了你才把它踩死。"罗斯福正式宣布，从此往后，美国军舰在北大西洋遇到轴心国舰艇时要先发制人。[28]

雷德尔将罗斯福的这一宣言理解为事实上的宣战，至少是在海上宣战。在希特勒位于贝希特斯加登的山间别墅"狼穴"的一次会议上，雷德尔向希特勒提出，罗斯福的声明意味着"英国舰船与美国舰船之间现在已经不再有任何区别"。因此，雷德尔敦促希特勒批准德国潜艇可以在任何时间、任何地点攻击为盟国船队护航的任何军舰。希特勒回绝了雷德尔：他觉得德军在苏联战场很快就能赢得决定性胜利，在此之前，潜艇必须继续保持克制。[29]

在美国这边，罗斯福认为正式面见丘吉尔的时机已经成熟了。他采用了自己向来喜欢的瞒天过海的方式：从华盛顿悄悄溜走，对外宣称是去钓鱼，然后在马萨诸塞州外海的玛莎葡萄园岛附近秘密登上了大西洋舰队司令金的旗舰——"奥古斯塔号"（USS Augusta）重巡洋舰，前往纽芬兰南部的普拉森舍湾。8月9日起，他和丘吉尔举行了长达四天的秘密会谈。丘吉尔乘坐的是十个星期之前曾于丹麦海峡与"俾斯麦号"鏖战的"威尔士亲王号"战列舰。会议刚一结束就被公之于众，并迅速占据了大西洋两岸各家报纸的头版头条。英美两国尚未结盟，此次会议形成的唯一正式文件是所

1941 年 8 月 10 日，在大西洋会议期间，"威尔士亲王号"在举行周日礼拜。人群中左侧坐者即罗斯福和丘吉尔

来源：维基百科

谓的《大西洋宪章》，该宣言中列举了两国一致认可用以指导解决战后问题的诸多原则，其中就包括"尊重各国人民选择其政府形式的权利"。在丘吉尔看来，这次会晤的真正意义就是：英美两国领导人终于见面了。[30]

　　根据罗斯福的指示，从会议次月起，美国海军开始在北大西洋西半部为船队护航。他们护航的第一支船队编号为 HX-150，是从哈利法克斯出发的一支快速船队。这支船队原本应该有 50 艘左右的商船，但有几艘船因为机械故障临时退出。船队起初由加拿大驱逐舰护送至纽芬兰南面，之后于 9 月 16 日被交接给了美国海军的 5 艘驱逐舰。这支船队向东航行了整整十天，以 9 节的速度走着"之"字形路线，在北大西洋一贯的恶劣天气中穿行。虽然其间出现了一系列误以为发现敌方潜艇的目击报告，甚至投放了一些深水炸弹，但事实上它们并没有遇到任何德国潜艇。9 月 25 日，美国海军在北大西洋中部的预定会合点把船队又交给了英国皇家海军。英军官兵向美舰表示了感谢并高声欢送其开往冰岛加油。[31]

两个星期后从加拿大悉尼港出发的 SC-48 船队就没这么走运了。美国海军再一次从加拿大海军手中接过护航任务后没几天，在 10 月 15 日半夜遇到了麻烦：船队中的一艘商船突然爆炸。很显然，周围出现了至少一艘潜艇。在接下来的几个小时里，德国潜艇按照惯常模式浮上海面，在黑夜的掩护下对船队大开杀戒。美舰发射了照明弹，并果断地向四周展开搜索，却未能找到潜艇的踪影。黑夜中又接二连三地传来了更多商船的爆炸声。黎明带来了喘息之机，10 月 16 日白天，它们继续顽强地向东驶去。

然而，当天夜里，德国潜艇又回来了。这时候，一支西向船队（ON-24）的几艘护航舰也来到了这一海域，令 SC-48 船队的护航力量大为增强，包括 7 艘驱逐舰和 7 艘"花"级轻型护卫舰。在新加入的力量中，有一艘是美国海军的"卡尼号"（USS Kearny）驱逐舰，这是一艘相对新型的"格利夫斯"级驱逐舰，它比老旧的四烟囱驱逐舰长 34 英尺，排水量也要多 600 吨。夜海在摇曳着飞行的照明弹和不时爆炸的商船火光下忽明忽暗。突然之间，"卡尼号"舰长安东尼·L. 丹尼斯海军少校看见英军一艘轻型护卫舰擦着自己的舰首横穿了过来。他吓了一跳，赶忙下令左满舵。接着，"卡尼号"转了一个圈，恰好被附近一艘燃烧的货轮映出了轮廓，成了德国潜艇 U-568 艇长约阿希姆·普罗伊斯海军上尉难以抗拒的目标。普罗伊斯呈扇面打出了 3 枚鱼雷，中间的那枚准确击中了

"卡尼号"的右舷。[32]

爆炸摧毁了"卡尼号"的一号锅炉舱，滚烫的蒸汽喷到舰桥那么高，舰上所有的电力设施以及内外通信设备都被摧毁了。这艘驱逐舰一度看起来要撑不住了。然而，舰上的损管小组迅速支撑住崩塌的舱壁，轮机组的火夫们则成功重启了左侧引擎。不到一个小时，美军官兵们便把这艘驱逐舰从死神那里拉了回来，该舰开始以3节的速度再次启程。拂晓时分，该舰的速度达到了10节。在"格里尔号"驱逐舰的保护下，"卡尼号"蹒跚前行，最后成功驶抵了冰岛的港口。在此次事件中，"卡尼号"上共有11人阵亡，22人受伤。[33]

这是二战爆发以来，美国人第一次在战斗中流血。罗斯福有意忽略了"卡尼号"积极参与作战这一事实，对外宣称："历史已经记录了到底是谁开的第一枪。"他坚称"美国已经受到了攻击"，并宣称"我们不会就这么算了"。他还用夸张的声调补充强调道："该死的鱼雷！"此时，他或许期待着听众们在心中默默地补上一句话：联邦海军戴维·格拉斯哥·法拉格特将军于1864年美国内战期间在莫比尔湾高喊出的——"全速前进！"[34]*

此次事件后，德美两国海军的高层都催促各自的政府正式向对方宣战。雷德尔再次恳求希特勒取消强加在德国潜艇头上的紧箍咒。雷德尔坚称：双方在北大西洋上其实已经公开交战了，对潜艇的限制会令他们无法还击对手而陷入绝境。而斯塔克也在敦促罗斯福抓住这一良机，赶紧让美国国会宣战。斯塔克确信，英国仅凭一

---

* "该死的鱼雷，全速前进！"是美国第一位海军上将戴维·格拉斯哥·法拉格特在美国内战期间的莫比尔湾战役（1864年8月）中发布的一道命令，在美国广为人知，象征着不顾危险完成任务的决心。当时所谓的鱼雷（torpedo）实际上相当于现在的水雷。——编者注

美国海军"卡尼号"驱逐舰（前景中的舰船）与"蒙森号"驱逐舰并排行驶在冰岛首都雷克雅未克附近的海面上。"卡尼号"此前于 1941 年 10 月 16 日被德国 U-568 号潜艇发射的鱼雷击中。请注意"卡尼号"右舷侧中部被鱼雷击中后爆炸造成的大洞

来源：美国国家档案馆（照片编号：80-G-28788）

己之力根本无法打赢，他非常愿意全身心地投入这场战争。然而，两国元首都没被打动。希特勒下定了决心：必须先解决掉苏联。罗斯福也不愿意在没有民意支持的情况下采取行动。[35]

　　护航行动还在继续。就在"卡尼号"驱逐舰遭鱼雷袭击的 6 天之后，HX-156 船队驶离了哈利法克斯。第二天，这支船队在能见度极差的巨浪中与美国护航舰会合了。这支护航船队向东艰难航

行了一个星期。天气是如此恶劣，令本已漫长而乏味的差事愈加令人痛苦。美国海军的"鲁本·詹姆斯号"（USS Reuben James）驱逐舰航行在整个船队的最左边，在风浪中剧烈地起伏着，舰员们必须抓紧安全绳才能在要命的甲板上行走。

10月30日凌晨3点左右，德国潜艇U-552的艇长埃里希·托普海军上尉通过自己的"莱茨"牌双筒望远镜隐隐约约地看到了这支船队。托普马上将其坐标发送给了凯尔内瓦尔的邓尼茨，随即开始跟踪。就在天亮前的清晨5点半，托普决定赶在日出前发动一次快速突袭。此时，距离U-552最近的是船队左翼的一艘四烟囱驱逐舰。U-552号潜艇齐射两枚鱼雷，向总部发去一份敌情简报，然后就下潜了。"鲁本·詹姆斯号"驱逐舰截获了U-552的电报，于是赶紧向左急转，但已经迟了，一枚鱼雷击中了驱逐舰前烟囱前部，引发了威力巨大的殉爆——几乎可以确定这枚鱼雷引爆了"鲁本·詹姆斯号"舰桥正下方的弹药库。不管是何原因，军舰的整个前半部被瞬间炸成了碎片。幸存的舰员们挣扎着登上救生艇或者直接滑进了浮着厚厚油污的冰冷海水中。当"鲁本·詹姆斯号"的舰尾沉入水中后，提前设置了爆炸深度的深水炸弹被引爆，又炸死了很多正在水中挣扎的美军官兵。"鲁本·詹姆斯号"的160名官兵中有115人丧生，所有军官无一幸存。[36]

在短短的几个月里，美军军舰在大西洋中的角色迅速升级。最初它们只是执行"巡逻"任务，然后是积极护航，再是全面战斗。然而，即便到了这个地步，德美官方仍然没有正式承认正在发生的事情。在苏联战场上，苏联红军实施了坚壁清野的焦土政策，德军在东线的进攻被有效地阻滞了，东进的步伐不得不慢了下来。希特勒没能看到预期中的大获全胜，非常沮丧。在经过一场代价高昂的围城战后，德军终于在1941年10月16日攻进了苏联重镇敖德萨，可城市里只剩下了燃烧的废墟。显而易见，征服苏联的战争要比希特勒预想的更持久，代价也要高得多。而对于罗斯福而言，美国主流民意仍不愿卷入这场战争。哈罗德·伊克斯在日记本上写道："很明显，总统还要继续等待——只有上帝才知道还要等多久。"[37]

***

在这段时间里，日本人也没闲着。就在"卡尼号"遭受鱼雷攻击与德军进入敖德萨当天，日本陆军大将东条英机被任命为日本首相，这标志着日本政府最终沦为了军方的傀儡。罗斯福原本决意与日本保持适度中立的关系，同时在大西洋之战中支持英国，但日本愈加咄咄逼人，这让罗斯福开始举棋不定起来。到此时为止，罗斯福的威慑政策——把美国太平洋舰队调往夏威夷以及对日本进行经济制裁——均未能真正震慑住日本人。但罗斯福手中还有另一个王牌：石油。1941 年时，美国是全世界最大的原油生产国和出口国，日本对美国石油的极度渴望就是罗斯福手中最大的筹码。*不过，罗斯福不愿轻易打出这张王牌，因为他深知这将会引发不可逆转的终极危机。

罗斯福警告日本：自己的克制是有限度的。1941 年 7 月，也就是东条英机上台三个月之前，日本利用法国与泰国士兵在边境上的小冲突，派兵进占印度支那。7 月 24 日，罗斯福召见日本驻美大使野村吉三郎并提出警告：美国继续向日本出售石油是希望共同维护和平，但日本进占法属印度支那，"这种局面必定会给美国带来极大的不安"。罗斯福的口头威胁虽然含蓄，但绝无歧义。野村

---

\* 　1940 年，美国的原油产量近 15 亿桶，比世界第二大石油生产国委内瑞拉多
　　5 倍。相较于此，1940—1941 年时中东的原油产量微乎其微。

吉三郎引用日本政府的官方解释回复了罗斯福，即日本担心戴高乐的"自由法国"会渗透进法属印度支那，同时也担心中国会对那里施加影响，所以日本必须占领这一地区。罗斯福对此嗤之以鼻，但他还是提出了一个可能的解决方案：如果日本从法属印度支那撤军，美国、英国和日本三国可以共同确保法属印度支那的"中立"，还可以考虑把这一地区打造成"亚洲的瑞士"（罗斯福的明喻）。野村吉三郎则答道："由于一部分日本人很要面子，日本政府此时很难接受这一建议。"当然，野村吉三郎还是例行公事，把罗斯福的建议转给了东京。然而，日本的战争机器已然无法刹车，罗斯福的这一建议被日本政府回绝了。[38]

一周之后的 8 月 1 日，罗斯福下令收紧对日政策，冻结日本的海外资产。然而，哪怕到了这一步，他还是不愿意打出石油这张王牌。美国政府中的鹰派人物，例如财政部长亨利·摩根索，也一再敦促罗斯福切断一切对日出口。不过，其他政府成员也警告说：这会把日本人逼到墙角，他们一定会铤而走险，对美开战。于是，罗斯福双手一摊，让内阁部长们自行商定此事。经过一番讨论，部长们的方案是对日本禁运高辛烷值航空燃料，允许日本按照往年数额从美国购买原油，但必须用美元现金支付。正如历史学家乔纳森·厄特利所言，罗斯福希望"日本恢复理智，而不是向美国屈服"。可是，正当罗斯福与丘吉尔在纽芬兰会晤的时候，美国政府里的另一个鹰派人物、负责领导国外资金管控委员会的助理国务卿迪安·艾奇逊禁止日本使用现金。结果，日本一连一个多月都买不到美国的石油，这就切断了日本 80% 的石油进口。罗斯福回到华盛顿后才了解到发生的这一切，但太迟了。他不想让别人认为他犹豫不决，所以也并未撤销这一政策。于是石油禁运就成了现实。[39]

这对日本而言是致命的。日本人只有大约 18 个月的石油储备，

1941 年 11 月 17 日，美国国务卿科德尔·赫尔（中）将日本大使野村吉三郎（左）和特使来栖三郎（右）带到白宫与富兰克林·罗斯福总统会面，这是袭击珍珠港前的最后一次会谈

来源：维基百科

禁运迫使他们只能在两个选项中做出选择：要么向美国人妥协让步，要么攻占东南亚。东条英机和其他将领坚持认为，除了夺取英属马来亚、荷属东印度等孤儿般的欧洲国家殖民地，日本别无选择，为此即便与英国、荷兰甚至美国开战也在所不惜。[40]

　　野村吉三郎既不知道日本政府的决策，也不知道山本五十六此时正在酝酿偷袭珍珠港的计划，因而仍在为挽救和平做着最后的努力。11 月 20 日，东条英机政府给野村吉三郎发去了一套新的谈判建议，但谈判条件都是日本政府的一厢情愿，以至于美国国务卿科德尔·赫尔称其"荒谬可笑"。当然，日本人也认为美国提出的反建议同样不可接受。赫尔认为再谈下去也没有什么用了，因为日本人对达成一致并无诚意。[41]

赫尔也知道，日本政府给野村吉三郎设定了一个谈判截止日期。有一段时间，美国国务院秘密截听了日本外务省的密电。*赫尔清楚，东京通知野村吉三郎务必于 11 月 29 日之前与美方达成外交解决方案，此后"该发生的就会自动发生"。这条信息已经足够让斯塔克决定给太平洋舰队的指挥官们发出警告了。斯塔克于 11 月 27 日发出的这条通知非常直白："此急件应被当成战争警报。旨在稳定太平洋局势的美日谈判被迫终止，预计日本将会在未来数日内发动进攻。"斯塔克提示这些侵略行动的目标可能是菲律宾、泰国、马来亚或者婆罗洲。在接下来的另一条通知中，斯塔克警告太平洋舰队的指挥官们不要过早行动："在日本人越界之前，不要采取主动行动。"[42]

这时候，日本航母舰队已经出海了。

---

* 破译这些日本密电的行动代号为"魔术"（MAGIC），这些外交密电使用的"紫色"（Purple）密码与日军作战密码并不相同，这将放在第 13 章中专门讨论。

第 10 章

# "AI 行动"*：偷袭珍珠港

寒冷，浓雾弥漫，再加上时不时的大雪，11 月的恶劣天气让择捉岛的单冠湾特别不适合船舶停泊。千岛群岛是日本北海道岛与苏联西伯利亚的堪察加半岛之间的一个岛链，其中最大的岛屿择捉岛是日本海军一个孤独而遥远的前哨基地。然而，就在 1941 年 11 月 26 日日出时分，单冠湾却热闹非凡，挤满了战舰：6 艘航空母舰、2 艘高大的战列舰、2 艘重巡洋舰、十几艘小型战舰以及 8 艘补给舰，其中有 7 艘是油料补给舰。这支日军部队像蚂蚁搬家一样，已经秘密集合数星期之久了，它拥有 400 多架作战飞机，这是当时全世界规模最大的海军航空部队集结行动。

正当野村吉三郎大使毫无希望地想要避免日美谈判破裂之时，把控了日本政府的日军将领们已经开始商议南进的详细计划，而山本五十六海军大将仍然坚持自己的观点：如果与美国开战不可避免，那么对珍珠港的美国作战舰队先发制人便至关重要。当然，山本五十六也承认，这次打击并不能确保最终的胜利，但至少可以让

---

\* 在制订计划时，日本军方给偷袭珍珠港定的代号为"Z 计划"，进行袭击时和袭击之后，则称之为"夏威夷行动"或"AI 行动"。——译者注

日军获得足够的时间来不受干扰地完成对东南亚资源产区的征服。反对山本五十六的人则指出，把全部 6 艘大型航空母舰都派到夏威夷，意味着前去攻打和占领南太平洋诸岛的日军将没有这些大型航空母舰助阵。另外，攻击近 4 000 英里之外的珍珠港，无论如何都极度冒险。即使一路未被发现而成功抵达夏威夷，也没人能保证美国海军的作战舰队就一定还在那里。然而，山本五十六态度坚定。最后，他靠着自己强势的个性赢得了争论，而集结在单冠湾的这支日本舰队正是此战的主角。

日军将 6 艘大型航空母舰集中行动，这与航母作战的传统理论大相径庭。此前，英美两军都倾向于单艘航母独立作战。美国海军在舰队演习中，以及英军在奇袭塔兰托的意大利战列舰队时都是如此。提出将全部大型航母集中编组这一理念的人，是天资聪颖、少年老成的源田实，他不过是个小小的中佐。源田实后来称，他是从美国一部 4 艘航母在一起航行的新闻短片中获此灵感的。这只是部宣传片而已，源田实却立刻领会到，这样部署航母能够把马汉的集中兵力理论应用到航空作战中。当最新建成的 2 艘航母于 1941 年9 月加入舰队时，日本海军总共有了 6 艘大型航母，在组织上，山本五十六将它们集中编为第一航空舰队。在为作战行动进行部署时，第一航空舰队就称为"机动部队"。[1]

这支令人生畏的海军航空力量的指挥官是南云忠一海军中将。山本五十六天生自信、热情奔放，而南云忠一却会对细枝末节斤斤计较。他经常会把下属叫过来，让他们当面保证正在按部就班地推进自己交代的工作。源田实嫌弃他"太过谨小慎微"。山本五十六的参谋长宇垣缠海军少将也在日记本里吐露了心声，认为南云忠一"在面对生死存亡的时候，并没有做好无畏进取的准备，他也不愿意以闯一回鬼门关为代价去换取两三倍的收益"。即便得到日本海

日本联合舰队第一航空舰队司令南云忠一海军中将指挥着日本海军"机动部队"，偷袭了珍珠港，随后又与美国海军大战于中途岛。这张拍摄于 1942 年的照片凸显出了南云忠一忧郁的神色

来源：美国海军历史与遗产司令部

军界同僚的这般评价，南云忠一还是被委以重任，负责执行"AI 行动"：率领一支由 30 艘军舰组成的航母特混舰队，跨越太平洋，前往珍珠港。[2]

这支"机动部队"下辖的 6 艘航空母舰被编为 3 个航空战队，各辖 2 艘航母。第 1 航空战队包括 2 艘巨大却已经老旧的航空母舰"加贺号"与"赤城号"，它们都是由 20 世纪 20 年代未完工的战列舰和战列巡洋舰舰体改造而成的，排水量都超过 4 万吨，其中"赤城号"还是南云的旗舰。这种改装航母的优缺点都相当明显。一方面，它们的载机量惊人——"加贺号"能搭载 90 架飞机——但同时，其速度只能达到大约 28 节，而这还是经过 30 年代现代化改装以后才达到的。与那些航速高达 34 节的新型航母相比，它们太慢了。[3]

第 2 航空战队由 2 艘稍小一些的"飞龙号"和"苍龙号"航

母组成，它们的排水量仅为"加贺号"和"赤城号"的一半左右。不过，建于1936年至1937年的它们从一开始就是作为航母而建造的，每艘都能搭载六七十架飞机，航速则能达到34节。第3和第4航空战队都由小型航空母舰组成，不过它们未被编入"机动部队"。第5航空战队拥有日本最新型的2艘航空母舰，"翔鹤号"和"瑞鹤号"，它们是在两个月前的1941年9月份才服役的，排水量都达到了3万吨，各搭载72架飞机。当这6艘航空母舰集中行动的时候，它们理论上能够搭载430架舰载机。

日军每艘航母上都搭载着三种不同类型的飞机——战斗机、俯冲轰炸机和鱼雷攻击机——1941年时，日本的舰载机是世界上最先进的，在技术上，它们领先于英国皇家海军的"管鼻燕"（Fulmar）式、"贼鸥"式舰载战斗机，以及绰号"网兜"的"剑鱼"式攻击机整整一代。日本舰载战斗机的主力机型是此前早已成名的零式战斗机，在中国战场上，这种战斗机已经证明了自身极高的作战效率。而在大海上，零式战斗机的主要任务是在航母舰队的上空进行空中战斗巡逻，抵抗敌军轰炸机，以及护卫攻击机抵达目标。在执行攻击任务时，零式战斗机一般飞在日军轰炸机和鱼雷机的上空，飞行高度一般为1.5万英尺。一旦敌机升空截击，零式战斗机就会俯冲杀下。

日本航母搭载的轰炸机是爱知D3A1型九九式，美国人赐其绰号"瓦尔"（Val）。该机为双座单翼机，前座为飞行员，后座为通信员兼机枪手，能够携带一枚250千克炸弹，外加两枚挂在机翼下方的60千克炸弹。这种机型的设计借自日本的德国盟友，其椭圆形下单翼具有德国亨克尔公司的血统，其固定式起落架则与德国"斯图卡"式俯冲轰炸机如出一辙。这些德军飞机在东地中海与坎宁安舰队的较量中优势尽显。与"斯图卡"一样，日军九九式舰载轰炸机的设计战术也是在高空飞行接近目标，然后几乎垂直俯冲而下，飞行员利用俯冲惯性瞄准目标，在 1 500 英尺高处投下炸弹。在中国战场上，面对地面目标和较弱的防空火力时，九九式舰载轰炸机已经证明了自身是一款较为可靠的武器，但其可怜的速度——242 英里每小时——使其容易受到现代化战斗机的攻击。[4]

给人留下更深印象的则是九七式舰载攻击机，美国人赐其绰号"凯特"（Kate）。它虽然并不比九九式舰载轰炸机更大或者更快，但能够携带最多达到 2 000 磅的弹药，这意味着它既能充当水平轰炸机，从高空投下重达 800 千克的炸弹，又能充当鱼雷攻击机，从超低空投射更重的九一式空投鱼雷。偷袭珍珠港时，九七式就扮演了这两种不同的角色。充当高空轰炸机时，它携带的是经过特别改装的、重达 2 000 磅的 16 英寸战列舰主炮炮弹。日本人设想，这种炮弹从 1 万英尺高空落下来的动能足以穿透美国海军战列舰的厚重装甲甲板。[5]

正如在意大利塔兰托和其他地方的战斗中所展现出来的那样，空投鱼雷是可怕的舰艇杀手，而这正是日本海军作战理念的核心。不过，在珍珠港的浅水里使用鱼雷会遇到一个严重的问题：这些鱼雷被投下后首先会下沉至水面以下 80~100 英尺，然后上升至水下 20~30 英尺，才能奔向目标，但是珍珠港的水深只有大约 40 英尺。日本人花费了几个月的时间，探究了英军"剑鱼"机在塔兰托的战例，才理出头绪。最终，几乎是在偷袭珍珠港之前的最后一刻，日本人才找到这一问题的解决方案。日本人把可分离的木质尾翼安装在鱼雷上，阻止其下沉，这样鱼雷仅仅下沉三四十英尺就会上浮。在日本航母于单冠湾下锚的几天之前，这种新型改装鱼雷才分配至此，偷袭珍珠港将是它们的实战首秀。[6]

日本中岛飞机公司研发的 B5N2 型九七式舰载攻击机，美国人赐其绰号"凯特"，它是日本海军航空兵部队的最主要机型之一。它既能投掷重型炸弹，也能投射一枚九一式空投鱼雷（如照片中所示）。1941 年的时候，这是全世界最好的鱼雷攻击机

来源：美国海军学会

\*\*\*

11 月 26 日清晨 6 点，日军"机动部队"上路了。（当日，罗斯福总统在华盛顿签署法令，将每年 11 月的第 4 个星期四正式定为美国官方假日——感恩节。）离港后，这 6 艘航母排成两个纵列，每列 3 艘航母。驱逐舰在前方探路，战列舰和重巡洋舰航行在航母左右两翼，而那些重要的油轮则跟在最后边。

南云忠一天性多虑，心中挂念着几件事情，担忧不已。第一个顾虑是，在抵达夏威夷附近足以施放飞机的位置前，他的舰队要航

行近 4 000 英里，万一被别人发现该怎么办？舰队选择在如此偏北的位置（在北纬 40 度以北）集结与航行，就是为了保密，因为北太平洋的来往船只非常少，而且频繁的雨飑能为舰队提供很好的隐蔽。当然，南云忠一严格保持着无线电静默，每艘舰上发报机的钥匙都被锁了起来。舰队当然仍能接收到信息，这也非常关键，因为从理论上说，如果野村吉三郎以某种方式说服美国人同意取消禁运的话，那么日本军方高层就可立即取消计划并召回南云忠一。不过，并没有人真的对此怀有指望。[7]

南云的第二个顾虑是燃料。启程前，他的大型航母都携带了额外的燃料，但即便是保持最低的 14 节速度，它们也必须多次在海上加油才能完成往返夏威夷的 7 000 英里航程。在有利的天气和海况下，这都绝非易事，更何况这是在北纬 40 度左右风大浪急的北太平洋。舰队出发两天后的 11 月 28 日，这些军舰就开始第一次加油了。当战舰小心翼翼地与油料补给舰并排靠在一起，操作人员通过支撑索传递输油管时，一根支撑索突然"咔嚓"一声断裂开来，像鞭子一样扫过甲板，把好几个人直接扫出了甲板护栏。这对南云忠一长期阴郁的心境可不会有什么帮助。[8]

南云的第三个顾虑是，即便他的舰队成功地悄悄进入珍珠港的攻击距离，美国作战舰队也可能在日机飞抵时不在港内。它们可能会出海，也可能停泊在夏威夷毛伊岛外的拉海纳锚地。据日本情报机构估计，美国人在整个太平洋地区共有 4 艘航空母舰和 8 艘战列舰，而山本五十六也告诉过南云忠一：只要摧毁一半——2 艘航空母舰和 4 艘战列舰——便可称之为重大的战略性胜利，因为这足以令美军暂时无力干涉日军已经启动的南进攻势。日本人对珍珠港里战列舰数量的估计足够精准，不过，驻扎于此的航空母舰只有 2 艘，而非 4 艘。如前所述，罗斯福此前已经悄悄地把"约克城号"

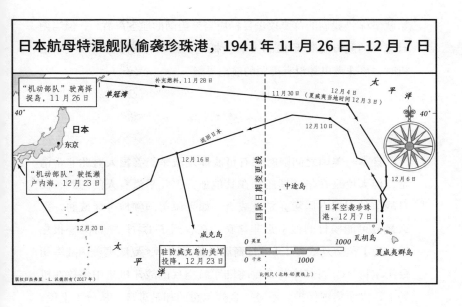

日本航母特混舰队偷袭珍珠港，1941 年 11 月 26 日—12 月 7 日

"机动部队"驶离据岛，11 月 26 日

补充燃料，11 月 28 日

单冠湾

太　平　洋

40°

日本

东京

11 月 30 日（夏威夷当地时间 12 月 3 日）

12 月 4 日

40°

驶回日本

12 月 10 日

"机动部队"驶抵濑户内海，12 月 23 日

12 月 16 日

12 月 6 日

国际日期变更线

中途岛

日军空袭珍珠港，12 月 7 日

12 月 20 日

威克岛

驻防威克岛的美军投降，12 月 23 日

太　平　洋

0　英里　　　　　　1000

瓦胡岛

夏威夷群岛

0　千米　　　　　1000

比例尺（北纬 40 度线上）

版权归杰弗里·L. 沃德所有（2017 年）

航母从太平洋调到了大西洋，而"萨拉托加号"航母正在美国西海岸进行改装。对日本人的计划而言更具灾难性的是，就在南云奔赴夏威夷时，珍珠港的 2 艘美国航母也离开了。在收到斯塔克于 11 月 27 日发出的"战争警报"后，赫斯本德·金梅尔赶紧行动起来，在夏威夷以西更加远离美国本土的两个美军前哨基地——威克岛和中途岛——加强防御，向两处分别派出一个战斗机中队。11月 28 日，金梅尔派"大黄蜂号"航母前往珍珠港西边 2 000 英里之遥的威克岛。一个星期后的 12 月 5 日，他又派"企业号"航母前往远在珍珠港西北 1 300 英里之外的中途岛。\*山本五十六从一开

---

\*　根据相关资料，派往威克岛的是"企业号"所属的第 8 特混舰队，派往中途岛的是"列克星敦号"所属的第 12 特混舰队。——编者注

始就坚称"我们的首要攻击目标应当是美国的航空母舰",但当南云忠一的航母舰队于 12 月 6 日驶抵瓦胡岛以北海域准备放飞攻击机时,珍珠港里却没有美国的航空母舰。[9]

***

日本与美国之间随时都有可能爆发战争,美国人对此非常清楚,但无论是在华盛顿还是在其他地方,几乎没有人能想到,美日战争的引爆点居然会是夏威夷。如果说美国领地会受威胁,那么最有可能挨打的似乎是菲律宾。在收到了 11 月 27 日的警报之后,为了预防夏威夷 1.9 万日裔居民蓄意破坏,夏威夷美国陆军司令沃尔特·C. 肖特中将命令将陆军航空兵的战斗机集中停放在机场上,以便集中保护。不过,金梅尔想的却是进攻。从分工上说,美国陆军负责珍珠港的防御,金梅尔则认为自己的主要职责是确保美国海军太平洋舰队能够随时做好攻击马绍尔群岛日军的准备。因此,他专注于对舰队进行强化训练。但随着水兵们不断从太平洋被调往大西洋,实现这些训练目标变得愈加困难。两位美军指挥官都并不真的认为日本人会在发动对美战争时选择袭击珍珠港。美国太平洋舰队第二巡逻联队指挥官帕特里克·贝林格海军少将麾下有几十架"卡特琳娜"PBY 远程水上飞机,但在 12 月 7 日当天,升空巡逻的飞机仅有 3 架,而且它们巡逻的方向是西边和南边,而不是北边。[10]

与此同时,美国情报人员跟丢了日本大型航母的动向。日军进行了无线电伪装,同时安排南云舰队选择了人迹罕至的北方航线,成功掩盖了其"机动部队"的行踪。当金梅尔向情报官埃德温·莱顿海军中校询问日本航母在何处时,莱顿不得不坦承自己不清楚。

金梅尔故作惊讶。"什么！"他喊道，"你居然不知道？"接着，金梅尔说了一句后来被无数次引用的话："你的意思是，这些日本航母可能即将绕着'钻石头'*转一圈，而你却不知道？"金梅尔的话与其说是非难指责，倒不如说是在开玩笑，因为他很清楚莱顿已经竭尽全力搜集了所有的情报碎片。此时，美国人还没能破译日军的通信密码，不过，即使能破译，日本人严格的无线电纪律也足以掩盖其"机动部队"的行踪。此外，华盛顿虽然能够截听并破译日本的外交密电，却不会将其转发给金梅尔和莱顿。[11]

　　日本的大规模侵略已迫在眉睫，第一批证据并非来自无线电流向分析或者是有人发现了日军"机动部队"，而是来自南海的英国观察哨。英国人在这里发现了两支规模庞大的进攻舰队（其中一支由 100 多艘舰船组成），它们从日本出发，取道台湾海峡南下。这是截至当时海军史上规模最大的舰队，罗斯福对日本人两面三刀的做法异常愤怒。日本的外交官们仍在华盛顿大谈和平，其侵略军却已经出海南下了。斯塔克请求罗斯福考虑对日军的行动做出军事反应。甚至连哈里·霍普金斯都指出，既然战争显然不可避免，而且迫在眉睫，"如果我们还不能开第一枪，这未免太窝囊了"。罗斯福若有所思地点点头，然后说道："不行，我们真的不能这么做。我们是民主国家，美国人想要和平。"正如在大西洋里与德国潜艇对抗时一样，罗斯福也决心不让美国对日本开第一枪。[12]

　　然而，日本人却急于先开这第一枪。1941 年 12 月 7 日早晨 6 点，夏威夷瓦胡岛以北大约 220 英里的海面上，日军"机动部队"的 6 艘航母开始逆风航行并加速至 25 节，放飞舰载机的时间到了。

---

\* 　钻石头火山（Diamond Head Crater）位于夏威夷群岛中的瓦胡岛檀香山市，是夏威夷的象征之一。——译者注

零式战斗机先行起飞，迅速升空后在舰队上空盘旋警戒，而携带着沉重的炸弹和鱼雷的九九式舰载轰炸机和九七式鱼雷攻击机从航母的甲板上依次起飞，其起飞顺序和动作显然是精心演练过的。仅仅15分钟，日军就放飞了183架飞机——效率极为惊人——早上6点45分，这些战机开始向南飞往瓦胡岛。[13]

此时，正在珍珠港入口处巡逻的美国"沃德号"（USS Ward）驱逐舰的瞭望员发现了异常。他看到海面上有个东西，那显然是潜艇潜望镜。一天前刚刚就任舰长的威廉·伍德沃德·奥特布里奇海军少校立即下令开火，他的第2发炮弹就击穿了那艘不明身份的潜艇薄薄的艇体。当这艘潜艇滑入"沃德号"的尾流时，奥特布里奇又投放了数枚深水炸弹。他对击沉潜艇的战果很满意，并于早晨6点53分提交了作战报告。

"沃德号"击沉的是日军参与偷袭珍珠港的5艘袖珍潜艇之一。日军将袖珍潜艇以背负方式固定在5艘舰队潜艇上，将其投送到珍珠港附近。12月6日夜，这些78英尺长、由2人驾驶的袖珍潜艇在珍珠港入口外与母艇分离。虽然山本五十六认为袖珍潜艇计划纯粹就是在浪费宝贵的资源，但他手下的参谋们却着迷于一个设想：偷偷潜入敌人的老窝，抓几个从空袭中幸存的美军回来审问。山本五十六的参谋长宇垣缠对自愿驾驶袖珍潜艇、执行最危险任务的年轻志愿者满怀敬意，希望他们能创造奇迹。最终，这几艘袖珍潜艇唯一的影响就是差点为美国人提供了预警信号。可惜的是，奥特布里奇发出的报告并没有引起任何人的重视。在那个星期天的早上，他的报告经过烦琐的指挥层级逐级上报，在每一级都碰到质疑、犹豫、过度谨慎，直至为时已晚。[14]

几分钟后，另一个预警机会与美军擦肩而过。早上7点02分，位于瓦胡岛北岸卡胡库角的一座雷达站监测到数量巨大的机群从北边向夏威夷飞来。这座雷达站的设备是全新的，雷达兵也都是些没有经验的新手，连他们自己都搞不清自己的报告准确与否。此外，由于已经提前获悉当日上午会有一队 B-17 "空中堡垒"重型轰炸机从加利福尼亚飞来夏威夷，所以值班军官告诉这些雷达兵："忘了刚才的事吧。"[15]

美军此刻只有几艘驱逐舰在珍珠港的入口处巡逻，还有 3 架"卡特琳娜"水上飞机在空中执勤，除此之外，气势恢宏的珍珠港海军基地仍沉浸在懒洋洋的周末早晨里。虽然日本情报部门通知南云，此时总共有 9 艘美国战列舰停泊在珍珠港里，但其中有一艘是已被用作靶船的前战列舰"犹他号"，而另一艘"宾夕法尼亚号"战列舰正停泊在干船坞里进行维修。其余 7 艘战列舰停泊在位于珍珠港锚地中央的福特岛的南侧。"内华达号"战列舰停在最东端，"亚利桑那号"停在"内华达号"的前面、"女灶神号"（USS Vestal）修理舰的内侧，另 4 艘战列舰则成对停泊在一起："田纳西号"和"马里兰号"停泊在"西弗吉尼亚号"和"俄克拉何马号"的内侧。与"内华达号"一样，"加利福尼亚号"战列舰单独停泊在最西端。对于从北边俯冲而来的日本飞行员而言，珍珠港内的这一景象绝对激动人心。为了宣布偷袭彻底出乎敌人的意料，日军飞行指挥官渊田美津雄海军中佐用无线电发出了一个事先定好的代号"虎！虎！虎！"——这也是日军起锚后首次打破无线电静默。[16]

按计划，日军轰炸机与鱼雷机应分成不同的批次轮番进攻，但最后一刻的混乱导致这两种机型同时发动攻击。不过，这并没有造成什么影响。一部分作为水平轰炸机的九七式攻击机在 1 万英尺高处飞行，同时，另一部分作为鱼雷攻击机的九七式则绕过港口，在 500 英尺的低空从南向北扑向美军战列舰。日军飞机出现时，在场的几乎每一个美国人都认为这是些美军飞机在玩花样，有些美军军

珍珠港袭击开始后不久，一架日本战机在对停泊在福特岛两侧的船只进行鱼雷袭击时拍摄的照片。远处鱼雷爆炸处附近从左至右分别是"内华达号"、"亚利桑那号"（内侧）及其维修船、"田纳西号"（内侧）和"西弗吉尼亚号"（外侧）、"马里兰号"（内侧）和"俄克拉何马号"（外侧）、"尼奥肖号"、"加利福尼亚号"
来源：维基百科

　　官还对这些高手飞行员在周日早晨如此炫技十分气恼，试图记下这些飞机的编号再报告给他们的中队长。接着，第一批炸弹爆炸了。在一片恐慌之中，美军省去了所有的正式备战流程。在"内华达号"战列舰上，一个声音通过播音装置疾声向全舰播报："这是小日本空袭来了，不是开玩笑！"[17]

　　在数分钟之内，战列舰"马里兰号"和"田纳西号"各挨了2枚炸弹。3枚炸弹在"亚利桑那号"近旁爆炸，第4枚炸弹则直接命中了它。早晨8点10分，一枚16英寸穿甲弹从1万英尺高空落下，直接命中并穿透了"亚利桑那号"5英寸厚的装甲甲板，钻入弹药库爆炸了。巨大的爆炸火球摧毁了舰体内的一切。"亚利桑那号"几乎瞬间便告沉没，舰上大多数官兵当场遇难。[18]

与此同时，那些挂载着鱼雷的九七式攻击机已经绕着珍珠港飞了半圈而未受到美军战斗机的拦截，它们来到锚地的入口处低空扑来，投下了经过特别改装的鱼雷。直到这一刻，日军鱼雷机的飞行员们都还不知道自己刚刚投出去的鱼雷能否在珍珠港的浅水中正常生效。这些鱼雷没让日本人失望。3枚鱼雷击中了"西弗吉尼亚号"，另外3枚击中了"俄克拉何马号"。西边几百码外，2枚鱼雷击中了"加利福尼亚号"。日本人甚至在靶舰"犹他号"身上也耗费了数枚鱼雷。

"亚利桑那号"的爆炸让其近旁的"内华达号"四周堆满了残片和燃烧的油污。"内华达号"的舰长当天早晨仍在岸上，当时舰上的最高指挥官是J.F.托马斯海军少校。托马斯觉得最安全的办法就是把"内华达号"尽快开出珍珠港。幸亏该舰的值班军官约瑟夫·陶西格海军少尉尽责，"内华达号"的两个锅炉保持着工作状态，这让"内华达号"得以缓慢驶入航道。日军飞行员见状，立刻试图将其击沉在珍珠港的入口处，这样就可以把整个港口堵死。在挨了5枚炸弹和1枚鱼雷后，托马斯意识到自己不可能再把"内华达号"安全地开到外海了，于是他冲向医院角，并成功地抢滩搁浅。[19]

第一轮攻击持续了大约半个小时。美国人刚刚得到片刻的喘息，第二批170架日机又来了。这些日机准备集中火力炸沉那些仍然浮在水面上或只是部分受损的主力舰。美国人这时候终于警戒了起来，成功击落24架日本飞机，不过，到了上午10点，美军已有4艘战列舰沉没，另3艘严重受损。日军总共击沉或击伤了18艘美舰，摧毁了188架飞机（陆军96架，海军92架），击伤159架。袭击中有

"亚利桑那号"战列舰直接挨了一枚经过改造的 16 英寸穿甲弹，前部弹药库被引爆。"亚利桑那号"迅速沉没，而 1 177 名官兵则被困于舰内。最后，1 102 名美国海军和陆战队官兵长眠于此

来源：美国海军历史与遗产司令部

"肖号"驱逐舰被击中后弹药库发生猛烈爆炸

来源：维基百科

2 403 名美军官兵遇难，其中近一半死于不幸的"亚利桑那号"。[20]

日军大获全胜，其损失甚至比最乐观的预期还要小。日本人战前预计自己或许要搭上 2 艘航空母舰——占"机动部队"航母总数的 1/3。然而，出乎预料的是，自己居然只损失了 29 架飞机，当然还有那 5 艘袖珍潜艇。唯一令日本人失望的是，美国航母当时都不在珍珠港。回到母舰后，骄狂的日军飞行员谈论着要留在这里，毕其功于一役。他们觉得既然已经完全掌握了制空权，那么可以再花点时间，趁机摧毁珍珠港的海军船坞和其他设施。然而，南云不会这么做。从一开始，他就没有对这次空袭抱太大期望，行动如此顺利，对他而言已是意外之喜，令他大大松了一口气。现在，既然已经削弱美国太平洋舰队，完成了令其无法干涉日军南进的任务，他便做出决定：该撤了。第二轮攻击的日机返回母舰后，南云便率领"机动部队"打道回府了。

那些欢呼雀跃的日本飞行员不可能知道的是，就在此前一天，在地球的另一边，苏军格奥尔基·朱可夫元帅指挥着 50 万苏联红军对莫斯科城下的德军展开反击。到这个冬天结束时，苏联红军会把德军向西击退约 200 英里。日本人恰好在纳粹德国败象初露的时候加入了战争。

\*\*\*

当日本飞机仍在蹂躏珍珠港的时候，罗斯福就已经接到了相关报告。海军部长弗兰克·诺克斯于华盛顿时间当天下午 1 点 17 分致电白宫，汇报了这一突发事件。起初，罗斯福还半信半疑。"不！"罗斯福大喊道，把拳头砸在了办公桌上。然而，惊讶与怀疑很快就转化为了坚定的决心。在英国那边，日军偷袭珍珠港几个小时后，丘吉尔才在契克斯庄园里通过电台广播得知了此事。巧的是，当时他正在宴请美国驻英国大使"吉尔"约翰·G.怀南特。闻讯后，丘吉尔立即致电罗斯福。"总统先生，"接通罗斯福后，丘吉尔在电话中说，"日本人真的这么干了吗？""千真万确，"罗斯福回答道，他现在已经平静下来了，"他们攻击了珍珠港。现在，我们终于在一条船上了。"[21]

无论战术上有多么成功，日军偷袭珍珠港与希特勒入侵苏联一样，都是战争史上最鲁莽和最不计后果的决定。日军偷袭珍珠港与苏联红军在莫斯科城下的反攻共同标志着第二次世界大战的决定性转折。自此之后，美国庞大的工业资源完全投入与轴心国的对抗之中。此外，珍珠港事件还荡涤了美国舆论中的孤立主义，让美国人下定决心：不仅要确保最终的胜利，还要像罗斯福总统12月8日在美国国会演讲中所呼吁的那样，赢得"绝对的胜利"。[22]

人们很容易忽视一个事实：偷袭珍珠港只是日本人宏大战略中的一个部分。事实上，南方的资源产区才是日本的真正目标。就在南云忠一偷袭珍珠港并重创美国海军舰队时，日军的南进作战也已经开启。12月4日和5日，就在南云舰队开始转向东南，准备直奔夏威夷之时（也就是朱可夫在莫斯科城外集结部队时），一支日军南进舰队从中国的海南岛起航，另一支南进舰队也从法属印度支那的金兰湾出发，向南驶向泰国湾。当日军飞机从南云那些航母的甲板上起飞时，一支由21艘运兵船和运输船组成的进攻舰队在1艘轻巡洋舰和4艘驱逐舰的掩护下，开始在马来亚英国殖民地北岸登陆，登陆地位于英属马来亚与泰国边境以南不远处的哥打巴鲁。90分钟后，当渊田的飞机扑向目标时，在1艘战列舰、5艘巡洋舰和7艘驱逐舰的护航下，由22艘运兵船和运输船组成的另一支日军部队开始在马来半岛泰国边境以北130英里的信哥拉（今称宋卡）海滩登陆。[23]

马来半岛是亚洲大陆向南延伸的部分，是欧亚大陆通向荷属东印度（今印度尼西亚）的陆路走廊和交通要道。马来半岛的北半部是泰国的一部分，南半部是英属马来亚，最南端则是新加坡——这个要塞扼守着太平洋与印度洋之间最近的通道，即马六甲海峡，英国人经常称它为"太平洋上的直布罗陀"。不仅如此，新加坡还对日军计划中的荷属东印度进攻作战形成了侧翼威胁，因此这里成了南进日军必须攻取的目标。英国人已经殖民新加坡近百年，对当地居民经常带有不经意的傲慢：此地的英国决策者因而自视甚高，甚至盲目自信，这导致他们在面对来自日本的威胁时，（用一位作家的话来形容）反应"迟缓而不协调"。比如，当听说日军已经在哥打巴鲁登陆时，驻新加坡的英军司令阿瑟·欧内斯特·白思华陆军中将不屑一顾，他催促当地的英国军队快快把那些"小矮子"赶到海里。[24]

在信哥拉，泰国军队象征性地抵抗了几个小时后，泰国政府做出决定：最明智的办法就是接受日军占领。泰国随即与日本签署协议，*允许日军经过本国领土，并使用本国所有的交通设施。

哥打巴鲁打得更久一些，英印军第 8 旅击沉了 1 艘日军运兵舰，击伤了另外 2 艘，然后就不得不撤退了。糟糕的天气让英军无法出动空军反击，当然，就算天公作美，英军也占不到什么便宜，因为日军的零式战斗机在各个方面都远优于英军的美国产布鲁斯特

---

\* 指 1941 年 12 月 21 日签订的《日泰同盟条约》。——编者注

B-339"水牛"战斗机<sup>*</sup>。到了 12 月 9 日，日军已经完全控制了哥打巴鲁的滩头阵地，开始向内陆进发。[25]

伦敦的英国高层（包括达德利·庞德和丘吉尔）早就意识到了日本对马来亚的威胁，但苦于欧战的巨大压力，英国人实在不愿意再开辟另外一条战线，招惹另一个敌人了。因此，与美国人一样，英国人从一开始就致力于遏止日本人的侵略意图。为此，庞德建议派遣英国皇家海军的数艘老式战列舰（他认为能调出这些战舰）前往锡兰（今斯里兰卡）东部海岸的亭可马里。在那里它们不仅能够威慑日本，还能在印度洋上为船队护航。[26]

不过，丘吉尔否决了庞德的这一提议，他认为数艘老式战列舰并不足以对日本人造成足够的心理威慑，他更愿意派遣一些最新型、威力更强大的"英王乔治五世"级战列舰前往远东。丘吉尔看中了"威尔士亲王号"，这艘战列舰曾在丹麦海峡与"俾斯麦号"血战，随后又搭载着丘吉尔前往纽芬兰会晤罗斯福。英国外交大臣安东尼·艾登对此表示赞同，他在日记中写道，没有什么能比"一两艘现代化的战列舰驶抵新加坡"对英日关系产生更好的效果了。不过，庞德还是希望能将"威尔士亲王号"留在英国本土水域，以压制波罗的海里的"提尔皮茨号"战列舰，或者法国布雷斯特港的"沙恩霍斯特号"和"格奈森瑙号"战列巡洋舰。然而，与往常一样，在向来强势的丘吉尔首相面前，庞德再次妥协。于是，"威尔士亲王号"先行南下，绕过南非开普敦驶入印度洋，与"反击号"战列巡洋舰会合，并肩驶往新加坡。[27]

与所有的战列巡洋舰一样，"反击号"火力凶猛，但装甲防

---

\* B-339 是布鲁斯特公司生产的单翼舰载战斗机，美国海军也装备了此机，其型号为 F2A。——编者注

护薄弱。该舰拥有 15 英寸口径的主炮，但甲板装甲仅有一两英寸厚，这让它极易在俯射和空袭中受损。丘吉尔原本希望让新航母"不挠号"（HMS Indomitable）与这两艘舰组成特混舰队一同前往远东，但"不挠号"在西印度群岛海试时搁浅，不得不返回船坞维修，所以最终只有"威尔士亲王号"和"反击号"在 4 艘驱逐舰的护卫下，于 1941 年 12 月 2 日抵达新加坡。英国人似乎能够接受"不挠号"航母的缺席，因为他们认为马来亚的岸基飞机也能为这支舰队提供必要的空中掩护。不仅如此，这支舰队——被称为"Z 舰队"——前往远东只是去威慑日本人，而不是真的要打一仗。[28]

"威尔士亲王号"战列舰的舰长仍然是约翰·利奇海军上校，"Z 舰队"的指挥官则是汤姆·菲利普斯海军上将。汤姆·菲利普斯身材矮小（仅有 162 厘米高），人送外号"大拇指汤姆"。12 月 2 日抵达新加坡后，菲利普斯的第一个行动就是飞去马尼拉与美国同行托马斯·查尔斯·哈特海军上将协商联合作战事宜。12 月 7 日回到新加坡后仅仅几个小时，他就听说日军在珍珠港里打残了美军作战舰队，这个共同的新敌人还正在派兵登陆哥打巴鲁。本来，他是领命前来远东威慑日本人的，但现在情况发生了剧变。在新的情况下，他不清楚自己的具体任务该是什么了。他的一个选项是赶紧从新加坡撤出自己的舰队，前去与荷兰海军和美国海军会合，共同组成马汉理论中的所谓"存在舰队"*，这支舰队至少足以牵制日军的下一步行动。不过，这会让菲利普斯戴上"畏战"的帽子。菲利普斯是一个老式做派的人，严肃务实、纪律至上，但因循守

---

\* "存在舰队"（fleet in being），停泊于安全港口且不主动出战的舰队，实力一般逊于对手，却能通过牵制作用左右敌人的战略。——编者注

旧。他偶尔会与丘吉尔共度周末，非常理解也很欣赏丘吉尔对勇猛行动的偏好。这些因素综合起来，他最终决定前往泰国湾主动挑战日本进攻舰队。如果运气好的话，他说不定还能逮住海岸外防御薄弱的日军进攻舰队，予以痛击。[29]

***

12月8日傍晚，汤姆·菲利普斯率领着2艘主力舰和4艘驱逐舰从新加坡出发，往东北方向驶入了南海。他想先往北航行，一旦发现日军的滩头阵地，就转向西，从海上轰击日军进攻部队。刚一驶出新加坡，菲利普斯就通过舰上的扩音系统向全舰官兵发表了一段简短的讲话。"我们现在出海自找麻烦去了，"他开始说道，"我期待着我们能找到这个麻烦。"[30]

"Z舰队"出海7小时后，在12月8日夜11点前几分钟，他收到了从新加坡发来的一条惊人的电报："12月10日星期三将无法出动战斗机，重复，无法出动战斗机提供掩护。"日军占领了哥打巴鲁的机场，幸存的英国飞机向南撤退了。虽然如此，汤姆·菲利普斯还是认为，如果自己能避开日军的早期侦察，那么他仍有可能从海上对日本进攻部队发动突袭。他最理想的期望现在变成了他唯一的机会——在被日军飞机发现之前，先发现日军的舰队。然而，他并不知道，自己的"Z舰队"此时已经被日本大型潜艇伊-56\*发现并辨识出来，后者立即将对手的位置、航向以及航速报了上去。[31]

驻印度支那南部的日本第22航空战队的指挥官是松永贞市海

---

\* 也有其他资料显示，发现"Z舰队"的是伊-65，录以备考。——编者注

军少将，在得报后，他立即下令出动九六式和一式陆上攻击机前去空袭"Z舰队"。日军耗费了一些时间来为这些大型双引擎轰炸机装上用来对付军舰的穿甲弹，它们起飞时已经是乌云满天、没有月光的暗夜了。结果，这些飞机并没能找到"Z舰队"，只得返航。这部分也是由于汤姆·菲利普斯决定不再碰运气，掉头往南返回新加坡，因为他认为日本进攻舰队此时可能已经撤走，他就不必在没有空中掩护的情况下继续冒险了。

午夜刚过，菲利普斯又收到白思华从新加坡发来的另一条电报，通知他说日军此时正在关丹登陆，此地是哥打巴鲁到新加坡之间东海岸的中点，恰好位于"Z舰队"正西方仅仅150英里以外。菲利普斯认为白思华的这条电报既是提示又是通知，他觉得白思华应当会派飞机从新加坡过来一同攻击入侵者。不过，为了保持无线电静默，菲利普斯没有回电核实就命令"Z舰队"转向西边，直扑关丹，想在黎明时向日军登陆舰队发动进攻。同样是为了保持无线电静默，他也没有向白思华通报自己的计划。如果说"俾斯麦号"的吕特晏斯上将是因太过随意使用无线电而带来灭亡的话，汤姆·菲利普斯就是走向了另外一个极端：为了保持静默而拒绝使用无线电。正因为如此，白思华并不知道菲利普斯在接报后就转而直扑关丹，也就没有派飞机去掩护"Z舰队"。[32]

12月10日早晨6点，黎明降临，"威尔士亲王号"和"反击号"快速靠近马来亚海岸。一个小时内，菲利普斯就能够亲眼看到此地没有日军，也没有日本人来过。白思华发来的未经核实的消息被证明是错误的。这份消息还是致命的。当菲利普斯还在凝视着未被日军侵扰的关丹海岸时，松永贞市派出了第二批九六式和一式轰炸机，再次搜寻英国战列舰的去向。这次，日本人没白跑。上午10点刚过，日本机群找到了"Z舰队"。[33]

20多年前的1919年，为了推动建立独立空军，陆军准将"比利"威廉·米切尔曾经声称陆基飞机能击沉在海上航行的战列舰。如果其预言成真，那么美国海军在很大程度上就会沦为只能用来保卫海岸线的配角了，这种观点自然遭到了海权论捍卫者们本能的怀疑甚至鄙视。认为这一观点"害人"的人中就包括时任助理海军部长一职的富兰克林·罗斯福。为了验证威廉·米切尔的理论，美国陆海两军于1921年同意威廉·米切尔的飞机轰炸停泊在近海的一艘战列舰——前德国海军无畏舰"东弗里斯兰号"。被空中轰炸了两天之后，"东弗里斯兰号"确实沉没了，但海军观察家们却认为这次测试毫无意义，因为"东弗里斯兰号"事实上相当于坐以待毙：停泊在锚地里，无人操作，也不还击。20年后，鱼雷机在塔兰托和珍珠港的确取得了成功，也许能更好地证明空中力量在对抗战列舰时的优势。然而，在这两个战例中，军舰都是停泊在港口之中，被打了个措手不及。然而，12月10日这天的情况就与以往大相径庭了，此时，"威尔士亲王号"和"反击号"正在海上航行，保持着极高的战备状态，舰员也都是老手。虽然威廉·米切尔早在1936年就过世了，但这场战斗却真正地对他的理论进行了实战测试：陆基飞机大战战列舰。[34]

　　为了攻击这两艘英国战列舰，日军派出了88架飞机，其中61架挂载了鱼雷。在第一轮攻击中，9架九六式陆上攻击机编成密集队形，从1万英尺高空投下炸弹。"Z舰队"周围的海面就像煮沸的水一样，到处都是近失弹激起的巨大水柱，1枚炸弹直接命中了"反击号"的舯部，不过损伤甚微。15分钟后，16架一式陆上攻击机迎着密集的防空炮火，向"威尔士亲王号"发动鱼雷攻击。面对着数量众多、从不同角度飞来的日机，利奇舰长不可能躲过所有鱼雷。"威尔士亲王号"上一名海军上尉看到"泡沫不断升腾起来，形成窄窄的、暗绿色的竖条"，径直向"威尔士亲王号"的舰首奔来。他后来回忆道："我一生中从来没有觉得如此无助过。"轰的一声，鱼雷命中了。其他鱼雷接踵而至，其中一枚击中了"威尔士亲王号"的舰尾附近。正如7个月之前的"俾斯麦号"一样，这枚鱼雷造成了灾难性的后果。"威尔士亲王号"左舷的两个螺旋桨被摧毁，外侧的桨轴被炸成了两半，但它还在继续转动，于是就斜切进了舰体。舵被卡住了，"威尔士亲王号"失去了控制。随着成吨的海水不停地灌进舰内，"威尔士亲王号"倾斜了13°，航速降到15节。约翰·利奇命令升起表示"本舰已无法操控"的信号旗。与"俾斯麦号"遭受的命运一样，"威尔士亲王号"也被钉死在海上，日机现在可以随心所欲地击沉它。[35]

一个小时后，日军飞机再度来袭。"反击号"终于打破了无线电静默："敌机正在轰炸我们。"驻新加坡的英军闻讯后赶紧派出战斗机，但它们来得太晚了。又有3枚鱼雷击中了"威尔士亲王号"——1枚击中舰首，1枚击中舯部，另1枚则击中了舰尾——很快，另外3枚鱼雷击中了"反击号"。"反击号"舰长威廉·坦南特命令舰员们赶紧从军舰底层来到甲板上，这个命令拯救了数百人的生命，因为到了中午12点33分，这艘巨大的战列巡洋舰便翻沉入海。"威尔士亲王号"在海面上多坚持了45分钟，到了下午1点18分，它也坚持不住了，终告沉没。为这两艘巨舰护航的英国驱逐舰并未受到攻击，它们赶紧前去拯救落水的战友，总共救起了2 000多名生还者，不过仍有840名英军官兵遇难，其中就包括约翰·利奇和汤姆·菲利普斯。日本人仅仅损失了3架飞机，在从新加坡赶来的"水牛"战斗机中队抵达之时，日机就撤退了。[36]

远在伦敦，收到战报的丘吉尔犹如五雷轰顶。"在整场战争

此照片是一架日本飞机于 1941 年 12 月 10 日上午进行高空轰炸时拍摄的。位于照片顶部的是"威尔士亲王号",该舰此时正被多枚近失弹爆炸激起的巨大水柱所包围。位于照片底部的是"反击号",该舰此时正在机动,试图甩掉日军轰炸机群

来源:美国海军历史与遗产司令部

中,"丘吉尔后来写道,"我从来没收到过比这更令人震惊的消息。"这不仅仅意味着英国损失了两艘重要的主力舰,也不仅仅意味着皇家海军失去了 840 名官兵,这场惨败实际上意味着大英帝国在南亚的殖民地失去了保护。再加上美国舰队此前在珍珠港遭受的惨重损

失，这意味着盟国在从锡兰至夏威夷之间这 8 000 英里，长度几乎是地球周长 1/3 的浩瀚水域里完全没有了主力舰。"在这么一大片广阔的水域里，"丘吉尔后来写道，"日本占尽优势，而我们却处处被动挨打。"[37]

第二天，希特勒对美国宣战。

# 第 11 章

# 斗兽出笼

在历史性的 1941 年 12 月里，日本战争机器向西方盟国发动的一连串凶猛打击令其大为震惊。日军的征服不费吹灰之力，甚至让日本人自己都感到意外。12 月 10 日，也就是"威尔士亲王号"和"反击号"在泰国湾被击沉当天，日军轰炸机将菲律宾吕宋岛上美军克拉克机场的大部分飞机摧毁在了地面上。\*同日，日军在菲律宾群岛中最大的吕宋岛北岸登陆。2 天后，另一支日军部队登陆吕宋岛南部海岸。一周后，日军又派出第三支部队——这支部队超过 5 万人，分乘 84 艘运兵舰和运输船——在吕宋岛西北部的林加延湾登陆。驻菲律宾的美军司令为道格拉斯·麦克阿瑟陆军上将，然而，他并没有按照"橙色方案"的既定计划那样率领美菲联军退守已经预先构筑了防御工事的巴丹，反而试图将日本侵略军消灭在海滩上。事实证明，这是一个错误。最后，他还是不得不丢盔弃甲，狼狈撤退。

日军的猛击还在持续。12 月 14 日，日军入侵英军驻守的北婆罗洲。12 月 20 日，日军登陆菲律宾群岛最南端的棉兰老岛上的达

---

\* 原文如此，实际上日军是在 12 月 8 日轰炸克拉克机场的。——译者注

沃，并将其改造成了一个大型军事基地。香港英军于圣诞节投降。次日，麦克阿瑟放弃马尼拉，并宣布马尼拉为不设防城市。托马斯·C.哈特上将率领的小规模美国海军部队向南撤往爪哇岛北岸的泗水。对于西方盟国而言，这是一连串令人眩晕的失败。正如一位英国历史学家所言，这是一个充满"失败与撤退、混乱与损失、死亡与痛苦"的时期。[1]

在这动荡的几个星期里，盟国方面也有过一些希望之光。其中之一就是驻守威克岛美军的防御战。威克岛位于菲律宾群岛以东3 000多英里的太平洋中部。这座小岛上当时只有大约450名美国海军陆战队驻防，此外还有约1 200名建筑工人。12月11日，守岛的陆战队成功击退了第一批登岛日军。当时，守军先按兵不动，直到来袭日舰进入极近距离内才突然亮出精心伪装的5英寸火炮，击沉了一艘日本驱逐舰，并将另一艘日舰击成重伤。从日军空袭中幸存的4架美军飞机又成功地击沉了一艘日本驱逐舰。在整个太平洋战争中，这是日本帝国海军损失的第一批军舰。

受此鼓舞，金梅尔海军上将以"萨拉托加号"航母为核心组建第14特混舰队，派其于12月16日出发驰援威克岛。不过，当救援舰队仍在半途时，日军再次向威克岛发动了进攻。这次，日军动用了2艘大型航空母舰——刚刚打过珍珠港之战的"飞龙号"和"苍龙号"，以及一支巡洋舰分队。此举让美军救援部队面临的风险骤增。12月22日，当"萨拉托加号"特混舰队距离威克岛还有725英里时，金梅尔的临时替代者、太平洋舰队代理司令威廉·S.派伊海军中将命令特混舰队放弃救援并返航。接到命令后，特混舰队的指挥官弗兰克·杰克·弗莱彻海军少将异常懊恼，猛地把军帽摔到了甲板上，但最终还是选择了服从命令返航。次日，威克岛投降。[2]

另一个鼓舞人心的时刻——虽然只是短暂的鼓舞——出现在一个月后的巴厘巴板，这是婆罗洲东岸一个重要的输油港口。1月24日，日军轻松拿下了巴厘巴板，却失望地发现荷兰人已经赶在入侵者攻占这里之前将此地的油田和炼油厂付之一炬。当夜，停泊在该港口的日军运输船和辅助船被岸上的大火映衬出了轮廓，这时，4艘美国驱逐舰在保罗·H.塔尔博特中校的指挥下恰好赶到。一名驱逐舰舰员后来回忆道："当时，我们置身于敌军进攻舰队的中央。很明显，敌人并没有注意到我们，因为无人向我们开火。这样的突袭是每一名驱逐舰官兵最梦寐以求的。"这4艘美国驱逐舰打出了全部48枚鱼雷，自身则除了"约翰·D.福特号"（USS John D. Ford）驱逐舰无关痛痒地中了一发4英寸炮弹之外几乎毫发无损。美军的鱼雷击沉了4艘日军货船，其中有一艘弹药补给舰中雷后发生了大爆炸，无比壮观。不过，在当时那种环境下，美军的战果原本可以更大的。[3]

盟国的第三次小胜是在中太平洋。1941年12月31日，切斯特·威廉·尼米兹海军上将接替派伊就任美国太平洋舰队司令。他命令全部三艘航空母舰——分别组成三支特混舰队——前去突袭密克罗尼西亚的日军基地。不过有一艘航母由于燃油问题被召回。1942年2月1日，从"约克城号"航母上起飞的轰炸机给吉尔伯特群岛的日军前哨基地造成了轻微损失，而"企业号"航母舰载机则攻击了马绍尔群岛夸贾林环礁中央潟湖里的日本舰船，击沉了日军的一艘运输船和一艘猎潜艇，还击伤了其他数艘舰船。此战，美军击毙了一名日本海军将官：美舰打向夸贾林环礁的一发炮弹炸死了日本海军的八代祐吉海军少将。这也是整个二战期间，美军首次击毙日本海军将官。[4]

不过，这些打击对日军而言无关痛痒。他们的南进作战经过了长达数月的谋划，作战动作如同钟表般精准，其前进的每一步都经过了周密部署。他们每拿下一个地方就立即占领并扩建机场，这样下一步作战就能在空中优势的保护下进行。从1942年1月到2月，日军接连拿下了盟军许多防御薄弱的前哨基地：沙捞越、霍洛岛、文莱、亚庇、打拉根、安汶岛等等。1月23日，日军占领了战略要地拉包尔港，该港位于俾斯麦海新不列颠岛最北端，西距新加坡已达3 000余英里。盟军几乎都来不及搞清楚日军的进展，更别提进行有效的反击了。[5]

日本发动这些战役的终极目标——实际上也是这场战争的终极目标——是荷属东印度，这里由婆罗洲、西里伯斯、爪哇和苏门答腊四个大岛以及无数小岛组成。这些岛屿是全世界糖类、胡椒、稻米和茶叶的主要产地和输出地。不仅如此，这些地方出产了全世界35%的橡胶，还是除美国以外世界最高产油田的聚集地之一。还有一点很重要，苏门答腊岛、爪哇岛与马来半岛共同构成了所谓的"马来屏障"，如同一块凸形盾牌，而在这块盾牌前面的正是日本期望不可攻破的海洋帝国，所谓的"大东亚共荣圈"。

保卫亚洲殖民地的荷兰人并非孤立无援。虽然其祖国在18个月前就已在纳粹铁蹄下沦陷，但荷兰女王威廉明娜及其政府已经流亡伦敦，在那里继续抵抗轴心国，而数艘荷兰军舰正与挪威、波兰等其他几个沦陷国的舰船一道，配合英国皇家海军共同打击德国潜艇。正如本书第4章中所述，荷兰的运河驳船在英军敦刻尔克大撤退中发挥了关键的作用。在远东，荷兰皇家海军拥有一支规模不大的舰队，包括3艘轻巡洋舰、7艘驱逐舰和数艘潜艇，指挥这支荷

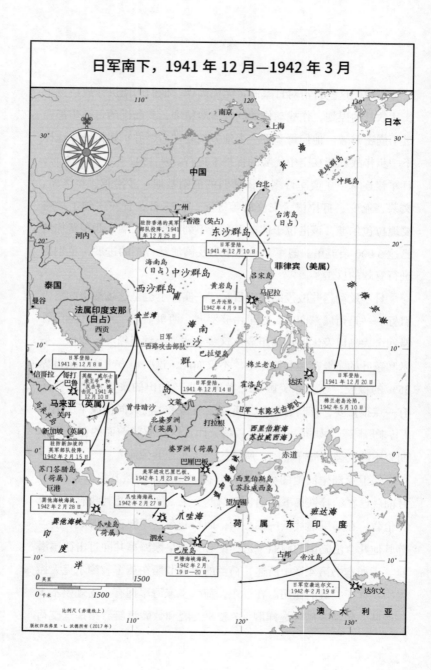

# 日军南下，1941年12月—1942年3月

中国

南京

上海

日本

东海

顶埃群岛

冲绳岛

台北

台湾岛
（日占）

广州

河内

香港（英占）

驻防香港的英军部队投降，1941年12月25日

东沙群岛

日军登陆，1941年12月10日

菲律宾（美属）

海南岛（日占）中沙群岛

吕宋岛

西沙群岛

黄岩岛

马尼拉

泰国

曼谷

法属印度支那（日占）

西贡

金兰湾

日军"西路攻击部队"

巴丹沦陷，1942年4月9日

南

沙

群

岛

海

南

巴拉望岛

日军登陆，1941年12月8日

信哥拉

哥打巴鲁

"威尔士亲王号"和"反击号"被击沉，1941年12月10日

日军登陆，1941年12月14日

棉兰老岛

霍洛岛

达沃

日军"东路攻击部队"

日军登陆，1941年12月20日

棉兰老岛沦陷，1942年5月10日

马来亚（英属）

关丹

曾母暗沙

北婆罗洲（英属）

文莱

打拉根

新加坡（英属）

驻防新加坡的英军部队投降，1942年2月15日

苏门答腊岛（荷属）

巨港

婆罗洲（荷属）

西里伯斯海（苏拉威西海）

赤道

美军进攻巴厘巴板，1942年1月23日—29日

巴厘巴板

西里伯斯岛（苏拉威西岛）

望加锡

巽他海峡海战，1942年2月28日

爪哇海海战，1942年2月27日

爪哇海

荷

属

东

印

度

班达海

巽他海峡

印

度

洋

爪哇岛（荷属）

泗水

巴厘岛

古邦

帝汶岛

巴厘岛海峡海战，1942年2月19日—20日

日军空袭达尔文，1942年2月19日

达尔文

澳

大

利

亚

0 英里 1500

0 千米 1500

比例尺（赤道线上）

版权归杰弗里·L·沃德所有（2017年）

兰舰队的是康拉德·赫尔弗里赫海军中将。[6]

仅靠赫尔弗里赫的小小舰队显然难以与强大的日本海军正面对抗。英国和荷兰军方在1941年11月就开始举行参谋级别的会谈，商议最有效的合作方式。日军偷袭珍珠港之后，盟国在华盛顿进一步磋商，成立了被称为"ABDA联合司令部"（即"美英荷澳联合司令部"）的军事合作组织，"ABDA"是美国、英国、荷兰、澳大利亚四国国名的缩写。这几个国家在当地都已陷入绝境，只好接受由一个司令来统一指挥。各国军界有一个普遍现象，即海军军官们一般都不愿意被置于陆军将领的指挥之下，更别提是外国陆军将领。然而就在1942年1月，美英荷澳四国一致同意驻印度英军总司令、陆军上将阿奇博尔德·韦维尔爵士出任"ABDA联合司令部"总司令。*韦维尔很尽职地接受了这一任命，并在荷属东印度的爪哇岛设立了司令部，不过，他对于对日作战几乎不抱任何指望。正如英国历史学家斯蒂芬·罗斯基尔所指出的："在前景如此渺茫的大环境里，很少有一名总司令能真正承担起如此重任。"[7]

虽然"ABDA联合司令部"的成立理论上让这里的盟军有了统一指挥，但不可能从根本上消除盟国之间的钩心斗角。至少有一名美国水兵认为韦维尔是"又一个吉尔伯特与沙利文†戏剧中的那种自命不凡的将军"，他还总结说韦维尔的参谋长、陆军中将亨利·波

---

\* 说来也奇怪，其实是美国人（特别是美国陆军参谋长乔治·马歇尔）最强烈主张四个国家要有联合指挥，而英国人（特别是英国首相温斯顿·丘吉尔）最初对联合指挥最为抵触。丘吉尔曾经挑衅性地问过马歇尔："一名陆军军官如何知道怎样驾驶一艘船？"然而，丘吉尔最后让步了。他写道："很明显，我们现在必须得按照美国人的观点行事了。"

† 吉尔伯特与沙利文（Gilbert & Sullivan）指幽默剧作家威廉·S.吉尔伯特与作曲家阿瑟·沙利文，二人有多部合作作品。——译者注

纳尔爵士是个"狂妄自大的浑蛋"。美国人一直在质疑韦维尔用军舰为往返新加坡的船队护航，而不去阻挡进攻日军的决定。澳大利亚人也不怎么满意，他们可怜巴巴地指出："联合司令部从未征求澳大利亚的意见。"荷兰人则很反感这么一个事实：一名美国人（哈特海军上将）手里攥着四国联军海军的统一指挥权，而另一名美国人（威廉·格拉斯福德海军少将）则担任了所谓"ABDA 联合打击舰队"的司令，这支由巡洋舰和驱逐舰组成的舰队包括了荷兰在远东的全部军舰。不过，1942 年 1 月下旬，格拉斯福德晋升为海军中将并调任新职。这为荷兰海军少将卡雷尔·多尔曼腾出了岗位，由其接任"ABDA 联合打击舰队"的司令一职。但赫尔弗里赫并未因此而感到宽慰，他仍对哈特的总体指挥颇有微词。[8]

赫尔弗里赫闷闷不乐，这部分是因为他强烈的责任感。在"ABDA 联军"的海军领导层中，他是唯一的本地人——他于 1886 年出生于爪哇岛。虽然他求学于并一度任教于阿姆斯特丹附近登海尔德的荷兰海军学院，但赫尔弗里赫始终把荷属东印度当成自己真正的故乡。对他而言，保卫"马来屏障"不仅仅是一场战略棋局，还是一场保家卫国的圣战。这很可能就是矮矮胖胖、长着双下巴的赫尔弗里赫看不惯高大、英俊、身姿挺拔的哈特的原因，他认为哈特是一位招摇浮夸之人，而非实干之士。由于来自荷兰的压力（当然这只是一部分原因），哈特以身体有恙为名被召回华盛顿。接着，赫尔弗里赫接任了"ABDA 联军"海军司令一职。他并没有多少周全细致的计划，但他有坚定的决心，他决定战至最后一兵一卒。

"ABDA 联合打击舰队"司令多尔曼并非出生于爪哇，他于纳粹德军 1940 年横扫荷兰时来到东印度。多尔曼外表冷峻沉静，而内心则热情澎湃，与前一年 5 月随"俾斯麦号"同沉的君特·吕特晏斯颇有几分相似。无论赫尔弗里赫的期望有多么不切实际，多

荷兰皇家海军康拉德·赫尔弗里赫中将（左图）是其家园的坚定保卫者，而一位美国人的手里却攥着"ABDA 联军"的海军指挥权，赫尔弗里赫当然对此颇为不满。为了安抚赫尔弗里赫（当然这只是一部分原因），托马斯·C. 哈特上将（右图）被召回美国。哈特对此十分不满。一年后，当威廉明娜访问美国时，哈特原本打算拒绝接受这位荷兰女王准备授予他的勋章。后来，罗斯福总统求哈特给个面子，哈特才勉强接受

来源：美国海军历史与遗产司令部

尔曼都决心一定要实现它。

多尔曼这支小舰队没有战列舰和航空母舰，不过，几个英语系盟国为他提供了两艘重巡洋舰。一艘是英国的"埃克塞特号"（HMS Exeter），这艘重巡洋舰曾在二战爆发之初与"施佩伯爵号"大战于乌拉圭蒙得维的亚外海；另外一艘则是美国的"休斯敦号"（USS Houston）。这两艘重巡洋舰都是 1928 年开工建造的老舰，所谓的"条约型巡洋舰"，这意味着它们的排水量都是 1 万吨，装备 8 英寸主炮，其中"休斯敦号"拥有 9 门主炮，不过只有 6 门可用，因为当它于 2 月 4 日穿过望加锡海峡时被日军空袭炸毁了尾炮塔。除了这 2 艘重巡洋舰之外，多尔曼还有 10

艘轻巡洋舰——4 艘来自英军，2 艘来自美军，2 艘来自澳大利亚，2 艘属于荷兰海军——其中荷兰的"德·鲁伊特号"（HNLMS De Ruyter）轻巡洋舰成了多尔曼的旗舰。它们全都以位于爪哇岛东部的泗水为母港。[9]

然而，"ABDA 联合打击舰队"真正的弱点在于，四个盟国之间没有有效的协同流程，甚至连一套可靠的通信系统都没有。这支舰队是在极短的时间之内临时拼凑出来的，所以这些军舰连共用的通信密码都没有。多尔曼本人说英语能像说荷兰语那样流利，但他指挥部里的大部分人都做不到这一点。各舰不得不先把其他军舰发来的电报解密、翻译，然后再行动，这样一来，这支舰队基本上不可能实现灵活的战术机动。正如澳大利亚军队的官方历史学家所言："从战术上来讲，这支联合打击舰队所能做的不过是一艘跟着另一艘，排成一列纵队向前进而已。"[10]

此外，"ABDA 联军"的海军与空中力量之间不存在任何有效的配合。日军占据着绝对的空中优势，这是事实，但问题是，盟军无论派出的是美国陆军航空兵的 B-17 还是 P-40，它们与水面舰队的配合都和地中海上的意大利人一样笨拙。在早先的一次参谋会议上，多尔曼提出是否有可能与盟军航空兵在后续战斗中协同作战，结果引来一阵哄笑。

\*\*\*

1942 年 2 月 15 日，新加坡的英国守军向日军投降。这对英国人是沉重一击，因为哪怕是在至暗时刻，他们都没有想过新加坡可能会丢掉。丘吉尔此前曾经下过死命令："要不惜一切代价守住新加坡。"他甚至还坚称："司令和将军们应该与他们的部队一起战死在沙场上。"然而，驻新加坡的英军司令阿瑟·白思华陆军中将却率领十几万部队放弃了固若金汤的新加坡要塞，向不足5万日军投降了。这对于整个英国领导层的决心和大英帝国的士气都是巨大的打击，丘吉尔对此暴跳如雷。[11]

日本人没有浪费时间去庆祝。甚至在新加坡沦陷之前，他们的4支特混舰队就已经直扑"马来屏障"。其中3支是登陆舰队，各拥有几十艘运输船和补给船，由巡洋舰和驱逐舰为其护航，第4支则是"机动部队"。

为了先发制人，防止盟军对日军进攻的阻扰，山本大将命令"机动部队"前去摧毁澳大利亚北岸达尔文港的盟军海军基地。为此，南云率领4艘航母（"赤城号""加贺号""飞龙号""苍龙号"）从菲律宾南部的达沃出发，绕过"马来屏障"的最东端，进入了印度洋，于2月19日早晨6点后不久出动188架舰载机对达尔文展开了大规模空袭。2个小时之内，日本飞机击沉了8艘舰船，其中包括美国驱逐舰"佩里号"（USS Peary）。"佩里号"在菲律宾作战时就挨过两次炸，现在历经千难万险才来到达尔文港，却还是没能逃过一劫，沉没时带走了舰上的88名官兵。不过，日军此次袭击的主要目标是达尔文港本身。这座港口被彻底摧毁，无法继续充当"ABDA联军"的海军基地了。日本飞机还攻击了达尔文市区。由于市区的大部分建筑是木质结构，全城在随后的大火中化为灰烬。而日军仅仅损失了2架飞机。[12]

当南云的航母舰队突袭达尔文港时，另3支日军登陆舰队也驶近了各自的目标，其中规模最大的是栗田健男海军中将的所谓"西路攻击部队"。栗田虽然面相凶狠，但他的举止却颇有学者之风。栗田舰队于10天前的2月9日至10日起锚驶离了法属印度支那的金兰湾，以10节的航速不紧不慢地向几乎位于正南方的苏门答腊岛进发。这是一支庞大的舰队，拥有近 100 艘舰船，其中包括 56 艘满载部队的运输船和补给舰，有 3 艘轻巡洋舰和至少 25 艘驱逐舰为其护航。另有一支独立行动的支援舰队配合行动，由小泽治三郎海军中将的数艘重巡洋舰和小型航母"龙骧号"组成。

南下途中，庞大的日军舰队与一支刚刚离开新加坡的逃难船队不期而遇。船队大部分船上都挤满了难民，不过，其中有一艘排水量 700 吨的小型武装江轮"利和号"（HMS Li Wo），其舰长是英国海军的托马斯·威尔金森上尉。2 月 14 日，眼见日军舰队杀来，威尔金森勇猛地冲到日军舰艇中间，用仅有的一门 4 英寸火炮猛轰。"利和号"成功地把一艘日军运输船打着了火，并击伤了几艘日本舰船，但终归寡不敌众。最后，威尔金森拼死撞向那艘正在熊熊燃烧的日军运输船，迫使日军弃船。"利和号"几乎立刻就沉没了，该舰上 84 名舰员中有 77 人牺牲，其中包括威尔金森，他不久后被追授维多利亚十字勋章。[13]

面对不断逼近的日军舰队，赫尔弗里赫催促多尔曼前去迎敌，于是，多尔曼率领着"埃克塞特号"重巡洋舰（"休斯敦号"此时正在从达尔文港赶来的路上）、4 艘轻巡洋舰以及 10 艘驱逐舰从泗水港出海了。不过，多尔曼的突击与威尔金森几乎一样不计后果。即便不考虑小泽的支援舰队，日军运输船的护航舰队也在数量上以将近 2∶1 的比例远超多尔曼。此外，如同泰国湾外的汤姆·菲利普斯一样，多尔曼也缺乏有效的空中掩护。在接下来的数小时里，多尔曼遭到日军飞机连续 5 轮空袭，发动空袭的既有从"龙骧号"航母上起飞的九七式攻击机，也有从日军新占领的东南亚各前进机场起飞的九六式和一式陆上攻击机。这些日军轰炸机没有直接命中目标，但数枚近失弹也击伤了多尔曼的 2 艘驱逐舰，迫

1942 年 2 月，在荷兰皇家海军卡雷尔·多尔曼少将的指挥下，"ABDA 联合打击舰队"与日本南进部队进行了一系列针锋相对的战斗。然而，多尔曼这支由巡洋舰和驱逐舰组成的舰队实在是寡不敌众，而且得不到任何空中支援，所以一再被日军击败

来源：荷兰国家档案馆（Netherlands National Archives）

使它们退出战斗。多尔曼深知自己已无法继续接近并攻击日军运输船，只得在失望之中下令返港。[14]

栗田舰队的进攻目标是苏门答腊岛东部的内河港口城市巨港，此地当时是世界上最大、最高产的油田之一。为了预防荷兰人像在巴厘巴板时那样再次破坏炼油厂，日军这次派出飞机直接把空降兵空投到了炼油厂。这些日军空降兵遇到了当地盟军的顽强抵抗，但日军的援军主力很快登陆，迅速夺取并控制了巨港市区及其附近的油田。[15]

几乎与此同时，在巨港以东 1 000 英里外，规模小得多的另一支日本南进部队兵锋直指巴厘岛，此岛西距爪哇岛仅数英里，离多尔曼在泗水的海军基地也仅有不到 100 英里。多尔曼几乎没有时间补充燃料，就不得不再次出海，以挫败日军新一轮的攻势。他能带出去进攻的军舰只有 2 艘轻巡洋舰和 3 艘驱逐舰（包括 1 艘荷兰驱逐舰和 2 艘美国驱逐舰）。他同时留下了命令：其余军舰做好准备后就立即前去与他会合。接下来爆发的战斗史称"巴塘海峡海战"（2 月 19 日—20 日），这是一场夜间混战，双方都是一团乱。多尔曼的军舰虽然在数量上占有优势，但损失却更大。正是在此战中，日军第一次展示了自己的夜战优势以及九三式"长矛"鱼雷的卓越性能。在黑夜中，一枚"长矛"鱼雷击中荷兰驱逐舰"皮特·海因号"（HNLMS Piet Hein），该舰炸成了两截，迅速沉没，舰上 64 名官兵阵亡，包括舰长。日本驱逐舰还击中了荷兰轻巡洋舰"特龙普号"（HNLMS Tromp），不过，"特龙普号"靠着自身的动力，仍顽强地返回了母港。多尔曼的出击对日军登陆影响甚微，当他在夜战中饱受打击并返回泗水时，日本人已经将巴厘岛牢牢握在手中。[16]

屋漏偏逢连夜雨。仅仅 2 天后的 2 月 22 日，盟国的一支护航船队离开澳大利亚弗里曼特尔前往锡兰，船队里有一艘是美国海军"兰利号"（USS Langley）。"兰利号"原本是一艘建造于 1912 年运煤船，1920 年被改造为美国的第一艘航空母舰，1937 年又改造成水上飞机支援舰。"兰利号"此行的任务是运载战斗机前去增援锡兰的英国守军。然而，由于极度缺乏战斗机以及形势所迫，赫尔弗里赫铤而走险，他不顾"兰利号"身负的命令，强令其离开护航队，马上奔赴位于爪哇岛南岸的芝拉扎港。盟军混乱的指挥系统发出了一系列自相矛盾的命令，让"兰利号"无所适从，只得游荡在爪哇南面，这就给了日本人足够的时间来找到它。2 月 27 日中午前，9 架日本一式陆上攻击机来袭，其中 5 架扔下的炸弹都准确命中了倒霉的"兰利号"。当天下午，"兰利号"沉没，舰上满载的战斗机也一并沉入海底。[17]

＊＊＊

　　日本两栖进攻部队的核心目标正是爪哇岛本身。爪哇岛的战略价值极其重大，它既是"ABDA 联军"防线的核心，又是荷属东印度的首府巴达维亚（今雅加达）的所在地，同时还是多尔曼舰队的母港泗水所在地。担负夺取爪哇岛重任的是日军"东路攻击部队"，包括 41 艘运输船，由西村祥治海军少将率领的 2 艘轻巡洋舰和 12 艘驱逐舰为其护航。另有高木武雄海军少将指挥的 10 艘巡洋舰和驱逐舰跟在"东路攻击部队"后面 200 英里处，为其提供支援。虽然这支部队的实力弱于前去夺取巨港的"西路攻击部队"，但山本仍坚信他们能够取胜，于是放手命令南云忠一的航母舰队从爪哇岛南面向西进入印度洋，前去闪击印度洋英军。[18]

　　山本之所以做出这个决定，是因为他想当然地认为：泗水的盟

高木武雄海军少将时年 50 岁，指挥着一支支援舰队，为入侵菲律宾和荷属东印度的日军部队提供火力支援。爪哇海海战的胜利，为他赢得了海军中将的军衔

来源：美国海军学会

军残余舰队已经疲惫不堪，士气低落，不再是严重威胁了。他只猜对了一半。多尔曼以及舰上的官兵们当然已经精疲力竭，但战斗意志并未消沉。事实上，当获悉另一支敌军舰队将至时，多尔曼立马于 2 月 26 日黄昏时分出海，意图找到敌人并发动攻击。正当多尔曼率队驶往西北方向的时候，他收到了赫尔弗里赫发来的一份电报，催促他"继续攻击，直到完全消灭敌人为止"。[19]

然而，到了 2 月 27 日日出时，多尔曼唯一能看到的敌人却是越来越多的日军轰炸机。频繁的空袭虽然并未给多尔曼的舰队带来实质性的伤害，却让本已疲惫不堪的盟军官兵们不得不始终保持一级战备。由于找不到来犯敌舰，多尔曼以为是报告有误，遂掉头返回泗水。赫尔弗里赫对此非常生气。"哪怕有空袭，"赫尔弗里赫发来电报，"你也应当向东继续搜寻来敌并予以打击。"坐镇泗水的赫尔弗里赫说得轻松，但身处一线的多尔曼却非常清楚实际情况，他知道他的部队已经心有余而力不足了，因此他就大着胆子给赫尔弗里赫回电："今天，我的官兵们已经达到了人类耐力的极限。"他还是返航了。[20]

多尔曼于当天下午 2 点半左右来到泗水港的入口附近。然而，正当舰队驶过雷场间的水道准备进港的时候，他又收到了一份更加具体的报告：一支由 25 艘运输船、2 艘巡洋舰以及 6 艘驱逐舰组成的日军舰队正向南杀过来，距离爪哇岛只有几个小时的航程了。多尔曼原本可以稍作喘息再决定出击，但形势不等人，他已经没有时间与各舰舰长商量了，只能直接掉头，并给其他各舰发去信息："跟上我。稍后再告诉你们细节。"[21]

高木武雄接到侦察机的报告，一支盟军水面舰队正在逼近，这令他有些惊讶，但他也没有把对手太当回事。与山本五十六一样，高木武雄也认为盟军此时应该早已斗志全无，所以他的 2 艘重巡洋舰此前一直在船队后面近 200 英里处不紧不慢地行驶着。不过得此消息后，高木武雄还是打起了精神，他命令那 41 艘运输船赶紧向北转向以躲避这支盟军舰队，同时 2 艘重巡洋舰提速到 28 节，追上由轻巡洋舰和驱逐舰组成的护航舰队。[22]

多尔曼匆忙发出"跟上我"的命令以后，没有时间做进一步的作战部署了。他的 5 艘巡洋舰以旗舰打头阵，排成一列纵队航行。旗舰"德·鲁伊特号"后面是 2 艘重巡洋舰"埃克塞特号"和"休斯敦号"，接着是 2 艘轻巡洋舰，澳大利亚的"珀斯号"（HMAS Perth）和荷兰的"爪哇号"（HNLMS Java）。3 艘英国驱逐舰在前面探路，4 艘美国驱逐舰则负责殿后。这种安排令人不解，因为美国驱逐舰的鱼雷发射管数量最多，而此前的众多战斗已经证明，鱼雷攻击比舰炮轰击更加有效，特别是在夜战中。当然，多尔曼也没有时间和通信能力来构思并下发更加复杂的作战计划了。[23]

下午 4 点刚过，最前方英军驱逐舰上的瞭望员发现了西村护航舰的主桅，爪哇海海战（1942 年 2 月 27 日）爆发。几乎同时，高木的 2 艘重巡洋舰"那智号"和"羽黑号"赶到，这决定性地改变了双方的实力对比。这 2 艘日本重巡洋舰各装备 10 门 8 英寸主炮，与此相比，多尔曼的"埃克塞特号"仅有 6 门 8 英寸炮，"休斯敦号"也仅有 6 门 8 英寸炮可用。日军在远程主炮这一关键项上占据了 20 ∶ 12 的优势。多尔曼据此做出判断，最有利的方式莫过于迅速接近敌军并缩短射程，这样自己轻巡洋舰上的 6 英寸炮就能发挥作用了。虽然多尔曼的目标是消灭西北方的日军运输船，但他不得不先和日军支援舰队打一仗再说。

下午 4 点 15 分左右，大炮响了。一名日本驱逐舰舰长后来回忆道："弹如雨下，周围到处都是爆炸激起的巨大水柱。"有一些水柱居然是五颜六色的，这是因为盟军在 8 英寸炮弹中放入了装在小袋子里的各色染料，以便观测员判断远处的弹着水柱中哪些是本舰的，并进行校射。例如，"休斯敦号"用了红色染料，当其炮弹激起了血红的水柱时，有些日舰官兵大惊失色，以为美国人使用了什么新的秘密武器。[24]

下午 5 点刚过，转折点到来了，可能是"羽黑号"打出的一发 8 英寸炮弹击中了"埃克塞特号"的一台锅炉。炮弹刚命中时没有爆炸，却被锅炉里的高温蒸汽引爆了。"埃克塞特号" 8 台锅炉中的 6 台被毁，航速骤降至 10 节。为了防止紧跟在身后的"休斯敦号"撞上自己，"埃克塞特号"的舰长奥利弗·戈登立即下令向左急转。"休斯敦号"舰长阿尔伯特·鲁克斯海军上校在一片烟雾和混乱的战场中见此情景，以为自己错过了旗舰的某一条命令，于是也让"休斯敦号"左转跟进。这样，"休斯敦号"后面的"珀斯号"和"爪哇号"也跟了上去。鲁克斯直到几分钟后才意识到发生了什么，但这时多尔曼的旗舰"德·鲁伊特号"已经独自前行很远了。[25]

接下来，高木下令发动鱼雷攻击，64 枚鱼雷向多尔曼的几艘巡洋舰飞驰而来。不过，即便用的是"长矛"鱼雷，双方的距离也太远了，只有一枚鱼雷命中目标。这枚鱼雷把荷兰驱逐舰"科顿艾尔号"（HNLMS Kortenaer）炸成两截，使其迅速沉没。另一艘驱逐舰，英国的"伊莱克特拉号"（HMS Electra），曾经大战过"俾斯麦号"并见证过"威尔士亲王号"的沉没，连中数发炮弹后失去了动力，最终高扬着战旗沉没了。见此情形，多尔曼迅速命令遭受重创的"埃克塞特号"撤离战场并返回泗水，由 1 艘驱逐舰为其护航。这样，多尔曼剩下的 8 英寸炮数量从 12 门下降到了6 门。更糟糕的是，"埃克塞特号"是舰队中唯一配备了雷达的军舰，它的离开让多尔曼难以再洞悉战局，特别是在天黑以后。下午

6点15分左右，多尔曼指示美国驱逐舰对日舰发动了一轮鱼雷攻击，并施放烟幕掩护己方巡洋舰撤退。[26]

此时，盟军的空中力量赶来助阵了：12架攻击机和5架布鲁斯特B-339"水牛"战斗机。不过，这些飞机并未与多尔曼的舰队打配合，它们试图独自攻击日本运输船，但并未成功。高木并未意识到盟军舰队已危如累卵，他担心运输船的安危，遂决定停止向南追击多尔曼。

这场海战本可到此结束，已经尽了力的多尔曼也可以交差了。他命令已经打光了鱼雷、燃料储备告急的4艘美国驱逐舰先行返航。这样一来，为他的4艘巡洋舰护航的就仅有"朱庇特号"（HMS Jupiter）和"遭遇号"（HMS Encounter）2艘英国驱逐舰了。然而，到了当天晚上9点，多尔曼又率舰队残部向北折返，试图继续搜索敌运输船。祸不单行的是，他掉头向北没走多久，"朱庇特号"就撞上水雷沉没了，"遭遇号"只得停下来打捞自己的落水同胞。这样，多尔曼只剩下"休斯敦号"和3艘轻巡洋舰了。即便如此，他还是命令这4艘军舰排成一路纵队，再次发出"跟上我"的指示，然后向北驶去。然而，夜色中的多尔曼既失去了雷达，又没有驱逐舰和飞机支援，只能如盲人骑瞎马，摸黑前行。[27]

当晚11点，多尔曼突然有了发现，只不过发现的不是日军运输船，而是高木的那2艘重巡洋舰。不期而遇，双方都大吃了一惊。这2艘日本重巡洋舰正停在海面上准备回收侦察机，在这当口与盟军舰队狭路相逢，高木丧气至极，把嘴唇都咬出了血。然而侦察机刚一收回，高木便做好了再打一仗的准备。在接下来的短促交火中，"长矛"鱼雷的致命威力得以尽显："爪哇号"和"德·鲁伊特号"两艘荷兰军舰先后被鱼雷命中，在几分钟内爆炸沉没。在澳大利亚巡洋舰"珀斯号"的舰长赫克托·沃勒海军上校看来，两艘荷兰军舰的突然爆炸沉没令人震惊，它们如同打火机在暗夜中突然点亮：
"猛地爆发出一团火焰。"在下沉的"德·鲁伊特号"里，多尔曼做
出了可能是一生中最后的决定：命令"休斯敦号"和"珀斯号"不
要拯救荷兰军舰的落水官兵，尽快赶往爪哇岛西部的巴达维亚。[28]

　　这样一来，正当遭受重创的"埃克塞特号"向东蹒跚返回泗
水时，"休斯敦号"和"珀斯号"开向了西边。打赢了海战之后，
日军迅速登陆。最终，爪哇岛还是落入了日军之手。多尔曼多次英
勇出击，也只不过让日本人登陆爪哇岛的时间延迟了 24 小时而已。

***

　　战斗并未结束。多尔曼已与"德·鲁伊特号"同沉，这样澳
大利亚巡洋舰"珀斯号"的舰长沃勒就成了盟军舰队的最高指挥
官。他此时年仅 42 岁，却经历过多场血战的洗礼，包括在地中海
马塔潘角海战中扮演过关键的角色（见第 5 章）。他在盟军中素以
临阵指挥从容不迫而著称。在接下来的 24 小时里，身陷朝不保夕
境地的他必须把自己的镇定自若发挥到极致。此时，他的两艘军舰
基本已是油弹两尽，官兵精疲力竭。为了保存盟军舰队仅存的这点
力量，他不得不前往巴达维亚附近的丹戎不碌军港加油，再从爪哇
岛最西端向南穿越巽他海峡进入印度洋。如果能避开日军空袭，他
就可以从那里回到澳大利亚。后来，赫尔弗里赫批评赫克托·沃勒
放弃继续作战的决定"令人遗憾"，并坚称他违背了自己此前下达
的"继续攻击，直到完全消灭敌人为止"的命令。这一批评显然
是不切实际而且过于苛刻的。[29]

　　"休斯敦号"和"珀斯号"两舰终于在 2 月 28 日下午平安抵
达了巴达维亚。可是这里显然也非久留之地。日军轰炸机刚刚光临

澳大利亚皇家海军赫克托·沃勒上校在马塔潘角海战中扮演过关键的角色，当时他指挥着一个驱逐舰中队。后来，在爪哇海海战的最后阶段和巽他海峡海战中，他负责率领"ABDA联合打击舰队"的残存力量

来源：澳大利亚战争纪念馆（Australian War Memorial）

过此地，到处都是重伤以及沉没的商船。甚至连补充燃料都非常困难，这部分是因为相关设施损坏严重，部分则是因为荷兰人还想将已经所剩无几的燃油留给荷兰军舰使用。直到沃勒告诉荷兰人已经没有荷兰军舰了，当局才同意为"休斯敦号"和"珀斯号"提供所需燃料。然而，时间不等人，"休斯敦号"和"珀斯号"只加了一半燃油就匆匆离开了丹戎不碌港。[30]

为了避开日军飞机，沃勒一直等到夜幕降临才离开港口向巽他海峡驶去。晚上 11 点 15 分左右，舰队以"珀斯号"为先导接近了巽他海峡入口。就在此时，日本驱逐舰"吹雪号"的瞭望员发现了"休斯敦号"和"珀斯号"，随即悄悄跟了上去，行驶了数英里，而这两艘盟军军舰都没发现有人盯梢。盟军官兵们此时早已达到了精神和体力的极限，军舰本身的燃料和弹药也不多了，他们就这样闯入了日军"西路攻击部队"50 多艘运输船以及包括 6 艘重巡洋舰在内的多艘护航军舰的包围之中。此前,日军"西路攻击部队"已经拿下了苏门答腊岛东部,此时已穿过巽他海峡,在爪哇岛最西端的万丹湾登陆。见此情景,沃勒颇感讽刺:自己在海上搜索日军运输船一个多星期都没能找到,却没想到在走投无路的时刻遇到了。既然已经被敌人发现,逃是逃不掉了,只能硬着头皮打。晚上 11 点半,鲁克斯海军上校发出了"休斯敦号"的最后一份电报:"已与敌交火。"[31]

巽他海峡海战(1942 年 2 月 28 日)又是一场夜海混战。照明弹点亮了夜空,到处都是舰炮炮口吐出的火舌,鱼雷在海面上往来穿梭。"珀斯号"的操舵军士长凭着印象回忆道:"探照灯射出了强光;闪光、爆炸和我们自己舰炮的轰鸣声;曳光弹划破夜空;闪着磷光的尾流互相交织着,还有燃烧的舰船。"这场夜战是如此之混乱,以至于日本驱逐舰射向盟军巡洋舰的一些鱼雷最后却击中了万丹湾里的己方运输船。至少有 2 艘运输船被日军自己的鱼雷误击沉没,还有 2 艘运输船为了避免沉没而抢滩搁浅。[32]

即便如此,混战的结局却毫无悬念。战斗打响的数分钟之内,日军的 8 英寸炮弹便击中了两艘盟军军舰,"珀斯号"吃水线被击中,而"休斯敦号"的前甲板中弹。很快,"休斯敦号"又挨了一枚"长矛"鱼雷,锅炉主给水器被摧毁,航速骤降。另一枚鱼雷击中了"珀斯号",摧毁了前轮机舱。此时,这两艘盟军战舰弹药实际上已经耗尽,只能用训练弹和照明弹射向敌人了。"珀斯号"很快又连中了 3 枚鱼雷。沃勒每次收到中雷报告都会冷冷地回应一声"很好"。当第 4 枚鱼雷击中"珀斯号",该舰骤然右倾时,沃勒还是宣布道:"天哪!船要毁了。弃舰。"很快,这艘澳大利亚巡洋舰边前进边翻倒,先是舰首,再是整艘军舰慢慢沉入水中。[33]

随后，鲁克斯指挥着"休斯敦号"向岸边冲去。他也许是想在"休斯敦号"沉没之前给日军运输船造成尽可能多的损失，或者是想抢滩搁浅，为部下争取更多的生还机会。不过，这都没能实现。"休斯敦号"上的大火已经失去控制，而且进水过多，最后时刻鲁克斯不得不下令弃舰。几秒钟后，他就被横飞的弹片击中，伤重不治。"休斯敦号"的副舰长戴维·W. 罗伯茨中校接替指挥后，下令撤回弃舰令，继续战斗。但没过几分钟，罗伯茨自己也发现，再继续战斗下去已经没有任何希望，只得再次下达了弃舰令。与"珀斯号"一样，"休斯敦号"也是舰首先沉没的，官兵们翻过护栏，纷纷跳进海水里逃生。"休斯敦号"全舰 1 087 名官兵，有721 人随舰沉没，其中包括鲁克斯。另外 366 人游到岸上被日军俘虏。不久，鲁克斯被追授荣誉勋章。[34]

泗水的"ABDA 联合打击舰队"残部此时并不知道"休斯敦号"和"珀斯号"的命运，他们自己也开始向南突围。此前由多尔曼下令提前返航的 4 艘美国驱逐舰穿过爪哇岛最东端的巴厘海峡，顺利抵达澳大利亚。然而，对于受了重伤的"埃克塞特号"来说，这一水道太浅，于是它的舰长试图循"休斯敦号"和"珀斯号"的航迹穿越巽他海峡进入印度洋。3 月 1 日半夜时分，"埃克塞特号"葬身于 4 艘日本重巡洋舰和一支驱逐队 * 的炮弹和鱼雷之下。"埃克塞特号"的沉没标志着"ABDA 联军"的末日。赫尔弗里赫于当日正式辞职，这时他麾下已经没有任何舰艇可用了。事实上，一个星期之前，韦维尔就曾致信丘吉尔说："我看这个司令部没什么用。"这场联合指挥的试验仅仅持续了 39 天。其实，问题

---

\* 驱逐队，日本海军的编制，拥有 3 艘左右驱逐舰，相当于"驱逐舰分队"。——译者注

并不在于联合指挥这一概念。面对日本人挥来的屠刀，西方盟国根本没有足够的资源可供使用。[35]

***

日本人征服荷属东印度资源产区的速度比预期快得多，付出的代价也比预期小得多。胜利来得是如此之快，以至于日本最高层都不知道下一步该去做什么了。一个选项当然是就地防御，巩固新征服的辽阔疆域，这样才能挫败必将到来的盟军反攻。其实，日本人最初决心南进时，其主导思想便是如此。不过另一方面，这也等同于把主动权拱手让给了盟军。再者，日本此时的形势一片大好，何不趁热打铁，再发动一轮大规模的进攻？

日本海军军令部中一些人关注着南方。军令部总长永野修身认为，美国人的反攻不可避免，澳大利亚必定是其前进基地，如能占领澳大利亚，日本就能先发制人。然而，深陷中国战场的日本陆军不想再去踏足另一块大陆了。另一个选项是西进印度洋，占领锡兰。如能成功，这可能会引发印度人民起义，反抗英国殖民者的统治，进而直击英国的要害。然而，日本陆军再次否决了这一设想。如果说日本陆军在四处环顾之后还愿意再新开辟一块战场的话，那就是北上苏联。虽然苏联红军不久前刚刚在莫斯科城下击退了德军，但看起来苏联仍然可能陷入崩溃。[36]

对日本陆军的不配合态度深为不满的不仅有东京军令部的高级将领们，还有濑户内海山本旗舰上联合舰队司令部的军官们。一位日本海军参谋军官如此抱怨道："我们想进攻锡兰，不让！我们想进攻澳大利亚，不行！我们想进攻夏威夷，还是不行！这全都是因为陆军不同意派兵配合。"山本五十六的军需官后来回忆道："因

1942 年 4 月，日本航空母舰"赤城号"在印度洋作战期间。飞行甲板上准备起飞的飞机是九九式舰载轰炸机

来源：维基百科

为陆军和海军无法就第二个阶段的行动达成一致，所以海军越来越倾向于单干。"[37]

　　但如果是纯粹的海上突袭，山本是不需要征得陆军同意的。他已经令南云率领其 6 艘大型航空母舰中的 5 艘（"加贺号"此前触礁了，需要维修）前往印度洋，对锡兰的英国基地来一场打了就跑的远程突袭。于是，当日军还在巩固荷属东印度的战果时，南云就率领舰队向西驶去，准备再次发动攻击。

新加坡沦陷之后，英国皇家海军远东舰队将其基地从新加坡迁移到了印度洋——位于锡兰东北岸的亭可马里和西南岸的科伦坡。此时，英国皇家海军在锡兰仍拥有一支实力相当可观的舰队，其中包括4艘航速比较慢的老式"复仇"级（R级）战列舰——"决心号"、"拉米利斯号"、"君权号"（HMS Royal Sovereign）、"复仇号"（HMS Revenge）——以及一艘更老旧（却更快）的"厌战号"战列舰，外加2艘新型航空母舰"不挠号"和"可畏号"。这支舰队的统帅是詹姆斯·萨默维尔爵士，大约两年前正是他不情愿地攻击了米尔斯克比尔港。萨默维尔事先得到情报，日本舰队已经悄悄逼近并准备包围他。他不想坐以待毙，因此命令舰队迅速驶往锡兰岛西南方某处埋伏，一旦日军"机动部队"来到便予以痛击。萨默维尔深知自己无力与日军正面对抗，但他还是希望夜间发动的鱼雷攻击能予以敌人沉重打击，逼迫其退兵。萨默维尔预计日军在4月1日左右就该到了。可是，日军过了几天都还没来，而萨默维尔战列舰上的燃料和淡水都已告急，于是他让重巡洋舰"多塞特郡号"和"康沃尔号"（HMS Cornwall）先行返回科伦坡，然后率领舰队主力隐蔽在阿杜环礁的一处秘密锚地。阿杜环礁位于马尔代夫群岛的最南端，在锡兰岛西南方向大约600英里处。[38]

南云的"机动部队"姗姗来迟，到了4月5日复活节这天才露面。当天，300多架日本飞机袭击了科伦坡的英国海军基地。驻防此地的英国指挥官是杰弗里·莱顿将军，他命令2个中队的"飓风"式战斗机——它的兄弟机型"喷火"式战斗机更加有名——和"管鼻燕"式舰载战斗机起飞迎敌，总共有42架。但这些英机在日军的零式战斗机面前毫无还手之力，被击落 19 架，自身只击落 7 架日机。莱顿还派出 6 架"剑鱼"式攻击机挂载鱼雷前去攻击日本军舰，结果这些"网兜"沦为了日军零式战斗机的猎物，在进入鱼雷射程前就被轻易击落。与此同时，日军的轰炸机和鱼雷机击沉了 3 艘英国军舰——不过，与偷袭珍珠港时一样，他们的主要目标，即萨默维尔的战列舰和航母，都不在科伦坡，这让日军很失望。然而，日本人还是尽可能摧毁了众多港口设施，他们此前在澳大利亚的达尔文也是这么干的。[39]

当天下午，一架日军侦察机发现了奉萨默维尔之命返回科伦坡的那 2 艘重巡洋舰。南云随即派出了一支由 88 架日机组成的攻击机群奔赴发现敌舰的坐标处。这 2 艘英国重巡洋舰毫无生还机会。与前一年 12 月被击沉的"威尔士亲王号"和"反击号"一样，"多塞特郡号"和"康沃尔号"此时也没有任何空中掩护，它们几乎就是日本飞机的活靶子。"多塞特郡号"身中 10 枚炸弹，数分钟后就沉没了；"康沃尔号"被命中 9 枚炸弹，很快也步"多塞特郡号"的后尘。[40]

4 天后的 4 月 9 日，日本人又对亭可马里发动了突袭。英军战斗机再一次在日军零式战斗机面前要么被赶到一旁，要么坠入海中。英军还派出 9 架布里斯托尔"布伦海姆"陆基轰炸机前去轰炸日本航母，结果被击落 5 架，其余飞机投下的炸弹无一命中。日军还杀了英军一个回马枪，发现并击沉了英国小型航空母舰"竞技神号"，当时"竞技神号"正沿着锡兰的东海岸南撤，仅有一艘驱逐舰为其护航。[41]

此后，萨默维尔不得不将一部分舰艇调往英属东非海岸（今肯尼亚）的蒙巴萨，其余（包括 2 艘航空母舰）向北调往印度的孟买，从而实际上把东印度洋和孟加拉湾拱手让给了敌军。萨默维尔写

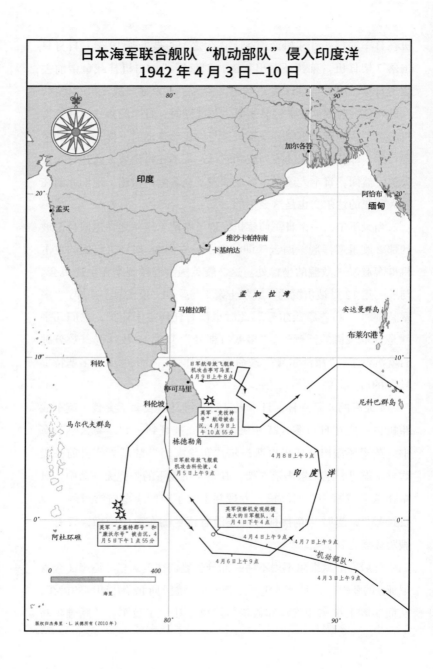

# 日本海军联合舰队"机动部队"侵入印度洋
## 1942 年 4 月 3 日—10 日

印度

加尔各答

阿恰布
缅甸

孟买

维沙卡帕特南
卡基纳达

孟加拉湾

马德拉斯

安达曼群岛

布莱尔港

科钦

日军航母放飞舰载机攻击亭可马里，4月9日上午8点

亭可马里

尼科巴群岛

科伦坡

英军"竞技神号"航母被击沉，4月9日上午10点55分

马尔代夫群岛

栋德勒角

日军航母放飞舰载机攻击科伦坡，4月5日上午9点

4月8日上午9点

印度洋

英军侦察机发现规模庞大的日军舰队，4月4日下午4点

阿杜环礁

英军"多塞特郡号"和"康沃尔号"被击沉，4月5日下午1点55分

4月4日上午9点

4月7日上午9点

4月6日上午9点

"机动部队"

0          400

海里

4月3日上午9点

版权归杰弗里·L.沃德所有（2010年）

1942 年 4 月 9 日，英军"竞技神号"航空母舰被击沉。不同于之前由巡洋舰和商船改装的航母，"竞技神号"是世界上第一艘专门设计为航母的军舰，1919 年下水

来源：维基百科

道："我确信，为了锡兰岛而让远东舰队承担过多的风险，这绝不是什么好策略。"然而，事实上，南云已经做完了自己想做的事情。在确保了占领区西侧的安全之后，南云率"机动部队"掉头东返，穿过马六甲海峡——此时的马六甲海峡已不再为英国的新加坡堡垒所控制——返回太平洋。[42]

***

在短短的 4 个月之内，日军就占领了一个陆地面积上万平方英里的庞大岛屿帝国，拿下了资源产区。日本人希望这些资源产区能帮助自己实现经济上的自给自足，同时在军事上也能形成坚固的堡垒。日军总共击沉了盟国的 6 艘主力舰（在珍珠港击沉了 4 艘美国战列舰，外加英舰"威尔士亲王号"和"反击号"）以及"ABDA 联合打击舰队"（这个名字起得很大）的 5 艘巡洋舰。此外，日本人还摧毁了萨默维尔的 2 艘重巡洋舰和 1 艘航空母舰，还有至少17 艘盟国驱逐舰，外加数不清的货船和运输船。除了英属马来亚和荷属东印度之外，日本人还在西面拿下了泰国和缅甸，并在东面占领了俾斯麦群岛。日本人为赢得这一切付出的代价仅仅是在威克岛外被击沉的那 2 艘驱逐舰。到 1942 年 3 月底，日本已经成了三分之一个地球的主宰。他们不禁觉得，自己当初做出的与英国、荷兰和美国同时开战的战略决策英明无比。

# 第 12 章

# 破交战（二）

战火已经从欧洲蔓延到了太平洋和印度洋，世界大战全面爆发。破交战的面貌也随之改变。甚至当南云忠一的航母舰队还在轰炸锡兰的英国海军基地时，刚刚征服了苏门答腊和爪哇岛的小泽治三郎就指挥着一支以 5 艘重巡洋舰为主力的强大舰队开进了孟加拉湾，在马德拉斯与加尔各答之间的印度东海岸对英国及盟国的商船展开了屠杀。在短短 5 天里，小泽舰队击沉了总计吨位高达 112 312 吨的 23 艘商船。日本潜艇也击沉了 5 艘商船，总计吨位 32 404 吨。[1]

盟国对轴心国的破交战也不落下风。在地中海战区，英国皇家海军的巡洋舰和驱逐舰从马耳他出发展开了积极扫荡。11 月，在爱奥尼亚海，英国海军威廉·G. 阿格纽上校指挥的 2 艘巡洋舰和 2 艘驱逐舰攻击了一支拥有 7 艘商船的意大利船队，不仅将商船全部击沉，还击沉了 3 艘意大利护航舰。数周后，英国皇家海军再度屠杀了另一支意大利船队，迫使意军暂时取消了西西里海峡的夜间航运。此后一直到二战结束，德意军在北非的后勤保障都难以为继。

破交战的阴云也笼罩了整个大西洋。一连数月，雷德尔都在不断催促希特勒允许邓尼茨的潜艇部队攻击为开往英格兰的船队护航的美国驱逐舰，并将潜艇的狩猎场扩大至西大西洋。但他的请求从未获准，因为希特勒担心这会在苏联屈服之前让战争进一步扩大。不过，到了1941年12月9日，也就是日军偷袭珍珠港的两天之后，希特勒终于取消了这个限制。从此时开始，北大西洋上和其他各处的全部美国舰船都成了可攻击的对象。同日，邓尼茨命令潜艇部队对美国东海岸展开一场远征。[2]

最后，美军对日本航运线的潜艇战也终于拉开了帷幕。讽刺的是，虽然1917年时美国对德意志第二帝国宣战的表面理由就是德国开启了无限制潜艇战，但"珍珠港事件"后华盛顿发布的第一个作战命令就是"对日本展开无限制空战和潜艇战"。在这场战斗中，美国人表现出了与大西洋上的德国人一样的冷酷态度。随着战事的进展，破交战也进入了一个新的阶段。到了1942年初，地球上已经没有任何一片海域能让商船安全通行了。[3]

\*\*\*

对邓尼茨来说，西大西洋的新机会可谓是及时雨，因为他的潜艇部队在1941年下半年陷入了低谷。邓尼茨将此归咎于柏林的国防军最高统帅部。邓尼茨从一开始就坚决主张应当集中全部潜艇来攻击北大西洋上的盟国商船，而不应分兵他处。他写道："德国海军最重要的任务就是破袭英国的大西洋交通线，其他任务都必须为此让道。"但最高统帅部不仅没有聚焦这一任务，反而经常把他的潜艇调去执行一些次要的任务，比如充当气象观测站，还有为德国水面舰船护航，等等。邓尼茨对这些越权指挥深恶痛绝，但更严重的干预是，上峰还命令将23艘潜艇调往地中海。当然，这一命令也事出有因：盟国的飞机和潜艇在马耳他附近给轴心国的舰船造成了难以承受的损失。1941年10月，从意大利出发为隆美尔的非洲军团运送补给的轴心国舰船只有不到一半成功抵达。[4]

德国潜艇部队在地中海表现优异。1941 年 11 月 13 日，U-81号潜艇只用了一枚鱼雷就击沉了英国皇家海军"皇家方舟号"航空母舰。11 天后，U-331 号潜艇用 3 枚鱼雷击沉了英军"巴勒姆号"战列舰。盟国遭受的此类损失日益严重，直至在 12 月 19 日成为灾难。这天，意大利蛙人部队执行了二战中最大胆的行动之一：他们潜入埃及亚历山大港海军基地，把水雷安装到了"伊丽莎白女王号"和"勇士号"战列舰的舰体上，将其引爆。虽然这些意军官兵被英军当场俘获，但他们的大胆行动还是让这 2 艘英国战列舰都沉了底。虽然后来英军捞起并修好了两舰，但它们在接下来相当长的一段时间里都无法参战了：一艘修了 6 个月，一艘修了 9 个月。意军的这次偷袭让英国海军在东地中海暂时失去了主力舰，而此时又恰逢轴心国对马耳他的围攻达到白热化。到了 1942 年 3 月，地中海中部的英军要塞马耳他也是风雨飘摇，岛上极度缺乏食物、燃料与武器弹药。为了补给马耳他，3 月 20 日，英国冒着巨大的风险从亚历山大港又派出了一支船队。[5]

MW-10 船队仅有 3 艘商船和 1 艘油轮，但它能否安全抵达至关重要，所以英军派出了一支规模庞大的护航舰队，包括 3 艘轻巡洋舰、17 艘驱逐舰以及只配备了防空武器的"卡莱尔号"（HMS Carlisle）防空巡洋舰，由新晋升少将的菲利普·维安统一指挥。护航舰队规模如此庞大，不仅是因为这支船队的极端重要性，还因为英国皇家海军付出了巨大努力之后终于拥有更多可以用来护航的军舰了。两年前的 1940 年春，英国海军甚至要花很大力气才能找出一艘军舰去为横越大西洋的船队护航，如今，他们已经能抽调出21 艘军舰去为 4 艘运输船护航了。

为了截击这支船队，意大利海军的安杰洛·亚基诺将军也是煞费苦心，他率领"利托里奥号"战列舰以及2艘重巡洋舰、1艘轻巡洋舰和10艘驱逐舰出海了。"利托里奥号"曾在塔兰托之战中受创，刚刚修好。此外，MW-10船队还必须与德国国防军最高统帅部派到地中海的那23艘德国潜艇以及西西里岛上的德军飞机血战一番。为了抵挡这场立体攻势，维安组织部队于3月22日与轴心国军展开了一场持续一整天的追击战，史称"第二次苏尔特湾海战"（苏尔特湾位于利比亚沿海）。第一次苏尔特湾海战发生在1941年12月，规模不大，当时双方互相攻击对方船队，但均收效甚微。不过这一次，轴心国决心彻底摧毁英国船队。

当进攻开始时，维安命令"卡莱尔号"巡洋舰和6艘"狩猎"级驱逐舰为4艘运输船贴身护航并驶往马耳他，自己则勇敢地亲率轻巡洋舰和大型驱逐舰挡在船队与亚基诺之间。维安命令各舰施放烟幕并发射鱼雷，拼命缠住意大利舰队。"利托里奥号"战列舰15英寸主炮的射程要远远胜过维安的任何一艘舰，它的炮弹在英国巡洋舰周围激起了巨大的水柱。正如维安所回忆的，"利托里奥号"主炮发出巨大的轰鸣声，激起"高及桅顶的水柱"。一连四个小时，维安的轻巡洋舰和驱逐舰在烟幕后面躲躲闪闪，吸引意大利军舰的火力，也时不时抓住机会开一炮。只有当鱼雷攻击迫使亚基诺转向规避时，英军才稍得喘息之机。一天下来，意大利舰队的主力舰击伤了维安的全部3艘轻巡洋舰和6艘驱逐舰，但终究未能突破维安的阻截，无从接近英国船队。黄昏之时，亚基诺命令收兵。英意两军厮杀正酣时，从西西里岛起飞的德国轰炸机群空袭了逃离战场的英国船队，炸沉1艘货船，并重创了那艘油轮，令其不得不抢滩搁浅。这样，在该船队的全部4艘运输船中，仅有2艘安全抵达马耳他的瓦莱塔港。不过事实证明，这2艘船上的物资也够马耳他支撑数个星期了。虽然对于英国皇家海军来说，这场遭遇战本身并不算

1942 年 3 月 22 日，第二次苏尔特湾海战中，英军轻巡洋舰"克娄巴特拉号"喷出浓烟以保护运输船队，"欧律阿罗斯号"则用其 5.25 英寸火炮攻击意大利军舰。

来源：维基百科

是一场胜利，但丘吉尔仍对维安表示了祝贺。[6]

　　然而，马耳他的命运仍然悬而未决。接连不断的战损导致马耳他英军只剩下了 6 架"飓风"式战斗机。于是，美国"黄蜂号"（USS Wasp）航空母舰于 1942 年 4 月把整整一甲板的"喷火"式战斗机运到了马耳他的各个机场，这极大地缓解了马耳他的燃眉之急，令英国人感激不已。"黄蜂号"于 5 月重复了这一壮举，引来丘吉尔的妙语双关："谁说黄蜂不能蜇人两次？"[7]

　　邓尼茨对地中海的战事毫无兴趣，他认定将潜艇派到地中海是"一个大错特错的政策"。在他看来，地中海是一个"捕鼠笼"，这不仅是从战略上而言，还指这里的地理形势。直布罗陀海峡的主要海流为由西向东，这意味着德国潜艇虽能顺流穿越直布罗陀海峡进入地中海，但逆流返回则速度慢而用时长，暴露在英国巡逻机面前的时间大大延长。此外，国防军最高统帅部还让邓尼茨再调派一批潜艇部署在直布罗陀海峡入口外，派 4 艘潜艇前往挪威海岸，这令邓尼茨的失意感与日俱增。[8]

国防军最高统帅部的这一系列安排致使 1942 年夏末时邓尼茨手中可以去攻击北大西洋航线的潜艇不到 24 艘。不仅如此，由于在任意时刻都有一半的潜艇往返于港口与战位之间，所以在绝大多数时间里真正在岗巡逻的德国潜艇也就是 8 ~ 12 艘，这一数量远远无法改变战争的进程。

邓尼茨的部分目的当然是阻止英国得到源源不断的物资补充。正如 1942 年的《美国海军训练手册》中指出的那样，损失 2 艘小型货轮就意味着丢掉"42 辆坦克、8 门 6 英寸榴弹炮、88 门 25 磅野战炮、40 门 2 磅反坦克炮、24 辆装甲车、50 辆"布伦"运兵车、5 210 吨弹药、600 支步枪、428 吨坦克物资以及 2 000 吨货物"。但不仅如此，盟国船只本身也是邓尼茨的目标，无论它们是满载货物还是空空如也。这样，德国潜艇不仅袭击向东驶往英国本土的满载货物的船队，也攻击离开英国向西驶去的空载船只。这种所谓的"吨位战"是德国破交战的核心策略。[9]

1941 年上半年，德国潜艇部队的破交战似乎前景一片光明，潜艇共击沉了 263 艘盟国舰船，总计吨位近 150 万吨，平均每个月约 25 万吨。但到了 1941 年下半年，它们的战绩锐减到了 169 艘舰船，总计吨位仅为 72 万吨，月均约 12 万吨。邓尼茨将此归咎于国防军最高统帅部把宝贵的潜艇用错了地方，归咎于夏季的白昼太过漫长，还归咎于一些王牌艇长的阵亡与被俘，包括在 3 月失去的普里恩、舍普克和克雷奇默。但即便如此，邓尼茨还是觉得 1941 年下半年的战果原本应该再辉煌一些。虽然他还能时不时协调"狼群"偷袭盟国的一些大型船队，但他感到越来越力不从心，成功突袭的次数也越来越少。盟国船队仿佛能知道潜艇躲在哪里，然后规避它们。[10]

事实上，确实如此。

\*\*\*

邓尼茨的战术被称为"狼群战术"，它完全依赖于无线电通信。凯尔内瓦尔总部收取最初的目击报告，再将其转发给附近的其他潜艇组成"狼群"，无线电通信在这整个过程中不可或缺。当然，这些信息并不是语音，而是莫尔斯电码。由于所有的无线电报都可以被敌人截听，所以它们也都要例行加密。

即便盟军暂时无法破译这些密电，也仍然可以靠通信分析来收集情报。有很多方法可以做到这一点。其中之一就是单纯监测通信数量：如果通信量突然增加，这就意味着一场大规模行动即将到来。另一个重要的通信分析方法是使用高频无线电测向仪追踪信号**来源**。这个方法可以追踪德国潜艇发出的每个无线电信号的方位角，将相距遥远的监听站获取的信息进行对比，即可通过三角定位获得发出无线电信号的潜艇位置。到了 1942 年，高频无线电测向仪已经可以安装在舰船上，英国人从而拥有了更多监听站。最后，经验丰富的监听员——其中很多都是英国皇家海军女子勤务队的志愿人员——有时候能分辨出某个电报员独特的速度和节奏。凯尔内瓦尔潜艇总部每天都会发出大量电报，负责监听的勤务队会给具有不同发报手法的德国发报员起外号。有时候英国的监听员们能够分辨出被指派给某艘潜艇的发报员，再结合高频无线电测向仪的信息，就足以

英国军舰上的无线
电高频测向仪
来源：维基百科

　　判断出这艘潜艇的位置，当然这种情况很少见。这一工作相当枯燥，
而且面对难解的情报，监听员获得的常常只是一鳞半爪。[11]

　　当然，敌对双方都想要破译出对方的密码以直接阅读电报内
容，但难度也是惊人的。德国人起初在破译英军密码方面取得了一
些成果。早在 1940 年春天挪威纳尔维克战役期间，德国海军密码
局就破译了英国海军的很多无线电报。1940 年 11 月，德国"亚特
兰蒂斯号"辅助巡洋舰在印度洋上缴获了英国轮船"奥托墨冬号"
上的密码本（见第 6 章），这让德国情报机构如虎添翼。此后不久，
德国海军密码局就能时常破译英国海军部"贸易办公室"发给船
队指挥官的各种加密电文了。这些电文的内容常常是无关痛痒的，
例如一些天气预报，不过偶尔也会涉及航线变更，这就暴露了一些

这张"恩尼格玛"密码机的照片是二战结束后拍摄的。图中密码机前的三个转子装在键盘后面的凹槽之中，转子可以旋转。1942 年 2 月，纳粹德国海军配备了一种有着四个转子的"恩尼格玛"密码机，这一改造使得盟军直到 1943 年 3 月才破译德国海军收发的加密无线电信息

来源：美国海军学会

船队的行踪。[12]

　　德国人的加密设备是有史以来最精密复杂的仪器之一，盟国称其为"恩尼格玛"密码机。这一加密设备曾于 20 世纪 20 年代作为商用设备投入过市场，可惜问津者寥寥，但它在 30 年代引起了德国军方的兴趣。到了二战爆发时，德军的每个军种都在使用不同版本的"恩尼格玛"来为自己的无线电报加密。

　　这种设备的外观极具迷惑性，它看起来就像是装在木头盒子里的打字机。发报员按下一个键，就会产生一股电流，流过设备顶部的三个金属转子。每个转子都能将输入的字母转换为 26 个字母的任意一个，经过三个转子的转换后，最初按下的那个字母键就可能被转换为 17 576 种（即 26×26×26）不同的字母组合。此外，按键后转子可以预先旋转一两个位置，于是可能输出的数字又会倍增。这还不算完。设计者在设备前部还布置了类似电话交换机的插头阵

列，供操作者变换字母转换规则。这样，当电流完成一个完整的电路循环时，发报员最初输入的字母拥有高达 $160 \times 10^{18}$ 种可能的变换结果。这套过程输出一些看似随机的字母，每四个字母一组通过发报机发送出去。收报方必须同样拥有一部"恩尼格玛"密码机，并且约定好使用了哪些转子，转子的排列顺序，以及当天的通用密钥（每天都会变换），只有符合全部这些条件，收报人才能将之重组为一条连贯的信息。[13]

盟国破解"恩尼格玛"密码机的过程是整场二战中最精彩的故事之一。一切要从一名 27 岁的波兰天才数学家马里安·雷耶夫斯基说起，他成功地破解了波兰情报机构于 20 世纪 20 年代购买的一台早期商用版本"恩尼格玛"的第一层机密。1939 年 7 月，波兰人与英国人分享了雷耶夫斯基的成果，这样一来，英国的情报分析员们在二战爆发之前就得以开始研究如何破解"恩尼格玛"密码机的运转机制及其密码系统，他们的工作地点位于伦敦西北 50 英里布莱奇利庄园的"政府密码学校"。[14]

为了努力实现这个目标，英国人必须搞到一部完整的德国军用"恩尼格玛"密码机。为此，英国突击队员于 1941 年 3 月突袭登上了德国武装拖网渔船"巨蟹座号"。"巨蟹座号"的船长匆忙之中把"恩尼格玛"扔进了海里，不过，突击队员还是成功缴获数个备用转子。2 个月后，英军俘获了德国气象船"慕尼黑号"，拿到了"恩尼格玛"系统 1941 年 6 月的密钥表。然而，真正的突破却是在 1941 年 5 月 9 日，当时，数艘英国驱逐舰在格陵兰岛附近俘获了弗里茨-尤利乌斯·兰姆普海军上尉的潜艇 U-110，正是他在英国对德宣战的当天指挥 U-30 号潜艇击沉了英国邮轮"雅典娜号"。这次，兰姆普在格陵兰附近攻击 OB-318 船队时，一枚深水炸弹炸坏了他的蓄电池组。灌进来的海水与蓄电池组泄漏出来的硫酸混合，产生的毒气令艇上官兵们面临窒息的危险，兰姆普不得不上浮至海面。下令弃艇前，他指示官兵们打开通海阀和舱门以确保潜艇沉没。然而，趁着 U-110 还未沉没的时候，英国驱逐舰"斗牛犬号"的官兵们迅速登上潜艇，关闭了通海阀，接着快速搜查全艇。登艇小组中有一名报务员艾伦·O. 朗，他进入潜艇的无线电收发室，发现了一部完整的"恩尼格玛"密码机，还有当天使用的转子和通用密钥。朗把固定在发报桌上的这部"恩尼格玛"小心翼翼地拆卸下来，与战友们接力传递到舰板上，再送到"斗牛犬号"驱逐舰上。U-110 的德军官兵们被俘后被英军赶进了"斗牛犬号"下层舱室，因而无从得知英国人已经搜查了潜艇并成功地缴获一部完整且能够正常工作的"恩尼格玛"密码机，英国人就这样保守住了这一顶级机密。[15]*

甚至在得到这个无价之宝之前，布莱奇利庄园的学术研究团队——其中包括时年 28 岁的艾伦·图灵——就已经制造出所谓的"炸弹"（bombe），这是一种早期的机电式计算机，它可以模拟并处理"恩尼格玛"电报。最终，他们制造出了数台这样的计算机。据此，他们深入研究了缴获的"恩尼格玛"设备，加快了密码破译的进度，但是破译的速度仍不足以对战事产生影响。不过，英国人坚持不懈。到了 1941 年夏，他们已经能在 36 个小时之内解读出一条密电了。英国人对这一初步突破守口如瓶，以至于专门设立了新的保密级别"超级"，以标识由此渠道获取的情报。[16]

---

\* 当弗里茨-尤利乌斯·兰姆普看到 U-110 并未按照想象的那样很快沉没时，他发疯了一般往回游去，也许是想破坏掉相关机密。根据一个故事版本，当兰姆普尝试着爬上 U-110 时，英国登艇小组的成员们将其击毙。很多历史学家都认可这个故事的真实性，但英国人坚持对此加以否认，英国人一直声称兰姆普是淹死的。

每当布莱奇利庄园的译码机破译出一条有用的"超级"情报时，他们就立即将之发送给位于蓓尔美尔街附近的英国海军部作战情报中心（OIC）。该中心的关键人物是罗杰·温，他在和平时期是一名律师，而且与富兰克林·罗斯福总统一样，饱受脊髓灰质炎的折磨。罗杰·温开战时是一名志愿翻译，但他非同寻常的分析能力为其赢得了一连串晋升。虽然身有缺陷，而且从未在海军院校学习过，但他此时已经晋升为海军中校了。1941年时，他已是定位室主任，这个科室的主要任务就是跟踪北大西洋中的每艘敌军舰船和已知的潜艇的位置，也正是罗杰·温负责将布莱奇利庄园发过来的"超级"情报转化为作战命令。[17]

1941年6月，布莱奇利庄园的密码破译人员发现：凯尔内瓦尔总部命令10艘潜艇组成侦察线驶向HX-133船队的计划航线。这是开战以来邓尼茨为截击单支盟国船队而调集的最大规模"狼群"。罗杰·温立即致电船队指挥官，要他改变航线，同时命令其他船队的护航舰前去支援HX-133船队。船队并未完全避开德国"狼群"，其64艘商船中有6艘被击沉。不过，这一损失比例并不高，特别是考虑到临时加派的援军还击沉了2艘潜艇，这支船队的损失相对而言并不严重。[18]

从此刻起，大西洋之战就不仅意味着德国潜艇与盟军护航力量在北大西洋上血腥的午夜混战，而且还意味着英德两国密码破译人员之间的暗中角力。为了找到盟国船队，德国人尽力破译英国密电；而为了避开"狼群"的袭扰，英国人则竭力破译德国密电。英国人虽然在很大程度上成功地破解了"恩尼格玛"系统，但仅凭此并不足以彻底反转两国的国运。例如，1941年9月，一个"狼群"在格陵兰岛附近发现并攻击了SC-42船队，击沉了19艘商船，吨位合计高达73 574吨，这是整个二战中潜艇单次造成的损失最大的袭击之一。不过，这样的遭遇战变得越来越罕见。据德国历史学家于尔根·罗韦尔估计，"超级"情报带来的航线变更至少挽救了 200 万吨盟国船只。[19]

邓尼茨的潜艇部队在 1941 年下半年的战果令德国人失望，密码破译并不是唯一的原因。其他原因包括盟军护航舰艇数量逐渐增长，盟军舰上官兵作战效率逐渐提升，以及邓尼茨可以直接支配的潜艇数量不足，等等。尽管如此，破解"恩尼格玛"还是在其中发挥了重要甚至是关键的作用。

\*\*\*

面对大西洋上令人失望的战绩，邓尼茨把他的一部分潜艇调往南面去攻击从直布罗陀驶往英格兰的 HG 船队。1941 年 9 月，HG-73 船队在 13 艘驱逐舰和轻型护卫舰的护航下仍然损失了 10 艘商船，此后英国海军部决定为 12 月的 HG-76 船队加强护航力量。除了 16 艘水面舰艇之外，护航舰队里还有一艘小型航空母舰——"大胆号"（HMS Audacity）。"大胆号"的排水量不过 1.2 万吨，只能搭载区区 6 架飞机，但是它毕竟能在开往利物浦的全程中为船队提供空中掩护。此时，飞机显然已成为打击潜艇的最有效武器。12 月 14 日（日本偷袭珍珠港一周之后），HG-76 船队从直布罗陀启程。3 天后，该船队遭到一支由 7 艘潜艇组成的"狼群"攻击。追击战一连打了 7 个晚上，每夜都是惊心动魄。HG-76 船队指挥官"乔尼"弗雷德里克·约翰·沃克海军少校拼命抵挡来自空中和水下的进攻。最后，潜艇成功地击沉了 4 艘盟国商船以及"大胆号"航空母舰。然而，更重要的是，邓尼茨在这一战中失去了 7 艘潜艇中的 4 艘，其中包括王牌艇长恩格尔贝特·恩德拉斯的 U-567。[20]

1942 年 2 月，正当盟军似乎就要在破交战中占据上风的时候，德国人在海军版"恩尼格玛"密码机上加装了第四个转子，布莱奇利庄园的密码破译人员顿时无法再破译德国海军密电了——密码破译人员称之为"大封锁"。德国潜艇部队给盟国船队造成的损失直线上升，从 1942 年 1 月的 32.7 万吨激增至 2 月的 47.6 万吨，到了 3 月又进一步上升至 53.7 万吨。德国潜艇兵们把这段时期称为"第二段幸福时光"。[21]

德国潜艇部队在这几个月中取得了大丰收，但这并非完全因为英国人暂时无法破解德国密电。其中一部分原因——实际上可以说是相当大一部分原因——是破交战的范围扩大到了美国东海岸水域。

＊＊＊

邓尼茨将在美国东海岸的行动命名为"击鼓行动"（Operation Paukenschlag）。随着新的一批潜艇服役参战，同时也随着希特勒最终决定对美国宣战，邓尼茨开始策划对美国海岸来一场戏剧性和决定性堪比偷袭珍珠港的潜艇战。当然，后勤方面的问题还很严重。从法国的洛里昂到美国东海岸的纽约，距离约为 3 000 英里，排水量仅有 750 吨的 VII 型潜艇根本无法往返。不过，邓尼茨手中还有 20 艘更大型的 1 100 吨的 IX 型潜艇，其中 11 艘是改进型号 IX-C 型，以 10 节经济航速水面巡航时的理论航程超过 1.3 万英里。1941 年 12 月 9 日，也就是希特勒正式同意德军攻击美国舰船的当天，邓尼茨请求国防军最高统帅部批准自己动用 12 艘 IX 型潜艇到美国领海打一仗。不过，国防军最高统帅部仅批准他出动 6 艘，其余该型潜艇仍要继续留在直布罗陀附近，这令邓尼茨对国防军最高

1942 年 初，德 国 海 军 潜 艇
U-123 的艇员正在操作 105
毫米甲板炮进行射击

来源：维基百科

统帅部更加反感。此外，这6艘潜艇中还有一艘被发现漏油，于是，最终于 12 月出发前往美国东海岸预定战位的只有 5 艘潜艇。邓尼茨还让 10 艘较小型的 VII 型潜艇装载额外的燃料和补给，前往作战半径极限处的加拿大新斯科舍附近海域。这 15 艘潜艇在整个德国潜艇部队中所占比重已经不低了。*

---

\* 1942 年 1 月 1 日，德国海军总共拥有 259 艘潜艇，但其中的一大半要么刚刚造好，正在进行海试，要么在执行临时的巡航任务。而其余的潜艇中，有 26 艘要么正在地中海执行任务，要么正在前往地中海的路上，6 艘部署在直布罗陀，4 艘部署在挪威，33 艘正在船厂进行改装或维修。这么一来，邓尼茨手中仅有 22 艘潜艇可以在北大西洋作战，其中 15 艘被派往美国近海。

乘潜艇水面航行横穿大西洋的体验令人无比痛苦。U-333 的艇长彼得–埃里希·克雷默回忆说:"波涛像房子一样高。"潜艇在海面上随着大浪剧烈起伏,每经过一个大浪,都会发出刺耳的砰砰声,艇员们常常无法站稳。艇身还会剧烈横摇,最大达到 120°。大西洋是如此狂暴,潜艇及其艇员几乎随时都会横遭没顶。有时候海面上风浪实在太大,艇长就会命令下潜到相对平静的水下,但这样海水阻力就会让潜艇航速下降至大约 5 节,极大地延长航行时间,导致宝贵的燃料、食物和淡水不敷使用。邓尼茨希望全部这些潜艇能于 1942 年 1 月 13 日同时发动攻击,而如果潜航,就会导致无法按时抵达预定战位。[22]

邓尼茨命令这群潜艇艇长沿途避免攻击任何船只,除非目标特别值得下手——标准是 1 万吨以上。1942 年 1 月 11 日,也就是预定发起攻击的两天前,赖因哈德·哈德根艇长指挥的潜艇 U-123(大型的 IX 型潜艇之一)在新斯科舍附近发现了英国轮船"独眼巨人号"。哈德根判断这艘船的吨位不少于 1 万吨(事实上为 9 076吨),随即用两枚鱼雷将其击沉。这条消息于次日传到了华盛顿,英国人和美国人此时正在华盛顿举行极富战略意义的"阿卡迪亚会议"。在此事的刺激下,英美双方就如何有效在美国东海岸保护盟国的航运进行了讨论。[23]

处于争议核心的是新任美国海军总司令欧内斯特·金上将,他于两周之前的 1941 年 12 月 30 日刚刚上任。上任时,他将"美国舰队总司令"的缩写从 CINCUS(Commander in Chief, U.S.)改为了 COMINCH,因为 CINCUS 听起来太像"sink us"(意为"击沉我们")了。严格说来,金仍是美国海军作战部长哈罗德·斯塔克的部下,不过,仅仅几个月后,罗斯福就将命令金接任海军作战部长,在二战余下的岁月里,金将一人身兼海军作战部长和美国舰队总司令两职，这意味着他将集美国海军最高行政长官和最高作战指挥官双重大权于一身。这是个重活儿，但意志坚强的金能够胜任。根据一个未知真伪却在美国海军中广泛流传的故事，金被任命美国海军的最高职务时大叫道："一有麻烦，他们就想到老子了。"而斯塔克则很快被派到伦敦担任新成立的美国驻欧洲海军司令。斯塔克很有风度地接受了这次"流放"，因为他很清楚，虽然自己做出了巨大的贡献，但日军偷袭珍珠港时全面掌管美国海军的正是自己，因此他很难再让美国国民对自己重拾信心。[24]

从就任的第一天起，金就必须用手中完全不够用的实力来统筹协调好这场两洋战事。1940 年《两洋海军法案》带来的大批舰艇都还要再等一年才能建成并形成战斗力，而危险却已迫在眉睫。日军偷袭珍珠港之后，罗斯福总统命令"约克城号"航空母舰连同 11 艘驱逐舰重回太平洋，这让大西洋本已捉襟见肘的护航舰艇数量再次下降。此外，金还必须为第一批前往爱尔兰和冰岛的美国运兵船队组织一支强大的驱逐舰护航舰队。结果，当英国人以"独眼巨人号"被击沉为由向金施压，要求他在美国东海岸附近建立护航体系时，金拒绝了。金认为，既然只能为船队提供极为薄弱的护航力量，甚至压根不能提供保护，还不如干脆不组织护航。英国人反驳了金，他们坚称，根据自己在北大西洋积累的经验，即使没有任何海军力量护航，众多商船组成船队集体航行也要比一艘商船单独行动好得多。当然，这种经验可能并不适用于沿岸航行的船队，因为其航线要比开阔海域的船队容易预测得多。不过，金还有另一个顾虑，但又不便明说。他怀疑英国人大力鼓吹要在美国东海岸建立护航体系，部分是因为英国人希望将大西洋所有船队及其护航力量集中交由一名英国海军将领来统一指挥。[25]

***

正当英美双方争论不休时，邓尼茨的"击鼓行动"也在紧锣密鼓地进行着，不过德国潜艇并未造成邓尼茨所期望的那种灾难性打击。这主要是因为 5 艘潜艇未能全部赶在 1 月 13 日之前进入预定战位。1 月 14 日，哈德根指挥 U-123 于长岛附近击沉巴拿马籍油轮"诺内斯号"，首开纪录，但最后一艘潜艇要等到 1 月 18 日才能抵达北卡罗来纳州哈特勒斯角附近的预定战位。

北卡罗来纳州的海角是美国东海岸沿岸航运的重要瓶颈。1942年，美国路易斯安那州和得克萨斯州各处油田出产的石油中，有 95% 都是装在油轮中运往美国东海岸的，这些油轮必然会绕过伸入大西洋的哈特勒斯角，该海角附近遍布沙洲和浅滩，可通行的航道仅有 30 英里宽。后来，美国国内的大部分石油运输工作转而通过铁路油罐车和输油管道进行，但当 1 月 18 日邓尼茨的几艘潜艇抵达哈特勒斯角时，这里的航运仍然热闹非凡，以至于 U-123 一浮上海面，哈德根艇长就惊呆了："有不少于 20 艘轮船，有一些还亮着灯。"他当晚就击沉了 4 艘船。[26]

根据邓尼茨的建议，这 5 艘潜艇白天安静地下潜在海底大陆架上，一到夜晚就浮出海面搜寻往来穿梭的船只，特别是油轮。这些船不仅独自航行，而且正如哈德根所记录的，其中很多都亮着灯光，成为德国潜艇的好靶子。即便是灯火管制的船只，也经常会被岸上的通明灯火映出轮廓而惨遭厄运，因为从迈阿密到纽约的美国东海岸绝大多数城市此时都没有强制执行夜间灯火管制。潜艇的艇长们已经在真实的战场上摔打了两年多，他们在这里看到美国人这般漫不经心后，不禁瞠目结舌。看到美国海岸公路上的汽车亮着前灯时，潜艇艇长们感到摸不着头脑。U-333 的艇长彼得·克雷默对

几艘潜艇于 1942 年的头几个月里在美国北卡罗来纳州哈特勒斯角附近击沉了众多盟国船只，被德国潜艇 U-203 击沉的"帝国画眉鸟号"便是其中之一。因为处在北美洲的大陆架上，这一海域的海水非常浅，该船被击沉后，虽然其船底已经沉到了海底，但其桅杆、天线塔和烟囱的一部分还露在海面以上，清晰可见

来源：美国海军历史与遗产司令部

此回忆道："透过夜用望远镜，我们能清楚地分辨出哪些是豪华大酒店，哪些是低档酒吧，还能看到霓虹灯广告牌上面的字。"哈德根曾经用双筒望远镜看向纽约港，半开玩笑地告诉部下，自己能看到有人在纽约帝国大厦顶上跳舞。美国本土仍然是一片歌舞升平，德国潜艇数量虽少，但这场狩猎让它们十分尽兴。在 1942 年 1 月的后两个星期里，这些潜艇总共击沉了 23 艘船，其中 13 艘是油轮。再算上更小型的 VII 型潜艇在加拿大水域击沉的船只，参与"击鼓行动"的德国潜艇在区区两周时间里总共消灭了 41 艘盟国船只，

吨位总计高达 23.6 万吨。盟国的损失令人震惊，更令人感到震惊的是：很多船只被击沉的水域离美国的海岸线只有咫尺之遥。[27]

为了协调后来被称为"东部海域"（Eastern Sea Frontier）战区的护航与作战行动，金任命自己海军学院 1901 届的同学阿道弗斯·安德鲁斯海军中将担任该战区的司令。这一职务实际上是个苦差使。除了护航力量捉襟见肘之外，拒不配合的航运管理员和不听指挥的商船船长也都是麻烦，而安德鲁斯起初几乎没得到陆军航空兵的任何帮助。飞机在反潜战中特别有用，因为德国潜艇的艇长们已经学会了一见到飞机——任何飞机——出现在天际，就立刻下潜，这恰恰说明他们最怕飞机。金的确给安德鲁斯调派了 44 架海军的"卡特琳娜"PBY 远程水上飞机，这些飞机非常适合反潜巡逻，但考虑到从新斯科舍到佛罗里达州这一段海岸线超过 1 500 英里，44 架实在是不敷使用。[28]

安德鲁斯四处搜罗水面舰艇来为北美洲东海岸的商船护航。他手中仅有数艘美军驱逐舰外加美国海岸警卫队的小型武装快艇——二战期间，罗斯福把美国海岸警卫队交给美国海军管理。英国人派了 24 艘烧煤的武装拖网渔船来增援安德鲁斯，它们曾在英国和挪威近海的反潜战中表现不俗。虽然武装拖网渔船很小，每艘仅长170 英尺，航速也仅为 12 节，但它们至少装备了潜艇探测器和深水炸弹，而且也许最重要的一点是：操作它们的都是久经沙场的英国海军官兵。在横穿风雨肆虐的大西洋时，一艘船不幸沉没，所有船员罹难，其余船只刚一抵达就立即需要入坞维修。但到了 4 月中旬，它们就开始在北美洲东部沿海执勤了。这也算是对 1940 年美国向英国提供 50 艘旧式四烟囱驱逐舰的某种回报。虽然数量不多，但美国人不得不承认这些英国船只表现得非常优秀。[29]

德国潜艇在北美洲东部沿海的战果于 1942 年 4 月达到峰值，

总共 31 艘潜艇（14 艘 IX 型潜艇和 17 艘 VII 型潜艇）当月击沉了 133 艘盟国船只，吨位总计高达 641 053 吨。面对战略影响如此重大的惊人损失，金又给安德鲁斯增派了两艘驱逐舰，不过，面对此起彼伏的 "SSSS" 警报，这两艘驱逐舰与安德鲁斯的其余舰艇一样，根本来不及赶来攻击潜艇，只能是赶紧搭救幸存的落水人员而已。这些驱逐舰的声呐有时候也能扫描到海底疑似为德国潜艇的身影，然后就用深水炸弹一通乱炸，不过结果绝大多数时候都令人沮丧，因为事后发现，海底的那些可疑物体只不过是此前被德军击沉的船只遗骸。[30]

安德鲁斯试图找出一个应急解决办法。其中一种尝试是再次启用 "一战" 中常用的 Q 船：往货轮的护栏中塞满木棉或其他有浮力的物体，并将 3 英寸火炮藏在帆布下面。鉴于潜艇用鱼雷攻击一艘船之后通常会浮出海面，所以方法就是：让 Q 船先挨一枚鱼雷，等到潜艇浮上来就立即撤去帆布开火。美国人改造并派出了三艘这种 Q 船，但好运没有眷顾它们。其中的两艘从未遇到过德国潜艇，另一艘就更倒霉了，它护栏中的木棉没能使其在中雷后保持于水面上，还没来得及亮出火炮就沉没了。[31]

另一种注定要失败的尝试是建立一支所谓的 "流氓海军"，这支 "部队" 由一群无武装的民间渔船和帆船组成，船员都是愿意出海搜寻德国潜艇的志愿人员。其中最有名的船主是欧内斯特·海明威，他经常驾驶着自己的游艇 "皮拉尔号" 出海，上面放着 "一挺机枪、一支步枪、一把左轮手枪和一些炸药"，他计划要 "把手雷扔进德国潜艇的指挥塔里去"。虽然有这么多积极自发的志愿者，但这一 "创举" 的效果往最好了说也只是为一些热切的志愿者提供了满足心理需求的机会，让他们乐在其中，仅此而已。[32]

当然，盟军也取得了一些成功：1942 年 4 月 14 日，美国驱逐舰"罗珀号"击沉了 U-58 号潜艇；5 月 9 日，海岸警卫队的小型武装快艇"伊卡洛斯号"在哈特勒斯角附近击沉 U-352 号潜艇。不过，更常见的情景是：德国潜艇反复出击，频频得手，然后又消失在茫茫的夜色中，只留下漂浮着的船体残骸和装满幸存船员的救生艇。油轮面临的危险尤甚。1942 年 3 月至 4 月间，美国损失了如此多的油轮，以至于罗斯福政府命令所有油轮必须先停泊在港口中，直到想出有效的反制措施。[33]

在建成一套完善的护航体系之前，安德鲁斯在格外凶险的哈特勒斯角组织起了护航力量。北上的货轮和油轮先在北卡罗来纳州莫尔黑德城附近的卢考特角集合，等凑齐了一定数量后，就会有一支海军舰队在白天护送它们绕过哈特勒斯角这个鬼门关，陪到哈特勒斯角以北 20 英里左右的温布尔沙洲附近就离开，就像是交通协管员护送孩子们穿过危险路口那样。[34]

对此，德国潜艇部队也做出了反应：向更靠南的地方寻找新猎场。这时，邓尼茨拿出了为小号 VII 型潜艇海上加油的新方案：投入排水量 1 600 吨的大型补给潜艇。这些补给潜艇的正式名称为 XIV 型潜艇，不过几乎所有人都称其为"奶牛"。第一头"奶牛"——U-459 于 1942 年 3 月来到北美东海岸。它们都装有超大的储油罐，载油量高达 450 吨，此外还有大量的新鲜食物，外加一个面包房，这样德国潜艇兵们在战斗巡逻时就能吃上新鲜面包了。这类补给潜艇没有运载补充鱼雷。在海上转运一枚长 23 英尺、重 3 300 磅的鱼雷是不可能的，所以潜艇打完鱼雷后必须返回法国补充。不过，这些"奶牛"能够为潜艇补充必要的食物和燃料，这足以帮助它们沿着北美洲东海岸进一步南下狩猎。资深艇长海因里希·布莱希罗特此时指挥着 IX 型潜艇 U-109，5 月 1 日，他在迈阿密附近击沉了英国油轮"拉巴兹号"。5 天后的夜里，彼得–埃里希·克雷默指挥 U-333 号潜艇，在佛罗里达海峡仅用 6 个小时就击沉了 3 艘船。同月，哈罗·沙赫特海军少校在墨西哥湾指挥的 U-507 号潜艇于 6 天内击沉了 8 艘船，其中包括在密西西比河口击沉的万吨轮"弗吉尼亚号"。盟国在 6 月损失依然惨重，沉船吨位总计超过 60 万吨。[35]

这些数字触目惊心，以至于美国官方对其细节讳莫如深，公众不得而知。相反，公开的报道都在强调：美国海军正在对潜艇采取"强有力的反制措施"。1942 年 2 月，美国海军部长弗兰克·诺克斯宣布，根据"相当保守的估计"，美军至少击沉了 3 艘潜艇，另击伤了 4 艘。媒体还把几乎相同的注意力投入在活动于温哥华到圣迭戈的北美洲西海岸的 9 艘日本潜艇身上，其实它们造成的破坏要小得多。虽然日本的这些"伊"型潜艇在北美洲西海岸仅仅击沉了 5 艘船，吨位合计也仅为 3 万吨，但它们造成的恐慌却远远超过带来的损失。让美国民众格外震惊的是发生在 1942 年 2 月的一件事，当时，日本潜艇伊-17 号用甲板炮向加利福尼亚州圣巴巴拉附近的一处炼油厂打了 10 发炮弹。第二天，各大报纸的头版头条都是这样的标题：《潜艇炮击加州炼油厂》。这一事件几乎引发了恐慌，因而罗斯福政府批准了一份事后看来并不光彩的计划：将日裔美国人迁徙到远离海岸的美国内陆地区并集中看管。[36]

在东海岸，美国海军终于在 5 月中旬建立了成熟的护航体系。每支从基韦斯特向北驶往汉普顿锚地的船队（代号为 KN）和每支向南驶往基韦斯特的船队（代号为 KS）一般都由 45 艘左右的商船和油轮组成，有七八艘军舰负责护航。一支商船队的典型护航力量为 2 艘驱逐舰、2 艘海岸警卫队的小型武装快艇、2 艘烧煤的英国武装拖网渔船以及 1 艘轻型护卫舰。从此，美国沿岸海域被击沉的商船数量急速下降，不过，这部分是因为德军潜艇此时已把主要战场转移到了加勒比海。[37]

***

1942 年 1 月 12 日，也就是在邓尼茨的"击鼓行动"打响前夕，希特勒告诉手下的司令们，他现在认为挪威是"决定命运之地"。这一判断部分是因为一支英国突击队于 1941 年 12 月 27 日至 28 日突袭了挪威奥勒松南侧海岸，希特勒于是坚信英国人计划在挪威发动一场大规模进攻。事实上，虽然丘吉尔在当年冬季确实考虑过进攻挪威（更准确地说是收复挪威）的计划，但英军总参谋部最后阻止了他。不过希特勒对此并不知情，他仍然坚信"来自挪威和苏联的大规模进攻"迫在眉睫。希特勒要求德国海军将兵力集中于挪威海岸，宣称"任何一艘不在挪威海域的德国军舰都放错了地方"。不久，国防军最高统帅部给邓尼茨下令，要他再派 8 艘潜艇前往挪威。挪威！邓尼茨简直不敢相信。他强烈抗议这条命令，但元首对他的抗议无动于衷。后来，他在自己正式出版的战争回忆录中吐露了心声："原本有 16 艘潜艇部署在大西洋……"，可由于希特勒和国防军最高统帅部的干涉，"现在只剩下 6 艘潜艇在执行德国海军最重要的任务——击沉敌国的商船"。[38]

当然，挪威附近也有敌国商船，其中就包括偶尔从冰岛过来的西方盟国船队，这些船队绕过挪威北角，开往摩尔曼斯克。英语系盟国主要通过三条路线从美国向苏联提供其急需的战争物资，这是其中之一。第二条路线十分漫长，绕过南非进入印度洋，再经波斯湾进入伊朗。第三条路线横跨太平洋，通往符拉迪沃斯托克（海参崴）。这最后一条路线途经日本海军控制的水域，尤其凶险。不过，日本人出于自身的原因，避免与苏联人交恶，因此当运载着租借物资的苏联船只通过日本水域时，他们选择了视而不见。苏联船队经常亮着行驶灯，大摇大摆地穿过日本北海道岛与本州岛之间狭窄的津轻海峡。[39]

为了将德国海军的水面舰艇集结到挪威附近，希特勒指示雷德尔将"提尔皮茨号"战列舰从波罗的海调至挪威特隆赫姆，还坚持要把此时仍困于法国布雷斯特的 3 艘大型战舰——"沙恩霍斯特号""格奈森瑙号""欧根亲王号"——从法国立即调往挪威参战。从前一年 5 月起，这 3 艘军舰就一直停泊在布雷斯特无所事事，雷德尔原本想要在大西洋上集中一支庞大的水面舰队执行破交作战，但随着"俾斯麦号"沉没，这一"宏图大计"也就烟消云散了。自此之后，这 3 艘大型战舰一直躺在布雷斯特挨炸，除了吸引英国海空军的注意力之外什么贡献都没有。这自然让希特勒彻底怀疑水面舰队的存在价值，因此他要求雷德尔将它们先从法国召回德国。[40]

雷德尔十分乐见这一调动，甚至还想用它们来打击西方盟国支援苏联的船队。雷德尔觉得，最理想的路线是先穿过"法罗群岛-冰岛海峡"，再绕过苏格兰的最北端回国。不过，希特勒另有想法。他命令雷德尔让这几艘大型战舰选择最近的路径：径直通过英吉利海峡，再穿过多佛尔海峡。雷德尔反对这一命令，但正如他所说："希特勒执意如此，不容商量。"他只得屈从。希特勒的想法极端大胆：德舰不仅需要从英国皇家海军的主要军港普利茅斯和朴次茅斯附近通过，而且整个水道几乎遍布水雷，英国飞机也会不断巡逻。更重要的是，为了保密，德舰必须在夜间离开布雷斯特，这意味着它们将在白天穿过狭窄的多佛尔海峡。[41]

2 月 11 日至 12 日夜，突围开始了。到了 12 日早 8 点，这 3 艘巨舰外加 6 艘驱逐舰和 10 艘鱼雷艇已经向东航行到法国海岸塞纳湾附近。上午 10 点 42 分，英军终于发现了即将驶入多佛尔海峡的德国舰队，可是，直到接近中午，才有区区 6 架英国"剑鱼"式飞机匆匆赶来发动首轮空袭。不过，从法国机场起飞的德国空军战斗机为舰队提供了空中掩护，这 6 架英机未能进入鱼雷射程就被悉数击落。当天下午 2 点半，6 艘英国驱逐舰试图对这支德国舰队发动鱼雷攻击，可是也失败了，不过"沙恩霍斯特号"不久就触到了一颗水雷，停下了片刻。尽管如此，到了下午 4 点时，全部 3 艘大型战舰以及护航的小型舰艇已经抵达荷兰鹿特丹，并以超过 30 节的航速继续东行。[42]

英吉利海峡的防御主要归英国皇家空军负责，在接下来的几个小时里，总共有近 400 架英国飞机加入了对德国舰队的攻击，有的从高空投下炸弹，有的掠过浪尖投射鱼雷。不过，它们的炸弹和鱼雷无一命中，而空中掩护的德国空军梅塞施密特战斗机却击落了 17 架英国轰炸机。夜幕降临后，归心似箭的德国舰队加快了回国的步伐，但在晚上 9 点半，"沙恩霍斯特号"又触到了一颗水雷，拖着伤残之躯蹒跚回到了威廉港，不过仍然浮在海面上。其他舰艇都顺利通过了基尔运河，最后安全地抵达了基尔港。

这次行动史称"海峡冲刺"，对英国皇家海军来说简直是奇耻大辱。正如《泰晤士报》所指出的，在西班牙无敌舰队曾经全军覆没的海域，德国人却冒险成功。而在英吉利海峡的另一侧，德国主力舰的安全通过令雷德尔能拿来和希特勒讨价还价的筹码越来越少。和之前多次发生的情况相似，虽然专家们一再警告说希特勒选择的行动路线将遭遇灾难性的后果，但灾难并没有落在德国海军身上，而是落在了英国皇家海军的声望和士气上。[43]

作为"俾斯麦号"战列舰的姊妹舰,"提尔皮茨号"战列舰的主炮几乎没有在战场上开过火,不过该舰的存在仍然让白厅的高级将领们彻夜难眠。雷德尔将其定位为一支由单舰构成的"存在舰队",对盟军发挥威慑作用,不过在希特勒的眼里,该舰没有做出过什么实际贡献

来源:美国海军学会

\*\*\*

然而,希特勒关于盟军大规模登陆挪威的判断确实错了。其实希特勒让德国海军在挪威海岸附近集中的命令是缺乏依据的,正如他没有足够的理由却坚信在法国投降之后英国人会低三下四地求他重回谈判桌,他向德国高级将领们保证苏联在德军的闪击之下会像纸房子一样轰然倒塌也属于此类判断失误。但另一方面,既然"提尔皮茨号"战列舰和十余艘德国潜艇已经调到了挪威,这就为德国海军提供了机会,使其得以拦截北极航线上装载着租借物资开往

苏联的船队。于是，1942年上半年，挪威以北的北冰洋海域变成了全球破交战的一块新战场。

早在1941年8月，西方盟国就开始派出船队绕过挪威的北角开往苏联。与前往英国本土的HX、HG船队相比，支援苏联的PQ船队规模小得多，频次也低得多。正如美军官方战史的记载，困难之一便是这些船队"需要满足更苛刻的航运条件"。虽然困难，但这些船队却极为关键，这不仅在于要支援在德军巨大进攻压力下艰苦战斗的苏联红军，还在于要消除约瑟夫·斯大林的疑虑，因为斯大林总是怀疑德国入侵苏联之后，西方盟国会坐山观虎斗，等待苏德两败俱伤之后再渔翁得利。美国平均每月会从冰岛派出两支三四十艘船组成的船队前往苏联，船上满载着坦克、飞机和大炮，每次都要长途跋涉，绕过挪威的北角，最后抵达位于巴伦支海岸边的摩尔曼斯克或白海岸边的阿尔汉格尔斯克。冬季，这种远航难度剧增，不仅是因为天气恶劣，而且还在于北冰洋的冰盖大大向南扩展，令可通行海域变得十分狭窄，从而极大地增加了遇到德军阻击的可能性。不过，冬天至少也有一些好处，肆虐的暴风雪经常迫使德国空军的飞机停在机场上。正如曾跟随西方船队去过摩尔曼斯克的一位船员所言："船队里所有人都喜欢雪，见到雪就像小男孩得到了新雪橇一样高兴。"[44]

1942年1月，丘吉尔和英国本土舰队司令托维上将得到情报，说"提尔皮茨号"已经离开波罗的海，正沿挪威海岸北上。他们开始担心这艘战列舰可能会如同其姊妹舰"俾斯麦号"前一年5月时那样突袭大西洋。很快，2艘袖珍战列舰——"舍尔海军上将号"和从"德意志号"改名而来的"吕佐夫号"——抵达了挪威纳尔维克，对盟国构成了更大的威胁。在接下来的几个月里，丘吉尔、托维和海军部"贸易办公室"的军官们对"提尔皮茨号"和2艘袖珍战列舰保持着高度警惕，因为它们随时可能出击。[45]

与4 000多英里外北卡罗来纳州哈特勒斯角附近的盟国船只相似，援苏的PQ船队也不得不绕过一个凶险的海岬，在那里随时可能遭受德国潜艇的突袭。不过，这两片海域的相似性或许就仅此而已了。与美国东海岸航线不同，援苏船队不得不与北极圈内恶劣的天气殊死斗争，更糟的是，这一年冬天的天气是25年来最糟的。不仅如此，不同于哈特勒斯角，挪威北角是德国人的地盘，因此船队还要面对德军陆基飞机的威胁。哈特勒斯角附近的盟国商船都很乐意看到飞机出现，而在挪威附近的飞机则会带来甚于潜艇的威胁。此时，除了前述的诸多威胁之外，德国海军主力舰的威胁又出现在了战场上。[46]

1942年3月，"提尔皮茨号"战列舰倒也主动出击了两次，而托维每次都会率领本土舰队前来迎战。不过，在北冰洋的茫茫雾霭中，"提尔皮茨号"从未找到过盟国的任何船队，而托维也从未与"提尔皮茨号"见过面。不过，由于布莱奇利庄园密码破译人员的贡献，托维有一次接近过"提尔皮茨号"。1942年3月9日，来自英国海军部作战情报中心的一条提示促使托维令"胜利号"航空母舰出动12架"大青花鱼"式舰载鱼雷攻击机空袭"提尔皮茨号"。不过，没有任何一架英机命中目标，"提尔皮茨号"毫发无损地返回了港口。此后的3月直至4月，丘吉尔命令英军对躲藏在特隆赫姆的"提尔皮茨号"展开持续空袭，他坚称宁愿损失100架飞机和500名军人也要摧毁"提尔皮茨号"。然而，没有任何一次空袭能伤及"提尔皮茨号"，更别提摧毁它了。它依然威胁着不得不绕过挪威北角前往摩尔曼斯克的盟国船队，这些船队在防备潜艇和轰炸机的同时，还要小心对付战列舰的威胁。[47]

***

以上就是 6 月 27 日 PQ-17 船队从冰岛的华尔峡湾出发，前往白海港口阿尔汉格尔斯克时的处境。该船队由 34 艘商船组成，它的护航力量相当强大，甚至堪称豪华，包括 6 艘驱逐舰、4 艘轻型护卫舰、2 艘防空巡洋舰、4 艘扫雷艇以及 2 艘潜艇，由英国海军杰克·布鲁姆上校统一指挥。不仅如此，托维还亲率拥有 2 艘战列舰——托维的旗舰"约克公爵号"（HMS Duke of York）和最新型美国战列舰"华盛顿号"（第一次有美国战列舰参与此类行动）——以及 2 艘巡洋舰、1 艘航空母舰和另外 14 艘驱逐舰的掩护舰队为船队提供远程支援。[48]

虽然自从"俾斯麦号"被击沉后，希特勒就严格限制德国海军大型战舰的出击，但雷德尔长久以来一直伺机出动主力舰阻击挪威北角外的盟国船队。为此，他得到了希特勒的首肯，将"提尔皮茨号"战列舰和"希佩尔海军上将号"重巡洋舰从特隆赫姆向北调至纳尔维克附近的韦斯特峡湾，并命令"舍尔海军上将号"和"吕佐夫号"这两艘袖珍战列舰前往北角顶端的阿尔滕峡湾，不久后"提尔皮茨号"和"希佩尔海军上将号"也将赶来会合。不过，希特勒让雷德尔必须保证这些主力舰不在英国航母舰载机的打击范围之内，否则不让它们去突袭。在沿着挪威蜿蜒的海岸行驶时，"吕佐夫号"搁浅了，不过，其他主力舰还是于 1942 年 7 月初抵达了阿尔滕峡湾。从这里，它们就可以从侧翼直接威胁 PQ 船队。[49]

1942 年 7 月 4 日中午，PQ-17 船队正在阿尔滕峡湾的正北方向东航行，距离目的地还有不到一半航程，这时，一架德国远程巡逻机发现了船队并立即上报其位置。美国"温赖特号"（USS

Wainwright）驱逐舰配备有火控雷达，这让德机只能远远地跟随，但并没有影响它发出报告。很快，26架德国亨克尔-111轰炸机飞来发动了鱼雷攻击。船队中的一艘商船"克里斯托弗·纽波特号"很快被击中，船长不得不下令弃船。1小时后，德机的第二轮空袭又击沉了2艘商船。不过，这种损失仍在盟国可接受范围之内，船队继续艰难前行。护航舰队指挥官布鲁姆非常感谢"温赖特号"的大力配合，这名英国皇家海军上校用闪光信号灯问了这艘美舰一个问题："最早的7月4日那一天*也是这么热闹吗？"[50]

当天，更重要的讯息是德国人发的，布莱奇利庄园的密码破译人员也竭尽所能以最快的速度破译它们。其实，早在7月4日凌晨2点40分，海军部作战情报中心就通知托维，德国人的无线电通信量突然增多，这意味着德军可能要出动主力舰。18个小时后，布莱奇利庄园又破译出一条电报，内容是要求驻阿尔滕峡湾的德军尽快为其大型战舰加满燃料，准备立即出动。消息立刻被发送至海军部作战情报中心。到了当晚9点，英国第一海务大臣、海军元帅达德利·庞德爵士已经拿到这份电文了。消息背后的潜台词明白无误：德国"提尔皮茨号"战列舰和2艘袖珍战列舰，也许还有"希佩尔海军上将号"重巡洋舰，都正在准备突袭PQ-17船队。这时，托维麾下的主力舰，包括"胜利号"航空母舰在内，都已经折返，因此，一旦遇到德国大型舰艇，负责护航的巡洋舰和驱逐舰必将是孤立无援的。海军参谋部立刻为接下来如何做争论起来。英国海军副总参谋长亨利·穆尔爵士记得达德利·庞德是闭着眼睛听大家讨论的。没有好的解决办法，但庞德决定至少应该让护航舰队中的巡洋舰免遭损失。晚上9点11分，庞德命令护航舰队中的巡洋舰

---

* 此处指美国独立日。——译者注

1942 年 6 月，PQ-17 船队在冰岛的华尔峡湾集结

来源：维基百科

"高速"向西撤退。12 分钟后，他给布鲁姆发去了一道更加急迫的命令："考虑到敌方水面舰艇的威胁，船队应立即分散前往苏联港口。"不到一分钟后，他又简明扼要地重复了一遍命令："船队立马散开。"[51]

警告接二连三，命令一道紧过一道，护航舰队旗舰"凯佩尔号"（HMS Keppel）上的气氛一下子紧张起来。布鲁姆后来写道，庞德的命令就像"电击"一般。该命令被列为保密和"特急"等级，而且前后两条电报相距不到 1 分钟，让人觉得"提尔皮茨号"随时都可能杀到近旁，它的桅杆随时都会出现在水天线上。布鲁姆必须服从庞德的命令，他命令各艘商船马上分散行动并分头驶往苏联港口，而这个决定将令布鲁姆后悔终生。[52]

独自行驶的商船面对来自天空和水下的威胁，俨然成了任人宰割的羔羊。正如美国货轮"铁甲舰号"上一名管理人员所说，后来发生的事情就像"射杀桶中的鱼"一般。在 7 月的北极，白昼时间非常长，这让德国空军的飞机得以在巴伦支海上空进行大范围的巡逻，到处搜寻逃命的盟国商船。在接下来的 24 小时里，德军共击沉了 12 艘盟国商船，其中飞机击沉 6 艘，另外 6 艘则落入潜艇账下。一些商船向北逃进了大块浮冰群中，靠着白色伪装色，绕了一个大圈子，才终于抵达阿尔汉格尔斯克。经过清点，船队前后损失了 23 艘商船，随船沉没的有 430 辆坦克、210 架轰炸机、3 550 部车辆以及 10 万吨弹药，还有共计 153 位船员遇难。有些船员幸存了下来，不过，在获救之前，他们在小型救生艇里经历了不堪回首的冰海漂泊。就在同一个星期里，从苏联返回冰岛的空船船队（编号为 QP-13）误闯进了一片水雷场，又沉没了 4 艘商船。这一来一回的损失堪称灾难，以至于西方盟国暂时取消了接下来数支北角船队的行动。苏联人为此向其西方盟友提出了强烈抗议，这项决定加深了克里姆林宫对西方盟国的疑虑。[53]

对 PQ-17 的屠杀只是全球战局的一个缩影。此时，轴心国军队正以前所未有的速度和规模击沉盟国和中立国的船只。几天前，在西西里岛德国飞机的掩护下，亚基诺率意大利舰队痛打了前往马耳他的两支盟国船队，其中一支来自直布罗陀，另一支则来自亚历山大港，意大利人称之为"潘泰莱里亚海战"。意大利人赢得了毋庸置疑的胜利，这也是意大利海军在英国海军面前取得的屈指可数的几次胜利之一。英国皇家海军损失惨重，2 艘驱逐舰被击沉，2 艘巡洋舰和 3 艘驱逐舰遭到重创，只有 2 艘盟国货轮成功抵达瓦莱塔港。在世界的其他角落，情况也大同小异。在从挪威北角到加勒比海的广阔海域里，邓尼茨以为数不多的潜艇给盟国造成了惨痛的损失。1942年5月和6月，德国潜艇各击沉了超过60万吨盟国船只。再加上德国和意大利飞机以及水雷造成的损失，1942年6月盟军在全球损失的船只吨位达到了可怕的85万吨。毋庸讳言，在1942年的仲夏，轴心国在破交战中占据了上风。[54]

# PART III:

# WATERSHED

第三部分

# 转折点

1942 年的上半年是盟国的噩梦。一连五个月，日本人在太平洋和印度洋的广阔海域里横行无忌，所向无敌。德意两军让东地中海的所有英国主力舰都失去了作战能力，并把马耳他岛的盟国补给线压到了崩溃边缘。盟国在大西洋，尤其是在美国东海岸和加勒比海遭受了难以承受的船只损失。PQ-17 船队在巴伦支海遭遇灭顶之灾，让西方盟国不得不暂时中止派出船队绕过北角支援苏联。而苏联红军虽然在莫斯科城下反击成功，但仍然要对付轴心国军队的近两百个师。

　　西方媒体竭尽全力想在当时的战局下找出一丝光亮，但现实是如此黯淡，以至于英美两国领导人急于找到一些反击机会，即便没有其他目的，至少也能提振低迷的军心士气。正是在这一动力的促使下，美国在 4 月冒着巨大风险实施了战略意图模糊不清的对日本本土的空袭，英国则于 8 月向法国沦陷区的迪耶普港发动了进攻。在这两场战役之间的几个月里，美国海军在太平洋上与日军打了两场里程碑式的防御战，标志着航空母舰开始取代战列舰成了海战中新的主宰。到了 1942 年下半年，英美军队开始成功整合资源，对轴心国展开二战中第一轮战略反攻：进攻太平洋上的瓜达尔卡纳尔岛（简称瓜岛），登陆大西洋岸边的北非。

不过，人们要直到事后才会认识到这些大事件是二战的转折点，因为这些战役本身对轴心国力量的打击不足以致命，甚至算不上严重。实际上这些事件的重要性在于：它们向交战双方证明，盟军已经顶住了1940—1941年轴心国的第一轮猛击，能够争夺战略主动权了。到了1942年底，苏联红军在欧洲东线展现出的惊人恢复能力，以及美国那近乎无穷无尽的物质资源，使得盟国有了最终胜利的可能。此时，胜利的曙光或许还并不耀眼，但至少也不十分黯淡。人们有理由相信，如能将英国的坚韧、苏联的人力以及美国的工业实力整合起来，盟军总有一天会战胜轴心国。

不过，谈论胜利还为时过早。最终的胜利还要再等三年多才能到来——到处是破坏和失望、充满着死亡和痛苦、希望渺茫的三年多。正如丘吉尔于1942年11月的一次演讲中所言："这不是结束，甚至不是结束的开始，或许这只是开始的结束。"

# 第13章

# 转海回天

1942 年 1 月 31 日，欧内斯特·金的航空助理唐纳德·邓肯海军上校登上了停泊在弗吉尼亚州诺福克岸边的"大黄蜂号"（USS Hornet），这是美国最新的一艘航空母舰。由于"萨拉托加号"航母在 20 天前被一艘日本潜艇用鱼雷击中受损，被迫返回美国西海岸维修，"大黄蜂号"成了美国海军此刻仅有的 4 艘在役大型航空母舰之一。此外，美国海军在大西洋中还有 2 艘吨位较小的航空母舰，"突击者号"（USS Ranger）和"黄蜂号"——几星期后，"黄蜂号"将从英国出发，去给摇摇欲坠的马耳他输送其急需的"喷火"式战斗机。此时，在太平洋上，美国海军可用的航母仅有"约克城号"，姊妹舰"企业号"，以及更大但更老旧的"列克星敦号"，所谓的"列克斯夫人"。

邓肯按照传统首先向"大黄蜂号"的军旗和舰上总值班军官敬礼。迎接邓肯的最高级军官是"大黄蜂号"舰长、时年 55 岁的"皮特"马克·米彻尔。米彻尔面色苍白、瘦削憔悴，他的秃头上戴着一顶帽檐巨大的特制棒球帽，保护他早已被太阳晒伤的面部皮肤免于继续受损。米彻尔是个老飞行员，他在 1916 年获得了金翼徽章，成了美国海军第 33 位获得认证的舰载机飞行员。甲板上的欢迎仪式之后，米彻尔领着邓肯来到自己的住舱，刚一落座，邓肯就开门见山："您的航母能否让载弹的 B-25 轰炸机通过常规的甲板滑跑升空？"米彻尔反问道："多少架 B-25？"邓肯立即回答："15 架。"

在回答之前，米彻尔沉思了好一会儿。他的大脑在飞速运转着："大黄蜂号"的木质飞行甲板有多大，陆军航空兵的 B-25 "米切尔"式轰炸机尺寸如何。每架 B-25 轰炸机的翼展为 67 英尺。而"大黄蜂号"的飞行甲板有 86 英尺宽，这意味着宽度没问题。不过另一方面，相对于"大黄蜂号"的升降机，B-25 "米切尔"式轰炸机太大了，无法用升降机将它们送到机库甲板去。如果把 15 架 B-25 全停放在飞行甲板上，那余下的空间就很难让飞机起飞了。而且，运载着 B-25 的"大黄蜂号"将无法执行例行的飞行任务。尽管如此，经过头脑中一番快速计算，米彻尔告诉邓肯，"可以，能做到。"[1]

＊＊＊

从珍珠港被袭那天起，罗斯福总统就一直千方百计想要回击日本本土，这并非为了取得什么值得一提的战略胜利——他深知，做到这一点需要即便不是数年，也至少是数月——而是为了尽快提振美国低迷的军心士气。日军已经轰炸了美国领土，还是一处重要基地，美国一定也有办法去轰炸日本本土。罗斯福总统考虑让轰炸机从中国的机场起飞，但从后勤角度来说，把美国轰炸机弄到中国机场去的难度极大，必定旷日持久，从而错过战机。如果让一艘或多艘航母开到日本近海，放飞常规舰载机前去轰炸日本本土，则风险太大，因为航母必须在日本近海游弋，等待舰载机返回，而此时美军的航母数量非常有限，极其宝贵，不到万不得已不能让其冒太大的风险。这时候，一位名叫塞思·洛的海军上校想出了一个主意：可以让航程较远的陆基轰炸机从航母甲板上起飞，完成轰炸后飞到中国的机场降落，航母则立即掉头返航。[2]

此次轰炸行动的指挥官是美国陆军中校詹姆斯·H. 杜立特，以前当过拳击手、陆军试飞员、壳牌石油公司表演飞行员，人们常称他为"吉米"。二战爆发后，杜立特重返现役，成为美国陆军航空兵司令亨利·H. 阿诺德将军的一名参谋。邓肯向金报告 B-25 可以从航母的甲板上起飞后，杜立特立即揽下了这一任务，并将一群 B-25 机组人员集合到了佛罗里达州埃格林机场。杜立特告诉他们，此行是为了执行一项顶级机密且极度危险的任务，因此自己只要志愿者。当然，所有人都选择了志愿参加。官方没有告诉他们具体任务，但有些人很快猜到自己可能要从航母上起飞，因为训练他们的教官是一位名为汉克·米勒的海军上尉，主要训练内容为如何在 250 英尺长的跑道上进行极短距离起飞。[3]

关于任务本身的危险性，杜立特一直对机组人员直言不讳，但这整场行动的凶险并不止于此。由于"大黄蜂号"在这段横跨辽阔太平洋的航程中无法进行空中战斗巡逻，这就必须另派一艘航母为"大黄蜂号"护航。这意味着美国需要为这场行动投入 2 艘航母，相当于美军大型航母总兵力的足足一半，而这场行动实质上不过是为了提振士气而已。美国太平洋舰队新任司令切斯特·尼米兹海军上将就对此等投入心存疑虑，但他显然知道自己不该挡白宫的道。

尼米兹是个为人低调而内敛的指挥官。在珍珠港的美国太平洋舰队司令部里，很多人看到他那双淡蓝色的眼睛里的冷峻目光时，都会不由自主地有些紧张。丘吉尔首相仿佛是用与生俱来的威严行使自己咄咄逼人的权力，罗斯福总统则以和蔼可亲让人甘愿为他赴

切斯特·尼米兹于 1941 年圣诞节抵达珍珠港，12 月 31 日接替派伊正式担任美国太平洋舰队司令。从此刻开始，到二战结束，尼米兹一直是太平洋战场上美国海军的最高指挥官。他外表冷峻、沉稳而庄重，内心无比坚强，且愿意为做出大胆的决策而负相应的责任

来源：美国海军历史与遗产司令部

汤蹈火；与他们相比，尼米兹总会先礼貌而安静地耐心倾听，评估情况，再做出自己的决定。不过，他的很多决定都出人意料地大胆，因为在轻声细语的背后，他实际上有着坚定的决心。尼米兹一收到动用 2 艘航母轰炸日本本土的提议，就马上请来了"企业号"航母特混舰队司令，威廉·F. 哈尔西海军中将。尼米兹问哈尔西此计划是否可行。"他们需要很多运气。"哈尔西答道。"那你愿不愿意率领它们执行这一任务呢？"尼米兹问道。哈尔西没有丝毫犹豫，就回答道："我愿意。""很好，"尼米兹回应道，"归你了。"[4]

　　与此同时，"大黄蜂号"航母于 2 月驶离诺福克军港，向南驶入加勒比海，穿过巴拿马运河，再沿着北美洲的西海岸向北驶去，最后于 3 月 20 日抵达加利福尼亚州旧金山湾内的阿拉梅达。而那些 B-25 则从佛罗里达州起飞，从东往西飞越整个美国，降落并滑行到了码头上，由起重机吊到"大黄蜂号"的飞行甲板上。这些

巨大的双引擎轰炸机与甲板之间的比例显得很不协调，不过这并无妨碍。事实上，训练过这些陆军飞行员的汉克·米勒海军上尉建议再增加一架飞机——第 16 架——他决定等航母出海后，亲自驾机给陆航同僚们展示怎样在航母甲板上驾驶 B-25 升空。"大黄蜂号"的舰长马克·米彻尔同意了这一建议，所以当"大黄蜂号"于 4 月 2 日向西穿过金门大桥、从旧金山湾驶入浩瀚的太平洋时，它的飞行甲板上实际停放着 16 架 B-25。不过，临时增加的这第 16 架轰炸机最后并没有示范并飞回机场，而是被留在了"大黄蜂号"甲板上，参加这场轰炸。[5]

在 2 艘巡洋舰、4 艘驱逐舰以及一艘油料补给舰的伴随下，"大黄蜂号"特混舰队向西穿行往夏威夷，于 4 月 12 日与哈尔西的"企业号"会合。（当周，在印度洋上，南云忠一率领的日本航母舰队刚刚轰炸完锡兰的英国海军基地。）这支合兵一处的双航母特混舰队在"企业号"舰载机的空中保护下向西横越太平洋。5 天后的 4 月 17 日，随行的油料补给舰为航母和几艘巡洋舰加满燃料，这些大型军舰开始继续向西高速冲刺。然而，就在这天半夜，几艘为了提防盟军突袭而奉命在这一海域巡逻的日本哨戒艇发现了美军舰队，它们赶在被美国巡洋舰"纳什维尔号"（USS Nashville）击沉前成功将接触报告发回了东京。这起突发事件让哈尔西和杜立特确信，不能再等了。因此，虽然此时它们距离预定起飞点还有近 100 英里距离，但"大黄蜂号"的警报很快就响了起来，电喇叭里传出了一个声音："陆军飞行员登机。"[6]

起飞并非易事。太平洋上风大浪急，"大黄蜂号"摇晃得非常厉害，以至于信号官必须用一根救生索把自己拴在甲板上才能站稳。他踩准航母起伏的节奏，抓住起飞的时机，指挥飞机升空。虽然难度很大，但 16 架 B-25 还是一架接一架从"大黄蜂号"上顺

1942 年 4 月 18 日，一架美国陆军 B-25"米切尔"式轰炸机从"大黄蜂号"航空母舰的甲板上升空。当天的天气变幻莫测，飞机升空危险重重

来源：维基百科

利起飞，它们在航母上空盘旋了一圈后，径直向西飞去。为了节约时间和宝贵的燃油，这些轰炸机没有组成编队，而是分散开来，各自飞向日本。[7]

　　这些 B-25 每架仅携带了 4 枚 500 磅炸弹，分别攻击了 5 座城市。因此，它们给日本造成的损失更多只是象征性的，而非战略性的。部分是由于提前升空，16 架飞机无一能在中国机场降落。绝大部分机组在燃油耗尽后都在中国陆地或沿海迫降，随后遁入夜色中。"杜立特突击队"有 6 人在迫降时牺牲；一架飞机飞到苏联的符拉迪沃斯托克（海参崴）降落，在太平洋战争中保持名义中立的苏联扣押了这架飞机及其机组人员。有 8 名机组人员被日军俘虏，其中3人被日军处死，1人死于狱中，而其余4人作为战俘幸存至二战结束。其余的机组人员，包括杜立特本人，最终都安全返回美国，罗斯福总统在白宫举行欢迎和授勋仪式，并亲自为杜立特颁发荣誉勋章。[8]

本土遭到轰炸之后，日本政府声称美国轰炸机轰炸了学校和医院，不过，除了日本以外没人把这份声明当回事。总体说来，这次突袭取得了罗斯福总统想要的效果：给美国人民打了一针强心剂，也让日本人陷入了尴尬。山本五十六颜面扫地，虽然美机并未轰炸日本皇宫，但本土遭袭意味着日本天皇的性命不再安全无虞。[9]

*\*\**

尼米兹对于为杜立特空袭投入一半航母忧心忡忡，因为这让他手中仅剩下2艘航母（即"约克城号"和"列克星敦号"）来防守其余的整个太平洋。他的担心变成了现实。4月中旬，他获悉日军计划在南太平洋发动新一轮大规模进攻。情报来自夏威夷情报站（Station Hypo）的密码破译小组，这个小组对于太平洋战争的贡献不亚于英国布莱奇利庄园之于大西洋之战。

日本海军的作战密码被称为JN-25b，它并不像"恩尼格玛"密码机那样依靠一台机械设备进行加密，但仍然让美国人直到偷袭珍珠港之后都无法破解。这让尼米兹的首席密码破译专家约瑟夫·罗彻福特（Joseph Rochefort）少校一直深感自责，不过这并不是他的责任。有件事值得一提，华盛顿当时已经可以破译日本的外交密电，代号为"紫色"，但这并不会分享给珍珠港司令部。罗彻福特后来想，如果自己当时有权接触这些密电，或许会有助于成功破解日军作战密码。此外，偷袭珍珠港之前的那段时期，华盛顿的美国海军部情报局（单位代号"Op-20-G"）朝令夕改，导致罗彻福特疲于奔命，无法专攻一处。结果，罗彻福特完全没机会为破解日本专用密码体系制订任何长期规划。尽管如此，未能帮助阻止或侦知12月7日珍珠港被袭这一事实还是鞭策着他夜以继日地工作，探寻着关于日军下一步计划的蛛丝马迹。[10]

4月5日，就在哈尔西率"企业号"离开珍珠港去会同"大黄蜂号"空袭东京的3天之前，罗彻福特正在研究一条截听到的日军密电，这是山本设在日本濑户内海的联合舰队司令部发给正在佐世保军港维修的"加贺号"航空母舰的。此前，罗彻福特已经破译出某个由四个字母组成的密码代表"攻击部队"，这次他发现这一密码与"RZP"这组字母之间联系紧密。由于日军此前曾用"RZP"指代过位于新几内亚岛南岸的莫尔兹比港，罗彻福特立刻意识到：莫尔兹比港就是日军下一个进攻目标。[11]

罗彻福特立即给尼米兹的情报官埃德温·莱顿海军中校打电话，说自己有了"重大发现"。莱顿不敢怠慢，立即安排罗彻福特向尼米兹当面汇报。尼米兹认可了罗彻福特的想法。但此时他的两艘航母正在空袭日本途中，第三艘"列克星敦号"正在珍珠港船厂拆除8英寸舰炮，以腾出空间安装更多高炮。面对如此困境，尼米兹也不知道自己到底能做些什么。此外，在华盛顿，也有人质疑罗彻福特的分析是否可靠。海军通信局局长约瑟夫·雷德曼少将和他弟弟约翰·雷德曼上校两人认为：罗彻福特的预测更多地建立在猜测而不是分析的基础上。雷德曼兄弟的评价很准确，但这却是有情报为基础的猜测。尼米兹决定信任自己的情报团队，他获得了金的同意，让"列克星敦号"和"约克城号"共同开赴新几内亚岛东端的珊瑚海，力争阻截日军进攻部队。尼米兹选择了弗兰克·杰克·弗莱彻海军少将统一指挥以"列克星敦号"与"约克城号"

为核心的第 17 特混舰队。弗莱彻是美国海军学院 1906 届毕业生，比尼米兹低一届，比金低五届，他曾长期担任水面舰艇指挥官，而此时因职责所需开始指挥航母战斗群。弗莱彻是个标准的老水兵：他面相忠厚、能力强，性格直率。[12]

虽然有来自华盛顿的怀疑，但事实证明罗彻福特的分析完全正确。日军高层的确盯上了莫尔兹比港，为此，日军决定绕过新几内亚岛东南端，从海上迂回突袭位于该岛南部海岸的莫尔兹比港，从而避免从陆路强行翻越横亘全岛、巍峨耸立的欧文·斯坦利山脉。此战之前，日军还计划攻占所罗门群岛中的一个小岛图拉吉，准备将这里建成水上飞机基地，以监视美军在珊瑚海上的活动。之后，图拉吉进攻舰队将继续掩护进攻莫尔兹比港的舰队。日军两艘大型航空母舰"翔鹤号"和"瑞鹤号"将负责为这两场作战行动提供远程支援，但在此之前，两艘航母还要先把一些飞机运送到日军占领的拉包尔基地去。拉包尔港地处俾斯麦群岛新不列颠岛的最北端，莫尔兹比港东北方向约 500 英里处。日军作战计划人员给各支舰队布置了各种次要任务，反而忽略了马汉的著名论断：海战胜利的关键在于集中优势力量。[13]

5 月初，就在日军各舰队分头行动时，弗莱彻的"约克城号"战斗群刚刚在萨摩亚完成补给，就收到了一架澳大利亚侦察机发来的报告：一支日本进攻舰队正开往图拉吉。弗莱彻随即加速北上，准备攻击。5 月 4 日，美军的轰炸机和鱼雷机发动一连串空袭，击伤数艘停泊在图拉吉港口的日本舰艇；不过，日军大部分舰艇已经撤走了。回收飞机之后，弗莱彻指挥"约克城号"掉头南下与"列克星敦号"会合，靠近"尼奥肖号"（USS Neosho）油料补给舰加油，然后在珊瑚海中继续西行。[14]

当美军飞机空袭图拉吉的日军舰艇时，高木武雄的"翔鹤号"

和"瑞鹤号"2艘航母也即将驶入珊瑚海。高木的2艘航母从加罗林群岛的日军特鲁克基地出发后并未直接向南驶入珊瑚海,而是绕过了所罗门群岛的东端,因此到了5月6日,高木武雄已经跟在弗莱彻的第17特混舰队后面了。这就像是在茫茫大海上玩捉迷藏,虽然彼此距离一度仅有不到70英里,但对阵双方的指挥官均没有意识到对手就在附近。与尼米兹一样,高木武雄也曾经在潜艇部队当过军官,他近期还指挥过多支巡洋舰部队,两个多月之前,正是他指挥着一支巡洋舰队在爪哇海战中基本歼灭了多尔曼舰队主力。由于先前未指挥过航母,所以高木武雄此番选派自己的密友、第5航空战队司令原忠一海军少将负责指挥空袭行动;原忠一身材高大,体型壮硕,联合舰队的战友们送其外号"金刚"。[15]

5月7日破晓前,美日双方都放出了侦察机。虽然都没能找到对方主力,但"约克城号"的一架侦察机却在新几内亚岛东端附近看到了正驶往莫尔兹比港的日军进攻舰队,包括2艘巡洋舰和4艘驱逐舰。然而,美国舰队的无线电报务员译错了密码,把侦察机发来的"2艘巡洋舰"错译成了"2艘航母"。这条消息太令人激动了,弗莱彻立即命令2艘航母放飞全部舰载机,对日军舰队展开全面空袭。到了当天上午10点15分,已经有93架飞机升空,扑向美军侦察机发回的坐标位置。[16]

当弗莱彻知道这个"小差错"时,已经来不及召回放出去的舰载机了,不过,有如神助一般,弗莱彻此时又收到了另一份来自一架陆军侦察机的报告,发现一艘日军航母,距离原先的坐标位置仅有20英里。弗莱彻打破了无线电静默,指示机群调整航向,前去攻击新目标。目标被证明是为进攻舰队护航的日本轻型航母"祥凤号"。在90架美机的狂轰滥炸之下,"祥凤号"完全无力抵抗。"列克星敦号"飞行员们声称自己命中日本航母5枚炸弹和9枚鱼

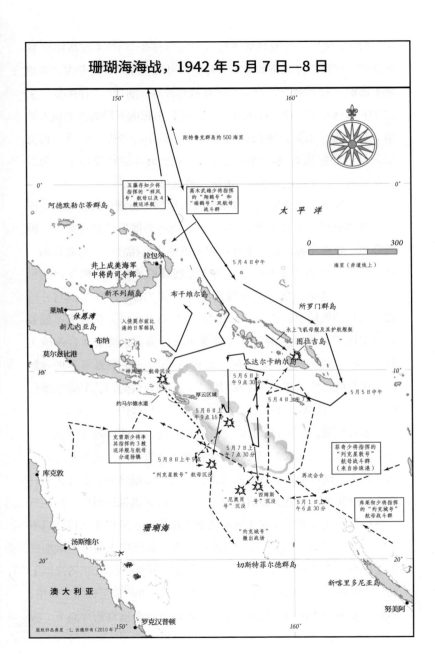

# 珊瑚海海战，1942年5月7日—8日

距特鲁克群岛约500海里

五藤存知少将指挥的"祥凤"号航母以及4艘巡洋舰

高木武雄少将指挥的"翔鹤号"和"瑞鹤号"双航母战斗群

太 平 洋

阿德默勒尔蒂群岛

拉包尔

井上成美海军中将的司令部

新不列颠岛

布干维尔岛

5月4日中午

所罗门群岛

0          300
海里（赤道线上）

莱城

休恩湾

新几内亚岛

布纳

入侵莫尔兹比港的日军部队

水上飞机母舰及其护航舰艇

莫尔兹比港

图拉吉岛

瓜达尔卡纳尔岛

"祥凤"号航母沉没

5月5日中午

约马尔德水道

厚云区域

5月6日上午9点30分

5月4日上午7点

5月8日上午9点15分

克雷斯少将率其指挥的3艘巡洋舰与航母分道扬镳

5月7日上午7点30分

5月8日上午9点

"列克星敦"号航母沉没

再次会合

菲奇少将指挥的"列克星敦号"航母战斗群（来自珍珠港）

库克敦

"尼奥肖号"沉没

"西姆斯号"沉没

5月1日上午6点30分

弗莱彻少将指挥的"约克城号"航母战斗群

珊 瑚 海

汤斯维尔

"约克城号"撤出战场

切斯特菲尔德群岛

新喀里多尼亚岛

澳 大 利 亚

努美阿

罗克汉普顿

版权归杰弗里·L·沃德所有（2010年）

雷，"约克城号"的舰载机飞行员们则声称命中了14枚炸弹和10枚鱼雷。即便极度兴奋的美军飞行员们可能对战果有所夸大，这也毫不影响"祥凤号"航母完全被炸成碎片这一事实。"祥凤号"上的736名日军中，仅204人幸存。这是日军在太平洋战场上损失的第一艘航母，也是日军损失的第一个主要作战单位。率领"列克星敦号"侦察轰炸机群的罗伯特·狄克逊海军少校发出了一份后来非常出名的无线电报告："击沉一艘航母。"[17]

无独有偶，当天早晨，日本航母也根据一份错误的接触报告派出了攻击机群。早晨7点22分，一架侦察机报告说发现美军一艘航母和一艘巡洋舰，且位于日本舰载机作战半径之内。与弗莱彻一样，原忠一也命令2艘航母放飞全部舰载机扑向侦察机发回的坐标。不过，这架侦察机看到的其实是美军"尼奥肖号"油料补给舰及为其护航的驱逐舰"西姆斯号"（USS Sims）。就在美军舰载机群击沉"祥凤号"时，日军舰载机飞行员们也凌虐了这两艘美舰，击沉"西姆斯号"，重创"尼奥肖号"。"尼奥肖号"的残骸一直在熊熊燃烧，却始终浮在海面上，但这仅仅是因为其储油罐已经半空，浮力比较大而已。[18]

事后证明，5月7日的空袭只是个开场，大戏要再等一天才真正上演。第二天，双方侦察机终于找到了对方航母，美日双方几乎同时放飞了航母甲板上所有的攻击机，向对方航母的位置飞去——双方机群甚至在半路上擦肩而过。美军机群首先抵达目标，但遇到了执行防空任务的零式战斗机群的顽强抵抗。一位美军飞行员后来回忆道："这场缠斗真令人难以置信。飞行员们在无线电里歇斯底里地吼叫，双方的飞机搅在一起，谁也搞不清到底是谁飞在谁上面。"在一片混乱和零式机的持续袭扰之下，美军鱼雷机无一命中。不过，美军的俯冲轰炸机从1.4万英尺高空近乎垂直俯冲而下，投

1942 年 5 月 7 日，在珊瑚海海战中，日本轻型航母"祥凤号"遭到了美军舰载机的猛烈攻击，燃烧起熊熊烈火。从两艘美国航母起飞的舰载机群彻底摧毁了"祥凤号"，舰上 532 名日军官兵死亡。"祥凤号"航母是日本在二战中损失的第一艘主力舰

来源：美国国家档案馆（照片编号：80-G-17026）

下的 3 枚 1 000 磅的炸弹准确命中了"翔鹤号"，将其飞行甲板完全摧毁。不过，"翔鹤号"还是努力浮在了海面上。而"瑞鹤号"则借助浓云的掩护逃过一劫。[19]

与此同时，日军机群攻击了美军第 17 特混舰队。训练有素的日军飞行员们——其中大部分是士官——对美国航母展开了"包夹进攻"，从两侧同时扑向目标，使得美军航母很难躲开他们投下的鱼雷。两艘美国航母竭力躲避鱼雷，但它们体形巨大，反应迟缓，从战列巡洋舰改造而来的"列克星敦号"尤为如此。"列克星敦号"舰长弗雷德里克·谢尔曼后来回忆道："打一个满舵都要耗费三四十秒。"即便舵已打满，"列克星敦号"仍然在"笨重而不失庄重"地转向。在最初的几分钟内，"列克星敦号"就挨了 2 枚炸弹和 2 枚鱼雷。在军舰底部的轮机舱里，机械师古斯塔夫·森布

里茨基切身感受到了这些炸弹和鱼雷的威力。他回忆道:"当一枚炸弹击中航母时,你会感到摇晃。如果是一枚鱼雷击中了航母,你就会被掀起来。这种差别你能感觉得到。"[20]

"列克星敦号"成了一片火海,舰体倾斜达到了7°。损管队逐渐控制住了火势,也通过对称注水让军舰恢复了平衡,这样就可以回收刚刚完成攻击的舰载机了。然而,到了中午12点47分,破损的油槽导致"列克星敦号"内部突发大爆炸,飞行甲板被炸开一个大洞,把数吨重的升降机平台炸飞到了半空中,然后重重地砸在一架飞机上。一小时后,"列克星敦号"内部再次爆炸,这艘航母终于在劫难逃。谢尔曼极不情愿地下令弃舰,在全体官兵都撤离后,"菲尔普斯号"(USS Phelps)驱逐舰奉命用5枚鱼雷将这艘燃烧的航母送入了海底。[21]

"约克城号"也被击中了,好在并不致命。这艘航母以疯狂的机动躲开了至少8枚日本鱼雷,但日军轰炸机投下的近失弹不断震动着这艘航母,"约克城号"吃水线以下的舰体受损。一枚炸弹落在飞行甲板上,穿进轮机舱爆炸。66人遇难,灯光全部熄灭,舰员们不得不关闭6个锅炉中的3个。虽然"约克城号"仍然浮在海面上,但其多个油箱破裂,身后留下了一条长长的黑色油污。[22]

5月8日的战斗之后,弗莱彻原本打算再发动一次攻击,但评估后却发现手中可用的牌已经所剩无几,不得不鸣金收兵。同样,高木武雄和原忠一也不得不撤离战场。此战带来的最重大影响是,坐镇拉包尔司令部指挥整场战役的井上成美将军命令进攻舰队掉头北撤。这是太平洋战争爆发以来日军的进攻首次被挫败。后来的事实证明,日本人再也没能组织起对莫尔兹比港的进攻。在后来所有关于第二次世界大战的教科书地图中,日军征服的最远范围都止步于距离莫尔兹比港不远处。日本海军已经达到了其侵略扩张的极

1942 年 5 月 8 日，在珊瑚海海战中，"列克星敦号"被击中起火后，部分船员开始撤离

来源：维基百科

限，不过，此时无人意识到这一点。

    基于飞行员们的报告，日本人相信自己击沉了全部 2 艘美军航母，日本国内的媒体遂大肆鼓吹日本海军赢得了又一场胜利，向必然到来的"最终胜利"又前进了一步。然而，山本五十六却在私下里对原忠一感到非常失望，他认为后者没有在战术胜利之后乘胜追击，把这 2 艘美国航母真正击沉，此外，山本五十六还对井上成美取消进攻的决定十分恼火。他致电后者，询问他"在明知道需要继续进攻时下令撤离的原因"，指责之意毫无掩饰。[23]

    与日本海军一样，美国海军也夸大了珊瑚海海战的战绩。《纽约时报》的头版头条坚称美军轰炸机至少击沉了 17 艘日舰，确凿的战果包括"摧毁日军 2 艘航母、1 艘重巡洋舰以及 6 艘驱逐舰"。不过，美国媒体对美军的损失起先缄口不提，后来也仅是轻描淡写地提一句"相对较轻"。事实上，美军在珊瑚海海战中的损失要比日军更重，特别是"列克星敦号"的沉没意味着美军在太平洋上的航母打击力量损失了1/4，这尤其令人担忧。不过，在这个节骨眼上，美国公众急切盼望胜利的好消息，海军部也不愿意在这举国欢庆的时刻给公众泼冷水。[24]

＊＊＊

珊瑚海海战还有一些暂且不为人知的后果。虽然"翔鹤号"遭受的损伤只略重于"约克城号"，但日本人却决定把它送到船坞彻底整修。与之相比，美国人——特别是尼米兹——却坚持要珍珠港方面抓紧修好"约克城号"，只要能让它快速重返战场，怎么偷工减料都行。尼米兹之所以如此坚持要让航母快速恢复战斗力，是因为罗彻福特给他带来了另一条至关重要的情报。"列克星敦号"在珊瑚海沉没当天，罗彻福特团队破译了一条日军密电，显示日军组织了一支舰队，包括日军另4艘大型航母、2艘快速战列舰以及数量庞大的护航舰艇。它们的目标代号为"AF"，罗彻福特认为"AF"指的就是中途岛，一座位于珍珠港西北方约1 100英里处的小小环礁。

与此前一样，罗彻福特在华盛顿的上级再一次对他的"猜测"表示怀疑。他们提出，罗彻福特的评估可能有误，日本人的下一个目标可能是美属萨摩亚或者新喀里多尼亚，甚至还有可能直接打击美国西海岸。但罗彻福特非常自信，为了证明自己的判断，他决定略施小计。他用海底电缆给中途岛发了一份电报（日军无法监听到这种用海底电缆发的消息），让守军用无线电明码给珍珠港发电报，说中途岛的海水淡化设备发生故障。然后，罗彻福特就开始等待。

正如他所期待的，日本人截获了这份电报，很快，美军夏威夷情报站的密码破译人员就截获了一份日军电报，称"AF"缺乏淡水。[25]

到5月中旬，夏威夷情报站的密码破译团队已经从大量日本无线电报中破译出了几十条情报碎片。罗彻福特把这些碎片拼接到一起，最终厘清了日军动向的脉络，对此他感到非常满意。罗彻福特告诉尼米兹，敌人将动用四五艘航空母舰作为先锋，攻击并试图占领中途岛，行动时间就在5月的最后几天或6月的第一周。[26]

但尼米兹虽有情报，却并不完全清楚自己能够或者应当做些什么。"萨拉托加号"航母此时仍在美国西海岸维修，"列克星敦号"航母已经损失掉了，而受伤的"约克城号"正拖着长达10英里的油污蹒跚驶回珍珠港。美军在太平洋上仅剩2艘航母——"企业号"和"大黄蜂号"——但它们刚刚完成杜立特突袭任务，此时仍在返航途中，它们要到5月25日才能驶抵珍珠港。即便它们能按时返回，被尼米兹调去防御中途岛，它们也会面对数量至少两倍于己的日本航母，外加2艘日本战列舰。有鉴于此，罗彻福特的报告让尼米兹陷入了两难之中。既然盟国的大战略是"德国优先"，那么尼米兹面临的显然最保险的选择就是：让仅有的2艘尚未受损的航母远离危险。

不过，尼米兹并不这么想。他否决了这个保守的策略，他认为，如果"约克城号"能够快速修复，就可以将"萨拉托加号"离开后留下的舰载机和飞行员补充给飞机损失严重的"约克城号"。这样他就有了3艘可以作战的航空母舰，中途岛上的美军机场则可以充当第4艘航母——中途岛虽然无法移动，却也不会被击沉。双方起飞平台之比为4∶4，此外，尼米兹还握有罗彻福特团队带来的情报先机。头脑冷静、足智多谋的尼米兹从一开始就下定决心要顶住日军的攻势，扭转太平洋战场上的不利局面，至少也要打沉日军几艘航母。[27]

还有一个问题。当"企业号"和"大黄蜂号"于 5 月 25 日驶入珍珠港时，尼米兹发现哈尔西看起来憔悴不堪，他立刻要哈尔西去医院。检查发现哈尔西患上了严重的带状疱疹，医生认为他的健康状况不适合作战了。尼米兹于是要哈尔西推荐一个人选在接下来的大战中接替指挥他的两艘航母，哈尔西毫不犹豫地推荐了他的巡洋舰队指挥官——雷蒙德·A. 斯普鲁恩斯海军少将。斯普鲁恩斯冷静、文雅，其作战记录令人仰慕。但问题是，与弗莱彻一样，斯普鲁恩斯也是一名水面舰艇指挥官，没有海军航空兵的金翼徽章。这样，在迄今最重要的一场航母会战中，美军航母的指挥权落在了两位非航空兵出身的水面舰艇指挥官身上。[28]

"企业号"和"大黄蜂号"在珍珠港迅速完成补给，于 5 月 28 日再次出海。第二天，"约克城号"也出港了，还带着几个维修组。通过珍珠港的航道时，岸上的人能看到他们手中乙炔焊枪喷出的明亮火焰。在接下来的数日里，3 艘美国航母及其护航舰艇向西北方驶去，目的地是位于中途岛东北 325 英里处的预定会合点，名为"幸运点"。这确实是个给美军带来幸运的设伏之处，完全出乎日军意料。在数周之前日军为此战而进行的沙盘推演中，扮演美军指挥官的一位军官将代表美军的蓝军航母布置在"幸运点"不远处。推演的裁判，山本五十六的参谋长宇垣缠，越级否决了这位军官的模拟部署，称美军将航母部署在这里是不合逻辑的。[29]

山本之所以批准——实际上是坚持发动——进攻中途岛的行动，是因为他已决心要击沉那些在珍珠港逃过一劫的美军航母。事实上，攻击中途岛只不过是个诱饵，他真正的目的是要把美国航母从基地中引出来，在大洋上予以击沉。若如此，日军在太平洋上的霸权便可高枕无忧，日本也可赢得时间以巩固占领区。他认为，美国人此时在太平洋战场上仅有 2 艘航母可用，所以没必要集中日本的全部 6 艘大型航母——这就是受伤的"翔鹤号"没有参战的原因所在。但是，未受损的"瑞鹤号"同样没有参战，这主要是因为它在珊瑚海海战中损失了过多的舰载机。问题是，日本人原本应当像美国人的"约克城号"那样，用其他母舰的飞机补足"瑞鹤号"的舰载机队，但他们并未这么做。这不仅是因为觉得无此必要，也是因为这违背了日本人的秩序感。结果，奔赴中途岛的日军舰队只有 4 艘航母，由曾经指挥"机动部队"袭击珍珠港的南云忠一中将统一指挥。[30]

南云的 4 艘航母其实只是日军参战的四支舰队之一。日军还有一支"攻击部队"，拥有 2 艘战列舰、4 艘巡洋舰、8 艘驱逐舰以及 1 艘轻型航母，在近藤信竹海军中将指挥下单独航行。"火力支援舰队"由 4 艘重巡洋舰组成。还有一支所谓的"主队"，主要由 3 艘战列舰组成，其中包括搭乘着山本本人的超级战列舰"大和号"。更值得质疑的是，日军还决定派遣第五支舰队前去占领阿留申群岛的两个小岛。后世经常认为攻占阿图岛和基斯卡岛是为进攻中途岛所做的佯动，但实际上这是日军为了建立并维持太平洋防御圈而采取的行动之一。且不论阿留申群岛这几个孤立前哨的实际价值如何，日本人更明智的做法是在打完中途岛战役之后再去攻打那里。不过，日军仍然认为没必要如此。

与此同时，得到密码破译团队的提前预警后，美国海军多架"卡特琳娜"PBY 远程水上飞机对中途岛北面和西面展开了不间断巡逻。6 月 3 日早晨，日军飞机轰炸了中途岛以北 2 500 英里外阿拉斯加的荷兰港，当日早晨，在中途岛以西巡逻的一架"卡特琳娜"飞行员"杰克"朱厄尔·里德海军少尉在无线电里发回一条令人激动的消息："发现日军主力舰队。"不过，根据他接下来的详细报告，

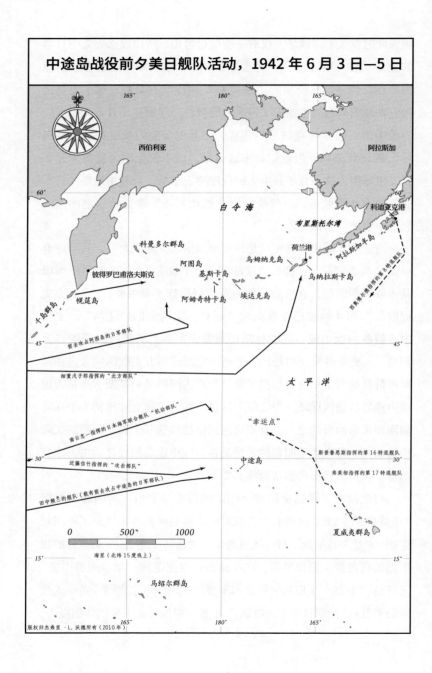

# 中途岛战役前夕美日舰队活动，1942 年 6 月 3 日—5 日

西伯利亚

阿拉斯加

白令海

布里斯托尔湾

科迪亚克港

科曼多尔群岛

荷兰港

阿拉斯加半岛

乌姆纳克岛

阿图岛

西奥博尔德指挥的第 8 特混舰队

基斯卡岛

乌纳拉斯卡岛

彼得罗巴甫洛夫斯克

阿姆奇特卡岛

埃达克岛

幌筵岛

千岛群岛

前去攻占阿图岛的日军部队

细萱戊子郎指挥的"北方部队"

太平洋

南云忠一指挥的日本海军联合舰队"机动部队"

"幸运点"

斯普鲁恩斯指挥的第 16 特混舰队

近藤信竹指挥的"攻击部队"

中途岛

弗莱彻指挥的第 17 特混舰队

田中赖三的舰队（载有前去攻占中途岛的日军部队）

0        500        1000

夏威夷群岛

海里（北纬 15 度线上）

马绍尔群岛

380　　　决战大洋

这支日军舰队的组成仅为："1 艘轻型航母、1 艘水上飞机支援舰、2 艘战列舰、数艘巡洋舰和驱逐舰。"这说明他看到的并非日军主力，而是近藤信竹的"攻击部队"。在珍珠港，尼米兹意识到了这个问题，他立即用无线电提醒弗莱彻和斯普鲁恩斯："这不是敌人的打击部队，重复一遍，不是敌人的打击部队。这是日军的登陆部队。日军打击部队将于明日白天从中途岛西北方向发起进攻。"[31]

＊＊＊

尼米兹的判断十分准确。6 月 4 日破晓，日军对中途岛美军机场发动了空袭，中途岛海战正式拉开帷幕。不过，当日军机群飞抵中途岛时，飞行员们却发现机场上空空如也。美国海军陆战队的战斗机群（大部分都是布鲁斯特公司的老式"水牛"战斗机）已经升空迎战，而轰炸机已经飞往"卡特琳娜"飞行员霍华德·埃迪当天清晨 5 点半发回的位置，空袭日军航母舰队去了。结果，虽然日军零式战斗机击落了大部分美军战斗机，日军轰炸机也对中途岛上的美军机场进行了狂轰滥炸，但日军攻击机群指挥官友永丈市海军大尉仍然向南云报告称：仍需再度组织空袭，才能完全压制机场。[32]

这就让南云忠一两难了。友永丈市带着南云一半的舰载机离开去攻击中途岛后，南云让剩下的另一半日机都挂上了反舰武器，准备攻击美军航母。然而到目前为止，日军一直没有找到美国航母，友永丈市又请求对中途岛进行第二轮打击。就在南云犹豫不决时，来自中途岛的美军轰炸机呼啸而至，防空巡逻的零式战斗机击落了大部分来袭美机，日军舰队毫发未损。但是这些美机的出现本身就证明了一个事实，即中途岛机场仍未被压制。于是，南云下令，立即给机库甲板上的飞机改挂爆破弹，准备对中途岛进行第二轮空袭。[33]

就在换弹之时，南云收到了一架水上飞机发来的接触报告，这是他当天早上派出去搜索美国航母的六架水上飞机之一。飞行员报称在中途岛北面看到了10艘敌军舰艇。不过飞行员并未说明这些美舰的舰型，于是南云命令他进一步确认。等待之时，南云命令暂停为舰载机更换弹药；如果这些美舰中有一艘航母，他就将立即放出飞机前去攻击。经过10分钟令人心焦的等待后，刚才那架水上飞机的飞行员又发来了报告，称这支美国舰队由5艘巡洋舰和5艘驱逐舰组成。于是南云下令继续换弹。其实，南云应该多考虑一个问题：在中途岛以北300多英里处发现了10艘美军舰艇，若这是一支常规巡逻舰队，这阵容未免太豪华了点，但若要说这是一支打击部队，则又略显寒酸。唯一合理的解释是，这些美舰是一艘航母的护航舰。事实的确如此。那架日军水上飞机飞行员看到的正是弗兰克·弗莱彻"约克城号"特混舰队中的护航舰，只不过飞行员当时没能看到"约克城号"本身。10分钟后，南云终于意识到了这个问题，当时日军飞行员又发回一份修正后的报告："敌军舰队中似乎有一艘航空母舰。"[34]

　　风云突变。接到这令人震惊的消息后，南云必须立即决定下一步怎么办。他可以马上给舰载机重新挂载反舰弹药，立即对这艘美国航母发动攻击，毕竟这才是他此行的主要目的。但此刻的问题是，友永丈市的机群刚刚空袭完中途岛，正在返航途中，即将降落；而飞了一早上防空巡逻的零式战斗机此刻也快耗尽燃油了。南云的航母不能同时回收和放飞飞机，所以他此刻不得不做出选择。南云不喜欢做事情半途而废，故而决定先回收友永机群以及在空中盘旋的零式战斗机，加油装弹，再对那艘美国航母——也可能是不止一艘航母——发动协同攻击。当然，这需要耗费一些时间，不过，南云觉得自己时间充裕。[35]

然而他的时间已经不多了。他回收了从中途岛返航的飞机，也把接岗的防空巡逻战斗机放飞了出去。正当机库甲板上的舰员们争分夺秒地为舰载机更换弹药时，美军航母的攻击机群来到了"机动部队"上空。上午 9 点 18 分，"大黄蜂号"航母的 15 架 TBD "蹂躏者"式鱼雷攻击机率先杀到。

＊＊＊

美军航母在当天早上 7 点就放出了舰载机。率先放飞飞机的"企业号"和"大黄蜂号"花了近一个小时才放出全部舰载机并编组好队形。早上 7 点 45 分，斯普鲁恩斯由于担心耽误时机，命令已经升空的俯冲轰炸机群先行一步，不用等待尚未升空的鱼雷攻击机。于是，美军几个俯冲轰炸机中队在 2 万英尺高度飞向目标，后来起飞的 TBD 机群只得单独飞向目标。然而，这些在 1 500 英尺低空飞行，速度缓慢的鱼雷机采用了更直接的航线，反而比俯冲轰炸机更早抵达目标。首先飞抵目标的美军机群是"大黄蜂号"第 8 鱼雷机中队的 15 架飞机，其飞行路径一直是中途岛海战的众多未解谜团之一。[36]

"大黄蜂号"第 8 鱼雷机中队的指挥官是勤勉认真、充满自信的约翰·C. 沃尔德伦海军少校，他对自己的印第安血统尤其感到自豪。根据侦察机报告的坐标，沃尔德伦自己计算出应当向西南方向飞行才能找到日军航母，不过升空后他发现"大黄蜂号"航母舰载机大队长斯坦诺普·C. 林带领全队向几乎正西方向飞去，沃尔德伦对此感到非常惊讶。沃尔德伦忍不住打破无线电静默，向林提出反对，但林却让沃尔德伦保持安静并跟着大队一起飞。沃尔德伦没有服从命令，而是带着他的中队脱离大队飞往西南方。事实证明，沃尔德伦对敌人位置的判断是正确的，但他的"任性"却意味着他飞抵日军"机动部队"上空时已是孤立无援，既得不到美军战斗机的掩护，又得不到俯冲轰炸机的配合。[37]

美军 TBD"蹂躏者"式鱼雷机的作战规程与英军"剑鱼"及"大青花鱼"鱼雷机相似，都需要以较低的高度和速度接近目标以投射鱼雷。这就使它们极易受到灵活的零式战斗机的攻击。沃尔德伦中队的后座机枪手们竭尽全力迎击日机，但零式战斗机快而敏捷，很难击中。不仅如此，"蹂躏者"还必须保持稳定航线才能投雷。沃尔德伦中队的全部 15 架飞机被日军战斗机一架接一架全数击落，飞行员和机枪手几乎全部战死，只有中队领航员乔治·盖伊海军少尉幸存，他从下沉的飞机中拼命地爬出来，并给自己的救生衣充了气。[38]

几分钟之内，"企业号"和"约克城号"的鱼雷攻击机也杀到了，但这些美机同样难逃厄运，横遭日军战斗机屠戮。当天早上，美国航母放飞了 41 架鱼雷机，仅有 4 架成功返航。虽然付出了惨重的代价，但没有一枚鱼雷命中敌舰。算上此前从中途岛起飞的轰炸机，美军至此已经出动了累计 94 架飞机前来攻击日军航母，却大部分都被击落，返航者寥寥，而且没有任何一枚鱼雷或者炸弹命中敌舰。在 1942 年 6 月 4 日上午 10 点 20 分时，南云有一切理由相信自己即将赢得这场大战。为了把他的胜利落到实处，他需要完成机库甲板上的换弹作业，把飞机抬升到飞行甲板上，再把它们放出去摧毁美军航母。

然而，南云的舰艇没有雷达，所以，上午 10 点 22 分，是旗舰"赤城号"上众多瞭望员中的一员最先发现新敌情的。他指向天空，大声惊叫道"Kyukoka（急降下）！"，此即日语的"俯冲轰炸机"。[39]

***

美军航母的攻击主力是 SBD "无畏"式俯冲轰炸机。与日军
九九式舰载轰炸机相比，SBD 更大，更坚固，载弹量也更大。"无
畏"式有 2 名机组人员：前座为飞行员，他们基本都是军官；后
座为报务员兼机枪手，一般由士兵担任。与鱼雷攻击机不同的是，
"无畏"式在 1.5 万英尺到 2 万英尺高度接近目标，常常以 70° 角
背对太阳俯冲而下，在海面上空 1 500 英尺处投下炸弹，然后扬长
而去。[40]

在中途岛海战中，SBD 战功赫赫，"赤城号""加贺号""苍龙号"均为其所击沉。
这是 1942 年 6 月 6 日，来自"大黄蜂号"的 SBD-3 准备轰炸"三隈号"重巡洋舰

来源：维基百科

"企业号"和"大黄蜂号"的俯冲轰炸机在当天早上同时起飞，却飞往了不同的方向。"企业号"轰炸机群向西南方向飞去（稍后，"约克城号"机群也按此航向飞行）。而"大黄蜂号"的轰炸机和战斗机则往几乎正西方向飞去，准确地说是向西偏南5°飞去。结果显而易见，除了沃尔德伦的鱼雷机中队之外，"大黄蜂号"的其余飞机全都错失了目标。林之所以选择这一方向，并非他自己的决定，这一指示很有可能来自"大黄蜂号"上的最高级别航空兵军官，即"皮特"米彻尔。根据对当天早晨侦察报告的分析，米彻尔得出结论，日军"机动部队"4艘航母中的2艘正航行在另2艘航母后面大约80英里至100英里处。这一结论也不是没有道理，因为日军此前的确常让舰队分组行动；但当天上午，南云的全部4艘航母却是集中行动的。结果，林率领着"大黄蜂号"的舰载机大队主力飞向了西边，在这段有时被称为"不知飞往何处的飞行"中错过了这整场大战。[41]

如果说林和"大黄蜂号"的俯冲轰炸机飞得太靠北了，那么克拉伦斯·韦德·麦克拉斯基海军少校率领的"企业号"轰炸机群就飞得太靠南了。这主要是因为在麦克拉斯基飞行途中，南云于9点17分向北转了个方向。结果，麦克拉斯基飞抵预定坐标时，眼前只有空荡荡的海面。虽然他和他的飞行员们燃油消耗已经过半，但他还是飞起了标准的矩形搜索航线。搜索时，他突然看见一艘孤零零的日本驱逐舰以30节的航速向北疾驶而去，在蔚蓝色的大海上留下了明亮的航迹。麦克拉斯基意识到，这艘驱逐舰的舰长一定是在追赶主力，于是他率队朝那个方向飞去。果不其然，上午10点20分，他找到了日军的"机动部队"。

麦克拉斯基的大部分轰炸机都扑向了最大的那艘日本航母——巨大的"加贺号"。日军的零式战斗机都已降到低空去追杀鱼雷机了，因此这些俯冲轰炸机完全没有受其阻扰。机群呼啸而下，数枚

1943年8月，克拉伦斯·韦德·麦克拉斯基海军中校蹲在一架F4F"野猫"式舰载战斗机的机翼上摆姿势拍照。在中途岛海战中，麦克拉斯基率领着俯冲轰炸机中队从"企业号"航母上起飞，前去攻击日本航母。他在未能找到日军"机动部队"时，选择尾随一艘落单的日军驱逐舰，这个选择被证明具有决定性意义。在这张照片中，麦克拉斯基身穿的是美国海军航空兵特有的森林绿色海军军装

来源：美国海军历史与遗产司令部

炸弹劈空而至，引爆了堆放在"加贺号"机库甲板上的弹药，引燃了充满了飞机油箱的汽油。爆炸掀开了"加贺号"的整个机库甲板，仅仅几分钟，"加贺号"就成了一具被浓烟烈火包裹着的残骸。[42]

麦克拉斯基的机群中，有3架轰炸机在时年32岁的理查德·贝斯特海军上尉的率领下绕过"加贺号"，直扑南云的旗舰"赤城号"。贝斯特两架僚机的炸弹落在"赤城号"近旁，对其水下部位造成了严重损伤。最后，贝斯特本人投下的一枚1 000磅炸弹准确命中了"赤城号"的舰体中央，形成了致命一击。这枚炸弹穿入了下层机库甲板，在18架弹满油足的九七式舰载攻击机群中爆炸。与"加贺号"一样，随之而来的殉爆演变成了一连串火焰风暴。一般情况下，一枚炸弹很难击沉一艘航母；在珊瑚海海战中，"翔鹤号"甚至挨了3枚炸弹之后仍能幸存——但在这一特殊环境下，贝斯特一击就要了"赤城号"的命。几分钟之内，日本最大最好

的两艘航母就遭到了无可挽救的重击。[43]

战役到此还远未结束。就在麦克拉斯基和贝斯特分别率部冲向各自的目标时，"约克城号"的俯冲轰炸机中队也在马克斯·莱斯利的率领下飞到了。当天早上，虽然"约克城号"舰载机的起飞时间稍晚于"企业号"和"大黄蜂号"，但它们并没有像麦克拉斯基那样不得不到处搜索日军"机动部队"，因此几乎与后者同时抵达目标。不过，它们不是从南方，而是从东北方飞临日军舰队上空的，他们的目标是"苍龙号"。它们投下的第一枚命中弹正中"苍龙号"前部升降机，另一枚击穿飞行甲板，在轮机舱中爆炸。如莱斯利所言，"苍龙号"成了"燃烧的地狱"。在短短 5 分钟到8 分钟内，美军的俯冲轰炸机群就摧毁了日军 3 艘主力航母，确切地说，日本海军的半数大型航母已经报销了。[44]

日军立刻发动反击。虽然仅存一艘航母，但他们还是向"约克城号"展开了空袭。在 6 架零式战斗机的保护下，小林道雄海军大尉率领 18 架俯冲轰炸机飞向了"约克城号"。虽然遭到"约克城号"战斗机和防空炮火的强烈抵抗，但日机还是成功命中"约克城号"的飞行甲板三枚炸弹。与中了一枚炸弹就完全毁灭的"赤城号"不同，"约克城号"身中三枚炸弹之后依然顽强地浮在海面上。个中原因有三。其一，美军配备了雷达，能够在敌机来袭前获得预警，因此美军得以及时关闭输油管线，放飞舰载战斗机，做好战斗准备。其二，日军九九式舰载轰炸机仅能携带一枚 250 千克炸弹，不像个头更大的美军"无畏"式那样携带 1 000 磅炸弹。其三，"约克城号"损管队的工作效率非常高。日本人一心想着进攻，因而在损管方面花的时间和精力比美国人少得多，而正是美国人快速而高效的损管拯救了"约克城号"。

当天下午，日本人再次攻击"约克城号"，此番出击的是 10

1942 年 6 月 4 日，在中途岛海战中，"约克城号"损管人员正在修复被 250 千克炸弹炸开的甲板

来源：维基百科

架九七式鱼雷攻击机——事实上，这是他们仅剩的飞机了。率领这 10 架飞机的是当天早晨率队攻击中途岛的友永丈市海军大尉。甚至在离开"飞龙号"前去攻击"约克城号"之前，他就很清楚自己将有去无回了。在此前的战斗中，他的左机翼油箱被击穿，因此他机上的燃油仅够单程飞行。驾机接近"约克城号"时，他的飞机又被击中数次。尽管如此，他一直坚持稳住自己已经着火的飞机，等到投下鱼雷，才一头扎进大海中。[45]

"约克城号"在这轮空袭中被命中两枚鱼雷，其中就包括友永丈市投下的那枚，这枚鱼雷在"约克城号"的舷侧炸开了一个大口子，摧毁了舰上的备用发电机。这艘巨大的航母顿时倾斜了 26°，舰长埃利奥特·巴克马斯特海军上校极不情愿地下达了弃舰令。即便到了这时候，这艘巨舰依然顽强地拒绝沉没。第二天，巴克马斯特率领一批志愿人员返回了"约克城号"，想看看能否挽救军舰。最后的一击来自一艘日本潜艇。6 月 5 日下午，当"约克城号"正在被拖回珍珠港时，田边弥八海军少佐指挥的潜艇伊 -68*悄悄突破了"约克城号"周围的驱逐舰反潜屏障，再次命中"约克城号"3 枚鱼雷。"约克城号"再也无法承受这一打击，沉入了海中。[46]

与此同时，日军"机动部队"的第四艘也是最后一艘航母"飞龙号"也已命丧美军之手。"企业号"的俯冲轰炸机与数架失去母舰的"约克城号"轰炸机联手，在永载史册的这一天下午 5 点后不久攻击了"飞龙号"。4 枚炸弹命中"飞龙号"飞行甲板中段，彻底摧毁了这艘航母的舯部。与其他三艘日本航母一样，"飞龙号"也遭到了无可挽救的毁灭性打击。在短短的一天之内，日本海军就损失了 4 艘航母，不啻为一场灾难。同样严重的是，日军众多训练有素的优秀飞行员也在此战中阵亡，获救者寥寥无几。[47]

中途岛战役是世界海战史上影响最为重大的战役之一，其战术决定性和战略影响力堪与萨拉米斯海战、特拉法尔加海战和对马海峡海战比肩。此战之后，日本海军虽仍然凶恶，但其称霸太平洋长达 6 个月之久的"机动部队"仅剩下了两艘航母："翔鹤号"和"瑞鹤号"。在中途岛战役这天上午 10 点 22 分到 10 点 27 分这最关键的 5 分钟内，太平洋战场的战略主动权已经从日本转移到了美国及其盟国手中。

---

\* 根据相关资料，伊 -68 已于 1941 年 5 月改称伊 -168。——译者注

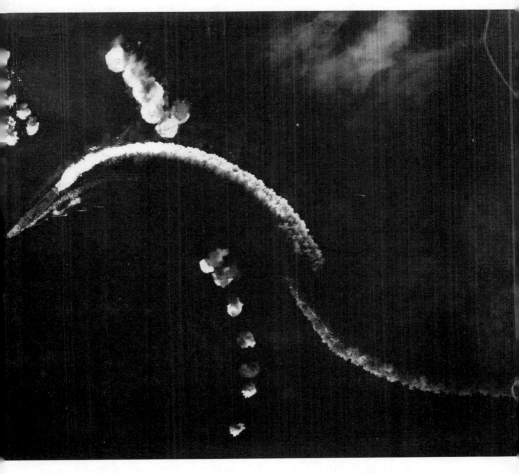

1942 年 6 月 4 日，在中途岛海战中，日本航空母舰"飞龙号"躲避美国陆军航空队的 B-17 投下的炸弹

来源：维基百科

# 第 14 章

# 两岛存亡

1942 年夏，全世界的目光大多聚焦到了苏联。在这里，200 多万德军——占德军总兵力的高达 80%——以及 100 万其他轴心国的军人（他们来自匈牙利、罗马尼亚和其他主动或被迫与希特勒联手的国家），与超过 500 万苏联红军在这片北起波罗的海、南到黑海的上千英里战线上对峙厮杀。在这片陆地战场上，海军只是个小角色。

在 1939—1940 年所谓的"冬季战争"中丧失土地的芬兰人看到了收回失地的机会，所以虽然名义上保持中立，但芬兰还是开始配合德国对抗苏联。尽管两国之间从来没有正式结盟，但芬兰首都赫尔辛基还是成了德国的海军基地，这令德国人成了波罗的海的霸主。苏联海军在这里也拥有颇为强大的实力，这就是"红旗波罗的海舰队"，其主力为 2 艘战列舰和 2 艘重巡洋舰。德军"提尔皮茨号"战列舰一度入驻波罗的海，主要目的就是防止苏联舰艇逃往中立的瑞典。

然而，苏联海军根本没想过要逃。恰恰相反，他们把战列舰停泊在波罗的海岸边，用舰炮协助防御列宁格勒（今称圣彼得堡）。1941 年 9 月 8 日，逼近这座苏联城市的德军坦克一度被苏联战列舰"马拉号"（Marat，即沙俄时期的"彼得罗巴甫洛夫斯克号"）12 英寸主炮的远程炮火所阻止。9 月 23 日，德国空军派出俯冲轰炸机，试图除掉"马拉号"，"斯图卡"准确命中该舰 2 枚 1 000磅炸弹。"马拉号"沉没于喀琅施塔得港，但其舰尾炮塔仍矗立在海面上，在长达两年半的列宁格勒围城战中一直用自己的炮火保卫这座城市。而在波罗的海的其他海域、芬兰湾以及南方的黑海，苏联海军主要依靠布设水雷来抵御轴心国军队的进攻。[1]

苏联的卫国战争于 1941 年 12 月 6 日（日军偷袭珍珠港的前一天）进入了一个新的阶段，苏军格奥尔基·朱可夫元帅[*]在莫斯科城外出人意料地发动了反攻，将德军向西击退数百英里，并将德军的后勤压迫到了崩溃的边缘。也许正因如此，同时也为了补充已日渐枯竭的关键原材料供应，1942 年夏，希特勒命令他的军队南下进攻高加索，企图攫取该地区盛产的石油和小麦。6 月（此时，美军轰炸机在中途岛摧毁了日军"机动部队"），德军出动两个集团军（第四装甲集团军和第六集团军）充当入侵高加索的急先锋。7月，德军开始进攻苏联城市斯大林格勒（今称伏尔加格勒）。

为了配合这轮攻势，希特勒批准了雷德尔一直主张的一项计划：进攻苏联南部的同时，跨过地中海进攻埃及。一旦成功，轴心国巨大的钳形攻势将对中东形成合围。然而，为了实现这一目标，隆美尔的非洲军团需要更加可靠的跨地中海运输线，但英国的马耳他据点却让轴心国如芒在背。为了压制这个令人头疼的盟军基地，德国轰炸机加紧了针对马耳他的空袭。到 7 月，饱受轰炸和饥饿之苦的马耳他已经到了屈服的边缘，一旦马耳他沦陷，轴心国势将打开征服整个地中海地区的胜利之门。[2]

---

[*]  朱可夫于 1943 年 1 月晋衔为元帅，此时的军衔为大将。——译者注

与此同时，远在半个地球之外的另一个岛屿也成了盟国特别是美国关注的焦点。从地理角度来说，瓜达尔卡纳尔岛与马耳他几乎截然相反：面积更大，人口稀疏，覆盖着浓密的热带雨林。1942年8月时，这两个盟军外围岛屿——马耳他和瓜岛——在轴心国几乎不间断的海空攻势下摇摇欲坠。两岛能否掌握在盟国手中，完全取决于盟国海军为其输送补给的能力，但由于盟国运输能力的紧张以及轴心国军队的疯狂进攻，在一连数月的时间里，它们的生存前景并不明朗。

***

瓜岛并不盛产瓜果。*和新不列颠岛、俾斯麦群岛等其他南太平洋诸岛一样，瓜岛的名字也源于发现这里的欧洲人：1568年，西班牙人佩德罗·德奥尔特加·巴伦西亚用自己在塞维利亚老家的名字命名了这个岛屿。虽然有此渊源，但瓜达尔卡纳尔岛与塞维利亚之间却有着天壤之别。这里年平均气温30.5摄氏度，年平均降水天数为197天，整个岛上覆盖着茂密的热带原始森林，厚厚的植被从海边数英尺处开始生长，一直延伸到悬崖峭壁和沟壑溪谷，延伸到高达七八千英尺、云山雾罩的峰顶，覆盖了整个岛屿。在高大的树木之间，到处都是藤本植物、边缘锋利的茅草以及竹子，这张巨大的植物网构成了一片几乎无法穿越的热带密林，里面生活着各种各样的鸟类、蛇类、蜥蜴类以及啮齿动物——有些啮齿动物硕大如猫。岛屿长约90英里，1942年时，岛上只有不到十万依靠狩猎和捕鱼为生的美拉尼西亚人，还有几十个欧洲人在北部沿岸经营椰肉

---

* 原文直译为"瓜岛（Guadalcanal Island）上并没有运河（canal）"。——编者注

干和椰树种植园，这是岛上唯一足够平坦，适合这一营生的地方。

所罗门群岛由七个大岛和大量小岛组成，瓜岛就是这七个大岛之一。二战爆发之前，所罗门群岛是英国的保护地，英国官员们常驻在瓜岛以北 20 英里处很小的图拉吉岛上，施行着松散的统治。他们在这里建立了行政中心、军官俱乐部（英国人离不开这个）、高尔夫球场以及板球场。1942 年 5 月初，日本人把英国人赶出了这块飞地，并于珊瑚海海战前在此建立了水上飞机基地。其实，图拉吉岛、瓜岛乃至整个所罗门群岛的战略价值在于：从这些岛屿起飞的飞机可以监控进而控制夏威夷与澳大利亚之间的各条重要航线。这就是日本人首先夺占图拉吉岛，又在 6 月中途岛战役后决定在瓜岛上建设一座新机场的原因。[3]

7 月 6 日，十几艘日本舰船来到瓜岛北岸，卸下了修建机场所需的建筑设备，包括 100 辆卡车、6 台压路机、一对窄轨铁路火车头以及铁轨，此外还有一些漏斗车。留守瓜岛的英军海岸瞭望员马丁·克莱门斯潜伏在岸边高处的密林掩蔽所里，给澳大利亚的汤斯维尔发去了无线电报告，澳大利亚方面迅速将此消息转发给了美国人。当日（事实上，国际日期变更线以东的美国仍是 7 月 5 日），华盛顿的金上将就看到了这份报告。[4]

甚至在打赢中途岛战役之前，金就曾经想要找办法把日本人在太平洋上的攻势顶回去，而他特别关注的地点正是所罗门群岛。日本人攻占图拉吉岛后，金命令尼米兹制订夺回图拉吉岛并占领附近圣克鲁斯群岛的作战计划。现在，瓜岛的消息来了，他的注意力也转移到了那里。

金急于反攻，却无法如愿，这不仅是因为美军战列舰队在珍珠港几乎被毁灭，还因为英美两国于 1941 年 1 月达成了优先击败德国，在太平洋上主要采取守势的共识。不过，来自瓜岛的消息为金提供了避开后一条限制的方法，他声称，阻止日本人在瓜岛上建机场是一种防御措施，并不违反"德国优先"政策。

然而，金还面临着另一个难题：瓜岛并不在美国海军的辖区之内。2月底"ABDA联军"瓦解后，英国、荷兰和澳大利亚将太平洋战事正式交给了美国。4月18日（杜立特的轰炸机轰炸东京当天），美军参谋长联席会议在太平洋战场上设立了两个独立的司令部：麦克阿瑟的西南太平洋战区司令部和尼米兹的太平洋战区司令部。所罗门群岛与澳大利亚、荷属东印度群岛、新几内亚以及菲律宾一道，归属于麦克阿瑟的地盘。然而此时，金希望能对这两个战区的分界线稍加修改，以便将瓜岛划入海军的战区。金指出，他并没有反对美国陆军主导欧洲战事，但他认为太平洋上的作战很明显应当由——事实上是必须由——美国海军来主导。麦克阿瑟强烈反对，指责金和美国海军试图独霸太平洋上的战事，从而让美国陆军——"他的"军队——降格为新攻占土地上的占领军。[5]

乔治·马歇尔将军出面解决了这一矛盾，让金遂了眼下的愿望：战区分界线向西移动一个经度，让瓜岛进入了美国海军的辖区。作为回报，金同意由麦克阿瑟的部队来全面负责所罗门群岛接下来的作战，包括夺取日军拉包尔要塞。与此同时，马歇尔坚持陆海两军应当为彼此提供"所有可能的支持"。事实上，马歇尔是在让他们找出长期密切协作的方法。[6]

金（暂时）赢得管辖权之争，随即宣布要加快此次战役的进度。一旦瓜岛上的日军机场投入使用，则日军势将获得登陆滩头上空的制空权。为了确保这一顾虑不会成真，他将进攻日期定为1942年8月1日——准备时间只有三个星期。这一计划大胆到令人吃惊，在很多人看来是不切实际。一场复杂的两栖登陆作战需要各种东西——登陆部队、运输船、护航舰艇以及维持其作战所需的燃料、补给和弹药——要在极短的时间内找齐这些东西并完成集结、组织、投送到位，这绝非易事。这在平时本已令人生畏，何况是在运输船只紧缺的 1942 年中期。虽然这次攻势的代号为"瞭望塔行动"，但人们也常俗称其为"鞋带行动"。[7]

不过，这场战役的实际直接指挥者并非金或尼米兹，而是罗伯特·戈姆利海军中将，罗斯福总统于 1940 年将此公派往伦敦和英国人共事，此时他已经在这份实质上是外交官的岗位上干了两年了。现在，戈姆利从英国飞到了位于地球另一端的南太平洋，这次的任务和他在英国时相比不啻云泥之别：他要在新喀里多尼亚的努美阿成立自己的指挥部。不过，他麾下的三位作战指挥官不像是能配合良好的样子。海军陆战队少将亚历山大·范德格里夫特负责指挥登陆部队——陆战队一个加强师，兵力大约 1.1 万人，范德格里夫特一口弗吉尼亚州口音，天性开朗（因而得其绰号"欢乐的吉姆"），这让别人很难想到他竟是个在所谓"香蕉战争"中从尼加拉瓜打到海地，有 30 多年作战经验的老战士。为了将范德格里夫特的部队运送到登陆场，美国海军拼凑了 22 艘运输和补给船只，并将其交由里奇蒙·凯利·特纳海军少将统一指挥，他是个粗鲁而以自我为中心的炮术专家，最近一直在金的司令部里工作。事实上，特纳毫不妥协的个性和金的指挥风格如出一辙。时人回忆特纳，说他"对错误绝不宽容，对犯错者毫不客气"。参加进攻的第三支力量是由 3 艘航母组成的掩护舰队，包括中途岛战役的老将"企业号"、完成修复的"萨拉托加号"以及新从大西洋调来的小型航母"黄蜂号"，由弗兰克·杰克·弗莱彻指挥。[8]

让弗莱彻来统领航母部队，这着实让金很担忧。与丘吉尔一样，金对出海作战的指挥官们的评价也只用一个标准，那就是能否

虽然弗兰克·杰克·弗莱彻曾长期担任水面舰艇部队的指挥官（俗称为"黑鞋族"），但他却在珊瑚海海战和中途岛战役中指挥了航母部队。与麦克阿瑟一样，弗莱彻也喜欢用玉米芯烟斗抽烟，他在艾奥瓦州的乡亲们给他寄了十几个这种烟斗

来源：美国海军历史与遗产司令部

保持咄咄逼人的攻击性。他怀疑弗莱彻无法符合这一标准。1942年3月，弗莱彻并没有选择连续进攻，而是前往新喀里多尼亚的努美阿加油补给，金对此很不悦。有一次他致电弗莱彻，说自己无法理解"你为什么不进攻近在咫尺的敌军，而仅仅是为了补给"。在珊瑚海海战中，弗莱彻决定不让驱逐舰舰队去夜袭日军航母，这让金对弗莱彻的疑虑再度加深。不管这两次决定明智与否，金都怀疑弗莱彻不具有勇士的天性。不过，尼米兹出面维护了弗莱彻，他致信金，说弗莱彻"是一员优秀的海上战将，希望把他留下来担任特混舰队指挥官"。于是，金带着疑虑，让他继续指挥航母特混舰队参加瓜岛战役。[9]

如果说金对弗莱彻的血性心存疑虑，那么弗莱彻对金强压给他的作战时间表则是心存不满。弗莱彻特别担心自己的航母被拴在瓜岛附近过久。他坚持认为他的航母必须保持充分的行动自由，才能对付日军的反击。因此,7月27日,在弗莱彻的旗舰"萨拉托加号"航母上召开的一次会议中,弗莱彻告诉特纳和范德格里夫特:自己只打算让航母在登陆场附近停留两天。二人都强烈反对,特纳坚称自己需要五天时间来卸载运输船,而范德格里夫特则要求为上陆作战的陆战队提供持续空中掩护,直至占领岛上机场并将其投入使用为止。结果弗莱彻只勉强答应待三天,他仍然相信自己的主要任务是确保航母部队的安全。特纳和范德格里夫特并不满意,但除非戈姆利干预,否则他二人也无能为力。[10]

这是美军在战争中的第一次反攻。战役之初美军运气出奇地好。厚厚的云层使得日军侦察机未能发现逼近的特纳进攻舰队。8月7日,陆战队的突击上岸完全取得了战术奇袭的效果。岛上日军数量处于绝对劣势,而且大部分都是建筑队,只得退入密林。第二天美国海军陆战队就成功夺占了尚未完工的机场,并建立了警戒阵地。不过,他们能否坚守住自己夺占的这块飞地,仍需拭目以待。

＊＊＊

拉包尔日本当局获悉美军登陆瓜岛后,迅速做出了反应。日军关于这场战争的总体战略蓝图原本就是要夺取各种急需的资源,建立强大的防御圈,并击败美军及其盟友夺回失地的努力——这种反击是不可避免的。现在,美国人已经迈出了反扑的第一步,于是日军第十一航空舰队司令冢原二四三海军中将命令拉包尔基地的飞机前去"摧毁敌军"。第一批美军登陆瓜岛后不到3个小时,日军27架双引擎一式陆上攻击机就在18架远程零式战斗机的保护下,从拉包尔基地起飞了。在这批日机飞往目标的途中,澳大利亚海岸瞭望员保罗·梅森发现了它们，随即用无线电发出警报："24架轰炸机正在飞往你处。"[11]

　　这批日机的主要目标是登陆滩头附近特纳麾下的运输和补给船：19艘停泊在瓜岛岸边，另5艘停泊在图拉吉岛旁。这些舰船没有重炮，却拥有极为强大的防空武器，此外，还有一支由巡洋舰和驱逐舰组成的强大舰队为它们提供支援。接到梅森的预警后，特纳的舰船全部进入了一级战备，驶入开阔水域，当日军飞机飞临时，这些剧烈机动的船只便成了难以攻击的目标。更危险的是，这些船只还能喷射出令人畏惧的猛烈防空炮火。一艘美军巡洋舰上的目击者回忆道："整个天空一团漆黑，高炮烟团交织重叠在一起。"在这种情况下，日军轰炸机毫无准头，绝大多数炸弹都扔进了大海，没给对手带来任何伤害。[12]

　　日军轰炸机还不得不面对来自美军航母的战斗机。空袭结束时，日本人损失了14架一式陆上攻击机和2架零战，美国人则损失了9架F4F"野猫"式战斗机，另有5架美机受损严重，几乎不可能重返蓝天。当天稍晚，日军再度来袭，此番前来的是鱼雷攻击机，但它们并不比高空轰炸机成功到哪里去。虽然如此，幸存下来的日军飞行员们也犯了一个各国同行的通病：严重高估了战果。他们宣称摧毁了盟军的7艘巡洋舰、2艘驱逐舰以及3艘运输舰船。事实上，这群鱼雷攻击机只炸伤了2艘盟军舰船："埃利奥特号"运输船（后来沉没了）以及一艘驱逐舰。[13]

　　不过，这些空袭产生了另两个重要后果。其中之一是，当空袭到来时，弗莱彻收到了一份报告，来袭日机不仅有一式陆上攻击机和零战，还有9架九九式舰载轰炸机，这种飞机几乎从来都是从航母上起飞的。虽然"野猫"式战斗机将这9架飞机尽数击落，但它们的出现本身就意味着附近可能有一艘日军航母在活动。

事实上，这些俯冲轰炸机是从拉包尔起飞执行单程任务的，飞行员得到的命令是投完炸弹后在肖特兰岛旁的"秋津洲号"水上飞机母舰旁水上迫降。然而，弗莱彻自然对此毫不知情。另一个后果是，日军飞行员们过于夸大的战果报告让日军高层以为特纳的登陆舰队已被悉数摧毁。这种想法对第二天夜晚的战事产生了重要的影响。[14]

因为运输船都开出去对付空袭了，美军卸载物资的进度也相应推迟。尽管如此，到 D 日（8 月 7 日）[*]黄昏时，盟军的进展极为振奋人心。特纳在 8 月 8 日发给戈姆利的一封电报（也抄送给了弗莱彻）中报告说"所有部队已上陆"且"未遇抵抗"，此外，他告诉戈姆利，自己计划于次日早晨开走大部分运输船。[15]

这使得弗莱彻以为自己已经完成了掩护登陆的任务。8 月 8 日晚上 6 点刚过，弗莱彻给戈姆利发去了一封电报（也抄送给了特纳和范德格里夫特），请求准许撤退，电报中还罗列了诸如燃料不足以及损失 20 多架舰载机等理由。身处努美阿指挥部的戈姆利收到请求后，一连 9 个多小时都没有回复，到了 8 月 9 日凌晨 3 点半，他终于批准了。然而，到了那时，瓜岛登陆滩头的北面和西面已经发生了重大变故。[16]

收到弗莱彻请求撤离的电报后，特纳勃然大怒。后来特纳说弗莱彻的撤离简直就是"当逃兵"，私下里的用词就更为不堪了。然而此刻，特纳最忧心的还是如何调整卸载时间表。他已经决定第二天将空船开走。现在，他必须决定自己是应该把那些还没卸空的船

---

[*] 自二战结束以来，大家习惯于将"D 日"指代盟军开始登陆法国诺曼底的 1944 年 6 月 6 日。事实上，这一军事术语在历次战争中一直被使用，指代任何一场大规模军事行动开始的日子。而"H 时"则指的是攻击开始的时间。

只也开走，还是说要冒险让这些船在没有空中保护的情况下在滩头再待上一天。这部分取决于已经上岸的陆战队还需要些什么，于是特纳决定不用无线电询问范德格里夫特，而是直接请范德格里夫特于8月8日晚到特纳的旗舰即突击运输舰"麦考利号"（USS McCawley）上开会相商。[17]

　　特纳还特地邀请了英国海军少将维克托·克拉奇利一同与会，他负责指挥巡洋舰-驱逐舰部队守卫通向瓜岛登陆场的水道。克拉奇利的头发是淡茶色的，络腮胡子，数周之前他才临时调到澳大利亚海军任职。此公是维多利亚十字勋章的获得者，他在第一次世界大战中获得这枚勋章时还是个基层军官，正是他指挥"厌战号"战列舰勇敢地杀进纳尔维克港（见第3章）。如果说弗莱彻的职责是击退日军航母的进攻并提供空中掩护，那么克拉奇利的任务则是保护滩头阵地免遭水面舰艇的袭击。为此，这位英国海军将领将自己指挥的8艘巡洋舰——其中有5艘美国巡洋舰和3艘澳大利亚巡洋舰——分成了三支编队。

　　克拉奇利把自己分配到了来袭敌人最有可能选择的路线上：位于瓜岛西北端的埃斯佩兰斯角与萨沃岛最南端驼峰状突出部之间的宽仅10英里的水道。克拉奇利在此地部署了自己全部6艘重巡洋舰中的3艘：澳大利亚的"堪培拉号"、美军的"芝加哥号"，以及他自己的旗舰"澳大利亚号"。为防止日军从萨沃岛以北迂回接近滩头阵地，克拉奇利也留了一手，他将另外3艘重巡洋舰部署到了那里，交由美国海军上校弗雷德里克·里夫科尔指挥。里夫科尔是波多黎各的骄傲，他是有史以来第一位从美国海军学院毕业的波多黎各裔美国人。克拉奇利还在每支巡洋舰编队的西侧各安排了一艘驱逐哨舰以提前预警。克拉奇利命令其余的2艘巡洋舰——美国海军的防空巡洋舰"圣胡安号"（USS San Juan）和澳大利亚轻巡

瓜岛战役期间，美国海军少将里奇蒙·凯利·特纳（照片前景处）和美国海军陆战队少将亚历山大·A. 范德格里夫特正在特纳的旗舰即突击运输舰"麦考利号"上共同研究地图

来源：美国国家档案馆（照片编号：80–CF–112–4–63）

洋舰"霍巴特号"（HMAS Hobart）组成另一支编队，由美国海军少将诺曼·斯科特指挥，在登陆滩头东侧巡逻，盟军认为这里相对不那么危险。

后世的评论家们批评了克拉奇利的布阵，他们从事后视角认为他应当"将其6艘重巡洋舰集中编队"。当天晚上，克拉奇利还做了另一个决定，无论这一决定会带来何种好处，其本身都值得质疑。收到特纳的会议通知后，他决定不乘坐舰上的汽艇或者驱逐舰，而是直接搭乘旗舰赴会，同时把第一巡洋舰编队的指挥权临时

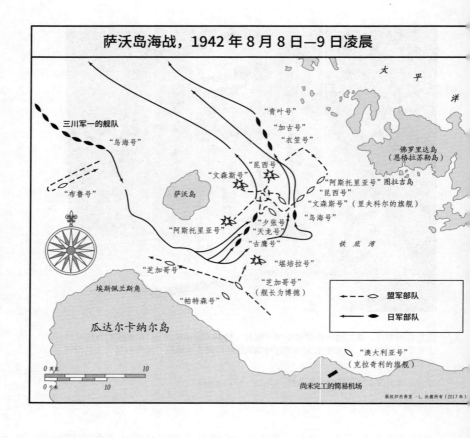

萨沃岛海战，1942年8月8日—9日凌晨

太平洋

佛罗里达岛
（恩格拉苏勒岛）

三川军一的舰队

"鸟海号"

"布鲁号"

"青叶号"
"加古号"
"衣笠号"

"昆西号"

萨沃岛

"文森斯号"

"阿斯托里亚号" 图拉吉岛
"昆西号"
"文森斯号"（里夫科尔的旗舰）
"鸟海号"

铁底湾

"夕张号"
"天龙号"
"古鹰号"

"阿斯托里亚号"

"塔培拉号"

"芝加哥号"

"芝加哥号"
（舰长为博德）

埃斯佩兰斯角

"帕特森号"

瓜达尔卡纳尔岛

盟军部队

日军部队

"澳大利亚号"
（克拉奇利的旗舰）

尚未完工的简易机场

| 0 英里 | | | 10 |
| 0 千米 | | | 10 |

版权归杰弗里·L.沃德所有（2017年）

交给"芝加哥号"舰长霍华德·博德上校，这使得编队的实力从3
艘下降为2艘。更糟糕的是，克拉奇利没有将自己离开岗位一事告
知里夫科尔。[18]

　　然而，没有一个盟军指挥官能想到，就在克拉奇利乘坐"澳
大利亚号"到东边去面晤特纳，而弗莱彻正等待着戈姆利对他撤
退申请的批复时，一支庞大的日军水面舰队正从西面向瓜岛掩杀
而来。

日本第八舰队司令三川军一海军中将率领着一支以7艘巡洋舰为主力的编队，在1942年8月8日至8月9日凌晨的萨沃岛海战（日方称"第一次所罗门海战"）中攻击了瓜岛外的盟军掩护舰队

来源：美国海军历史与遗产司令部

\*\*\*

　　这支日军水面舰队的司令是三川军一海军中将，他是几周前刚刚成立的日本第八舰队的指挥官。图拉吉岛的日本守军发出了悲壮的最后报告："我们将坚守至死。"他们确实是这么做的，这刺激了天性勇武的三川。这份报告于当天早晨6点05分送到拉包尔，到了8点，三川就已命令一支包括6艘重巡洋舰、1艘轻巡洋舰以及2艘驱逐舰的舰队迅速往拉包尔集中。中午，三川给东京的军令部总长永野修身发去了一份作战计划，请求准许出击。对于三川军一的请战书，永野的第一反应是，如此仓促的攻击十分危险，甚至是"鲁莽"。然而，他最后还是把决定权交给了当地指挥官。到了

当天下午 2 点，三川已经开到海上，以 24 节的航速杀气腾腾地往东南方扑去。[19]

1942 年时，三川军一 53 岁（这个月晚些时候就满 54 岁了），他指挥着战列舰护航舰队随同南云一同袭击珍珠港，一同在印度洋大杀四方，并眼看着"机动部队"在中途岛折戟沉沙。事实上，三川在中途岛战役中目睹美国俯冲轰炸机带来毁灭打击的经历，使得他对美国航母的威胁格外敏感。在开往目标途中，三川两次打破无线电静默，向拉包尔基地询问美国航母的位置，不过，拉包尔基地知道的并不比他多。[20]

当天下午稍晚时候，一架麦克阿瑟的"哈德逊"远程巡逻机从米尔恩湾起飞，从日军舰队上空飞过，三川随即将航向从向东临时改为向北，力图让那个飞行员无从判断自己的意图。其实，他大可不必如此担心。那名飞行员将三川舰队的兵力误判为 3 艘巡洋舰、3 艘驱逐舰和 2 艘水上飞机母舰。这份报告不仅不准确，其传递还延误了长达 9 个小时——这要拜西南太平洋地区美军烦琐的指挥结构所赐。或许正因为如此，坐镇努美阿的约翰·S. 麦凯恩海军少将没有命令由"卡特琳娜"和 B-17 机群组成的巡逻机部队前去进行后续侦察，特纳后来称此次疏忽为"空中侦察的专业错误"。结果，部署在萨沃岛南北两侧的美军水面舰队没有收到关于三川来袭的任何预警。[21]

8 月 9 日凌晨 0 点 40 分，海天一片漆黑，三川的巡洋舰队在旗舰"鸟海号"的引领下驶入了瓜岛和萨沃岛之间的水道。当夜并无月光，不过，三川军一的参谋大前敏一回忆道："能见度好像很不错。"美军"布鲁号"（USS Blue）驱逐舰恰好部署在此地，对三川这样的威胁进行早期预警，它的雷达也的确处于主动搜索状态，但那是一台 SC（对空搜索）雷达，海峡两侧陆地的杂波干扰了显示屏。"鸟海号"根本没配备雷达，但眼尖的日军哨兵突然看见了"布鲁号"驱逐舰正在海峡入口处巡逻。三川遂下令减速，想等等看自己是否会被发现。大前敏一后来回忆道，舰桥上的"所有人似乎都屏住了呼吸"，看着不远处的盟军驱逐舰静静地驶过，然后掉转航向离开。"鸟海号"上人们"呼吸又恢复了正常"，三川军一下令加速至 30 节。到了凌晨 1 点 36 分，他看到了盟军巡洋舰"芝加哥号"和"堪培拉号"。[22]

一直到凌晨 1 点 45 分，"芝加哥号"的博德舰长才第一次意识到可能真的有敌人来犯，当时，"帕特森号"（USS Patterson）驱逐舰发来无线电报："警报，警报。不明身份舰船正驶入港口。""帕特森号"还发射了照明弹，试图让闯入者现形。然而，对于盟军巡洋舰的指挥官们而言，这样的警报并不清晰。结果，和马塔潘角的卡塔内奥一样，博德直到大口径炮弹在他军舰周围溅起巨大水柱，才知道敌人已经杀到了眼前。[23]

甚至在开炮之前，三川就已经命令各舰齐射"长矛"鱼雷。大前还记得它们"一枚接一枚拍入水中的声音"。因此，在第一批炮弹在自己周围落下的同时，博德就收到多条鱼雷来袭的报告，于是他令"芝加哥号"向左急转，躲避鱼雷航迹。数枚鱼雷在几码的距离上擦肩而过，但还是有一枚鱼雷炸掉了"芝加哥号"的舰首，不过"芝加哥号"仍能机动。博德也许是忘记了克拉奇利的离开使他成了现场的最高级军官，他没有发出接敌报告，而是只顾着埋头指挥他自己的军舰。在这混乱不堪的时刻，博德指挥着受伤的"芝加哥号"向西航行了数分钟，完全脱离了战场。美国海军情报局后来的官方声明称："'芝加哥号'似乎还没弄清楚状况。""芝加哥号"上一名舰员的回忆就没有这么宽容了："'芝加哥号'的舰桥上一片混乱，没人知道发生了什么事情。""芝加哥号"的任性举动让三川的巡洋舰得以集中火力攻击澳大利亚的"堪培拉号",它在短短 4 分钟之内就被 24 枚炮弹击中。现在,"芝加哥号"逃命去了,"堪培拉号"成了正在下沉的燃烧的废船,三川于是转向东边,绕萨沃岛逆时针航行,前去打击里夫科尔的 3 艘巡洋舰。[24]

博德未能发出接触报告,这就意味着里夫科尔的军舰与"芝加哥号"和"堪培拉号"一样被打了个措手不及。在驶近盟军北战斗群时,三川命令打开探照灯用作目标指示器。灯光就像是黑夜中明亮的白色手指,一艘接着一艘轮流照亮盟军舰艇,仿佛在说:"这边……打这艘舰。"美国海军的"阿斯托里亚号"(USS Astoria)重巡洋舰是其第一个牺牲品。战斗伊始的一轮齐射引燃了"阿斯托里亚号"的水上飞机机库,明亮的火焰在暗夜中为日军提供了清晰的靶子。它被多发 8 英寸炮弹连续击中,失去了动力,瘫痪在了水面上。塞缪尔·穆尔海军上校指挥的"昆西号"(USS Quincy)重巡洋舰是下一个受害者。"昆西号"身陷致命的交叉火力之下,还没有来得及把主炮指向目标就被炸成了碎片。穆尔舰长本人成了首批受害者之一,一发炮弹击中了舰桥,"尸横遍地。"受了致命伤的穆尔舰长下达了最后一个命令,让舵手尽全力将严重受损的军舰冲向萨沃岛搁浅,以免沉没。但此举并未实现。随着一枚鱼雷命中"昆西号"的弹药库,用一名幸存者的话说,该舰"简直从海中猛地跳了出来"。它于凌晨 2 点 35 分沉没。[25]

里夫科尔的旗舰"文森斯号"(USS Vincennes)也即将沉没。战斗伊始,一发击中舰桥的炮弹就摧毁了该舰的通信室,所以里夫科尔无法将接触报告发送出去。看到自己的旗舰于几分钟之内被多发大口径炮弹和"两三枚鱼雷"接连命中之后,他于凌晨 2 点 14

分下达了弃舰令。而战斗之初即遭重击的"阿斯托里亚号"在海面上漂浮了一整夜，于第二天翻覆沉没。[26]

＊＊＊

这个时候，三川已经走远了。打残了盟军水面舰队后，三川本可再接再厉，将自己的重炮转向盟军运输船。他的炮弹依旧充足，但已经用光了鱼雷，而日军认为鱼雷才是自己最主要的进攻武器。不过，实际上三川最担心的是：收拢已经散乱的舰队进攻运输船需要耗费几个小时，到那时，太阳就升起来了。只要天一亮，美军航母舰载机就将蜂拥而至，正如他后来所写的，自己"恐将步中途岛战役里日本航母的后尘"。除此之外，此前去轰炸的飞行员们不是报告说已经把敌进攻部队的大部分船只都消灭了吗？三川觉得自己已经完成了既定任务，于是在凌晨 2 点 25 分命令各舰向西北方向撤退，以便在天亮时驶出美军飞机的作战半径。[27]

此刻，让三川军一深感恐惧的美军航母战斗群仍然在瓜岛以南的掩护阵位上。但是，由于博德和里夫科尔都没能报告战况，所以弗莱彻直到 3 点 15 分才得知有战斗爆发，当时他听特纳说"芝加哥号"被一枚鱼雷击中，"堪培拉号"也着火了。弗莱彻立即将这个新情况上报给戈姆利，但他仍然在凌晨 3 点半收到了戈姆利对自己先前提出的撤退申请的同意批复。一个小时后，当三川向西撤退时，弗莱彻也向东退往了一处加油会合点。虽然特纳后来指责弗莱彻要为萨沃岛的灾难负责，但在海战结束之前美军航母并未撤离，而且正是由于三川对这些航母的恐惧，特纳的运输船队才避免了原本几乎注定遭遇的毁灭。[28]

萨沃岛海战对盟军而言是一场颜面扫地的惨败，是美国海军史上除了珍珠港之外最惨痛的一次失败。战斗的结局是如此之惨，以至于如同中途岛战役后的日本当局一样，美国政府也对这场战斗的结果守口如瓶。根据美国海军的官方简报，《纽约时报》于 8 月 18 日这样报道了此战："一支日军舰队试图阻止我方的登陆行动……但被挫败了。日军水面舰艇部队遭到了我方战舰的阻截，被迫撤离，未能攻击我方的运输船和货船。"这篇报道说得都没错，却完全是在误导美国公众。美国海军非常担心美国民众的反应，为此居然把被击沉巡洋舰上的幸存官兵隔离了一段时间，美国政府直到两个月后才承认了这场灾难。[29]

此战之后，美国海军成了千夫所指。最后，根据金的指示，美国海军组织了一个调查委员会，由前美国舰队总司令阿瑟·J. 赫本将军牵头。调查报告直到第二年春才公之于众，赫本在报告中罗列了盟军犯下的一大堆错误，包括空中侦察不够充分、通信不畅、"临战意识"不强等等。虽然特纳是战场上的最高指挥官，但他更像是受害者而非责任人。可能是考虑到盟军内部的和谐，直到战斗结束后才匆匆赶到战场的克拉奇利也免于被追责。金后来总结道："这两人发现自己处于非常尴尬的处境，两人都在情况许可范围内尽其所能了。"金真是难得这么宽厚仁慈。他和赫本对弗莱彻和博德上校可就没那么多同情心了，赫本特别认为这两人"难辞其咎"。该调查报告公布数天后，博德举枪自杀，成为萨沃岛海战的最后一名遇难者。[30]

正如赫本的报告所显示的那样，美军的疏忽和执行上的错误导致了这场海战的失利。但重要的是，要承认这不仅是盟军的一次失败，更是日军的一场胜利。三川军一麾下的舰艇和官兵准备充分，高度警惕，纪律性强，作战效率很高，因此最终取得了成功。日本人之所以发动战争，就是因为坚信他们自己的舰船、飞机，特别是其训练有素的武士们在战斗素质上要优于美国。萨沃岛海战的结果也表明：日本人的这种自信并非完全是夜郎自大。*

如果说盟军在这场惨败中还有什么闪光点的话，那就是特纳的运输舰船基本上保存完好。这些舰船占到美国 1942 年时拥有的全部大型运输舰船的近半数。如果三川军一不是匆忙撤回拉包尔，而是继续击沉或重创大量运输船的话，那么被危及的将不仅仅是瓜岛作战，还将包括盟军在全世界的行动。然而，即便运输船完好无损，瓜岛上的美国海军陆战队依旧岌岌可危。如果他们想要在岛上站稳脚跟，盟军就必须源源不断地将援军和补给穿越这片动荡的海域送到岛上。从这个方面来说，瓜岛美军的处境并不比地中海战场上四面楚歌的马耳他英国守军好到哪里去。

＊＊＊

马耳他的地理和文化都与瓜岛迥然不同。所谓"马耳他"实际上由马耳他和戈佐两个岛屿组成，总面积仅 122 平方英里，是瓜岛的 1/20，但这里的 27 万人口则是瓜岛的三倍之多。如果说热带雨林是瓜岛最显著的特征，那么夏季马耳他最鲜明的特色就是无所不在的沙尘。从 1530 年起的超过 250 年间，这两个小岛一直都是

---

* 在美国内战期间，葛底斯堡战役结束之后，对结果失望的美国南方邦联领导层试图找到失利的原因。在他们眼中，该为这场战役失利负责的"罪人"们清一色都是南军的将军们：一些人指责杰布·斯图尔特的骑兵，称其没能成功为罗伯特·李将军提供所需的情报；有些人指责理查德·尤厄尔没能在战役的第一天成功拿下墓园岭；还有一些人指责詹姆斯·朗斯特里特在战役第二天延误了进攻时间。当有人问乔治·皮克特谁是最应该受到责难的人时，据说皮克特是这样回答的："我一直认为北方佬才要对此负责。"

圣约翰骑士团的家园，西班牙国王查理一世将这块土地的主权交予他们，并视之为"抵御伊斯兰势力的桥头堡"。这段历史在1798年拿破仑征服马耳他时告一段落，而法国对这里的统治又随着英国在1815年拿破仑战争中的胜利而结束。自此往后，马耳他就开始成为大英帝国的海外基地，它的地理位置和瓦莱塔的良港，使得马耳他在英国地中海利益中的地位与直布罗陀和苏伊士不相上下。自意大利法西斯"领袖"于1940年对盟国宣战以来，马耳他就一直是意大利志在必得的目标，而到了1942年，这里仍处于重围之中。在这两年中的大部分时间里，英国皇家海军不得不经常组织补给船队开往那里，许多船队都引发了海上冲突，甚至还引发了本书第5章中所描写的几场大规模海战。[31]

马耳他的舰船和飞机对轴心国而言并非仅仅是个麻烦，它们使得从那不勒斯开往北非的满载食物和燃料的轴心国船队大幅减少，而这些物资正是隆美尔与埃及英军交战时所不可或缺的。雷德尔认为："只有捅掉马耳他的'英国马蜂窝'，我们才能确保这些交通线彻底安全。"为了保护这些船队，希特勒派空军将领阿尔贝特·凯塞林率领一支数量庞大的德国空军援军进驻意大利的撒丁岛和西西里岛。凯塞林并不喜欢用战机为商船队护航，认为这完全是被动防御，他其实更倾向于攻占马耳他本身。凯塞林为了这一目的制订了一份"大力神作战"计划，却始终未能实际发动。一方面，德国伞兵在克里特岛遭受的可怕损失令他十分担忧在马耳他重蹈覆辙。正如历史学家格哈德·魏因贝格所言："失败的克里特岛保卫战成功保住了马耳他。"另一方面，希特勒此刻正一心专注于东线战场，对意大利并不热心，机会就这样溜走了。[32]

既然无法实施首选策略，凯塞林便转而寻求通过大规模轰炸摧毁马耳他的机场和港口，压制这座岛屿。仅仅在1942年4月这一个月里，他的轰炸机就在这个弹丸之地投下了6 700吨炸弹，比1940年一整年扔在伦敦的炸弹还要多。4月14日这天，空袭从早上6点就拉开了帷幕，一直持续到晚上8点——这是二战中单次轰炸时间最长的一天。居民被疏散到山洞和地道中。一位到访此地的美国海军将领承认自己"对映入眼帘的这种彻底毁灭没有心理准备"，他惊叹道，"整个瓦莱塔城变成了巨大的瓦砾堆，其绝大多数居民都住进了地洞"。由于空袭几乎一刻不停，高射炮手们不得不限量使用弹药。"喷火"式和"飓风"式战斗机从被炸得坑坑洼洼的机场起飞迎战敌机，但马耳他的燃料储备已经是如此之少，以至于当地指挥官们非常不愿意命令他们的飞机升空，以免把汽油彻底用光。[33]

马耳他军事设施的损毁使得轴心国船队基本做到了畅行无阻。他们的损失比例从1941年10月的超过60%直线下降至1942年3月的不到5%。得此支援，隆美尔恢复了在北非的攻势，于6月21日攻占了英军的图卜鲁格要塞。3万多名英国和英联邦国家官兵被俘，对于英军而言，这是从新加坡沦陷以来最严重的一场军事灾难。[34]

与此同时，马耳他也到了屈服的边缘。马耳他的各个市镇，特别是瓦莱塔港，已经是遍地瓦砾，带着关键物资到来的船只越来越稀少，食物变得极其稀缺。在整个6月份，仅有两艘补给船成功到港。英国潜艇将少量的奶粉、药品以及一些防空炮弹运送至此，但远远不够维持岛上居民和驻军所需。人们只能靠每人**每周**仅仅6盎司\*肉和1盎司米的配给口粮维持生存。正如马耳他副总督爱德华·杰克逊爵士所言，"我们的安全主要取决于面包还够吃多久，而不是其他"。驻马耳他的英国皇家空军指挥官、空军少将基

---

\*　1盎司≈28.35克。——编者注

思·帕克在 7 月的一份报告中说，他仅有不到七个星期的燃料储备了。如果他不能在这段时间之内得到补给，马耳他就必须投降。[35]

　　在伦敦，英国海军部批准了一项救援行动，代号"基座行动"。就在南太平洋美军登陆舰队开向瓜岛，希特勒的军团接近高加索油田的这一周，英国人在苏格兰克莱德湾组织了一支由 14 艘补给船组成的船队。每艘船都混装着食物和燃料，包括 1 500 吨航空汽油，这样即使损失一艘甚至多艘船只，也仍然能确保送去数量均衡的各种物资。唯一的例外是美国油轮"俄亥俄号"，该船是由得克萨斯石油公司建造、拥有和运作的。正如帕克所汇报的那样，燃料事关马耳他的生死存亡，于是丘吉尔亲自恳求罗斯福让"俄亥俄号"加入这支船队。罗斯福同意了。罗斯福和英国人都想让这艘油轮的原班人马继续待在船上，但金不乐意了。金坚称，如果英国人想要这艘油轮，他们就应当自己提供船员。就这样，当"俄亥俄号"油轮抵达苏格兰格拉斯哥时，美国船员下了船，由英国船员接岗。"俄亥俄号"的新任船长是 39 岁的平民船长达德利·W. 梅森。他和他的船员都很清楚"俄亥俄号"在整支船队中极为重要，若无法将汽油运至马耳他，那些"喷火"式和"飓风"式战斗机将只能趴窝，该岛也将门户洞开。[36]

　　这些运输船——包括"俄亥俄号"——于 8 月 2 日刚一出海，就立即受到了有史以来最为庞大的一支护航舰队的保护。护航舰队由内维尔·赛弗雷特海军中将指挥，包括 2 艘战列舰、4 艘航空母舰、7 艘轻巡洋舰以及不少于 32 艘驱逐舰，护航舰艇的数量以超过 3∶1 的比例远超商船。* 事实上，英国海军投入了本土舰队的大

---

\* "不挠号"航母在半路上加入了这支护航舰队。"不挠号"的加入标志着英国皇家海军有史以来第一次为单次行动出动了 5 艘航空母舰。

部分舰艇来为这支船队护航，仅留下两艘战列舰监视北海和波罗的海，那里的"提尔皮茨号"战列舰仍然是个潜在威胁。这支船队没有用传统的方式命名，而是被称为"WS"，即"温斯顿特派"（Winston Special）船队，来向英国首相致敬。8月10日（也就是三川军一在萨沃岛外击沉4艘盟军巡洋舰的次日），这支船队穿过直布罗陀海峡，直奔马耳他而去。[37]

***

在接下来的五天里，这支船队以15节速度向东"之"字形航行时，遭到了来自空中、水下和水面的攻击。由于意大利缺乏燃油，海面上的威胁相对有限，因此大部分威胁来自部署在西西里岛和撒丁岛的德国第二航空队的超过500架轰炸机和鱼雷机，以及德国和意大利的潜艇部队。

第一个牺牲者是英国皇家海军的"鹰号"航空母舰。8月11日清晨，在西班牙马略卡岛以南的海面上，舰长埃德蒙·拉什布鲁克上校命令"鹰号"转向迎风，放飞远程"喷火"式战斗机以增援马耳他岛上的战斗机中队，恰在此时，赫尔穆特·罗森鲍姆上尉指挥U-73号潜艇从2艘护航驱逐舰之间钻了进来，向"鹰号"齐射了4枚鱼雷。这艘航母的侧舷迅速出现4次巨大爆炸，军舰开始向左舷严重倾斜，飞行甲板上的官兵和飞机纷纷滑入海中。近旁，"不挠号"上的官兵们眼睁睁地看着"鹰号"打了个滚，"消失在一片烟尘和浪花中了"。"鹰号"在短短8分钟内沉没，损失231人，其中一些人死于英军驱逐舰扔下的大量深水炸弹产生的震荡。这些驱逐舰想要找到并击沉德国潜艇，却徒劳无功。[38]

当天晚上，攻击继续，这次是来自空中。轴心国在西西里岛

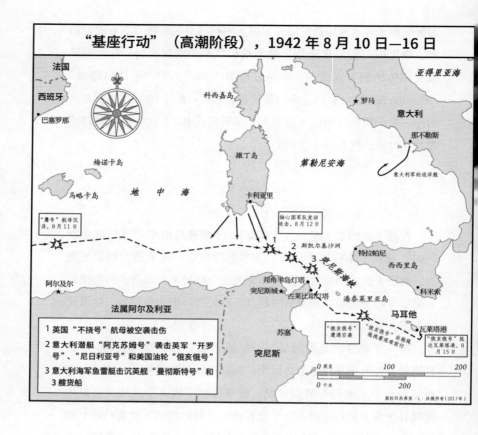

**"基座行动"（高潮阶段），1942年8月10日—16日**

法国
西班牙
巴塞罗那
科西嘉岛
罗马
意大利
那不勒斯
亚得里亚海
梅诺卡岛
撒丁岛
第勒尼安海
意大利军的巡洋舰
马略卡岛
地 中 海
卡利亚里
"鹰号"航母沉没，8月11日
轴心国军队发动攻击，8月12日
1
2 新凯尔基沙洲
特拉帕尼
西西里岛
科米索
3 突尼斯海峡
阿尔及尔
邦角半岛灯塔
突尼斯城
古莱比耶灯塔
潘泰莱里亚岛
法属阿尔及利亚
马耳他
瓦莱塔港
"俄亥俄号"遭通空袭
"俄亥俄号"由拖船拖拽着艰难前行
"俄亥俄号"抵达瓦莱塔港，8月15日
苏塞
突尼斯

1 英国"不挠号"航母被空袭击伤
2 意大利潜艇"阿克苏姆号"袭击英军"开罗号"、"尼日利亚号"和美国油轮"俄亥俄号"
3 意大利海军鱼雷艇击沉英舰"曼彻斯特号"和3艘货船

0 英里 　　100　　200
0 千米 　　200

版权归杰弗里·L·沃德所有（2017年）

和撒丁岛上有540架飞机可用。傍晚时分，德国和意大利的俯冲轰炸机、高空轰炸机和鱼雷攻击机一齐向船队扑了过来。还有一些飞机在船队航线前方投下了水雷，这是在战争中第一次使用意大利制造的鱼雷式水雷，即所谓"motobombe"。它们被挂在降落伞下投在船队前方，毫无规律地兜圈子，形成一种无法预期的威胁。在大部分空袭中，英军都能用对空搜索雷达发现来袭敌机，并放飞战斗机前去拦击。所有的护航舰和运输船全都配备了新型的 20 毫米厄利空高炮，当激斗中的机群逐步接近船队，这些高炮就会打出格外凶猛的炮火。一位目击者回忆自己看到"曳光弹在四面八方呼啸着划过天空，头上飘着数千团炮弹爆炸的黑色云雾"。英军甚至用战列舰 16 英寸主炮装上破片弹，射向天空。由于打红了眼的炮手们会向所有飞过的东西开火，数架英国战斗机遭到了友军炮火误击。[39]

空袭集中在"不挠号"航母上，3 枚炸弹命中了它的飞行甲板。一位目击者觉得它"就像是盖子被掀开了的老式沙丁鱼罐头一样"。不过舰如其名，"不挠号"坚持浮在海面上，甚至还在当晚收回了自己的舰载机，尽管"不挠号"上的着舰灯被摧毁，首席起降指挥官遇难，次席起降指挥官还是"两只手分别攥着一个手电筒，嘴里也叼着一个"，引导舰载机降落在了受损的飞行甲板上。严重受损的"不挠号"脱离了船队，由一艘英国驱逐舰护卫着返回了直布罗陀。[40]

轴心国的潜艇也很活跃，不过，英国人对雷达和潜艇探测器的使用令它们举步维艰。得益于舰上最新型的 271 型雷达，彼得·格雷顿海军少校指挥的"狼獾号"（HMS Wolverine）驱逐舰在水面上突袭了意大利"德加巴尔号"（Dagabur）潜艇，为了赶在敌方潜艇下潜前击沉对手，他全速撞了上去。这一击要了"德加巴尔号"的命，但也撞碎了"狼獾号"的舰首长达 30 英尺的部位。仅仅几个小时后，英军另一艘驱逐舰"伊修烈号"（HMS Ithuriel）效法了"狼獾号"的壮举，撞击了意大利海军"钴号"（Cobalto）潜艇。不过，这两艘撞击潜艇的驱逐舰也不得不脱离船队，返回直布罗陀维修。眼瞅着护航驱逐舰数量慢慢下降，赛弗雷特不禁感到心烦意乱。特别令英国人感到担心的是，战列舰和航母将按计划在当天（8 月 12 日）晚上 7 点返回直布罗陀，护航任务就将完全落到哈罗德·伯勒海军少将指挥的轻巡洋舰和驱逐舰的肩上。[41]

5艘意大利潜艇在突尼斯北端的邦角半岛和西西里岛西端之间的狭窄水域一线排开。其中之一是雷纳托·费里尼海军上尉指挥的"阿克苏姆号"（Axum），它进行了一轮极富成果的鱼雷齐射，击中了3艘不同的舰船。其中一枚鱼雷重创了轻巡洋舰"开罗号"，令其舰长不得不弃舰。另一枚鱼雷击中了伯勒的旗舰，轻巡洋舰"尼日利亚号"。虽然它仍然漂浮在海面上，但伯勒不得不将自己的旗舰换成一艘驱逐舰，这样"尼日利亚号"就可以在3艘驱逐舰的护航下蹒跚返回直布罗陀，这进一步削弱了伯勒的战斗力。费里尼的第三枚鱼雷，也是效果最大的一枚，击中了"俄亥俄号"，在其舷侧炸出了一个27英尺长、24英尺宽的大洞，船上多个舱室被淹。爆炸使船上的锅炉熄灭了，舵和陀螺仪也都炸坏了。"俄亥俄号"在水面上动弹不得，而更多的轴心国轰炸机已在来袭的路上了。[42]

梅森船长觉得"俄亥俄号"已经没救了，于是他命令全体船员到救生艇旁就位，准备撤离。然而，工程人员又成功地点燃了锅炉，引擎也开始重新运转，不过，它此时远远地落在了船队的后面。也许正因为如此，接下来的空袭机群忽略了"俄亥俄号"，把火力集中在了其余舰船，特别是货船身上。一枚直接命中弹药船"弗格森家族号"的炸弹引发了巨大的爆炸，这艘船在"一团蘑菇状的浓烟烈火中"消失了。另一枚炸弹命中了运输船"怀马拉马号"，点燃了该船上易燃的航空燃料。与"弗格森家族号"一样，"怀马拉马号"也被炸成了碎片。第三艘运输船"丢卡利翁号"在早前的空袭中已经受伤，此番也被击沉。[43]

夜晚的到来让轰炸机暂时消停了，但另一种威胁却随之而来。就在邦角半岛北面数英里处，22艘意军和2艘德军摩托鱼雷艇展开了集中攻击。由于在此前的空袭中，盟国船只各自机动而分散了队形，轴心国的摩托鱼雷艇便开始逐一攻击它们。2 艘意大利摩托鱼雷艇 MS-16 和 MS-22 大胆地驶近到距英国巡洋舰"曼彻斯特号"不到 50 码处，发射了鱼雷。其中一枚鱼雷失灵，其余均击中了"曼彻斯特号"。海水淹没了轮机舱，这艘军舰瘫痪在了水面上。虽然官兵们拼命想要挽救，但它最终还是不得不被凿沉。其余的轴心国摩托鱼雷艇集中攻击运输船，击沉 4 艘，重创了第 5 艘。[44]

到了 8 月 14 日上午 10 点左右，遭受严重损失的船队仅剩下 4 艘商船以及蹒跚而行的"俄亥俄号"。除此之外，战损、护送残舰返回直布罗陀以及搜救沉船幸存者都占用了驱逐舰，这使得护航的舰艇仅剩下 2 艘轻巡洋舰和 6 艘驱逐舰了。恰在此时，伯勒收到情报，6 艘意大利巡洋舰正从北边向他逼来。

在罗马，意大利海军参谋长里卡尔迪将军无法派战列舰前来截击这支船队，原因仅仅是他的燃料储备已经不足以让它们往来这一趟了。不过，他还是批准阿尔贝托·达扎拉将军率 3 艘重巡洋舰和 3 艘轻巡洋舰出击，不过，他非常担心达扎拉舰队的空中掩护问题。意大利空军在过去的行动中被证明不可靠，而德国人又不情愿投入空军来支援意大利海军这些"荒谬的要求"。从马耳他赶来的数架英国侦察机投下照明弹，照亮了达扎拉的巡洋舰，此外，这些侦察机还发出明码电报，号称要引导一支庞大的攻击机编队前来攻击，这令意军对缺乏空中掩护越发担忧。但这只是虚张声势，因为根本不存在这支攻击机编队——此时此刻，马耳他仅剩下 15 架可以作战的攻击机，哪怕分一架飞机来对付意大利巡洋舰都是办不到的。是墨索里尼本人亲自决定召回这些巡洋舰，达扎拉别无选择，只得服从。在返回母港的半路上，达扎拉遭到了英国潜艇的伏击，2 艘巡洋舰受损。正如驻意大利海军参谋部的德国代表所言，这是

"毫无意义地耗费战斗力"。[45]

　　船队虽然逃过一劫,但仍然危机四伏。此时,船队还有 100 多英里航程,而更多的德国轰炸机就在来袭的路上了。这一次,轰炸机集中攻击了受伤的"俄亥俄号"。数枚近失弹震弯了它吃水线以下的船体外板,一架被高射炮火击落的轰炸机则撞进了该船的上层建筑。这架容克斯 -88 型轰炸机并未爆炸,但其机身残骸却像一个不协调的装饰品那样挂在"俄亥俄号"的船桥上。不久,又一枚炸弹穿透了"俄亥俄号"船尾甲板,钻进轮机舱爆炸了。现在,"俄亥俄号"彻底失去了动力,船体严重下沉,处境十分危险。"佩恩号"(HMS Penn)驱逐舰赶来拖曳起了该船,然而,事实证明,此举异常艰难,因为船舱内大量海水的重量导致其笨重而缓慢。当牵引绳绷紧时,"俄亥俄号"突然向右大幅度偏航,因此,"佩恩号"基本上是在斜着拖动。事实证明,牵引绳的负荷实在是太重了,这条10英寸粗的粗麻大绳,"佩恩号"上最粗的绳子,"咔嚓"一声断裂了。[46]

　　这时,轰炸机又回来了。炸弹再次落在"俄亥俄号"的周围,近失弹掀起一团团海水落在甲板上。一枚炸弹正好落在"俄亥俄号"的舯部,炸断了龙骨,其船尾因此弯曲起来,与船体其余部分形成了一个明显的夹角。即使是肉眼也能看出,"俄亥俄号"显然快沉了。即便如此,护航军舰仍在努力试图拖拽"俄亥俄号"。这一次,一艘军舰拖着"俄亥俄号",而另一艘军舰则固定在"俄亥俄号"的舷侧,这样就能最大限度地纠正"俄亥俄号"的偏航。通过这种方式,它们最终达到了 5 节左右的航速。"俄亥俄号"上的平民船员们又一次被命令弃船,不过当"俄亥俄号"看起来终究还是能浮在水面上时,他们又奉命返回船上。一名护航舰队指挥官回忆起一个月之前皇家海军由于在巴伦支海抛弃 PQ-17 船队而遭到的严厉批评，他咬牙坚称，"哪怕船队只剩下一艘商船浮在海面上"，他也将不离不弃。[47]

牵引绳又断了，这一次，两艘驱逐舰靠到"俄亥俄号"的两侧。它们把自己绑在其左右，像游泳圈一样帮助"俄亥俄号"浮在海面上，搀扶着它艰难前行。虽然海水漫过了甲板，龙骨被打断，失去了引擎，无法操舵，罗盘也毁了，但"俄亥俄号"还是挺过了 8 月 14 日至 15 日之间的夜晚，以缓慢到令人痛苦的速度向马耳他爬行。8 月 15 日早晨 7 点 55 分，当梅森船长和船员们因筋疲力尽、缺乏睡眠而视线模糊、走路踉跄时，"俄亥俄号"轻轻地驶入了瓦莱塔港的航道。当它绕过最后一个拐弯处时，欢迎的人群站在水边欢呼雀跃，一支铜管乐队演奏起了英国海军军歌——《统治吧！不列颠尼亚！》。[48]

两周前从不列颠岛出发的 14 艘货船中，仅有 5 艘——包括"俄亥俄号"——经历千辛万苦抵达马耳他。一路上，英国皇家海军有 1 艘航母沉没，另 1 艘严重受创，2 艘巡洋舰沉没，2 艘巡洋舰受伤，1 艘驱逐舰沉没，6 艘驱逐舰受了或重或轻的伤。9 艘运输船被击沉，"俄亥俄号"也在卸下了宝贵的货物后，被拖到外海沉入了深水区，它的使命已经完成了。这种损失令人震惊——远比在萨沃岛损失 4 艘巡洋舰要糟糕，甚至也比一个月前 PQ-17 船队遭受的屠杀更加惨烈。然而，这屈指可数的几艘船的到达却帮助马耳他军民继续坚守了 9 个星期。虽然这几乎不能被称为一场胜利，但丘吉尔还是亲自发出了贺电。无论如何，这正是浪漫的丘吉尔向往的那种不畏艰险的英雄主义。随后，"俄亥俄号"的船员们荣获了 14 枚勋章，其中船长达德利·梅森荣获了乔治十字勋章，这一勋章为英国国王乔治六世设立，旨在表彰那些表现出非凡勇气的英国平民。[49]

海水已经漫过了"俄亥俄号"的甲板，它几乎是被护航驱逐舰"抬"到瓦莱塔港的。虽然"基座行动"的船队大部分被摧毁，但"俄亥俄号"抵达马耳他，还是帮助这个海外基地又坚持了数周之久

来源：美国海军历史与遗产司令部

*\*\**

    1942 年 8 月上半月，无论是在南太平洋的瓜岛，抑或是在地中海的马耳他周围，盟国海军都遭到了令人震惊的战术逆袭。然而，轴心国没能借由这两场战役获得任何战略上的优势。三川军一关于在天亮前离开美军航母攻击半径的决定，挽救了瓜岛旁特纳的运输船队，也使得美军在岛上站稳了脚跟。在接下来的六个月里，

瓜岛战役演变成了恐怖的绞肉机，耗尽了日军的实力，给他们带来了无论是日本海军还是其整个国家都无法承受的巨大损失。

与此相似，面对着来自空中和海上的猛烈攻击，英国皇家海军的护航舰队表现出了坚定的决心，将"基座行动"坚持到底，为马耳他运来了足够的给养，帮助这个海外基地继续成为轴心国的眼中钉肉中刺，威胁着从意大利驶往北非的轴心国船队。当月底，隆美尔在北非发动地面攻势，却戛然而止，这在很大程度上是因为他严重缺乏燃料储备，这就为英军后来的大反攻打下了基础。[50]

站在事后的视角，我们才能看到，1942 年夏末在南太平洋萨沃岛附近和地中海马耳他爆发的海战意味着，此时虽然轴心国军队取得了战术上的胜利，但并未获得战略上的成功。在这两场海战中，轴心国证明它们能把全世界的海洋变成盟国航运线的噩梦，但这一状况即将改变。再过几个月，美国的造船厂将迅速造出大批舰船，这势将改写海上战争的形势。

# 第 15 章

# 两洋作战

"德国优先"。这可以说是英美两国共同做出的第一个战略决策。它在 1941 年 1 月被正式提出，一年后又在"阿卡迪亚会议"上最终确认，此时美国已经全面卷入了战争。到了那时，这项战略决策的逻辑基础似乎更加令人信服，因为纳粹德国军队直插苏联腹地，虽然朱可夫于 1941 年 12 月进行了成功的反击，但这并不能确保苏军一定能最终顶住轴心国军队的进攻。然而，进入 1942 年，在全世界范围内的战争重压之下，"德国优先"战略虽然在原则上继续贯彻，但实际上已被束之高阁。

其中部分原因在于轴心国的威胁已经无处不在：欧洲东线、太平洋战场，抑或是在地中海、缅甸、中国，当然还有正在与德国潜艇进行的较量。因此，在 1942 年的大部分时间里，西方盟国在很大程度上都处于被动之中。不仅如此，还有一个严峻的现实：英美军严重缺乏立即反击纳粹德国所需的条件。美国要在欧洲准备好足以对付德国国防军的作战师，所需的时间哪怕不是数年，也至少是数月。即使美国能征到足够的兵员，其运输工具也不足以横跨大西洋把他们送到英格兰，并源源不断地提供补给，然后再把他们送到英吉利海峡对面的登陆滩头去。在纳尔维克、敦刻尔克、克里特岛大撤退和"基座行动"等一系列战役中，英国海军损失了太多的舰船，特别是运输船和驱逐舰。而在美国方面，根据1940年《两洋海军法案》新建的大批新舰船还需要等到1943年初才能开出生产线，而此时此刻，无论在太平洋还是大西洋，航运能力的紧缺都是盟军无法回避的瓶颈。[1]

另一个难题则是，英美两国的优先级并不一定能保持一致。美国人向来自以为是且缺乏耐心，被珍珠港一战激怒的美国人一直急于对日本人报以颜色，而且要快速行动。而英国人则完全不同，他们已经经历了两年多战火的洗礼，眼光更为长远。虽然英美两国的宏观战略主要取决于领导人的决心，但具体的细节——"魔鬼选择哪里作为栖身之地"（即具体的进攻方向、战场选择及战术问题等）——还要由英美联合参谋部（Combined Chiefs of Staff，缩写为CCS）来分析、讨论并决定。英美联合参谋部是一个由高级将领组成的常设工作委员会，定期在华盛顿会晤。美军参谋长联席会议的全体成员都是英美联合参谋部的成员，同样还有英国陆军、皇家海军和皇家空军的高级代表。在英美联合参谋部的例行会议中，美国人本能地坚持要快速反击，而英国人则倾向于稳扎稳打，两国高级将领的思路常常相互矛盾。

在英美联合参谋部中，最急于要在欧洲发动攻势的人非乔治·马歇尔将军莫属。作为美国陆军参谋长，马歇尔拥有足够现实的头脑，他深知在1942年内登陆德占法国是不现实的，除非突发紧急情况，比如苏联红军行将崩溃（为此他还制订了一份应急计划，名称为"大铁锤"）。不过，马歇尔坚持认为，即便没有紧急状况，美国也应尽快将兵员和装备运到英国集结，为1943年春天向法国发动全面进攻做好准备。但其难点在于，这样做意味着让稀缺的兵员和战争物资在英国闲置一年甚至更久；虽然这是在等待时机，但此时此刻全球其他战场—事实上是所有地方都急需这些宝贵的资源。[2]

罗斯福知道，美国民众不会容忍把反击拖到 1943 年，这也是他命令杜立特于 1942 年 4 月轰炸日本本土的最主要原因。在罗斯福看来，盟军必须在 1942 年年底前对纳粹德国展开某种形式的进攻，否则要求美国（像之前那样）把全部力量都拿来对付日本的压力将会大到无法承受。这些压力不仅来自金和美国海军，更多来自美国民众。此外，罗斯福算是答应了斯大林的外交人民委员维亚切斯拉夫·莫洛托夫，承诺西方盟军将在 1942 年内的某个时间开辟对德作战的第二战场。

英国人宣称自己将完全致力于实现马歇尔的进攻计划，但 1914—1917 年堑壕战那血流成河的恐怖场景仍使英国人心有余悸，而美国人并未参加"一战"的这一阶段。此外，两年前的敦刻尔克之败对英军来说也是莫大的耻辱。这些惨痛的经历反而让英国人在战争局势尚未发生有利变化时并不急于反攻欧洲大陆。而丘吉尔个人则希望通过对德国进行海上封锁、持续空中轰炸，结合小范围的海岸突袭，最终将纳粹德国的力量削弱到一个临界点，到那时发动进攻——不管何时发动——便只是收拾残破纳粹帝国的碎片而已。[3]

为了实现这一愿景，丘吉尔授权英军于 1942 年对欧洲大陆部分德占海岸实施了数次袭扰。1942 年 3 月，一支英军突击队驾驶着装满炸药的老式驱逐舰"坎贝尔镇号"（HMS Cambeltown），悄悄驶入了法国沿海圣纳泽尔港的干船坞。他们的目的是将其炸毁，以免被"提尔皮茨号"所利用。这支突击队成功地完成了任务，但参战的 622 名志愿人员中有 2/3 非死即伤。1942 年 5 月，英军占领法属马达加斯加，先发制人地阻止了德军在这里建立潜艇基地的计划，德军原本打算以此来对付经由波斯湾开往苏联的船队。还有一次更为大胆的突袭。8月19日，也就是"基座行动"船队抵达马耳他的4天之后，一支以加拿大人为主的5 000人的部队登陆位于加来和诺曼底正中间的海港城市迪耶普。不过，这次突袭却沦为一场灾难，近1 000名加拿大官兵牺牲，2 000人被俘。这次惨痛的教训似乎印证了一个事实：英语国家此时还没做好正式反攻欧洲大陆的准备。[4]

丘吉尔提议，如果西方盟军**必须**在1942年结束前有所作为，那这个"作为"就应当是攻占法属北非。虽然维希法国保持着名义中立，但丘吉尔仍希望夺取其北非殖民地，以更有效地包围欧洲的纳粹德国，或许还能鼓舞法国人重新加入对德作战。不仅如此，在北非的作战会让美军加入地中海战场，英国在这里拥有巨大的战略利益。但马歇尔反对这个提议，他甚至曾建议美国完全放弃"德国优先"战略，集中精力在太平洋发动进攻。然而，罗斯福否决了这一提议，他坚持让马歇尔尽力找到"一个具体而明确的战区，好让我们的陆军和海军能在1942年内与德军地面部队交手"。7月27日，也就是弗莱彻、特纳和范德格里夫特在"萨拉托加号"航母上共商登陆瓜岛战略的当天，马歇尔与其英国同行在伦敦会晤，旨在敲定一项重大战略决策。经过艰苦的讨论，马歇尔最终屈服于政治压力和现实后勤困难，英美联合参谋部遂批准了在11月第一周进攻法属北非的作战方案。作战代号为"火炬行动"。[5]

倘若进攻成功，那么"火炬行动"就能让西方盟军在1942年年底前加入西线战斗；不过，这远没达到正式开辟第二战场、缓解苏联红军压力的目的。比如，它并没有实现罗斯福攻击德军地面部队的目标，因为在1942年秋，法属北非并没有德军。

除此之外，虽然此战针对的是一个号称中立的地方，但实施起来也很困难，其原因主要是后勤问题，而同期瓜岛美军的后勤需求则令这一难题雪上加霜。此时，美国海军陆战队在瓜岛上仍然立足未稳，需要持续大量的增援和补给才能在这个遥远的丛林里站稳脚跟，而这一切都需要船队和护航舰艇。这两件事都刻不容缓——在法属北非展开大规模登陆的政治需要，以及瓜岛对后勤的急需——这意味着，虽然英美业已制定"德国优先"战略，但此时，两国发现自己仍面临着双线作战的局面，而决定胜负的海运能力则成了亟待弥补的短板。

＊＊＊

正当大西洋方面紧锣密鼓地制定"火炬行动"作战方案时，在南太平洋的瓜岛，美日两军正疯狂穿梭，运输援军和补给——美国人在白天行动，而日本人则在晚上动手。美国人逐渐拓展并加固登陆时抢占的滩头阵地，日本人要极力巩固其位于岛屿西侧的防御阵地，两军阵地之间的无人地带则密布着热带原始森林。双方均缺乏运兵船和运输船只，这一现实迫使美日双方均不得不调整别处的战略。日军取消了在印度洋发动新攻势的计划，而美方虽然面临"火炬行动"的急迫需求，但他们还是让特纳麾下全部运输船只都留在太平洋，甚至还将"黄蜂号"航母从大西洋调到瓜岛以加强弗莱彻的航母部队。如此，瓜岛战役不仅对南太平洋地区的战局，而且对全球战事都起到了举足轻重的影响。[6]

在瓜岛战役中，美军的空中优势起到了关键的作用。这块飞地虽然并不大，却包括了未完工的日军机场。美国人最终完成了机场建设，并将其命名为亨德森机场，该名字取自在中途岛战役中牺牲的一名美国海军陆战队少校。8月20日，陆战队飞行员们驾驶一批作战飞机飞抵亨德森机场，此后美军空中力量就再也没有离开过这里。由于瓜岛的无线电呼号为"仙人掌"（Cactus），这支航

这是从空中拍摄的瓜岛亨德森机场的照片。该机场由日军在美军登陆瓜岛之前修筑，美军登陆瓜岛时尚未完工，美国人占领之后才建成。事实证明，该机场对美军至关重要，它帮助美军于 1942 年夏秋之际在瓜岛上站稳了脚跟。视线越过一排排的香蕉树或棕榈树，可以远远望见铁底湾

来源：美国国家档案馆（照片编号：80–G–12216）

空兵部队后来就被称为"仙人掌航空队"。*为了消除"仙人掌航空队"带来的影响，日军经常趁夜空袭滩头，特别是亨德森机场，不过事实证明，这些日本飞机与其说是严重威胁，不如说是麻烦。至少一名陆战队飞行员认为，"该死的日本轰炸机每天晚上都会飞来"在机场及其周围投几枚炸弹，然后就飞走了。[7]

"仙人掌航空队"的威胁迫使日本人不得不在夜间向瓜岛投送

---

* "仙人掌航空队"的正式番号为美国海军陆战队航空兵第 23 航空队。——译者注

援军。日本的援军大部分都是用驱逐舰送来的，每一艘日本驱逐舰都塞满了 200 名日本陆军，从拉包尔港开到 600 英里外瓜岛西北端的埃斯佩兰斯角。舰员们并不喜欢自己的驱逐舰被用作运兵舰。正如一名日本海军参谋所言："在那段日子里，与其说我们是一支战斗部队，倒不如说我们是运输队。"毫无疑问，日本陆军官兵也不愿意挤在狭小的驱逐舰中，这里晕船十分普遍。但问题是，日本也极度缺乏运输船，而且这些运输船最高只能达到 10 节到 12 节航速，与之相比，驱逐舰一般能开到 30 节或更快。为了免遭美军"仙人掌航空队"的袭击，日军驱逐舰会算准时间从拉包尔出发，这样当其驶入亨德森机场美军飞机 200 英里作战半径之内时，夜幕恰好降临。此后，这些驱逐舰会趁夜全速冲向瓜岛，卸下已痛苦不堪的陆军官兵，再全速撤离瓜岛，以在黎明到来之前远离美军飞机的攻击范围。这些日军驱逐舰的行动极为规律，以至于瓜岛上的美国海军陆战队将其称为"东京特快"。[8]*

　　在投送到瓜岛的第一批日本援兵中，有一支由 916 人组成的突击队，指挥官为一木清直大佐。一木清直没有等候增援，而是于 8 月 21 日愚蠢地下令对美军陆战队阵地发动夜间进攻。结果，他这支部队不仅失败，而且几乎被全歼了。这场战斗的结果给拉包尔的日军战区指挥官们当头一棒。山本大将于 8 月 17 日将自己的旗舰即超级战列舰"大和号"调至加罗林群岛的特鲁克群岛，在那里下令展开"加（力）号行动"。这是一次规模更大的增援，意在将 5 800 名日本陆军投送至瓜岛，这支日军部队原来的任务是登陆中途岛，却由于海军的惨败而没有派上用场。山本五十六指示南云率航母部队前去掩护这支

---

*　日军将此类行动称为"鼠输送"，瓜岛战役期间，日军使用驱逐舰向瓜岛运送兵员和物资共 300 多次。——编者注

船队，这一决定导致了太平洋战场上第三次航母会战的爆发。⁹

　　日军的增援计划还是一如既往的复杂而烦琐。运兵船队本身包括 1 艘辅助巡洋舰和 4 艘由旧驱逐舰改装而成的快速运输舰，里面塞满了陆军士兵，为其贴身护航的是日本海军第二驱逐队，由素以能干、坚忍、沉着而著称的田中赖三海军少将指挥。为掩护船队和护航舰队，绰号"金刚"的原忠一带来了一支由轻型航空母舰"龙骧号"以及 1 艘巡洋舰和 2 艘驱逐舰组成的牵制舰队。在原忠一舰队后面，日本还安排了一支由 6 艘巡洋舰组成的水面舰队，指挥官是近藤信竹。近藤舰队后方居然还有一支规模更加庞大的水面舰队，是由阿部弘毅指挥的战列舰和重巡洋舰编队，此外，还有南云的主力航母部队。然而，与在中途岛战役时一样，日本海军各部过于分散，很难互相支援。

　　弗莱彻有 3 艘航母可以用来对付这些日军，不过，为了确保这 3 艘航母燃料充足，弗莱彻让它们轮流返回努美阿加油，这就导致他在大部分时间里仅有 2 艘航母可参战。这一周轮到"黄蜂号"加油，它已于前一天前往努美阿了。弗莱彻还有一支庞大的水面舰队，其中包括新建成的"北卡罗来纳号"战列舰和 3 艘重巡洋舰。"北卡罗来纳号"装备有 9 门 16 英寸主炮，但对弗莱彻而言更重要的是：它还装备了几十门最新型的高射炮。¹⁰

　　接下来的战斗于 8 月最后一周打响，史称"东所罗门海战"，它几乎是当年 5 月珊瑚海海战的翻版。和那次战斗一样，双方大型舰队航母的舰载机在第一天的大部分时间里都在搜索对手。8 月 24 日上午 9 点刚过，美军一架 PBY 飞机发现并上报了原忠一"龙骧号"航母的位置，不过，这份报告最终并没有送到弗莱彻手里。弗莱彻自己的侦察机报称发现了 2 艘轻巡洋舰和 1 艘驱逐舰，但弗莱彻想钓一条大鱼。在珊瑚海海战中，他投入了全部的打击力量，击沉的却只是轻型航母"祥凤号"。这次，弗莱彻耐心等待了几个小时，就是要确保向最重要的目标发动打击。恰在这一空当，一支由6架轰炸机和21架战斗机组成的机群奉原忠一之命从"龙骧号"上起飞，前去空袭亨德森机场。然而，此举却为原忠一的失败埋下了伏笔。这不仅是因为"龙骧号"上仅剩下9架战斗机来保护舰队，更重要的是因为这些飞机出现在了"萨拉托加号"的雷达上，这就提醒弗莱彻附近有一艘日本航母。既然其他侦察机没发来更新报告，下午1点40分，弗莱彻命令对"龙骧号"发动空袭。[11]

弗莱彻的38架飞机逮住了未及放飞战斗机的"龙骧号"。当这艘日军航母匆匆转为迎风航向以放飞战斗机时，美国机群以风卷残云之势袭来，命中它4枚1000磅炸弹以及1枚鱼雷，自身无一损失。近旁一艘驱逐舰上的目击者后来回忆道："'龙骧号'不再像一艘航母，而像一个巨大的炉子，到处都是洞，喷出恐怖的红色火焰。""龙骧号"当天晚上就沉没了（不过，盟军要到一年后才确定这一点）。"龙骧号"此前放出去的飞机给亨德森机场造成的损失极为轻微，而从战斗中幸存的飞机要么在飞往拉包尔的半途中降落在布卡，要么在水上迫降。绝大多数迫降的飞行员都被护航的驱逐舰捞了上来。[12]

与此同时，下午2点刚过，"翔鹤号"上的南云收到了侦察机发回的目击报告，说发现了美国航母，他立即发动攻击。美军的雷达再次证明了自身无可估量的重要价值。下午4点刚过，美军雷达发现了第一批来袭日机——27架九九式舰载轰炸机和10架零战，距离100英里。美军立刻放飞了全部能升空的飞机，执行空中战斗巡逻的F4F"野猫"式战斗机增加到53架，轰炸机则去空袭南云的航母。

这天晴空万里，艳阳高照，空袭条件优良。美军的防空未能达成理想效果，因为飞行员们不遵守无线电纪律，频道里充斥着杂乱

1942 年 8 月 24 日，在东所罗门海战中，一架日本九九式舰载轰炸机在美国海军航空母舰"企业号"上空被防空火力击落

来源：维基百科

的呼喊，例如"小心""你左边有 2 架敌机"，这就让"企业号"的防空引导官难以协调防空作战。"野猫"式战斗机在敌机进入投弹距离之前击落了数架九九式舰载轰炸机，但还是有大队日机穿过"北卡罗来纳号"战列舰密集的防空炮火，接连将 3 枚炸弹准确扔在了"企业号"上。"企业号"一名舰员回忆道："我们被炸惨了。"经过损管队的努力，"企业号"仍然浮在水面上，不到半个小时，这艘航母又恢复了回收舰载机的能力，但弗莱彻别无选择，只能命令它驶回珍珠港维修。美国人终归还是幸运的，第二批日本轰炸机没能找到目标，只得挂着未投下的弹药悻悻返航。[13]

当夕阳斜沉之际，除了严重受损的"企业号"，弗莱彻面前还有戈姆利将军从努美阿发来的命令："尽快给你的特混舰队加油。"因此，弗莱彻决定撤出战斗，向南撤退。这是个正确的决定，因为阿部弘毅正率领着一支由 2 艘战列舰和 10 艘重巡洋舰组成的水面舰队，以 25 节航速向他杀来。弗莱彻深知，与以往一样，南撤的决定肯定又会让金勃然大怒。据弗莱彻的情报副官吉尔·斯洛宁海军上尉回忆，当时，弗莱彻跌坐在椅子上说道："伙计们，今晚我肯定会收到两份电报，一份是尼米兹将军发来的，祝贺咱们干得漂亮，而另一份一定是金发来的，他肯定要质问我：'你到底为什么不派你的驱逐舰对日舰发动鱼雷夜袭？'天哪，他俩说得都对。"[14]

战斗中，除了"龙骧号"，日军还损失了 33 架舰载机，简直是珊瑚海海战的重演，这些已经足够让南云忠一下定北撤的决心了。田中赖三的运兵船队又朝瓜岛航行了数小时，不过，当天下午晚些时候，[*]这支编队遭到了"仙人掌航空队"的空袭。一架轰炸机投下一枚炸弹，命中了田中赖三的旗舰"神通号"轻巡洋舰的前甲板，另一枚炸弹则命中了搭载着 1 000 名陆军的"金龙丸"。不久，美国陆军航空兵的数架"空中堡垒"重型轰炸机也轰炸了这支船队，一枚炸弹落在了"睦月号"驱逐舰上，将其炸为两段沉入海底。这是从 1 万英尺以上高空进行的轰炸，类似的成功战例并不多。此后，田中赖三便接到了掉头北返的命令。[15]

与珊瑚海海战一样，这场战斗也未分出高下。日本方面损失了"龙骧号"航母、"睦月号"驱逐舰、1 艘运输船以及 33 架飞机。美国方面则损失了 17 架飞机，"企业号"暂时失去了战斗力。更重要

---

[*] 根据其他资料，田中赖三的运输船队遭空袭的时间为 8 月 25 日晨，录以备考。——编者注

的是，这场战斗让日军暂时取消了对瓜岛的增援。回想 1942 年 5 月，美国人因为阻止了日军对莫尔兹比港的入侵而将珊瑚海海战宣传成了一场胜利。这次，虽然结果相似，但金仍对东所罗门海战的结果感到失望，他将一切都归因于弗莱彻是个胆小鬼。金的不悦，部分是基于美军飞行员宣称摧毁了 80 架日本飞机，这一数字是实际情况的两倍有余。如果这一数字属实，这就意味着日军在很大程度上已无力自卫，弗莱彻完全可以对日本航母再次发动攻击而无须顾虑遭到反击；不过即便如此，弗莱彻仍需要对付阿部弘毅的那支水面舰队。

到此时为止，弗莱彻已经指挥美军航母部队参加了 3 场航母会战——珊瑚海、中途岛和东所罗门海战，其中唯一显然获胜的是中途岛战役，但金认为这大部分应归功于斯普鲁恩斯。直到此时，尼米兹仍然为弗莱彻辩护；但金的耐心已然耗尽，他想要找个借口让一个更富攻击性的指挥官来替代弗莱彻。5 天后的 8 月 31 日，借口就来了。一艘日本潜艇发射了一枚鱼雷命中"萨拉托加号"，迫使它不得不和"企业号"一道返回珍珠港维修。于是，金就借机把弗莱彻调到了岸上工作。从此以后，弗莱彻再也没有回到海上。[16]

"萨拉托加号"的暂时离去使得新来的"大黄蜂号"和"黄蜂号"成为美军在南太平洋上仅有的两艘可用航母，不过"萨拉托加号"在返回珍珠港之前将大多数舰载机放飞到亨德森机场，加强了"仙人掌航空队"的力量。与三个月前中途岛战役中的中途岛一样，瓜岛本身也成了一个重要的飞机平台，这也是航母部队的有力补充。9 月 1 日，驻守瓜岛的陆战队迎来了一支重要援军——美国海军工程营（绰号"海蜂"）的先头部队，他们顶着日军频繁的空袭，让亨德森机场始终保持正常运转。正如历史学家约翰·科斯特洛所指出的："'海蜂'努力让亨德森机场及其跑道正常运转，使得美军飞机得以正常起降，其重要性不亚于坚守阵地的美国海军陆战队。"[17]

两个星期后，美军更加依赖"仙人掌航空队"了。9月15日早上，日军潜艇伊-19的艇长木梨鹰一海军少佐突然发现，一支由6艘美军运兵船组成的船队正在驶往瓜岛，这令他十分兴奋。这些运兵船运载的是美国海军陆战队第7团，考虑到运兵船的极端重要性，美国海军出动了仅有的2艘航母、1艘战列舰（"北卡罗来纳号"）、数艘巡洋舰和驱逐舰为其护航。木梨鹰一向离自己最近的美军航母齐射了6枚鱼雷。这无疑是二战中最具杀伤力的一轮鱼雷齐射，其中一枚鱼雷击中了"北卡罗来纳号"战列舰，一枚击中了"奥布赖恩号"（USS O'Brien）驱逐舰，3枚击中了"黄蜂号"航母。命中"北卡罗来纳号"的这枚鱼雷击中了装甲带以下，在左舷炸出了一个大洞。"北卡罗来纳号"几乎立刻就倾斜了5°，不过，这艘战列舰通过高效的对称注水很快恢复了平衡并维持航速不减。而"奥布赖恩号"驱逐舰虽然暂时浮在海面上，却在返回珍珠港维修途中沉没。

至于"黄蜂号"，它被2枚巨大的九五式鱼雷直接命中，1枚擦伤，多处燃起大火。就像中途岛战役中的日本航母一样，大火导致"黄蜂号"机库甲板上的弹药和航空燃料发生了二次爆炸。即便损管队英勇而高效，大家还是很快意识到这艘航母没救了，舰长福雷斯特·P. 谢尔曼*海军上校遂下令弃舰。

不过，这支美军运兵船队最终安全抵达了瓜岛。陆战7团的到来使范德格里夫特的兵力几乎翻了一倍。船队还为"仙人掌航空队"运来了147辆机动车以及400桶航空燃料。然而，"黄蜂号"的沉没也使得"大黄蜂号"成为美国在太平洋战场上唯一可用的航空母舰。[18]

---

\* 福雷斯特·珀西瓦尔·谢尔曼与珊瑚海海战时指挥美军"列克星敦号"航母并下令弃舰的弗雷德里克·卡尔·谢尔曼之间并无亲戚关系。

1942 年 9 月 15 日，"黄蜂号"航母被日军潜艇伊 –19 射出的 3 枚鱼雷击中后垂死挣扎。同一次齐射射出的鱼雷还击伤了战列舰"北卡罗来纳号"和驱逐舰"奥布赖恩号"

来源：美国国家档案馆（照片编号：80–G–16331）

\*\*\*

大西洋方面的情况也没有好到哪里去，美国海军在这里仅有一艘吨位很小的航母"突击者号"。再加上英国皇家海军的航母在"基座行动"中损失巨大，盟军要为"火炬行动"提供足够空中支援便成了难题。事实上，盟军要凑齐接下来登陆战所需的各种船只也十分困难：把士兵运到滩头的运兵船、运送装备和补给物资的货轮、航渡途中保护船队的护航舰，以及将官兵及其装备送上海滩并维持其作战所需的专用登陆舰艇。正如"火炬行动"的美军副司令马克·克拉克将军所言："海运能力一直处于危机状态，我们必须频繁修改作战方案，以克服船只的不足。"实施中的重重困难和矛盾，让下定决心成了北非登陆中最容易的环节；真动起手来，就会发现后勤面对的挑战令人生畏。[19]

或许作为美国人在战略方向之争中让步的安慰奖，"火炬行动"的总司令将由一名美国将领担任，这就是原先在马歇尔手下负责计划制订的德怀特·D. 艾森豪威尔，人们常称他为"艾克"。8月6日（也就是美国海军陆战队登陆瓜岛的前一天），"艾克"被正式任命为"火炬行动"总司令，他随即主持处理了一大堆复杂的行政事务，包括后勤方面无穷无尽的细节和难题。他的职责还要求他必须具备很高的外交敏感度，这对于确保英美两军总体上的和谐友好是必不可少的。艾森豪威尔尚未经过实战的考验——他此前从未在实战中指挥过一兵一卒——但作为一位独具人格魅力的出色管理者，他让本国意愿屈居于整体目标之下的决心也至关重要。[20]

"火炬行动"的海军指挥官是英国海军上将安德鲁·坎宁安爵士。坎宁安曾于1940年大胆奇袭塔兰托港并大获成功，又于1941年打赢了马塔潘角海战，成为皇家海军的翘楚。可是没过多久，他却在丘吉尔面前失宠了。在灾难性的克里特岛撤退之后，丘吉尔开始讨厌他，将其"发配"至华盛顿担任英美联合参谋部的成员。同时，丘吉尔任命"施佩伯爵号"之战的英雄亨利·哈伍德接替担任地中海舰队司令。然而，令人感慨的是，亨利·哈伍德也没能达到丘吉尔的期望，所以此时坎宁安又回来了。在"火炬行动"中，坎宁安的副手是曾经组织了敦刻尔克大撤退的伯特伦·拉姆齐爵士。[21]

盟军物资奇缺，船舶方面尤甚，这迫使他们不得不另想办法。英国方面拥有3艘全尺寸大型航母以及3艘小型航母，能够掩护分配到的登陆目标，但美国人在大西洋上仅有"突击者号"。为了加强力量，美国人在4艘油轮上铺设飞行甲板，改造成辅助航母。它们比常规航母小得多，而且没有机库，不过，每艘仍能搭载30架舰载机，只是不得不停在飞行甲板上。

运兵船是另一个问题。英国本就为数不多的登陆舰船已在纳尔维克、敦刻尔克损失殆尽，而美国大部分运输船只此刻正在地球的另一边，为瓜岛美军投送补给。这是一场零和博弈：某一个战场所需的舰船必然要从另一个战场抽调过来。正如"火炬行动"英国官方史料所述："因为不得不抽调各种运输船、货船、辅助船只，盟国在全球的航运计划被严重打乱。"盟军把所有能搜罗到的东西都拿来了。为了将部队运送至北非，盟军严重依赖二战前建造的那些大型邮轮；英国方面还从格拉斯哥-贝尔法斯特航线上强征了一些渡轮。与此相似，美国方面也将民用货船改造成了"突击运输舰"。结果，美国人说"火炬行动"的舰队是"急就章"（jury-rigged），英国人则说这是"穷凑合"（lash-ups）。[22]

当然，盟军还必须组织一支强大的舰队，以护卫满载军人的运兵船和装满物资的货船在危险重重的海洋中跋涉数千英里，抵达登陆滩头。这又要从其他战场抽调。正如"基座行动"一样，英军仍只能依靠本土舰队为船队护航，他们为此投入了2艘战列舰（"约克公爵号"和"纳尔逊号"）、2艘战列巡洋舰以及英国皇家海军此时仅有的全部5艘航空母舰，此外还有5艘重巡洋舰和31艘驱逐舰。为了抽调这些舰艇，英国海军减少了大西洋商船队的护航舰艇数量，同时暂停了援苏船队。美军运兵船队将从美洲东海岸直接驶往北非，为其护航的有3艘战列舰（"马萨诸塞号"、"纽约号"和"得克萨斯号"），以及7艘巡洋舰和38艘驱逐舰。行动原本需要更多驱逐舰，但在1942年夏末，全球各个战场都急需驱逐舰，包括所罗门群岛。[23]

一旦运兵船和货船抵达目标海滩，另一个问题就接踵而来：如何把人员、装备和车辆从运输船卸到海滩上。登陆瓜岛的美国海军陆战队得益于20世纪30年代长年累月的登陆训练，对抢滩登陆已是驾轻就熟；他们需要做的仅仅是翻过登陆艇的舷侧，然后涉水上岸。然而，攻击北非的美军主力不是陆战队，而是陆军，而且规模大得多。为了登上滩头，登陆部队的官兵们首先要从运兵船上攀爬吊绳网，向下来到胶合板制成的小艇上，再乘坐这些小艇来到几英里外的沙滩上。

执行这一任务的登陆艇也极其有限。这种小艇的英国版本被称为"突击登陆艇"（LCA），美国版本则被称为"人员登陆艇"（LCP）。每艘艇每次可以容纳36名士兵，海军官兵负责驾艇在运输船和海岸之间往返，直至登陆部队全部上岸为止。由于美国版本的LCP是由安德鲁·杰克逊·希金斯专门设计制造的，因而几乎所有人都称其为"希金斯登陆艇"（用发明人命名武器的惯例即由此而起）。战争后期，英美两个版本的小型登陆艇的前部均改为可向前落下、拥有装甲防护的舌门，以便登陆部队直接从登陆艇冲向滩头阵地，然而，其早期版本仅仅是由胶合板制成的长方形盒状艇体，后部装有马达，一旦其艇底接触到沙质海底，手握步枪、每人负重60磅到90磅不等的登陆兵们就必须翻越舷侧，跳进齐腰深的海水中，涉水上岸。美军陆战队在瓜岛登陆时就是这么做的。[24]

送装甲车辆上岸的难度就更大了。1940年在法国和西欧佛兰德斯地区进行的战斗已经充分证明：二战时代的地面战必须动用装甲车辆，尤其是坦克。然而把坦克从舰船弄上岸要比人员难得多。此前，英国人已经做过专门试验，他们把在委内瑞拉马拉开波湖上使用的浅吃水油轮改造成了坦克登陆舰。与众多的发明创造一样，这个绝妙的点子也是来自丘吉尔那充满奇思妙想的大脑，因此这种坦克登陆舰被称为"温斯顿坦克登陆舰"［更小的版本则被称为"温奈特"（Winette），意即小温斯顿］。"温斯顿坦克登陆舰"的舰首门巨大而结实，打开时像一个巨大的橱柜，这一特点让其看起来与众不同。它会先尽可能冲到靠近海滩的地方，然后打开巨大的舰首门，再放下来一个长长的跳板。理论上，坦克和军用卡车可以从宽敞的舰体内直接冲向海滩，但这类行之有效的坦克登陆舰设计理念还是后来的事。此时的早期型坦克登陆舰笨重而且很难卸载车辆。在一败涂地的登陆迪耶普之战中，此类坦克登陆舰近乎灾难性的表现令盟军极度失望。[25]

为了解决这一问题，美国人采用了不同的方法。他们征用了一艘大型货船"新泽西海上列车号"，该船的设计初衷是载着火车车厢从纽约驶往古巴，现在接受改造以运载坦克。不过，这艘船并不是真正的两栖舰艇，深 V 形的船体令它无法直接开上沙滩，只能开进可用的港口才能将装载的坦克卸下来。

英军和美军总共投入了近 600 艘航母、战列舰、巡洋舰、运兵船、各种货船、驱逐舰以及各式登陆舰艇，此外还有较小的希金斯登陆艇，发动了第一场大规模战略反攻。从一开始，指挥官们就不得不努力搜罗足够的人员和装备，特别是舰船，这才使反攻作战得以起步。美国人曾将登陆瓜岛的行动戏称为"鞋带行动"*，这一戏称也同样适用于"火炬行动"。

＊＊＊

当艾森豪威尔及其团队拼命集结北非登陆部队各部分时，瓜岛

---

* 在英语中，"鞋带"（shoestring）也有"小本经营"的意思。——译者注

的兵力投送竞赛仍然在持续。"东京特快"依然无比顽固地定期开行着，到了 10 月，"东京特快"已经将 2 万余人及其装备送到了瓜岛上。与此同时，美国人也在不断加强瓜岛兵力。10 月的第二个星期，美军准备将陆军第 164 步兵团送到瓜岛上去，该团原属美国国民警卫队，在新喀里多尼亚驻扎了相当长一段时间，以至于官兵们后来称自己的部队为"美喀师"（Americal Division）。*护送他们上岛的是由 2 艘重巡洋舰、2 艘轻巡洋舰以及 5 艘驱逐舰组成的第 64 特混舰队，由美国海军少将诺曼·斯科特指挥。[26]

当这支美军船队还在路上时，日军的增援船队也从拉包尔出发了，船队中包括 2 艘满载的水上飞机母舰——"日进号"和"千岁号"，以及 6 艘组成防空轮形阵的驱逐舰。与往常一样，这些日本军舰以 15 节的航速不紧不慢地行驶着，一旦驶入距亨德森机场 200 英里处那条看不见的界线，就会立即加速至 25 节，冲向瓜岛。然而，当天上午 10 点半，一架执行巡逻任务的美军"空中堡垒"发现了这支日军舰队，并上报了它们的位置和航向。诺曼·斯科特也得到了这条消息，他将"美喀师"安全送到瓜岛之后，便率领第 64 特混舰队北上截击。

时年 53 岁的斯科特深知敌军的夜战能力了得，但如果那架 B-17 的目击报告准确的话，他也明白自己拥有了再明显不过的先机。此外，斯科特还拥有两个优势。一是斯科特的军舰全都配备了雷达，不过，仅有"博伊西号"（USS Boise）和"海伦娜号"（USS Helena）这 2 艘轻巡洋舰配备有新型的 SG 雷达，这种雷达装有今天

---

\* 美国陆军第 164 步兵团原属美国国民警卫队第 34 师，太平洋战争爆发后，该团与第 132 步兵团和第 182 步兵团一同被调往法属新喀里多尼亚，组建为一个新的师。该师向上级申请将其命名为"美喀师"，并得到了批准。直到二战结束后，这个师才获得了数字番号，即第 23 步兵师。——译者注

美国海军诺曼·斯科特少将（左图）和日本海军五藤存知少将（右图）于1942年10月11日至12日的埃斯佩兰斯角海战中交锋。在夜间复杂的天气环境中，双方均犯了错误，但美军的雷达令其占尽了先机和优势

来源：美国海军学会

常见的圆盘状旋转天线，既能根据回波信号分辨敌军的距离和方位，又能将之展示在地图状的 PPI 显示器（平面位置显示器）上。另一个优势则是突然性。与萨沃岛海战不同，这次是美军主动求战，日军却浑然不觉。此前，斯科特错过了萨沃岛海战，他当时指挥着东部编队的 2 艘巡洋舰待在远离战斗的另一边；也许正因如此，斯科特决定将萨沃岛之耻加倍奉还给日军。借助接触报告，斯科特率部绕过瓜岛的最西端，向北驶去，决计伏击这支日军舰队。[27]

但斯科特没想到，日军增援船队身后数小时的航程外，还有另一支日军舰队掩杀而来，其中有 3 艘参加过萨沃岛海战的重巡洋舰，以及 2 艘驱逐舰，由同样参加过萨沃岛海战的五藤存知海军少将指挥。五藤舰队的任务并非向瓜岛投送援军，而是前来炮击美军亨德森机场。

这是一个没有月光的暗夜，厚密的云层把天上的星星都遮住了。斯科特麾下各舰排成单纵队，熄灯前进。断断续续的阵雨笼罩着舰队，远处偶尔划过一道闪电，舰上官兵只有这时才能瞥见周围的景象。晚上11点45分，舰队驶近萨沃岛，斯科特命令改变航向，再次穿过萨沃岛与埃斯佩兰斯角之间的狭窄水道。命令下达后，打头的驱逐舰遵令转舵，后面的2艘驱逐舰也紧跟先导舰依次转向，保持着纵队队形。然而，在斯科特的旗舰"旧金山号"上，操舰军官命令该舰立即转舵，后面的"博伊西号"也跟着转弯。这个错误意味着打头的3艘驱逐舰来到了舰队主力的右侧。斯科特试图重组队形，他通过TBS无线电*询问那几艘驱逐舰："你们在前面就位了吗？"回复是："是的。我们在您的右侧。"因此，当"海伦娜号"和"博伊西号"分别向斯科特报告说自己的右侧有较强的雷达接触回波时，斯科特就想当然地认为这是他自己的3艘驱逐舰。[28]

但事实并非如此。美军轻巡洋舰SG雷达捕捉到的信号并非来自那3艘美军驱逐舰，也不是来自斯科特正在搜寻的那支日军船队。事实上，雷达显示屏上的光点正是五藤存知的重巡洋舰。虽然美国人尚未意识到，但千载难逢的绝佳战机已经出现了，因为五藤的日舰根本没有雷达，所以没有意识到美军舰队就在附近。美军轻巡洋舰上的炮手们装填好炮弹，将炮口一致对准右侧，等待着开火的命令。"海伦娜号"的无线电报务员不停地催促旗舰，请求批准

---

\* TBS是"舰间通信系统"的英文缩写，这是一种低功率甚高频无线电系统，收发双方的直线距离不超过25英里，因而敌方无法截听甚至无法收到这些通信。

开火。然而，斯科特此时仍然不确定自己那3艘驱逐舰的准确位置，因此未予回复。到了最后，还是通信方面的一个小差错导致了战斗的爆发。

在 TBS 对讲系统出现之前，"开火"的莫尔斯电码为"点-划-点"（dot-dash-dot）——代指字母"R"，同时它还有"收到"（Roger）的意思。当"海伦娜号"的无线电报务员反复催促旗舰答复是否同意开火时，他用的是缩略语，简单地问道："Interrogatory Roger"，意即"我们能开火吗？"随后，旗舰"旧金山号"上的报务员以"Roger"回复，表示已经收到请求，结果这条答复被当成了"开火"。"海伦娜号"上15门6英寸主炮立即就响了。其他所有美舰都紧随其后，纷纷开火，甚至连旗舰也开炮了。[29]

斯科特顿感恐慌。他害怕这些巡洋舰是在朝自己的驱逐舰开火，于是歇斯底里地命令巡洋舰停火。在震耳欲聋的炮声中，只有旗舰"旧金山号"停止了射击。斯科特不得不数次重复"停止开火"的命令，其他巡洋舰上的炮火才逐渐平息了下来。[30]

其实，美国巡洋舰射击的目标正是五藤的巡洋舰，后者此时就在那3艘美军驱逐舰外数千码的海面上。巧的是，斯科特舰队恰好在五藤舰队刚刚驶入萨沃岛与埃斯佩兰斯角之间的水道时，穿过对手的舰首前方——两个月之前，三川军一就是在这片海域取得了萨沃岛海战的胜利。五藤此时也和斯科特一样恐慌，他认为自己受到了日军增援舰队的误击，五藤知道它们就在前方。五藤用闪光灯信号表明身份，却继续遭到炮击，因而对"友军"这些"笨蛋"感到愤怒至极。他不断骂道："这帮蠢货！"这成了五藤存知的最后遗言。"旧金山号"第二轮齐射的全部9发8英寸炮弹都准确地击中了五藤的旗舰"青叶号"重巡洋舰，这位日本海军少将成了这场遭遇战中的第一批伤亡者之一。[31]

斯科特的停火命令眼看就要将命运送给他的巨大优势丢失殆尽了，好在他很快就确定了本方驱逐舰的准确位置。在下令停火4分钟之后，他命令继续开火。美国海军老兵查尔斯·库克是这样描述开火流程的："输弹槽传来响亮的撞击声，动力夯把炮弹夯实就位，发出尖锐但悦耳的声音。发射药包被迅速填入炮弹后面，输弹槽被拉回来，炮闩转动并锁闭。"当炮手们汇报全部炮塔准备完毕时，蜂鸣器响两次，发出警报，然后再响一次，舰上的枪炮长按下触发器。炮口喷出橙色的火焰，数千磅重的穿甲弹随即飞入夜空。[32]

美国轻巡洋舰上的炮塔每分钟能打出10轮齐射。"海伦娜号"和"博伊西号"各装备有5座三联装6英寸主炮，两舰合计每分钟能发射300发6英寸炮弹。日军对这密集的炮轰惊愕不已，但他们很快恢复过来，展开了还击，而且打得也很准。日舰的数发炮弹击中了"博伊西号"轻巡洋舰，其中有一发8英寸炮弹击中了前炮塔，引发了大火，很快威胁到"博伊西号"的前弹药库。幸运的是，另外几发炮弹在"博伊西号"的舷侧打出大洞，把海水放进来保住了弹药库。此前，那3艘美军驱逐舰曾让斯科特十分担心，现在其中的2艘被逼入了双方之间的"无人区"，遭到双方炮弹的攻击，只得匆匆撤离战场。到了此刻，多艘日舰已燃起大火。情况很清楚，它们被一支更加强大的舰队打败了。自第一发炮弹飞离炮口起，此战仅仅过去了半个小时，日军舰队便沿着槽海（Slot）仓皇北撤，还载着伤重不治的五藤存知。[33]

埃斯佩兰斯角海战*（1942年10月11日夜）完全反转了两个月前萨沃岛海战的剧情，当时，三川军一率领日军第八舰队打了盟军一个出其不意。此番却是日军被打了个措手不及，当然这主要归功

---

\* 又称"第二次萨沃岛海战"，日本称为"萨沃岛海战"。——编者注

于雷达让美军在战斗伊始就抢占了有利阵位。不过，纵然拥有这些优势，斯科特并未取得三川当时那种一边倒式的大胜。此战结束后，斯科特报告说自己击沉了日军 4 艘巡洋舰和 2 艘驱逐舰，但其实他在战斗中并没有击沉任何日军巡洋舰。*"青叶号"重巡洋舰虽然至少身中 40 发炮弹，但仍旧浮在海面上，而且靠自身动力成功地驶回了拉包尔。"吹雪号"驱逐舰被击沉。除此之外，正如三川军一打赢了萨沃岛海战之后就匆匆撤离，并未乘胜袭击美军运输船一样，斯科特也没能找到自己最初的目标，即日军增援舰队。事实上，这支增援舰队已经将人员和物资成功地运抵了瓜岛。最终，午夜过后，两艘日本战列舰"金刚号"和"榛名号"用其 14 英寸主炮炮轰了亨德森机场，击毁、击伤了数量如此之多的美军"仙人掌航空队"飞机，以至于当黎明到来之时，亨德森机场上仅剩下 11 架美机可以出击。正如塞缪尔·埃利奥特·莫里森于 1949 年所写的那样："日本人打赢了萨沃岛海战，但美军的运输船只几乎毫发未伤；美军赢得了埃斯佩兰斯角海战的胜利，但日本人却完成了其主要任务。"[34]

＊＊＊

一个星期后的 10 月 18 日，正当威廉·哈尔西海军中将在努美阿视察并熟悉事务时，他收到了尼米兹发来的一条电报，命令他接替戈姆利，担任南太平洋战区美国海军最高指挥官。"天哪，杰克逊将军啊！"哈尔西惊呼道，"这是迄今为止他们甩给我的最烫手的山芋。"在华盛顿和珍珠港，美国海军领导层一致认为：戈姆利

---

\* 实际上，日军"古鹰号"重巡洋舰在战斗中遭受重创，虽在战斗结束时仍然漂浮，但 12 日凌晨 2 点 28 分即沉没。——译者注

当威廉·弗雷德里克·哈尔西海军中将意外得令接替戈姆利担任南太平洋战区美国海军最高指挥官时，他就意识到金和尼米兹期待着他比前任要更富有进攻精神

来源：美国国家档案馆（照片编号：80–G–205279）

谨慎有余，作为一名军事外交家，他十分高效干练，但缺乏作为一位战区指挥官所必备的进攻精神。因此，尼米兹请示金，要求撤换戈姆利，金应允了。[35]

根据一位传记作家最近的评论，比尔·哈尔西为人"爱表现，有迷信执念，感情丰富"。但在美国海军中，哈尔西向来以打仗英勇无畏著称，所以这项人事任命本身就极大鼓舞了南太平洋美军的士气，连驻防瓜岛的陆战队官兵们闻讯后都从散兵坑中跳了出来欢庆。哈尔西意识到自己被提拔到这个位置，就是要为瓜岛战役注入攻击性，于是他命令"企业号"特混舰队司令托马斯·J. 金凯德和"大黄蜂号"特混舰队司令乔治·D. 穆雷分别前往圣克鲁斯群岛以北和以东进行扫荡。这些命令当然非常大胆，甚至有些鲁莽，却为美军在南太平洋上的战略指明了一个新的方向。此外，哈尔西还命令第 64 特混舰队（这支水面舰队已经拥有了新型战列舰"华盛顿号")指挥官威利斯·A. 李海军少将沿槽海北上，前去阻扰"东京特快"。哈尔西决心先发制人，而不是守株待兔。[36]

与此同时，日军也在策动一场陆海军协同的新攻势——至少是理论上的"协同"。"东京特快"从拉包尔送到瓜岛的日军地面部队已达 2.2 万余人，日军计划令这些地面部队夺取亨德森机场，进而使"仙人掌航空队"瘫痪，同时日本海军将负责顶住美国海军的干预。一旦亨德森机场落入日军手中，日本航母上的舰载机就会飞到亨德森机场，夺取空中优势。为了完成领到的任务，日本海军组织了中途岛战役以来最为壮观的一支舰队。其"前进部队"由近藤信竹指挥，包括"金刚号"和"榛名号" 2 艘战列舰和 4 艘重巡洋舰，还有新服役的"隼鹰号"航母，这艘航母虽然比大型舰队航母稍小，但仍能搭载 45 架舰载机。由南云忠一指挥的"打击部队"拥有"翔鹤号"和"瑞鹤号"这 2 艘大型舰队航母以及轻型航母"瑞凤号"。参战的日军飞机总数达到 194 架，比美军多 57 架，日军在战列舰和巡洋舰方面也强于美军。[37]

这支强大的日军舰队在瓜岛北边威风凛凛，但山本五十六却在心烦意乱地等待着陆军攻占亨德森机场的消息。山本警告日本陆军领导层：如果动作不快，那么他的舰队将不得不撤离瓜岛去加油。陆军将领们向山本保证：当晚一定能拿下亨德森机场。10 月 24 日晚上 9 点半，瓜岛上的日本陆军冒着倾盆大雨向亨德森机场发动了总攻。此时守卫机场的美军陆战队仅有一个营的兵力，大约 700 人，由营长"大胸哥"[*]刘易斯·普勒中校指挥，他打退了整整一个日军师团发动的多次疯狂进攻。在茂密丛林中冒着倾

---

[*] 原文为"Chesty"，宋宜昌先生在《燃烧的岛群》里提过这个人，说他胸部特别宽，所以叫"大胸"。在此姑且用此译法。——译校注

盆大雨展开的这场混战中，日军战场指挥官松本浩大佐错误地报告说已经拿下了亨德森机场。拉包尔基地将这条信息转发给了海军，日军舰队遂开始逼近瓜岛。"瑞凤号"航母舰长大林末雄出动14架零式战斗机和数架轰炸机飞往瓜岛并准备降落在"已经拿下"的亨德森机场，但它们却遇到了大批美军战斗机的拦截。日军飞行员大惊失色，很快被悉数击落。当哈尔西获悉日军一支大规模舰队正在逼近瓜岛时，他向航母部队下达了一道简明扼要的命令："出击，重复一遍，出击。"[38]

接下来的战斗史称"圣克鲁斯群岛海战"，日本方面称其为"南太平洋海战"，爆发于1942年10月26日至27日。接下来的场面大家此时已经很熟悉了。双方侦察机都发现并报告了敌军航母的位置，双方指挥官都放飞攻击机群扑向报告中的敌方坐标。美军先下手为强，斯托克顿·B.斯特朗海军上尉驾驶的侦察机命中日军轻型航母"瑞凤号"一枚500磅炸弹，摧毁了该航母的飞行甲板，令其无法继续收放舰载机。

效率更高的日军飞行员抢先一步升空发起主攻，但美国飞行员也仅仅落后他们20分钟。与珊瑚海海战时一样，双方机群在半途中狭路相逢。日军9架零战随即脱离编队，前来攻击美军机群，击落3架鱼雷机，击伤1架。美军"野猫"式战斗机此时赶到，驱走了日军战斗机。[39]

美军将2艘航母分别编入两支特混舰队，由于雨飑区部分隐蔽了"企业号"，日军遂集中兵力攻击"大黄蜂号"。尽管美军4艘巡洋舰和9艘驱逐舰形成了密集的防空火网，但日军九九式舰载轰炸机的飞行员们还是坚定地闯入高炮弹幕，最终有3枚炸弹准确命中"大黄蜂号"。一名飞行员在飞机被高射炮火击伤之后驾机撞向"大黄蜂号"，燃烧的航空汽油洒在了飞行甲板上。稍后，又有一

1942年10月26日，在圣克鲁斯群岛海战中，零式舰载战斗机（A6M2）准备从"翔鹤号"航母上起飞，远处为九九式舰载轰炸机

来源：维基百科

架被击伤的九九式舰载轰炸机一头撞向"大黄蜂号"的舰尾。*但致命一击并非来自这次攻击，而是来自日军九七式鱼雷攻击机。这些鱼雷机从两个方向同时飞来，展开了经典的两侧夹击，命中"大黄蜂号"2枚鱼雷。遭到重创的巨舰失去了动力，瘫痪在海面上。随后，当"北安普敦号"（USS Northampton）重巡洋舰试图拖曳"大黄蜂号"前往安全海域时，又一批日军鱼雷机杀到。虽然美军

---

\* 这些例子通常被援引为日军"神风特攻"自杀式攻击的雏形，其实，这种自杀式撞击当时还未被日军正式列为作战战术的一部分。相反，这是日军飞行员们估计其战机伤情过重而无法返回其母舰，在情急之下自行做出的决定，目的是在自己临死之前给敌人造成最大限度的伤害。而直到1944年10月，故意使用飞机进行自杀式攻击的战术才开始正式成为日本的政策。后来，直到1945年春季，这种自杀式战术才被完全接受（见第27章）。

竭尽全力击落了其中 8 架，但第 9 架飞机还是成功地将第 3 枚鱼雷射入了"大黄蜂号"右舷。这架飞机在低空掠过飞行甲板时被高炮弹幕笼罩，燃起了大火，但飞行员还是控制飞机转了个弯，撞进"大黄蜂号"的舷侧。这艘航母先后受到了 3 枚炸弹、3 枚鱼雷和 3 架飞机撞击的摧残，舰长不得不下令弃舰。近藤的 2 艘日军驱逐舰随后赶到，用几枚鱼雷最终将其送入了海底。[40]

此时，"大黄蜂号"的飞行员们还不知道自己的母舰即将沉没，他们把 3 枚 1 000 磅炸弹准确投到了日军"翔鹤号"航母的飞行甲板上，也算是为"大黄蜂号"报了一箭之仇。虽然这艘日军大型舰队航母仍旧浮在海面上，但其飞行甲板已经毁了；因此，与"瑞凤号"一样，"翔鹤号"也撤离了战场。[41]

在南方约 200 英里外，日军攻击机群的注意力转向了"企业号"。"企业号"的护航舰中有最新型战列舰"南达科他号"，这艘舰配备有雷达指挥的高射炮，火力惊人，护航舰艇总共击落了超过 30 架日机，其中绝大多数都是由"南达科他号"贡献的。但是幸存的日机飞行员还是成功 3 枚炸弹投到了"企业号"的甲板上。不过，日机的鱼雷无一命中"企业号"，也许正是因此，"企业号"才没有步"大黄蜂号"的后尘。与"翔鹤号"一样，美军"企业号"虽然也浮在海面上，但已无法再参与战斗了。[42]

哈尔西一向以好斗闻名，他急于让自己的上级得偿所愿，因而派遣仅有的 2 艘航母前去与一支占有优势的敌军决战，结果遭到痛击。"大黄蜂号"沉没了，"企业号"虽然仍浮在海面上，却由于前部升降机受损卡住而战斗力大打折扣。"企业号"特混舰队指挥官托马斯·金凯德海军少将不愿意将"企业号"受损的升降机降下去，担心它无法复原至高位，导致航母无法收放舰载机。"企业号"又要送去维修了，在它修复之前，美国在整个太平洋上就没

这幅照片拍摄于圣克鲁斯群岛海战期间（1942 年 10 月 26 日），它捕捉住了一架受伤的九九式轰炸机（位于航母舰岛正上方）撞入"大黄蜂号"飞行甲板前的一瞬

来源：美国国家档案馆（照片编号：80-G-33947）

有一艘航母可用了。山本当初策划中途岛战役的夙愿终于得偿。[43]

*\*\**

日本人大肆庆祝"南太平洋海战"的胜利，视其为日本海军取得的又一场大胜。兴奋过头的日军飞行员们宣称自己击沉了美军4 艘航母和 3 艘战列舰，即便山本并不全信这一过分夸张的战报，日本媒体还是宣称这一"战果"就是事实。当然，日本人也吃了不少亏。"瑞凤号"和"翔鹤号"虽然幸存，得以来日再战，但修复完毕之前，这两艘航母都无法再上战场了，尤其是"翔鹤号"，它足足修了9个月。更严重的是日军飞机及其机组成员的损失：战役当天有97架日机被击落，148名飞行员和机组人员随同战死，日军刚好有一半俯冲轰炸机机组以及40%的鱼雷机机组都在此之列。美军的飞机损失也很大——损失81架——但美国人不仅有能力更容易地填补上这一损失，而且还救起了绝大多数宝贵的飞行员和机组成员。而对日本人来说，飞机特别是飞行员的损失日益惨重，这是其整个国家都无法承受和弥补的。此外，人们往往很容易忽略一个重要的事实：日本陆海军费了九牛二虎之力，瓜岛和亨德森机场却还在美国人的手里。日本人再次取得了战术上的胜利，却无法达成其战略目标。[44]

还有一个人因此战而失意。从珍珠港到所罗门群岛，南云忠一始终指挥着日军"机动部队"与敌交手，此战之后，他已筋疲力尽而不堪再战了。在中途岛战役惨败之后，山本给了他一个赎罪的机会，他也算是不负众望，在所罗门群岛东部爆发的这两场海战中都取得了战术胜利。然而，这两场胜利都没能为日本带来战略上的成功。至此，与弗兰克·杰克·弗莱彻一样，南云忠一也被打发到了岸上工作，接替其职务的是身材高大的小泽治三郎。

最后，就在美军和日军飞行员在太平洋上互相摧残对方航母的同一周，满载着3.3万余名美军官兵的28艘运输船驶离了美国弗吉尼亚州诺福克海军基地，为其护航的是一支由众多巡洋舰和驱逐舰组成的庞大舰队，它们即将航行4 000英里，横穿大西洋，到位于北非的法属摩洛哥实施"火炬行动"，这凸显了海上战事遍布全球的特性。

# 第 16 章

# 引爆点

1942 年 10 月末，正当美日双方飞行员在圣克鲁斯群岛附近对决，盟军船队也分别从苏格兰和美国本土出发，准备登陆北非之时，在伯纳德·劳·蒙哥马利将军的指挥下，驻埃及的英国第八集团军在阿拉曼向埃尔温·隆美尔的部队发动了地面进攻。蒙哥马利之所以能发动进攻，主要是因为他在装备和物资方面占据了压倒性优势，而其中大部分都是从美国本土远涉重洋运来的。为此，盟国船队需要跋涉 2 万英里，它们通常从美国东海岸南下南大西洋，绕过南非开普敦后，驶入印度洋，再北上进入红海，穿过苏伊士运河抵达埃及的亚历山大港。仅仅 9 月和 10 月间，盟国船队就将超过 25 万吨军用物资以及 18 480 辆军用车辆运到了埃及；其中包括 318 辆"谢尔曼"坦克，这是罗斯福在图卜鲁格陷落后允诺给丘吉尔的。这批坦克使得埃及英军拥有的坦克数量增至 1 000 辆以上，而隆美尔的坦克数量连其一半都不到。[1]

轴心国在北非的兵力集结无法与盟国相提并论，因为在"超级"情报的指引下，马耳他的英国海空力量不断对从意大利出发为隆美尔输送补给的轴心国船队予以毁灭性打击。1942 年 9 月，英军击沉了地中海全部轴心国船队中的 30%；到了 10 月，这一比例升至 40% 以上，两倍于德国潜艇在北大西洋上给盟国带来的损失率，因此，隆美尔样样都捉襟见肘，不仅缺坦克，还缺弹药，特别是闹汽油荒——仅仅 10 月，轴心国油轮的损失比例就超过了60%。其结果显而易见，蒙哥马利麾下实力大增的部队在两周的阿拉曼战役里基本上都在痛击数量居于劣势的德意联军，最终取得了一场关键性胜利——事实上，这是英国自从二战开战以来第一次大败德国陆军。此次胜利使蒙哥马利受封为子爵，但如果没有盟国强有力的海上补给，这一切都是不可能发生的。[2]

海上补给同样是"火炬行动"成败的关键。当埃及大漠中激战正酣时，100 多艘盟国运兵船、货船和数量相当的护航舰艇分成 10 支不同的船队，在内维尔·赛弗雷特海军中将的统一指挥下，从斯卡帕湾和苏格兰其他各港口出发，驶向法属北非。为了欺骗德国人，避开潜艇的威胁，这些船队先向西行驶到大西洋中部，再突然改变方向，往东南边的直布罗陀海峡驶去。10 月 26 日，一艘潜艇的艇员目击到了其中一支船队并上报。卡尔·邓尼茨立即调集 5 艘潜艇前去围剿，却未能找到目标。一个"狼群"发现并攻击了另外一支从塞拉利昂驶往英国利物浦的船队 SL-125。在 10 月 27日至 31 日的 5 天之内，10 艘德国潜艇击沉了 SL-125 船队中的 13 艘船，击伤另 7 艘。虽然这场屠杀造成了惨重的损失，但多少给人一丝安慰的是，这支船队转移了德国人的注意力，令其忽略了更为重要的"火炬行动"船队。后来，有些人提出这支 SL-125 船队其实是个牺牲品，盟军故意利用它支开了德国人。事实并非如此，但它也确实起到了这种作用。[3]

穿过直布罗陀海峡之后，英军登陆船队分为两组：一组驶往位于直布罗陀以东 266 英里的奥兰，另一组则驶往奥兰以东 200 英里处的阿尔及尔。英国人甚至还想在阿尔及尔更东边，接近突尼斯边

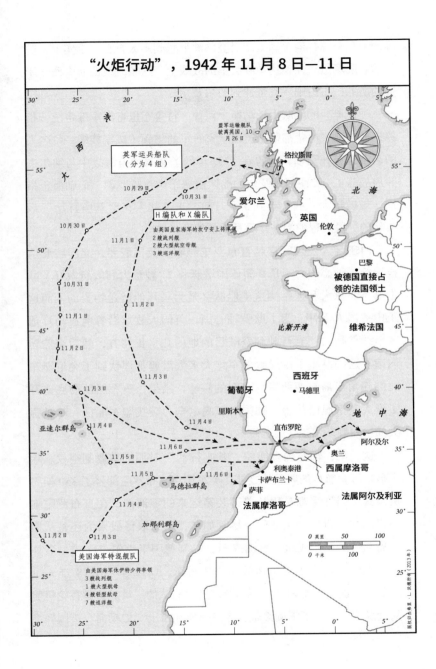

# "火炬行动"，1942年11月8日—11日

盟军运输舰队
驶离英国，10
月26日

格拉斯哥

北 海

爱尔兰

英国

伦敦

英军运兵船队
（分为4组）

10月29日

10月31日

H 编队和 X 编队

由英国皇家海军的坎宁安上将率领
2艘战列舰
2艘大型航空母舰
3艘巡洋舰

10月30日

11月1日

巴黎

被德国直接占
领的法国领土

10月31日

11月2日

比斯开湾

维希法国

11月1日

11月2日

11月3日

西班牙

葡萄牙

马德里

11月3日

11月4日

里斯本

地 中 海

亚速尔群岛

直布罗陀

阿尔及尔

11月4日

11月6日

奥兰

西属摩洛哥

11月5日

利奥泰港

11月5日

11月6日

卡萨布兰卡

法属阿尔及利亚

马德拉群岛

萨菲

11月4日

法属摩洛哥

加那利群岛

11月2日

11月3日

美国海军特混舰队

由美国海军休伊特少将率领
3艘战列舰
1艘大型航母
4艘轻型航母
7艘巡洋舰

0 英里    50    100

0 千米    100

界的波尼登陆，但美国人却对登陆波尼感到不太自在。事实上，盟军的登陆场散布在长达 700 英里的战线上，这条战线西起大西洋岸边的萨菲，东边则一直延伸到阿尔及尔。

驶往奥兰的船队由托马斯·霍普·特鲁布里奇海军准将统一指挥，他的很多祖辈都曾是英国皇家海军的将领（该家族第一位名人的名字也是托马斯，他曾在 1797 年的圣文森特角海战中与纳尔逊并肩战斗）。驶往阿尔及尔的船队由海军中将哈罗德·伯勒爵士指挥，规模稍大一些，不到 3 个月前，正是此人在"基座行动"最艰险的一段航程中为驶往马耳他的船队护航。

西班牙人发现了穿越直布罗陀海峡的英国舰船，立即将此情报转给了轴心国。于是 9 艘德国潜艇和 21 艘意大利潜艇做好了截击准备。意大利人推测这支船队又是为马耳他运送物资的，而这正中英国人下怀。为了欺骗轴心国，英国人故意沿着前往马耳他的航线航行，一直行驶到登陆目的地的几乎正北方，然后突然转向南。这一欺骗手段导致意军绝大多数潜艇都埋伏到了突尼斯东北端邦角半岛与西西里岛之间的海峡，结果，英军船队彻底避开了意大利潜艇的伏击。德国潜艇竭尽全力袭扰盟军船队，却被强大的护航舰队击退。[4]

这一次，轴心国没能像"基座行动"时那样掌握制空权。除了皇家海军航母的舰载机之外，英军还在直布罗陀部署了 350 架飞机，其中的许多都是用从美国装箱运来的零部件，在直布罗陀唯一机场的停机坪上组装的。尽管如此，率先取得战果的还是从撒丁岛起飞的德国飞机。11 月 7 日，一架德国亨克尔–111 中型轰炸机投射鱼雷击中了美国运兵船"托马斯·斯通号"（USS Thomas Stone），这艘船是伯勒的阿尔及尔进攻船队的一员。鱼雷在轮机舱附近爆炸，炸坏了螺旋桨轴，令其瘫痪在水上。伯勒命令英国轻型护卫舰"斯佩河号"留在原地护卫这艘美国运兵船，其他舰船继续前进。[5]

"托马斯·斯通号"上美军部队的指挥官是陆军少校沃尔特·M.奥克斯，他决心不落在大部队的后面。他成功地说服"托马斯·斯通号"船长奥尔顿·R.本尼霍夫放下船上的24艘希金斯登陆艇，运载奥克斯的部队前往160英里外的登陆场，"斯佩河号"（HMS Spey）轻型护卫舰则负责护卫。奥克斯勇气可嘉，但这项决定却实在是愚蠢透顶。希金斯登陆艇根本不是为如此远距离的航行制造的，在风大浪急的夜海上，美国人终于发现自己根本不可能让这些登陆艇聚拢在一起。很快，登陆艇就进了水，还有几艘解体了。随着登陆艇一艘接着一艘沉没，"斯佩河号"便开始忙于捞救落水的美军官兵，使得这艘1 400吨的英国轻型护卫舰上挤满了被捞上来的美国人。最终，奥克斯比原定时间晚了超过15个小时才到达阿尔及尔。[6]

正当英军登陆船队驶近预定登陆场时，岸上的谈判也在紧锣密鼓地进行着。美国驻阿尔及尔总领事罗伯特·墨菲极力想要说服北非法国当局，把即将登陆的盟军当成解放者。不过，墨菲差一点就泄露了天机。11月8日凌晨，墨菲在阿尔及尔拜访了阿尔及利亚法国陆军司令阿尔方斯·朱安将军，他当面告诉朱安，说盟国50万大军（他宣称的数字）将登陆北非。朱安是一位骄傲的法兰西民族主义者，曾在第一次世界大战中失去右臂，因此只能用左臂敬礼。墨菲令他在守土有责的誓词和对历史的责任感之间左右为难。于是，朱安坚持要与法国海军总司令让·弗朗索瓦·达尔朗元帅商议后再行决定，而达尔朗此前刚刚偕夫人来阿尔及尔看望其罹患脊髓灰质炎的儿子。朱安在自己的宅邸向达尔朗做了报告，后者立刻感觉到，美国人的举动与英国人在米尔斯克比尔港的行为如出一辙，都是攻击一个中立国家，而且都是不宣而战。尽管如此，达尔朗还是同意与维希法国首脑贝当元帅商量对策。其实，贝当本人也收到了罗斯福总统的一封信：由于德国和意大利准备入侵法属北非，美国被迫进行干预以保护法国人。这封信没能糊弄住任何人。贝当政权中的亲德派代表，维希法国"总理"皮埃尔·赖伐尔正式回复罗斯福："法兰西和其荣誉处于危险的境地。如果受到攻击，我们将自卫。"[7]

英美两军的志愿人员组成突击队，在黎明前的黑暗中试图潜入奥兰和阿尔及尔的港区，力争夺取港口设施。他们成了第一批与北非法国守军交火的盟军部队。盟军本希望自己的秘密行动不被发现，但事与愿违，正当两艘满载突击队员的军舰驶入奥兰港时，警报大作，探照灯的灯光穿透了港区的夜空，法国的大炮响了。在此批登陆的全部393名盟军突击队员中，189人当场战死，157人受伤——伤亡率高达88%。[8]

法国海军部队也展开了反击。安德烈·乔治·里乌海军少将命令自己仅有的3艘可用驱逐舰前去迎敌。正如托马斯·霍普·特鲁布里奇所言，这些法国驱逐舰勇敢地冲出港口，"其勇气完全配得上一个更好的理由"。几乎是在转瞬之间，其中一艘法国驱逐舰"北风号"（Tramontane）就被英国轻巡洋舰"曙光女神号"（HMS Aurora）发射的数发6英寸炮弹击中。舰长威廉·G.阿格纽指挥"曙光女神号"接近到3 000码之内，不断猛烈射击，直至"北风号"行将沉没为止。见状，其余法国驱逐舰立即发动鱼雷攻击，并与英国舰队打了一场海上追击战，直至一艘法国驱逐舰搁浅，另一艘逃回港口。11月9日，法国海军再次出击，但同样无功而返。里乌最终下定了决心。当里乌意识到英美盟军登陆已经势不可当时，他命令剩余法国舰船的船员们把船凿沉在港口中。这样，沉船不仅堵塞住了码头区，还让盟军失去了原本可能缴获的 13 艘大型运输船，而此时盟军正急缺航运能力。[9]

负责夺取阿尔及尔港口设施的盟军部队也没好到哪里去。如果说这队盟军遭受的损失听起来不那么骇人的话，那也仅仅是因为他们的两艘军舰中，一艘根本没能开进阿尔及尔港区。另一艘倒是成功地闯了进去，英国海军的"布罗克号"（HMS Broke）驱逐舰尝试了三次才成功卸下搭载的美军突击队员。然而，仅仅打了几个小时，美军突击队员就被法国殖民地部队包围，不得不缴械投降。受伤的"布罗克号"也被拖到外海，随后沉没。[10]

在阿尔及尔的主力登陆部队这边，盟军并未选择靠近阿尔及尔市区的那些易于登陆（也容易被敌人预测到）的海滩，而是选择在东西两侧的偏远海滩登陆。有几支登陆部队上错了登陆场，导致其与其他部队混在一起，造成了一定程度的混乱和无序。盟军登陆艇的大量损失与其说是敌军的火力造成的，还不如说正是这些混乱导致的。例如，多支美军登陆部队选择在阿尔及尔市区以西的西迪费鲁希（Sidi Ferruch）登陆，他们乘坐的 104 艘登陆艇在登陆过程中损坏了 98 艘。要是法国殖民地部队团结一致、坚决抵抗的话，盟军的损失将会是灾难性的。但实际上，当地人对盟军的反应天差地别。一支英国突击队试图夺取一座海岸炮台时遭到了顽强抵抗，而就在十几英里之外的另外一处登陆滩头，迎接美军登陆部队的却是"美国万岁！"的欢呼声。这种冷热不一的反应其实事出有因，其中之一就是：法国人担心一旦自己公开欢迎盟军，而这场登陆后来又像迪耶普那样未能成功，德国人到时候一定会对法国人进行更可怕的报复。因此，在确定盟军这次是打算长驻后，达尔朗便授权朱安与美军地面部队指挥官查尔斯·沃尔科特·赖德陆军少将洽谈局部停火事宜。[11]

达尔朗还在继续权衡留给他的选项。虽然他依然不信任英国人，但他并不想站在历史大势的对立面上，因此，11 月 10 日晚，达尔朗命令北非法军停止抵抗。两天后，达尔朗公开宣布加入盟军，其交换条件是西方盟国认可他以"高级专员"的身份继续统领北非法军。[12]

***

与此同时，在大西洋岸边法属摩洛哥登陆的美军遭遇了重重困难。英国人曾明确反对登陆摩洛哥，他们提出，只要成功拿下阿尔及利亚，就能孤立摩洛哥。然而，美国人不愿轻易撞进地中海这个"死胡同"里，因此明确要求至少在大西洋岸边开辟一些登陆场。罗斯福个人对此也十分坚持。[13]

登陆法属摩洛哥的部队并非从英国出发，而是来自 3 800 英里外的美国东海岸。自 1519 年科尔特斯入侵阿兹特克帝国以来，这还是第一次横跨大西洋的两栖登陆。这支美军船队的正式编号为第 34 特混舰队，由 H. 肯特·休伊特海军少将指挥。休伊特看起来悠闲随和，不修边幅，但他其实是个做事果断、精于分析的人。

10 月 25 日，参与登陆的各部队在诺福克港外集合出发。运兵船和货船首尾相接排成 9 列纵队，前后间隔 1 000 码。与英国人一样，美国人也为这支运兵船队投入了一支规模庞大的护航舰队，拥有 3 艘战列舰、7 艘巡洋舰、38 艘驱逐舰、"突击者号"航母以及 4 艘从油轮改造而来的辅助航母。舰队排成长方形在海上前行，队列的总面积高达 600 平方英里。仍然和英军一样，美军船队也选择了迂回航线前往目标海滩，他们先是向南虚晃一枪，佯装驶向非洲大陆西端的"突出部"，继而在大西洋中部突然转向，加速开往东北方的法属摩洛哥。由于这一举措，再加上一些运气，美军船队没有受到德国潜艇的任何袭扰，完好无损地按时抵达了摩洛哥海岸。[14]

然而，美军对大规模登陆的准备工作再次遭遇严峻考验。11月8日黎明前，美国运兵船在卡萨布兰卡以北15英里的费达拉外海下锚，开始放下希金斯登陆艇。登陆部队的官兵们通过舷侧的铁链或绳网下到登陆艇中。与在阿尔及尔一样，这里也出现了相当严重的混乱和耽搁。登陆兵进入登陆艇耗费了比预期更久的时间，而在他们出发后，海军操艇手们常常开到错误的滩头。登陆之前，盟军对摩洛哥海岸只进行过一次侦察，而且不过是派出潜艇通过潜望镜观察地形而已，过于模糊的地图让操艇手们无法熟悉地形。[15]

登陆本身则没有遇到抵抗，这仅仅是由于费达拉附近的风浪比预计的大得多。许多人在踉踉跄跄走下登陆艇时被汹涌的波涛拍倒在地，由于负荷沉重，有些人再也没能站起来，淹死在深仅三四英尺的海水里。此外，海浪还打坏了数艘由胶合板制成的希金斯登陆艇。和在阿尔及尔旁的西迪费鲁希一样，这些登陆艇由于互相撞击而损坏众多，巨浪还把很多登陆艇冲到岸上远处，无法回收，只得抛弃。即便如此，美军还是成功地将绝大部分人员和装备送上了岸，到了登陆的第一天结束时，登陆美军达到了7 750人。[16]

与在阿尔及尔一样，虽然美国人尽力说服当地法国人相信，唯有欢迎美军到来才最符合法国人的利益，但法国人的责任心和荣誉感不允许如此。法国海军在卡萨布兰卡拥有一支相当强大的力量，包括尚未完工的"让·巴尔号"战列舰。虽然"让·巴尔号"只有一座能用的炮塔，但仍装有4门15英寸主炮，他们对卡萨布兰卡外海的美舰打了9轮齐射，那些美舰包括"马萨诸塞号"战列舰、"塔斯卡卢萨号"（USS Tuscaloosa）重巡洋舰和"威奇托号"（USS Wichita）重巡洋舰。从"突击者号"航母上起飞的飞机力图压制

卡萨布兰卡港内未完工的法国战列舰"让·巴尔号"，照片摄于美军占领卡萨布兰卡的四天之后。军舰右舷的损伤来自美国"突击者号"航母舰载机的炸弹，"马萨诸塞号"战列舰的一发 16 英寸炮弹摧毁了它唯一的主炮塔。请注意该舰左舷的防鱼雷网

来源：美国国家档案馆（照片编号：80-G-31605）

"让·巴尔号"，但决定性的一击来自"马萨诸塞号"战列舰，一发 16 英寸炮弹准确落在"让·巴尔号"唯一的主炮塔近旁，令其卡住而失去了战斗力。[17]

但海战并未结束。法国海军少将热尔韦·德拉丰并不想被困在港内，他率领 7 艘驱逐舰冲出来，一艘法国轻巡洋舰也紧随其后。法国军舰一冲出港区，就试图沿着海岸向东北方冲出美军封锁线，直奔费达拉的美军登陆场而去。"突击者号"的"野猫"式战斗机飞来进行低空扫射，德拉丰本人中弹，成为首批伤亡人员之一。卡

萨布兰卡附近的美舰也攻击了这些法舰。当法国舰队驶近费达拉时，为登陆部队提供警戒的美国"奥古斯塔号"重巡洋舰和"布鲁克林号"（USS Brooklyn）轻巡洋舰也加入了战斗。当天上午，塞缪尔·埃利奥特·莫里森就站在"布鲁克林号"上观战，后来，他用颇富诗意的笔触描写了这一场景，称美国军舰像"猎犬出笼一样猛扑过去"。[18]

这场战斗基本上就是一边倒。法国驱逐舰"暴躁号"（Fougueux）吃了"马萨诸塞号"一发 16 英寸炮弹，没过几分钟就沉没了；德拉丰的旗舰"鸢号"（Milan）驱逐舰也被一发炮弹重创。法国人还在做着最后的努力，在烟幕掩护下设法击沉了一艘美国登陆舰，但他们还是很快被美军舰队压制。数艘法国军舰在连遭重击后被迫搁浅以免沉没。很快，海面上就只剩下"翠鸟号"（L'Alcyon）驱逐舰一艘法舰了，舰上官兵所能做的只有捞救落水同胞而已。战后统计，法国海军总共有 1 800 多人伤亡，其中 800 余人阵亡。当然，这场惨痛的悲剧其实毫无必要，只不过是让法国人的面子稍稍好看一些而已。一位法国海军将领后来解释道，法国海军"如此殉难，完全就是因为那些维系国脉的崇高价值观——忠诚、守纪、爱国和维护祖国统一"。[19]

美军的损失轻微得多，仅有两艘巡洋舰受轻伤，还有一艘驱逐舰"拉德洛号"（USS Ludlow）伤势稍重。然而另一方面，美国人消耗了太多的弹药，这很令他们担忧，因为弹药补给需要从 3 800英里外的美国本土运来。[20]

此时，美国陆军少将乔治·S. 巴顿正在休伊特的旗舰"奥古斯塔号"重巡洋舰上。巴顿正准备上岸，却不料撞上法国舰队试图突袭美军登陆部队，因此他在海战期间不得不继续待在"奥古斯塔号"上，成了一名看客。当天上午，他把大部分时间都花在

# 摩洛哥近海的海战，1942 年 11 月 8 日—10 日

大 西 洋

美军"布鲁克林号"

美军登陆地点

美军"马萨诸塞号"

费达拉

内菲菲克河

麦 拉 河

11 月 9 日上午 7 点

法国军舰沉没的位置，11 月 9 日早晨

11 月 9 日中午 12 点

美军计划于登陆日夜占的范围

11 月 11 日上午 7 点 30 分

法军"让·巴尔号"

摩 洛 哥

汉克

黑岩区

麦拉河

安法

卡萨布兰卡

艾因·塞巴

哈萨布尔河

法军防御圈

炮兵部队

提特迈利勒

| 0 英里 | | 2 | | 4 | | 6 |

| 0 千米 | | | | | | 6 |

至马拉喀什

版权归杰弗里·L.沃德所有（2017 年）

了给妻子写信上。"从早上八点开始，我们就在打一场海战，"巴顿写道，"到现在还在打。"巴顿觉得，他生平亲历的第一场海战太刺激了。他写道，美国军舰"全部都在开火，同时在做巨大的'之'字形运动"。战斗中，"奥古斯塔号"重巡洋舰 8 英寸主炮开火时的频繁震荡损坏了巴顿计划用来上岸的小艇，他放在艇里的一些私人物品也被震坏了，不过他把他那支象牙柄手枪捡了回来。没过多久，法国人打过来的一发近失弹溅了他一身海水。[21]

海战的胜利并不能彻底消除来自海上的威胁。登陆部队上陆缓慢，就意味着美军运兵船和货船必须待在登陆场附近。事实上，因为种种耽搁，美军并未按预定时间计划完成登陆，这就让邓尼茨有了可乘之机——他命令15艘潜艇赶赴摩洛哥海岸。11月11日晚，在海因茨-埃勒·博伊克（Heinz-Ehler Beuke）海军中校的指挥下，德军U-173号潜艇发射的鱼雷在10分钟内击中了3艘美军舰船——"约瑟夫·休斯号"（USS Joseph Hewes）运兵船、"威努斯基号"（USS Winooski）油料补给舰和"汉布尔顿号"（USS Hambleton）驱逐舰。第二天，U-130号潜艇又袭击了3艘美国运兵船，将其全部击沉。尽管这些运兵船此前已卸空了宝贵的人员，但这不啻对盟军航运的又一次打击。当天晚些时候（讽刺的是，当天正是第一次世界大战停战纪念日），正当巴顿的美军地面部队逼近卡萨布兰卡时，传来了达尔朗的停火令。到了11月12日，盟军在阿尔及利亚和摩洛哥都已经站稳了脚跟。[22]

然而，攻占滩头阵地只是第一步而已。若要使这场攻势获得战略成功，盟军就要建立稳固的立足点，并进一步向东推进，直至进入突尼斯。这意味着盟国必须不断向北非集结兵力，并依靠大量船只驶过漫长而充满危险的大洋来维持这支力量。当然，西方盟军登陆北非的消息一传到罗马和柏林，轴心国立即着手增援北非，不过主要用的是空运。正如在瓜岛一样，西方盟国和轴心国也在这里全力比拼增援速度，以求占据决定性的优势，不过，北非战场上的增援竞赛规模更大。[23]

\*\*\*

在这场比拼中，地理因素似乎更加有利于轴心国。毕竟，西西里岛和突尼斯之间仅有一条宽 170 海里的狭窄海峡，而盟国却不得不从英国或美国本土把人员和物资运来。然而，如果说盟国航运能力算是紧张的话，那么轴心国就是困难了。轴心国的船只数量很难满足在克里特岛、西西里岛、撒丁岛以及北非维持驻军的需要。除此之外，马耳他的英军还在不断袭扰轴心国的航运。由于德国人一直坚持让意大利海军也采用"恩尼格玛"密码机进行联络，因此英国布莱奇利庄园不仅能破译德军的密电，也能破译意军的密电，这就使得英国的飞机、潜艇和水面舰艇能够发现并攻击轴心国船队。

对轴心国而言，燃料一直是个严重的问题。事实上，从战争的第一天起，意军的燃油就从来都不够让他们的舰队主动行动。保持与北非之间的船队航行需要每月 5 万吨燃料，然而在 1942 年 8 月，意大利全国的石油储备仅有 1.21 万吨，因此分配给意大利海军和隆美尔那遭受巨大压力的地面部队的燃料也就所剩无几。判明情况之后，盟军开始集中力量攻击轴心国的油轮。11 月 21 日，盟军击沉了载有 8 800 吨燃油的意大利油轮"焦尔达尼号"，这对于隆美尔来说如同晴天霹雳。面对着东面蒙哥马利第八集团军和西面艾森豪威尔英美联军的两面夹击，隆美尔只能依靠勉强够把坦克开起来的少量燃油两线作战。[24]

轴心国有一个可选项，即把隆美尔的部队全部撤离非洲。考虑到后勤状况，这一结果似乎已无可避免。不过，雷德尔希望轴心国尽可能久地维持在北非的军事存在，以免盟国能够在地中海完全自由地航行。正如雷德尔在 11 月 17 日向希特勒分析地中海局势时所言："只要我们在突尼斯有部队，就能阻断地中海航线，进而阻止敌军取胜。"只要轴心国仍然控制着西西里岛与突尼斯之间的海峡，盟国就不得不继续绕道好望角，跋涉万里才能将补给运至中东。[25]

凯塞林也希望继续坚守北非，他觉得他的德国空军可以弥补船运方面的不足。盟军登陆北非仅仅几个小时后，满载部队的容克斯-52型运输机就开始从西西里岛和撒丁岛飞往突尼斯。很快，轴心国向北非的空运增援规模达到了日均750人。不过仅仅几个星期后，许多运输机就被调走，去为被合围在斯大林格勒的德国第六集团军空投补给了。除了容克斯飞机之外，轴心国还出动了巨型的六引擎梅塞施密特-323运输机，这是当时世界上最大的运输机，将轻型坦克和卡车投送到北非。通过空运，轴心国在短时间之内就强化了突尼斯的兵力，然而，从长远看，空运绝不是海运的对手。例如，一架梅塞施密特-323运输机单次运量仅20吨，它要飞行200个来回，烧掉数以吨计的航空燃油，才能顶上盟国一艘大型货轮一次的运量。[26]

为了增加运力，德国人还动用了一种所谓的"战争运输船"（缩写为KT艇）：这是一种较小的武装运输船，每艘排水量为850吨（与一艘英国轻型护卫舰相当），能以14节的中等航速往返于西西里与突尼斯之间，通常是在夜间行动。另有几十艘所谓的"西贝尔渡轮"更富创意，这种船得名自其设计者弗里茨·西贝尔，原本是为入侵英国本土而设计的。"西贝尔渡轮"是如此之小，以至于可以将其拆开，使用火车从英吉利海峡岸边运至地中海。每艘"西贝尔渡轮"拥有两个横跨式浮筒，上面支撑起一块水平甲板；严格来说，这其实就是一种双体船，不过，这种矮胖丑陋的船只怎么看都配不上"双体船"这么优雅的称呼。尽管如此，每艘"西贝尔渡轮"能够装载50吨至100吨货物或一辆重型车辆（卡车或坦克）以及20名官兵。意大利人还投入了驱逐舰充当运输船。与在瓜岛的日本人一样，意大利驱逐舰也利用夜间从西西里迅速冲到突尼斯，不过，这种高速航行又加剧了意大

一架巨型梅塞施密特 −323 运输机在北非着陆。虽然该型运输机是二战时期最大的一种运输机，但它仍无法弥补轴心国在海运能力方面的不足。

来源：德国联邦档案馆

利一直存在的燃料短缺问题。但是，不管怎么说，到了当月底，轴心国已经有整整 5 个师在突尼斯上岸，其中 3 个德国师，2 个意大利师。[27]

　　当然，盟国也在封锁轴心国的船队。12 月 2 日，在"超级"情报指引下，英国海军的 3 艘轻巡洋舰截住了一支由 4 艘运输船组成的意大利船队。英军击沉了 1 艘护航舰以及全部 4 艘运输船，其中有一艘运兵船，2 000 多名轴心国官兵随船沉入了大海。[28]

　　与此形成鲜明对比的是，从美国本土出发的盟国船队却基本上能定期安全抵达北非，这部分要归功于盟军对德国潜艇的有效压制。当进攻船队仍在途中时，第一支运送援军和补给的船队就已经于 11 月 2 日驶出纽约港了，该船队于 11 月 18 日抵达北非，送来了 3 万官兵，以及 16.1 万吨补给物资。自此之后，盟国船队一直定期抵达北非，后续船队抵达北非的时间分别为：12 月 1 日、24 日和 30 日。此后，基本上每隔四周就有一支船队抵达，运载人员的快速船队和运载物资的慢速船队交替开行。然而，盟国在这一方向投入的船只数量如此之巨，这意味着其他方向上就不得不打点折扣了。特别值得一提的是，开往英国的船队变少了，而开往苏联的船队更是大幅度减少，不过，稀稀拉拉的补给物资仍然能继续通过波斯湾，在伊朗上岸之后经由陆路送到苏联人手中。尽管如此，"火炬行动"并没有让斯大林多高兴，因为其西方盟友保证在 1942 年内开辟真正的第二战场，而苏联人等到的消息却只是夺占了法国在北非的殖民地，特别是西方盟国还以此为理由削减了给苏联红军运送的补给物资，这更让斯大林感到不快。[29]

艾森豪威尔原本希望在最初登陆并拿下突尼斯之后"不要耽搁，立即东进"，尤其是夺取突尼斯港。但这却没能实现。盟军在占领并控制摩洛哥和阿尔及利亚之后，必须先修建或修复机场。而在摩洛哥登陆的美军及其装备不得不沿着一条长长的单线铁路运到阿尔及利亚去。盟军刚刚将登陆部队重组成一支野战部队，冬季的雨水便落了下来。奇袭的计划算彻底泡汤了，北非的战斗演变成了持久战。[30]

西方盟军被雨水拖慢了速度，而隆美尔却被后勤困难捆住了手脚，1942 年冬季的北非战场陷入了僵局。1943 年 2 月，隆美尔试图夺回北非的主动权，于是在阿特拉斯山脉的凯塞林山口攻击了美军及其法国盟军。美军实战经验不足的缺陷暴露无遗，被隆美尔的装甲部队向西击退了 50 英里。不过，这场战术胜利并未给隆美尔带来战略性的突破，因为他物资紧缺，无力扩大胜利。

＊＊＊

还有一件让盟国十分遗憾的事情是法国舰队的最终结局。希特勒之所以允许法国在维希政权的管理下保持名义独立——留下一个"自由区"，是因为希特勒担心，一旦他占领法国全境，法国海军很可能公开投向盟国。因此，根据1940年的协议，驻泊于土伦港的法国公海舰队仍由维希政权掌控，不过，这支舰队一般在港内闭门不出。然而，盟军登陆北非之后，达尔朗公开加入盟国阵营，这让希特勒恼羞成怒，遂命令德军立即占领"自由区"，同时夺取土伦港内的法国公海舰队，希特勒计划将其移交给意大利人。

达尔朗易帜后，加布里埃尔·奥方海军上将继任维希法国海军司令。奥方至少还有意考虑追随达尔朗加入盟国一边，但土伦港的法国公海舰队司令让·德拉博德海军上将既反英，又忠诚于维希政权，没有贝当的命令，他什么都不会做。虽然德拉博德坚称自己不会将法国舰队拱手让给德国人，但他也不愿意与他觉得背信弃义的"英国佬"再度携手。然而，到了11月下旬，他显然已经别无选择了。随着德军第7装甲师逼近土伦军港，德拉博德于11月27日命令舰上官兵们凿沉军舰。于是，就在德军到达前几个小时，法国海军的3艘战列舰、7艘巡洋舰、15艘驱逐舰以及50多艘小型舰艇沉入海底。正如1919年德国海军凿沉舰队以免落入英国人手中一样，法国人这次也凿沉了自己的主力舰队，避免被德国人俘获的耻辱。正如法国陆军将领马克西姆·魏刚在二战后所写的那样："法国海军自断一臂，却拯救了自己的灵魂。"[31]

不过，在其他地方，盟军与法国人却成功达成友好协议。在卡萨布兰卡，费利克斯·米舍利耶将军特别配合。米舍利耶的主要目的是修复其受损的战舰——特别是"让·巴尔号"战列舰，一旦

在土伦凿沉的法国舰队，从左至右分别为战列舰"斯特拉斯堡号"、巡洋舰"柯尔贝尔号"、"阿尔及利亚号"和"马赛曲号"。这张照片由英国空军拍摄于 1942 年 11 月 28 日，即土伦港的法国军舰自沉的次日

来源：维基百科

修复完毕，这些法国军舰就能加入盟军一方参战。罗斯福总统希望更进一步，提出美国政府可以比照美国海军待遇，为法国军官支付军饷。米舍利耶婉拒了罗斯福的好意，他仅仅请求美国帮助为法国军舰提供物资，其中大部分法舰都转移到了大西洋对岸的美国修船厂进行改装。盟军还敦促法国海军将领勒内-埃米尔·戈德弗鲁瓦也尽快效仿这一做法，他的舰队从 1940 年起就一直自我软禁在亚

历山大港。然而，戈德弗鲁瓦却对此非常谨慎，因为他一来没有贝当方面的任何消息，二来他对盟军的总体计划心里没底，三来他不喜欢也不信任夏尔·戴高乐。如此一来，戈德弗鲁瓦及其舰队暂时仍待在埃及的亚历山大港中。[32]

1940 年时，达尔朗曾当面向丘吉尔保证，他无论如何都不会把法国海军舰队交给德国人。虽然此后达尔朗一直在维希政权中任职，与纳粹政府之间也保持着合作关系，又在 1942 年出于投机目的而改变了立场，但至少他的承诺是兑现了的。不过，达尔朗的圆滑最终没给他个人带来什么好处。1942 年平安夜这天，一名 20 岁的法国保王主义者刺杀了达尔朗。

＊＊＊

万里之外，美日两军的瓜岛增援竞赛还在继续。与地中海一样，南太平洋那些身着迷彩服的年轻美军士兵挤在钢质船壳里，一边忍受着紧张和晕船，一边奔赴前线；唯一不同的是，他们下船后映入眼帘的不是大漠，而是一片茂密的森林。在这里，轴心国一样面临着比盟国更严重的海运难题。"东京特快"不断利用夜晚开赴瓜岛，但是，用驱逐舰投送援军和补给的效率无疑不高。一艘运兵船的载员人数是驱逐舰的 20 倍。而驱逐舰的物资卸载更是一件麻烦事。驱逐舰靠近海岸后会将装有补给物资的密封铁桶扔下舷侧，然后祈祷潮水帮忙把铁桶冲上岸，让岛上的陆军能找到并捞回这些大桶。[33]

山本五十六也知道这些做法效率不高，因而决定来一次大规模行动，派出一支由 11 艘运兵船组成，载有 3 万人的大型船队增援瓜岛。为掩护这支船队，山本派出了一支规模不亚于进攻北非时英美舰队的护航舰队。除了用 12 艘驱逐舰为船队贴身护卫外，日军还出动了拥有 4 艘战列舰、3 艘重巡洋舰、3 艘轻巡洋舰以及另外 21 艘驱逐舰的掩护舰队，由近藤信竹海军中将指挥。另外还有一支由 4 艘重巡洋舰组成的支援舰队，归三川军一指挥。航母方面，日军仅派出了一艘不算大的"隼鹰号"，不过，美军此刻也仅有"企业号"这一艘受了伤的航母，因此，日本人在空中占有优势——只要压制住瓜岛的美军机场就行。为此，日军计划从近藤信竹那里抽出 2 艘战列舰，用 14 英寸主炮前去炮轰亨德森机场，以确保当运兵船在埃斯佩兰斯角卸载部队时，美军的"仙人掌航空队"无法起飞。[34]

夏威夷情报站破译了日军的计划并发出了警报，哈尔西也向瓜岛派出了一支援军。11 月 9 日（也就是美军登陆摩洛哥当天），7 艘运兵船载着美国陆军第 182 步兵团的 6 000 名官兵，从新赫布里底群岛和新喀里多尼亚出发开赴瓜岛。凯利·特纳已被告知近藤舰队正在驶来，于是在运兵船安全抵达后，他命令运兵船队的护航舰组成一支打击力量，准备迎敌。但这个决定太冒险了，因为这支由新到任的丹尼尔·J. 卡拉汉海军少将指挥的美军舰队仅有 2 艘重巡洋舰、3 艘轻巡洋舰以及 8 艘驱逐舰，其实力远远弱于近藤的战列舰。[35]*

卡拉汉就这么上场了。他满头银发，是个引人注目的人物。他曾担任过罗斯福总统的海军助理和戈姆利的参谋长，表现都很高效。他渴望亲自征战沙场，所以请求调离行政岗位，出海指挥作战。卡拉汉勇气可嘉，但他并没有瓜岛附近海域的作战经验，此外他还因资历更老取代了备受尊重的诺曼·斯科特掌管舰队，而斯科特打赢过埃斯佩兰斯角海战。卡拉汉到任后，斯科特改乘"亚

---

\* 自 11 月 12 日至 15 日的这场战役名为瓜达尔卡纳尔海战（瓜岛海战），日本则称第三次所罗门海战。——编者注

丹尼尔·J. 卡拉汉海军少将身着白色海军军装，站在"旧金山号"重巡洋舰的舰桥侧翼平台上拍照，拍摄位置离卡拉汉阵亡的地方（该舰舰桥）近在咫尺。1942年11月13日，在瓜岛海战中，日军"比叡号"战列舰的一发14英寸炮弹夺去了卡拉汉的生命

来源：美国国家档案馆（照片编号：80-G-20824）

特兰大号"（USS Atlanta）轻巡洋舰，把旗舰"旧金山号"重巡洋舰让给了卡拉汉。按照正式的指挥层级，斯科特是舰队的第二指挥官，但实际上他完全没有指挥权限。11月12日（美军拿下卡萨布兰卡当天）傍晚，卡拉汉从瓜岛的隆加角出发，前去迎击逼近的日军舰队。卡拉汉很清楚，他的力量不足以与敌军的战列舰硬拼，因此，他只能寄望于给敌军足够沉重的打击，迫使日军取消炮击。这种愿望并非全无可能成真，但要想实现的确很难。

正当卡拉汉向北开去的时候，阿部弘毅也指挥着近藤舰队中的2艘战列舰"比叡号"和"雾岛号"，以及为其护航的1艘轻巡洋舰和 11 艘驱逐舰向南驶来。阿部弘毅是一位鱼雷战专家，11 天前刚刚晋升为海军中将。他在日本海军内部素以谨慎著称——有些人却认为他谨慎得过了头。不过，这种对岸轰击任务倒也并不需要太大的勇气和创新精神。11 月 12 日夜，阿部舰队接近瓜岛时遭遇了一场热带风暴，暴雨使得日军各舰失去了目视联系。各舰不得不独自机动，打乱了队形。当然，对美军的雷达来说，暴雨不是障碍，11 月 13 日（星期五）凌晨 1 点半，美军"海伦娜号"轻巡洋舰上的新型 SG 雷达在距离 14 英里处发现了敌舰。[36]

当美军舰队以 20 节的航速向北驶去的时候，日舰也以 18 节的航速向南驶来，双方距离迅速缩短。"海伦娜号"上的雷达兵一次次报出距离：一万码……六千码……四千码！美国驱逐舰上的鱼雷兵和巡洋舰上的炮手们跃跃欲试，就等着开火的命令了，但这个命令就是等不来。当时，雷达仍属于新式装备，卡拉汉等一众军官还不熟悉其性能，不敢完全依赖雷达指挥作战。由于卡拉汉对此时的态势并没有清晰的认识，于是他继续放任本方舰艇朝敌军驶去，而没有下达任何命令。于是，卡拉汉的突袭优势就这么浪费了。[37]

随着日军舰艇驶出暴雨区，阿部的旗舰"比叡号"战列舰上的一名瞭望员突然报告："前面有四个黑色的物体……看起来很像军舰。右舷 5 度。"5 度！这几乎就在正前方！据一位目击者后来回忆，闻讯后，阿部用手捂住了自己的脸。他下达了第一个命令：把炮膛里用来对岸轰击的高爆弹退出来，换上穿甲弹对付敌舰。一位亲历者回忆道，这道命令在军舰下层的弹药库中引起了一阵"奔忙"，舰员们疯了似的更换炮弹。与中途岛战役时南云的航母一样，日军战列舰也一度陷于极度脆弱的状态，因为这两种炮弹都堆放在升降机附近。然而，美舰的炮火引而不发，两军之间的距离越来越近。[38]

最后，当两支舰队相距仅 2 000 码时，日军打开了探照灯，双方舰艇立刻开始疯狂机动，要么试图避免碰撞，要么想占据有利的射击角度。对射开始了，队形顷刻间荡然无存，双方舰队来不及组成战列线就混战成一团。正如塞缪尔·埃利奥特·莫里森描写的那样，双方的舰艇"像大桶里的一群米诺鱼一样"。美军"奥班农号"（USS O'Bannon）驱逐舰的副舰长后来写道："在漆黑的夜里，如此近距离的大海战，没人能用文字准确描绘那种震惊、恐惧和宏大的场面。"爱德华·N. 帕克指挥着"库欣号"（USS Cushing）驱逐舰一马当先，他将这一幕比作"灭灯酒吧间里的一场斗殴"。后知后觉的卡拉汉试图改变这种混战的状态，于是命令麾下排在奇数位的军舰向右开火，偶数位的军舰向左开火。但舰队的队形已经乱了，这道命令只会带来更大的混乱，因为每一位舰长都在试图弄清自己的军舰到底是奇数位还是偶数位。"亚伦·沃德号"（USS Aaron Ward）驱逐舰舰长回忆道："当时，我们用每一门能用的舰炮开火，同时向左侧和右侧发射鱼雷。"在"海伦娜号"轻巡洋舰上，舰长迅速发出各种不同指令，但也容易让人手足无措："全速前进！向右开火！换个目标！干掉左前方的敌舰，它正在朝我们开火！全速后退！"[39]

在如此特殊的战场环境下，美军数艘小舰几乎贴上了日军 2 艘战列舰。"海伦娜号"上的一名军官回忆道："我们与日舰之间离得如此之近，以至于开火时你都能看到敌舰上的日本人。"的确，双方太近了，以至于阿部的旗舰"比叡号"的主炮压到最低也无法轰击那些小舰，而美舰向"比叡号"发射鱼雷后也发现，鱼雷因射程过近而无法奏效，一碰到敌舰舷侧就弹开了。尽管如此，"海伦娜号"和打头的 4 艘美国驱逐舰还是将数百发 5 英寸和 6 英寸炮弹准确打到了"比叡号"上。而"拉菲号"（USS Laffey）驱逐舰甚至还用其 20 毫米机关炮猛烈扫射"比叡号"的舰桥，打死了阿部弘毅的参谋长，重伤了阿部本人。巨舰虽不会被这种级别的火力击沉，但"比叡号"的操舵系统和火控系统都被摧毁了，上层建筑也毁损严重，燃起的熊熊大火使它成了美军大舰集中攻击的显眼目标，其中包括卡拉汉的旗舰，"旧金山号"重巡洋舰。[40]

在一片混乱中，误击友舰的情况数不胜数。"海伦娜号"上的一位军官试图"找到一个目标，然后射击，祈求那是敌舰"。不过，这种美好的愿望往往落空。"波特兰号"（USS Portland）重巡洋舰的舰长劳伦斯·杜博斯回忆道："众多军舰起火燃烧，团团乱转，在一团乱麻当中，根本不可能分清敌友。"美军"亚特兰大号"轻巡洋舰就不幸陷入了双方旗舰的交叉火网，成为此战中最早毁灭的舰艇之一。卡拉汉赶紧下令："不要向友舰射击！"——但只有其旗舰"旧金山号"遵令，其余美舰对此命令置若罔闻。"亚特兰大号"挨了 2 枚鱼雷和来自双方的多发炮弹，伤重沉没，众多阵亡官兵中包括了诺曼·斯科特。下一个就轮到"旧金山号"了。"比叡号"的 4 发 14 英寸炮弹击中了"旧金山号"的舰桥，里面几乎所有人都当场阵亡，其中就包括卡拉汉。* 日舰数量占优，火力也更猛，因而很快占了上风。数分钟之内，美军"波特兰号"重巡洋舰和"朱诺号"（USS Juneau）轻巡洋舰相继中雷，而"斯特雷特号"（USS Sterett）和"拉菲号"驱逐舰则燃烧起来。"拉菲号"的大火蔓延到弹药库，引发了大爆炸。整场混战仅仅持续了 34 分钟。美军舰队中仅剩下"海伦娜号"轻巡洋舰相对完好。[41]

卡拉汉这支由巡洋舰和驱逐舰组成的舰队遭到了更强大的阿部舰队的痛打，这或许是不可避免的，但美军舰队也勇猛地轰击了

---

\* 为了向这两位以身殉国的将军致敬，美国追授斯科特和卡拉汉荣誉勋章。

"比叡号"战列舰，这令受伤的阿部弘毅决心取消炮轰亨德森机场的计划，打道回府。与萨沃岛海战后的三川军一一样，阿部弘毅也过于轻易地放弃了原定目标。美军除了"海伦娜号"之外的所有军舰均或沉没或重伤，阿部完全可以派未受损的"雾岛号"战列舰继续完成任务，而且不会再有太大的风险。如果能实现对亨德森机场的压制，让"仙人掌航空队"困在地上的话，这或许能挽救阿部的指挥权。但他并没有这样做，此人一向小心谨慎。他把将旗转移到了一艘巡洋舰上，然后率部北返。遭受重创的"比叡号"战列舰仅能维持 5 节左右的航速，远远落在了其余日舰的后面，11 月 13 日星期五天亮之后，"仙人掌航空队"的飞机在 200 英里作战半径之内发现了蹒跚而行的"比叡号"。差不多一年之前，日本陆基飞机在泰国湾外击沉了英国"威尔士亲王号"战列舰。这次，双方战况逆转，从瓜岛起飞的美军鱼雷机和从新赫布里底群岛的圣埃斯皮里图岛起飞的 B-17 轰炸机对"比叡号"展开了轮番轰炸，将这艘排水量 36 600 吨的庞然大物送入了海底。[42]

山本对阿部的决定怒不可遏，他在阿部抵达港口之前，就通过无线电解除了他的指挥权。4 天后，当阿部弘毅返抵特鲁克群岛，登上"大和号"向山本当面汇报时，他的脸上仍缠着绷带。他对山本五十六的参谋长说，自己恨不得与舰偕沉。[43]

美军这边，没沉的军舰也都受了重伤。为了尽可能拯救残舰，它们被送到圣埃斯皮里图岛维修。半路上，日军横田稔海军中佐指挥的潜艇伊-26 向"旧金山号"重巡洋舰发射了一枚鱼雷——此前正是这艘日本潜艇击伤了"萨拉托加号"航母。鱼雷未能射中瞄准的目标，反而击中了"朱诺号"轻巡洋舰。结果，可能是因为被鱼雷引爆了弹药库，"朱诺号"被炸成了碎片。一位目击者回忆称，他看到"朱诺号"冒出"直冲云霄的浓烟，就像火山爆发一样"。在其他舰上的人看来,"朱诺号"上不可能有任何幸存者了。这支舰队的现场最高指挥官是"海伦娜号"的舰长吉尔伯特·胡佛海军上校,他觉得不能冒险停下来搜救"朱诺号"的幸存者,于是他报告了所处坐标之后便继续开向圣埃斯皮里图岛。几天后,当一支美军救援队到来时,"朱诺号"上的660名官兵中仅有10人幸存。著名的"沙利文五兄弟"*就在"朱诺号"的牺牲者之中。[44]

***

战斗还没有结束。虽然炮击压制亨德森机场的任务没完成,但田中赖三海军少将的运兵船队仍在向瓜岛驶来。美国陆基轰炸机竭尽全力想要阻截这支日军船队。田中赖三后来回忆道,"那些 B-17 从高空扔下无数炸弹",而俯冲轰炸机"扔下炸弹就拉升机头飞走了"。猛烈的空袭让田中失去了 6 艘运兵船,但他一如既往地坚韧,指挥着剩下的 4 艘运兵船继续向瓜岛进发。为了掩护这支船队,山本命令近藤信竹指挥已负轻伤的"雾岛号"战列舰以及 2 艘重巡洋舰("爱宕号"和"高雄号"),再次攻击亨德森机场。[45]

珍珠港再次破译了日军电码。但收到警报的哈尔西深知自己手中的牌已经所剩无几,很难再从容不迫地应对这一新威胁了。卡拉

---

\* 沙利文五兄弟分别名为约瑟夫、弗朗西斯、艾伯特、麦迪逊和乔治,是来自艾奥瓦州的亲兄弟,他们一起报名加入海军,均在"朱诺号"服役,结果全部遇难。为纪念他们,美国海军先后有两艘驱逐舰被命名为"沙利文兄弟号"。此次悲剧亦促使美国政府制定了允许有兄弟姊妹阵亡的士兵提前退役的"仅存者政策"。——编者注

绰号"清朝人"的威利斯·李海军少将在军校上学时得到了这么个绰号，因为他的姓听起来很像中国人。该照片是在他的旗舰"华盛顿号"的舰桥侧翼平台上摆拍的，他本人是一名神枪手，步枪和手枪都没问题，而且他还是世界上第一批运用雷达指挥舰炮作战的海军指挥官之一

来源：美国海军学会

汉舰队实际上已经被毁，哈尔西感到自己已别无选择，只得拿出手中的 2 艘战列舰，最新型的"华盛顿号"和"南达科他号"。两舰此时正在瓜岛以南护卫仍然带伤的"企业号"航母，他把它们抽出来参战，另有 4 艘驱逐舰为它们护航。这支战列舰队由威利斯·A. 李海军少将指挥。李少将视力不佳，戴着一副猫头鹰式的金属圆框眼镜，但他是个神枪手，曾在 1920 年的安特卫普奥运会上拿过 5 枚射击金牌。他的专长是炮术，这并不出人意料，此外，他还专门钻研过如何运用"华盛顿号"上的新型雷达制导火控系统来更好地打击目标。如果说卡拉汉败在没能充分利用雷达，那么李则是急于试试雷达能发挥多大用处。[46]

　　战斗之初，美军进展并不顺利。就在 11 月 15 日零点前，李的 4 艘驱逐舰闯到日军驱逐舰队面前。1 艘美国驱逐舰被当场击沉，另 2 艘舰也遭到重击，随后沉没。祸不单行，李的两艘战列舰之一"南达科他号"突然遭遇电力故障，主炮失灵。此外，这艘战列舰的轮廓还被身后美军驱逐舰上的火光映衬得一清二楚，成了近藤舰队的众矢之的。很快，"南达科他号"被日军5英寸和14英寸炮弹打得浑身是伤，该舰最终免于沉没，这主要是因为它设法避开了射向它的全部34枚"长矛"鱼雷。[47]

当"南达科他号"吸引了日舰全部火力时，坐镇旗舰"华盛顿号"的威利斯·李已经让全部主炮塔做好了战斗准备。"华盛顿号"上的雷达瞄准手已经将射击诸元输入Mk-8型火控系统。"华盛顿号"的16英寸炮弹重达2 700磅，9门主炮每轮齐射能将总重超过12吨的穿甲弹砸向日舰。巨炮开火时的震荡是如此之大，以至于把舰上官兵都震得东摇西晃。强烈的炮口爆风甚至点燃了舰尾部的舰载侦察机，第二轮齐射后，这些侦察机就被吹到了海里。射击距离仅有8 500码（不到5英里），在这么近的距离上，"华盛顿号"的16英寸炮弹简直是致命的。"华盛顿号"两轮齐射就摧毁了"雾岛号"战列舰的无线电收发室、前炮塔、操舵室以及轮机舱。在短短数分钟之内，就有20多发16英寸炮弹击中了这艘日军战列舰。舰上数百名官兵当场死亡，大火也已失控，近藤信竹的旗舰严重倾斜，速度降为零，瘫痪在水面上。"雾岛号"还在开火，但所有齐射都因舰体严重倾斜而打飞了，"华盛顿号"因而毫发无伤。近藤呼叫"长良号"轻巡洋舰前来拖曳"雾岛号"，但"雾岛号"的战损太过严重，以至于无法再浮在水面上了。11月15日凌晨3点25分，"雾岛号"终告沉没。[48]

与阿部一样，近藤也让山本非常失望。但考虑到他在日本海军中的声望和地位——近藤曾担任过日本海军大学校校长和联合舰队参谋长，不能将其彻底解职。结果，他被贬到特鲁克群岛的一艘军舰上当舰长。

1942 年 11 月 15 日，被击毁在滩头的日军运输舰"宏川丸"和"鬼怒川丸"
来源：维基百科

\*\*\*

在短短 24 小时之内接连损失了 2 艘战列舰，这无异于给日本人打了一针清醒剂，也标志着瓜岛战役决定性的转折点。在两周之后爆发的塔萨法隆加（Tassafaronga）海战 * 中，面对着由巡洋舰和

---

\* 此战发生于 1942 年 11 月 30 日晚，田中赖三率领 8 艘驱逐舰组成的编队为瓜岛输送给养，在铁底湾遭遇 5 艘巡洋舰、6 艘驱逐舰组成的美军第 67 特混舰队，以少胜多，击沉"北安普敦号"巡洋舰，重创"明尼阿波利斯号""新奥尔良号""彭萨科拉号"巡洋舰。——编者注

驱逐舰组成的美国舰队，田中赖三再次赢得压倒性胜利——这场夜战同样爆发于瓜岛与萨沃岛之间，这里后来因沉船众多而以"铁底湾"之名闻名于世。尽管如此，山本和军令部一致决定立即止损。瓜岛成了一块磁石，盟军和日军在此投入的资源之巨，战役持续时间之长，超出了所有人的想象。1942 年 8 月，日军一木清直陆军大佐企图以区区 900 人摧毁美国人在瓜岛上的地盘。一个月后，川口清健陆军少将率 6 000 人之众猛攻守卫血岭的美国海军陆战队。到了 11 月，日军在瓜岛上已集结了 3 万名陆军官兵，美军地面部队的增长速度则超过日军，达到了 4 万多人。12 月，日军战时大本营终于决定到此为止。经过一系列精心策划和组织的撤退行动，日军地面部队逐渐从前线消失了——这场系统性的大撤退被称为"克（ケ）号行动"。1943 年 2 月 7 日，日军悉数撤出瓜岛。在这一系列海陆空大战中，盟军和日军都展现出了无比的勇气和牺牲精神，双方在极端恶劣的条件下苦战了 6 个月之久，而盟军最终之所以取胜，是得益于其在陆基空中力量保护下的强大海运力量。[49]

***

1942 年 11 月这个时刻无疑是整个二战的分水岭。盟军成功登陆北非，而美军则取得了瓜岛战役的最后胜利，这一切都清楚地证明两个战场的战略平衡都已倒向了盟国一边。美军击沉"雾岛号"战列舰这场战斗极具象征意义，因为日军主要依靠刻苦的训练和先进的光学设备在此前的夜间海战中扬威，但威利斯·李对雷达指挥舰炮的熟练运用抹平了日军的优势。这一切表明，不断进步的科技开始超越哪怕是最激奋的勇气。日本人不仅低估了美国人的韧劲和工业能力，还低估了他们在开发高科技武器方面的才智。

# 第 17 章

# 破交战（三）

    1942 年秋季也是全球破交战的转折点，从这时开始，盟军在与德国潜艇的鏖战中开始占据并坐稳了优势。但这一点起初很不明显。1942 年 10 月，德国潜艇击沉了 89 艘盟国舰船，吨位总计达到 583 690 吨——其中仅一支船队（SC-107）就损失了 15 艘船——11 月则达到 126 艘船，超过 80 万吨。丘吉尔致信罗斯福："这些雄伟的舰船建造时的场景，满载着宝贵的食物和军火出海的场景，以及被击沉的场景——每天三四艘——日夜折磨着我。"[1]

    破交战不可避免地会带来折磨和痛苦。在 12 年前的 1930 年伦敦会议上，美国时任国务卿、此时担任罗斯福战争部长的亨利·史汀生曾宣称："使用潜艇有违全人类的良知。"对此，史汀生预言道，无论加以何种限定，"操作潜艇的官兵们都将面临无法抵御的强烈诱惑，采用最直接有效的方式来实现眼下的目标"，就是残酷地击沉敌方非武装商船。后来的战争证实了史汀生的先见之明，总会有各种事件再三证明潜艇战的特别危险之处。1942 年 9 月中旬，这样一个事件再次不期而至。[2]

    当月，邓尼茨派出数艘大型 IX 型潜艇前往好望角阻击往返中东的英国船只。9 月 12 日，在驶往好望角的途中，U-156 艇长维尔纳·哈尔滕施泰因海军少校在塞拉利昂以南看见一艘大型邮轮，吨位为 19 650 吨的"拉科尼亚号"。它原本是英国的一艘豪华邮轮，后被改装成运兵船，用于向中东运送部队。哈尔滕施泰因指挥 U-156 尾随该船长达数小时之久，终于等到了天黑。晚上 8 点刚过，他发射了两枚鱼雷，全部命中。正当 U-156 在重创的"拉科尼亚号"近旁游弋时，哈尔滕施泰因发现该船严重倾斜，难以放下救生艇，数百人只得直接跳进海中。有些落水者拼命呼救，而且用的是意大利语。救上一些落水者之后，哈尔滕施泰因惊讶地发现："拉科尼亚号"上载有 1 800 名意大利战俘——是他的轴心国盟友，他们正从埃及被送往英国本土。哈尔滕施泰因决定尽力多拯救这些落水的意大利盟友。打定主意之后，他立即用无线电联系了凯尔内瓦尔的邓尼茨，恳请向他的坐标位置多调派一些潜艇，帮他一起救人。邓尼茨同意了，随即又有一些潜艇赶到现场，许多幸存者最终被救上了 U-156 和其他潜艇。到了这时候，哈尔滕施泰因已经救起了 400 多人，绝大多数都是意大利人，也有英国人和波兰人，包括一些妇孺。哈尔滕施泰因将尽可能多的幸存者救上了潜艇，并将另一些人安置在了救生艇里，U-156 号潜艇就像拖拉玩具那样拖着这些救生艇。随后，哈尔滕施泰因在自己的权限范围内用英语广播了一则无线电消息，公布了自己希望拯救这些幸存者的意愿，并保证不会攻击前来救援的任何盟国舰船。[3]

盟军收到了消息，却怀疑这是个陷阱，柏林方面也拒绝为哈尔滕施泰因的个人行为负责。邓尼茨只得向维希法国政府求援——维希法国此时仍保持着名义中立。应邓尼茨的请求，维希法国从达喀尔派出一艘船前去救援。不过，就在法国船到达之前，从阿森松岛起飞的一架美国轰炸机发现了浮在海面上的 U-156 号潜艇，尽管哈尔滕施泰因下令在 U-156 前甲板上升起巨大的红十字旗，但美

1942 年 9 月 12 日，U–156（前）和 U–507（后）在搭救"拉科尼亚号"的落水者
来源：维基百科

机仍然发动了攻击。一枚炸弹落在了救生艇中间，多人当场身亡，还有许多人落进了海里。U–156 也受了伤，但幸免于难。哈尔滕施泰因当即命令切断牵引绳，放弃了进一步救援的打算。在此次事件中，有 1 000 名意大利战俘死亡，另有 600 名"拉科尼亚号"的乘客和船员遇难。[4]

邓尼茨从这场悲剧中吸取了一个教训，哈尔滕施泰因冒险拯救幸存者是愚蠢的。虽然原来也有过不要管幸存者的命令，但很多艇长还是习惯性地想保证救生艇里的幸存者们有食物吃，有淡水喝，有时候还会为他们指明前往最近的陆地的方向。此次事件后，邓尼茨下达了更为明确的新指示。在这条后来被称为"'拉科尼亚号'命令"的指令中，邓尼茨指示潜艇部队禁止"一切试图拯救沉船幸存者、将其从海里救出或帮其乘上救生艇的努力"。还不能"为幸存者提供食物和淡水"。"心要狠一点，"邓尼茨命令道，"要记住，敌人轰炸德国城市时没考虑过妇女儿童。"[5]*

哈尔滕施泰因、U-156 和其余那些奉命前往南非的潜艇继续向前执行预定任务，在好望角附近击沉了 27 艘船。邓尼茨甚为满意，认为这场万里奔袭"大胜而归"。的确，德国潜艇在 11 月击沉了802 160 吨船只，创造了开战以来的纪录，这是二战爆发以来潜艇部队最成功的一个月，这也是心急如焚的丘吉尔给罗斯福写了上文中那封信的原因。尽管如此，邓尼茨仍有些失望，那 126 艘盟国船只中仅有 29 艘来自至关重要的 HX 或 SC 船队。这些船队的航线西端已经不再是哈利法克斯，而换成了纽约。邓尼茨确信，破交战的关键战场是北大西洋。为了切断英国人赖以生存的海上生命线，一方面，他需要更多的潜艇，另一方面，他需要更多的人手开着新入列的潜艇到能发挥最大作用的海域去。邓尼茨不知道的是，这个机会很快就会来了，讽刺的是，他之所以得到这个机会，是因为德国海军一次船队拦截作战的失败。[6]

＊＊＊

这就是 JW-51B 船队。盟军在北非站稳脚跟后便恢复了走北角航线前往苏联的船队。自从 1942 年 7 月 PQ-17 船队在巴伦支海上遭到屠杀之后，西方盟国暂停了往苏联派遣护航船队的行动，其间

---

* 在二战结束之后的纽伦堡审判中，邓尼茨于 1942 年 9 月 17 日发布的这道命令成为指控他有罪的核心证据之一。虽然欧洲国际军事法庭最后认定邓尼茨"参与发动侵略战争"，犯有"战争罪"，但并未认定其犯有"反人类罪"，这在很大程度上是因为切斯特·尼米兹的书面证词：美国潜艇的艇长们实战中也并未拯救他们击沉的敌国舰船的乘客和船员。

唯有 1942 年 9 月破例尝试了一次。新船队的出发地由冰岛改为苏格兰的尤湾，将航线代号由 PQ 改为 JW，从"51"开始编号。因此，1942 年 12 月首次跑这条新航线的船队编号为 JW-51，船队又分成两组，分别为 JW-51A 和 JW-51B。由 16 艘商船组成的 JW-51A 未遇任何袭扰，于圣诞节顺利抵达摩尔曼斯克。JW-51B 编有 14 艘商船，为其贴身护航的是一支由 6 艘驱逐舰和 5 艘更小型军舰组成的舰队，还有一支由英军 2 艘巡洋舰（"谢菲尔德号"和"牙买加号"）组成的掩护舰队。德国人发现了 JW-51B 船队，出动一支水面舰队前往巴伦支海实施截击。

德军舰队包括"希佩尔海军上将号"重巡洋舰、"吕佐夫号"袖珍战列舰以及 6 艘驱逐舰。其实力强大到让柏林产生了将船队一网打尽的幻想。但事实并未如此发展。元旦前一天，"希佩尔海军上将号"击沉了英国小型驱逐舰"荆棘号"（HMS Bramble），但随即遭到 2 艘英国轻巡洋舰的顽强反击，一发炮弹射进了"希佩尔海军上将号"的轮机舱，迫使德军舰队放弃战斗，退出战场。JW-51B 船队的 14 艘商船于 1943 年 1 月 6 日安全抵达摩尔曼斯克。消息传到柏林之后，希特勒大发雷霆。这显然是雷德尔那些巨大、昂贵而且毫无用处的水面战舰的又一次丢人现眼。[7]

累月以来，希特勒对雷德尔和他偏爱的战列舰与巡洋舰的疑虑与日俱增。戈林和约瑟夫·戈培尔两人又在一旁火上浇油。戈林抱怨说，他的德国空军经常被要求去保护海军的大型战舰，在戈林看来，这类要求既浪费航空燃料，又捆住了他的手脚；戈培尔则抱怨说德国海军经常不经过宣传部的审核就擅自发布新闻。在一片批评声中，德国水面舰队又在元旦前一天出击失败，这成为压垮骆驼的最后一根稻草，希特勒爆发了。[8]

挨骂的是特奥多尔·科朗克，他曾于 1940 年指挥"舍尔海军上将号"袖珍战列舰长途奔袭，破交后凯旋。不过，这次他的运气不好，当"希佩尔海军上将号"和"吕佐夫号"没能给船队造成任何打击就仓皇撤退的消息传到柏林时，海军司令部的值班首长恰好是科朗克。希特勒叫来科朗克，说德国海军是国家的耻辱，科朗克就立正，静静听着元首的咆哮。希特勒叫嚷着要把水面舰队全部拆掉，把舰炮拿去当岸炮，再把水兵打发到潜艇部队去。科朗克忍不住了，他向希特勒指出，此举会把英国人求之而不得的巨大胜利白白送给他们。然而，希特勒根本不为所动，决定召雷德尔来当面下达命令，但雷德尔称病不来，他可能是指望元首过几天就会冷静下来。[9]

　　但希特勒没能冷静下来。5 天后，在贝希特斯加登的"鹰巢"里，希特勒像前次呵斥科朗克一样对雷德尔咆哮了很久，雷德尔后来称之为"痛斥"。希特勒吼了一个小时，像老师对学生一样给雷德尔上了一堂世界历史和海军战略课，他说德国海军简直是其他军种的累赘。"轻型舰艇现在能承担绝大部分战斗了，"希特勒宣称，"无论大型舰艇何时出海，轻型舰艇都不得不伴随行动。不是大型舰艇保护小型舰艇，而是反过来了。"不仅如此，真正激怒雷德尔的是，希特勒断言德国海军已经忘记了该如何战斗——一旦战斗开始，他们经常不能打到分出胜负为止，而总是一触即溃。希特勒还坚称，大型舰艇已经过时了。希特勒认为，与骑兵一样，大型舰艇在现代战争中已经没有意义。因此，他让雷德尔赶紧准备一个方案，安排全部大型舰艇尽快退役，同时研究应该把舰炮安置在何处。[10]

　　雷德尔立即递交了辞呈。此前他曾两次请辞，每次都被希特勒成功挽留。但这次希特勒不打算留他了。66 岁的雷德尔向希特勒建议，可以考虑让罗尔夫·卡尔斯海军上将或邓尼茨接替自己的位置。由于卡尔斯与雷德尔一样都是大舰巨炮主义者，所以希特勒选择了潜艇部队司令接任德国海军总司令。这样一来，邓尼茨终于可以将他长久以来主张的破交战略付诸实施了。[11] *

***

二战刚爆发时，邓尼茨宣称，给他 300 艘潜艇他就能逼降英国。他认为，这一数量可以确保有 100 艘艇在大西洋上战斗巡航，其余 200 艘则进行训练、补给或在往返途中。1943 年 1 月，当邓尼茨开始执掌德国海军的帅印时，德国海军真的有了 300 艘潜艇，其中有许多是最新的型号，它们在技术上比 1940 年时邓尼茨的那些潜艇强多了。此外，德国的技术人员终于解决了鱼雷的问题，还进行了改进，研发了一款新型的"弹簧鱼雷"，可以在船队航线上来回往返，航线无法预测。

但另一方面，这 300 艘潜艇中投入大西洋破交战的比例过低了。很多（邓尼茨觉得实在太多了）潜艇都被派到了北冰洋、地中海或波罗的海等地，这样分配到北大西洋的仅有五六十艘。不仅如此，德国潜艇部队在 1942 年损失惨重，这意味着相当数量的新潜艇都要由比较年轻的艇长指挥，很多都是二十来岁的年轻人，而绝大多数艇员都是刚刚服役的新兵，几乎没受过专门培训，有些人甚至根本没接受过任何培训。U-353 的艇长沃尔夫冈·勒莫尔（Wolfgang Römer）感叹自己的部下中有 80% 都是第一次出任务的

---

\* 在接任德国海军总司令之后，邓尼茨成功地说服了希特勒收回成命，不再拆除大型舰艇。不过，希特勒不许德国海军再新造大舰，建设方向转为大力发展潜艇。自此之后，潜艇部队的发展在德国海军中占据了压倒性地位。可参阅第 20 章中的相关部分。

十几岁新兵。就凭着这支部队，邓尼茨还憧憬着在 1943 年的春夏之际与盟国船队来一场大决战。[12]

盟国也准备摊牌了。1943 年 3 月 1 日，三个英语国家的海军将领聚首华盛顿，要在大西洋战场上划分责任区。三国一致同意：英国和加拿大主要负责北大西洋船队的护航，而美国主要负责西半球和中大西洋船队（诺福克和北非之间）的安全。盟国也进行了一系列技术改进。此时，盟国护航舰艇的声呐／"潜艇探测器"已经更新换代，性能大为提升。更重要的是，许多盟国舰艇装备了最新型的"271"型雷达，它装有圆形平面位置显示器，既能显示目标的距离，也能显示其方位。这些高科技装备令盟国舰艇具备了夜"视"能力，抵消了德国潜艇先前在夜间水面攻击方面的优势。

盟国的另一项创新是所谓的"刺猬"弹。此前，军舰在用深水炸弹攻击潜艇时必须从其正上方驶过，把圆桶状的深水炸弹从舰尾的专用投放架上滚到海里去。新发明的"刺猬"装置其实是一种迫击炮，装在军舰前甲板上，一次齐射可以将 24 枚 65 磅重的深水炸弹以椭圆形散布发射至舰艇前面和两侧。（深水炸弹射出去以后，空的迫击炮架像刺猬发怒时竖起的刺一样，"刺猬"由此得名。）最后，盟国的飞机产量大幅增加，这对于保护航运来说同样具有决定性意义。配备雷达的美国"卡特琳娜"、英国"桑德兰"和美国 B-24"解放者"常从冰岛起飞，在空中为盟国船队提供警戒。许多盟国飞机携带着装有声自导装置的最新型空射反潜鱼雷，它们能自动追踪水面下潜艇螺旋桨发出的声音。[13]

恶劣的天气对双方都有影响，但它对潜艇的影响比对船队更为严重。在北大西洋上艰难跋涉时，商船上的水手们可能会诅咒风浪滔天的大洋和冰冷的浪花，而潜艇比商船小多了，它们在巨浪中能稳住不沉就不错了。1 月的一天，邓尼茨在战争日记中发牢骚道：

水兵们将每枚重 65 磅的深水炸弹装到"刺猬"发射器上。每枚炸弹装有重 35 磅的触发式铝末混合炸药弹头，命中一枚就足以击沉一艘潜艇。"刺猬"发射器向前方发射，这使得护航舰艇能够在对付潜艇时主动进攻

来源：美国海军历史与遗产司令部

"一切似乎都如此狂暴，无法控制。"一位潜艇艇长也曾这样描述过，在"山一般的海浪"蹂躏下，潜艇如同"一步一叩首的钢贝壳"。潜艇军官们不得不用安全绳把自己拴在小小舰桥指挥塔的金属围栏上。而由于乌云遮住了星星，他们也常无法导航，巨浪也会遮住瞭望员的视野。正如邓尼茨后来所指出的："在这种环境下别指望有什么大胜。"[14]

他们的战果的确乏善可陈。在整个 1942 年 12 月里，德国潜艇仅击沉了 23 艘船，其中 13 艘都是当月月底在 ONS-154 船队中击

沉的。1943 年 1 月，击沉数降到 8 艘。1943 年 2 月，德国潜艇的战果终于稍有改观，一个月内击沉了 35 艘船，其中包括西行返回北美的 ON-166 船队中的 14 艘空船。但凯尔内瓦尔的德国潜艇总部却一点都高兴不起来，因为此战中，由 2 艘美国海岸警卫队小型武装快艇和 6 艘驱逐舰（加拿大 4 艘、英国 1 艘、波兰 1 艘）组成的护航舰队击沉了 3 艘德国潜艇。德军每损失 1 艘潜艇平均只能换掉 4.6 艘货船——这是不可持续的。邓尼茨认为，要确保最终胜利，就必须每月击沉 120 艘船，而这一损失率意味着德国每个月要丢掉 26 艘潜艇，而他们在整个北大西洋仅有 47 艘潜艇。1943 年 3 月，天气终于好转，德国潜艇部队才再次取胜。这次，它们的目标是从北美洲出发东行的 HX-229 船队。[15]

HX-229 船队由 40 艘商船组成，是一支"快速船队"，3 月 8 日从纽约出发。船队起初由一支当地护航舰队护卫，3 月 14 日，一支由 4 艘驱逐舰和 1 艘轻型护卫舰组成的大西洋中部护航舰队接管了船队。德国海军的密码破译人员截获了一条密电，得知了这支船队的航线和航速，3 月 15 日，德国 U-91 号潜艇发现了这支船队，艇长海因茨·沃克灵（Heinz Walkerling）将其坐标报给了凯尔内瓦尔。邓尼茨随即派出三支"狼群"前去截击。此外，当这三支"狼群"抵达目标位置时，HX-229 船队追上了另一支 SC-122"慢速船队"，这支"慢速船队"由 60 艘商船组成，于 3 月 5 日驶离纽约港。这意味着，当这三支"狼群"接近目标时，方圆 150 英里的范围之内有 100 艘船，由 14 艘护航舰保护。邓尼茨想要消灭这数量惊人的目标，于是，他调集了附近的全部潜艇——总数达到 37 艘——向这两支船队杀来。[16]

HX-229 船队的船员们忙于对付巨浪，无暇他顾。船只吃力地朝着东北方向行驶，尾随浪不断掀起各船的船尾，不停地把船体推向前下方，纵摇严重。船员们被颠簸得头晕目眩。海上有时会出现大浪吞没船尾的情况，术语称为"艉淹"，成吨的海水沿着甲板从船尾冲向船首。3 月 16 日，潜艇攻击开始。当天时近满月，零点刚过，一名下级军官突然看到"两条泛着荧光的水痕在海面上并排快速移动，向船队快速斜插而来"。他连拉响警报的时间都没有，只能紧握着护栏，眼睁睁地盯着这两条航迹："上个瞬间它们还是两条航迹，眨眼间就是两声巨响。"[17]

攻击一旦开始，便持续了一整夜，商船舷侧的爆炸此起彼伏。黎明到来前，潜艇已经击沉了 10 艘船，吨位总计 77 500 吨。第二天，盟军向这里增派了几艘护航舰，另外还从冰岛调来一部分远程轰炸机。圣帕特里克节（3 月 17 日）这天，盟国护航舰一整天都在搜索潜艇的蛛丝马迹，向任何可能藏有潜艇的海面进行深弹轰炸，同时把"刺猬"弹抛入水下，逼迫德国潜艇不敢靠近。2 艘潜艇赶到了船队前方，潜入水中，又击沉了 2 艘靠近的商船。从冰岛赶来的飞机遏止了德国潜艇的昼间进攻，但邓尼茨毫无退缩的念头。他下令不要管飞机，"全速追击"。黑夜降临之后，大屠杀继续。恶战持续了三天三夜。到 3 月 19 日邓尼茨下令收兵时，他的潜艇总共击沉了 22 艘船，吨位总计 146 500 吨，代价仅为损失 1 艘潜艇。邓尼茨写道，这是"我们对单支盟国船队取得的最辉煌的一场胜利"。[18]

整个 3 月间，德国潜艇在北大西洋击沉了 84 艘船，吨位合计超过 50 万吨。再加上其他战场的损失，盟国全球损失船只总计吨位达到惊人的 63.5 万吨。一些人担心德军即将实现战略突破。邓尼茨也希望这次对 HX-229 和 SC-122 船队的屠杀能成为破交战的转折点。然而，事情的发展并非如邓尼茨所愿，事后证明，这次大屠杀只是德国潜艇部队的顶点。在接下来的两个月里，虽然天气大为好转，但德国潜艇在北大西洋击沉的船只数量却急剧下降：4 月降为 32 艘，5 月更是只有 6 艘。[19]

其中有诸多原因。除了 271 型雷达和"刺猬"弹之外，英美两军还在 1943 年春装备了两种新型舰艇为船队护航。其一是小型辅助航母。这种"婴儿平顶"最初是在货轮船体上改造而来，可以在整个航程中为船队提供空中掩护，或者至少能在天气允许时提供掩护。这些小航母只能搭载几架飞机，但那都是美制 TBF"复仇者"，经过改装可以携挂深水炸弹。第一艘小型护航航母"博格号"（USS Bogue）于 1942 年 9 月服役，1943 年 2 月正式加入舰队，3 月首次参战，为 HX-228 船队护航。很快，更多同型舰接连加入。到了 1943 年 5 月，几乎每支船队都照例有一艘辅助航母为之护航，这极大地提升了护航力量。正如原德国 U-230 潜艇艇长赫伯特·维尔纳在其经典回忆录《铁棺材》中所写："船队护航队自带空中防御，这碾碎了我们潜艇战的基本概念。"[20]

另一种新型护航舰被称为"护航驱逐舰"（编码为 DE），这是一种小型驱逐舰，第一艘该型舰"班顿号"（USS Bayntun）于 1942 年 6 月下旬下水，1943 年 1 月移交给英国皇家海军。每艘护航驱逐舰排水量仅 1 360 吨，比标准驱逐舰要小一些，但比英国的轻型护卫舰还是大一些。它们装有 3 英寸舰炮，这种火力在任何水面作战中都只能陷于绝望，但它们配有声呐、雷达、深弹投放架、"刺猬"弹等等，是对付潜艇的利器。美国最终建造了 500 多艘这种轻便好用的小型战舰，其中 78 艘被转让给了英国皇家海军，英国人称其为"护卫舰"。从整个 1943 年直到二战结束，护航驱逐舰一直都是船队护航舰队的主力。

对护航而言，这两种新型舰艇固然重要，但更具决定性的还是盟国于 1943 年 3 月 19 日取得的一项突破——HX-229 和 SC-122 船队作战的最后一天——这一天，布莱奇利庄园的密码破译团队再

像美国海军"布雷曼号"（DE-104）这样的护航驱逐舰只比英国的轻型护卫舰稍微大一些。请注意它的开放式舰桥及 2 门 3 英寸舰炮。美国打造了多个级别的这种轻便好用的小舰，用于护航和反潜，其中多艘后来移交给了英国和法国

来源：美国海军学会

度破译了德国海军版本的"恩尼格玛"密电。1942 年 2 月时，德国海军版"恩尼格玛"密码机上加装了第四个转子，盟国顿时丧失了破译邓尼茨密电的能力。13 个月之后的此时，他们又能解读这些重要电文了。这使得英国海军部贸易办公室的协调官们得以监控德国潜艇的位置，再引导船队调整航线以避开它们。邓尼茨也察觉到盟国船队有意识地避开了他的潜艇，但密码破译人员向他保证"恩尼格玛"密电是无法破译的，于是邓尼茨推测这是因为英国人和美国人使用了机载远程雷达来监视自己的"狼群"。正如邓尼茨书中所写，他认为机载远程雷达能"以较高精度发现德国潜艇编队，能让船队采取相应的规避措施"。事实上，虽然双方当时都不

1943 年 4 月 17 日，美国海岸警卫队巡逻艇"斯宾塞号"投下的深水炸弹摧毁了德国潜艇 U-175

来源：维基百科

知道，但英德两国都能破译对方的密电，历史学家克莱·布莱尔称这种局面为"大洋上的巨大棋局"。邓尼茨引导"狼群"拦截船队，而英国人则指示船队改变航线以躲避"狼群"。在这场大棋局中，盟国取得了压倒性的胜利。[21]

＊＊＊

这众多因素在 1943 年 5 月上旬的破交与反破交战中发挥了明显的作用。其中两场战斗最值得一提。其中之一是围绕着 ONS-5

船队的战斗，这支西行（因而空载）的"慢速船队"由 42 艘船组成，为其护航的有来自英国和加拿大的 8 艘军舰。船队以 7.5 节航速，沿"之"字形航线，在北大西洋的严寒中艰难西行，不时路过一些小型冰山。4 月 28 日，德国潜艇 U-650 发现了这支船队，便立即上报凯尔内瓦尔，邓尼茨迅速调集 14 艘潜艇前去进攻。当时正刮着十级大风，盟军飞机无法起飞，德国艇长们都觉得这次能打赢。4 月 28 日至 29 日一整夜，这些潜艇三两成群，从左右两侧对这支船队发动了攻击，但一夜激战之后，竟没有一艘潜艇能成功突破防御圈，仅仅击沉了一艘船。此后，这支"慢速船队"继续西行，德国潜艇一连两天紧跟不舍，不断袭扰。恶劣天气还在持续，盟军飞机仍旧无法起飞，但这也让德国潜艇很难抢占攻击阵位。但在此之后，运气便远离了盟军。邓尼茨已在更靠西的位置提前部署了另一批潜艇以截击另一支船队，5 月 4 日，ONS-5 船队遇到了它们。

5 月 4 日晚，ONS-5 船队遭到了不少于 43 艘潜艇的攻击——这是二战中德国潜艇数量最多的一场战斗。潜艇的数量居然超过了商船，这也是绝无仅有的一次。是夜，潜艇击沉了 6 艘船。美国油轮"萨佩罗号"上的一位船员眼睁睁地看着两枚鱼雷从船首前方区区数码之外疾驰而过。鱼雷继续飞驰，准确命中了相邻纵列中的一艘商船爆炸。这艘倒霉的商船在数秒钟之内接连挨了两枚鱼雷，迅速沉入了海底，现场海面上仅仅留下了"一条孤独的救生筏在一团污水中缓慢地打转"。[22]

邓尼茨命令参战潜艇必须赶在船队进入纽芬兰盟军飞机的空中保护伞之前将其彻底消灭。这些潜艇也的确竭尽所能，在 5 月 5 日一晚发动了多达 25 次进攻。但一场浓雾让能见度几乎降为零。得益于雷达，盟国舰艇在雾里也能看清周围，而德国潜艇则变成睁眼瞎。这使得盟军护航舰转守为攻。英国海军"维德特号"（HMS

Vidette）驱逐舰使用"刺猬"弹击沉了 U-125 号潜艇，"侏羚号"（HMS Oribi）驱逐舰撞沉了 U-531 号潜艇，而驱潜艇"鹈鹕号"（HMS Pelican）则投放深水炸弹摧毁了 U-438 号潜艇。这种不对称战斗打了一夜。护航队指挥官，英国皇家海军彼得·格雷顿上校在其战报中特别提到，"所有盟军舰艇在作战时都积极主动。没人需要别人告诉他们怎么做，他们之间的通信彰显了勇气和智慧"。黎明到了，经过一夜激战，护航舰队总共击沉了 6 艘潜艇，重创了另外 7 艘，而船队无一损失。邓尼茨赶忙叫停攻击。在围绕着 ONS-5 船队的一系列追击战和阻击战中，双方最终的"总比分"为：盟军有 13 艘船被击沉，德国则损失了 7 艘潜艇（护航舰队击沉 6 艘，纽芬兰的盟军飞机击沉 1 艘），另有 7 艘潜艇遭重创。为了摧毁这支防御薄弱的"慢速船队"，邓尼茨前后投入了 40 多艘潜艇，却遭到惨败。[23]

两个星期后，围绕着东行 SC-130 船队的战斗结果更具决定性。这次，邓尼茨调集了 25 艘潜艇前往攻击这支由 37 艘船组成，有 8 艘军舰护航的"慢速船队"。在两天的时间里（5 月 19 日到 20 日），德国潜艇频繁攻击，而船队非但没损失任何一艘船，其护航舰队反而击沉了 3 艘潜艇，另击伤 1 艘。其中一艘被击沉的是刚服役的 U-954，全员战死，而艇上的值班大副正是德国海军元帅的儿子——时年 19 岁的彼得·邓尼茨。[24]

SC-130 船队攻击战的完败让伤心欲绝的邓尼茨相信，北大西洋上盟国船队的防御已经过于强大，他的潜艇部队再也难以取得任何战略胜利了。在 5 月的一系列破交战中，德国海军总共付出了 41 艘潜艇及其所有官兵的代价，按照邓尼茨自己的话说，这一切都证明"敌军在防御方面取得了压倒性的优势"。邓尼茨命令潜艇部队放弃北大西洋，重新部署到更往南的海域。邓尼茨下达命令的时候，心里肯定想要在未来的某个时间点重返北大西洋，但当他多年以后回首往事的时候，一切便都很清楚了，"我们这时已经打输了大西洋之战"。[25]

＊＊＊

虽然邓尼茨并没有意识到这一点，但他其实早就已经输掉大西洋之战了，而其原因却与北大西洋战事并无关联。曾为 ONS-5 和 SC-130 两支船队指挥过护航舰队的英国皇家海军军官彼得·格雷顿，将盟国对阵德国潜艇的胜利归功于诸多因素——包括情报、科技和空中掩护——以及"护航舰队官兵们展现出来的作战技巧和勇气"。他的总结非常正确，不过，德国潜艇部队官兵们的"作战技巧和勇气"同样突出。事实证明，除了上述事项之外，决定破交战胜负的另有更具决定性的因素。这便是船舶产能。[26]

邓尼茨也知道这一点。"如果我们击沉船只的速度赶不上敌方造船的速度，"邓尼茨于 1943 年 4 月如此告诉希特勒，"那么我们的潜艇战就终将失败。"事实证明，这才是关键。到了 1942 年秋末，盟国，尤其是美国，新商船下水的速度开始超过了德国潜艇击沉商船的速度。这一"计算"冷酷无情，因为它不仅忽视了东行船队上物资和补给的惨痛损失，还忽视了沉船船员遭受的痛苦和折磨，幸存者们注定要蜷缩在微不足道的救生筏里，在冰冷的北大西洋上随波逐流，直到他们被拯救为止，而多得多的人却会逐渐死于干渴、饥饿或暴晒。尽管如此，只要盟国的造船速度始终超过德国潜艇击沉商船的速度，邓尼茨就永远无法真正切断盟国的补给线。[27]

早在战争爆发的 5 天之后的 1939 年 9 月 8 日，罗斯福就宣布美国进入"有限国家紧急状态"，为大量舰艇建造项目正名。两年后，罗斯福于 1941 年 5 月 27 日宣布进入"**无限**国家**紧急状态**"以开启"美国有史以来最庞大的军备生产"。美国全面参战之后，罗斯福又新设立了战时航运管理局，并任命埃默里·斯科特·兰德海军少将任局长，要求他大力提升造船速度。罗斯福总统的要求很高，兰德要确保 1942 年新建船舶总计吨位达到 500 万吨，1943 年达到 700 万吨。这真是壮志凌云！后一个数字意味着每个月必须新建成 58.3 万吨船只；在整个二战期间，德国潜艇部队仅有 3 个月度的击沉吨位达到了这个数字。一些业内专家认为这个目标太不实际，甚至荒唐，但罗斯福很快再次提高了标准。1942 年 2 月，乔治·马歇尔致信罗斯福提醒道：如果新造船舶的数量和吨位不能进一步增加，那就无法把登陆法国沦陷区所需的部队和装备运到英国去。马歇尔解释道，要把一个步兵师运至英国本土需要 14.4 万吨船舶，而运送一个装甲师所需的船舶吨位还要翻倍。照此计算，若想把 75 万美军运至英国，就必须每个月在现有计划基础上再额外增建 18 艘船。马歇尔的分析触动了罗斯福，他立刻命令兰德必须在 1942 年全年新建 900 万吨船舶，1943 年 1 500 万吨。后一个数字意味着每个月新建船只吨位要达到 125 万吨，而这个数字是德国潜艇部队永远也追赶不上的。正如一位英国历史学家后来所指出的那样："美国人的造船计划简直令人难以置信。"[28]

实现这些可怕目标的关键在于标准化。二战爆发前，造一艘船就像建造一幢摩天大楼一样：每艘船各自独立设计，单独建造，建成后自然也千姿百态。随着罗斯福在 1941 年 5 月宣布进入"无限国家紧急状态"，这一局面就此结束。此后美国的船舶都要遵循标准样式，这样他们就能像亨利·福特造汽车那样来大规模组装船只了。各造船厂可以根据同一套图纸建造数百个船体；全美各地工厂大规模量产零部件，再用火车运至造船厂；焊接取代了铆接。二战期间美国最著名的运输船是从一型英国船发展而来的，它长 440 英尺，载货量 1 万吨，航速 11 节。它的外形的确不够漂亮——私下里人们称它为"丑小鸭"。不过，为了方便宣传，它们后来被改名为"自由轮"。[29]

为了实现罗斯福的目标，兰德与多位造船厂主签订了合同，（在政府的扶持下）投入巨资新建了几十个造船厂，大部分船厂都拥有六个以上船台。这些新船厂雇用了数以万计的工人，包括征兵体检为 4-F 级而不符合服兵役标准的男性，以及大量女工。后者引发了相当的抵触，因为造船业长期以来一直笼罩着非男性勿入的行业文化。但女工的到来不可避免，深刻的社会变革随之而来，造船业很快有了自己版本的"女铆工罗茜"，即造船厂里的"女焊工温蒂"*。到了 1944 年，女工在美国造船业劳动力中的占比达到了 20%。[30]

基础设施一旦到位，产量就开始显著增长。一列列火车把原材料运至造船厂，而钢铁原本就已经储存在那里的仓库中了。专攻战时造船的历史学家弗雷德里克·C. 莱恩如此描述了接下来的过程：钢板"首先放进储物架，再送到加工车间里切割、折弯，接下来又被移至组装车间的一栋建筑物里。诸多重 10 吨到 20 吨不等的部件即将在这里被焊接在一起。工人们把这些部件摞在船台最前面的滑动垫木或台板上，或把这些部件就地焊接成常常重达 45 吨的更大的部件。它们随后就被分别吊放在船体相应的位置上"。[31]

这种流水线生产极大加速了新船的制造。1942 年 1 月时，一艘"自由轮"从铺设龙骨到下水需要 250 天。到了当年 12 月就只需要不到 50 天了。1943 年初，波特兰的俄勒冈造船公司在 17 天

---

* 在二战期间，为了鼓励女性走上工作岗位，美国政府塑造了这样一些劳动女性的形象，这些形象也被视为女性权利的象征。——译者注

一艘正在巴尔的摩的费尔菲尔德·伯利恒造船厂建造的自由轮。这艘"自由轮"名为
"布雷特·哈特号",1942年4月19日开始铺设龙骨,40天以后的5月29日就下水了。
该船在二战中完好无损。1963年报废拆解

来源：美国海军历史与遗产司令部

之内就造出了一艘"自由轮",不过这主要是出于宣传需要。尽管如此,在美国东西海岸,几十家造船厂的数百个船台每天24小时三班倒,造船的步伐达到了疯狂的程度。其结果自然是原本难以想象的前所未有的极高产量。1942年12月,邓尼茨的潜艇部队费尽九牛二虎之力才击沉了40多万吨船只,而当月美国新建成船只吨位则首次超过100万吨。此后它们几乎每个月都会超过100万吨,而邓尼茨的潜艇无论如何也不可能超过美国人的产量增长曲线(见下表)。[32]

美国的工业生产能力,与欧洲东线苏联红军的强大韧劲,一道成为决定二战胜败的最关键的因素。即便如此,美国强大的工业力量也不是无穷尽的,打赢战争需要制造飞机、坦克,特别是舰船,它们在原材料供应的优先权方面却存在激烈的竞争。所有类型的舰船都需要同样的材料和零部件:电动机、焊条、发电机、减速齿轮、轴承、水泵等等,尤其是钢板。如果把全部或绝大部分重要部件用于建造运输船,就必然要削减其他类型舰船的建造数量,包括军舰。正如美国海军部长弗兰克·诺克斯指出的那样:"如果我们不造出足够的护航舰艇去保护出海的货船,那么我们哪怕每个月造100艘货船也没有什么好处。"丘吉尔也很赞同这一点,他致信罗斯福,敦促他"尽可能多造护航舰艇"。一份关于商船损失的调查报告显示,有9艘军舰护航的船队要比只有6艘军舰护航的船队少损失25%的船只。事实上,每多造1艘护航舰艇,就能让2艘商船免于被击沉,或者如欧内斯特·金所言,"1艘幸存的船抵得上2艘被击沉的船"。这样,护航舰艇在美国的造船能力中获得了比货船更优先的地位,尽管关于各种原材料应当最优先供应何种舰船的争议还是持续了整场战争。[33]

虽然存在诸多分歧,但美国强大的造船能力毋庸讳言,美国能

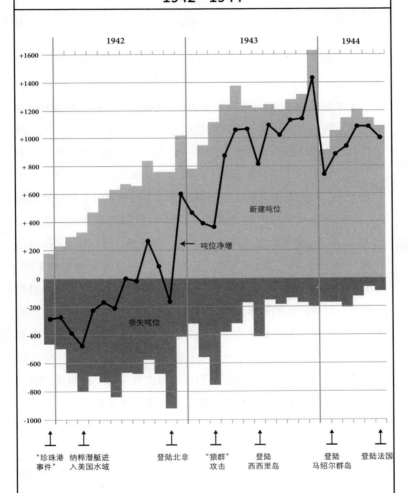

盟国舰船损失总计吨位与盟国新造船只总计吨位的对比，
1942—1944

来源：弗雷德里克·C. 莱恩（Frederic C. Lane），《为了胜利，造船！》（*Ships for Victory*），约翰斯·霍普金斯大学出版社，1951 年

够造出各种舰船——运输船和护航舰艇、航母和巡洋舰、登陆舰和登陆艇等等——而且产量空前，这对破交战乃至整场战争都具有决定性的意义。

***

太平洋是破交战的另一个主战场。1943 年春天，德国潜艇在大西洋上开始走下坡路，美国的造船速度也加快了，同时，美国潜艇针对日本海运的破交战也进入了一个新阶段。虽然美国从战争第一天就开始了"无限制潜艇战"，但起初其战绩却令人失望。太平洋太大了，因此美国潜艇比德国潜艇更大，拥有更好的航程和适航性。但问题是美国的潜艇太少了——仅有 55 艘大型舰队潜艇以及 18 艘 20 世纪 20 年代建造的老式小型 S 级潜艇 *——加起来也就与 1939 年欧战爆发时邓尼茨拥有的潜艇相当。除了潜艇数量较少外，美军手中的鱼雷数量也极为有限。美军在战争爆发后的头几周里匆忙撤出马尼拉附近的甲米地海军基地，遗弃了超过 230 枚鱼雷，而美国本土的鱼雷库存却非常少。此外，把这些鱼雷从本土运至太平洋上势必会令本已超负荷工作的航运能力不堪重负。于是，华盛顿方面指示要节约鱼雷，建议艇长们最好每次只发射一枚鱼雷，而三雷或四雷齐射，不过大部分艇长都选择了无视这条建议。[34]

---

* 美国 S 级潜艇的大小和布局与德国 VII-C 型潜艇相似，也与德国潜艇一样仅采用数字编号来识别身份（例如 S-37 和 S-38），而美国的大型舰队潜艇都有各自与众不同的名字，其中很多名字都反映了海洋特色，例如"射水鱼号"、"海狮号"和"大青花鱼号"。美国的 S 级潜艇虽然小，但在实战中表现优异。一艘 S 级潜艇（S-44）曾于 1942 年 8 月 10 日击沉了日本海军的"加古号"重巡洋舰，这艘日本巡洋舰当时刚刚参加完萨沃岛海战，正在回航的途中。

更严重的问题是，美国的鱼雷还常常不会爆炸。一名潜艇老兵如是说："我们的鱼雷也没什么大问题，只有一样——就是不爆炸。"与1940年时的德国鱼雷一样，美国的Mk-14型鱼雷下潜得太深了——比设定深度更深11英尺，这意味着当它们从船底下方通过时，其磁性引信离船体过远，无法引爆。更糟糕的是，有些鱼雷射出去后完全是乱窜，可能会不可控地转向，甚至绕个圈子扑向母艇。那些巡逻归来的艇长常常怒气冲天：自己奔袭3 000英里赶到狩猎场，寻找合适猎物，小心潜近目标，进入有利战位，瞄准目标，射出鱼雷，结果却眼睁睁看着鱼雷要么提前爆炸，要么从目标下方钻过去然后消失，或者是撞到船舷后不痛不痒地弹到一边。有几次，鱼雷会射进目标船体，然后再无下文。不止一艘日本舰船船体上插着未爆炸的美国鱼雷安然回港。[35]

　　更令人愤怒的是，有时一枚失灵的鱼雷还会招来敌人的凶猛反击，这种事情经常发生。1942年8月14日，"疲倦人"查尔斯·威尔金斯海军中校指挥"独角鲸号"（USS Narwhal）潜艇在日本本州岛附近战斗巡逻，他的一枚鱼雷射出鱼雷管之后短短12秒就自动爆炸了。爆炸声惊动了日军，几艘护航舰立即展开了反击。这些军舰与赶过来的日军飞机一道向潜入水下的"独角鲸号"投放了124枚深水炸弹，这令"独角鲸号"里的美军官兵恐惧至极，一名艇员当场"发了疯"，不得不被捆起来。"独角鲸号"在这场狂轰滥炸中侥幸存活了下来，回港后，威尔金斯艇长也加入了抱怨鱼雷的行列。美国海军军械局的技术专家们对报上来的这些鱼雷故障即便不是不屑一顾，也是相当怀疑，将其归因于潜艇官兵们射术不精。一位潜艇老兵曾愤怒地指责过这些专家，他们的态度就是："先别急着抱怨鱼雷故障，先证明这些问题不是出于你们自己的原因。"后来，美国海军花了一年多的时间才克服了官僚们的抵触，逐一找出并解决了这些技术问题。[36]

　　太平洋战争初期，美军潜艇艇长们接到的指示是集中攻击日本军舰，这是美国对日破交战战果令人失望的另一个因素。1939 年发布的美国潜艇部队作战条令要求"潜艇的主要任务是攻击敌方的重型舰艇……战列舰、战列巡洋舰或者航母"。可以想象，如果换成邓尼茨，他会发布何种作战条令。邓尼茨很清楚，要对一个岛屿国家发动潜艇战，就必须重点攻击其赖以生存的货船，特别是油轮。邓尼茨的策略在太平洋上也完全适用，日本之所以冒险主动发起太平洋战争，正因为急需石油。然而，战争爆发后一连数月，美国潜艇都在忙于追杀日军的大型战舰，并未重视那些航速缓慢的"丸"（指日本的商船）和油轮。美国潜艇数量本来就少，还承担了许多邓尼茨认为是辅助性的，甚至是愚蠢的任务，例如接送突击队登陆或运输补给物资。最终，美军决策层调整了美国潜艇的作战优先级，但在太平洋战争第一年中，上述种种因素严重制约了美国潜艇部队的作战效能。[37]

　　太平洋上几乎没有出现过大西洋所特有的大规模护航战。其中一个原因是日本很少组织大规模的商船队。虽然日军会以重兵护航运兵船，但日本商船基本上都是独自航行，有时它们也会三两成群，只有一艘驱逐舰护航，不过，一艘日本油轮则可能会有两艘甚至三艘军舰为其护航。另一方面，美国人也不组织"狼群"。美国潜艇都是独行的猎手。据一位美国潜艇艇长回忆："你会被指定一个地理区域，你可以击沉闯进自己责任区的任何敌船。"战争后期，美国潜艇越来越多，它们也会三两成群配合作战，并被称为"狼群"——这是在有意识地模仿德国人，但这些都是后话。在整个 1942 年乃至进入 1943 年以后，绝大多数美国潜艇都还在独自作战。[38]

理论上，美国潜艇部队的全体官兵都是志愿加入的，不过，很多人都是被海军的老套路"志愿"来的。一名潜艇老兵回忆道，战争之初他去报到参加基本军训，"有人问我们想不想去鱼雷学校受训。没人愿意去。他说这太糟糕了。接着，他命令我们赶紧收拾好水手袋和行李包，第二天早上六点钟，要去华盛顿州的基波特 * 报到"。后来，美国潜艇部队采取了更为严格的招收标准。在潜艇里待 60 天，不仅对体力是个严峻的考验，还会抑制艇员的主动性。"潜艇里空间实在有限，""乌贼号"（USS Cuttlefish）艇长戴维·B. 贝尔回忆道，"感觉就像待在一只瑞士手表里。"在漫长的战斗巡逻期间，大家与战友们朝夕相处，人人都必须始终心平气和，不能轻易慌乱，这些是必不可少的素质。"如果你表现出一丁点紧张不安的情绪，"一名艇员说道，例如用手指轻叩桌子，"就会被自动淘汰。你必须表现得老练成熟。"[39]

　　战斗巡逻期间，潜艇在海面航行时需要在中央的指挥塔围壳前后布置瞭望员。他们会用"博士伦"牌双筒望远镜时刻搜索着水天线上的蛛丝马迹。他们有时候会冒险不系安全绳，以确保一旦需要下潜时能迅速爬回艇内。站在波涛汹涌的海面上方 15 英尺的指挥塔上很危险。在敌方海域内，特别是在距离某个敌军基地 500 英里内活动时，美军潜艇一般会在白天保持下潜状态（正如德国潜艇在北卡罗来纳州哈特勒斯角时一样），夜幕降临后再浮出海面，给电池充电并搜索猎物。这时候潜艇需要长时间下潜，有时候可能长达 20 个小时。一名潜艇老兵回忆道，长时间下潜的潜艇内部弥漫着"潜艇中特有的气味，混合了柴油味、烟味、饭菜味、油漆味

---

* 美国本土西海岸华盛顿州的基波特（Keyport）地区有一处潜艇基地，鱼雷学校也在此处。——译者注

和艇员体味"。天黑之后，潜艇终于可以浮出海面了。"我的天啊，新鲜空气嗅起来真香甜。"潜艇上浮时通常也是用晚餐的时候。"天黑后，我们终于可以浮出海面了，这时候我们常会吃上一大锅燕麦粥之类的食物，"一位艇员如是回忆道，"那是因为我们需要节约电池电量。第二天早晨下潜时，我们会好好吃一顿，那是我们一天中最丰盛的一餐。"[40]

潜艇里的生活条件非常艰苦。老式潜艇没有淋浴间，水龙头也很少。新潜艇即便配备了淋浴间，也常常在战斗巡逻时被锁死以节约淡水。条件允许时，艇员们则可以在 2.5 加仑的桶里洗个澡。上下铺式的床位（俗称为"架子床"）安装在鱼雷之间，或舱壁上布置六层，两层之间间隔仅有 8 英寸。每个人都渴望睡最上层的床铺。只有老兵离开潜艇，新兵到来时，每个人才有机会往上面挪一层，而新兵则睡在最下铺。铺位数比人数少，所以除了军官外所有人都得睡"热被窝"：刚值完班的艇员要睡在那个刚刚起床接班的战友的铺位上。艇员们一般和衣而眠。"睡觉前唯一脱去的是鞋子。"有人回忆道。在更小的 S 级潜艇中，甚至没有餐桌。艇员们从走廊里的炊事兵那里打好饭，然后随便找个角落坐在地上吃。和德国潜艇里一样，美国潜艇里的军纪也形同虚设。军官们可能在一群穿着内衣短裤和 T 恤衫的艇员们中间溜达。"礼仪被抛诸脑后，"一个潜艇老兵回忆道，"我们也会敬礼之类的，但如果没做也不会遭到惩罚。"[41]

与大西洋上的德国人一样，美国人也没有认真拯救被击沉船只的幸存者或者为他们提供物资。"你会对他们心存抱歉，"一位艇长后来回忆道，"但你也只能如此。"尽管美国人对日本人恨之入骨，但美国潜艇兵们并非总是想要杀光日本船只的幸存者，不过也有例外。其中最臭名昭著的一次发生在 1943 年 1 月。[42]

1月26日，刚刚当了10天"刺鲅号"（USS Wahoo）潜艇艇长的"大舌头"达德利·莫顿海军少校大胆潜入了位于新几内亚北岸的韦瓦克港，并将一艘迎面撞来的日军驱逐舰一剑封喉，当场击沉。经过一番周旋，莫顿指挥"刺鲅号"从韦瓦克港全身而退。第二天，"刺鲅号"遇上了一支由4艘船组成的日本船队。莫顿将这4艘船全部击沉，其中一艘是满载日军士兵的运兵船"武洋丸"。莫顿原本已经离开了战场，但在日本船只彻底沉没之后，莫顿又回来了。此时，一片狼藉的海面上挤着20来艘挤满幸存者的救生艇。莫顿冷酷地下令："各就各位，上炮位。"副艇长理查德·H.奥凯恩满脸疑惑，于是莫顿解释道："迪克*，陆军炮击战略要地，空军进行区域轰炸……这些都会导致平民伤亡。而我们不会伤及平民，只是要阻止敌军官兵上岸，因为只要有一个敌人活着上岸，就可能会杀死一个美国人。"莫顿令4英寸甲板炮向最大的一艘救生艇开火，当对方开始还击时，莫顿又命令所有枪炮全部开火。他们扫射这片海域将近一个小时，"就像用消防水龙头清理街道一样"，奥凯恩如此描述道。日本救生艇全部被打成了筛子之后，莫顿下令停火。他并不知道，"舞洋丸"除载有600名日军官兵外，还载有500名英国和印度战俘，其中195名战俘也一同死亡。然而，莫顿事后并未遭到任何惩罚，反而因为这次成功的战斗巡逻而获得尼米兹的贺电"干得好"和哈尔西的贺电"祝贺你们"。莫顿获颁美国海军十字勋章以表彰其英勇，而"刺鲅号"则获得了总统部队嘉奖（Presidential Unit Citation），称其"摧毁了敌军一艘运兵船，

---

*　"迪克"（Dick）是"理查德"（Richard）的昵称。——译者注

"刺鲅号"潜艇艇长"大舌头"达德利·莫顿海军少校（右）及其副艇长理查德·H. 奥凯恩海军上尉（左）站在"刺鲅号"潜艇的指挥塔上，时间为 1943 年 2 月

来源：美国国家档案馆（照片编号：80-G-35725）

**并消灭了船上的敌人"。**[43]*

　　每次为期 40 天至 60 天的战斗巡逻之后，美军潜艇就会返回基地报告巡逻战果，这个时间取决于鱼雷何时用完。艇长们常常没有太多可汇报的战果，特别是在战争初期的几个月里。有些艇长会声

---

\* 虽然当时赢得了一片赞誉，但莫顿用机枪扫射幸存者的决定还是在美国海军内部引发了争议，而且他很可能正是因此而无缘荣誉勋章。战后，一名德国潜艇艇长海因茨-威廉·埃克海军上尉就因为摧毁被击沉船只的救生艇和救生筏而被审判和处决，他此举是为了掩盖这次攻击的位置。莫顿并未面对这样的调查，因为他于 1943 年 10 月战死，当时"刺鲅号"在日本海被击沉。

称自己摧毁了一两艘敌船，事实上，这些敌船大多是小型的"丸"（指日本的商船），平均吨位仅为 4 000 吨左右。即便如此，后来的调查还是让美国海军高层发现，连这点战果都是夸大的。战争初期，美国海军也涌现出了一批战绩出色的王牌艇长，其中最著名的有"刺鲅号"艇长莫顿、"鳟鱼号"（USS Trout）艇长弗兰克·W. 芬诺少校，和"海神号"（USS Triton）艇长查尔斯·C. 柯克帕特里克少校。但是，1942 年的战绩总体上令人失望。头六个月里，美国潜艇总共仅击沉 56 艘船，其中很多都是小型的扫雷艇，吨位总计仅 216 150 吨，月均仅为 3.6 万吨，勉强达到大西洋上邓尼茨潜艇的 1/10。下半年战绩稍有改观，这归功于艇员们逐渐积累起的实战经验。7 月到 12 月，美国潜艇总共击沉了 105 艘船，吨位合计为 397 700 吨（月均 6.6 万吨）。不过，10 月从珍珠港出击的 10 艘大型舰队潜艇中，8 艘空手而归。由于日本同时也在加紧新建船只，1942 年其船只的净下降吨位仅为 8.9 万吨。正如历史学家克莱·布莱尔所指出的，"这个数字是如此微不足道，以至于毫无意义"。[44]

然而，对日破交战在 1943 年初迎来了转折。其中一方面原因是，查尔斯·洛克伍德担负起了太平洋潜艇部队司令（缩写为 COMSUBPAC）一职。战争之初，这一职务由罗伯特·H. 英格利希海军少将担任，但他不幸于 1943 年 1 月因空难身亡，洛克伍德随即接过了指挥权。此人人缘极佳，潜艇部队的官兵们都称他为"查理大叔"，他认真对待了关于鱼雷性能的各种投诉。[洛克伍德战后回忆录第一章的标题就是"该死的鱼雷"。]洛克伍德亲自监督了新一轮鱼雷测试，并将结果亲自呈递高层，按照一位艇长的话说，就是那些"整天待在华盛顿办公室里的权贵们"。即使到了此时，技术专家们对这一问题仍然抵触。最后，尼米兹（他早年也是潜艇部队出身）亲自下令让艇长们自行拆除鱼雷上的磁性近炸引信，换上触发引信。[45]

不幸的是，触发引信也存在问题。当 Mk-14 型鱼雷呈直角击中一艘船时，强大的冲击力往往会让撞针变形，导致战斗部无法起爆。1943 年 7 月曾有过一次极端的例子，丹·达斯皮特中校指挥"黑鲹号"（USS Tinosa）潜艇向一艘日本大型加工船连射 11 枚鱼雷，全部击中却无一爆炸。洛克伍德后来报告说，丹·达斯皮特返回珍珠港时，"已经气得说不出话来"。洛克伍德命令技术人员进行了多轮测试，结果发现当撞针以小于 45 度角撞击目标时效果最佳。在新型撞针完成设计和安装之前，洛克伍德建议艇长们以小角度向目标发射鱼雷。[46]

1943 年美国潜艇表现改善的另一个原因就是更多新型潜艇加入了舰队。1943 年 2 月，美国海军仅有 47 艘潜艇能执行攻势巡逻任务，三个月后的 1943 年 5 月，这一数字就变成了 107 艘。其中许多都是最新型的小鲨鱼级潜艇，与更小型的德国潜艇相比，小鲨鱼级潜艇配备了空调系统和食物冷藏间，极大地提升了艇内 60 名官兵的舒适性，特别是在漫长的巡逻中。这些进步的效果立竿见影。1943 年 4 月出海的 24 艘潜艇击沉了 26 艘船，总计吨位121 800 吨，与几个月前相比，这已经是巨大的飞跃了。[47]

\*\*\*

当美国潜艇部队渐入佳境时，德国潜艇在大西洋战场上的作战效果在不断下降。1943 年 4 月至 5 月间，邓尼茨在全球损失了不少于 58 艘潜艇，其中 53 艘是在大西洋战场上损失的。巨大的损失和攻击船队连续失利，迫使邓尼茨承认：靠潜艇已"不可能取得对两个海洋强国的胜利了"。邓尼茨甚至还考虑过全面放弃潜艇战。"我必须下定决心，"邓尼茨后来写道，"要么从所有战区撤回潜艇并叫停潜艇战，要么做出调整，让潜艇以某种合适的方式继续战斗。"邓尼茨最后决定：无论看起来多么绝望，都只能死撑到底，因为除此之外他已别无选择。5 月攻击 ONS-5 和 SC-130 两支船队失败后，邓尼茨告诉希特勒，"即使我们永远无法达成既定目标，潜艇战也必须继续打下去，因为这会拖住敌人的巨量资源"。希特勒对此表示同意："我们绝不会放弃潜艇战，这一点毫无疑问。"他如此决定，是因为这"总比把我们的第一条防线放在欧洲海岸线要好"。但这样的算计毫无意义，基本没有经验的年轻艇员必须继续出海，很多人再也没能回来，之所以还要继续攻击并击沉盟国船只，并非因为这可能改变战争结局，这甚至连战争进程都改变不了，但这会拖住盟国的商船、护航舰艇和飞机。当然，考虑到大量新造船只和飞机正从美国的船台和工厂里源源不断涌出，潜艇战也不可能在战略上带来任何变化了。[48]

1943 年春，邓尼茨对盟国船队的破交战开始缓慢而不可逆转地走向失效，而美国对日本的破交战也同样不可逆转地越发有效。美国的潜艇战还没能形成洪流，但洪流迟早要来，而且最终会形成一场海啸。

# PART IV:

# ALLIED COUNTERATTACK

第四部分

# 盟国反攻

1943 年初，盟国夺回了战争的主动权。最后一批日军于 1 月撤离瓜岛；被围困在斯大林格勒的那些饥寒交迫的德国第六集团军残部于 2 月投降；北非战役于 5 月画上句号，25 万德意军在突尼斯投降。即使是在当时，安德鲁·布朗·坎宁安将军就说："历史学家们将会把 1943 年 4 月至 5 月视为钟摆摆过来的那一刻。"总体来说，这些事件改变了二战的面貌，盟国从而得以考虑——或者说是争论——下一步该如何做的问题了。

三个主要盟国从一开始就一致认为，纳粹德国是最主要的敌人。这对苏联人从来都不是问题，因为自从 1941 年 6 月德军入侵以来，苏联的存亡全系于苏德两国的战略态势之上。由此，苏联势必集中全部精力与资源于此，而对日本保持中立。然而，英国人和美国人面临的问题更为复杂，虽然英美原则上仍继续奉行"德国优先"战略，但事实上他们不得不在多个战场上作战，其面对的是一场全球性战争。除此之外，西方盟国仍缺乏受训人员、武器弹药，特别是缺乏海运力量，无法直接攻击欧洲的德军，这也是西方盟军选择登陆北非的原因。"火炬"登陆之后，与瓜岛一样，地中海也成了一个后勤黑洞，永不满足地吞食着人力和资源，以至于盟国很快就意识到，1943年年内无望登陆西欧。同一时期，在南太平洋，美军继续向日占区推进，美国人再也不说这些是防御性行动了。

这一时期，欧洲战事的激烈程度达到了新的高度——或者说是深度。1943年7月，德军试图重新夺回欧洲东线的主动权，他们投入了80万官兵和3 000辆坦克，发动了一场大规模钳形攻势（即"堡垒行动"）。苏军则于8月集中了200万官兵和8 000辆坦克展开反攻。而英语国家联合发动了"蛾摩拉行动"，对德国城市汉堡进行了大规模猛烈轰炸。在整整一个星期（7月24日至31日）的时间里，英国和美国的远程轰炸机向汉堡投下了9 000吨炸弹，炸死4.2万余人，摧毁了该城大部分地区，其中包括建造过"俾斯麦号"的布洛姆–福斯海军造船厂。另外永远不应忘记的是，就在这些事件发生的同时，数十万男人、女人和儿童正在纳粹死亡集中营里被系统性地屠杀。

在大洋上，英美盟军在地中海和南太平洋都开始了反攻。战场的地理环境迫使盟军不得不实施了一系列两栖登陆作战：从突尼斯跨越地中海登陆西西里岛的"哈士奇行动"，以及在所罗门群岛像爬梯子那样逐岛跃进的"马车轮行动"。在这些作战中，一条主线，也可以理解为后勤方面的瓶颈，就是对两栖登陆舰艇无止境的需求。

# 第 18 章

# 飞机和船队

回到太平洋战争刚刚爆发的那几天，日本陆基飞机在泰国湾外击沉了"威尔士亲王号"战列舰，这凸显了飞机在打击没有空中掩护的水面舰艇时的极高有效性。旷日持久的瓜岛战役证明了这一点，美军的亨德森机场和"仙人掌航空队"对挫败"东京特快"起到了至关重要的作用。1943 年春，最后一批日军撤出瓜岛后，南太平洋战事进入了一个崭新的阶段，而空中优势则继续展现出了重要性。

早在珍珠港之战时，日本人就已料定美国人最终会展开反攻，不过，对此早有打算的他们在南太平洋占领了无数岛屿，形成了一个能够相互支援的巨大网络，日军想迫使美军逐岛攻击这些坚固堡垒，从而拖垮美国人。在日本人设想的逐岛争夺战中，美军可能会赢得一些战术胜利，日方能接受这一可能性，但他们却坚信软弱的美国人将很快惧于巨大损失而同意日本的谈判提议，然后单独媾和。因此，在失去瓜岛之后，日军竭力加强这些前进基地，其中之一就是位于新几内亚岛北部的海港城市莱城，此城的日军已经感受到来自瓦乌的一支澳大利亚部队的压力。瓦乌位于新几内亚东部，距离海岸仅 50 英里。1943 年 1 月，日军派出了一支由 3 艘运输船组成的船队，在强大舰队的护航下将 4 000 名陆军从拉包尔运至莱城。2 月，山本再度批准增派一支规模更大的船队。这次，日军派出了一支由 8 艘运输船组成的船队，准备将 6 000 名陆军运至莱城，为船队进行护航的是木村昌福海军少将指挥的 8 艘驱逐舰，木村昌福留着海象似的、茂密下垂的八字胡须，会让人联想起英国陆军元帅霍拉肖·H. 基钦纳爵士，在"一战"期间那成千上万的征兵海报中，基钦纳元帅用挑衅的目光直勾勾地盯着观者，令人印象深刻。不过，这两人的胡子虽式样相似，这种相似性却不甚协调，给人以突兀之感。虽然船队能够得到零式战斗机的空中掩护，但木村昌福仍希望俾斯麦海阴晴不定的天气能为自己的船队再提供一层保护。不过，这难免会让像沙丁鱼一般挤在船上的日军士兵们更加难受。[1]

然而，恶劣的天气妨碍不到美国密码破译人员。此时，夏威夷情报站的人数已呈指数级增长，不久，该情报站就将有一个新名字：太平洋战区联合情报中心（JICPOA），其人数也将超过1 000 人。这让美国人得以截获更多密电，并极大加快了密电破译的速度。1943 年 2 月，该情报中心解读出的日军电文足够让他们立即向乔治·肯尼陆军少将发出日军即将增援莱城的预警，肯尼此时正在新几内亚东端的米尔恩湾指挥麦克阿瑟的航空兵部队。肯尼随即命令美国和澳大利亚轰炸机前去截击这支日军船队。3 月1 日，乌云蔽日，木村认为浓云能保护船队避开盟军飞机的侦察，但第二天，盟军侦察机还是发现了这支船队，其中一架飞机投下的炸弹正中载有 1 200 名士兵和 2 000 立方米弹药的日军"旭盛丸"运输船。炸弹引爆了弹药，剧烈的爆炸把该船送入了海底。两艘护航驱逐舰从海里救上来 875 名幸存者，随后加速先行，赶在整个船队前面将这些幸存者送至莱城。后来的事情表明，这些人反

1943 年 3 月 1 日，在俾斯麦海海战中，起火的"旭盛丸"

来源：维基百科

而成了幸运儿。[2]

又过了一天，3 月 3 日，肯尼派出 100 多架轰炸机，想要彻底歼灭这支日军船队。上午 10 点，天空万里无云，一场大战就此爆发。此时，日军船队已经驶入休恩湾，距离目的地仅有几十英里远。虽然日军船上的近 5 000 名士兵已经能看到水天线上的新几内亚岛海岸，但他们再也到不了那里了。

在这场空袭中，盟军采用了一种被称为"跳弹轰炸"的新战术。经过特殊改装的 B-25C"米切尔"式轰炸机几乎是贴着浪尖飞行，扔下的炸弹装有 5 秒延时引信，这样炸弹就会像小石头在平静湖面上打水漂一样在海面上不停弹跳前进，直至击中目标侧舷为止。盟军飞行员们声称，使用这种新战术投下的 37 枚炸弹中，有 17 枚命中了目标。一名护航舰上的水兵目睹运输船在盟军飞机的打击之下纷纷爆炸解体，他感到万分恐惧："这些运输船的桅杆坍塌下来，船桥炸成了碎片，船上的弹药也被引爆，整艘船都发生了大爆炸，一艘接着一艘。"[3]

与此同时，更大、飞得更高的 B-17 "空中堡垒"从 2 万英尺高空投下炸弹。虽然高空轰炸舰船的命中率较低，但还是有 2 枚炸弹命中了"爱洋丸"，其中一枚炸弹穿入锅炉舱里爆炸。"荒潮号"驱逐舰不得不停下来打捞幸存者，很快，这艘驱逐舰的甲板上就挤满了 500 多人。然而，这些人没能消停多久。美军 B-25C "米切尔"式轰炸机装有 8 挺 0.5 英寸口径的前射机枪，它们向"荒潮号"反复扫射。增田令二回忆了这场大屠杀："子弹和弹片把这艘驱逐舰打成了筛子。所有的蒸汽管都爆裂了。驱逐舰变得像沸水一样烫。""荒潮号"的舵卡住了，无法转向，最后与另一艘驱逐舰相撞。"爱洋丸"的幸存者们不得不再次弃舰。正当他们爬进救生筏和小艇时，美军轰炸机再次飞来扫射他们。增田令二回忆道："我们试图弃舰，但盟军飞机在驱逐舰桅杆那么低的高度飞行，用机枪扫射我们。"肯尼后来对于射杀水中幸存者给出的理由是：新几内亚岛距离交战海域是如此之近，这些日军官兵很可能乘救生艇抵达目的地，他们可以在那里作战并杀死美国人或者澳大利亚人。话虽如此，与两个月前"大舌头"莫顿下令摧毁救生艇一样，美军轰炸机这次用机枪扫射敌军幸存者的做法又是个活生生的例子，展示了战争的血腥是如何不断模糊着人类底线的。[4]

这还不算完。掩护船队的零式战斗机击落了伍德罗·威尔逊·穆尔中尉驾驶的 B-17，穆尔及其 11 名机组人员被迫跳伞。正当他们打开降落伞飘向海面时，3 架零式战斗机飞来用机枪扫

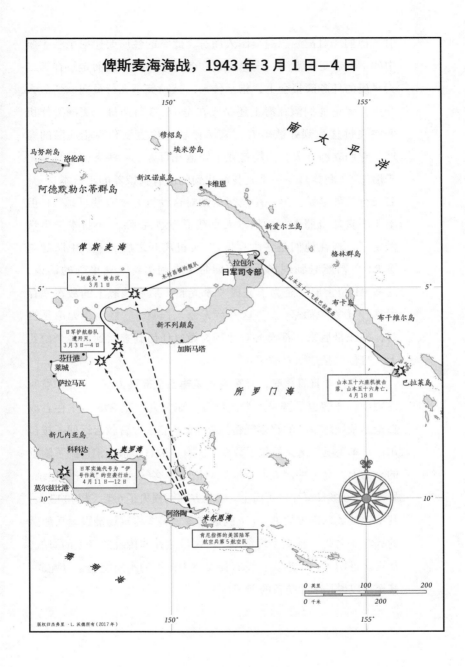

# 俾斯麦海海战，1943 年 3 月 1 日—4 日

南 太 平 洋

马努斯岛 洛伦高
阿德默勒尔蒂群岛

穆绍岛
埃米劳岛

新汉诺威岛
卡维恩

新爱尔兰岛
格林群岛

俾 斯 麦 海

木村昌福的舰队

拉包尔
日军司令部

布卡岛

布干维尔岛

山本五十六飞往巴拉莱岛

"旭盛丸"被击沉，
3 月 1 日

新不列颠岛

加斯马塔

所 罗 门 海

日军护航船队
遭歼灭，
3 月 3—4 日

芬什港
莱城
萨拉马瓦

巴拉莱岛

山本五十六座机被击
落，山本五十六身亡，
4 月 18 日

新几内亚岛
科科达

莫罗湾

日军实施代号为"伊
号作战"的空袭行动，
4 月 11 日—12 日

莫尔兹比港

阿洛陶

米尔恩湾

肯尼指挥的美国陆军
航空兵第 5 航空队

珊 瑚 海

0 英里 100 200

0 千米 200

版权归杰弗里·L.沃德所有（2017 年）

第 18 章 飞机和船队　　527

射了他们。对被激怒的美国人而言，此举的性质要比射杀救生艇中的幸存者更加恶劣，消息迅速在各个中队间不胫而走。在第二天早晨的任务简报会上，指示传来，鼓励美军飞行员向一切敌人开火，无论他们漂在海上还是飞在空中。3月4日，美国轰炸机低空飞过这片到处散落着爬满幸存者的救生筏和舰船残骸的海域，它们立即开火，当场打死不知道几百人。一些飞行员只是出于愤怒。"我就想……杀光我能找到的所有狗娘养的小日本。"一名飞行员如是说。另一些飞行员则对这种行为"有些反感"，但出于职责却也照做。肯尼本人直截了当地说道："小日本把事情做绝了，现在他们是咎由自取。"飞机离开之后，一个中队的美军 PT 鱼雷艇赶到现场，用塞缪尔·埃利奥特·莫里森的话说，这些 PT 鱼雷艇就是为了完成"杀光救生艇和残骸上的敌军幸存者这一任务"而来的，"这种行为令人作呕"。然而，无论是当时，抑或是后来，都没人对此行为做过任何调查，到了这个份儿上，打仗就是这么打的了。[5]

到3月4日日落时，日军 8 艘运输船全部被击沉，8 艘护航驱逐舰中的 4 艘也已葬身大海。仅有"旭盛丸"的 875 名幸存者成功抵达莱城。幸存的驱逐舰将另外 1 400 名幸存者救起运回了拉包尔；日军潜艇赶来又救起了数百人。有少数日军被海浪冲到了附近的小岛上，岛上的澳大利亚巡逻兵们毫不客气，立即展开了追杀。另外 3 000 多日军死在了海上。美国方面则损失了 6 架飞机和 13 人，其中包括威尔逊那架 B-17 上的遇难者。美军将这场摧毁运兵船队的战斗命名为"俾斯麦海海战"。这虽然并非传统意义上的海战，却再次证明了一个事实：没有强大空中掩护的水面舰艇十分脆弱，甚至可以说是毫无防备的靶子。[6]

***

这场战斗对双方都是重要的一课。战斗之后，山本决定用空中力量先发制人，削弱预期中的美军攻势。他在位于特鲁克的"武藏号"超级战列舰上的联合舰队司令部里制订并批准了"伊（い）号作战"计划，准备对盟军在南太平洋上的前进阵地发动大规模空袭。然而，山本却怀疑仅凭九六式和一式陆上攻击机能否给盟军造成战略性打击。山本的参谋长宇垣缠也在日记中忠实反映了其上司的偏见："我们对我军陆基航空兵的期望不能太高，部分是因为他们的悲观情绪太严重了。"为了弥补这种"悲观情绪"，山本坚持让舰载机部队也参与这场空袭。航母部队司令小泽治三郎很不情愿把舰载机调去执行这种任务，但山本却坚持只有如此才能对美国人造成有意义的打击。4月3日，山本和小泽飞抵拉包尔督战。虽然表面上充满期待，但山本事实上也十分现实。宇垣缠当天的日记就清楚地反映出当时日军中普遍存在的宿命论情绪："如果这次尝试的战果不能令人满意，我们在这一区域将永远无法胜利。"[7]

为了实施这场空袭，山本搜罗了350架飞机。这是个大数字，远远超过了肯尼用来摧毁日军莱城增援船队的飞机数量，不过，双方的航空兵却存在着诸多重要差异。其中之一便是，这场大规模空袭大多是由新手飞行员执行的，因为在此前的战役中，有经验的日军飞行员损失惨重。宇垣缠注意到，在一支拥有60名飞行员的战斗机航空队里，居然有44人从未飞过交给自己的机型。另一个区别是，许多日军飞行员的健康状况都成了问题，他们很多人患有登革热、腹泻，特别是疟疾。历史学家布鲁斯·甘布尔曾做过统计，"驻拉包尔的全部日军中，包括陆军、海军和航空兵，有95%在驻扎期间至少患过一次疟疾"。但即便如此，山本手中也没有别的好牌可打了。[8]

4月7日破晓前，"伊号作战"打响，177架日军飞机从拉包尔各机场腾空而起——110架零战护卫着67架轰炸机——前去攻击日军侦察机在瓜岛附近发现的31艘盟军舰船。这是日军自珍珠港之后组织的规模最大的一场空袭。有了密码破译人员和雷达的提前预警，美军得以严阵以待。得益于绰号"海蜂"的海军工程营，美军此时在瓜岛上拥有了3条简易跑道，美军从那里起飞了76架战斗机升空迎敌。在随后的战斗中，美机击落了12架零战和9架九九式舰载轰炸机。詹姆斯·E. 斯韦特陆战队上尉驾驶"野猫"式战斗机，一个人就击落了7架九九式舰载轰炸机，由此荣膺荣誉勋章。尽管遭到美军的顽强抵抗，日军机群还是突破重重拦截，成功攻击了图拉吉岛和瓜岛周围的盟国舰船。返航的日军飞行员们报称，本方总共击沉了10艘运输船、1艘巡洋舰和1艘驱逐舰。[9]

这个时候，双方的战场指挥官都知道，飞行员们的战果报告都不能全信。事实上，盟军的损失要少得多：仅有2艘运输船、1艘美军驱逐舰和1艘新西兰皇家海军的轻型护卫舰。尽管如此，山本仍在这一战略上双倍下注，4月11日，他派出94架飞机空袭奥罗湾，12日派出174架飞机空袭莫尔兹比港，又于14日派出188架飞机空袭米尔恩湾。山本原本是较早认识到航空母舰战略重要性之人，可他竟决定用受过特殊训练而且日渐稀少的舰载机飞行员去攻击敌人的固定基地，而不是把他们留下来用于未来的航母会战，这倒是件很奇怪的事。英国历史学家斯蒂芬·罗斯基尔对此总结道："这是滥用航空力量的典型例子。"[10]

尽管战果并不尽如人意，但山本还是宣布"伊号作战"大获全胜。虽然他个人对飞行员夸张的战果报告心存疑虑，但还是照单全部呈递给了东京，在那里，报纸声称日本军队又赢得了一场"大捷"，连天皇也表示"甚慰"。然而，山本清楚，这些空袭给盟军造成的打击不足以挫败甚至不足以延迟其攻势。日军已经别无选择，唯有转为战略防御，即日本陆军支持的策略：死守每一个前哨基地，哪怕它们逐一落入敌手也在所不惜，因为这势必让美军遭受惊人损失，而这一过程一定会消磨掉美国人坚持作战的意志。为了鼓舞那些注定要为这一战略而殉葬的日军官兵的士气，山本决定亲自视察这些前哨基地，表明高层没有忘记他们。山本此行的第一站是巴拉莱岛，这座小岛位于布干维尔岛东南端，岛上有一座日军航空兵基地。*

***

4月14日星期三，阿尔瓦·拉斯韦尔陆战队中校正在珍珠港舰队无线电部门的地下室里埋头工作着，突然，他从椅子上一跃而起，大声喊道，"我们中头彩了！"拉斯韦尔手中挥舞着一份部分破译的日军密电，内容看起来像是日本联合舰队司令长官山本五十六视察前线的行程安排。在拉斯韦尔激动欢呼之后，密码破译小组的其他成员全都来帮他一起破译了日军密电的剩余部分，他们终于理出了头绪，山本预定于4月18日早晨6点乘坐一架中型攻击机——可能是一式陆上攻击机——离开拉包尔，届时将有6架零战为其护航。山本将于当日早晨8点飞抵巴拉莱岛，先在军事基地短暂视察，再去医院探望伤病员，然后于上午11点再次启程，前

---

* 巴拉莱岛发生了另一场战争暴行。攻陷新加坡之后，日军将500余名英军战俘运至巴拉莱岛，并强迫他们修建机场。在机场完工之后，日军让这些英军战俘站成一排，全部处决。

往下一站。阅读密电之后，一个密码破译人员喃喃自语道："我希望我们能干掉这个狗娘养的。"[11]

埃德温·莱顿海军中校立即将这份破译的密电交给尼米兹。莱顿回忆，尼米兹阅后抬起头问道："我们要试着干掉他吗？"有人持反对意见。一方面，亨德森机场距离布干维尔岛近 400 英里，这已经超出了美军战斗机的最大作战半径。唯一可能一试的机型是美国陆军的 P-38 "闪电"，因为采用了独树一帜的双尾撑设计，这种机型极易识别。但由于距离过远，即便是 P-38 "闪电"也只能外挂副油箱后才有可能飞抵。更别提另一个可能的大麻烦：一旦一个中队的美国战斗机突然出现在离盟国基地这么远的空域，又恰恰遇上日本舰队司令山本五十六，这势必会让日本人怀疑美军已经成功破译了自己的密码。到时候，日军一定会更换密码，盟军就会失去这一无价的情报来源。干掉山本真的有这么重要吗？最后，还有一个道德问题：打仗每天都会死人，但这种针对具体个人的袭击更像是一场暗杀。美利坚合众国难道真要这么做吗？[12]

经过一番深思熟虑，尼米兹最终认定：击毙山本是一场合法的军事行动，而且益处超过风险。*若能实现，则可能会给日军的士气和战斗力带来巨大的打击，更何况其中还有复仇的因素（美国人

---

\* 二战后流传着一则传闻：关于袭击山本的法律和道德后果问题，尼米兹当时专门请示了华盛顿，美国海军部长弗兰克·诺克斯连夜进见罗斯福，两人就此问题商讨到半夜。据传闻，是罗斯福亲自拍板决定干掉山本。如果这则传闻属实，则又找不到任何可信的记录：无论是尼米兹请示华盛顿，还是诺克斯和罗斯福的半夜密谈，还有华盛顿发出命令的记录。当然，还有一种可能：全部命令和记录都被销毁了。但更有可能的推论是尼米兹自行做出了干掉山本的决定。

当时已经知道山本五十六是"珍珠港事件"的主要策划者）。

尼米兹将命令下达给了哈尔西，哈尔西又转达给了此时指挥"仙人掌航空队"的马克·米彻尔。"仙人掌航空队"此时已经有了一个正式的番号：所罗门航空兵司令部（AirSols）。4月17日，米彻尔在瓜岛上找来了十余名美国陆军P-38飞行员。当飞行员们得知山本将于次日早晨8点整飞临巴拉莱岛时，不禁对这么精确的时间预测十分好奇。他们想，即使山本果真准时飞临巴拉莱岛，那要不要等其座机飞临日军机场上空时再击落它？或者干脆等其落地以后再进行伏击？经过一番讨论，他们最后决定在空中将目标击落，希望山本死于坠机和爆炸。美国陆军少校约翰·W. 米彻尔率领18架P-38当天晚上从瓜岛起飞，飞行一整夜之后，于次日早晨7点25分抵达了布干维尔岛附近的预定位置。[13]

山本五十六分秒不差地抵达了这一空域。发现日军飞机编队后，P-38飞行员们纷纷抛掉副油箱，分成两队。约翰·W. 米切尔率领着除4架飞机外的主力爬高占位，准备俯冲下去与随时可能从附近的日军卡希利（Kahili）机场赶来支援的零战搏斗。托马斯·乔治·兰菲尔上尉则率领其余4架战斗机冲向2架日军轰炸机，见此架势，2架日军轰炸机立即分散开来：一架往内陆方向飞到了布干维尔岛上空，而另一架则径直飞向大海。见状，兰菲尔及其僚机飞行员雷克斯·T. 巴伯中尉立即对逃往布干维尔岛的轰炸机展开追击。兰菲尔挡开了护航的零战，而巴伯则紧紧咬住日军轰炸机。巴伯击中了轰炸机的尾部，他亲眼见到"方向舵和很大一块垂直尾翼掉了下来"。这架一式陆上攻击机翻滚着栽进布干维尔岛茂密的热带雨林之中爆炸了。[14]

巴伯随后调整方向，加速追击另一架轰炸机。毕竟谁也不知道山本坐在哪一架飞机上。巴伯和其他飞行员在大海上追逐着这架

坠落在布干维尔岛密林中的山本五十六座机一式陆上攻击机残骸

来源：维基百科

日机，它飞得是如此之低，螺旋桨在海面上都激起了浪花。几个美军飞行员集中对付不断纠缠上来的零战。又是巴伯，他和贝斯比·霍姆斯（Besby Holmes）中尉都精准地击中了这架敌机。二人的 0.5 英寸机枪和 20mm 机炮火力全开，霍姆斯看到子弹射入日军轰炸机的机身，还听到了子弹击中的声音，可这架一式陆上攻击机就是不坠落。"该死的，快爆炸啊！"霍姆斯咆哮道，"你要我怎么办？"最后，日军轰炸机的"右引擎整流罩终于冒出一股浓烟，接着就是一团橙色的火焰"，最终坠入了大海。约翰·W. 米切尔在高空目睹了这一切，然后用无线电呼叫战友们："任务完成。全体返航。"[15]

　　事后，美国人故意宣称，是一名澳大利亚海岸瞭望员报告称发现一支日本机群沿布干维尔岛纵轴方向飞行，是他的报告促使美军决定派一个战斗机中队前去攻击。掩饰奏效了，日军没有更换密码。

战斗时，山本坐在第一架轰炸机上，也就是坠入雨林的那架。几乎可以确定，在飞机坠地之前，山本就已经死了，因为日军在找到遗体时，发现他的头部有一处0.5英寸机枪留下的致命伤。宇垣缠乘坐在另一架一式陆上攻击机上，也就是坠向大海的那一架，尽管受了重伤，但他幸存了下来。他在整个余生之中都没有真正原谅自己，因为他敬爱的山本长官死了，而自己却苟活了下来。日本人将山本被击毙的消息封锁了一个多月。日本政府最终在5月22日将山本的死讯公之于众，报道说他的尸体坐得笔直，戴着白手套的手还握着佩剑的剑柄。他的骨灰被送回东京。6月5日，日本政府为其举办了一场盛大国葬，极尽哀荣，日本和德国政府为其追授了最高荣誉和勋章。日本授予其大勋位菊花大绶章，而德国则追授双剑银橡叶骑士铁十字勋章，其间差异仅仅是两国文化不同而已。[16]

接替山本出任联合舰队司令长官的是古贺峰一海军大将。他是个缺乏个性的战列舰军官，长期在行政机构和军令部中工作。他飞至特鲁克，坐进了"武藏号"上曾属于山本的办公室。刚刚接任时，古贺峰一还想过要与盟军展开一场舰队决战，但很快他就转向了一种不可避免的现实策略：尽力保存实力，以期在将来美军逼近菲律宾时，对其来场重大打击。其实，就算山本没死，日军也无力回天了，因为旷日持久的瓜岛战役让日军损失了大量的舰船和飞机，特别是飞行员损失数量惊人，这已经改变了南太平洋战事的走向。尽管如此，中途岛大战爆发一年零一天之后，山本五十六的葬礼成了一个标志性事件，它象征着太平洋战争的主动权完完全全、不可逆转地落入了美国人的手里。

古贺峰一海军大将在 1943 年 4 月山本死后成为日本联合舰队司令长官。虽然古贺峰一渴望与美国人打一场大决战并争取获得"决定性的胜利"，但他也现实地意识到，在所罗门群岛蒙受的巨大损失已令这种"决定性胜利"失去了可能

来源：美国国家档案馆（照片编号：80-G-35135）

＊＊＊

在彻底解决北非战事方面，盟国的空中优势也是关键性的因素。在北非，隆美尔的轴心国部队有了一个新名称：非洲集团军群，下辖德军第五装甲集团军和意大利第一集团军。这个名称听起来很大，但实际上已是朝不保夕。东面，蒙哥马利的英国第八集团军正高歌猛进，美军则从西边杀来。正如本书第 16 章中所指出的，1943 年 2 月，隆美尔试图夺回北非战场的主动权，在凯塞林山口攻击了美军，但终因缺乏后勤补给而无力将起初的胜利持续下去。此后，隆美尔又将进攻矛头指向英国第八集团军，打算从那个方向阻止敌人进攻，但他的抢先进攻未能取胜。到了 1943 年 3 月，他已被压缩到了突尼斯城和比塞大周围的狭小地区，地盘越收越小。隆美尔发现，他本已处于严重劣势的部队越来越难以获得补给了。

盟军"火炬行动"之初，德国人严重依赖空运来集结部队，但飞机只能运来人员，却无法运来足够支撑这些人员的补给物资。这一点只有靠大量船只才能做到。1943年1月至2月轴心国运到北非的14.4万吨弹药和补给中，仅有不到6%（8 000吨）是空运来的，其余都是穿过地中海的狭窄腰部海运而来。由于盟军持续从空中和海上攻击轴心国船队，能够送达北非德意军手中的补给物资数量锐减。轴心国的海运能力已经达到了极限，濒临崩溃，因为不仅是北非隆美尔的人，阿尔巴尼亚、希腊本土和希腊诸岛也需要补给，他们甚至还需要通过黑海为克里米亚半岛运送补给。轴心国缺乏足够的舰船来实现这一切。据纳粹德国运输补给方面的负责人估计，北非的军队每月需要14万吨补给物资。然而，2月的实际送达量仅为6.4万吨，不到这一需求量的一半；3月更骤降为4.3万吨；4月只剩下2.9万吨。德军还在继续向突尼斯运送人员，3月又运来3万援军，但既无法给他们的车辆加油，又无力喂饱他们。[17]

事实上，出海的轴心国补给船只基本都是有去无回。3月7日，隆美尔放弃对蒙哥马利的反攻次日（同时也是乔治·肯尼的轰炸机在俾斯麦海全歼日军船队三天之后），美军的B-25轰炸机在14架战斗机的护航下，在突尼斯东北端的邦角半岛东北方发现一支意大利船队，击沉了其全部3艘货船及1艘护航舰。5天后，英军一个中队的"波弗特"式轰炸机击伤了载着4 000吨宝贵燃油的"斯忒洛珀号"油轮。这艘油轮倒是没沉没，它挣扎着回到了西西里岛北岸的巴勒莫港，此后再也没去过突尼斯。盟军飞机摧毁了很大一部分轴心国船只，而马耳他的英军潜艇和水面舰艇则歼灭了剩下的漏网之鱼。3月，轴心国在地中海损失了36艘船，其中盟军飞机摧毁18艘，盟军潜艇则干掉16艘。坎宁安将军感叹道："这些意大利水手在危机四伏之下，仍然还能操船。"[18]

与此同时，盟军的重型轰炸机还沉重打击了船只装卸货物的港口。从那不勒斯或巴勒莫起航的轴心国船只，有些好不容易躲过危险抵达北非，却在突尼斯城或比塞大卸货之时遭遇不测。到3月底，意大利的商船已被摧毁殆尽，仅存的船只也经常由于燃油不足而延迟起航。由于严重缺乏运输船只，与瓜岛的日本人一样，意军也不得不动用驱逐舰和护航驱逐舰将人员和补给从意大利运往北非——至少有2艘意大利驱逐舰在那不勒斯与突尼斯城之间跑了13个来回。然而，此举的代价极其高昂：有23艘意大利驱逐舰被盟军消灭。3月中旬，邓尼茨前往罗马与意大利海军参谋长里卡尔迪会面，会谈内容清楚地反映出轴心国的绝望程度。邓尼茨竟然提议道："如果没有足够的小型舰船来运送补给的话，就必须动用潜艇了。"要知道，长久以来，邓尼茨一直坚持潜艇只能用来击沉盟国船只，绝不能挪作它用。这一反常主张乍听来令人错愕，里卡尔迪简直不敢相信自己的耳朵，他试着向邓尼茨确认道："是运送补给吗？""没错，"邓尼茨答道，然后又补充道，"巡洋舰也用上，让它们装上补给快速往返。"[19]

他们这么做了，但已于事无补。3月，北非的意军官兵开始向德国盟友乞食，到了4月，德军也已无余粮。几乎同样糟糕的是，他们的燃油只够每辆车行驶40英里左右，大多已动弹不得。隆美尔曾经所向披靡的"非洲军团"已经日薄西山。

隆美尔意识到自己在北非已经站不住脚了，于是在3月9日飞回柏林面见希特勒，恳求改变策略。但是与以往一样，希特勒不为所动，再次坚持北非部队必须战至最后一人一弹。不过，希特勒并没有让隆美尔回去收拾残局，而是让其留在柏林，转而把这个遭骂的岗位交给了汉斯-于尔根·冯·阿尼姆将军，要他去指挥注定要失败的非洲集团军群。

阿尼姆想要更多地依靠空运来解决航运不足的问题。4月，德国空军每天从意大利本土和西西里岛出动200架次飞机空运人员和物资增援非洲集团军群。阿尼姆把21架巨型的六引擎梅塞施密特-323运输机当成"飞行油轮"使用，该型飞机每次可以装载10吨燃料。4月22日，这些运输机第一次执行此类任务便惨遭不测，英美战斗机蜂拥而来，击落了16架。这些满载易燃物的飞机在中弹后猛烈爆炸，像火炬一样燃烧着坠入大海。然而，空运即便成功，也不足以解决阿尼姆严重的燃料短缺。[20]

希特勒命令阿尼姆的部队死守，但盟军无从知道这一点，他们担心德军会逃回去然后卷土重来。为了避免这种情况，坎宁安下令发动"复仇行动"，在突尼斯与西西里岛之间所有可能的逃跑路线上部署了驱逐舰，命令是："击沉、烧毁、消灭。不得放一个敌军过去。"的确，非洲集团军群已是插翅难飞。5月13日，阿尼姆接受了不可避免的事实，率领麾下的25万德意官兵投降。阿尼姆本人在美国密西西比州的克林顿战俘营中度过了二战剩余的岁月。5月12日会见里卡尔迪将军时，邓尼茨直言不讳："我们在北非失败，就是因为补给体系不力。"[21]

美国人花了6个月把日本人撵出了瓜岛，而英美盟军（以及新组建的"自由法国"军队）同样花了6个月把轴心国赶出了非洲。不可否认的是，盟国在北非投入的军队规模更大，付出的伤亡代价也更高——只有2万美国人死于瓜岛战役，牺牲在北非的盟军官兵则超过了7万。\* 然而，这两场战役有一个共同点，那就是严重依

---

\* 伤亡数字能清晰地反映出英军在北非战场上的主导作用。在整个北非战役中，死、伤和失踪的英军总人数达到了3.8万人，而法国和美国则各自损失了约1.95万人。

赖海运，正是盟国在战争工业这一关键领域的优势帮助它们赢得了最后的胜利。[22]

美国在瓜岛和北非两场战役中大获全胜，这使得二战的两大战区都开始向有利于盟国的方向发展。北非的胜利使盟军得以重启直布罗陀到苏伊士运河这一至关重要的海上交通线。1943 年 5 月 17 日，一支盟国船队离开直布罗陀，9 天后抵达埃及的亚历山大港，无一损失。在打赢了这两场战役之后，盟国开始面临一个新的问题：下一步要往何处去。

\*\*\*

早在北非战役尚在进行中时，英语盟国就于 1943 年 1 月举行会议商讨这一问题。罗斯福、丘吉尔以及各自的高参顾问齐聚摩洛哥卡萨布兰卡的一个小宾馆，取得了诸多成功。其中之一便是成功撮合了亨利·吉罗和夏尔·戴高乐，这两位法国将军都是"自由法国"的领导人，但彼此之间颇有嫌隙。达尔朗在一个月前遇刺身亡，亨利·吉罗和夏尔·戴高乐的"闪电式结合"为"自由法国"官兵正式加入英美一方参与北非战役的后续作战扫清了障碍。1943 年 6 月，就连戈德弗鲁瓦将军的那支法国舰队也主动宣布加入盟军。他们自从 1940 年以来就一直停泊在亚历山大港，处于自我软禁的状态已接近三年。还是在卡萨布兰卡，罗斯福公开宣布：除无条件投降外，盟国不接受轴心国的任何提议。这一宣言无论在当时还是后来都引起了巨大的争议，批评者们认为，罗斯福的这一要求可能会摧毁纳粹帝国内部推翻领导层谋求议和的努力。无论这一批评有没有道理，盟国的战略策划者们还做出了一个影响更加直接的决定：在地中海继续保持攻势，对西西里岛发动大规模两栖攻

1943 年 1 月的卡萨布兰卡会议上，富兰克林·罗斯福和温斯顿·丘吉尔趁着拍照的间隙审阅一些文件。罗斯福身后是欧内斯特·J. 金和乔治·C. 马歇尔。立于马歇尔右侧的是达德利·庞德元帅，照片最右边的那位海军中将则是路易斯·蒙巴顿

来源：美国海军历史与遗产司令部

击，即"哈士奇行动"。[23]

　　美国人原本倾向于在解决北非战事后，就向英国本土集结部队，准备渡过海峡登陆德占法国。但现在很明显，1943 年内登陆法国已不可能。于是，美国人逐渐认可了英国人更加现实的观点，组织已经身处北非的 50 万盟军一鼓作气登陆西西里岛，而不是费力搜集几千艘船把他们送回英国。即便如此，这还是让美国人深为失望，而且肯定会激怒约瑟夫·斯大林。当苏联红军几乎凭一己之力与绝大部分德军苦战时，英美盟军却决定要登陆地中海上的

一座意大利岛屿。丘吉尔一贯喜欢把南欧称为轴心帝国"柔软的下腹部",但即便如此,用艾森豪威尔的海军副官哈里·布彻的话来说,登陆西西里岛只是"在柔软下腹部的肚脐眼上咬了一小口"而已。[24]

其实,英国人最初的主张是先登陆撒丁岛,再以该岛为跳板登陆法国南部海岸。不过,与之相比,西西里岛离突尼斯更近,而且更不容易成为另一个大量吞噬盟国资源的黑洞。纵然如此,撒丁岛在盟军的下一步进攻计划中仍有一席之地,不过其角色却值得玩味。英国情报军官尤恩·蒙塔古海军少校构思了一个计划,以误导轴心国相信盟军下一步的进攻目标要么是撒丁岛,要么是希腊,或者同时攻击这两处。为了实施这一构想,蒙塔古率领其团队进行了紧锣密鼓的准备,他们首先虚构了一位军官,起名为威廉·马丁,身份是英国皇家海军陆战队少校,并为其精心制作了身份证件。他们弄到了一名刚刚病故的威尔士人的遗体,为他穿上军装,把证件放入军装口袋中,再用手铐把一个密封公文包铐在他手上。公文包里放入了一份精心伪造的公文,内容虽然是虚构的,但看起来却非常逼真,暗示盟军将在撒丁岛登陆。之后,他们在西班牙的加的斯外海悄悄地扔下了这具尸体,盟军的一架"卡特琳娜"远程水上飞机几天前刚刚在这里坠毁。这具尸体被海浪冲上西班牙海岸,西班牙当局小心翼翼地将文件从"威廉·马丁"的公文包中取出,复印交给了德国人,再将原件重新放进公文包,最后把遗体交给了英国驻西班牙大使馆。这份公文的复印件几经辗转被呈递到了希特勒的面前,希特勒对其真实性深信不疑。虽然意大利海军司令部的一份研究明确指出"盟军的下一个目标将是西西里岛",但希特勒却坚持认为对手即将剑指撒丁岛和伯罗奔尼撒半岛。最后,轴心国向这些地点以及科西嘉岛派遣了援军,进一步分散了防御力量。[25]

5 月，就在阿尼姆投降几天后，罗斯福和丘吉尔再次举行会晤。*在华盛顿举行的这次"三叉戟会议"上，丘吉尔想要重演卡萨布兰卡会议的外交胜利，辩称英美盟军应当在夺占西西里岛之后，继续在地中海作战，登陆意大利本土，逼迫其退出战争。但是这次，罗斯福和美国人把他顶了回去。乔治·马歇尔素来平和，但这次他不耐烦地反驳道：与其先逼迫意大利退出战争，倒不如聚焦于如何"逼迫德国人退出战争"。金也表达了自己的忧虑，和北非一样，登陆意大利可能会形成一个"真空旋涡，会把我们的部队全部吸进去"。不过，金可能已经注意到，瓜岛也被证明是这样一种"真空旋涡"。这次，美国人要求丘吉尔明确承诺于1944 年春季渡过英吉利海峡发动进攻。此时，盟国的绝大多数军用物资都产自美国，罗斯福和马歇尔因而在会谈中拥有莫大的底气。最后，丘吉尔被迫承诺，保证支持英美盟军于 1944 年 5 月 1日登陆法国北部。[26]

至于意大利，英美两国首脑一致决定：既然很多后续行动要取决于"哈士奇行动"的成功程度，那么最好让地中海战区盟军最高指挥官德怀特·D.艾森豪威尔来决定是否登陆意大利靴形半岛。[27]

---

\* 根据相关资料，阿尼姆的投降时间为 1943 年 5 月 13 日，而"三叉戟会议"召开于此前一天。——译者注

# 第 19 章

# "哈士奇行动"

西西里岛是地中海最大的岛屿。它状如三角形，像一个头向右歪的金字塔，西西里的战略地位来源于它重要的地理位置：它扼守着狭窄的突尼斯海峡。岛屿的西南角距离北非的邦角半岛只有不到100英里，东北角则直指意大利这只"靴子"的"靴尖"，中间的墨西拿海峡最窄处不到2英里。盟军原本可以考虑在西西里岛"金字塔"的东北端登陆，从而切断轴心国守岛部队与欧洲大陆的联系，将其一网打尽。这原本会是很大胆的一步棋，但经历了北非久战的盟军计划人员却没那么大胆。因此，所谓"141小组"（这是他们在阿尔及尔圣乔治宾馆开会的房间号）制定的方案为：在西西里岛"金字塔"的东西两侧选择数个相距较远的登陆场上岸，英军在东海岸的卡塔尼亚附近，美军则在西北部的巴勒莫。之所以如此选择，部分是因为墨西拿海峡处于从北非起飞的盟军战斗机的作战半径之外。

这时，德怀特·艾森豪威尔还埋首于突尼斯战役中，在方案制定过程中几乎没发挥什么作用，只是给完成的事情盖个章。艾森豪威尔作为盟军统帅，他最擅长的其实是对人的管理。他经常扮演裁决者和协调者的角色，特别擅长解决——至少是淡化——各国和各支友军之间的纠纷，以及调解那些暴躁的陆海空军指挥官个人之间的争执。尽管如此，"141 小组"拿出的方案也还是未能让方方面面都满意。[1]

　　刚刚返回地中海接替亨利·哈伍德担任海军总指挥的安德鲁·布朗·坎宁安喜欢这个方案，主要是因为它要求先夺取轴心国的机场，还要攻占巴勒莫，那里有个有用的港口。然而，陆军的指挥官们却觉得这个方案不仅麻烦，甚至危险，因为地面部队将被分置于岛屿的东西两端，中间相隔约 100 英里的崎岖山地。蒙哥马利尤其不满意，称其为"一团混乱"。蒙哥马利坚持要集中攻击西西里岛这个"金字塔"的东南角，其中英军在东边的阿沃拉附近登陆，美军则负责在南侧的杰拉湾上岸，而一个加拿大师将负责攻击英美两个登陆场之间的帕基诺。蒙哥马利的方案完全略过了巴勒莫。

　　虽然蒙哥马利隶属于地中海盟国陆军最高指挥官、英国陆军上将哈罗德·亚历山大，更是艾森豪威尔的下级，但他在提交方案时简直就是在发最后通牒，而且毫无惧色。蒙哥马利告诉他们，自己的方案是"唯一可行的办法"。"如果我们实施既定方案，那么必将失败，"蒙哥马利宣称，"而我的方案将会成功。"按照蒙哥马利的想法，当其指挥的英国第八集团军在阿沃拉附近登陆时，在杰拉湾登陆的美军和在帕基诺登陆的加军可以掩护第八集团军的左翼，这样，没了后顾之忧的蒙哥马利就可以向北直插过去，直捣墨西拿。虽然美军自从 2 月的凯塞林山口惨败以来也取得了令人赞叹的长足进步，但很多英国人，包括蒙哥马利，仍然认为美军士兵只能用来扮演配角，而一旦必须与德国陆军正面对抗，那还是得靠英军士兵来啃硬骨头。虽说蒙哥马利后来赢得了这场争论，但他却几乎把人得罪光了。坎宁安对庞德抱怨道："蒙哥马利有点讨厌；他看

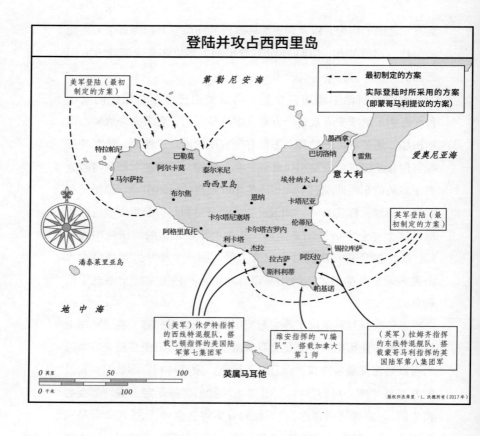

登陆并攻占西西里岛

- - - ◄ 最初制定的方案
——— 实际登陆时所采用的方案
（即蒙哥马利提议的方案）

第勒尼安海

美军登陆（最初
制定的方案）

特拉帕尼
马尔萨拉
巴勒莫
阿尔卡莫
泰尔米尼
布尔焦
西西里岛
恩纳
卡尔塔尼塞塔
阿格里真托
卡尔塔吉罗内
利卡塔
杰拉
拉古萨
斯科利蒂
帕基诺

墨西拿
巴切洛纳
雷焦
意大利
埃特纳火山
卡塔尼亚
伦蒂尼
阿沃拉
锡拉库萨

爱奥尼亚海

英军登陆（最初
制定的方案）

潘泰莱里亚岛

地 中 海

（美军）休伊特指挥
的西线特混舰队，搭
载巴顿指挥的美国陆
军第七集团军

维安指挥的"V编
队"，搭载加拿大
第1师

（英军）拉姆齐指挥
的东线特混舰队，搭
载蒙哥马利指挥的英
国陆军第八集团军

0 英里　　　50　　　100
0 千米　　　　100

英属马耳他

版权归杰弗里·L.沃德所有（2017年）

起来总是认为他自己想要的都是理所应当，好像每个人都要按照他的曲调来跳舞一样。"在一次会议上，坎宁安受够了没完没了的争吵，于是大声说道："如果陆军不同意，那就让他们去单干吧。"[2]

坎宁安的气话凸显了一个显而易见的事实：陆军——确切地说是全世界的陆军——都无法"单干"。希特勒早在1940年"海狮计划"的制订和搁置过程中就深刻体会到了这一点，海军在任何两栖作战中都扮演着关键角色。德国非洲军团由盛而衰到最后在突尼斯投降的过程也证明，无论战绩多么辉煌，指挥多么英明的陆军部队，一旦失去海上后勤支援便无法维持。进攻西西里的第一步就是要把所有战争物资从英国和美国运至北非的各个港口卸载，途中他们必须突破由轴心国潜艇和飞机组成的"铁外套"。其中，来自空中的威胁尤甚。此时，虽然意大利的海上空袭已基本不足为惧，但德军却在撒丁岛、科西嘉岛和西西里岛上部署了合计近1 000架作战飞机，它们必定会攻击驶往北非港口的盟国船队。[3]

盟军为进攻西西里，即"哈士奇行动"，投入了7个师，16万人、1.4万车辆、600辆坦克、1 800门各式火炮以及食品、燃料和弹药。为了将这支庞大的远征军运至敌占海岸并站住脚，盟军集结的海军力量让此前所有的舰队，甚至是登陆北非的舰队都相形见绌。共有2 590艘盟国舰船以及数百艘小型登陆艇将参加西西里岛登陆战。其中绝大多数舰艇来自美英两国，还有一些来自比利时、荷兰、希腊、挪威和波兰。这是有史以来规模最大的一次海军集结。[4]

坎宁安是这支海军部队的最高指挥官。他在当年1月晋衔为英国皇家海军元帅（其军衔与第一海务大臣达德利·庞德和英国国王乔治六世相同），比美国陆军四星上将*艾森豪威尔还要高一级。不过，坎宁安完全接受艾森豪威尔的领导。正如坎宁安在北非战役期间所言，"能跟着艾森豪威尔打仗是我们的荣幸"。诚然，坎宁安无法做到像1805年在特拉法尔加的纳尔逊勋爵和1916年日德兰的约翰·杰利科爵士那样亲自"指挥"来自各国的海军部队。与艾森豪威尔一样，坎宁安的主要工作也是协调——协调并穿梭于其"麾下的"数百个单位之间，他最早在阿尔及尔圣乔治宾馆的房间

---

\* 美国军队的四星上将相当于英国军队的上将军衔，美国军队的五星上将相当于英国军队的元帅军衔。——译者注

里就开始这样"指挥"了。(顺便提一下,地中海战区美国海军指挥官、此时已经晋衔为海军中将的亨利·肯特·休伊特就住在他隔壁。)登陆战打响后,坎宁安和艾森豪威尔两人一道前往马耳他指挥,其办公和居住地点就位于某一个港口地下满是沙蚤的防空洞里。对于坎宁安这样的老水兵来说,这种环境相当难受。[5]

登陆战正式打响 9 天前的 7 月 1 日,坎宁安派出一支由 4 艘战列舰和 2 艘航母组成的掩护舰队(代号为"H 编队")驶向东边,部分是佯动,部分也是希望诱出意大利剩余舰艇。然而,意大利人并没有上钩。除了燃料短缺之外,还有一个原因,那就是盟军于 6 月 5 日空袭了罗马西北 250 英里处的拉斯佩齐亚军港,击伤了 3 艘战列舰,这样意大利海军仅剩下 3 艘小型战列舰和 5 艘轻巡洋舰可以作战了。除此之外,为了向突尼斯运送后勤物资,意大利海军过度使用驱逐舰,并损失惨重,此时仅剩下 10 艘可用驱逐舰来护卫大舰了。不仅如此,意大利最高统帅部的一些人已经开始寄望于与盟国和谈的可能性,并试图尽可能多地保留意大利海军实力,作为谈判的筹码。

地中海里还游弋着数艘意大利潜艇和 6 艘德国潜艇,它们还在竭力干扰盟军舰队的集结。6 月 22 日,德国潜艇 U-593 击沉了 2 艘美国货船。一周后,U-375 击沉了菲利普·维安海军少将"V 编队"的 3 艘运输船,当时它们正载着加拿大第 1 师从直布罗陀驶向马耳他。虽然人员伤亡很少,但加拿大人损失了很多火炮。盟军进行了反击。在接下来的几周里,英国和美国的护航舰艇总共击沉了 13 艘潜艇——包括 9 艘意大利潜艇和 4 艘德国潜艇——这极大地消除了轴心国潜艇带来的威胁。[6]

坎宁安坐镇马耳他运筹帷幄,进攻舰队的战场指挥权则下放给了另两人:敦刻尔克大撤退的英雄伯特伦·拉姆齐指挥东线(英国)特混舰队,搭载蒙哥马利的第八集团军;曾组织过摩洛哥登陆的休伊特负责指挥西线（美国）特混舰队，搭载巴顿的第七集团军。与坎宁安一样，休伊特对修订后的作战计划也顾虑重重。因为如果不先夺取巴勒莫，他就不得不在海滩上补给巴顿的 3 个师。这意味着要在没有码头和重型吊车的条件下将 7.5 万美军所需的食品、燃料和弹药卸到海滩上。这些问题很让人头大，却是可行的。这主要归功于一系列全新设计的舰船，它们的出现是舰船设计和两栖作战领域革命性的里程碑。

＊＊＊

在 8 个月前的北非，"火炬行动"中的盟军舰船完全是七拼八凑来的，其中包括汽车渡轮和客运班轮，其结果发人深省。正如美军卢西恩·特拉斯科特陆军少将指出的那样，"火炬行动"时的登陆作战"完全是听天由命，如果遇到一支作战坚决、装备精良的敌军，其结果将是灾难性的"。组织人员下船登岸的过程就已经非常混乱了，卸载吉普车、卡车特别是坦克更是个大难题。正如英国人在迪耶普战斗中学到的那样，让坦克在敌人海滩登陆是一件异常艰难的任务。这些经历促使英国和美国的舰艇设计人员创造出符合这些需求的舰艇，其结果便是整整一个"家族"两栖登陆专用舰艇的诞生，依惯例，其中每一种舰艇都可以用字母缩写来标识。[7]

其中最大和最重要的当数坦克登陆舰（LST）。坦克登陆舰巨大、缓慢、造型难看，却是专为解决让大量重型坦克在敌军滩头上登陆这一难题而设计的。在此之前，执行该任务的是一种小得多的机械化登陆艇（LCM）或"迈克艇"（Mike boat），人们通常会称其为"坦克驳船"。一艘机械化登陆艇仅能运载一辆 30 余吨重的"谢尔曼"坦克。很显然，在敌人设防的海滩上一次登陆一辆坦克是不足以压倒意志坚定的敌人的。相比之下，坦克登陆舰山洞般的车库能够同时容纳 20 辆"谢尔曼"坦克或 30 辆两吨半重的军用卡车（即著名的"deuce and a half"），此外其露天甲板上还能再停放三四十辆吉普车或火炮。不仅如此，虽然体形巨大，但这种坦克登陆舰的舰底却是扁平的（正如一位老兵所言，它"形似一个浴盆"），因此，它能直接推进到登陆沙滩上，之后打开巨大的舰首门，再放下来一个短一些的跳板，坦克和卡车就能直接开到海滩上。在卸完"货"之后，坦克登陆舰关上舰首门，再使用安装在舰尾的卷扬机将此前抛入海底的锚绞上来，离开沙滩。正如丘吉尔本人所说："坦克登陆舰为我们未来所有的两栖登陆作战奠定了坚实的基础。"[8]

在战争结束前，美国总共造出了 1 000 多艘坦克登陆舰，但在 1943 年 4 月至 5 月计划登陆西西里时，这种军舰仅有不足 200 艘，而且许多仍处于海试阶段。结果，实施"哈士奇行动"的盟军试图将每一艘坦克登陆舰的运载量发挥到极致。在战斗开始前的一场演习中，演习策划人员将 450 名全副武装的士兵以及不少于 94 部车辆塞进了一艘坦克登陆舰中，想看看它还能不能正常运作，结果没问题。[9]

另一种新型登陆舰是一型更小的坦克运输舰，英国人称其为"坦克登陆艇"（tank landing craft），缩写为 TLC，而美国人则缩写为 LCT。*其长度是坦克登陆舰的一半，排水量则为其三分之一，每艘坦克登陆艇的露天货舱能每次装载多达 5 辆坦克或 5 辆卡车。这些结实的登陆艇特别适合在最初几轮登陆中送坦克上岸，因为让

---

\* 按照官方标准，排水量超过 200 吨的任何舰艇都可称为"舰"（ship），低于 200 吨的可称为"艇"（craft）。不过，这也只是经验之谈，并非标准，因为每艘"坦克登陆艇"和"步兵登陆艇"的排水量都超过 500 吨，但这两者都依然被称为"艇"，而非"舰"。

LST-77 运送 M-4 "谢尔曼"坦克上岸。请注意该舰右舷处的吊
艇架上吊着的希金斯登陆艇

来源：美国国家档案馆（照片编号：SC 189668）

1943 年，LCT-410 运载着救护车和吉普车开往某处滩头

来源：美国海军学会

巨大、稀少而昂贵的坦克登陆舰过早暴露于敌方岸炮的威胁之下是十分危险的。

为了送人员上岸，盟军还要依赖那种小型登陆艇，其英国官方称呼为"突击登陆艇"（LCA），美国官方称呼为"车辆人员登陆艇"（LCVP），通常则被称为"希金斯登陆艇"（本书也如此称呼）。此时，最新版本的希金斯登陆艇的艇首为前落式，且有装甲防护，这样盟军士兵就不必像此前一样爬出舷侧上岸了。希金斯登陆艇体形较小、造价低廉，几乎可以用完即弃，特别适用于最初的几轮进攻。不过为了在后续的进攻中迅速积累兵力，盟军还动用了一种更大的运兵舰，即所谓"步兵登陆艇"（LCI），而艇员则昵称其为 LC 或"埃尔西"（Elsie）。最常见的步兵登陆艇是 L 型，即 LCI（L），意即"大型"（large）。L 型步兵登陆艇比希金斯登陆艇大得多，能最多容纳 200 名士兵。它无法装载车辆，因为没有艇首门。一旦冲上滩头，步兵登陆艇会从艇首两侧各放下来一个比较窄的跳板，艇上士兵们就通过跳板冲上海滩。每艘步兵登陆艇仅配备 4 门 20 毫米机关炮，通常没有装甲防护，在敌方岸炮火力下几乎毫无还手之力，但若想将大批步兵送上滩头，这种步兵登陆艇还是不可或缺的。[10]

最富创意的新型登陆工具非 DUKW 莫属，DUKW 本是缩写，*但它读起来十分拗口，事实上所有人都将其说成"鸭子"（duck）。这些"鸭子"实际上是两栖卡车，每辆车长 31 英尺、重 6 吨，可以装载着补给物资——通常为弹药——从距离海岸数英里的坦克登陆舰的跳板上开入海中，靠自身动力以 6 节的航速朝岸边缓慢"游"去，然后像一个真正的两栖动物一样爬到沙滩上继续前行。[11]

---

\* DUKW 是其制造商通用汽车使用的产品代号，这四个字母代表"1942 年型双后轴全轮驱动两栖车"。——编者注

LCI-326 运送步兵登陆。这些船只被船员们称为"埃尔西"，可以一次装载 200 名士兵，但不能运载车辆

来源：美国海岸警卫队（U.S. Coast Guard）

一辆 DUKW 两栖卡车装载着医疗用品正行驶在岸上。箱子上标着"库存血液"。远处能看到其他各种两栖舰艇，包括坦克登陆舰、坦克登陆艇和步兵登陆艇

来源：美国国家档案馆（照片编号：SC 429012）

总体来说，这些新型舰艇改变了游戏规则。仅仅数年前，从海上发动攻击的士兵们还必须爬进捕鲸小艇或者其他小船，迎着风浪驶向海滩，爬出舷侧，再端着步枪向守军冲锋。这些专用两栖登陆舰艇的出现和发展重新定义了两栖登陆作战的面貌。

***

将人员、车辆和装备装上各种登陆舰艇的过程十分复杂。首批登陆西西里岛的 7 个师（3 个英国师、3 个美国师和 1 个加拿大师）分别要从地中海沿岸的 6 个不同港口出发，而另一支攻击部队（菲利普·维安的"V 编队"载着的加拿大第 1 师）则从苏格兰远道而来。在分配补给和装备时必须谨慎，不仅要做好各舰队的分配，还要做好各船的分配，以确保损失任何一艘船都不是不可承受的。除此之外，装船必须符合实战要求，需要立即使用的物品（武器和弹药）最后装船，以便最先卸下。盟军在将登陆舰艇编组成船队前必须反复斟酌，还要精心设计航线并仔细计算其航速，正如坎宁安所言，只有这样，"它们才能在预定的时间、以正确的顺序抵达最终目的地"。把士兵和物资装备运至恰当的装船港口，装上船，再编为不同的舰队，从 6 个不同的港口起航，前往西西里的 26 个登陆点，这是个极富挑战性的组织难题。正如坎宁安在其回忆录中所写的那样，"这些复杂的难题没完没了"。[12]

由于这是多国多军兵种联合作战，因此各军兵种之间的沟通与合作至关重要。好在英国海军主要运载英军部队及其装备，美国海军则主要运载美军，但也有例外。休伊特的舰队里包括 37 艘英国舰艇，而拉姆齐的舰队里则有 25 艘美国自由轮。虽然大家都使用同一种语言（至少差不多），但误会和分歧总是存在——陆军与海军之间，陆军与空军之间，海军与空军之间。一个普遍的难题就是：陆军将领们总是要给海军舰艇的运货单上加东西。艾伦·柯克海军少将是一支美国海军特混舰队的指挥官，他曾对陆军同行特洛伊·米德尔顿少将说："你必须记住，登陆舰艇的舷侧**不是**橡胶做的。它的装载量是有限的。"[13]

有一支特混舰队就发生过这么一个误会，这支舰队要将卢西恩·特拉斯科特少将第3师的2.7万人运至西西里岛南岸的利卡塔滩头，舰队指挥官是理查德·L.康诺利海军少将。康诺利和特拉斯科特总的来说相处得不错，但在装船的过程中还是出现了一段小插曲。特拉斯科特在地图上发现，自己的登陆场前方就是山地，几乎没有道路，于是他决定找些驮畜来在崎岖地段驮运师里的辎重。这样，特拉斯科特下令在康诺利舰队的每艘步兵登陆艇上装8到10头骡子。[14]

康诺利闻讯大怒。这位美国海军学院的毕业生简直不敢相信自己的耳朵：特拉斯科特居然一本正经地要求要自己海军的舰艇去给陆军装骡子。康诺利曾在南太平洋哈尔西的麾下任职，最近又在华盛顿给金当参谋，在这些人的耳濡目染下，他做出如此简单直率的反应也就不足为奇了。康诺利用保密电话警告了特拉斯科特。"你把一大堆该死的骡子装到了我的船上，"康诺利在电话里咆哮如雷，"居然事先都不给我打招呼！"特拉斯科特想要安抚他，于是说道："应该是我忘了给您说了，这只是个小疏忽，在此深表歉意。"康诺利根本不吃这一套。"我会沦为海军的笑柄的，"康诺利说，"我可不愿意被别人嘲笑。"特拉斯科特只好先应承下来，但他又反问道："您不想在船上放骡子，我会把它们弄走。但我想知道，如果下一次您又反对用您的船装载步兵迫击炮或坦克之类海军平时不常运的东西，那我该怎么办呢？"根据特拉斯科特后来的回忆，电话那头的康诺利沉默了足足一分钟才又开口。"天哪,将军,"康诺利说道,"您说得对。我们会运这些该死的骡子和其他任何您想运的东西。"后来证明,这些驮畜在西西里岛崎岖不平的山地派上了大用场。为了这两人的名誉,在此必须指出,这是两人之间有据可查的唯一一次分歧,后来,特拉斯科特在自己的回忆录中写道:"没有哪个陆军指挥官见过比康诺利将军更能干的海军搭档了。"[15]

然而,与航空兵之间的配合就没这么和谐了。当年2月,英国皇家空军元帅阿瑟·特德爵士担任地中海战区盟军空军最高指挥官。他经过努力,居然把英国皇家空军和美国陆军航空兵成功整合到了一个统一的指挥体系内,这堪称一个奇迹,为西西里登陆打下了良好的基础。由此,盟军将拥有压倒性的空中优势,因为盟军在地中海拥有超过4 000架各类飞机。但另一方面,特德和美国同行"图伊"安德鲁·斯帕茨决意保持自己的行政独立性。两人不愿成为陆军和海军的附庸,他们坚持认为,盟国航空兵不必时时配合陆海军,理由是,航空兵主要负责确保空中没有敌机,一旦出现敌机就将其击落或赶走,只要做到了这一点,陆海军就能按计划作战,而不用担心敌人飞机的威胁。休伊特抱怨说,需要空中支援就必须向航空兵指挥部申请,后者还要考虑,即便真的这么做了,也不能保证满足请求。"航空兵完全就是我行我素。"休伊特悲叹道。而艾伦·柯克则希望"能拥有由我们来支配的航空力量"。负责指挥登陆舰队前往杰拉的"吉米"小约翰·莱斯利·霍尔海军少将对航空兵问题更加直言不讳:"在我看来,你既要让一个家伙打赢岸上和海上的战斗,又不给他可以支配的飞机,这样的指挥体系就像逼着一个人去打架,又不准他使用右手一样。"美国陆军最高指挥官巴顿将军恳求休伊特一定要在美国舰队中至少补充一艘航母,"你就可以让你的海军飞机做想做的事",巴顿给休伊特写信道,

"该死的航空兵连一件事情都不愿为我们做!"[16]最后,美军进攻舰队中唯一的"航母"还是用坦克登陆舰改造的,舰员们在舰上临时搭建了一块飞行甲板,以便让两架不起眼的派珀"幼兽"单座飞机去协助侦察。

＊＊＊

在总攻开始前,盟军先攻占了意大利的两座小岛,潘泰莱里亚岛和兰佩杜萨岛,它们恰好位于进攻路线上。经过一连19天的轰炸,两座岛上的7 000名士气低落的意军在盟军登岛前就主动投降了,这就为7月9日在马耳他以西完成集结的进攻舰队扫清了障碍。此外盟军还采取了另一项预备性措施,派伞兵和滑翔机部队先行降落在登陆滩头后方。然而,由于狂风和低能见度,绝大多数滑翔机都没能降落在目标区,足足半数落进了海里。＊有一个彻底晕头转向的滑翔机飞行员落在了他觉得是西西里岛的坚实陆地上,结果却发现这是南边50英里外的马耳他。[17]

海军也是一样,他们遭遇了休伊特所说的"极端恶劣的天气状况"。海浪足有12英尺高,绿色的海水吞没了登陆舰艇的艏部,特别是那些较小的坦克登陆艇和步兵登陆艇。在这种海况下,有

---

＊ 航空兵不愿意和陆海军配合,导致了悲剧性后果。虽然空降作战是进攻西西里岛的关键之一,但航空兵的参谋们并未及时地把相关详情告知海军指挥官,以至于他们对飞机航线毫不知情。坎宁安事先就警告过航空兵,若不能及时提供信息,那么盟军舰艇就可能向身份不明的非武装运输机开火。7月11日晚上,精神紧张的舰上炮手们向不明飞机开了火,结果击落了23架自己的运输机,60名飞行人员和81名空降兵死亡,包括小查尔斯·L.基兰斯(Charles L. Keerans Jr.)陆军准将。历史学家卡洛·德斯特(Carlo D'Este)称之为"战争史上各军兵种之间配合不畅、各自为战的最糟糕案例之一"。

些舰艇的航速仅能达到 2.5 节,这让整个行动比原定计划晚了一些。船上的士兵们苦不堪言,特拉斯科特回忆:"每艘登陆艇上的士兵们都全身湿透,疲惫不堪,晕船严重。"许多官兵不由得联想起 1588 年西班牙无敌舰队的命运,那支舰队与其说是被英国海军打败的,倒不如说是败于英吉利海峡的风暴。忧心忡忡的艾森豪威尔考虑是否要推迟进攻,但别人向他保证此类暴风雨经常是来得快去得也快,何况延期可能会造成更大的混乱,因此,他决心按原定计划不变。众多舰船在狂风暴雨中挣扎着驶向各预定集合海域,终于在 7 月 9 日至 10 日午夜后数分钟抵达了登陆海域。[18]

美军的三支特混舰队〔其代号分别为"乔斯"(Joss)、"十美分"(Dime)和"一美分"(Cent)〕各载着一个陆军加强师,他们的目标是西西里南岸杰拉湾各处,而英国皇家海军的两支特混舰队〔其代号分别为"酸"(Acid)和"树皮"(Bark)〕则负责将英国师运至岛东部海岸。*此外,维安的"V 编队"载着加拿大第 1 师直接从苏格兰克莱德河河口长途跋涉至此,直奔西西里"金字塔"东南的帕萨罗角海岸而来。

在 6 个登陆滩头中,有 2 个是从岸至岸作战,登陆舰艇满载士兵和各种物资,从装船的港口出发后直接驶向登陆点。康诺利的"乔斯"舰队就是其中一支,他的任务是在小村利卡塔附近的海滩上直接登陆。在突尼斯的比塞大港,特拉斯科特的士兵们带着驮畜、车辆以及其他一切物资登上了 38 艘坦克登陆舰、54 艘步兵登陆艇和 80 艘坦克登陆艇,然后分成两队横渡地中海,由巡洋舰、

---

\* 这各个代号的最初起源尚不清楚。休伊特本人后来对此专门写道:"我一直不知道'乔斯''十美分''一美分'这些奇怪代号的出处,它们都是指挥部的那些参谋起的。"

驱逐舰、扫雷艇以及巡逻艇为其护航——总共有 276 艘船。[19]

但大部分登陆部队实施的还是从舰至岸作战，这时，士兵及装备会乘大型运输船横渡地中海的腰部，然后转乘希金斯登陆艇上岸。在有些船上，士兵们会爬进悬吊在船舷的登陆艇里，然后吊放至海中。在浊浪滔天的大海上，满载士兵的登陆艇会在下降过程中来回摇晃。英军第 51 高地师的一名军官回忆了这段经历："朝向飞旋的海浪，下降、下降；我们那 14 吨重的钢质登陆艇会不时地撞上运输船。随着浪花四溅，我们的登陆艇降到了海面上，在水中剧烈起伏，让人惊恐。"在美军的一艘坦克登陆舰上，一个吊艇架在士兵们登艇时突然断裂，已经爬进艇的人全部掉进海中，9 人遇难。[20]

不过，在大多数运输船和坦克登陆舰上，登陆艇都是先空着降至海面上，士兵们再通过吊绳网爬下去。事实证明，这同样富于挑战性，特别是士兵们每人还要背两个装满饮用水的水壶、一个防毒面具、数日的 K 级口粮、备用弹药以及一支步枪，在漆黑的夜里，面对着波涛汹涌的大海。侧舷的小艇在海浪中颠簸，人们在暗夜中小心地沿着湿滑的绳梯摸索着往下爬。如果算错了跳下去的时机，那么难免鼻青脸肿，有时还会摔断腿。在美国"杰斐逊号"运输船上，有些马尼拉索制成的绳梯断了，不是一次，而是数次，每次都有几个人掉进水中或者挂在破吊绳网上。[21]

天气已经打乱了原定计划，先登艇的士兵们还得兜很久的圈子，甚至是数个小时，直到所有登陆艇都装满并编成攻击波。杰克·贝尔登是美国的一名战地记者，他随着第二批登陆部队上了岸，后来他回忆道："我们排成环形，在舰队的影子中兜了一圈又一圈，确定所有登陆艇都到齐后，我们才解散这个队形，排成纵队向海滩冲去。"贝尔登描述这段旅程时写道，登陆艇"在嘶鸣、怒吼、脉动着的大海上纵摇、横摇、扭动、狂跳、左冲右突、左摇右摆、猛冲，尽情地撒着欢，疯狂地舞动着身子"（写这段话时他也许手里还要捧着词典）。预定进攻时间 H 时已过，海军将领们紧张起来。维安不耐烦地发去了灯光信号，催问道："你们还打算进攻吗？"[22]

最后，大约凌晨 4 点半，比预定时间晚了约 1 小时，第一批部队终于登上了海岸。此时上弦月已经西落，距离破晓还有半个小时。在黛色的大海上，更加黑暗的海岸线依稀可辨。唯一的光亮来自海滩后面高地上的机枪喷射出的红色曳光弹。守军的射击漫无目的，几乎没给即将登陆的盟军带来什么损失。但在利卡塔附近，打头阵的 LCI-1 号步兵登陆艇被击伤失控，艇尾朝前扎进了沙滩里。顽强的盟军士兵们争先恐后地从艇尾爬出来冲到沙滩上，艇上的炮手们则始终操着机炮掩护步兵抢滩。总的来说，滩头阵地上守军的抵抗相当微弱，绝大多数登陆点基本上都普普通通——或者说，就是一场在敌占海岸的摸黑登陆，并无特别之处。[23]

往东 20 英里外，霍尔少将的"十美分"特混舰队将著名的美国陆军第 1 师运至杰拉，第 1 师以"战斗第一"的称号而闻名，该师又因其特有的大红色肩章而被称为"大红 1 师"。盟军本指望利用杰拉的港口和码头卸船，但意大利人抢先把它们炸毁了，这就意味着美军第 1 师的人员和物资只能在海滩上岸了。再往前数英里，柯克少将的"一美分"特混舰队运送米德尔顿少将的第 45 师在斯科利蒂附近登陆。在那里，有几艘登陆艇搁浅在地图上未标示的沙洲上，它们距离沙滩尚有 100 码甚至更远，士兵们被迫提前从希金斯登陆艇的舷侧爬出来，蹚着三五英尺深的海水，艰难地涉水上岸。虽然出了这么点小插曲，但敌军炮火给美军带来的影响还不如混乱和不确定性的影响大。一名士兵回忆道，一群意大利军人就驻守在离海滩仅 150 码的机枪阵地上，可是，他们"就是不愿意朝我们射击，坐等被擒"。[24]

英军的登陆滩头位于西西里东岸，准确地说是在东南角帕基诺半岛北面的背风处，但是即便这里的天气更平静一些，数艘坦克登陆艇上的士兵们也不得不接连跳入海中，以保证他们的登陆艇能够浮在海面上，而不至于撞上越来越浅的海底。和美军滩头一样，混乱比守军造成了更大的麻烦。有些运兵船的下锚位置距离岸边比计划远了6英里，这使得乘坐希金斯登陆艇上岸的漫长行程更加漫长。黑夜之中，很多小型登陆艇迷失了方向，开错了滩头。上岸各部队交错混杂，英军试图恢复编制，结果却又乱上加乱。

英国海军少将罗德里克·麦格里戈的特混舰队将迈尔斯·登普西陆军中将的第5师和第50师送到了锡拉库萨与阿沃拉之间10英里海滩上的数个登陆点。而在前一年11月指挥了奥兰登陆的托马斯·特鲁布里奇则指挥着"树皮"舰队，将第51高地师送到了更靠南的帕基诺。盟军的巡洋舰和驱逐舰为这所有的登陆进行了支援，而在帕基诺半岛顶端对侧海岸登陆的加拿大军队还得到了一艘外形古怪的英国人所谓"浅水重炮舰"（monitor）的额外支援。这艘"罗伯茨号"（HMS Roberts）浅水重炮舰实质上是一艘轻巡洋舰，其前甲板上安装着一座大到不成比例的15英寸主炮炮塔。它把巨大的炮弹射向帕基诺机场，这里正是加军登陆首日的目标。[25]

当希金斯登陆艇和步兵登陆艇把人员送上岸后，坦克登陆艇即开始运送第一批坦克上岸。有些坦克登陆艇搁浅在了沙洲上，体形更大的坦克登陆舰则遇到了更大的麻烦。几艘坦克登陆舰在远离海滩的地方搁浅——重型坦克基本上无法从那里开到沙滩上。盟军预料到了这些情况，一些坦克登陆舰上载有钢制浮箱，它们可以被钩连起来形成浮动栈桥。这种办法虽有效，但既费时又麻烦，结果延误了坦克和自行火炮上岸的时间。若是面对着更认真的抵抗，这可能就是灾难性的。[26]

战斗初期，最大的威胁来自轴心国的飞机，它们天没亮就飞来空袭登陆舰队，并持续了整整一个上午。舰上的炮手们向夜空中盲射，只是把炮口"对准"有螺旋桨声音的方向。盟军航空兵曾许诺要为陆海军提供强有力的空中掩护，结果现在很多炮手一边射击，一边怒骂本方的飞机到底死哪去了，其实此时绝大多数盟军飞机在忙于轰炸轴心国机场。美军"马多克斯号"（USS Maddox）驱逐舰是轴心国飞机的早期受害者之一，太阳初升时，一枚德国"斯图卡"式俯冲轰炸机扔下的炸弹落在它的舰尾，穿入弹药库中爆炸。"马多克斯号"短短两分钟内就沉没了。德军还在锡拉库萨附近击沉了英军医院船"塔伦巴号"，即便船上有明显的红十字标志也无济于事。当天下午稍晚，一架梅塞施密特-109战斗机从日落方向杀出，将一枚炸弹扔到了正准备冲滩的满载的坦克登陆舰（LST-313）上，瞬间将其变成了"燃烧的地狱，死亡陷阱"。第二天下午，一枚德军容克斯-88型轰炸机扔下的炸弹正中满载弹药的"罗伯特·罗恩号"自由轮，引发了惊天动地的大爆炸。然而，这一切并未能阻止登陆的进行。[27]

但其他一些麻烦却拖慢了登陆。其中之一是海滩上的地雷，它们炸瘫了几辆试图铺平通往内陆道路的推土机。在其他地方，沙滩是如此松软，以至于许多轮式车辆无法通行。为了应对这一难题，盟军运来了长长的钢网卷为卡车和吉普车铺设可通行的道路，但这又成了卸货的新瓶颈。最后，绝大多数人员和车辆安全登陆之后，却常常发现自己不在原先指定的海滩上。海军的登陆指挥官们竭尽所能地指挥船只进入其预定位置，有些陆军军官负责监督卸船，另外一些陆军军官则在海滩上指挥交通——但常常指错路。到了下午，海滩上已经拥挤不堪，以至于那些后续到海岸寻找登陆地点的

1943 年 7 月 11 日，满载弹药的自由轮"罗伯特·罗恩号"被一架容克斯 −88 扔下的一枚炸弹击中，在杰拉海滩旁爆炸

来源：美国海军历史与遗产司令部

舰艇有时候不得不放弃登陆返回运输船。一名战地记者来到杰拉附近的海滩，看见满目都是"废弃的卡车、翻掉的吉普车，以及破碎的登陆艇；沙滩上到处都是被炸坏的汽车；一辆坦克的履带被炸断；几个士兵坐在大堆的睡袋和辎重上等待装车；机械师们拼命维修损坏的车辆；后勤部队在收集开裂的单兵口粮箱子"。看起来一片混乱，事实上也的确如此。一切终归重新变得井然有序，到了中午时分，盟军的人员、坦克和卡车开始向内陆挺进。[28]

\*\*\*

轴心国在西西里岛上有 6 个师——2 个德国师和 4 个意大利

师——总兵力近 25 万人，但仅有 1 个意大利师处于战备状态。然而轴心国并不打算固守海岸线，而是计划待明确盟军的主攻方向后，再协同发动反攻，将对手赶下海。第二天早上 8 点，轴心国军队开始发动反攻，德军的"赫尔曼·戈林"师兵分三路，对杰拉东边美军的滩头阵地发动了攻击。德军的进攻由"虎"式重型坦克打头阵，对盟军构成了严重威胁，这部分是因为美军坦克迟迟未能登陆，部分是因为起火爆炸的 LST-313 号坦克登陆舰带走了诸多反坦克炮。大约在上午 11 点，真正的危机来了，德军坦克开上了滨海公路，离海滩只有不到 2 英里，随时可能把美军阵地的突出部切成两半。美军第一师师部收到一份言简意赅的战报："形势危急。我们遭到坦克压制。"[29]

海军舰炮挽救了盟军。4 艘美国驱逐舰——"贝蒂号"（USS Beatty）、"考伊号"（USS Cowie）、"劳布号"（USS Laub）和"蒂尔曼号"（USS Tillman）——逼近海岸开火，向德国坦克快速射出了 1 176 发 5 英寸炮弹。美国"博伊西号"（USS Boise）轻巡洋舰也加入了战斗。这艘舰曾在前一年 10 月的埃斯佩兰斯角海战中遭到重创，挣扎着回到费城进行了 5 个月的大修。6 月 8 日，完成维修的"博伊西号"驶离费城，1 个月后的此时就来到了地球另一端的西西里岛杰拉海滩，将 6 英寸空爆炮弹准确地打入德军步兵编队当中。双方地面部队很快陷入了近距离混战，盟军军舰上的炮手们由于无法区分敌我而不得不一度停火。午后不久，新抵达的盟军坦克加入战斗，有时从登陆舰直接就开上了战场。下午 2 点，德军开始撤退，战斗逐渐结束。"赫尔曼·戈林"师的一名上校报告说："盟军舰炮迫使我们撤退。"[30]

除了直瞄射击（向目视可见的目标射击），盟军海军还进行了间瞄射击（向目视不可见的目标射击）。两个因素让此举在 1943

年夏季成为可能。其一是更为有效的雷达系统的出现使得军舰能够持续准确地跟踪目标的位置。另一个因素则是盟军事先准备好了网格化的地图和海图，这使得陆地上的观察员可以把敌人目标的位置准确报给海岸外的海军炮手们。在巡洋舰和驱逐舰上，目标方位和距离等数据被输入机械计算机中，与军舰的航速和航线结合进行校准，进而让火控指挥仪指引舰炮瞄准目标。在此之前，陆军的指挥官们一直对舰炮火力在地面部队离开海岸后还有什么价值心存怀疑。在进攻发起之前，陆军的计划制订人员曾告诉休伊特，"舰炮并不是为了对陆地炮击而设计的"。然而，1943 年 7 月 11 日发生的事却彻底推翻了这一想法。[31]

轴心国军队在杰拉以西发动了第二场反攻，主角是意军"里窝那"师，仍然以坦克为前锋。巴顿这时刚从休伊特的旗舰"蒙罗维亚号"（USS Monrovia）上岸，亲眼看见一队意军坦克从海滩后面的高地上朝他冲来。巴顿转向他的海军副官，一名年轻的海军少尉，说道："如果你能联系上该死的海军，就让他们看在上帝的分上赶紧炮击公路。"后者立即用无线电把坐标报给了海岸外的巡洋舰和驱逐舰，几分钟后，5 英寸和 6 英寸炮弹就落到了那队意大利坦克中间。这些炮弹来自驱逐舰"舒布里克号"（USS Shubrick）和"杰弗斯号"（USS Jeffers），以及轻巡洋舰"萨凡纳号"（USS Savannah）和"博伊西号"——是的，又是"博伊西号"。这些轻巡洋舰各有 5 座炮塔，每座炮塔装有 3 门火炮，单舰每 6 秒能射击 15 发炮弹。这意味着 2 艘巡洋舰在 5 分钟之内如暴风骤雨般打出了超过 1 000 发 6 英寸炮弹，几乎将这支意军坦克纵队全部消灭。此战之后，艺术家们在"博伊西号"画着日本舰船和飞机的上层建筑上又加上了意大利坦克的轮廓。甚至连巴顿都对此刮目相看，他在作战日记上如是写道："舰炮的火力支援……十分出色。"[32]

1943 年 7 月的西西里战役中，"厌战号"战列舰的 15 英寸火炮向仍在西西里岛卡塔尼亚坚守的敌军开炮

来源：维基百科

　　事实上，那是决定性的。休伊特宣称，"正是巡洋舰拯救了这一天"。但对此做出最全面分析的人是艾森豪威尔："舰炮火力毁灭性的作战效能，彻底打消了关于舰炮是否适合对岸轰击的任何质疑。"曾担任过坦克部队指挥官的艾森豪威尔竟然如此说道："海军舰炮火力支援的威力超过了突击上陆的炮兵，这……让盟军在登陆初期得以拥有比地面火炮更为强大和集中的火力优势。"[33]

＊＊＊

　　拿下海滩之后，盟军开始向内陆推进。英军沿着西西里岛东岸向北挺进，前去对付德军守岛部队主力，这些敌人刚刚得到从意大利赶来的援军增援。在卡塔尼亚，英国海军"厌战号"战列舰和"欧律阿罗斯号"（HMS Euryalus）轻巡洋舰有力支援了英军的地面攻势，但蒙哥马利并未继续利用这一优势，反而试图深入崎岖不平的西西里内陆山区，从侧翼包抄扼守岛东岸的守军。在北非，他穿越沙漠的"左勾拳"被证明是决定性的，但在这里，这一相似的机动却严重迟滞了他的推进速度。

美军按照预定计划向西推进，攻占了古城阿格里真托及其附近的港口恩佩多克莱。巴顿急着想追击敌人，提升其第七集团军的地位，于是他飞回北非，请求盟军地面部队最高指挥官哈罗德·亚历山大将军批准扩大他的任务范围。亚历山大是个为人和善，颇具绅士风度的老派将领，不喜欢与别人当面冲突，当巴顿兴冲冲地提出了请求，亚历山大立即就同意了。这下，巴顿和他的美军立即成了脱缰的野马，他们绕过西西里"金字塔"的最西端，再沿着岛屿西岸直扑巴勒莫，并于7月22日攻占了那里。此时，绝大多数意大利人已经受够了战争，当巴顿志得意满地穿城而过时，周围响起了一片"墨索里尼下台！""美国万岁！"的声音。盟军的炸弹和撤退的德军摧毁了巴勒莫的大部分港口设施。一艘弹药船在港内发生了大爆炸，形成的巨浪把两艘远洋货轮从海中掀到了码头上。然而不到一个星期，盟军就让巴勒莫的港口恢复了运转。[34]

这个时候，将西西里战役视为与英军的竞赛的巴顿已经马不停蹄地向东直奔墨西拿去了。为了绕过敌人的坚固据点，巴顿没有像蒙哥马利一样从内陆山区迂回，而是组织了一系列两栖登陆，攻击守军的沿海侧翼。美军的坦克登陆舰把一支坦克部队送至巴勒莫以北轴心国防线的背后。德军发动反击，而海军火力再次在击退德军的作战中发挥了决定性作用。现场的一位美国战地记者记录了一位美国士兵对海军的感激，这位士兵说道："海军太棒了，天哪，没什么能比得上海军大炮了。"坎宁安对此非常赞同，他将巴顿对两栖突击的运用描述为"合理运用海上力量的最佳范例"。[35]

盟国海军在攻占西西里时扮演了关键角色，却由于一个事实而有所蒙羞：大多数德军穿过墨西拿海峡逃走了，没能将其抓住。虽然 10 万意军被俘，其中大部分人都很高兴不用再打仗了，但还有 6 万多意军、5.5 万德军以及 9 789 部车辆和 51 辆坦克横渡狭窄的海峡撤回了意大利本土。德国海军上校古斯塔夫·冯·利本施泰因临时搜罗了一批渡轮和运输船只，在光天化日之下把部队撤过了墨西拿海峡，其大胆和戏剧性堪与英军撤离克里特岛和日军撤离瓜岛的行动比肩。英军的摩托鱼雷艇和盟军飞机试图阻止其撤退，但显得半心半意，因此成效甚微。但无论如何，西西里岛已经落入了盟军之手，这在战略和政治上立即造成了显著影响。7 月 24 日，罗马的法西斯大委员会投票通过了对墨索里尼的不信任动议。第二天，意大利国王维克托·伊曼纽尔三世将墨索里尼解职，并将他逮捕和软禁，任命彼得罗·巴多利奥接任首相。[36]

# 第 20 章

# 德意海军的落幕

　　几乎是从宣战的那一天起，贝尼托·墨索里尼就盘算着要保留一支近乎完整的意大利舰队作为和平谈判时的筹码，他认为一旦法国沦陷，和平谈判也就将为期不远。然而事与愿违，战争演变成了一场令各国筋疲力尽的消耗战，他不仅赔掉了这支舰队的大部分家底，还失去了意大利在非洲的全部殖民地，以及绝大多数商船，现在连西西里都丢了。此时，墨索里尼已经下台，接替他的是彼得罗·巴多利奥，前总参谋长，（和墨索里尼一样）担任意大利政府首脑时仍穿着军装。虽然巴多利奥公开宣称意大利仍将继续留在轴心国之中，但几乎刚一上任，他就试图开辟一条与盟国单独媾和的渠道。巴多利奥并不愿意投降，他想要换边站。然而，他需要等待一个理想的时机：在英美盟军能够保护意大利免遭德国惩罚之前，他并不愿意加入盟军阵营。这不啻走钢丝，而且事实将会证明，巴多利奥缺乏足够的政治灵活性和必要的手腕来实现这一点。

　　同样倒台的还有阿尔图罗·里卡尔迪，这位海军上将自从1940 年 12 月以来就一直执掌着意大利海军，但他和墨索里尼政府关系过于紧密，无法留任。接替他的是前海军副参谋长拉法埃莱·德库尔唐（Raffaele de Courten）海军上将，他与墨索里尼之间的关系并不密切。不过，德库尔唐的母亲是德国人，他本人也能说一口漂亮的德语。也许是出于这个原因，也许单纯为了尽量不扩大知情者范围，巴多利奥并没有把自己准备反水的计划告知德库尔唐。

起初，巴多利奥希望梵蒂冈能出面在他与盟国之间牵线搭桥。但还没等该方案取得什么进展，就已有各种迹象表明，英美盟军正在积极准备登陆意大利本土。

早在当年 5 月的"三叉戟会议"上，丘吉尔就积极推荐采取这一行动，但会议并未急于做出决定。现在，盟军已经席卷了西西里岛，他们决定继续进攻，行动代号为"雪崩行动"。这让巴多利奥的紧迫感顿时陡增，在朱塞佩·卡斯泰拉诺准将的推动下，他决心主动采取行动，掌控态势。[1]

卡斯泰拉诺格外厌恶德国人对待他和其他意大利军官的那种盛气凌人，他在推翻墨索里尼的过程中也发挥了一点小作用，现在，巴多利奥授意卡斯泰拉诺前去与盟军直接接触。他用假身份前往马德里，面见英国大使，并提出意大利愿意加入盟国。这一提议立刻被发到伦敦和华盛顿，那里起初都对此将信将疑。罗斯福认为最好把这次接触视为意大利希望投降，并让艾森豪威尔处理这件事。丘吉尔原先并不情愿授权"战场指挥官"处理谈判事宜，但他后来还是同意让艾森豪威尔有权"与任何能带来好消息的意大利当权者打交道"。[2]

艾森豪威尔遂派出自己的副手，绰号"甲壳虫"的沃尔特·比德尔·史密斯少将假扮成英国商人前往里斯本会见卡斯泰拉诺。他叮嘱史密斯不要给意大利人任何承诺，要告诉意大利人他们唯一的选择就是无条件投降，而且，按艾森豪威尔的话说，要"根据盟国政府的行为准则和正义感"行事。[3]

在里斯本，史密斯清楚地告诉卡斯泰拉诺，自己是以军人的身份来接受意大利投降，而不是来谈判的。另一方面，史密斯又提出了几个具体要求，其中包括"一旦达成停战协定，意大利政府必须命令其舰队以及尽可能多的商船出海驶往盟国的港口"，特别是"不能有意大利军舰落入德国人之手"。卡斯泰拉诺委婉地提出了抗议，他指出史密斯的条件"意味着意大利要**投降**"，而他来此并不是为了屈膝投降，而是要加入盟国对德作战。史密斯态度坚决，"此次讨论的主题就是意大利在军事上的投降，而不是安排意大利转入我们这边继续作战"。关于要意大利军舰驶往盟国港口这一要求，卡斯泰拉诺也表达了顾虑，他告诉史密斯，即便能够实施，也至少会有一些意大利军舰因为缺乏燃料而无法抵达任何一个盟国港口。[4]

执掌这支问题海军的德库尔唐对此却一无所知。德库尔唐和他的军官们还在忙着制订作战计划，让停泊在利古里亚海边热那亚附近拉斯佩齐亚军港内的"主力舰队"前去对付集结在几个北非港口和西西里的巴勒莫、准备登陆意大利的盟军舰队。德库尔唐知道，一旦舰队成行，这就将是意大利海军的最后一次出击了，不仅是因为意军将陷于毫无希望的劣势，还有一个无法绕开的事实——意大利海军的燃料仅够让舰队再最后出击一次了。[5]

德库尔唐并不是唯一一被蒙在鼓里的人。出于显而易见的原因，巴多利奥也对德国人严格保密，但他们还是已经开始怀疑意大利人是否忠诚了。甚至在卡斯泰拉诺前往马德里之前，希特勒就告诉邓尼茨，意大利人正在"故意拖延时间，与西方盟国达成一致，最后与我们公开决裂"。当年纳粹德国突袭名义上的"盟国"苏联时，希特勒并未感到一丝内疚，即便如此，他仍然声称对"意大利新政府正在对我们阳奉阴违"感到"十分厌恶"。邓尼茨旋即提议，鉴于此，应尽快将意大利海军置于"德国的领导之下"。邓尼茨要立刻把意大利海军高层换成"绝对忠于德国的新领导层"，甚至应该提拔一些能够被说服与德国合作的年轻将领进入最高领导层。希特勒表示赞同，他安排了两件事。一是尽快解救正被巴多利奥政府软禁着的墨索里尼。二是准备实施"轴心行动"，即向意大利人发去最后通牒，如果不在 48 小时内交出"主力舰队"并主动将军队置于德国的领导之下，隆美尔的德军就将包围意大利军队并解除其武装，并夺占拉斯佩齐亚港内的意大利军舰。[6]

德库尔唐仍未意识到双方都在密谋对自己的意大利海军下手，还在组织对盟军进攻舰队发动最后的决死攻击。8 月 6 日，德库尔唐向邓尼茨通报了自己的突击计划：他准备出动 3 艘战列舰、尽可能多的轻巡洋舰以及 8 艘驱逐舰。邓尼茨相信德库尔唐说的是真话。随后，邓尼茨告诉希特勒，意大利海军"很可能还不知道任何政治密谋，他们仍在真诚地与我们合作"。希特勒对此表示怀疑，告诉邓尼茨，"直觉"告诉自己：意大利人正在策划"背叛"。[7]

希特勒的"直觉"没错，但在罗马，巴多利奥仍然试图在签订协议前从盟国那里得到更多的保证。巴多利奥希望在意大利加入盟国阵营之前，盟军能派出一支足够庞大的部队登陆意大利本土，尤其是要有一支强大部队来保护罗马免受德国人的报复。巴多利奥指示卡斯泰拉诺在 8 月 31 日前往巴勒莫再会比德尔·史密斯时务必坚持这两个要求。

史密斯却拒绝做出任何承诺。史密斯告诉卡斯泰拉诺，盟军已经制订了计划，不会因意大利政府的要求而做出任何改变。史密斯也不会透露这些计划的任何内容。卡斯泰拉诺又问，意大利舰队能否前往撒丁岛北岸的意大利军港拉马达莱娜，而非盟国港口。答复仍是否定的。实际上，史密斯告诉卡斯泰拉诺，这就是协定内容，要么接受，要么拒绝。卡斯泰拉诺只好用保密电话向巴多利奥请示。虽然巴多利奥惧怕德国人的报复，但他更迫切希望与盟国签订条约，因此，他授权卡斯泰拉诺立即签署停战协定。[8]*

*** 

9月的第一周，事情开始有了眉目。9月3日——英国对德宣战四周年之际——凌晨4点，英军横渡墨西拿海峡，登陆意大利"靴子"形领土的"靴尖"，遭到的抵抗微乎其微。当天下午，巴多利奥把德库尔唐召到自己的办公室告诉他："国王陛下已经决定进行停战谈判。"当然，这完全不算坦率，因为双方早已达成了一致，其中一项条款要求"各类意大利军舰、辅助舰和运输船"都必须"根据盟军总司令的具体指示，驶往盟军指定的港口集中"，此外，"所有的意大利商船"都必须以良好的状态交给盟国。此刻，巴多利奥不仅对意大利海军总参谋长隐瞒了此事，还命令他不可把准备和谈的事告诉任何人，就连德库尔唐的参谋长路易吉·圣索内蒂将军也不行。[9]

三天后，巴多利奥再次把德库尔唐召到自己办公室，告诉他，双方已经达成了一致，将在当月10日至15日之间宣布停战协定。巴多利奥亲手把"一号备忘录"的副本交到了德库尔唐的手里，备忘录中概述了他关于在德国人试图接管意大利海军时应该怎么做的命令。这些命令授权意大利海军对德国海军采取自卫措施，同时

---

* 两个额外的因素让谈判变得复杂起来。一是时间仓促导致了双方签署的"简要条款"未能写明很多具体细节。二是第二位谈判代表贾科莫·扎努西将军又单独与盟国进行了对话。这一切都为双方在接下来的分歧和互相指责埋下了伏笔。

还明确规定德库尔唐不得将此信息透漏给其手下的任何人，而这些人此时已准备好随时向已经出海的盟国登陆舰队发动进攻。[10]

可以理解，德库尔唐对此暴怒不已，政府就这么把他的舰队出卖了，不仅没和他商量，连招呼都没打一声，他于是向意大利总参谋部（即最高司令部）首脑维托里奥·安布罗西奥将军递交了正式的抗议。为了安抚他，安布罗西奥暗示说即便史密斯反对，德库尔唐仍然可以把他的舰队派至撒丁岛北岸的拉马达莱娜。虽然德库尔唐十分沮丧，但他毕竟是职业军官，用其同僚的话说，他感到"海军唯有服从决定一途"。[11]

然而，即便是服从也要等到此事公之于众才行，在那之前德库尔唐都要严守秘密。巴多利奥告诉他，因为预计盟军将于9月12日登陆，停战协定将于登陆前夜的9月11日昭告天下。实际上巴多利奥这一判断的依据只不过是卡斯泰拉诺从史密斯那里听来的一些有意无意的暗示，却被当成事实报给了巴多利奥。结果，9月8日晚上，当艾森豪威尔在北非发表广播讲话，宣布意大利与盟国之间从即刻起正式停战时，所有人都大吃一惊。艾森豪威尔用其平缓的美国中西部口音向全世界宣告："意大利政府及其武装部队已无条件投降……盟军与意大利军队之间的敌对状态从即刻起终止。"[12]

这番声明引起了巨大的轰动，甚至对正等候着它的少数几人也是如此。巴多利奥原以为他只要在9月12日前做好准备即可。他还以为盟军会在发布声明前后派一个师登陆罗马，以帮助保护这座城市免遭德军报复。事实上，盟军原来确实计划派美军第82空降师空降罗马，却在最后一刻取消了行动，因为秘密前往罗马的马克斯韦尔·泰勒陆军准将通过无线电表达了意见，认为意军无法在美军运输机降落时确保机场的安全，而且面对着罗马周围的德军，一个师的美军无论如何都无法守住罗马。[13]

根据双方此前达成的协议，在艾森豪威尔发表广播声明后，巴多利奥也要立刻发表声明予以证实。可是事到临头，他却犹豫不决起来。他觉得盟国没有和他共进退，因为盟国拒绝提供登陆意大利的准确日期和地点，也没有派部队来帮助防守罗马。此外，在此前的一周里，隆美尔率领的数万德军官兵已抵达意大利，显然，一旦巴多利奥**确认**停战，隆美尔的部队就将立即占领意大利全国，或者意大利北部的 2/3。面对这种阴差阳错的复杂局面，巴多利奥不知所措。于是，他给艾森豪威尔发去了一封电报，声称罗马周围的德军实力强大，令其无法"立刻接受停战协定"。[14]

艾森豪威尔的答复迅速而坚定。"我不接受你的意见，"他回电道，"双方已签署停战协定，若贵方无法完全履行相关义务，你的国家将承担最严重的后果。"现在看来，如果推翻停战协定，就可能让意大利与德军和盟军同时开战。最后，维克托·伊曼纽尔国王拍了板：此刻为时已晚，无法再换边了，他如此说道，然后令巴多利奥发表确认停战的声明。巴多利奥照做了，而此时已是晚上 7 点 45 分——比原定时间迟了一个小时。意大利武装部队接到的命令只是一则含糊的指示，说如果遭到德军进攻应进行自卫。此后，巴多利奥和伊曼纽尔三世一道从罗马仓皇撤往布林迪西，这是位于意大利靴形领土的"鞋跟处"，塔兰托附近的一座港口城市。意大利军队本来可以为登陆的盟军提供巨大帮助，但由于缺乏明确的上级领导、燃料和弹药，有些部队甚至连军靴都缺，意军变得消极而懒惰。很多官兵都觉得自己的战争已经结束，于是干脆扔掉武器回家了。[15]

巴多利奥的声明让意军各部队都手足无措。在意大利海军总部里，德库尔唐属下的作战部长对此难以置信。"我不信这是真的！"

他大声地喊叫道，"这怎么可能呢？我们对此一无所知，我们的战列舰都准备好要去萨莱诺了。"当他抱怨的时候，电话铃响了。电话那头传来了圣索内蒂的声音，告诉他：这一切都千真万确。意大利舰队还是要按原计划出海，但不是去战斗——相反，而是前往北非交由盟军扣留，而且必须马上出发，要在德国人夺取意大利军舰之前离开军港。[16]

意大利海军的军官们仅有片刻的时间来选择航线了。根据停战协定，他们必须立即起航：拉斯佩齐亚港内的军舰需要驶往北非沿岸波尼附近与盟国舰队会合，而塔兰托的军舰则要驶往马耳他。然而，有些军官却对这些命令十分反感，宣称他们宁愿像土伦港内的法国舰队那样凿沉军舰，也不会把它们拱手交给英国人。

在拉斯佩齐亚，不久前接替亚基诺担任意军"主力舰队"司令的卡洛·贝尔加米尼海军上将召集麾下军官们开会，试图改变他们的对抗情绪。"我们也没想到会是这样，"他说，"但我们别无他途……因为在评价一个人的经历时，最重要的并不是梦想和愿望……而是将使命坚持到底的责任感。"贝尔加米尼命令"主力舰队"准备出海，军官们遵命了。3 艘战列舰，其中包括贝尔加米尼的旗舰——排水量 4.6 万吨、新建成的"罗马号"战列舰，以及 6 艘轻巡洋舰和 8 艘驱逐舰，悉数开动了起来。临近半夜，"主力舰队"起航了，这时候，隆美尔的德军已经进入了市郊。然而，当他们抵达港区时，却发现猎物已经飞走了。[17]

夜间，又有 3 艘从热那亚来的巡洋舰加入了贝尔加米尼的舰队，黎明时，它们出现在了科西嘉岛西面向南行驶。这条航线似乎表明它们仍计划驶往撒丁岛北岸的拉马达莱娜，但即便如此，这一想法也很快就被放弃了。贝尔加米尼获悉，作为对巴多利奥广播声明的回应，德军已经占领了那里的城镇和港口。至此，贝尔加米尼

已经别无选择，只得硬着头皮继续驶往北非波尼附近与盟国英军舰队会合。

　　贝尔加米尼舰队实力虽强，却缺乏空中掩护。意大利空军事实上已经瘫痪，而盟军航空兵此时正忙于掩护萨莱诺以南的登陆滩头。当天上午 11 点左右，德国轰炸机出现在舰队上空，意军起初击退了它们。但是下午，它们又飞了回来，还携带了从未被外界所知的新型秘密武器，FX-1400 式制导炸弹，俗称为"弗里茨 X"。德军飞机于数英里外投射了这些火箭推进、内置 600 磅弹头的制导炸弹，而此时飞机仍在军舰高炮的射程之外，机上的操作员用无线电遥控这些炸弹直奔目标。实际上，它们就是空射导弹。一枚制导炸弹命中"罗马号"战列舰前部弹药库附近，瞬间燃起了大火。20 分钟后，大火吞没了前部弹药库。"阿蒂利奥·雷戈洛号"（Attilio Regolo）巡洋舰上的一名目击者绘声绘色地回忆了这场大爆炸："恐怖的红黄色火焰冲天而起，吞没了这艘俊美的战列舰的艏部，巨大的烟柱升腾到数百米的高空，爆炸产生了数以千计的钢铁碎片，喷射到空中，再不停地从空中落到海里。"崭新的"罗马号"战列舰刚刚建成不久，连一次实战都没参加过，甚至连炮都没怎么开过，就迅速沉没了。为"罗马号"陪葬的有 1 300 多名意大利海军官兵，包括贝尔加米尼，他说到做到，为了把自己的使命和职责"坚持到底"而付出了生命。"意大利号"*战列舰和 2 艘巡洋舰也相继被这种制导炸弹击中，但并不致命。意军舰队告别了沉没的"罗马号"，继续向南驶去，最终抵达了波尼附近，英国皇家海军的一个舰艇中队护送其抵达了比塞大港。英国人将这次迎接并护卫来降意军舰队的行动命名为"吉本行动"，向《罗马帝国衰亡史》致敬。[18]

当天晚上，阿尔贝托·达扎拉（Alberto Da Zara）将军指挥的塔兰托分舰队也向马耳他出发了，这支舰队包括战列舰"安德里亚·多里亚号"（Andrea Doria）和"卡约·杜伊利奥号"，以及 2 艘巡洋舰和 1 艘驱逐舰。在塔兰托港外，场面一度紧张，出港的意大利分舰队与进港的英国特混舰队正面遭遇，这支英国舰队包括 2 艘战列舰和数艘巡洋舰，正搭载着英国第一空降师前去占领塔兰托。正如美国历史学家塞缪尔·埃利奥特·莫里森所写，"任何一方擦枪走火都可能引爆一场小规模的日德兰海战"。不过，双方舰队相安无事，擦肩而过，一方前来征服，另一方则认输而去。[19]

有些意大利小型军舰独自前往盟国港口，还有几艘则设法来到塞拉利昂的弗里敦。然而，并非所有意大利军舰都跑掉了。有不少

---

\* 墨索里尼倒台后，由于"利托里奥"（littorio）的意思是古罗马时期手持束棒的侍从，法西斯色彩浓厚，因此意大利海军于 1943 年 7 月 30 日将"利托里奥号"战列舰改名为"意大利号"。——译者注

这张照片摄于"罗马号"1942年下水后不久。作为意大利海军"主力舰队"贝尔加米尼上将的旗舰,"罗马号"战列舰还没来得及在战斗中打响15英寸巨炮,就在1943年9月9日前往北非接受盟军扣押的途中被一枚"弗里茨X"制导炸弹炸沉

来源:美国海军历史与遗产司令部

军舰缺乏出海所需的燃料,有一些则是拒绝出走。这些军舰绝大多数都被舰员凿沉,以免被德军夺占。德国人气急败坏,既恼怒于意军主力舰队的"出逃",又迁怒于意军自沉其军舰的"背叛行为"。他们将所有被凿沉军舰的舰长抓捕起来,交给行刑队枪决。[20]

　　准确地说,意大利海军那些军舰的战争生涯还没有完全结束,至少有一艘军舰经历了颇为奇特的一段时日。"朱利奥·恺撒号"战列舰上的一部分官兵对不得不将军舰让给英国人而愤愤不平,于是"朱利奥·恺撒号"在前往马耳他途中发生了哗变,哗变官兵夺取了控制权,企图在深海凿沉该舰,直到舰长郑重发誓在任何情况下都不会允许英国人占有该舰,哗变官兵才罢手。后来,这位舰长的确信守了承诺，却是歪打正着。为了安抚斯大林，盟国答应要在意大利投降后将其 1 艘战列舰、1 艘巡洋舰和 8 艘驱逐舰送给苏联作为战利品。丘吉尔觉得如果能做到的话，还是应当满足斯大林的这一要求，但他不愿这么快就出卖自己的新盟友。因此，丘吉尔为斯大林提供了一艘英国战列舰"君权号"，罗斯福也答应拿出一艘巡洋舰。丘吉尔还告诉斯大林，那 8 艘驱逐舰将于登陆西欧的 D 日之后再给。斯大林同意了这一替代方案，意大利国旗得以继续飘扬在"朱利奥·恺撒号"战列舰上。（不过故事并未就此终结。1949 年，苏联人将"君权号"还给了英国，并要求得到"朱利奥·恺撒号"作为战争补偿。这次，苏联人如愿以偿，这艘战列舰以"新罗西斯克号"之名在苏联海军中服役 5 年。1955 年 10 月 28 日至 29 日夜，该舰在塞瓦斯托波尔港内爆炸翻沉，爆炸物疑为一枚未被扫除的德国水雷。该舰被毁，却引出了一个流传至今的传说，称意大利海军蛙人炸毁了这艘战列舰以维护意大利海军的荣誉。）

　　大部分意大利巡洋舰和驱逐舰仍由意大利军官指挥，飘扬着意大利国旗，它们加入了地中海战区的盟国舰队，与来自比利时、法国、希腊、荷兰、挪威、波兰以及美国和英国的舰船并肩作战，度过了二战剩余的岁月。德国人也的确夺占了数艘意大利军舰，但它们都再也没能离开港口，其中包括"博尔扎诺号"（Bolzano）和"戈里齐亚号"（Gorizia）重巡洋舰（近一年后的 1944 年 6 月 21 日夜，英国和意大利的蛙人勇敢地潜入拉斯佩齐亚的港区，用人操鱼雷将它们双双炸沉）。盟军的另一个收获则是兵不血刃地获得了两个意大利最好的港口——塔兰托和布林迪西，而后者此时事实上已经成了巴多利奥政权的首都。德库尔唐于 1943 年 9 月 12 日抵达布林迪西，与意大利国王和巴多利奥首相会合。

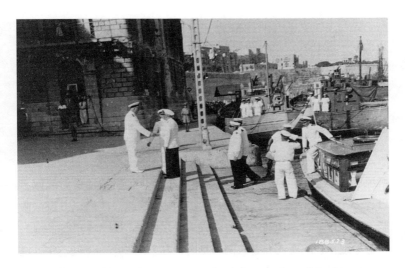

根据投降协议，1943 年 9 月 10 日，意大利海军上将阿尔贝托·达扎拉及其参谋人员（身着深色长裤者）来到马耳他瓦莱塔港海关大楼前

来源：美国国家档案馆（照片编号：SC 188573）

同日，德军特种部队从亚平宁山脉一处偏僻的山顶滑雪旅馆救走了墨索里尼。希特勒让这位前"领袖"来到意大利北部加尔达湖畔的小镇萨洛落脚，担任所谓的"意大利社会共和国"（萨洛共和国）的首脑。于是，意大利出现了两个政府：一个在布林迪西，以维克托·伊曼纽尔国王为元首，有盟军的支持；另一个则在萨洛，以墨索里尼为首，背靠德军支持。[21]

这一段历史于 9 月 29 日在马耳他的瓦莱塔港落下帷幕。在那里，在"纳尔逊号"战列舰的甲板上，在德意军近三年轰炸留下的城市废墟之中，巴多利奥和艾森豪威尔两人身着军装，正式签署了投降协定，不过其完整条款在战争结束前一直保密，以照顾意大利人的敏感神经。德库尔唐和坎宁安也在现场见证了这一历史时刻。虽然卡斯泰拉诺为了这一时刻的真正到来贡献良多，但遗憾的是他并未能亲临现场。两周后的 1943 年 10 月 13 日，布林迪西的巴多利奥政府正式对纳粹德国宣战。

***

至此，盟军已经在意大利本土站稳了脚跟，但这一过程并非一帆风顺。华盛顿的英美联合参谋部谨小慎微，生怕地中海战区再出现一个不断吞噬人力和资源的无底洞，因此，他们想方设法限制"雪崩行动"占用的资源。艾森豪威尔的总兵力为 27 个陆军师，但他必须在登陆意大利之后两个月内把其中的 7 个师调回英国，准备参加次年春季登陆法国北部的作战。至于海军部队，艾森豪威尔仅能保留此时已在地中海的船只，而不会再有增援。大型军舰已经不是问题了，因为意大利海军不再是敌人，盟军在地中海拥有了无可挑战的制海权。其实，地中海盟军的主要困难是缺乏足够的登陆舰艇。在登陆西西里岛的过程中，盟军损失了大量的登陆舰艇，到了登陆意大利时，艾森豪威尔的犯错余地就很小了。在魁北克的一次会议中，英美联合参谋部的成员们承认，"在业已批准的行动中，登陆舰艇……将成为关键的瓶颈，登陆舰艇的不足将严重制约进攻作战的规模"。[22]

与"哈士奇行动"一样，"雪崩行动"也是英美两军联合作战。英军负责抢占紧靠萨莱诺市区南部的一个滩头，美军则计划在南边 15 英里外古希腊城市帕埃斯图姆附近的一处海滩登陆。休伊特指挥着 627 艘运输船和两栖舰艇，英国皇家海军中将阿尔杰农·威利斯爵士则指挥一支由 4 艘战列舰、2 艘航母和 20 艘驱逐舰组成的掩护舰队。开往登陆滩头途中，船上的士兵们突然听到大喇叭里响起了艾森豪威尔的声音，宣布意大利已经"无条件"投降。整支舰队一片欢腾，而休伊特却担心这"可能会给一些官兵带来负面的心理影响，让他们觉得自己可以轻松走上海岸，而不会遇到抵抗"。负责指挥美军滩头掩护舰队的霍尔将军后来回忆道，他看见有的美军士兵把手雷绑扎带都扔掉了，觉得用不上了。但是军官们却知道更多：意大利投降的实际后果是，盟军登陆部队面对的不再是军心涣散的意军，而是久经战阵的德军了。[23]

在巴多利奥发表广播讲话之后，隆美尔立即实施了"轴心行动"，实际上就是让德军接管意大利的军事资源，这使得隆美尔事实上成了意大利北半部军事力量的最高指挥官。德国空军元帅阿尔贝特·凯塞林则有效控制了意大利南半部。希特勒起初并未打算防守意大利这只"靴子"的南半部，但凯塞林却坚信这是可以实现的，至少也必须保证通往萨莱诺和那不勒斯的道路畅通无阻，好让德军第26装甲师从意大利"靴子"的"靴尖"卡拉布里亚撤出来。希特勒同意了，凯塞林遂将防守萨莱诺的重任交给了东线战场的老将海因里希·冯·菲廷霍夫大将麾下新组建的德国第十集团军。为了向其元首致敬，菲廷霍夫还特意留了希特勒式的小胡子。[24]

萨莱诺海岸位于那不勒斯以南 20 英里处，是一段长达 30 英里，由沙滩和鹅卵石滩组成的新月形海岸。盟军的计划制订人员原本想要在北边更靠近罗马的地方登陆，但与西西里登陆时一样，他们并不想让登陆点位于陆基战斗机的作战半径之外。萨莱诺登陆作战由美军马克·克拉克将军担任总指挥，虽然休伊特一再恳求，但克拉克拒绝在登陆前进行海空火力准备，他想打守军一个出其不意。他错了，菲廷霍夫的德军部队并未措手不及，反而因为未遭轰炸而严阵以待。9 月 9 日的某一个时刻，当美军登陆艇驶近海岸时，岸上的一个扩音器用标准的英语喊道："来投降吧。你们已经被包围了。"[25]

　　德军并非虚张声势。当第一批美军登陆部队登上滩头的时候，他们遇到了来自德军重型坦克、机枪以及移动式 88 毫米炮的凶猛火力。事实证明这种 88 毫米炮威力可怖，与在杰拉登陆时一样，盟军驱逐舰和轻巡洋舰逼近海岸来对付它们。在帕埃斯图姆海滩外，2 艘美国轻巡洋舰——"费城号"和"萨凡纳号"特别活跃。"费城号"粉碎了由 35 辆德军坦克发动的一轮反攻，摧毁了其中 7 辆，迫使其余坦克逃回了山中。"萨凡纳号"则响应了登陆部队 11 次直瞄火力支援的请求，打出了 645 发 6 英寸炮弹。英国海军的"阿伯克龙比号"（HMS Abercrombie）浅水重炮舰用 15 英寸炮弹不停地猛轰藏身丘陵之中的德军炮兵，直至触雷退出战斗为止。尽管如此，岸上的战斗仍然无比激烈，盟军地面部队推进得极为缓慢。有人听到一名美军士兵嘟囔道："要是没停战，我们说不定会打得更好。"[26]

　　88 毫米炮在北边的滩头同样是个麻烦，英国皇家海军准将杰弗里·奥利弗派出驱逐舰"拉弗雷号"（HMS Laforey）、"忠诚号"（HMS Loyal）、"鞑靼人号"（HMS Tartar）和"努比亚人号"靠近岸边去对付它们。（坎宁安对奥利弗的评价是"冷静，沉稳，一向乐观"。）"努比亚人号"几乎凭一己之力就成功击退了德军坦克的一次进攻。数艘排水量更小的狩猎级驱逐舰也加入了战斗，甚至连康诺利将军本人都亲临一线作战。康诺利是少将，军衔高于奥利弗，但他愿意在登陆过程中服从奥利弗的指挥。康诺利注意到一个德军炮兵阵地特别活跃，无线电却又联系不上那些驱逐舰，他干脆直接命令自己的指挥舰，美国"比斯坎号"（USS Biscayne）水上飞机支援舰逼近岸边，用舰上的 2 门 5 英寸舰炮猛轰那个德军炮兵阵地。这为他赢得了"逼近康诺利"的雅号，而这一威名伴随了他的余生。[27]

空中支援又一次成了麻烦，而且更加严重。之所以选择萨莱诺，是因为这里位于盟军陆基战斗机的作战半径之内。但是由于从西西里飞到萨莱诺的时间过长，航空兵总指挥阿瑟·特德表示，在任一指定时间点，他仅能保证9架远程战斗机飞临滩头上空。为此，坎宁安请求调拨数艘通过《租借法案》得到的美制护航航母给自己。庞德于是同意把菲利普·维安指挥的4艘这种航母交给坎宁安，它们的名称听起来似乎是要去狩猎："追踪者号"（HMS Stalker）、"猎人号"、"攻击者号"（HMS Attacker）和"战斗者号"（HMS Battler），外加一艘飞机维修舰"独角兽号"（HMS Unicorn）。每艘航母能搭载18架"海火"式战斗机，它们是更著名的"喷火"式战斗机的海军型号。*在登陆萨莱诺的头三天里，这些"海火"式战斗机总共飞临滩头713架次。虽然飞机损失了一半，但它们还是在盟军拿下滩头起降场之前为登陆部队提供了大部分空中掩护。[28]

正如艾森豪威尔向马歇尔汇报的那样，萨莱诺滩头的走势仍"胜负未卜"。美军威廉·O.达比中校率领一支联合突击队攻占了萨莱诺以北地形崎岖的索伦托半岛，但菲廷霍夫的德军仍在海滩后面的丘陵高地上据险死守，德军的炮火把盟军登陆部队死死地压制在致命的滩头阵地上。盟军的两个登陆点相距过远，无法互相支援，克拉克一度认真考虑是否应放弃一个登陆点以巩固另一个，但那些将要去执行这一艰险任务的指挥官成功劝他放弃了这一想法。休伊特告诉克拉克，让一艘满载的坦克登陆舰冲滩卸载，比让一艘

---

\* 很多"海火"式战斗机在护航航母的短甲板上降落时受损，因为当它们抵达跑道尽头的时候会前倾，而这会折弯螺旋桨叶片的顶端。技术人员的解决办法是，将螺旋桨叶片的顶端截短9英寸。这样会略微降低飞机的最高速度，却能使它们在甲板降落时不出事故。

空的坦克登陆舰冲上海滩、装船、再驶回大海容易得多。盟军没有撤退，而是让运输船和坦克登陆舰在驱逐舰施放的烟幕掩护下，将人员、物资和弹药不断运至这两个登陆点。一些坦克登陆舰的通风口吸入了烟雾，导致舰上官兵们咳嗽不止。[29]

为了攻击盟军的运输船，尤其是火力支援舰艇，德军出动了体形小、速度快的鱼雷快艇（其中一艘德军鱼雷快艇还于 1943 年 9 月 10 日击沉了一艘美国驱逐舰），但最大的危险始终来自德国飞机，许多飞机都装备了最新式的无线电制导炸弹。其中一枚这种炸弹于 9 月 11 日击中了美军"萨凡纳号"轻巡洋舰。"萨凡纳号"伤势严重，不得不暂时被拖往马耳他，然后返回美国本土大修。另一枚无线电制导炸弹则击中了英国皇家海军"乌干达号"巡洋舰，这枚炸弹洞穿了全部 7 层甲板，在其舰体下方爆炸，导致该舰受损严重，也被拖往马耳他。其余一些盟国舰艇则遭到了近失弹的损伤。德军还轰炸了盟军的两艘医院船，炸沉其中一艘。盟军的火力支援舰艇损失惊人，以至于登陆部队真的可能会丢掉阵地。休伊特指出："岸上和海上的战况远远无法令人满意。"[30]

海岸外的盟军舰炮炮火渐稀。受此鼓舞，菲廷霍夫于 9 月 12 日下令发动新一轮地面进攻，旨在将盟军滩头阵地一分为二。德军坦克部队沿着塞莱河谷猛冲而来，一直冲到距离滩头不足 2 英里，才被岸上炮兵和舰炮火力联手击退。在作战报告中，坎宁安称海军舰艇立下了头功，"眼见敌军有可能一路杀到滩头阵地，正是海军舰炮在关键时刻不停猛轰，击退了敌军，挽救了危局"。[31]

休伊特对舰艇的损失忧心忡忡，因此向坎宁安申请调来几艘战列舰。坎宁安于是把"勇士号"战列舰和人称"老夫人"的"厌战号"战列舰派给了他，用其 15 英寸主炮扫荡了丘陵之中的德军炮兵阵地。即便如此，要不是隆美尔坚持在更靠北的地方布置主

登陆战期间，一艘不知名的驱逐舰在萨莱诺滩头外海施放烟幕，照片摄于美军"费城号"轻巡洋舰。"费城号"在萨莱诺登陆战中扮演了重要角色，曾于9月9日粉碎了德军的一轮坦克进攻

来源：美国国家档案馆（照片编号：80–G–83243）

要防线而拒绝增援凯塞林，盟军登陆部队可能会继续裹足不前。9月16日（"勇士号"和"厌战号"抵达次日），德军从海岸后面的丘陵中撤退，放弃了对萨莱诺海岸的争夺。凯塞林向柏林报告称，他不得不从萨莱诺海岸附近撤退，以"避开盟军舰炮的有效轰击"。当天，德军的2枚无线电制导炸弹准确地命中了"厌战号"，盟军不得不在5艘驱逐舰的护航下将它拖至马耳他。[32]

　　盟军地面部队冲破了滩头包围圈，开始北上那不勒斯。然而，由于德军彻底破坏了萨莱诺和那不勒斯的港口设施，盟军不得不继续用两栖舰艇将援军和物资运至海滩上岸。坎宁安将萨莱诺海滩描述为"蚁穴",称"小船和登陆艇来回穿梭于大船和海滩之间"。在接下来的三周里,大量的坦克登陆舰、步兵登陆艇和坦克登陆艇几乎昼夜不停,把 22.5 万士兵、3.4 万部车辆和 11.8 万吨物资运至海滩。[33]

轴心国军队在萨莱诺的抵抗之顽强,超出了盟军计划人员的任何预想,而盟军在此地乃至整个地中海获胜的关键在于拥有了无可挑战的制海权。虽然带着最新型 FX-1400 制导炸弹的德军飞机造成了巨大的威胁,但盟军始终保持着足够强大的舰炮火力,保护了滩头的地面部队。盟军还拥有足够强大的海运能力,在萨莱诺登陆作战及随后的数日乃至数周里,为岸上部队提供了源源不断的物资补给。然而,德国空军也不是吃素的,这一点在 12 月 2 日的战斗中得到了充分证明。当日,105 架德军容克斯-88 型轰炸机空袭了停泊在巴里港(位于亚得里亚海边,布林迪西往西北 60 英里)的盟国舰船,一举炸沉了 27 艘运输船。这是盟军在二战期间单次损失舰船数量最多的一次。*

盟军在登陆西西里之后迅速占领了全岛,但这次不同了。盟军虽然拿下了立足点,但意大利战役却还要再打上一年半的时间。正如乔治·马歇尔所担心的那样,登陆意大利的决定又形成了另一个黑洞,吞噬着人员和资源,特别是本已捉襟见肘的登陆舰艇。这将对盟军后续战争规划造成重大的影响。

---

* 在巴里港被击沉的盟国船只中,有一艘自由轮"约翰·哈维号"满载着芥子气炸弹,以应对德军发动毒气战。"约翰·哈维号"被击中后,泄漏的芥子气造成 600 多名友军伤亡。盟国想要尽力掩盖这次事件,包括芥子气炸弹的存在,但伤亡者实在众多,迫于各方压力,美军参谋长联席会议不得不于 1944 年 2 月将此事公之于众。

***

　　萨莱诺滩头与挪威北部的峡湾南北相距 30 个纬度，温差达到 40 摄氏度，德国海军最后的主力舰正聚集在挪威北角附近的阿尔滕峡湾。当年 1 月，希特勒在以卡尔·邓尼茨接替埃里希·雷德尔担任海军司令时，曾下令拆毁雷德尔挚爱的水面舰队。"大型舰艇过时了。"希特勒如此宣称道，于是"格奈森瑙号""希佩尔海军上将号""莱比锡号"等一众大型军舰纷纷退役，舰炮被拆下，水兵们则被打发到了其他的岗位上。虽然一生都花在潜艇部队上，但邓尼茨说服了希特勒不要把水面舰队全部拆掉，这样到了 1943 年秋季，正是在阿尔滕峡湾的 3 艘大型军舰构成了海军战略家们所称的"存在舰队"。这三艘舰分别为："提尔皮茨号"战列舰（"俾斯麦号"的姊妹舰）、超大型的战列巡洋舰"沙恩霍斯特号"以及备受敬重的"吕佐夫号"（它在 1929 年开始铺设龙骨时被命名为"德意志号"）。它们很少离港，但它们的存在迫使英国海军不得不常年在北海保持一支强大的海军力量以提防它们。[34]

　　9 月 6 日（也就是巴多利奥告诉德库尔唐即将与盟国谈和当天），在 10 艘驱逐舰的拱卫下，3 艘大舰驶出峡湾，这是德国海军 14 个月以来的第一次出击。此次出击的目标是斯匹次卑尔根群岛，这是一处几近荒芜的挪威边陲，位于北极圈和北极点正中间，终年冰封。群岛上仅有一座煤矿和一个气象站，并不是什么重要目标。邓尼茨发动这次突袭，很可能只是想提醒盟国别忘了这里还有一支德国海军舰队，而不是想让它们陷于险地。德国海军对这座煤矿和气象站肆虐一番之后于 9 月 10 日返回了峡湾。[35]

　　第二天，6 艘被英国皇家海军称为"X 艇"的袖珍潜艇在常规潜艇的拖曳下驶出了苏格兰的凯鲍恩湾（Loch Cairnbawn）。X 艇长 48 英尺，宽约 5.5 英尺，仅有 4 名艇员，全都是志愿者。艇上没有鱼雷，唯一的武器是两颗 2 000 磅重的可分离式水雷，可以安放在敌舰的舰体下面。它们花了 10 天时间才来到阿尔滕峡湾，还在途中损失了两艘。但此时，上述三艘德舰中仅有一艘仍泊于此处。"吕佐夫号"已经被送回德国本土维修，之后作为训练舰在波罗的海度过了剩下的战争年月。但"吕佐夫号"能离开北角回到波罗的海而未遭截击和摧毁，这在白厅造成了巨大的挫折感，引起了英国朝野上下的相互指责。"沙恩霍斯特号"也不在泊位上。它的舰长弗里德里希·许夫迈尔上校对炮手们在轰击斯匹次卑尔根群岛时表现出来的糟糕射术相当不满，遂率舰出海并组织射击训练。但"提尔皮茨号"仍然停泊在阿尔滕峡湾的一个分叉卡阿峡湾（Kaa Fjord）里。[36]

1943 年 9 月 22 日半夜，这艘德军巨舰上的瞭望员突然看到旁边有"一个像潜艇一样长长的黑色物体"游过。这个不明物体距离太近，舰炮无法射击，因而舰员们只能用轻武器和手榴弹攻击。这个不明物体正是英军袖珍潜艇 X-6，它遭到攻击后不得不上浮，4 名艇员被俘。万幸的是，艇长唐纳德·卡梅伦上尉在被俘之前丢弃了水雷。德军把他们押至"提尔皮茨号"底舱，为其倒上热咖啡和杜松子酒。会说英语的几名水兵还称赞了战俘们的勇敢，不过，一名德国人注意到这些战俘似乎在不停地看手表。这时候，另一艘袖珍潜艇 X-7 也在悄悄行动，它在潜航时艇体撞上了"提尔皮茨号"，于是赶忙钻到这艘战列舰的下方，选好了位置，成功安放了两颗水雷。[37]

早晨 8 点 12 分，相隔不到 1 秒钟的两声惊天动地的爆炸震撼了"提尔皮茨号"。据一位目击者说，"整艘舰被震出水面达数英尺后，微微倾斜着砸向水面"。战列舰的舰底被炸出了一个大窟窿，但并未沉没，这主要是因为舰长汉斯·迈尔在发现英国 X-6 之后及时下令关闭了全部水密门。然而，该舰还是受到了极大的破坏。一座巨大的炮塔从其轴承上震脱，先跳了起来，然后重重地砸了回去，损坏了里面的机械构造。此外，该舰的涡轮发动机也从底座上震脱。成功炸坏"提尔皮茨号"的正是袖珍潜艇 X-7，它在布置好水雷后就试图尽快离开卡阿峡湾，但不幸撞上了防雷网，不得不上浮。艇长巴兹尔·普莱斯上尉立即向"提尔皮茨号"望去，想看看它沉了没有。看到"提尔皮茨号"仍然浮在水面上的时候，他叹了一声："要命。"他和手下也被德国海军俘虏并押到"提尔皮茨号"上，这次，德国人对他们的态度就远远不如先前那般客气了。[38]

"提尔皮茨号"无法在挪威完全修好，因为这里没有能够吊起受损炮塔的起重机。但另一方面，若想要它返回德国本土，则注定一路凶险，还意味着把北海完全让给英国人。因此，希特勒和邓尼茨决定让"提尔皮茨号"原地不动，让英国人去猜测它还能不能出海。伦敦方面起初没有弄清"提尔皮茨号"的实际受损程度，但随着破译出的"超级"情报越来越多，他们了解到它至少在未来六个月之内都无法作战了。这样，"沙恩霍斯特号"就成了德国在北海唯一能够参战的大型水面舰艇。[39]*

\*\*\*

当年秋天，英国皇家海军高层进行了人事调整。其实在当年 5

---

\* 1944 年春天，英军再次对"提尔皮茨号"发动攻击，这次用的是飞机。1944 年 4 月 3 日，英军出动"梭鱼"式轰炸机攻击"提尔皮茨号"，总共命中了 14 枚炸弹，其中有 3 枚 1 600 磅炸弹。自此之后，该舰再也未能出海。

月，丘吉尔就已经任命海军上将布鲁斯·弗雷泽爵士接任本土舰队司令。丘吉尔已经对约翰·托维失去了信心，不仅因为觉得他缺乏攻击性（他常常如此批评别人），还因为他总是无礼地质疑战略轰炸的有效性，丘吉尔一直希望通过这一套计划来打赢战争，而且无须登陆欧洲。这些因素使得丘吉尔给托维贴上了"顽固而执拗"的标签，把他打发去担任泰晤士河口诺尔岛守备部队司令，负责海岸防御。几个月后，丘吉尔又想要将布鲁斯·弗雷泽提升为第一海务大臣，这是英国皇家海军的最高军职。这是因为庞德的健康状况持续恶化，显然不适合继续担任这一要职，故而他于 1943 年 10 月递交了辞呈。\* 弗雷泽谢绝了任命，劝丘吉尔提名资历老得多，而且在海军中广受爱戴的安德鲁·坎宁安。"我认为我自己的舰队对我有信心，"弗雷泽告诉丘吉尔，"但整个皇家海军都对坎宁安有信心。"丘吉尔赞许了弗雷泽的态度，随即任命坎宁安接任这一海军最高职务。有意思的是，接替安德鲁·布朗·坎宁安担任地中海海军最高指挥官一职的人也姓坎宁安——海军上将约翰·坎宁安爵士，不过，他们并没有亲戚关系。[40]

当年秋，丘吉尔恢复了经北角前往苏联的船队。"提尔皮茨号"暂时无法出海作战，这让盟国在北冰洋少了一个潜在威胁。随着冬天的临近，北冰洋上几乎不再有白天，即便在中午前后，也仅有几个小时的微光。这当然会大大限制敌军的空袭，而且德国空军对盟国船队的威胁也大不如前，因为驻挪威的德国空军中队大多数都被调去与苏军打仗了。此外，冬季北极的恶劣天气也极大限制了德国

---

\* 在递交辞呈之后，庞德仅仅活了几个星期的时间。庞德本来身体状况就欠佳，而且不断恶化，又于 1943 年 10 月突发大面积中风，很快就去世了，而且去世日期也很巧，恰好是英国的特拉法尔加纪念日：1943 年 10 月 21 日。

潜艇的活动，仅 750 吨的小小潜艇无法在水面上有效行动。

然而，盟国恢复援苏船队的直接原因是斯大林不断的埋怨，尤其是此前不久，斯大林开始对西方盟国强硬起来，几乎到了恼怒的边缘。但丘吉尔不吃这一套。英国首相告诉苏联领袖，用船队向苏联运送物资并不是西方盟国天然的义务，这只是象征着英国和美国的决心。斯大林对此的回应咄咄逼人，以至于丘吉尔公开拒绝接受斯大林的回信，直接把信退回给了苏联大使。不过，考虑到苏联红军仍承担着地面作战的重担，西方盟国觉得继续向苏联运送物资仍不失为明智之举。[41]

恢复援苏航运后的第一支船队是 JW-54A，它们于 11 月 15 日从苏格兰西海岸的尤湾出发。船队由 19 艘商船组成，为其贴身护航的有 9 艘驱逐舰、1 艘轻型护卫舰和 1 艘扫雷艇。此外，弗雷泽还亲率本土舰队主力为 JW-54A 船队提供远程掩护，以防"沙恩霍斯特号"前来阻扰。但"沙恩霍斯特号"并未出现，头两支船队均未受到任何阻扰，安全地抵达摩尔曼斯克。[42]

希特勒再次暴跳如雷。东线苏联红军稳步推进，这让希特勒备感受挫，他急切地想要切断苏军的补给。在 12 月 20 日的贝希特斯加登会议上，希特勒问邓尼茨这方面应当如何做。与希特勒的诸多部属一样，邓尼茨也急于给元首带来胜利的消息，特别是一场海战胜利的消息。如果"沙恩霍斯特号"能冲出阿尔滕峡湾，痛击一支盟国船队，随后再安全返航，元首一定会对海军高看一眼。邓尼茨如此这般在心中憧憬着这次出击，于是就向希特勒保证说："由'沙恩霍斯特号'和驱逐舰组成的特混舰队将会攻击下一支从英国出发，经北方航线前往苏联的船队。"[43]

两天后的 12 月 22 日，一架德国侦察机发现并报告了盟军第三支冬季船队 JW-55B 的位置，邓尼茨立即命令北方舰队司令埃里希·拜将军准备让"沙恩霍斯特号"出海作战。这条命令既反映出邓尼茨渴望从船队身上捞一场胜利的急切心情，又体现了他对于失去最后一艘可用主力舰的顾虑。邓尼茨告诉拜："必须抓住机会，'沙恩霍斯特号'的强大火力会带来最有利的胜算。"然而，与此同时，他还强调不能把"沙恩霍斯特号"置于险境。"如果遇到优势敌人，"邓尼茨写道，"你就要撤出战斗。"[44]

12月25日晚8点前不久，拜打断了官兵们的圣诞大餐，率"沙恩霍斯特号"和5艘驱逐舰紧急出海。很快，"沙恩霍斯特号"就以25节航速直奔北边而去，但在如此恶劣的海况下，驱逐舰的舰首承受着巨浪撞击，几乎无法跟上"沙恩霍斯特号"。在零度以下

这张"沙恩霍斯特号"主炮结冰的照片摄于1939—1940年的波罗的海。由此可以窥见1943年圣诞节海战时北角附近是个什么样的环境

来源：美国海军历史与遗产司令部

的温度中，飞溅的海水立刻冻结在了所有军舰的炮管和上层建筑上，使军舰宛如童话中的冰雪城堡。

北上之时，拜并不知道，在这个圣诞夜里，除了船队及其护航舰外，还有两支英国皇家海军的水面舰队也已到来。从东边驶来的舰队拥有3艘巡洋舰和数艘驱逐舰，由罗伯特·伯内特海军中将指挥，他们正在掩护前两支冬季船队的空船返航。另一支从西边开来的是弗雷泽的掩护舰队，辖有"约克公爵号"战列舰。拜就这么浑然不觉地驶入了英国舰队的铁壁合围之中。[45]

半夜时分，恶劣的天气迫使拜降低了航速。他的驱逐舰不仅远远落在了后面，还深陷巨浪之中，拜只得打破无线电静默，向邓尼茨汇报了这些情况。也许，拜心里盼望着邓尼茨能取消这次任务。若确实如此，那他一定很失望。邓尼茨回复道："如果驱逐舰无法跟上，则应考虑'沙恩霍斯特号'单独完成任务的可能性。"他还无甚意义地补充道："由您临机决断。"结合此前命令中"遇到优势敌人"要立即脱离战斗的内容，拜接到的命令似乎是让他努力完成任务，必要时可以单独作战，但又不能拿大舰冒险，责任也全在拜的肩上。[46]

布莱奇利庄园的密码破译人员截获了拜发给邓尼茨的密电。3个小时后，凌晨4点前，英国海军部通知弗雷泽"沙恩霍斯特号"已经出海，正在向北朝着船队而来。弗雷泽也决定打破无线电静默，命令JW-55B船队立即转向北，躲避"沙恩霍斯特号"，同时命令自己的舰队——包括"约克公爵号"战列舰——将航速从19节提至24节。但即便加速，弗雷泽也很难赶上"沙恩霍斯特号"，除非伯内特的巡洋舰编队能通过某种方式拖住对手。[47]

伯内特可以用来做到这一点的，仅有一艘重巡洋舰（三年前在追杀"俾斯麦号"的战斗中扮演了关键角色的"诺福克号"）和两艘轻巡洋舰。伯内特把西行船队交给了驱逐舰，然后亲率三艘巡洋舰冲向"沙恩霍斯特号"最有可能出现的位置。12 月 26 日早 8 点40 分，伯内特的旗舰"贝尔法斯特号"（HMS Belfast）轻巡洋舰的雷达屏幕出现了目标信号。20 分钟后，"谢菲尔德号"轻巡洋舰上的一名瞭望员喊道："发现敌舰。"早上 9 点半，伯内特开火了。[48]

拜完全被打了个措手不及。虽然弗雷泽打破了无线电静默，但德国海军密码破译人员未能截获其密电。恶劣的天气让德国侦察机无法起飞；而且虽然"沙恩霍斯特号"也配备了雷达，但那都是二战前的技术，搜索范围有限；最要命的是，两部雷达中还有一部失灵了。此刻突遭伯内特三艘巡洋舰伏击，拜的第一反应就是立即转向离去，但"沙恩霍斯特号"还是迅速被"诺福克号"命中两发 8 英寸炮弹，其中一发炮弹摧毁了唯一可用的雷达天线。拜本可选择就地与这三艘英舰拼命。虽然英舰在数量上占有三比一的优势，但"沙恩霍斯特号"的主炮口径更大，装甲也更厚。实际上，双方此刻的力量平衡很像战争初期汉斯·朗斯多夫及其"施佩伯爵号"在拉普拉塔河口面临的形势，拜也肯定知道，朗斯多夫在死后仍被德国人批评，就是因为他在那种环境下没有选择战斗到底。但另一方面，拜深知船队才是他的主要目标，而且邓尼茨也警告过他不要拿军舰冒险。因此，拜转身就走，兜了个圈子绕过伯内特，返身直奔船队而去。[49]

伯内特放拜走了。他的速度无论如何都不足以追上"沙恩霍斯特号"，伯内特还（正确地）判断出拜正在寻找船队，于是径直朝着 JW-55B 船队驶去，而拜则绕了个弧线。伯内特希望并期待着再次与德舰接触。仅仅两个多小时后，他的愿望成真了。伯内特再次率先开炮，这次"沙恩霍斯特号"进行了还击，重创了"诺福克号"，击毁其一座炮塔。但即便如此，由于拜发现船队周围刮着

八级大风,还面对着三艘英舰,他决定撤出战斗。<sup>50</sup>

但太晚了。拜为了躲避伯内特的巡洋舰而向北的机动,给了弗雷泽让"约克公爵号"驶近"沙恩霍斯特号"所需的时间。下午4点17分——在北极的冬天,此时天已经完全黑了——雷达屏幕上出现了"沙恩霍斯特号"。拜完全没想到附近居然有一艘英国战列舰,当4点40分照明弹腾空而起,把"沙恩霍斯特号"照亮的时候,拜在这一天里第二次大吃一惊。15分钟后,"约克公爵号"开了炮。拜发给柏林的报告简明而不祥:"正与一艘战列舰作战。"<sup>51</sup>

"沙恩霍斯特号"比"约克公爵号"航速更快,这是拜唯一的自保手段了。然而,正当拜准备脱离时,"约克公爵号"的三发14英寸炮弹准确命中了"沙恩霍斯特号"。其中一发炮弹命中了一号锅炉舱,炸断了一根关键的蒸汽管道,"沙恩霍斯特号"航速骤降至10节。虽然机械师们设法修理蒸汽管线,将航速恢复到了22节,但逃生的最佳机会已一去不返。就在这一小段时间里,数艘英国驱逐舰和一艘挪威驱逐舰逼近过来发射了鱼雷,至少有几枚鱼雷击中目标。英国"野蛮人号"(HMS Savage)驱逐舰上的一位瞄准手后来回忆道:"'沙恩霍斯特号'看起来真漂亮啊——在寒冷的北极光下,通体银装素裹。"尽管如此,这艘巨舰已是在劫难逃,拜也意识到了这一点。不管是有心还是无意,就像是与"俾斯麦号"沉没之际的君特·吕特晏斯遥相呼应一样,拜也向柏林发去了无线电报:"我们将战至最后一弹。元首万岁。"<sup>52</sup>

当"沙恩霍斯特号"的航速降至5节,"约克公爵号"继续用14英寸炮弹不断轰击。弗雷泽的副官弗农·梅里注视着它。"每当一轮齐射命中,"他写道,"大火都冲天而起,就像是用拨火棍来杵火堆一样。"弗雷泽再次命令巡洋舰和驱逐舰发动鱼雷攻击,它们总共发射了56枚鱼雷,或许有8到10枚命中了目标。"沙恩霍斯特号"被蹂躏了近两个小时。舰上有几门火炮也在还击，但作用微乎其微。到了 6 点 20 分，"沙恩霍斯特号"的舰炮彻底停止了轰鸣。7 点 45 分，它的舰尾从海面扬起，螺旋桨依然在缓慢地转动着，舰首则先于全舰沉入了水中。舰上的 1 968 名官兵中仅 36 人幸存。随着"沙恩霍斯特号"的沉没，雷德尔水面舰队的最后残部也随风而逝了。无论从哪方面看，意大利海军和德国海军的水面舰队至此都已不复存在。[53]

# 第 21 章

# 破盾

　　1943 年，当德国和意大利海军日渐衰微时，依旧危险的日本帝国海军也面临着暗淡的前景。在瓜岛旷日持久的苦战中，日军舰船和飞机的持续消耗令日本海军出现了显而易见的实力滑坡，而同期美军太平洋舰队的规模却几乎每一天都在扩大。仿佛是要专门强调这一点，1943 年 6 月 1 日，崭新的"埃塞克斯号"（USS Essex）航母驶入了珍珠港，这是最终多达 24 艘的同级舰中的首舰。它的舰载机大队拥有超过 90 架飞机，且全是当时最新的机型，包括F6F"地狱猫"式战斗机、F4U"海盗"式战斗机、SB2C"地狱潜鸟"式俯冲轰炸机和 TBF"复仇者"式鱼雷攻击机，它们比前代机型更大、更快、作战效能更高，而且明显比日军同类机型先进得多。虽然日军的零式战斗机曾在 1941 年的太平洋称雄一时，但新型"地狱猫"战斗机更快，火力更猛，装甲防护也更好。飞行员们很喜爱这种飞机，有人夸张地赞美说"'地狱猫'是完美的舰载机"。在接下来的两个月里，又有 2 艘"埃塞克斯"级航母加入舰队。到了当年年底，太平洋上总共有了 6 艘"埃塞克斯"级航母，其中 2 艘舰分别以在珊瑚海和中途岛沉没的"列克星敦号"和"约克城号"命名，以示纪念。这无疑会让日本人备感沮丧，

1943 年秋，"约克城号"（CV-10）航空母舰机库甲板上的 F6F-3"地狱猫"战斗机。几个军械人员正在处理炸弹，其他机组人员则在后面看电影

来源：美国国家档案馆（照片编号：80-G-419959）

他们相信自己于 1942 年 5 月在珊瑚海击沉了"约克城号"，后来在 6 月的中途岛才实际击沉它，如今，一艘更新、更大的"约克城号"又如凤凰涅槃一般浴火重生了。[1]*

　　1943 年时日本人面临的另一个问题是，他们发现自己的战线

---

*　两艘航母都叫"约克城号"，这常令战争史的学习者们混淆不清。当"约克城号"（CV-5）在中途岛战沉后，一艘在建的，原本命名为"好人理查德号"（这一名称是为了纪念美国革命期间约翰·保罗·琼斯的旗舰）的航母被更名为"约克城号"，当然，新舰有一个不同的舷号，CV-10。这艘舰保留至今，在南卡罗来纳州查尔斯顿市的爱国者角向参观者开放。

拉得太长了。1942 年，日军相对容易地占领了极其辽阔的海洋帝国，现在他们发现为那些遥远前哨的守军提供补给成了难题。有些日占岛屿已经朝不保夕，其中最严重的是位于阿留申群岛西端的阿图岛和基斯卡岛。日军在灾难性的中途岛大败之际攻占了这两个荒无人烟的小岛，并派了 2 600 人来到这个前哨阵地。他们与世隔绝，处境和关在美国的战俘营差不了多少。实际上，若真进了战俘营，他们对日本这场战争的贡献或许反而会更大，因为这样美国还得养活他们。而现在，他们只会让原本已经捉襟见肘的日本海运能力雪上加霜。

为了阻止驶往阿图岛和基斯卡岛的日本船队，美国海军派出了数艘潜艇和一支拥有 2 艘巡洋舰及 4 艘驱逐舰的水面舰队，由查尔斯·H. 麦克莫里斯海军少将指挥（此人绰号为"苏格拉底"，简称为"苏格"，因为他在美国海军学院学习时成绩极为优秀）。1943 年 3 月 26 日，麦克莫里斯的旗舰"里士满号"（USS Richmond）轻巡洋舰上的雷达操作员在阿图岛以西的科曼多尔群岛附近发现了一支由 2 艘大型运输船、2 艘轻巡洋舰和 1 艘驱逐舰组成的日本船队，麦克莫里斯立即靠了上去。然而，"里士满号"观察到的 2 艘"运输船"实际是重巡洋舰，美国人直到目视看到对手时才发现这一点。麦克莫里斯立刻意识到敌强我弱，于是，他立即令舰队转向西南方，并将航速提升至 25 节。日军舰队指挥官细萱戊子郎海军中将见状，立刻下令追击。

追击战持续了几乎四个小时。细萱戊子郎指挥日舰集中火力轰击"盐湖城号"（USS Salt Lake City）重巡洋舰，"盐湖城号"被数次击中，开始倾斜，速度也慢了下来，最后停住了。麦克莫里斯立即命令驱逐舰施放烟幕，成功掩护了陷入困境的"盐湖城号"。日舰发射了鱼雷，但无一命中，而且细萱误将美军炮弹掀起的水柱当成了未被看见（实际上也不存在）的轰炸机投下的近失弹，停止了追击。美国人将这场"科曼多尔群岛海战"视为一场胜利，因为细萱掩护的补给船队被赶回去了，麦克莫里斯的舰队也避免了更大的损失。东京的日本海军高层也这么认为，于是将细萱戊子郎撤职。[2]

两个月后，在浓雾和严寒中，一支美军特混舰队掩护登陆部队在阿图岛登陆，舰队中包括三艘老式战列舰，都是修复后的珍珠港幸存者。在恶劣环境下苦战了几个星期后，美军最终击败了饥肠辘辘、士气低落的日本守军，收复了这座岛。不久之后，日军也放弃了基斯卡岛。

＊＊＊

在阿留申群岛几乎正南方 4 000 英里外，美军和澳大利亚军队于当年夏季开始在南太平洋协同交替推进，这场战役有一个生气勃勃的名称——"马车轮行动"。南太平洋的环境和阿留申群岛是天渊之别，正如一名美国水兵所言，那里"热得可怕"。美军战舰上的官兵们执勤时只穿着内衣——甚至更少——"在自己汗水中游泳"。每天下午的雷阵雨只会增加空气湿度，而不会降温。除了吃饭，水兵们尽量避免前往下层舱室。如果不得不去吃饭，"大家饭还没吃完，全身就湿透了"。晚上也不得消停。正如一名军官所回忆的那样："钢板吸收了一天的热带高温……让下甲板热得无法忍受。"很多人不愿意睡在铺位，而宁愿睡在上甲板，用木棉救生衣当枕头。正如一艘美国驱逐舰的舰长所言："我们身上不会干，不会凉快，也休息不好。"[3]

南太平洋的战役在两个方向上同时进行。其中之一为美军从瓜岛出发，沿着所罗门群岛的岛链往西北方推进，而另一个则为盟军沿着新几内亚岛东北岸推进。两个方向的最终目标都是位于新不列颠岛北端的日军堡垒拉包尔。作为日本在南太平洋的主要基地，拉包尔拥有四个全天候机场，还有一个水下死火山口上的优良港口。虽然有"德国优先"战略，但英美盟军的攻势此时已到处开花：地中海、新几内亚岛、所罗门群岛，不久还要进攻中太平洋，却**唯独没有**斯大林最为关注的欧洲西北部。

然而，盟军尴尬的指挥结构却令他们在南太平洋的齐头并进复杂起来。虽然金在 1942 年从麦克阿瑟手里拿到了瓜岛战役的统一指挥权，但 1943 年对拉包尔的双路进攻却毫无争议地处于麦克阿瑟的辖区之内。

无论是当时还是今日，道格拉斯·麦克阿瑟都是一位争议性人物，崇拜他的人奉之为战神，看不惯他的人则对其极尽批评。道格拉斯·麦克阿瑟是阿瑟·麦克阿瑟将军的儿子，老麦克阿瑟因在美国内战中的传教士岭战斗表现英勇而获颁荣誉勋章。小麦克阿瑟在西点军校就读时便是个风云人物，1903 年他以当届第一名的成绩毕业，声名鹊起。"一战"期间他的表现出类拔萃，1919 年带着 2 枚杰出服务十字勋章和至少 7 枚银星勋章以 39 岁的陆军准将身份载誉而归。他后来出任西点军校的校长，1930 年 50 岁时又成为美国陆军参谋长。虽然他的服役记录璀璨夺目，但在 1941 年 12 月，防御菲律宾的麦克阿瑟却遭日军突袭，一败涂地。1942 年 3 月，罗斯福令其撤离菲律宾并前往澳大利亚，准备率盟军反攻。罗斯福为他颁发了荣誉勋章，此举主要是为了在这一至暗时刻为美国公众树立一个英雄的形象。尽管麦克阿瑟 1942 年的这枚荣誉勋章几乎完全是一种公关手段，不过公平地说，他在"一战"期间的优异表现还是足以配得上这一荣誉的。[4]

麦克阿瑟与菲律宾的关系非同一般。他还是一个小男孩的时候，就跟着担任菲律宾群岛军事总督的父亲住在那里，他刚刚拿到少尉军衔时也是去往那里。20世纪20年代，小麦克阿瑟重返菲律宾担任马尼拉军区司令，这主要是个社会职务和政治职位，但他在那里对菲律宾本地社会的培育引起了一些美国官员的疑虑。

　　接下来他本人就大展身手了。除了显而易见的天赋之外，麦克阿瑟还极度自命不凡，让很多同时代的人对其敬而远之。他似乎一直认定自己是个历史人物，其行为举止就像是登台表演一般，叼着他的玉米芯烟斗走来走去，摆着舞台式的姿势，即便是私人生活中也是如此。他对其他人的意见不屑一顾，甚至嗤之以鼻，还将批评视为对他的背叛和对抗。正如历史学家马克斯·黑斯廷斯所言："道格拉斯·麦克阿瑟始终抱着一种执念：所有批评他的人不仅完全错误，而且极度邪恶，甚至近乎精神错乱。"这些性格特点导致许多不得不与之共事的人都非常反感他，其中包括金和尼米兹。麦克阿瑟的记忆力惊人，他精通历史，思维敏捷且善于决断。然而，他是否像他的前助理德怀特·艾森豪威尔那样具备协调多国陆海空军所需的足够的外交敏感性，这还有待检验。[5]

　　麦克阿瑟战区里的所有盟军部队都归他指挥，既包括澳大利亚和新西兰军队，也包括美国的陆军和海军部队。值得一提的是，他对哈尔西的南太平洋部队拥有"战略指挥权"。这意味着虽然哈尔西名义上仍归尼米兹指挥，但只要进入西南太平洋战区的辖区，就必须听从麦克阿瑟的指令。在"马车轮行动"中，哈尔西负责沿所罗门群岛岛链挺进，而麦克阿瑟则沿着新几内亚岛海岸推进。因此他二人的密切合作对于盟军的胜利至关重要，但是考虑到他们的强硬甚至是强横的个性，谁也不能保证他俩能做到这一点。哈尔西在1943年2月写给尼米兹的一封每周一次的非正式信件中，将麦

1944年2月，道格拉斯·麦克阿瑟上将在阿德默勒尔蒂群岛的洛斯内格罗斯岛上视察地形。麦克阿瑟是太平洋战争中的传奇人物，拥趸和反对者都大有人在。图中跟在他身后的是他的副官劳埃德·莱拉巴斯（Lloyd Lehrabas）上校

来源：美国国家档案馆（照片编号：SC 187355）

克阿瑟描述为"一个自吹自擂的狗娘养的"。两个月后，哈尔西飞赴澳大利亚布里斯班，两人第一次见了面。[6]

　　然而让人吃惊的是，两人居然一见如故。后来哈尔西记录道："我极少见到有人能在更短的时间内给人留下更强烈和更美好的印象……我刚刚汇报了五分钟，就感觉到我们好像是一生的密友。"麦克阿瑟也有同感。因此，麦克阿瑟给了哈尔西比其他下属更大，甚至是非同寻常的行动自由，有时候还会迁就他。几个月后的一件事便是一例。尼米兹致电金提出，既然在俾斯麦海北缘的马努斯岛

为哈尔西舰队建立前进军港的是海军的"海蜂"部队，那么该岛的行政管理权就应当从麦克阿瑟处移交至海军。金将此要求转达给了马歇尔，马歇尔再通过陆军的指挥系统下达给了麦克阿瑟。过于敏感的麦克阿瑟却认为这是对自己专业水平的蔑视，于是把哈尔西召至自己的司令部。在那里，麦克阿瑟在群僚的簇拥下向哈尔西解释了马努斯岛必须继续归自己控制的原因。哈尔西后来回忆道，麦克阿瑟进行了一番高谈阔论（他经常这样），演讲结束时，他"用他那玉米芯烟斗指着我让我表态，'比尔*，我说的不对吗？'"哈尔西答道："长官，不对！"哈尔西的大胆顶撞让在场的众人无不倒吸一口凉气。哈尔西不仅不同意，而且还断言，如果麦克阿瑟想把管理权从当地部队手中夺走，那就是在"拖战争的后腿"。他们就这一问题长谈了数小时之久，直至次日。最后，麦克阿瑟微笑道："比尔，你赢了。"麦克阿瑟可能是真的被说服了，也可能只是因为哈尔西的坚定态度折服了麦克阿瑟。无论是何种情况，这两个人在接下来的战役中相处融洽。[7]

相比之下，南太平洋日军的指挥关系更加制度化。此时，东京的陆军将领们已经完全控制了日本政府，把控了所有战场的战略决策，包括太平洋。正是陆军颁布了"新作战政策"，要求死守各个要塞，战至最后一兵一卒，以期消耗甚至拖垮进攻方。联合舰队司令长官古贺峰一大将原本仍然希望在海上决战取胜，然而当他意识到已无此机会时，便要求驻拉包尔的草鹿任一海军中将遵从陆军制定的蓝图，死守各个前哨基地。虽然日军自中途岛以来已多次落败，可其高层并未汲取教训，反而仍然坚信——或

---

\* 哈尔西的全名是威廉·弗雷德里克·哈尔西，在英语姓名中，"比尔"（Bill）是"威廉"（William）的昵称。——译者注

者至少说是希望——不怕死的"大和魂"最终将战胜美国的财富和数量优势。正如日本陆军第 17 军军长百武晴吉将军所言："战斗方案就是用坚忍的精神去抵抗敌人的物质优势，并尽力展示我们的精神力量。"[8]

***

所罗门群岛通常被比作一架梯子，因为那两条平行的岛链就如同梯子两边的扶手。"马车轮行动"作战计划要求哈尔西的部队在相邻的岛屿间发动一连串两栖登陆，从瓜岛出发，沿着这架"梯子"一路"攀爬"到布干维尔岛。这些岛屿都有着富于异国情调的名称，例如伦多瓦、科隆邦阿拉和韦拉拉韦拉。同时，麦克阿瑟的部队——其中包括澳军和美军——则沿着新几内亚东北岸一路进攻日军据点，那里的地名也同样带着异国风格，例如莱城、布纳、戈纳、萨拉马瓦以及（风格有些不同的）芬什港。

想要全面而系统地呈现这些战役，就要详细描述盟军每一次登陆，日军每一次反击，每一场夜间海战，以及在丛林中艰苦的寸土必争，即便如此，也难免在众多战斗和参与者之间有顾此失彼之嫌。然而，很多战斗——特别是海战——的模式都是相似的。首先，盟军可以从十几个或者更多的潜在登陆点中选择目标，因而在海滩上一般不会遇到激烈的抵抗。然而用不了多久，一般也就是在几个小时内，日军就会做出反应：首先是空袭，随后是水面舰队，然后是穿越丛林越岛而来的地面攻击。每当盟军官兵登上滩头，他们就知道日军的反击只是时间问题，而且通常不会等太久。对于登陆部队而言，最危险的时刻就是大型登陆舰艇卸载时，这在很大程度上取决于运输船和登陆舰艇冲滩、卸载和驶离海岸的速度。

和在西西里时一样，这些船只中包括一部分新型坦克登陆舰。虽然名为"坦克登陆舰"，但参加"马车轮行动"的坦克登陆舰运输的坦克要远少于成箱的补给物资，因为在所罗门群岛的热带雨林中，坦克并不是关键。冲上目标海滩之后，装满物资的卡车沿着跳板鱼贯而出，找到适合卸车的地方，卸完后返回登陆舰再次装车，周而复始。在最初的几次登陆之后，这一流程得到了改进：他们提前把装满物资的拖车拉进坦克登陆舰，每艘舰最多能容纳30辆拖车以及数辆卡车。登陆时，卡车先将第一批拖车拉出去，停放在岸上等候卸货，然后回到船上拖曳其他拖车。这样，运输船，特别是坦克登陆舰的卸船效率极大提高。一年之前的瓜岛战役，里奇蒙·凯利·特纳少将曾要求得到五天的时间卸货，现在一天就够了，但即便如此，也还是常常不足以躲开日军的第一轮空袭。[9]

　　空袭之后，海上的威胁接踵而至。草鹿会派出由驱逐舰改造而来的运兵船，满载部队增援受到威胁的岛屿，同时还有巡洋舰和驱逐舰组成的作战舰队前去攻击盟军登陆舰队。虽然这些补给舰队已不似1942年时那样有规律地定期行动，但盟军仍称其为"东京特快"。盟军的掩护舰队必然前往迎战，于是，1943年的夏秋季节在所罗门群岛附近海域爆发了一系列激烈的午夜海战。在一团漆黑的夜里，这些海战通常都十分混乱，甚至会让双方指挥官们也晕头转向，甚至有时候战斗都结束了，双方还不确定具体发生了什么事情。一名盟军老兵将其形容为"一场大型的捉迷藏游戏"。[10]

　　这类海战在1943年7月第一周出现了一个样板。这一周（盟军士兵在西西里突击登陆也在这一周），美国陆军和海军陆战队发动了"脚指甲行动"，在瓜岛以北新乔治亚群岛的几座岛屿登陆：南边的旺乌努岛，西边的伦多瓦岛，以及日军大型基地蒙达所在的新乔治亚岛。收到警报后，草鹿立即派出飞机空袭登陆部队，同时

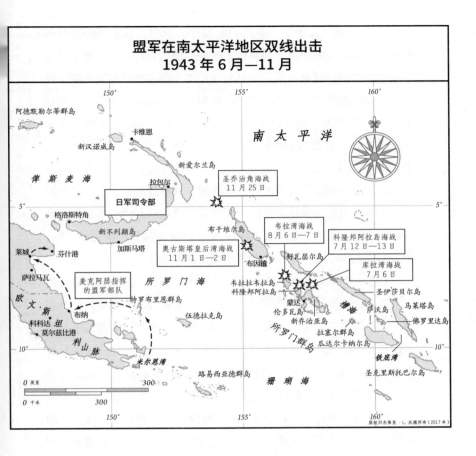

## 盟军在南太平洋地区双线出击
## 1943年6月—11月

南太平洋

阿德默勒尔蒂群岛

卡维恩

新汉诺威岛

新爱尔兰岛

俾斯麦海

拉包尔

圣乔治角海战
11月25日

日军司令部

格洛斯特角

新不列颠岛

布干维尔岛

韦拉湾海战
8月6日—7日

科隆邦阿拉岛海战
7月12日—13日

莱城

芬什港

加斯马塔

奥古斯塔皇后湾海战
11月1日—2日

布因镇

库拉湾海战
7月6日

萨拉马瓦

麦克阿瑟指挥
的盟军部队

所罗门海

韦拉拉韦拉岛
科隆邦阿拉岛

舒瓦瑟尔岛

圣伊莎贝尔岛

欧文·斯坦利山脉

特罗布里恩群岛

伍德拉克岛

蒙达

马莱塔岛

科科达

布纳

新乔治亚岛

伦多瓦岛

拉塞尔群岛

萨沃岛

佛罗里达岛

莫尔兹比港

瓜达尔卡纳尔岛

铁底湾

米尔恩海

路易西亚德群岛

所罗门群岛

圣克里斯托巴尔岛

珊瑚海

0 英里 300

0 千米 300

版权归杰弗里·L·沃德所有（2017年）

令6艘驱逐舰改造的运输舰搭载2 600名士兵，在4艘驱逐舰护航
下火速驰援，这10艘驱逐舰统归秋山辉男海军少将指挥。美军侦
察机发现了航行途中的日军舰队，并向哈尔西发去了警报。哈尔西
随即命令原本要去加油和维修的沃尔登·安斯沃思海军少将的3艘
轻巡洋舰和4艘驱逐舰改变航线前往拦截。[11]

　　和当年夏季的所有海战一样，这场海战也是美军的雷达指挥舰炮火力与日军"长矛"鱼雷之间的较量。此时，几乎所有美舰都配备了雷达，在舰桥下一层甲板上原先所谓的雷达图上整合了更易于使用的平面位置显示器。正是尼米兹本人提出要在每艘军舰上设立一个"作战行动中心"，用以接收和评估来自各个方面——包括雷达——的情报，从而将这一措施固定下来。1943年年中，这一名称被改为"作战情报中心"（CIC）并沿用至今。有了这个中心，美军指挥官们不仅有了"夜视能力"，还能在舰桥上能见度几近于零时依旧能看到电子屏幕上的战术简图。日军仅有最大型的军舰配备了雷达，仍然主要依靠夜间光学设备。但是所有的日本军舰都装备有致命的"长矛"鱼雷，哪怕是驱逐舰、运输船也不例外，"长矛"鱼雷仍然是战争中最危险最有效的舰船杀手。[12]

7月6日凌晨时分，秋山的增援舰队与安斯沃思的水面舰队爆发了海战，史称"库拉湾海战"。此时乌云蔽月，不见星光，一团漆黑，一位亲历者说，大海"狂暴而丑陋"。在雷达的帮助下，美军在双方都还无法目视看到对方时就在6英里之外抢先开火。每艘美军轻巡洋舰每分钟可以打出10轮齐射，这3艘轻巡洋舰每分钟总共可以发射450发炮弹，这被日军称为"6英寸机枪"。[13]

在5分钟内打出了超过2 000发炮弹之后，安斯沃思认为日舰一定已经"差不多全被消灭了"。然而事实上，虽然弹如雨下，却仅有两艘日本驱逐舰被击沉，不过其中有一艘是秋山的旗舰"新月号"。正当"新月号"带着秋山辉男沉没之时，20枚甚至更多的鱼雷已经射入了水中，以49节的速度直奔美舰而去。在美军"圣路易斯号"（USS St. Louis）轻巡洋舰上，一名战地记者眼睁睁地看着"水中有一条粗粗的白色手指状物体朝我们奔来，就像白粉笔在黑板上划过的一道痕迹"。这枚鱼雷在"圣路易斯号"的舷侧爆炸，幸运的是，这艘轻巡洋舰仍然浮在海面上。"海伦娜号"

轻巡洋舰就没这么好运了。它先是被一枚鱼雷炸毁了舰首，紧接着又被另两枚鱼雷几乎同时击中了舯部。这艘巡洋舰"先是跃向空中，然后重重地落回水中"。"海伦娜号"龙骨被炸断，舰首和舰尾向上翘起，折成了"V"字形。中雷后仅仅 13 分钟，舰长就下达了弃舰令。*虽然双方都有所斩获，也都有损失，但日军舰队成功地完成了任务——2 600 名士兵全部登上了科隆邦阿拉岛。[14]

6 天后的科隆邦阿拉海战（7 月 12 日至 13 日）也是相似的过程。美军借由雷达指挥的舰炮炮火赢得了先机，但这种优势却在"长矛"鱼雷击中美军"檀香山号"（USS Honolulu）和新西兰"利安得号"（HMNZS Leander）两艘巡洋舰外加美军"格温号"（USS Gwin）驱逐舰时荡然无存。两艘巡洋舰设法浮在了海面上，但也不得不退出战斗几个月，"格温号"则被凿沉。在另一场混乱的夜间海战之后，双方上报的战果都比实际情况大得多。诚如塞缪尔·埃利奥特·莫里森所言："双方均假想自己重创了敌军，这样才能为己方的损失带来心理安慰。"[15]

三周后的韦拉湾海战（8 月 6 日至 7 日）中，美军的表现有了很大起色。美国弗雷德里克·穆斯布鲁格海军上校率 6 艘驱逐舰攻击了一支由 4 艘驱逐舰组成的"东京特快"高速运输队，击沉了其中的 3 艘，自身毫发无伤。然而即便如此，大部分战斗仍应被视为日军胜利，因为虽然双方各有损失，但日军还是把地面作战所需的援军成功送到了岛上。但另一方面，如上文所述，美军能够弥补

---

\* "海伦娜号"上的近 900 人中有 168 人丧生。剩余的幸存者们的经历一波三折。2 艘驱逐舰"尼古拉斯号"和"雷德福号"起初曾救起了 275 人，但为了追击附近突然出现的日本军舰，两舰不得不停止了救援。未被救起的几百名幸存者只能用桨划、用手推动他们的救生筏，花了好几天才抵达了附近的岛屿，在澳大利亚海岸瞭望员的帮助下最终获救。

1943 年 7 月 20 日，在图拉吉修理时的"圣路易斯号"

来源：维基百科

战斗中的损失，而日本却做不到。*

\*\*\*

美军 3.2 万名陆军和 1 700 名陆战队士兵花了五个星期时间，

---

\* 　这场漫长战役中发生了众多小规模海战，其中一场战斗中，日军"天雾号"
　　驱逐舰将一艘美军鱼雷艇撞成了两截。这场小战斗原本在宏大的历史中不值
　　一提，但关键在于，这艘鱼雷艇的艇长是约翰·F. 肯尼迪中尉，未来的美国
　　总统，他设法救起了他的大部分艇员。

才从 5 000 名日本守军手中夺下了蒙达，在战斗中有近 1 200 名美军战死，受伤人数两倍于此。这准确贴合了日军对南太平洋战事的设想，也让哈尔西如他自己说的那样"再不想打一场类似的苦战"。美军现在面临的下一级"阶梯"是设防坚固，由 1 万日军固守的科隆邦阿拉岛。于是，尼米兹和哈尔西讨论了能否越过此岛，直接跳到下一个岛屿，仅有 250 名日军驻守的韦拉拉韦拉岛。此举不仅可以避免与一支强大的日军正面硬拼，而且还能够切断这支日军的后勤补给，使其在战略上沦为死棋，如麦克阿瑟所言，让它"在藤蔓上枯萎"。若成功，那么这种新战术套用棒球常用的术语来说就是"避实就虚"，势将粉碎日本迫使美军在逐岛作战中承受难以接受的惨重损失的总体战略。"避实就虚"是太平洋战争中最重要的战略决策之一。[16]

但这并不是什么新主意，它在二战之前就已是美国海军战争学院一些研究中的重要内容。许多人都对这一战略在"马车轮行动"中的应用做出过贡献，其中包括麦克阿瑟，他在回忆录称此事归功于自己，但实际上他起初是反对的，只不过后来改变了主意。相关证据表明，对于越过坚固设防目标这一举措贡献最大的人是哈尔西的副手，南太平洋战区副司令西奥多·S. 威尔金森海军少将，他原先是美国海军部情报局局长，1943 年 7 月 15 日接替里奇蒙·凯利·特纳指挥南太平洋美军的两栖部队。

一个月后的 8 月 15 日，威尔金森指挥 3 艘坦克登陆舰和 12 艘坦克登陆艇运送 4 600 名美军登陆韦拉拉韦拉岛，登陆时未遇到任何抵抗。但与往常一样，日军迅速做出反应，发动空袭。在接下来的三个星期里，"海蜂"在韦拉拉韦拉岛上建起了机场，有效切断了科隆邦阿拉岛与拉包尔之间的联系。结果，到 9 月底，日军主动撤离了科隆邦阿拉岛，将其拱手让给了盟军，而此时还不曾有任何一名盟军踏足该岛。[17]

　　在新几内亚岛北岸的战事中，麦克阿瑟的美澳联军也采用了相似的战略。1943 年 8 月，托马斯·布莱米将军指挥的澳大利亚陆军部队穿越丛林，从内陆逼近莱城。9 月，丹尼尔·E. 巴比少将运送另外 7 800 名澳军在日军阵地以西的海滩登陆，这是自 1915 年时运不济的加里波利登陆战以来，澳军第一次参加两栖登陆作战。麦克阿瑟也派了 1 700 名美军空降兵攻占了位于丛林中的一个废弃机场，差不多包围了莱城。9 月 8 日，也就是英美盟军部队登陆前一天，美军军舰用舰炮从海上轰击莱城，地面部队也同时从东西两侧包夹过来。为了避免被合围，日军立即撤离了莱城，与科隆邦阿拉一样，仗都没打一场就放弃了这里。[18]

　　美军下一个目标是芬什港。布莱米的澳军部队再一次从地面推进，巴比的两栖舰队也在 10 艘驱逐舰的护卫下，将另外 4 000 名澳军送至日军基地以北 5 英里的一处海滩。10 月 17 日，日军展开了反攻，但澳军依靠坦克登陆舰送来的"玛蒂尔达"坦克顽强打退了日军的反扑，盟军拿下了芬什港，并最终将其打造成了一座大型基地，以用于向西继续"蛙跳"。[19]

＊＊＊

　　布干维尔岛是所罗门群岛中最大，也是距离拉包尔最近的一个岛屿。这个岛太大，无法跳过，但盟军还是成功地绕开了岛上日军的一些坚固据点。日本人预计盟军将在布干维尔南岸登陆，可能是在有着优良港口的布因附近，也可能是在岛上最大的卡希利机场旁，于是日军将其 4 万驻军中的绝大部分集中部署在那里。但盟军却选择了岛屿西侧偏远的奥古斯塔皇后湾。那里没有港口，没有机场，也没多少日本人，只有 270 名战斗人员。美军打算在取得立足点之后就建设自己的机场，就像在韦拉拉韦拉时一样。布干维尔岛的热带雨林保护了盟军的占领区免遭日军的迅速反击，却也使他们很难把自己的占领区扩大到整座岛屿，不过盟军也没打算这么干。事实上，盟军也一直没去攻打岛上其他地方，直到近两年后战争结束时，岛南部布因镇和卡希利机场的日本士兵们仍旧在等着盟军打上门来。[20]

考虑到奥古斯塔皇后湾距离拉包尔的日军机场仅有大约 210 英里，盟军深知自己很快就会遭到空袭。为了最大限度地减轻这一威胁，肯尼的轰炸机在整个 10 月里对拉包尔进行了一系列压制性轰炸，其中 10 月 12 日还派出 349 架飞机实施了大规模轰炸。与此同时，所罗门航空队（其前身为"仙人掌航空队"）在新任司令内森·特文宁陆军少将指挥下，也对布干维尔岛上的日军机场展开了空袭，包括卡希利机场和巴拉莱机场。山本五十六在 4 月被击落丧命时，就是在飞往巴拉莱机场途中。甚至连哈尔西的航母也加入了这场战斗，"萨拉托加号"和崭新的"独立"级轻型航母"普林斯顿号"（USS Princeton）上的舰载机大队也轰炸了这些日军机场。在奥古斯塔皇后湾登陆前的两个星期里，盟军飞机对周边的日军设施和机场实施了至少 60 次空袭。与此同时，阿龙·梅里尔海军少将也率领一支轻巡洋舰编队（第 39 特混舰队）炮轰了布干维尔岛北面布卡岛上的日军阵地。这一系列的攻击行动不仅压制住了日军的空中力量，也隐瞒了盟军真正的登陆地点。[21]

11 月 1 日晨，美国海军陆战队第 3 师和陆军第 37 师在奥古斯塔皇后湾的托罗基纳角附近登陆，拉开了布干维尔登陆的序幕。虽然敌人的抵抗相当微弱，但糟糕的地图也被证明是个危险的敌人。美国人所能找到的最好的海图还是早在 1841 年绘制的，人们发现其误差高达 8 英里。有一次，一名舰长问他的导航军官本舰在地图上的什么地方，得到的回答非常干脆："离海大约 3 英里的内陆，长官。"美军雷达再次证明了自身的价值，操舵的军官只要盯着 PPI 显示器就能确定海岸线的位置。[22]

由于不愿意让稀少、昂贵的坦克登陆舰暴露于来自拉包尔的空袭之下，盟军在这次登陆中没有使用它们，而是用 8 艘运输船来运送部队，用 4 艘货轮为其运送补给，由 2 支驱逐舰分队为其护航。与往常一样，打头阵的还是希金斯登陆艇，但许多艇意外撞在了托罗基纳角的陡峭海岸上，至少 64 艘希金斯登陆艇外加 22 艘"迈克艇"（又称"机械化登陆艇"，即 LCM）不得不被抛弃。日军完全被打了个猝不及防，但还是迅速做出了反应，他们于当天早晨从拉包尔派出 50 架飞机，下午又派出了 100 架。这些空袭造成的损失微乎其微，却延缓了盟军补给物资卸船的进度。[23]

与往常一样，日军水面舰队的攻击即将到来。根据古贺的命令，草鹿出动了 2 艘新到达的重巡洋舰（"妙高号"和"羽黑号"）、2 艘轻巡洋舰和 6 艘驱逐舰，由大森仙太郎海军中将统一指挥。大森不久前还在日本本土担任水雷学校教官，从未亲历过任何一场海战。出发前，他向舰长们发表了动员讲话，表达了对他们的信心，他坚定地说："我坚信我们能赢。"但他的舰长们却没那么坚信。走出会议室之后，一位驱逐舰舰长向另一位驱逐舰舰长打趣道："咱们都得准备好下海游泳，记得带够驱鲨剂。"不过，那位舰长显然没有心情理会这份黑色幽默，他冷冷地回应道："丢了布干维尔岛，日本就完了。"[24]

当天下午，大森率队向南出发，意图在天黑后发动攻击，再现三川的萨沃岛大捷。他已决心不会像三川那样忽视美军的运输船。然而他不知道的是，登陆滩头不会有美军运输船了，因为威尔金森要它们在黄昏时撤走，第二天再回来。此外，盟军的空中侦察让大森无法再像三川那样发动突然袭击。截获的无线电报让大森了解到，配备雷达的美国侦察机已经发现并上报了他的行踪。但他还是继续向南驶去。[25]

11月2日凌晨2点半，双方舰队相遇，一场午夜海战爆发。密布的乌云和持续的小雨让能见度降到不足3英里，当然这对美军的雷达构不成任何障碍。但对于日本人而言，这就像是盲人和明眼人打架了。凌晨2点45分，美军巡洋舰向日军轻巡洋舰"川内号"打出了第一轮齐射，"时雨号"驱逐舰上一位目击者对美舰"神奇的射击精度"惊讶异常。在一年前的萨沃岛海战中，日军统治了夜晚，但现在不行了。日军原为一海军大佐在回忆录中悲伤而一针见血地指出："敌军的雷达把日本海军此前在夜战中的压倒性优势全夺走了。"[26]

日军的另一个问题是大森始终没能完全弄清战场态势。美舰炮火的惊人精度导致大森低估了双方舰队的距离，因此绝大多数日军炮弹都落点过近，但还是有3发8英寸炮弹击中了美军"丹佛号"（USS Denver）巡洋舰，迫使其撤出战场。在混乱之中，日军"妙高号"重巡洋舰撞上了"初风号"驱逐舰，将其舰首撞断。美军方面也出现了混乱。"撒切尔号"（USS Thatcher）驱逐舰擦撞了"斯彭斯号"（USS Spence）驱逐舰，两舰都受损严重。但"斯彭斯号"的厄运还没结束。由于美舰雷达显示屏在显示周围舰船时敌友难辨，指挥梅里尔的两个驱逐舰分队之一的阿利·伯克上校命令自己的驱逐舰朝着一艘他认为是受伤日军驱逐舰的目标开火。几乎与此同时，"斯彭斯号"舰长伯纳德·L. 奥斯汀上校立马跳了脚，他通过舰对舰无线对讲系统咆哮道："停止开火！停止开火！该死的，你打的是我！"伯克内疚地问道："打中你了么？"奥斯汀答道，"没打中，但它们还没完全打过来。"阿利·伯克回复道："很抱歉，您还要提前原谅接下来的四轮齐射，它们已经打出去了。"万幸的是，这四轮齐射无一命中。[27]

一个小时过去了，大森既不清楚发生了什么，也不知道正在发生什么，只得掉转航向撤回拉包尔。第二次萨沃岛大捷没能出现，日军也没能让增援船队靠岸。阿利·伯克的驱逐舰分队追击了大森舰队一段距离，直到梅里尔将其召回。这是因为梅里尔急于让他的特混舰队在日出前摆好防御阵型，以应对天亮后必然来袭的日军机群。果然如他所料，早晨 8 点，来自拉包尔的 100 架日机直扑他的舰队而来。日军飞机造成的损失无关痛痒，梅里尔得以退出战场去加油补给。回到拉包尔后，大森仙太郎被解除了指挥权。[28]

＊＊＊

虽然古贺峰一对奥古斯塔皇后湾海战的结果非常失望，但他决定继续下注。他将一支更为强大的水面舰队从特鲁克调往拉包尔，准备再试一次。这支舰队拥有 7 艘重巡洋舰和 1 艘轻巡洋舰，由经验丰富的栗田健男海军中将指挥。一架美军 B-24 在巡逻时发现了日军舰队的集结，这令哈尔西担心自己拿不出足够的力量将其击退，后来他将此事形容为"我担任南太平洋战区指挥官期间最为绝望的事态"。他决定，用"萨拉托加号"和"普林斯顿号"航母发动空袭，对栗田舰队发动先发制人的打击。11 月 5 日，这 2 艘航母放飞了 97 架舰载机前往拉包尔，可谓全军出动。它们之所以敢于全力出击，是因为所罗门群岛航空队承诺为航母提供战斗空中巡逻。美军飞机没能击沉栗田的任何一艘舰，却重创了 4 艘重巡洋舰和 2 艘轻巡洋舰，付出的代价只是 10 架飞机。日军不得不推迟预定的突袭，直至放弃。[29]

飞行员眼中的拉包尔辛普森港。1943 年 11 月 5 日，美军空袭了这里的日军舰船。注意右侧燃烧的日军巡洋舰

来源：美国国家档案馆（照片编号：80-G-89104）

　　拉包尔的日军飞机也向美军航母发动了反击，却只找到一艘步兵登陆艇和一艘鱼雷艇。这两艘艇都受了伤，但都没有沉。虽然如此，日军飞行员返航后却报告自己击沉美军 2 艘航母和 2 艘重巡洋舰。虽然双方飞行员都会夸大自己的努力成果，但塞缪尔·埃利奥特·莫里森认为日军飞行员这次"可能是整场太平洋战争中吹的最大的牛"。不过，这类夸张的战报对日军的影响要大于美军，因为美军的决策者们能意识到绝大多数战报都注了水，而日军指挥层却经常将这类战报当真——甚至深信不疑——而且还把下一步的作战计划建立在这些虚假战报的基础之上。[30]

11 月 5 日空袭的 6 天之后，哈尔西再度发动空袭，这次，2 艘崭新的"埃塞克斯"级航母和小一些的"独立号"（USS Independence）航母与"萨拉托加号"和"普林斯顿号"联手，对拉包尔发动了一系列空袭。这可以说是美军巩固海上优势的又一次举动，如果还有这个必要的话。

在 11 月剩下的日子里，盟军对日军保持着高压。盟军的炸弹几乎每天都会落在拉包尔，至少有一位日军飞行员认为"夜以继日的轰炸成了噩梦"。盟军水面舰队也参加了战斗。11 月 25 日（即美国的感恩节当天），阿利·伯克率领 5 艘驱逐舰伏击了一支由 5 艘日军驱逐舰组成的运兵舰队，这些运输驱逐舰刚刚把援军送到布卡，正在返回拉包尔的途中。在这场以"圣乔治角海战"为名的战斗中，伯克的驱逐舰击沉了 3 艘日舰。*连续的打击严重破坏了拉包尔的军事设施，以至于对于盟军而言，连夺取这里的必要性甚至是愿望都成了问题。麦克阿瑟依然急于攻占拉包尔，他认为拉包尔优良的港口及其四个全天候机场对后续作战至关重要。然而，在魁北克会议中，英美联合参谋部却不容辩驳地宣布，拉包尔应当像科隆邦阿拉岛和布干维尔岛的南部那样被绕过。不过让麦克阿瑟稍微感到安慰的是，盟军在他战区内的下一个目标是登陆菲律宾的棉兰老岛。[31]

1944 年 1 月，盟军再度开始了对拉包尔的持续轰炸，对港口和机场的打击如此频繁，以至于日军撤离了港内残存的所有作战舰

---

\* 正是在此战中，伯克报告说他的军舰"以 31 节速度前进"。这份电文刺激了哈尔西的幽默神经，因为伯克之前大部分电文的末尾都是说他"以 30 节速度前进"，以此暗讽他那些理论航速达到 35 节的驱逐舰由于缺乏维修而只能跑出 30 节。这次他意指自己又从那些军舰身上榨出了 1 节航速，哈尔西便取笑他，在随后的电报中称他为"31 节伯克"，这个绰号由此伴随了他一生，甚至在他于 20 世纪 50 年代担任美国海军作战部长时也是如此。

艇。能升空迎战来袭机群的飞机越来越少，到 2 月 20 日，日军最后一批作战飞机也撤走了。此后，拉包尔的日军虽然仍有十万之众，但一刻不停的空袭却让他们的大部分时间都花在挖防空洞自保上，此外还遭受着饥饿和疟疾的折磨。一名目击者如此形容这些陷入绝境的拉包尔守军："行尸走肉，精神呆滞，四肢无力。"他们被困在那里，直至战争结束。[32]

***

而就在此前不久，盟军在太平洋上的第三轮攻势拉开了帷幕。自从 20 世纪 20 年代以来，战争学院以及其他机构为美国海军设计的所有战争计划，其主要内容和中心思想都是直接越过中太平洋发动大规模攻势，以在菲律宾海与日军来一场大决战作为高潮。然而，在战争的头两年里，这一计划不得不暂时束之高阁，因为美国和其他盟国一样，也被轴心国的凶猛攻势打得节节败退。现在，盟国已经夺回了战略主动权，加之大批新舰从美国的造船厂里源源涌出，金相信，重启反攻的时机已然成熟。然而，英国人却对此疑虑重重，他们担心这又是一次对"德国优先"战略的背离，这个战略已经被掏空得不像样子了。在魁北克会议上，金热切要求在中太平洋发动攻势，而英国海军的詹姆斯·萨默维尔爵士却脱口而出："厄尼得了吧，你知道你这是在信口开河。"在言语上从不逊于他人的金立刻反唇相讥。[33]

麦克阿瑟也持怀疑态度，他坚持认为当南太平洋战事尚未完结时就在中太平洋发动新战役，说它是愚蠢之举都要算客气了，甚至可能导致灾难。首先，这违背了指挥官绝不应敌前分兵的基本战术原则，当然了，盟军在所罗门和新几内亚双线出击，就已经这么做了。现在，所罗门群岛已经拿下，拉包尔也已被压制，麦克阿瑟相信，进攻菲律宾的舞台已经搭好，而对于谁将指挥这场战役，他自然毫无疑虑。"请让我负责太平洋战场的主攻方向，"他在给战争部长史汀生的信中写道，"别让海军因为傲慢和无知带来的悲剧继续上演。"然而，麦克阿瑟的请求却石沉大海，参谋长联席会议反而提出要将哈尔西的南太平洋部队和第 1 陆战师从麦克阿瑟的战区抽出来调往中太平洋，参加即将成为太平洋主攻方向的新一轮进攻。这实际上就把麦克阿瑟和他的部队降格为次要方向了。[34]

麦克阿瑟对此疑窦丛生。他认为，金力推中太平洋进攻，主要是为了削弱陆军，尤其是他个人的影响力。他甚至还怀疑，罗斯福在有意阻挠他的南太平洋战役，担心他万一赢得胜利，就会在 1944 年的大选中挑战总统宝座。他对会失去陆战 1 师的消息格外愤怒，这个师自从瓜岛战役起就一直在他的战区里作战。为了安抚麦克阿瑟，参谋长联席会议同意他留下这支部队，作为补偿，马歇尔将陆军第 27 师的指挥权交给了尼米兹。[35]

问题不仅在于争夺资源。金对麦克阿瑟小心谨慎的步步为营（金或许会说这是寸步挪行）深感沮丧，他更想要大踏步跨过中太平洋——每次推进 600 英里到 800 英里。他指出，发动中太平洋战役是通往日本的更直接的路径，那里的环境也更为宜人，而且，这将创造出与日本舰队主力正面决战并赢取决定性胜利的机会。最后，一旦拿下更加靠近日本的岛屿，就能对日本城市进行战略轰炸。当然，后勤方面的困难还是要面对的。盟军此前的登陆作战，无论在地中海还是在太平洋，都是在盟军机场的保护范围内进行的。相比之下，新攻势的第一个目标——吉尔伯特群岛——距离最近的盟军机场超过 700 英里。因此进攻部队必须自带空中掩护。

新造好的美军战舰——特别是航母——源源来到太平洋战场，

让这一切成为可能。就像美国的造船厂生产运输船、货轮和护航舰的速度比德国潜艇在大西洋击沉它们的速度更快一样，它们建造战列舰、巡洋舰和航母的速度也比日军在太平洋上击沉它们的速度快得多。除了最新型的"埃塞克斯"级航母，美国人还把9艘正在建造的巡洋舰舰体改造成了"独立"级轻型航母。

这些新舰由成千上万的新兵操作，其中许多人刚刚迈出海军新兵训练营。一名军官形容他们是"职员、服装店店员、苏打水售货员、宾馆服务员、高中运动员和农场仔"。70%的人之前从未出过海。太平洋舰队的规模和实力如此暴增，是前所未有的。1943年11月，海军部长弗兰克·诺克斯宣布，自从当年1月1日以来，美军为舰队至少新添了419艘作战舰艇，其中包括40艘新建航母，不过这一数字包括了所谓的"婴儿平顶"（即护航航母）。在如此情境之下，参谋长联席会议在太平洋开辟新战线的决定固然大胆，却既不是英国人以为的愚蠢，也不是麦克阿瑟认定的恶劣。[36]

为了实施这一计划，尼米兹于8月开始组建一支新舰队。哈尔西被留下来继续指挥南太平洋海军部队，以彻底压制拉包尔的日军。尼米兹为了中太平洋推进而组织的舰队最初被命名为第50特混舰队，后来又改名为中太平洋部队，最后定名为第五舰队。该舰队规模极其庞大，拥有12艘战列舰（其中5艘是最新型的快速战列舰）、9艘舰队航母、11艘轻型航母、12艘巡洋舰以及37艘大型运输船和两栖舰。这是美国历史上所集结的最庞大的一支战斗舰队，单就海军航空力量而言，这也是人类历史上最强大的舰队。尼米兹选择了雷蒙德·斯普鲁恩斯海军中将担任这支舰队的司令。[37]

斯普鲁恩斯外表瘦削憔悴，是个内敛、冷静、理智的指挥官。他不像哈尔西或者麦克阿瑟那样勇猛而才华横溢。斯普鲁恩斯个人

在始于 1943 年 11 月塔拉瓦之战的中太平洋进攻中，雷蒙德·A. 斯普鲁恩斯将军（左侧戴遮阳帽者）和霍兰·M. 史密斯陆战队中将（右）大部分时间里都是搭档。这幅照片摄于 1944 年 7 月的塞班岛，图中的史密斯看起来与他的绰号"咆哮的疯子"并不相称

来源：美国国家档案馆（照片编号：80-G-287225）

的重要传记《沉默的勇士》（*The Quiet Warrior*）的作者托马斯·B. 比尔和另一名采访者觉得斯普鲁恩斯的举止像一个"柔声细语的大学教授"。自从一年多前的中途岛海战以来，斯普鲁恩斯一直担任尼米兹的参谋长。尼米兹非常欣赏和敬重斯普鲁恩斯的职业作风和冷静高效，他起初不舍得放斯普鲁恩斯出海指挥作战，但最终还是忍痛割爱，通知斯普鲁恩斯：他作为中太平洋部队指挥官的新任务是在 11 月进攻吉尔伯特群岛。[38]

***

吉尔伯特群岛由散布在 420 平方英里洋面上的 16 个珊瑚环礁组成，赤道从该群岛中间穿过。与这一地区太平洋其他岛链的环礁和岛屿一样，吉尔伯特群岛的岛屿也非常小，正如这里的地名所示，密克罗尼西亚（意即"微小"）。它们原本是很大的火山岛，四周长着一圈珊瑚。随着时间的推移，火山渐渐沉寂，岛屿也慢慢沉降，珊瑚虫的遗骸则留在那里，形成了巨大的环状礁盘，这就是所谓环礁，环礁中央的水面被称为潟湖。有些珊瑚礁刚刚露出海面，有些则形成了刚刚足够长出稀疏植被的小型岛屿。吉尔伯特群岛中的塔拉瓦环礁就是由多个这种小岛组成的，在其中的贝蒂欧岛上，日军修建了一座简易机场，于 1943 年 1 月投入使用。贝蒂欧岛太小了——面积还不到 1 平方英里——以至于除了这座机场之外就没有多少空余的地方了。从 1 万英尺的高空往下俯瞰，贝蒂欧岛就像一艘拖着尾巴，周围长有棕榈树的超级航母。虽然很小，但岛上却有超过 2 600 名日军特别陆战队士兵（也就是美国海军陆战队的日本同行）外加 2 200 名建筑工人驻守。贝蒂欧岛工事坚固，日军守岛部队司令柴崎惠次海军少将曾向官兵们夸下海口：一百万大兵，一百年时间，也拿不下这里。[39]

多种因素使得美军对塔拉瓦的攻击不同于以往的登陆作战。此前，所有登陆战的目标都是先取得一个立足点，以便运来增援部队向内陆挺进。这一回，吉尔伯特群岛与最近的盟军基地都相距甚远，这意味着全部登陆部队及其装备和物资都要装上首批登陆舰队。只拿下一个立足点是不够的，进攻部队要么一鼓作气拿下整个岛屿，要么彻底失败。夸张地说，进攻一方要么征服，要么死亡。[40]

另一个关键因素是珊瑚礁，它是一种水面下的礁盘，从岛屿向外延伸 400 码到 800 码不等，即便在涨潮时，海面也仅位于珊瑚礁盘上方的三四英尺处。这就意味坦克登陆舰无法把人员和装备送上海滩——甚至连希金斯登陆艇满载时的吃水深度都达到 3.5 英尺。美国第 5 两栖军司令霍兰·M. 史密斯陆战队少将*意识到了这一点，他想要使用一种特制的登陆载具——所谓"履带式两栖车"（LVT），俗称为"两栖车"或者"鳄鱼"。这种车辆拥有坦克式的履带，履带上装有划水板，这意味着它们既能在水中"游泳"（航速能达到 6 节），又能在珊瑚礁盘上"爬行"（速度能达到 10 英里每小时）。它们每次能够装载 20 人，但由于没有活动坡道而无法装载车辆或火炮。海军方面对这种车辆充满疑虑，于是史密斯不得不告诉凯利·特纳，如果没有这些两栖车，他将拒绝进攻。特纳让步了，但史密斯想尽办法也仅仅为作战搞来了 125 辆车。因为最近的两栖车还在圣迭戈，而时间和海运资源也不足以把它们送到南太平洋来。于是史密斯决定，头三轮攻击使用两栖车，之后就只能寄希望于乘坐希金斯登陆艇的后续部队能想办法越过礁盘了。海军陆战队第 2 师大多数都是参加过瓜岛战役的老兵，他们得到警告，将有 50% 的可能性会涉水上岸。[41]

11 月 20 日，进攻开始，此时距离布干维尔岛登陆仅仅三周。史密斯向他的陆战队员们保证会对岛屿进行"战争史上最为猛烈的空中轰炸和舰炮轰击"。海军指挥官哈里·希尔少将的旗舰是"马里兰号"战列舰，早晨 5 点刚过几分钟，"马里兰号"开炮了。它的第一轮齐射就震坏了舰上的全部通信，这让希尔和同在该舰上

---

\* 有三位史密斯将军参加了"电流行动"，这一事实经常让人混淆。霍兰·M. 史密斯陆战队少将是第 5 两栖军司令，这个军下辖朱利安·M. 史密斯陆战队少将指挥的陆战 2 师，负责进攻贝蒂欧；以及拉尔夫·C. 史密斯陆军少将的陆军第 27 师，负责进攻马金岛。

塔拉瓦环礁中的贝蒂欧岛太小了，一条跑道几乎就把岛屿占满了。这张航拍照片上可以清楚看到给登陆部队带来极多麻烦的珊瑚礁

来源：美国国家档案馆（照片编号：80-G-83771）

的陆战队指挥官朱利安·M. 史密斯少将实际上变成了看客，他们与自己的部队失去了联系。[42]

　　虽然"马里兰号"战列舰 16 英寸炮弹的出膛速度高达 2 600 英尺每秒，但它们却如同一条缓慢画出的弧线划过黎明前的曙光，让一位亲历者想起了"轻轻飘起的网球"。第一轮齐射几秒钟后，舰队里的其他所有军舰都紧跟着开了火：战列舰、巡洋舰，甚至还有驱逐舰，一齐向岛上猛轰了几乎一个小时才停火。片刻的平静过后，舰载机飞来向岛上投掷了数百吨的炸弹。随后军舰再次开火。

短时间之内往如此小岛上倾泻如此多的弹药，众多目击者都认为日本守军一定是完蛋了。《时代》周刊通讯员罗伯特·谢罗德后来回忆了当时的想法："在这种毁灭性的威力之下，肯定没人能活下来。"在挨炮轰的那一端，日军士兵太田清回忆那是"一段惊悚而恐怖的经历！无休无止"。[43]

但事实上，火力准备虽然声势浩大，带来的损伤却远远小于谢罗德、太田清和其他人的想象。一方面，日军的防御工事比美国人想象的要坚固而难打得多；另一方面，美军的炮手和飞行员们瞄准的是岛屿本身，而非每一座工事。正如一名陆战队员所言："海军枪炮长们的错误在于认为地面目标和舰船没什么区别——当你击中一艘船，它可能会带着所有东西一起沉没。在陆上你必须直接准确命中。"凶猛的炮火仅仅摧毁了日军1门8英寸火炮以及柴崎惠次的通信系统，而日军大部分防御工事却完好无损。[44]

第一批登陆载具全部是履带式两栖车。早上8点半，它们爬过珊瑚礁盘，向海岸前进。日军直到这些"鳄鱼"车驶近到距离半英里处，才射出了致命而有效的炮火。虽然遭到日军火炮的猛烈打击，但美军履带式两栖车仍然继续向前冲。到了当天结束时，最初的132辆履带式两栖车仅剩下35辆还能用。当以希金斯登陆艇组成的第四轮攻击冲向海岸时，海军舵手们发现大部分艇都无法通过珊瑚礁盘。这天是小潮期，月球、地球、太阳形成直角，此时海面因而仅仅高出礁盘数英尺，导致希金斯登陆艇无法继续前进。陆战队员们在海岸400码外就不得不从登陆艇舷侧爬出来，顶着几十挺精心布置的机枪火力涉水上岸。一名陆战队员回忆道，子弹打在他周围海水中的声音就像是"一场暴雨"。有些部队在上岸之前就已遭受了超过70%的伤亡。把37毫米火炮弄上岸更具挑战性。美国海军陆战队的官兵们不得不手拉肩扛，先将这些火炮从希金斯登陆

装满美国海军陆战队官兵的登陆艇冲向贝蒂欧岛的滩头阵地，中景里的美军驱逐舰不停地猛轰岛上日军的阵地。虽然美军在事前进行了海空火力准备，但事实证明：日军守岛部队的防御比美国人事先想象的更为坚韧。美军登陆部队的伤亡提醒美军需要反思

来源：美国海军学会

艇或"迈克艇"中拖出来，再用蛮力将其拉至岸上。十几名乃至更多的陆战队官兵使用拖绳才能拖动它们。珊瑚礁盘崎岖不平，导致这些火炮在海水中颠簸起伏、东摇西晃，前进速度慢到了极点。*
如果有人中弹倒下，马上就会有另一人顶上他的位置。[45]

在付出了惨重的代价之后，美军终于在岸上拥有了足够数量的

---

\* 美国海军陆战队事先早已考虑到火炮可能要被涉水拖至岸上，为了测试其耐用性，测试人员将其中一些火炮长时间泡在水里，以确保被水泡过之后仍能正常开炮。

官兵和火炮，控制了一块立足之地。在接下来的三天里，援军不断上岸，同时带来了补给，美军开始稳步向前推进。美国海军舰炮起到了极大的帮助作用，特别是在该岛靠近潟湖一侧，这里的两艘美军驱逐舰——"林戈尔德号"（USS Ringgold）和"达希尔号"（USS Dashiell）——从距离海岸仅 1 000 码的地方向日军阵地打出了 600 发 5 英寸炮弹，掩护美国海军陆战队官兵登陆。然而，美国海军舰艇回应火力支援的请求非常困难，这是因为美国军舰与岸上美军之间的通信十分混乱，而且在如此逼仄的狭小区域内作战，美日双方的战线犬牙交错，难分敌我。尽管如此，登上该岛的陆战队官兵已经积累到了 2 万人以上，逐渐把日军守岛部队逼到了该岛的一个小角落里。在其防空袭的司令部中，柴崎惠次向上级发去了最后一封电报："剩下的所有人正在准备发动最后一次冲锋……日本万岁。"经过 76 个小时的血腥战斗，贝蒂欧岛登陆战终于结束了，在该岛的 4 800 名日军守岛部队中，仅 17 人被美军生擒，其余日军全部战死。[46]

美军也伤亡惨重：1 000 多人牺牲，3 000 人受伤。美军的确达成了目标，但其付出的代价比事前所能设想的最坏结局还要惨痛。美军在瓜岛战役期间的损失要高于贝蒂欧岛登陆战，但瓜岛打了半年之久，而贝蒂欧岛登陆战仅仅打了三天多一点，还是在不足一平方英里的区域内展开的。

美军也拿下了马金岛，而进攻部队的损失小得多（64 人战死，120 人受伤）。H.M. 史密斯认为拉尔夫·史密斯的陆军部队进展太慢，对此十分反感。H.M. 史密斯后来写道，如果拉尔夫·史密斯是陆战队的人，"我会当场撤了他的职"。这一耽搁给了日军潜艇发现美军舰队的机会。11 月 23 日，日军潜艇伊-175 用一枚鱼雷击中了崭新的护航航母"利斯科姆湾号"（USS Liscome Bay）。鱼雷在炸弹库下方爆炸，"利斯科姆湾号"瞬间蒸发了。一位附近驱逐舰上的目击者回忆道："它立刻被一团橙色的火球吞没了。"舰上917名官兵，仅有272人幸存。[47]

在新乔治亚岛的蒙达和吉尔伯特群岛的塔拉瓦，盟军都赢得了重要的胜利。然而，正如日本人所预期的，这些胜利都伴随着惨重的代价。当然，日军的损失无疑更大，但日本人仍然认为美国人缺乏继续付出巨大牺牲的意愿和决心。他们自己觉得，再多一些塔拉瓦式的"胜利"，美国人迟早会同意坐下来谈判。

塔拉瓦的惨重伤亡的确在美国国内引发了巨大的政治余波。《纽约时报》提出，海军陆战队"为每平方码付出了陆战队有史以来最为高昂的生命代价"。麦克阿瑟则将这场行动称为"对美国人生命的不必要的悲剧式大屠杀"，并再次提出要由他来指挥整场太平洋战争。美国国会议员们则提出要对此进行调查。美国的电影院放映了一部联合电影公司拍摄的新闻短片，虽然片中伴有雄壮的军乐和胜利者式的解说，但无法掩盖美军为如此小岛而付出的惨重代价。影响更大的是一部名为《与陆战队在塔拉瓦》的彩色影片，它由华纳兄弟公司将美国战时新闻局提供的素材剪辑而成，其中不乏海滩上美军尸横遍野的可怖镜头。这部影片如此之真实，以至于政府中的许多人希望不公映该片，最后还是罗斯福总统亲自拍板决定公映的。后来，这部影片获得了奥斯卡最佳纪录短片奖。影片固然可怖，但它唤起的并不是和谈的呼声，而是复仇的欲望。[48]

\*\*\*

1943年底，当苏联前线和意大利仍在恶战之时，太平洋盟军

贝蒂欧岛登陆后的海滩景象，美国海军陆战队伤亡惨重

来源：维基百科

已经打破了日军的防御之盾：先是北太平洋的阿图岛，然后是南太平洋的拉包尔，现在则是中太平洋的塔拉瓦。日军虽然让进攻一方付出了惨重的代价，却没能影响盟军的决心。从塔拉瓦到东京湾仍有 3 000 英里之遥，但在 1943 年结束时，盟军已经迈出了第一步。

第 22 章

# "大型慢速靶子"

各国海军的水兵玩世不恭是出了名的。无论是他们的长官、军纪还是食物都是他们拿来取笑的对象，甚至任何与危险和死亡有关的东西也可以拿来调侃，就像是走夜路吹口哨壮胆一样。武装商船巡洋舰（AMC）的船员们开玩笑说他们的 AMC 意思是"海军部造的棺材"，德国潜艇的艇员们也称自己的潜艇是"铁棺材"，而美军坦克登陆舰（LST）上的水兵们则称 LST 代表的是"大型慢速靶子"（Large Slow Target）。

这话倒也没错。坦克登陆舰的长度超过 300 英尺，确实大，其最大航速仅为 10 节，也很慢；此外，它们在登陆战中显而易见的重要性也令其成为敌人的首要目标。坦克登陆舰的水兵们还挪揄这种笨拙舰艇的航海性能。它舰首宽而钝（一名坦克登陆舰水兵称其为"糟糕的雪铲尖，破不了浪"），吃水浅，舰底又是平的，航海性能很差，每一朵海浪都会让它重重拍在水面上。即便在相对平静的地中海海域，它们也会导致普遍晕船，不仅搭载的陆军士兵晕船，就连水兵也一样。一名坦克登陆舰上的老兵回忆道，船里"弥漫着柴油、堵塞的马桶以及呕吐物的味道"。[1]

即使如此，到了 1944 年，无论是地中海还是太平洋，这些坦克登陆舰都已然成为盟军登陆战的中流砥柱。战场指挥官们都觉得它能胜任各种任务，无论是运输人员还是车辆，抑或是充当浮动仓库。问题是它的数量总是不够。即便美国工业产能惊人，但各种情况还是导致每到战争的节骨眼上，这种貌不惊人但无比重要的军舰就会不够用。1942 年，罗斯福为了监管战争动员而成立的战时生产委员会把坦克登陆舰的建造列为了第一优先。然而，"火炬行动"后不久，盟军就意识到已不可能在 1943 年内跨过海峡进攻法国北部，加之大西洋之战达到白热化，该委员会随即将护航驱逐舰的建造升至第一优先，坦克登陆舰则降到了第 12 位，位列扫雷艇之后。[2]

这在当时是正确的决定，因为这些新建成的护航舰帮助扭转了大西洋之战的态势（见第 17 章）。之后到了 1943 年春末，德国潜艇的威胁即便不算完全消除，也已得到了控制，盟国因而开始重振坦克登陆舰的建造项目。4 个原本已经转为建造驱逐舰的美国造船厂被要求转回建造自由轮和坦克登陆舰。然而，一个造船厂的转产绝不是扳动开关这么简单。建造一艘坦克登陆舰需要 3 万多个零部件，而重建这么长的供应链也需要时间。而且坦克登陆舰的建造必然会与新上马的其他项目产生竞争。那些被送往太平洋的"埃塞克斯"级和"独立"级航母都需要很多与坦克登陆舰相同的零部件。钢板的争夺尤其激烈，不仅是各种船只的建造，坦克、飞机以及 20 世纪战争中的几乎所有武器都需要钢板。美国的工业生产能力强到可怕而且前所未有的地步，但也不是无限的，到了 1943 年下半年，坦克登陆舰的短缺已经成为制约盟国雄心的最大障碍。[3]

大部分坦克登陆舰都是在俄亥俄河与伊利诺伊河沿岸所谓的"玉米带"造船厂建造的。这些船厂平均每月总共能建造 24 艘坦克登陆舰，数字有些惊人，但还是不够用。在意大利本土（即意大利的欧洲大陆部分）的萨莱诺登陆战中，肯特·休伊特使用了 90 艘坦

一艘坦克登陆舰正从一家美国中西部的"玉米带"船厂下水，地点在俄亥俄河——这家造船厂是匹兹堡以南俄亥俄河畔的内维尔岛造船厂。这些新的坦克登陆舰从这里出发，经过新奥尔良，前往阿尔及尔\*进行舾装

来源：美国海军学会

克登陆舰，太平洋上的尼米兹和麦克阿瑟也各自至少需要这一数量的坦克登陆舰；而悬在所有战区头上的巨大阴影则是即将到来的法国北部登陆战——正式定于 1944 年 5 月 1 日打响的"霸王行动"，这需要 230 艘坦克登陆舰。1944 年新年时，这些目标都还远在天边。无论是在地中海、太平洋，还是英吉利海峡，战场指挥官不停要求得到更多的坦克登陆舰，但坦克登陆舰始终不敷分配。[4]

---

\*　这里的阿尔及尔位于美国路易斯安那州新奥尔良密西西比河西岸，是穷苦黑人的居住区。——编者注

这迫使盟国的决策者们必须将各种相互竞争的需求重排优先顺序，有些行动还被彻底取消了。几个月来，美国人一直在推动登陆缅甸，以打通与中国军队之间的补给线路，中国军队还牵制着超过100万日军。然而英国人却对这一作战从不热心，现在这一计划取消了，分配给它的15艘坦克登陆舰就可以调到其他战场了。华盛顿的英美联合参谋部还希望各个战区能共享这些坦克登陆舰。太平洋与英吉利海峡距离太远，但地中海和英格兰倒是比较近，登陆西西里和萨莱诺的坦克登陆舰完全可能调来参加"霸王行动"。这一设想不是没有道理的，却出于种种原因而未能实现。[5]

***

希特勒从未打算防守意大利南部，这部分是因为亚平宁半岛南半部的任何防御阵地都显然很容易从海上围攻。然而，凯塞林在萨莱诺的坚守令希特勒印象深刻，从而改变了初衷。除此之外，邓尼茨也让希特勒相信，盟军将要把意大利作为"通向巴尔干半岛的桥梁"，因此尽可能久地固守这里也很重要。希特勒深以为然。他将隆美尔从意大利召回派往法国，并擢升凯塞林指挥整个意大利靴形半岛的作战。于是凯塞林在那不勒斯以北约50英里处构筑了一条坚固防线，防线从亚得里亚海滨的奥尔托纳延伸到第勒尼安海的加埃塔湾，横贯整个意大利。如同1915—1916年的西线一样，这条防线也关系到了战争的走势。它有几个不同称呼，包括"冬季防线""希特勒防线"，以及更常用的"古斯塔夫防线"。防线以卡西诺镇为核心，由一系列明碉暗堡和雷场组成，从卡西诺山顶的一座本笃会修道院能够俯瞰卡西诺镇。盟军在9月突破萨莱诺之后一路北上，却在撞上这条坚固防线后骤然停滞。于是，以两栖突击包抄古斯塔夫防线便立刻成了盟军计划中的重点内容。[6]

但问题是，在"古斯塔夫防线"背后登陆，就要占用那些原本计划调往英国参加"霸王行动"的坦克登陆舰。当然，如果能迅速打完这一仗，这些坦克登陆舰或许两边都能赶得上，但前提是它们必须在最初的登陆之后就释放出来。艾森豪威尔（按计划，他几个星期后就要前往英格兰指挥跨越英吉利海峡的登陆）觉得这样的突击是值得考虑的，于是他请求英美联合参谋部让英国 56 艘和美国 12 艘坦克登陆舰（合计 68 艘）在地中海留到 1944 年 1 月 15 日。这样他就可以派遣一个盟军师在古斯塔夫防线后方 70 英里处的安齐奥登陆，此举和马克·克拉克的第五集团军在卡西诺的突破相结合，就能彻底粉碎凯塞林的防御。但该计划颇为短命，因为人们很快发现盟军不太可能迅速突破卡西诺，这一想法只好搁置。[7]

是丘吉尔复活了该计划。在当年冬季的德黑兰会议（11 月 28 日至 12 月 1 日）上，丘吉尔、罗斯福和斯大林三人首次面晤。[*]会上英国首相丘吉尔热情地呼吁把地中海战事推进到罗马甚至更远。他的呼吁遭到了美国和苏联一致的坚决反对，他们将此视为英国人为耽搁或拖延横跨海峡的登陆而耍的花招。但是丘吉尔不依不饶，他觉得在卡西诺的僵局是种"耻辱"，而且依然希望自己无论如何

---

[*] 罗斯福总统是乘坐崭新的"艾奥瓦号"战列舰赴会的。11 月 14 日，在距离弗吉尼亚州海岸 600 英里处，罗斯福正坐着轮椅在高处观看炮术训练，突然，舰上的 1MC（舰用公共广播系统）响起了警报："鱼雷来袭。这不是演习。"罗斯福并未大惊失色，反而叫他的侍者："阿瑟！阿瑟！推我到右舷栏杆去。我想看看鱼雷！"这枚鱼雷并非来自德国潜艇，而是"威廉·D. 波特号"驱逐舰在演习中向着"艾奥瓦号"误射的。"艾奥瓦号"舰长机动规避，鱼雷最后无害爆炸。"威廉·D. 波特号"驱逐舰上犯错的鱼雷兵随后被判服 14 年苦役，不过罗斯福出手干预，要求不得有人因此小错而受罚。

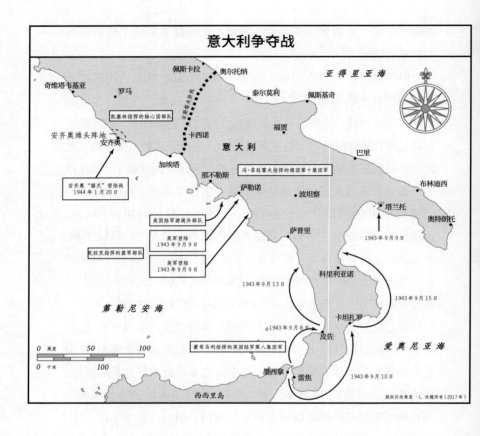

都能让盟军在意大利取得决定性胜利。他甚至幻想这样一场大胜能够让诺曼底登陆不再必要。[8]

1944年1月，艾森豪威尔前往英国指挥"霸王行动"，把地中海战区交给了完全由英国人组成的指挥班子，这样丘吉尔对地中海军事行动的影响力便大大加强。接任地中海战区最高指挥官的是英国元帅亨利·梅特兰·威尔逊，他因为大腹便便而得到绰号"大象"（Jumbo）；哈罗德·亚历山大继续指挥地面部队，约翰·坎宁安爵士（他与安德鲁·坎宁安之间没有亲缘关系）则指挥海军。此外，在德黑兰会议后，丘吉尔本人也留在了地中海地区。不过这并非处心积虑，而只是巧合。德黑兰之行让丘吉尔精疲力竭，结果感染了肺炎。*根据医嘱，他留在北非疗养，先是到突尼斯城，然后又去了法属摩洛哥的马拉喀什。这就让他得以参与，甚至主导了地中海战区的作战计划制订。

1943年圣诞节，英军在突尼斯城召开了一次决定性的会议。（此时，就在近乎正北方3 500英里外，埃里希·拜和"沙恩霍斯特号"正准备离开阿尔滕峡湾，踏上最后的航程。）在突尼斯城的会议上，能言善辩的丘吉尔向他的军队指挥官们展示了从海上包抄古斯塔夫防线必然带来的胜利前景，丘吉尔的词典里还没有融入美式橄榄球的词汇，因此他将这次行动称为"猫爪"（cat's paw）而非橄榄球场上的"端线外侧迂回进攻"（end run）。他坚持认为，这将会严重威胁德军的补给线，凯塞林就不得不在以下两个做法中二选一：要么削弱卡西诺的防御来保护补给线，这样盟军就能突破古斯塔夫防线；要么全线撤退。此前艾森豪威尔认为，突破卡西诺是安齐奥登陆的必要条件，而在丘吉尔眼里，成功登陆本身便打开了通向罗马之路。为了确保成功，登陆部队也由一个师增加到了两个师。[9]

当然，这就意味着要把更多坦克登陆舰留在地中海，而且要留更久，但丘吉尔并不觉得这是什么大问题。丘吉尔对后勤细节不甚有耐心，觉得这只是些小麻烦而已。正如亨利·史汀生在日记中所

---

\* 从德黑兰回来后，罗斯福也病了几个月。对于罗斯福的病情，其白宫御医——罗斯·T. 麦金太尔将军给出的官方说法为流行性感冒，但其他医生却正确地判断出那是"恶性高血压"。罗斯福后来正是死于此病诱发的心脏病。

写的那样，丘吉尔有一种"对后勤方面的客观难题产生逆反心理"的本能。不过，丘吉尔也提出：地中海的坦克登陆舰及其舰员都是参加过西西里和萨莱诺登陆战的老手，并不需要像刚从美国新开来的坦克登陆舰那样进行训练和演习。因此，丘吉尔坚称，将侧击部队送到安齐奥登陆所需的68艘左右的坦克登陆舰可以在地中海多待一个月，留到2月15日，这也能来得及赶回英格兰参加5月的英吉利海峡登陆战。丘吉尔先得到了地中海战区指挥层的同意，然后又成功地说服了罗斯福和英美联合参谋部。[10]

要想取得成功，时机非常关键。安齐奥登陆战定于1月20日开始，而参战的坦克登陆舰最迟要在三周后离开前往英格兰。计划还要留下足够的容错空间，而这里的"错"，很可能就在于凯塞林是否会按照丘吉尔预测的那样行事。丘吉尔对于战斗将于"一周或十天之内"决出胜负信心十足，但他的有些战场指挥官却并没有这么确信。亚历山大致信丘吉尔指出，将两个师孤零零地丢在意大利海滩上而不从海上提供保障，这是不可取的，他坚持要求无论在何种情况下，都必须把14艘坦克登陆舰留下来"进行维修"。坎宁安站在自己的角度告诉丘吉尔，这场作战"风险极大"，丘吉尔对此答道："没有风险，就没有荣耀。"[11]

为了指挥安齐奥登陆战，英美联合参谋部选择了两名美国将军：约翰·P.卢卡斯陆军少将负责指挥地面部队，而参加过珊瑚海和中途岛战役的老将弗兰克·J.劳里海军少将则负责指挥海军部队。(原本可能指挥登陆舰队的理查德·康诺利被调到太平洋参加中太平洋进攻了。)劳里的舰队拥有70艘坦克登陆舰、外加96艘步兵登陆艇和39艘坦克登陆艇，为其护航的是5艘巡洋舰、24艘驱逐舰以及常见的扫雷艇和驱潜艇。[12]

卢卡斯对此次作战忧心忡忡。他在日记中将即将到来的遭遇战比作小比格霍恩战役，他自己则扮演着卡斯特的角色。*他觉得"这整个行动都有一种浓浓的'加里波利战役'味道"，当然，那场战役也是丘吉尔积极推动的。[13]

\*\*\*

与萨莱诺登陆战不同，盟军在安齐奥取得了完全的突然性，登陆之初实际上未遇抵抗。上午过到一半时，第一天的进攻目标均告拿下，盟军已经控制了一块宽 15 英里，纵深 7 英里的阵地。随后卢卡斯做出了一个被诟病至今的决定，他没有立即向内陆推进，既没有北上直捣罗马，也没有向东进攻阿尔巴诺丘陵地区以切断通向卡西诺德军防线的道路。由于没有遇到强大抵抗，卢卡斯原本可以这么做，不过任何一个方向的进攻都不是单凭他本人的力量可以坚持下去的。如果贸然前进，他可能会被包围并彻底歼灭。此外，他下达的命令也显示他接到的主要任务就是要建立一个坚固的滩头阵地，他确信，这样一个阵地的存在本身就能迫使德军撤退。因此，卢卡斯建立了一个坚固的袋形阵地，并集中精力修复安齐奥的港口以接收更多的人员和补给。到了第一天结束时，盟军的坦克登陆舰和运输船已经让 3.6 万人和 3 200 部车辆成功登陆，伤亡微乎其微。[14]

虽然大吃一惊，但凯塞林从未想过要撤退。他相信自己能在守住古斯塔夫防线的同时，牢牢钉住安齐奥的盟军。他没有撤回卡西诺的部队，而是从罗马调来了两个预备队师，并从南斯拉夫和法国调来了更多部队。没过几天，他就在盟军登陆滩头周围集中了八个

---

\*　小比格霍恩战役是 1876 年美国白人军队和苏族印第安人之间的一场战斗，骑兵白人指挥官卡斯特指挥的骑兵团被印第安部落联军全歼。——译者注

1944 年 1 月 22 日，盟军官兵从 LCI-281 号步兵登陆艇上涉水登上安齐奥海滩。虽然登陆战打了德军一个措手不及，但未能迫使轴心国军队从古斯塔夫防线后撤，而安齐奥的阵地反而成了需要不断增援和补给的负担

来源：美国国家档案馆（照片编号：SC 185796）

师的部队，而且未从古斯塔夫防线调走一兵一卒。马克·克拉克的第五集团军在防线前连番猛攻，但成效甚微，结果克拉克的集团军未能与卢卡斯在安齐奥的两个师建立联系。德军由此在两支盟军战线前建立了内线阵地，能够自由选择在何处进攻，何处防守。[15]

凯塞林决定先打卢卡斯。1 月的最后一天，他向盟军滩头（希特勒称其为"脓肿"）派出了成群的坦克和步兵，力争把登陆部队赶回海里去。在连续进攻之下，盟军防线向后弯曲，但并未被突破。其原因除了岸上盟军的奋战，还在于坦克登陆舰和其他补给船源源不断运来了援军和补给。整个 2 月，每天都有成队的坦克登陆舰满载着援军和装满食品、补给和弹药的卡车从那不勒斯出发。抵达安齐奥后，援军下船，满载的卡车开上岸。其他一些装着盟军伤员和轴心国战俘的卡车则开上船，坦克登陆舰再驶回那不勒斯，如此往复。坦克登陆舰的舰员们夜以继日地拼命工作。他们要么在装船，要么在卸船，要么在往返途中，一刻不停，许多时候还会遭遇空袭。LST-197 号上的西奥多·怀曼海军上尉回忆道："我们当时累得根本就没有时间去为太累而烦恼。"压力是如此之大，坦克登陆舰很快就开始把患上"战斗疲劳症"和"炮弹休克症"的舰员们送上岸，这两种病指的就是今天所谓的"创伤后应激障碍"。战后，怀曼坦言，在他们参与的从北非到诺曼底的 5 场战斗中，"安齐奥战役带走了最多的人"。然而，补给还是送上去了，由于他们的努力，安齐奥的盟军才守住了阵地。[16]

守住阵地绝不是目的。丘吉尔对他的"猫爪"没能打开通向罗马之路而深感沮丧和焦虑。这场行动原本是想要打破僵局，让盟军士兵得以席卷意大利靴形半岛，而不是变成另一场血流成河的消耗战。他后来写了一段被广为引用的名言："我原本想要扔一只野猫上岸，结果却变成了一头搁浅的鲸鱼。"他自我安慰式地认为这场战役也不是一无所获，至少拖住了大量德军。在写给华盛顿英美联合参谋部的英国代表团的信中，丘吉尔写道："哪怕是消耗战，也比只是对苏联人的作战袖手旁观更好。"他还向英国下议院报告说，盟军在安齐奥的主动进攻牵制了大量的德军，否则这些德军肯定要被用到别处，丘吉尔在这里指的显然是东线。当然，如果安齐奥的战斗拖住了德军，那么它也同样拖住了盟军。正如历史学家马丁·布吕芒松所言："到底是谁拖住了谁，永远也说不清。"[17]

而且，除了巨大的人员伤亡（双方总共死伤超过 8 万人），安齐奥旷日持久的战斗还破坏了原本精心策划的将坦克登陆舰转调往英吉利海峡的计划。当艾森豪威尔前往英国担起欧洲盟军总司令的新职务时，他就知道坦克登陆舰将是一个关键问题，即便没有维持安齐奥滩头带来的额外压力，也是如此。负责率领团队制定"霸王行动"最初方案的是英国陆军少将弗雷德里克·摩根，他的全部计划是建立在用三个师发动突击之上的，这主要是因为英美联合参谋部告诉他，海运能力只够运载三个师。然而，艾森豪威尔从一开始就知道，三个师不足以突破德军的"大西洋壁垒"。无论如何，他投入了七个师才拿下西西里。因此，艾森豪威尔要求重新制订计划，用五个师从海上登陆，另加两个空降师。这意味着对登陆舰艇的需求急剧增加，特别是至关重要的坦克登陆舰。1 月 23 日，也就是卢卡斯的两个师在安齐奥登陆的第二天，艾森豪威尔给华盛顿的参谋长联席会议写信，坚持要求除了摩根最初计划中申请的 230 艘坦克登陆舰、250 艘步兵登陆艇和 900 艘坦克登陆艇之外，还需要额外增加 271 艘各式登陆舰艇，包括 47 艘关键但稀缺的坦克登陆舰。[18]

收到了这封吓人的信后，参谋长们在回信中毫不掩饰自己的怀疑。他们要艾森豪威尔提供"你用来测算额外资源需求的基础"。他们想知道他有多少艘登陆舰艇，它们的装载量多大？他需要更多登陆舰艇的依据是什么？这位盟军总司令原本可以对这类质疑大发雷霆，但艾森豪威尔出名的耐心和风度令他逐条进行了答复，用数字说话。他报告说，英格兰此时有 173 艘坦克登陆舰。如果再加上预计 1 月与 5 月之间能够从美国开来的数量（如果途中没有损失，就是每月 25 艘），D 日时他就会有 248 艘坦克登陆舰可用。但由于一些坦克登陆舰要充当指挥舰和战斗机引导舰，他到时候能用的差不多就是 230 艘坦克登陆舰，恰好是摩根计算出的送三个师登陆所需的数量。这显然不足以把五个师运过英吉利海峡并保障其作战。[19]

　　美军参谋长联席会议和英美联合参谋部勉强接受了艾森豪威尔的计算，开始想办法把坦克登陆舰从其他战区调往英国。他们第一个考虑的是把地中海的坦克登陆舰调至英国，但安齐奥的危局让他们只得作罢。艾森豪威尔建议让地中海盟军改用突击运输舰代替坦克登陆舰，以便把后者腾出来参加"霸王行动"。参谋长联席会议提出另一个建议（很可能是金的提议）：如果"大象"威尔逊同意把自己现有的26艘坦克登陆舰调往英国，他们就会把26艘全新的同型舰从美国派至地中海。威尔逊自然会产生一个疑问，为什么不更简单地把26艘新的坦克登陆舰直接派往英国？参谋长联席会议这时候才道出实情，这26艘坦克登陆舰还在建造，要等到5月底才能建成，这样它们就赶不上"霸王行动"了。但正如威尔逊担心的那样，它们也同样赶不上安齐奥部队的需要。[20]

　　另一个复杂的问题是，在德黑兰，丘吉尔、罗斯福和斯大林一致同意在登陆诺曼底的同时出动两个师在法国南部登陆，代号为"铁砧行动"。美国人提议发起这场行动的首要目标，是约束丘吉尔对那些离题万里的进攻的热情，比如他关于进攻罗得岛的提议。在德黑兰，斯大林对于登陆法国南部表现出了巨大的热情，这出乎所有人的意料。在斯大林看来，诺曼底落下的大锤将会砸在地中海的"铁砧"上。然而要实施这一计划，盟军还需要另外八九十艘坦克登陆舰，这些船从哪儿找呢？从被取消的缅甸登陆战中撤回的15艘左右坦克登陆舰能帮上忙，但这些还不够，特别是考虑到安齐奥的状况。正如丘吉尔所指出的："一切都要依靠登陆舰艇，这使得我们的通盘战略在几个星期时间里一直受着最严苛的束缚。'霸王行动'的期限是如此紧迫，我们还必须调动、维修、改装近100艘这样的小舰，这让所有的计划都十分紧张。"[21]

解决方案有两个方面。首先，"霸王行动"的实施日期推迟一个月，从 5 月第一周推迟至 6 月第一周。这样美国的造船厂就能获得一个月时间来建造尽可能多的坦克登陆舰。正如艾森豪威尔致信马歇尔时所言："这多出来的一个月建造的登陆舰艇，包括坦克登陆舰，能帮上大忙。"但这还是不够。除了推迟"霸王行动"外，盟军还不得不取消或至少推迟"铁砧行动"。这让艾森豪威尔很失望。"'铁砧行动'看起来要完了，"他在日记中写道，"我恨透了。"然而，登陆舰艇数量的问题是绕不开的。要是没有这些以"铁砧行动"为名义要来的额外的坦克登陆舰，艾森豪威尔甚至无法保障诺曼底的登陆部队。他致信马歇尔，如果坦克登陆舰只够头三轮登陆之用，那么"从 D+1 日早晨起至 D+4 日早晨之前，就不会有坦克登陆舰抵达滩头了，**重复一遍，不会有**"。换言之，盟军登陆部队将在诺曼底滩头孤军奋战三天之久，其间不会有任何援军、补给，也无法撤退（上帝保佑不要出现这种情况）。这显然是不可接受的，艾森豪威尔也只得勉强接受"铁砧行动"被迫推迟的现实。[22]

　　安齐奥和"铁砧行动"并不是难题的全部。就艾森豪威尔而言，太平洋战场上的战事"占用了太多本已捉襟见肘的登陆舰艇"。他又一次在自己的日记里找到了宣泄郁闷情绪的出口。他抱怨道，虽然各方从一开始就接受了"德国优先"原则，但美国却在太平洋战场上开足马力进攻，即便当自己在为整个战争中最重要的行动筹集海运工具之际也不例外。"我们同时在打两场战争，"他写道，"这是不对的。"[23]

＊＊＊

　　仿佛是在强调这一点，就在丘吉尔的"猫爪"登陆安齐奥 8

天之后，雷蒙德·斯普鲁恩斯的第五舰队各部，包括 40 艘坦克登陆舰，在马绍尔群岛展开了一场大规模的两栖登陆，这是中太平洋进攻的第二步。

马绍尔群岛由 32 个环礁组成，覆盖着 40 多万平方英里的海域。夸贾林环礁位于群岛几乎正中央，是全世界最大的珊瑚环礁，这里的潟湖长度超过 60 英里、宽度 20 英里。从 1.5 万英尺高空鸟瞰，这座环礁就像是一夜狂欢后随意抛在蓝毯子上的一条银色项链。与大部分环礁一样，这里也是由一串小岛组成的——就像是项链上的珍珠——有些岛屿大到足以建设大型军事设施。环礁中最重要的三个岛分别为：最南端的夸贾林岛，以及最北端的罗伊和那慕尔双岛。[24]

经历了贝蒂欧岛的大失血之后，盟军担心会在塔拉瓦西北 600 多英里外的夸贾林付出更大的代价。这不仅是因为夸贾林面积更大，还因为日本人在那里经营得更久。日本人 1942 年 1 月份才侵占贝蒂欧，却早在 20 世纪 20 年代就根据《国际联盟盟约》占领了马绍尔群岛。虽然盟约第 22 条禁止日本人在这些岛屿上修建军事工事，1922 年的《华盛顿海军条约》也再次强调了这一禁令，但美军（正确地）判断日军一定会无视条约，暗中加固这些岛屿的防御。意识到这一点，尼米兹司令部里的几乎每个人都主张下一轮进攻时不要先打日军的主要基地夸贾林，而是应该先攻打马绍尔群岛某个外围岛屿。但尼米兹力排众议，他认为在塔拉瓦学到的教训，一定能有效地用在夸贾林。[25]

其中一个教训，就是长时间而且得到有效引导的火力准备的重要性。贝蒂欧岛的炮击无疑是个失败。美国海军陆战队的官方战史记载道："贝蒂欧岛每平方英尺上落下的弹药量，比此前所有的两栖登陆目标都大得多。"然而，当进攻部队登上海岸时，守军却正严阵以待。此番进攻夸贾林，美军不再只是简单地用高爆弹向岛上乱轰，而是给每艘军舰都分配了具体目标，要在登陆之前予以摧毁。为了确保做到这一点，美军特地在卡霍奥拉韦岛进行了演习，这是夏威夷群岛中一个无人居住的火山岩小岛，长9英里，宽5英里。陆战队员们在岛上立起了与塔拉瓦相似的那种椰子树干，建起了混凝土碉堡，战列舰和巡洋舰的舰员们则拿这些碉堡练习炮击并检验效果。陆战队历史学家罗伯特·海纳尔估计，卡霍奥拉韦岛是"太平洋上遭受炮击最严重的岛屿"。[26]

另一个教训则是，很明显需要更多的"鳄鱼"两栖车，以便让陆军和陆战队士兵们越过珊瑚礁盘而无须涉水。塔拉瓦之战后，战时生产委员会把履带式两栖车的制造数量翻了一倍，从2 055辆增加至超过4 000辆。许多车辆还增加了装甲，安装了37毫米火炮，让它们实际上成了轻型两栖坦克；这种车辆也被命名为LVT(A)。有了这种车辆，陆军和陆战队士兵们就可以在己方炮火的掩护下"爬"过珊瑚礁盘了。当然，这多出来的2 000余辆履带式两栖车制造任务给已经压力巨大的造船业又带来了新的负担。[27]

在珍珠港，新的履带式两栖车装上坦克登陆舰。18辆车可以停放在坦克登陆舰如山洞一般宽敞的坦克甲板上，另18辆则可以用起重机吊运到露天甲板上。抵达夸贾林时，这些坦克登陆舰会抵近到距离目标海滩五六英里处，打开舰首门，载着20名陆军或陆战队士兵的履带式两栖车便可驶入水中。首批18辆履带式两栖车入水后，露天甲板上的18辆会被升降机降到坦克甲板上，组成第二攻击波继续前进。凯利·特纳的南特混舰队拥有20艘坦克登陆舰，负责攻占夸贾林岛。另18艘坦克登陆舰则交给了不久前才从地中海调来的绰号"逼近"的理查德·L.康诺利，负责攻打罗伊和那慕尔双子岛。此外，还有2艘坦克登陆舰充当指挥舰和炮火引

一群履带式两栖车（又称"鳄鱼"）载着陆战队员冲向滩头。有些履带式两栖车上安装了37毫米火炮，让它们摇身一变成了两栖"轻型坦克"

来源：美国海军历史与遗产司令部詹姆斯·E. 贝利（James E. Bailey）的个人藏品

导舰。

　　大部分坦克登陆舰都是崭新的，它们从俄亥俄河沿岸造船厂开出来，沿着密西西比河到新奥尔良舾装，接着穿过巴拿马运河北上圣迭戈，几天后继续动身前往珍珠港。舰员也大部分是新兵，许多人都是刚刚离开新兵训练营，从新奥尔良到中太平洋的这段漫长航程就是他们唯一的航海经历。有些人参加过1月2日至3日在圣克利门蒂岛举行的登陆演习。这次演习暴露出在放出履带式两栖车的流程中存在的一些值得警惕的问题，但过于紧张的时间表令他们来不及进行更多训练。在至少一艘坦克登陆舰上，全部舰员中仅有一人见过用升降机把一辆履带式两栖车降到坦克甲板上。[28]

夸贾林登陆战于 1944 年 1 月 31 日开始（也就是凯塞林开始反击安齐奥滩头当天）。与几乎所有两栖突击一样，这里也有一堆出乎预料的问题和障碍。其中之一便是海上风高浪急，这让美军决定把坦克登陆舰开到相对平静的潟湖中再放出履带式两栖车。坦克登陆舰放出第一批 18 辆履带式两栖车后，两栖车在水面上兜圈子，露天甲板上的两栖车则被用升降机逐辆吊到坦克甲板上，准备与前者会合。这一过程耗费的时间比预想的长得多。在一艘坦克登陆舰上，升降机突然卡住，令 9 辆两栖车被困在露天甲板上无法参战。当然，履带式两栖车自身在协同进攻时也出现了常见的耽搁。尽管如此，夸贾林的登陆要比塔拉瓦成功得多。美国陆军官方战史总结道，这次从舰到岸机动"实施迅速，没有大问题"。[29]

　　但这并不完全正确。在首批陆军（夸贾林岛）和陆战队（罗伊和那慕尔）登陆后，履带式两栖车原本应当返回自己的坦克登陆舰继续接运。但是，有些两栖车找不到自己的母舰了，还有一些车辆在返回途中耗光了燃油。陆战队官方战史对此轻描淡写地总结道，坦克登陆舰和履带式两栖车"之间的配合没有达到应有水平"。在一片混乱中，很多被分配给后续攻击波的人只得乘坐希金斯登陆艇。事后证明，这倒无关紧要。岛上守军已经被持久而准确的登陆前炮击大部杀伤，幸存者也都神志不清，晕头转向。在夸贾林岛上，只剩下一棵棕榈树还孤零零地立在那里。登陆罗伊岛和那慕尔岛的陆战队员们只花了一天就拿下了全部目标，而陆军第 7 师的士兵们直到 2 月 4 日才全面占领夸贾林岛（这让霍兰·M. 史密斯有些恼火，他认为陆军与往常一样谨慎过头了）。但无论如何，在环礁的南北两端，拿下岛屿的战斗过程要比计划人员预计的更快，伤亡也更少。[30]

　　这次迅捷的登陆战确实让尼米兹加快了进攻群岛西端埃尼威托

被军舰预先轰炸成不毛之地的夸贾林岛

来源：维基百科

克环礁的进度。两周后的 2 月 17 日，美军以较轻的损失完成了这一目标。至此，美军实际上已经夺取了马绍尔群岛的实际控制权。

\*\*\*

　　美军取得惊人胜利的原因之一在于拥有绝对的制空权，让这一点成为现实的正是快速航母特混舰队——正式番号为第 58 特混舰队，由现已升任海军中将的马克·米彻尔指挥。斯普鲁恩斯清楚米彻尔在中途岛的糟糕表现——是他下令进行了那段"不知飞往何处的飞行"——他起先对把指挥权交给米彻尔提出了质疑，但航空局长约翰·托尔斯将军却力挺米彻尔，斯普鲁恩斯接受了这一任命。事后这被证明是明智之举。第 58 特混舰队拥有不少于 12 艘航母，其中 6 艘为能够搭载超过 90 架飞机的大型"埃塞克斯"级航母。第 58 特混舰队的航母上总共搭载了超过 700 架舰载机。在新型快速战列舰、重巡洋舰以及 40 艘驱逐舰的伴随下，这支舰队成了有史以来出现过的最强大的海上打击力量。在马绍尔群岛战役中，这支舰队被编成 4 支各拥有 3 艘航母的特混大队，它们横行中太平洋，在空中和地面摧毁日军飞机。他们的攻击是如此具有毁灭性，以至于到 2 月 4 日美军宣布占领夸贾林时，美军飞行员已经找不到对手了。在如此打击之下，盟军舰队在战役中没有遭受过哪怕一次空袭，这与萨莱诺和安齐奥的登陆战形成了鲜明的对比。[31]

古贺大将根本不敢出来挑战这支压倒性的海上力量。日本海军"机动部队"即便是在巅峰时期也不是第 58 特混舰队的对手，何况古贺还沿着山本的老路用舰载机航空队支援拉包尔的防御作战，现在他的航母舰载机缺编严重。而在缺乏强大空中掩护的情况下让战列舰和重巡洋舰出海迎敌，则无异于自杀。而且，日本的防御战略是积蓄力量用于最后决战，只有当美军攻入日本内层防御圈[*]时，日本海军才会投入他们的航母和战列舰。

这一刻来得比东京和特鲁克任何人预料的早得多。美军对马绍尔群岛的征服如此迅速和一边倒，这促使尼米兹和参谋长联席会议开始考虑干脆完全跳过古贺设在特鲁克的主要基地。这在当时看来是个冒险的举动，因为自从 1942 年起，特鲁克就一直是日军在中太平洋上的主要基地。但事实上，特鲁克远不如美国人想象的那般坚不可摧，因为日本人从来都不相信美军真的能打到这里。但现在

---

* 即所谓"绝对国防圈"，是 1943 年 9 月日军制定的必须确保的重要区域，由千岛群岛、小笠原群岛、马里亚纳群岛、加罗林群岛、新几内亚、巽他群岛、缅甸包围而成。——编者注

他们做到了。尼米兹和斯普鲁恩斯得出结论，第五舰队可以跳过这里，直取 1 500 英里外马里亚纳群岛中的塞班岛。[32]

***

与此同时，在意大利，凯塞林于 2 月 18 日（也就是美军攻占埃尼威托克环礁次日）向安齐奥滩头发起了最后的全力进攻。此时在安齐奥拥挤的滩头上，盟军已经有了 7 个师。然而德国第十集团军的进攻如此猛烈，以至于马克·克拉克一度考虑过下令撤退。这并没有成为现实。德军的进攻最终被击退，而且耗尽了力量，凯塞林放弃了将登陆盟军赶下海的想法，不过克拉克和卢卡斯都还不知道这一点。一个星期后，卢卡斯被免职。2 月 25 日，卢西恩·特拉斯科特陆军少将接替他指挥安齐奥作战，但这也无法真正打破业已形成的僵局。

变化要到三个月后才会出现。正如艾森豪威尔一开始预言的那样，只有先突破古斯塔夫防线，在安齐奥才能成功。美军、英军和加拿大军精诚合作，在通往罗马的主要高速公路附近猛攻古斯塔夫防线，同时，阿方斯·朱安将军率领的法国远征军在他们的右翼取得了关键突破，瓦迪斯瓦夫·安德斯中将指挥的波兰第 2 军则于 5 月 17 日攻占了卡西诺山，在修道院的残垣断壁上升起了波兰国旗。这些进攻打破了战场僵局。5 天后，特拉斯科特协调各部从安齐奥向内陆突围，拿下了战略重镇奇斯特纳（Cisterna）。克拉克本有机会围歼溃退中的德国第十集团军，但他的心中却只有罗马，为了赢得向罗马的赛跑，他放了德军一马。

1944 年 6 月 4 日，来自三个美国师（第 2 师、第 85 师和第 88 师）的部分部队开进罗马。克拉克费尽心机才让美军（而不是英军）

率先进入罗马。当 1944 年 6 月 5 日罗马万人空巷，市民们涌上大街向作为解放者的美军欢呼时，克拉克也为自己的荣耀时刻欢呼起来。这的确是个令人兴奋的时刻，《纽约时报》的头版头条使用了超大号字——"罗马完璧归赵"。但克拉克的荣耀时刻并未持续太久，第二天的报纸头条就成了"盟军登陆法国"。[33]

PART V:

# RECKONING

第五部分

秋后算账

1941 年时，柏林的希特勒和东京的日本军部各自分别做出了向苏联和美国出兵开战的决定，这一举动将永远位列历史上最具自毁性的行动之中。到了 1944 年，他们愚蠢行为的后果已经一目了然。在欧洲，超过 300 万之众的苏联红军把德军赶到了波兰和罗马尼亚边界，而英美盟军则已准备好进攻德国占领下的法国。在太平洋上，美军第五舰队则即将在马里亚纳群岛突破日本的内层防御圈。

　　在两年多的时间里，苏联红军一肩扛起了欧洲陆地战事的重担，英语系盟国则压制了海面下的德国潜艇，在太平洋上顶住了日军的攻势，并控制住了地中海。然而，英美军迟迟没有真正开辟对德作战的第二战场，这令本就多疑的斯大林更加心怀疑虑。当英美盟军接连登陆北非、西西里和意大利，美军又在太平洋上发动了两场（而不是一场）攻势，斯大林更是开始毫不掩饰自己对西方的蔑视。虽然盟国的正式战略仍是"德国优先"，但美军在登陆北非之前先登陆了瓜岛，在"哈士奇行动"前先进行了"马车轮行动"。甚至到 1944 年夏天，英美盟军最终准备在诺曼底撕开希特勒大肆吹嘘的"大西洋壁垒"时，美军仍在太平洋发动了新一轮攻势。

这充分显示了盟国的压倒性物质优势达到了何种程度，美军甚至能够在准备进攻诺曼底的同时考虑在太平洋上发动新一轮攻势。美国工业巨人的启动十分缓慢，在一年多的时间里，航运能力的不足成了他们组织大规模行动的最大障碍。但到了此刻，美国的工厂和造船厂已经开足了马力，其产品源源不断地涌向全球各个战场。而且盟国的优势不仅体现在数量上。1941年时，德国坦克和飞机的质量远优于盟军，而日本的战机和鱼雷也是世界上最好的。到了1944年，一切都变了。

在这种情况下，虽然战争还将再打上一整年，但其最终结果已经毫无悬念。这一现实让德国和日本都陷入绝望，德国决定实施恐怖的"最终解决方案"*，日本则在太平洋上祭出"肉弹攻击"战术，这都彰显了两国的绝望。与此同时，在新墨西哥州圣菲市以北崇山峻岭中的洛斯阿拉莫斯等地，科学家们在秘密实验室里努力开发出了一种破坏力超乎人类想象的新型武器。玩火者必自焚，秋后算账的时刻快要到了。

---

\* 这是指纳粹德国对犹太人的大屠杀。——编者注

# 第 23 章

# 诺曼底登陆

1944 年 1 月，也就是盟军登陆安齐奥当月，来自美国、英国和加拿大的超过 150 万士兵在英格兰南部开始为对德占法国展开全面进攻而进行预演。在这里，斯大林期盼了两年多的第二战场终于来了。这次作战的整体代号为"霸王行动"，但其海军和海上部分，包括跨越英吉利海峡和登陆本身，则被专门冠名为"海王行动"。艾森豪威尔负责指挥"霸王行动"，而英国海军将领伯特伦·拉姆齐爵士则要主持"海王行动"。拉姆齐是敦刻尔克大撤退的英雄，在"火炬行动"中担任坎宁安的副手，并且在登陆西西里时指挥东线（英国）特混舰队。为此，拉姆齐集中起了全世界有史以来最庞大的一支海运力量。

拉姆齐于 1943 年 10 月返回英格兰，比艾森豪威尔早一些。他在朴次茅斯附近的绍斯威克宫设立了自己的指挥部，这是一座乔治时代 * 的宏伟宫殿，当时被用作皇家海军作战学院的校舍。拉姆齐

---

\* 乔治时代（Georgian Era）指英国国王乔治一世到乔治四世在位的时期（1714—1830）。该时期下启英国的维多利亚时代（Victorian Era）。——译者注

入驻之后，他的参谋们挂起了一幅巨大的英吉利海峡地图，图中标出了英格兰南部盟军部队集结的全部港口，以及盟军即将登陆的诺曼底的目标海滩。1940 年时，正是拉姆齐组织了敦刻尔克大撤退，四年后的今天，他又有机会亲自指挥盟军重返欧洲，他对此心满意足。为此，他必须把一支数量庞大的部队——准确地说是两个集团军——及必要的装备、车辆等运过英吉利海峡，要为登陆部队提供舰炮火力支援，还要在接下去的数日、数周甚至可能数月里保证登陆部队的增援和补给，确保其守住并不断扩大登陆场。[1]

为登陆日（D 日）进行的预演在整个英格兰沿岸展开，西达布里斯托尔海峡，东至泰晤士河口。英国政府在英格兰沿岸的德文郡和康沃尔郡划拨了 570 平方千米土地供美军使用。美军在斯莱普顿沙滩设立了所谓的"美国陆军作战学校"，这处风景如画的海滩位于英国海军学院所在地达特茅斯以西数英里处。除了优越的地理位置之外，还有一些因素使此地成为几乎完美的演习场。与英吉利海峡对岸的目标海滩相同，斯莱普顿也是卵石滩，布满了数以十亿计被海水磨圆了的黑灰色鹅卵石。除此之外，斯莱普顿沙滩后面起伏的英国乡野间有灌木树篱纵横交错，与诺曼底登陆海滩后面的树篱乡间十分相似。当地平民被迁走后，美军便进驻这里，他们开始一周接一周地在斯莱普顿沙滩等处进行登陆训练，起初以营为单位，后来是团，最后是师。"我们一次又一次地把各个部队及其装备装船、卸船，"一名坦克登陆舰舰员回忆道，"我们从来搞不清每次训练会不会变成实战。"春季，白昼越来越长，天气也逐渐转暖，可用的坦克登陆舰数量终于接近了目标值，演习也规模越来越大，越来越复杂。[2]

4 月中旬就有这么一次"老虎演习"。参加演习的是"U 编队"，即"犹他滩"登陆部队中的海军部分，由美国海军少将

唐·穆恩指挥。他们的演习计划是要送 J. 劳顿·柯林斯少将的第 7
军主力在舰炮火力掩护下登陆斯莱普顿沙滩，士兵们随后从那里向
内陆挺进，"攻占"奥克汉普顿（Oakhampton）。艾森豪威尔和拉
姆齐要求此次演习越逼真越好，为了营造出进攻部队可能在"犹
他滩"遇到的场景，盟军工兵在卵石滩上布设了两排钢质拒马以
及带刺的铁丝网，甚至还有真地雷。[3]

　　参加登陆演习的穆恩特混舰队拥有 21 艘坦克登陆舰、28 艘大
型步兵登陆艇、65 艘坦克登陆艇、近 100 艘小型舰艇以及例行的
护航军舰。这些舰艇将分两个批次驶离普利茅斯，它们先在夜间驶
向英吉利海峡中线，再返回英格兰海岸，黎明时送搭载部队登陆，
就像它们六个星期后要在诺曼底做的那样。

　　事情却开局不利。第一批的一艘坦克登陆舰在集合时迟到了，
于是穆恩推迟了登陆等它。但并不是所有人都接到了命令。结果，
一群满载士兵的希金斯登陆艇按原计划冲向海滩时，发现自己被巡
洋舰和驱逐舰打出的"登陆前"炮火包围了。虽然问题很快解决，
但这仍是个不祥之兆。[4]

　　4 月 27 日晚 10 点，第二批 8 艘满载的坦克登陆舰驶离了普
利茅斯港。各舰跌跌撞撞地摸黑出港，找到自己在编队中的位置，
混乱在所难免。混乱中，两艘护航舰艇之一——英军"弯刀号"
（HMS Scimitar）驱逐舰撞上了一艘美国登陆艇，只能退出行动，
船队便仅剩一艘"花"级护卫舰"杜鹃花号"护航了。巧的是，
德军前"舍尔海军上将号"舰长，现任瑟堡 E 艇队指挥官特奥多
尔·科朗克，此时命令 9 艘鱼雷艇出来到海峡中例行巡逻。[5]

　　4 月 28 日凌晨 1 点刚过几分钟，8 艘美军坦克登陆舰驶近莱姆
湾时，LST-507 号舰上的一名舰员突然听到船体下方传来一阵他形
容是"刮擦声"的声音。虽然当时无人意识到那是什么，但后来

事情就很明显了，那是一枚德国鱼雷从船底下方经过。LST-507 的舰长 J.S. 斯瓦茨海军上尉拉响了战斗警报，虽然舰员们都尽责地奔向各自的战位，但他们都以为这是演习的一部分——这种情况太多了。几分钟后，德军 E 艇发射的绿色明亮曳光弹照亮了暗夜，凌晨 2 点 07 分，一枚鱼雷在舰体上爆炸了。[6]

坦克登陆舰宽敞的货舱意味着它没有能关闭起来阻止进水的水密隔舱，随着大火在坦克甲板上的车辆中蔓延开来，LST-507 开始沉没。舰上的军医尤金·埃克斯塔姆海军中尉向货舱望去，看到了"一个呼啸着的巨大熔炉"，加满了燃油的坦克和卡车一辆接一辆着火、爆炸。埃克斯塔姆后来回忆道："卡车在燃烧，汽油也在燃烧，轻武器弹药不停地爆炸。"他能听见被困火中的人们的惨叫，但他知道自己已无能为力，浓烟很快就会把所有人都熏死。"所以，我关上了通向坦克甲板的舱门，把它们锁紧。"[7]

LST-507 不是唯一的受害者。仅仅 11 分钟后，两枚鱼雷迅速接连命中 LST-531 号舰。它仅仅 6 分钟后就沉没了，大多数舰员和搭载的士兵也与舰同沉。没被困在舱内的幸运儿们则跳入了英吉利海峡冰冷刺骨的海水之中。

在船队前方 10 英里处，"杜鹃花号"上乔治·C. 格迪斯海军中校立刻掉转航向，赶往灾难现场。他觉得这肯定是一艘德国潜艇惹的祸，于是减速并打开了"潜艇探测器"，却一无所获。他不敢向夜空中发射信号弹以照亮战场，担心会暴露其他坦克登陆舰，那些坦克登陆舰此时正以最快的速度开向海岸。而此时，那些德国 E 艇早已经开足马力返回了瑟堡老巢。

最终，盟军有两艘坦克登陆舰沉没，两艘受伤，其中一艘受损过重，再也未能出海。生命损失也极其惨痛：198 名水兵和 441 名陆军士兵丧生。事后证明，这一数字居然超过了六个星期后"犹

在 1944 年 4 月斯莱普顿沙滩外海的"老虎演习"中，德军 E 艇击沉了两艘满载的坦克登陆舰，重创了图中的这艘 LST-289。除了人命代价惨重，损失的三艘坦克登陆舰也威胁到了诺曼底登陆的时间计划

来源：美国国家档案馆（照片编号：80-G-283500）

他滩"实际登陆的战死人数。艾森豪威尔坚决要求对整个事件守口如瓶，因为这不仅会让德国人知道他们的突袭是多么成功，还会在登陆前夕沉重打击盟军的士气。[8]

此外，艾森豪威尔和拉姆齐还对损失的这三艘坦克登陆舰忧心忡忡。因为此时他们手中坦克登陆舰的富余数量非常少，损失的这三艘舰可能会危及整个行动。于是，艾森豪威尔立即申请从美国本土补充坦克登陆舰。然而，金却告诉他，现在一艘坦克登陆舰也腾不出来了，而且就算有，也不可能及时赶到那里。接着，金致电地中海的坎宁安，请他先借三艘坦克登陆舰给艾森豪威尔，并承诺一旦拿到新的坦克登陆舰就立刻补充给他。盟军不得不再一次跨战区调动舰艇，拆东墙补西墙。[9]

***

莱姆湾的这场灾难最终没有影响登陆的时间计划。5 月 28 日，拉姆齐向所有海军指挥官下达了命令："启动'海王行动'。"于是，数千艘舰艇纷纷出海：执行舰炮火力支援的战列舰和巡洋舰从北爱尔兰和苏格兰的各个港口开出，登陆舰艇则在从康沃尔郡法尔茅斯到东萨塞克斯郡纽黑文的各个港口开始装船。在陆地上，满载着全副武装士兵的卡车在英格兰南部狭窄的公路上排成一眼看不到头的长龙，向海岸驶去。这幅巨大的军事拼图中，各个复杂的组成部分像是在同一个指挥棒的指挥下有序行动，事实上也正是如此。[10]

士兵们在海峡沿岸数十个港口集合，工兵们在那里建起了被称为"硬斜坡道"的混凝土堤岸。小型登陆舰艇可以在这些硬斜坡道上靠岸，无须借助码头或起重机就能直接装载坦克、卡车、吉普车和其他车辆。有些大型的坦克登陆舰也会试着在硬斜坡道靠岸，但大部分还是会锚泊在港内，让士兵和装备驳运上船。[11]

在普利茅斯港，美军柯林斯的第 7 军官兵们登上了穆恩"U 编队"的 865 艘船。在东边的韦茅斯和波特兰，查尔斯·许布纳少将麾下的"大红 1 师"登上了"吉米"小约翰·L. 霍尔少将的船队。"大红 1 师"是曾在西西里杰拉海滩登陆过的老兵，这次他们将要在"奥马哈滩"抢滩。在更往东的南安普敦和朴次茅斯，迈尔斯·登普西中将的英国第二集团军的官兵们分别登上了"S 编队"（乔治·塔尔博特海军少将指挥）和"G 编队"（西里尔·道格拉斯-彭南特海军少将指挥），前往"剑滩"和"金滩"。加拿大第 1 师的官兵们则搭乘"J 编队"前往"朱诺滩"。"J 编队"的指挥官、海军准将杰弗里·奥利弗爵士是参加过西西里和萨莱诺登陆战的老手了。[12]

装船过程井然有序而一刻不停。每一艘船的具体装载清单已经被仔细写在了详细的计划文件上，拿着文件夹的码头管理员会检查每一辆缓缓倒车驶入登陆舰艇指定位置的车辆上装运的物品。一旦停稳，这些车辆就会被绳索固定住，以免在航渡途中溜车。士兵们背着 60 磅重的背囊，带着 9 磅重的 M-1"加兰德"步枪列队上船。一旦确定装船工作精确完成，登陆舰艇的舰长会下令收起跳板，然后从硬斜坡道驶回水中，在港区下锚。每当有舰艇完成这一过程，就会马上有另一艘顶上它的位置，重复这一过程。这一过程在 171个装船点里持续了 5 天。[13]

登陆日（D 日）定为 6 月 5 日。原来的计划是在 5 月第一周，但为了能多造一些坦克登陆舰而推迟了一个月。为了赶上这个期限，登陆舰艇并非全都同时离港。为了同时抵达集合点，那些离得最远的舰艇最先出海，有些舰艇 6 月 3 日就离港了。驶入海峡时，盟军才明白他们要在风浪中航渡了。海浪吞没了小型舰艇的舰首，从甲板上冲刷而过，甚至船只还没有离开港口，就开始有人趴在栏杆上呕吐了。接着又开始下雨。艾森豪威尔于是召集他的指挥班子来到绍斯威克宫的拉姆齐指挥部开会，会上气象参谋詹姆斯·M.斯塔格上校报告说，天气在最终好转之前还将会进一步恶化。这种情况在登陆西西里时也出现过，艾森豪威尔当时决定按原计划不变。这次他决定必须将登陆推迟 24 小时。[14]

但说起来容易做起来难。一千多艘舰艇已经出海，它们全都不得不原路返回港口。拉姆齐联系各特混舰队的指挥官们，询问他们能否原地停留，得到的回答是能。在详细的计划过程中，几乎所有

1944 年 6 月 1 日，一队坦克登陆舰正在达特茅斯附近的布里克瑟姆装运一支炮兵部队。在图中的 5 艘坦克登陆舰中，LST-499 号（中间靠左那艘）在 6 月 8 日毁于一颗德国水雷

来源：美国海军学会

的意外都考虑到了，现在这种也不例外。短程高频 TBS 通信网里传出了预定的暗号"One Mike Post"，各舰随即遵令行事。不过穆恩的"U 编队"中的一队登陆舰艇已经驶出了 TBS 系统的通信范围，拉姆齐不得不派出一艘驱逐舰以最高速度把它们找到并追了回来。

艾森豪威尔的指挥团队于 6 月 5 日凌晨 4 点再次开会。此时天气有所好转，但英吉利海峡仍是风大浪急。不过斯塔格报告说第二天天气很可能会好转，于是艾森豪威尔做出了决断。"好吧，"他说，"我们上。"[15]

当天的整个下午和晚上，来自英格兰、威尔士、苏格兰和北爱尔兰各个港口的数千艘舰船纷纷驶向位于英吉利海峡中线附近，怀特岛以南 20 英里处的集合点。集合点的正式名称为"斑马区"，但几乎每个人都称其为"皮卡迪利广场"，这是伦敦市中心的一个因交通堵塞而臭名昭著的交通枢纽的名字。集结在这里的舰船中，有 284 艘来自多个国家的战舰，包括加拿大、法国、荷兰、挪威和波兰，当然绝大多数军舰都是英国或美国的。此外，还有近 2 000 艘登陆舰艇，包括 311 艘宝贵的坦克登陆舰。这是一锅大杂烩。有些舰艇奇形怪状，例如装有 15 英寸主炮的浅水重炮舰，被改造加装了 60 磅火箭发射架的坦克登陆艇，插满了长短不一的无线电天线的指挥舰，还有一种貌似救生筏的船，这是用于在坦克登陆舰和滩头之间驳运车辆和装备的所谓"犀牛渡轮"。如果算上上千艘的希金斯登陆艇，舰艇总数就会超过 6 000 艘。在此后的多年里，给参战老兵们留下最持久、最深刻印象的景象便是"成千上万的各种舰艇，在四周一望无际"。[16]

午夜之前，"斑马区"的盟军舰艇开始沿着扫清了水雷的航道向南方的法国海岸前进。它们抵达法国海岸外时，离天亮还有几个小时，士兵们在侧舷栏杆处排队，沿着绳梯小心翼翼地下到希金斯登陆艇里。登陆艇装满了指定人数，就会解缆开走，到附近海面上兜圈子，另一艘艇则会填入它留下的空位。但并不是所有人都会一次性登上登陆艇——只有参加头几批登陆的人才会。和在西西里及意大利本土的登陆相似，对法国的登陆所依靠的也不是单一批次的登岸突击，而是每隔 15 分钟至 20 分钟一轮的多批次连续登陆，这样的登陆会从早持续到晚，实际上还会持续数日乃至数周。[17]

对于那些在希金斯登陆艇里东摇西晃的士兵来说，海上的圈子似乎无休无止，有些人甚至要忍受三个小时乃至更久。士兵们抓着护栏呕吐不止，还有些人甚至直不起腰，吐到了自己的靴面上。很快，大多数艇里都弥漫起了柴油味、舰炮火药味以及呕吐物的气味。终于，凌晨4点，当东方露出鱼肚白时，登陆艇排成一列横队，向着4英里外在破晓前的黑暗中隐约可见的滩头冲去。H时——计划中登陆艇靠岸的时刻——是美军6点半，英军和加军7点半。这个时间差是必要的，因为英军和加军登陆的海岸坡度平缓，这意味着即便是涨潮，"金滩"、"朱诺滩"和"剑滩"的水深也要等到7点25分才能允许登陆艇靠岸。[18]

在太平洋上的塔拉瓦等地，美军已经了解到，短暂的舰炮炮击无论多么猛烈，都常常无法摧毁甚至只是损伤精心构筑的岸防设施。这一经验被用到了夸贾林和埃尼威托克，这两地的炮击不仅更久，协调得也更好。几个月后登陆硫黄岛和冲绳岛时，舰炮准备甚至长达数日。这种长时间的炮击在太平洋是可行的，因为一旦美军包围某个岛屿并切断其与后方的联系，日军便无法再增援此地。但法国海岸却不是这样，长时间的炮击只会把盟军登陆的准确地点告诉敌人。盟军只能把大部分希望寄托于突然性上，长时间的炮击于是被放弃了。一旦开始火力准备，那么流逝的每一个小时都会被德军用来集结部队发动反击，将登陆部队赶下大海。因此，盟军的计划人员决定，诺曼底登陆前的舰炮炮击和空中轰炸时间只有一个小时。

大部分时候都是皇家海军的军舰炮轰英军和加军的海滩，美国海军的军舰则攻击美军的滩头。"奥马哈滩"外的两艘法国巡洋舰上的官兵们心中则五味杂陈。法国"蒙卡尔姆号"（Montcalm）巡洋舰的舰长 E.J.H.L. 德普雷（Deprez）上校升起了一面巨大的三色旗，

1944年6月6日，在"犹他滩"外，"内华达号"用14英寸舰炮向岸上德军阵地开火。这艘"一战"中入役的"内华达"级战列舰首舰曾在珍珠港遇袭，修复后先后参加了太平洋和大西洋上的战役，在战争末期又回到太平洋战场

来源：维基百科

他高声自言自语道："不得不轰击自己的祖国，这真让人痛苦。"[19]

　　炮击时间虽短，弹药投送量却相当惊人。仅一艘美军"内华达号"战列舰就向"奥马哈滩"打出了337发14英寸炮弹以及2 693发5英寸炮弹。舰炮轰鸣之时，超过2 000架盟军轰炸机也飞来了。此时，大批希金斯登陆艇正冲向海滩，艇上的士兵们看着舰炮炮弹和航空炸弹的爆炸掀起的巨大烟团笼罩了海岸线，感谢上帝没让这些怒火落在自己头上。

　　浓云遮蔽了海滩——正在消散的风暴留下了这些浓云——严重妨碍了空袭效果。飞在云层之上的飞行员和投弹手们投弹的时候只能靠猜。由于担心过早投弹会覆盖己方的登陆舰艇，他们把大部分弹药都倾泻在了内陆过远处，把法国乡野炸得千疮百孔，却几乎没有伤及岸防工事。在海上，战列舰和巡洋舰一直打到首批希金斯登陆艇于 6 点 40 分冲上海滩前数秒钟为止，只比计划时间晚了 10 分钟。登陆艇的跳板放下，海军舵手们大声喊道："全体出艇！"士兵们就这样踉跄着冲进了杀戮战场。[20]

＊＊＊

在五个目标海滩中，"奥马哈滩"被证明最为凶险。其中一个原因便是地形。和萨莱诺的海滩一样，"奥马哈滩"像是一个浅浅的碗底，被海滩后方和两翼峭壁上的敌人三面俯瞰。而和萨莱诺不同的是，守军花了几个月时间把火炮安置到了坚固的碉堡中，有些碉堡是由 13 英寸甚至更厚的钢筋混凝土建成的，而且大多得到了巧妙的伪装。还有另一个因素。虽然战前盟军进行了密集的侦察，但他们还是不知道德军凑巧刚刚增派第 352 步兵师来到"奥马哈滩"驻训。

登陆的盟军大兵们被告知，舰炮炮击和空中轰炸会摧毁大部分敌人阵地，但事实证明并非如此，官兵们几乎立刻就被压制在海滩上，无处可躲。许多送他们上岸的希金斯登陆艇和坦克登陆艇在滩头损毁或被德军炮火摧毁，滩头上很快堆满了破损和燃烧的各种登陆艇。后续批次的舵手们遍寻一小片可靠岸的开阔海滩而不得。不到一个小时，情况就清楚了，对"奥马哈滩"的进攻陷于停滞。[21]

帮助盟军化险为夷的是英美军的几艘驱逐舰。按正式要求，这些驱逐舰在登陆中承担的主要任务是掩护登陆舰队免遭潜艇和 E 艇的袭扰，但到了这火烧眉毛的关头，它们从原来的岗位上被召来，去为滩头部队提供近距离炮火支援，就像在此前的杰拉湾和萨莱诺时一样。"得克萨斯号"战列舰上的卡尔顿·布赖恩特将军向附近的所有驱逐舰发出电报："弟兄们，靠上去！靠上去！他们在欺负上岸的弟兄，咱们不能再忍了。咱们必须制止他们。"²²

他们做到了。大部分驱逐舰来自美军哈里·桑德斯上校的第18驱逐舰中队，还有一些英国驱逐舰也加入了进来。在友军求援和参战热情的驱使下，他们加入了战斗。他们豪情万丈地冲向岸边，以至于有人担心它们会不会搁浅在缓坡海岸上。大部分驱逐舰在距离潮位线仅800码到1000码的地方占领阵位，其舰底距离海底仅有一两英寸。它们距离海岸是如此之近，以至于许多都吃了步枪子弹。尽管如此，在从9点钟到10点半的一个半小时里，它们都坚守在这里，向海滩后面的德军阵地打出数以千计的5英寸炮弹。虽说他们在进攻前接到命令，至少要留一半的弹药以应对紧急情况，但舰长们觉得现在就是紧急情况，因而几乎打光了所有弹药。美国海军"卡米克号"（USS Carmick）驱逐舰装有1 500发5英寸炮弹，在不到一个小时的时间里就打出了1 127发。黄铜弹壳在甲板上堆积如山，炮管打得通红，不得不用水龙带喷水降温以保证继续开火。²³

驱逐舰的舰长们起初不得不猜测哪里有合适的目标。烟尘导致的低能见度，德军的伪装，加之对岸联络不畅，炮手们不得不费力寻找"临机目标"。美军炮手们试图找到德军炮口的烟雾，但德军使用的无烟火药使得这种尝试归于徒劳。一个偶然的机会，"卡米克号"舰长罗伯特·比尔注意到，几辆被送上岸的坦克正朝着峭壁上的同一位置射击，他立马命令炮手们也向那里打。一顿5英寸炮弹砸过去之后，坦克转移了火力，"卡米克号"的火力也跟了过去。"很明显，"罗伯特·比尔在作战报告中总结道，"陆军是希望

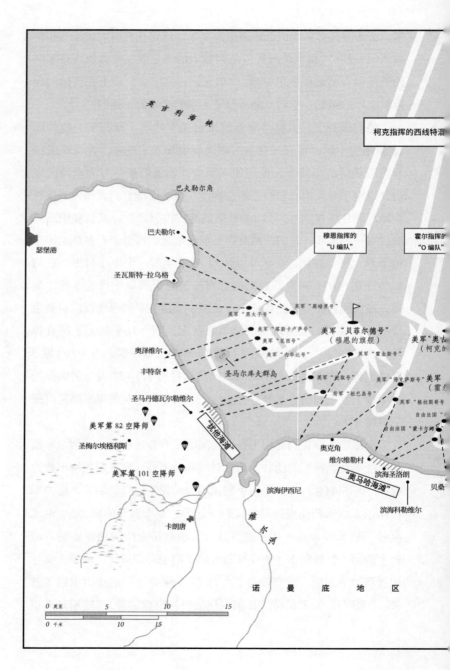

英吉利海峡

巴夫勒尔角

柯克指挥的西线特混

巴夫勒尔

瑟堡港

圣瓦斯特-拉乌格

穆恩指挥的
"U 编队"

霍尔指挥
"O 编队"

英军"黑暗界号"

英军"黑太子号"

美军"贝菲尔德号"
（穆恩的旗舰）

美军"奥古

奥泽维尔

美军"塔斯卡卢萨号"

美军"昆西号"

（柯克的

美军"内华达号"

美军"霍金斯号"

丰特奈

圣马尔库夫群岛

美军"得克萨斯号" 美军

美军"拾取号"

圣马丹德瓦尔勒维尔

荷军"松巴岛号"

美军"格拉斯哥号"

自由法国

美军第 82 空降师

自由法国"蒙卡尔姆号"

圣梅尔埃格利斯

奥克角

维尔维勒村

贝桑

美军第 101 空降师

滨海圣洛朗

"犹他海滩"

"奥马哈海滩"

滨海伊西尼

滨海科勒维尔

卡朗唐

维
尔
河

诺 曼 底 地 区

0 英里    5    10    15

0 千米    10    15

672    决战大洋

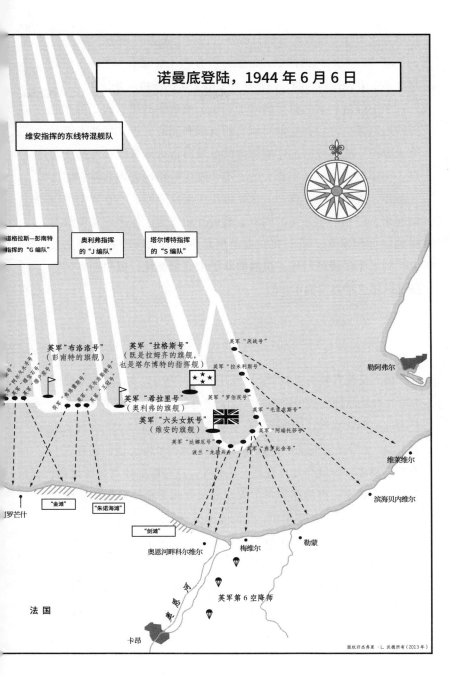

诺曼底登陆，1944 年 6 月 6 日

维安指挥的东线特混舰队

道格拉斯—彭南特指挥的"G 编队"

奥利弗指挥的"J 编队"

塔尔博特指挥的"S 编队"

英军"布洛洛号"
（彭南特的旗舰）

英军"拉格斯号"
（既是拉姆齐的旗舰，也是塔尔博特的指挥舰）

英军"厌战号"

英军"拉米利斯号"

勒阿弗尔

英军"希拉里号"
（奥利弗的旗舰）

英军"罗伯茨号"

英军"毛里求斯号"

英军"六头女妖号"
（维安的旗舰）

英军"阿瑞托莎号"

英军"达娜厄号"

波兰"龙骑兵号"

英军"弗罗比含号"

维莱维尔

滨海贝内维尔

"金滩"

"朱诺海滩"

罗芒什

"剑滩"

奥恩河畔科尔维尔

梅维尔

勒蒙

英军第 6 空降师

法 国

卡昂

用坦克火力让支援舰艇看到目标并进行火力覆盖。"虽然"海王行动"花了很长时间做计划，希望将所有意外情况纳入考虑，但此举并不是事先计划好的，而是现场参战人员的随机应变。[24]

中午前后，这些驱逐舰终于和岸上的观察员建立起了可靠的无线电联系。之后，它们对所有的直瞄和间瞄火力支援请求都是有求必应。战列舰和巡洋舰重炮的区域射击未能摧毁德军的火力点，而驱逐舰上口径不算大的 5 英寸舰炮的精确射击却将它们逐一敲掉，逐渐取得了成功。这使得被压制在海滩上的官兵们得以站起来，杀到沿岸悬崖的底下，然后开始攀爬。作战计划中没有提到该如何攀爬，但士兵们自己想尽各种办法一路打到悬崖顶上。到了下午晚些时候，虽然海滩仍未完全无忧，但很明显，登陆部队不会被赶下海了。[25]

\*\*\*

将人员及其装备送上岸，以及用舰炮火力予以支援，只是盟国海军在登陆欧洲之战中扮演的三大关键角色之二。还有第三件，就是为这些部队提供后勤保障。D 日当天，盟军将 132 450 名官兵送上了岸，数字看似惊人，但这显然不足以攻占欧洲。他们还有成千上万人要送——最终是几百万人。此外，这些舰船还要运送坦克、卡车、吉普车，当然还少不了人吃的粮食和车辆烧的燃油。别忘了，还有诺曼底的法国平民，他们大多无家可归，缺衣少食，他们也需要补给。简言之，在 D 日之后的数周时间里，盟军海运能力承受的压力并不亚于登陆之时。[26]

在最初几天里，盟军仍不得不用小型登陆艇或形似救生筏的"犀牛渡轮"将装备运上岸，因为海滩依然危险，不能拿稀少而宝

**1944 年 6 月 6 日，美军第 1 步兵师登陆奥马哈海滩**

来源：维基百科

贵的坦克登陆舰去冒险。6 月 6 日登陆当天，就有些坦克登陆舰在"犹他滩"直接靠岸了，到 6 月 10 日，"奥马哈滩"也被判为足够安全，可以让庞大的坦克登陆舰直接靠岸。这大大加快了军力的集结。坦克登陆舰们往来穿梭，在一个个登陆滩头靠岸卸货，再掉头跨越海峡回去装货。举一个例子，LST-543 号舰于 D 日当天在诺曼底滩头卸货，然后驶过海峡于次日晚回到南安普敦装货，接着又渡过海峡于 8 日再次到诺曼底卸货。该舰于 10 日、13 日和 15 日重复了这一过程。考虑到最大航速仅为 10 节，这意味着舰员们至少连续两个星期都在昼夜不停地装船、卸船或是在往返途中。这不是特例，有些坦克登陆舰在登陆后的几个星期里横越英吉利海峡达50次。与那些为安齐奥滩头运送补给的坦克登陆舰一样，舰员们只能在航行途中自己不值班时，才能躺到床上睡一会儿，他们太需要睡眠了。[27]

即便是坦克登陆舰也做不到长期供给海滩上一支在大陆上作战的几十万人大军。要做到这一点，盟军需要一个港口，他们想要的是瑟堡港，盟军首批进攻目标之一。6月29日，盟军拿下了瑟堡，然而冷酷无情的德国人高效地彻底摧毁了港口，要让港口恢复使用至少也要一个月。盟军预料到了这种情况。D日登陆后没几天，他们就开始在"奥马哈滩"和"金滩"外海用预制件组装起了两个巨大的人工港。

这些人工港（代号"桑葚"）部件的建造耗费了如此之多的资金、时间和资源，以至于它们在诺曼底登陆的传奇中占据了特殊的地位。传统的观点是，没有它们，盟军登陆便不可能成功；事实却并非如此。官方的卸载物资统计表显示，"桑葚"的到来并没能让送上岸的货物数量比其建成前三天仅有坦克登陆舰时多出来多少。除此之外，两座"桑葚"中的一座还在刚刚完工两天后就毁于海峡风暴，而幸存的那座"桑葚"的卸货效率也只是比坦克登陆舰略高一点而已。与在安齐奥一样，在诺曼底，也是坦克登陆舰保障了甚至可能是挽救了整场登陆战。[28]

面对这支空前庞大的盟军舰队，德军只有4艘驱逐舰、30艘E艇和9艘鱼雷艇。面对危局，他们启用了"单兵作战武器"，主要是人操鱼雷，与意大利在地中海成功运用的微型摩托艇相似。他们还使用了所谓的"Sprengboot"，一种装满炸药的遥控艇，可以用无线电信号引导其撞向目标。德军对这些特种武器寄予厚望，但它们却没有一种能证明特别有效，因此几天后就被放弃了。[29]

1944 年 6 月，英国和美国的坦克登陆舰在"奥马哈滩"卸载车辆和货物。由于缺乏能用的港口，加之风暴损毁了人工港（代号"桑葚"），坦克登陆舰便成了登陆成功的关键。空中的阻塞气球是为了防止敌机扫射海滩

来源：美国国家档案馆（照片编号：80-G-46817）

  邓尼茨也出动了他的潜艇。最新型的潜艇得到了显著的改进，包括加装"通气管"，实际上就是在指挥塔顶上加装一个管道，把新鲜空气引入潜艇，让潜艇能够在水下使用柴油机，性能大大提升。但即便如此，邓尼茨派到英吉利海峡攻击盟军船只的 30 艘"通气管"潜艇花了三个月却仅成功击沉了 21 艘船，这 30 艘潜艇还损失了 20 艘。邓尼茨也承认："这些行动对敌人的集结没有决定性影响。"然而就像是抓住最后一根稻草一样，他宣称这些潜艇"令人满意"，因为它们"阻碍了"盟军的行动。[30]

登陆一个月后的 7 月第一周，第 100 万名盟军士兵登陆法国；又过了两天，乔治·巴顿来到此地，接过了新组建的美国第三集团军的指挥权。7 月 25 日，盟军各集团军发动"眼镜蛇行动"，砸破了德军的包围圈，在法国乡间大踏步前进，直取巴黎。

两个星期后，盟军部队在法国南部海岸发动了"铁砧行动"*。为了确保诺曼底有足够的坦克登陆舰可用，这次行动被推迟了一个月。8 月 15 日，肯特·休伊特的特混舰队掩护卢西恩·特拉斯科特的美国第 6 军在法国里维埃拉登陆。1 300 架盟军飞机首先轰炸了戛纳与土伦之间的三个目标海滩——"阿尔法滩""德尔塔滩""骆驼滩"，接着是猛烈的舰炮轰击。早上 8 点，盟军登陆。这场登陆战被证明几乎平淡无奇，当地的轴心国军队大部分都是被强征来的波兰人和捷克斯洛伐克人，其中许多人巴不得盟军早点来解放他们。登陆之后，一个美国师沿着罗讷河谷北上，而一个法国师则沿着海岸向西挺进以解放马赛。10 天后，从诺曼底和布列塔尼半岛出发的盟军解放了巴黎，比原计划提前了 55 天。

***

欧洲的战事尚未结束。当年冬季在阿登地区还将有更加艰苦的战斗，但战事显然进入了新的阶段。在这个新阶段中，盟国海军扮演着两个主要角色：第一，担任至关重要的海上补给线的守卫；第二，为岸上的陆军提供应召火力支援。从 D 日登陆到巴黎解放之间的两个月里，英国皇家海军的军舰（包括老将"厌战号"战列舰）执行了超过 750 次对岸上目标的轰击任务，总计打出了 58 621 发

---

* 在真正实施之时，盟军将"铁砧行动"改名为"龙骑兵行动"。——译者注

舰炮炮弹。邓尼茨试图用潜艇和 E 艇来挑战盟军在英吉利海峡的控制权，但那些侥幸进入海峡的德军舰艇却发现自己疲于应对盟军的打击而根本无力进攻。[31]

9 月，英国皇家海军军舰协助地面部队攻占了勒阿弗尔港，不过与瑟堡一样，盟军在拿下了城市和港口之后发现那里也被德国人爆破摧毁了，无法使用。拉姆齐告诉艾森豪威尔，如果不能拿下安特卫普港，自己就无法保障陆军的补给了，于是艾森豪威尔要求蒙哥马利"拿下安特卫普及周边，这是当务之急"。然而，蒙哥马利正醉心于他快速渡过莱茵河的计划——"市场花园行动"——于是把攻占安特卫普的任务下放给了加拿大军队，命令他们"快速推进"。[32]

加军做到了。虽然邓尼茨命令要赶在盟军抵达前炸掉安特卫普的港口设施，但正如邓尼茨所言，加拿大人"来得太快了"。加军向东迅速前进，他们水陆并进，渡过了数条河流以及荷兰的斯海尔德河口。防御坚固的瓦尔赫伦岛是通向安特卫普的锁钥，拿下这里原本也需要进行两栖突击，但登陆艇在斯洛运河（Sloe Canal）的淤泥中寸步难行，因此，英国、加拿大和波兰士兵们不得不杀过一条狭窄的堤道。在付出了巨大的代价之后，盟军在 11 月拿下了瓦尔赫伦岛，为盟军船只打开了通往安特卫普港的航线，大大缓解了后勤难题。这些胜利不禁让人们开始期待，欧洲战事或许能够在圣诞节前结束。[33]

第 24 章

# 寻敌决战

诺曼底登陆固然重要，但它并不是 1944 年 6 月盟军唯一的登陆作战。就在盟军士兵踏上法国土地 9 天后，两个师的美国海军陆战队在 7 500 英里之外中太平洋马里亚纳群岛的塞班岛突击登陆。盟军能以 9 天的间隔在地球的两端发动两场登陆战，这一方面显示了战争的全球性，另一方面则凸显了盟国资源的深不可测。登陆塞班岛还引发了二战中规模最大的海战：马里亚纳海战*。

菲律宾海与其说是一片封闭的水域，倒不如说是人们给西太平洋的一块洋面贴上的标签。它的西界为菲律宾群岛，东界则是马里亚纳岛链，其间距离为 1 500 英里。在二十多年的时间里，美国人和日本人都认为，两国间未来爆发的任何战争，其结果都将取决于西太平洋某处的一场舰队决战，最有可能的地点就是菲律宾海。这种设想影响了双方战前的战略规划、兵棋推演以及年度海军演习。虽然已经打过中途岛战役，但双方仍认为真正的决战——决定战争胜负的那场决战——还没到来，而这场决战很可能就在菲律宾海。

马里亚纳群岛位于日本和新几内亚之间的中太平洋上，其 15

---

\* 西方常称其为菲律宾海海战。——译者注

个岛屿组成了一条南北延伸450英里的弧线。美军决定进攻这里是出于两个原因。一个原因是马里亚纳最大的岛屿关岛，这座岛在战前隶属于美国，在1941年12月成为第一块落入日军之手的美国领土。但另一个因素重要得多，美军的B-29"超级堡垒"远程轰炸机从马里亚纳起飞，能够直达日本本土列岛——甚至包括东京。15个岛屿中有3个岛屿大到足以建设军事基地，其中最北边——也最靠近日本——的岛屿是塞班岛。美军计划首先进攻这里，一旦塞班岛落入美军之手，"海蜂"就会来建设机场，让新型B-29轰炸机得以对日本发动战略轰炸，这种轰炸，盟军已经对德国打了近两年。[1]

　　马里亚纳群岛对于日本人也十分重要。对他们而言，这个群岛构成了其本土列岛前的最后地理屏障，也是可防守的最后阵地。一想到美军轰炸机能够肆意飞临日本各城市，危及天皇的性命，日本人就无法忍受。自从盟军绕过了拉包尔，日军的主要策略就是保存舰队。现在，美军突破内层防御圈的威胁已然到来，将舰队投入战斗的时候到了。古贺大将计划，一旦美军进攻马里亚纳群岛，舰队就要出击，"投入全力，与敌决战"。[2]

　　他再也没有这个机会了，3月的最后一天，古贺因飞机在台风中失事而丧生。他的继任者是长相毫无特点的丰田副武大将（历史学家约翰·普拉多斯觉得"他看上去更像一个列车长，而不像是海军战将"），他原先在海军中负责造舰事务，实际上完全没有指挥作战的经验。然而，日军策略仍然没变：如果美军进攻马里亚纳群岛，日军就会将舰队投入战斗。正如丰田副武所言："我们必须在一场决战中……向敌人大军的核心予以致命一击，毕其功于一役。"[3]

　　美国人也盼望着这场决战。随着时间的推移，这场期待已久的决战已经从日德兰式的战列舰群殴演变成了航母远距离作战，但和日本海军一样，决战的观念也已经深深植入美国海军的文化之中。随着太平洋战争进入关键阶段，双方都认定迟早会在菲律宾海爆发一场要么全赢、要么输光的决战。

***

在筹备"霸王行动"的同时，美军也在为登陆塞班岛（代号为"征粮者行动"）集结力量。从火力上看，塞班岛登陆舰队尤甚于诺曼底的舰队。雷蒙德·斯普鲁恩斯统一指挥整个进攻部队，包括"皮特"米彻尔那支强大的第58特混舰队，这支特混舰队现在拥有15艘航母、7艘战列舰、11艘巡洋舰和86艘驱逐舰。它将为登陆舰队提供掩护，登陆舰队拥有56艘突击运输船和84艘坦克登陆舰，搭载着127 571名陆军和陆战队士兵。当艾森豪威尔为了给诺曼底登陆多争取一两艘坦克登陆舰而掘地三尺的时候，太平洋方面却一次就投入了84艘坦克登陆舰，这强有力地证明"德国优先"原则已然名存实亡。[4]

登陆塞班岛所需的航渡距离比诺曼底远得多。"海王-霸王行动"的盟国登陆舰队只需要行驶50英里至100英里就能跨越英吉利海峡，而许多在珍珠港装船的运输船和登陆舰距离登陆滩头却有3 500英里之遥。在"海王-霸王行动"中，坦克登陆舰可以在最初登陆后的一连几个星期里几乎一刻不停地将援兵和补给往返运至滩头，它们也正是这么做的。与此相比，在塞班岛，美军必须横跨浩渺的太平洋，把所有的人员、装备、补给和弹药等一次性运过去。艾森豪威尔曾经警告马歇尔：在诺曼底，坦克登陆舰的缺乏意味着登陆部队可能会被困在滩头长达三天而得不到补给。而登陆塞班岛的部队将会在那里独力作战长达三个月之久，才会有成规模的援兵和补给到达，而且美军的计划就是如此。当然，日本人也一样不得不靠手头现有的资源来打仗，因为塞班岛肯定会被切断后援。

与登陆诺曼底的官兵们一样，即将登陆塞班岛的部队也必须先把货物搬上船。这项工作不仅费力，而且危险。5月17日，一个施工组正从珍珠港的LST-353号舰上卸载4.2英寸迫击炮弹药，这时一发炮弹爆炸了。爆炸引燃了附近的成桶的汽油，整艘舰随着一声雷鸣般的巨响变成了火球，还引爆了附近舰上的许多爆炸物。一位目击者回忆道："整辆的吉普车、军舰的部件、枪支、装备、弹片和金属碎片像雨点一样落入珍珠港西湾的水面上。"最终有168人遇难，6艘坦克登陆舰和3艘坦克登陆艇被彻底摧毁。此时距离在英吉利海峡的斯莱普顿沙滩损失3艘坦克登陆舰刚刚过去19天。为了弥补舰艇的损失，他们从麦克阿瑟的部队调来了8艘坦克登陆舰。毫无疑问，艾森豪威尔肯定希望自己也能这么容易地搞来坦克登陆舰。[5]

5月的最后三天里，塞班岛进攻部队陆续驶离珍珠港。航行途中，沉闷的氛围被一条并不怎么出乎意料的声明打断："请注意。对法国的进攻已经开始。最高司令部宣布登陆到目前为止一切顺利。播报完毕。"这则新闻引发了长时间的高声欢呼，而且毫无疑问激发了官兵们的士气，他们即将迎来属于自己的D日。[6]

为了应对迫在眉睫的威胁，日军舰队指挥官小泽治三郎拥有一支相当可观的打击力量；虽然最近损失连连，但日本海军仍是全世界第三强的海上力量。小泽计划率领4艘大型航母出击，其中包括崭新的"大凤号"，它两个月前刚刚服役，是唯一一艘配备了装甲飞行甲板的日军航母。此外他还有4艘小一些的航母，这8艘航母

小泽治三郎海军中将，时为日本海军第一机动舰队司令，1945 年他又成为最后一任联合舰队司令

来源：维基百科

总共能够搭载 473 架飞机参战。这些飞机中有许多都是全新的横须贺厂 D4Y 俯冲轰炸机，美国人称其为"朱迪"（Judy）；以及中岛 B6N 鱼雷机，美国人称其为"吉尔"（Jill）。从纸面上看，这支舰队比 1941 年 12 月偷袭珍珠港的舰队更加强大。

但另一方面，这些新型飞机大部分都是由新手驾驶的。1941 年时，日军的舰载机飞行员是全世界最优秀的，但从那以后大部分人都在战斗中非死即伤。美军会把最优秀的飞行员送回美国国内培养新飞行员，日军却不同，他们会让最优秀的飞行员留在前线，直至所剩无几。新来的飞行员，其中有很多还是青少年，虽求战心切，但缺乏经验。[7]

小泽也拥有一支强大水面舰队的指挥权，这支舰队的指挥官是前山本的参谋长宇垣缠，编入了日军的 2 艘超级战列舰——"大和号"和"武藏号"。早在 20 世纪 30 年代铺设龙骨时，日本人就将这两艘巨舰视为太平洋战争中的王牌而寄予厚望，然而直到此时，它们饥渴的大炮还没有在实战中开过一炮。现在，它们被设计要参加的决战终于要到来了。

除了飞行员缺乏训练，小泽面临的另一个问题是缺乏燃料。虽然日军在 1942 年的"光辉岁月"里成功地侵占了东南亚的油田，但到了 1944 年，燃料荒反而日甚一日。这大部分要归因于美军潜艇，它们重创了日本的油轮队伍，在 1944 年的头五个月里击沉了 21 艘油轮。出战之前，小泽军舰的油槽里加满了直接从油井里打出来、未经精炼的原油。这虽然也能让军舰开到想去的地方，但这种燃油不稳定，难以使用，而且容易损伤锅炉。这显示出日军的战争能力在 1944 年年中时已经到达了极限。[8]

小泽治三郎也的确手握一项优势，日本飞机由于缺乏装甲和自密封油箱，比美国同类飞机轻得多。这虽然令他们的飞机——连同驾驶飞机的飞行员——尤其脆弱，却也让它们获得了比美军飞机更远的航程。日机能从 300 英里之外起飞，攻击美国航母，降落在关岛装弹加油，然后在飞返母舰的途中再次轰炸美舰，而日军航母则全程待在美军飞机的作战范围之外。小泽还指望着关岛和塞班岛上陆基飞机的支援：联合舰队司令部向他保证，关岛的陆基飞机在决战开始前就能击沉 1/3 的美军航母。但美国人也考虑到了这一点，米彻尔的航空母舰对关岛上各机场实施了一系列毁灭性的登陆前空袭。小泽却对此一无所知，当他驶近塞班岛之时，他相信马里亚纳群岛上将有 450 架日机可以随时为自己助阵——事实上，当他抵达时，那里连 50 架飞机都没有。[9]

***

小泽的航母舰队于 6 月 13 日驶离了位于菲律宾南部塔威塔威岛的基地。美军潜艇已经发现了日军水面舰队在那里集结，小泽舰队刚刚出港，美军"红鳍鱼号"（USS Redfin）潜艇便将其离港的消息报给了斯普鲁恩斯。小泽的航母向北航行，穿过菲律宾群岛，于 6 月 15 日驶入了菲律宾海，在那里被另一艘美国潜艇"飞鱼号"（USS Flying Fish）发现了。仅仅一个小时后，有一艘美军潜艇"海马号"（USS Seahorse）报告，宇垣缠的水面舰队正在从南方开来。[10]

收到这些目击报告后，斯普鲁恩斯明白，日军已经朝他的位置派出了至少两支主力舰队。意识到日本人一直喜欢复杂的作战计划后，他想，这两支日军舰队中的一支——很可能是那支航母舰队——是否将用作诱饵以支开自己的主力作战舰队，以便从南边来的水面舰队溜到自己后方攻击运输船。两天后的 6 月 17 日，"马鲹号"（USS Cavalla）潜艇又发来一条目击报告：至少 15 艘大型舰艇正从西面驶来。15 艘，斯普鲁恩斯想知道，其余的在哪里？这是小泽舰队的一部分，还是宇垣缠的？事实上，两支日军舰队已经合兵一处，斯普鲁恩斯并未意识到这一点，还试图设身处地，揣测对手的意图。他对副官查尔斯·巴伯说，如果自己是小泽，就会试图"干掉运输舰"，这会让美军地面部队失去补给和后援。"我会分兵，"斯普鲁恩斯自言自语道，他会让航母支开美军战舰，"然后派一些快速战舰去处理运输船。"他确信自己的主要任务是保护滩头，于是让老式战列舰留在塞班岛附近执行火力支援任务，并命令米彻尔的航母和威利斯·李的快速战列舰前往塞班岛以西 180 英里处的截击阵位，还特地叮嘱米彻尔要"掩护好塞班岛和参加岛上战斗的我方部队"。[11]

这一安排的好处是，它把美军航母留在了能够支援海滩上那些压力巨大的海军陆战队的距离内。而其坏处，正如米彻尔担心的那样，那些命令实际上把他的航母拴在了塞班岛附近。作为美国最早的海军飞行员之一，米彻尔坚信航母是进攻性武器，他想要用航母去主动攻击逼近过来的日军舰队。在中途岛，米彻尔因为把他的舰载机大队派到了错误的方向而错过了参与歼灭敌人航母舰队的机会；现在他担心自己会错过第二次机会，这只是因为斯普鲁恩斯对航母战术——实际上是对航母主要设计目标的误解。赢得舰队决战胜利的机会就在他的手中，海军计划人员自从 20 世纪 20 年代以来就一直对此梦寐以求。因此他和他的航空兵军官们十分恼火，他们觉得自己被禁止完成命定的使命，仅仅是由于一个保守的战列舰将领缩手缩脚。[12]

另一个因素也影响了斯普鲁恩斯的决断：他和威利斯·李都不愿意与日军夜战。虽然美军雷达的进步大大削弱了日军早先在夜战中享有的优势，但斯普鲁恩斯仍叮嘱米彻尔，他的航母在白天可以向西行驶迎击小泽舰队，在夜晚必须掉头向东以确保敌人不会趁夜溜到他们身后。米彻尔对这些命令表示抗议，他用灯光信号请求斯普鲁恩斯再行斟酌。答复简短而生硬："执行我原来的命令。"[13]

6 月 19 日黎明前，小泽出动 43 架侦察机前去搜索美军。虽然数架侦察机被巡逻的"地狱猫"战斗机击落，但还是有一架飞机于早晨 7 点半发现并报告了米彻尔特混舰队的位置——塞班岛正西 160 英里处。小泽的航母距离对手太远，有 380 英里，飞机无法挂弹往返，但小泽既然相信他的飞机完成攻击后能到关岛降落，便仍然放飞了攻击机群。对于更重的美军飞机而言，这个距离无疑太过遥远

## 菲律宾海海战（又称"马里亚纳猎火鸡大赛"）
## 1944 年 6 月 19 日—21 日

美军潜艇"飞鱼号"发现小泽治三郎率部驶入菲律宾海，6 月 15 日

美军发动空袭，6 月 20 日

米彻尔指挥的美军第 58 特混舰队，包括 15 艘航母及其护航舰艇

日军轻型航母"飞鹰号"沉没

日军航母"翔鹤号"沉没

日军航母"大凤号"沉没

小泽治三郎舰队与宇垣缠舰队的会合海域

空战区域

宇垣缠指挥的日军水面舰艇部队，包括超级战列舰"大和号"和"武藏号"

美军潜艇"红鲈鱼号"发现小泽治三郎部驶离高塔威塔威岛，6 月 13 日

麦克阿瑟指挥盟军部队的推进情况

盟军收复比亚克岛，1944 年 5 月

盟军收复荷兰迪亚，1944 年 5 月

菲律宾群岛

吕宋岛

马尼拉

马里亚纳群岛

距塞班岛 200 英里

塞班岛

天宁岛

罗塔岛

关岛

宿务岛

菲律宾海

棉兰老岛

苏禄海

塔威塔威岛

婆罗洲

西里伯斯海
（苏拉威西海）

赤道

巴占岛

马鲁古海

西里伯斯岛
（苏拉威西岛）

布鲁岛

塞兰岛

班达海

哈马黑拉岛

斯考滕群岛

极乐鸟半岛

雅浦岛

贝里琉岛

帕劳群岛

太平洋

新几内亚岛

莱城

莫尔兹比港

版权归志奔里·L.沃德所有（2017 年）

了，因此米彻尔再次请示斯普鲁恩斯自己能否向西逼近敌人。斯普鲁恩斯用灯光信号回复道："改变目标似有不妥。"他还提醒米彻尔："其他快速敌舰迂回进攻的可能性仍然存在。"消息传到米彻尔的旗舰后，他的一名参谋军官把军帽扔在甲板上，又踩了几脚。[14]

6月19日早晨，天空碧蓝如洗，能见度极高。护航舰上的一名美军水兵回忆道，这是"人所能想到的最美好的一天"。（同日，在7 500英里外的英吉利海峡，一场猛烈的风暴摧毁了"奥马哈滩"和"金滩"的人工港。）上午快到10点时，美军雷达识别出一大群敌机正从西边飞来。米彻尔立即发出无线电呼叫"嘿！土佬！"召回了关岛上空的飞机，并命令140架战斗机升空迎敌。这些"地狱猫"式战斗机向西飞去迎击来袭敌机，而俯冲轰炸机和鱼雷机则飞到东边以腾出飞行甲板。"列克星敦号"航母上的约瑟夫·R.埃格特海军上尉负责协调所有航母上的战斗机引导官，他们的任务是用雷达引导飞行员们飞向来袭日机。"列克星敦号"上的一名飞行员亚历克斯·弗拉丘中尉觉得埃格特当天上午的声音格外兴奋。透过风挡玻璃向发现目标的方向看去，他看到"一大群至少有50架敌机"向自己飞来。那里实际上是69架。小泽没有一次性放飞全部舰载机，而是决定每隔一个小时放飞一批飞机。亚历克斯·弗拉丘用无线电向中队的战友们发出了代表发现敌人的通用呼号"Tally ho！"，然后扑向来袭敌机。[15]*

站在军舰上看空战，美军水兵们像是坐在前排佳座观看这场精彩绝伦的大戏。正常情况下，飞机在3万英尺以下飞行时不会出现凝结尾迹，然而一些特殊的气象条件却使得这些尾迹在6月19日

---

\* 美国和英国海军（空军也一样）的飞行员们用古老的猎狐用语"Tally ho！"作为发现敌人的呼号。将"嘿！土佬！"（Hey Rube！）用作召回呼号则是美国海军专用。这个呼号最初出现在1942年初第一艘"列克星敦号"上的巡逻战斗机飞行员为了追击逃敌而远离航母之时。为把这些飞机召回来继续执行主要任务，"列克星敦号"航母上的报务员（可能在马戏团工作过）使用了在马戏团和狂欢节用来召唤同伴帮忙的语言。自此之后，"嘿！土佬！"就成了召唤飞行员返回航母上空的通用表达。

1944 年 6 月 19 日马里亚纳海战期间，美军水兵们观望米彻尔第 58 特混舰队的飞机迎战来袭的日本轰炸机

来源：美国海军学会

这天格外清晰。在晴朗的蓝天下，白色的条纹拖在来袭的日军机群身后，而更多的白色条纹则紧跟着前往迎击的美军机群。这些白色凝结尾迹在距离美军第 58 特混舰队 50 英里之外的空中汇聚在一起，形成了炫目的曲线和圆环。一位目击者回忆道，这些尾迹"在湛蓝的天空映衬下形成了纵横交错的白色弧线"。[16]

美军的飞机数量是日军的两倍，飞行员也更有经验，当日军轰炸机和鱼雷机开始解体并坠海时，这一差距便体现了出来。一名美军飞行员回忆道："天空看上去充满了浓烟和飞机的碎片。"幸存的日机疯狂地冲向目标，"地狱猫"则一路追杀，直至它们闯入护航舰防空炮火的火网之中。之后"地狱猫"就会脱离，把这些漏网之鱼交给下面的炮手们去对付。"特文宁号"（USS Twining）驱逐舰的枪炮长回忆道："天空中到处都是飞机。"他的军舰和其他护航舰艇一道，用所有口径的速射火力全力射击，打出的"密不透风的弹雨"击落了更多日军轰炸机。在第一批 69 架日机中，仅有 1 架飞机冲到足够近的距离上，投下一枚炸弹命中了"南达科他号"战列舰。没有一架日机突破到航母上空。[17]

大部分战果都被美军飞行员们收入囊中。"埃塞克斯号"航空大队长戴维·麦坎贝尔中校本人就击落了 5 架日机，弗拉丘则击落了 6 架。当他穿过交战空域返航时，"黑烟仍未消散"，弗拉丘回忆自己当时看到"海面上燃烧的油污"一路延伸，"足足铺了 35 英里"。[18]

当天上午稍晚，又有一批规模更大的日军机群来袭，下午又来了两批。仅有区区几架日机能够突破成群的"地狱猫"式战斗机和高炮弹幕的拦截。一架日机把一枚炸弹成功地投到了"邦克山号"（USS Bunker Hill）航母的近旁，但航母并未遭受重创，仍能继续收放飞机。这漫长的一天结束后，日军损失了 358 架舰载机，连同其大部分机组成员，再算上美军在关岛上空击落的飞机，日军的飞机损失超过 400 架。美军的损失则是 33 架。不仅如此，尽管日军付出巨大代价，却没有一艘美舰遭到实质性的损伤。战斗是如此一边倒，以至于参军前喜欢打猎的奇基·内夫中尉在落回"列克星敦号"航母后，对他的中队长保罗·布伊说，"这简直像是猎火鸡一样"。布伊把这句话写在了作战报告上，一个字都没改。对于参战的飞行员而言，马里亚纳海战从此以后便成了他们口中的"马里亚纳猎火鸡"。[19]

在马里亚纳海战期间，美国海军王牌飞行员亚历克斯·弗拉丘中尉驾驶 F6F"地狱猫"共击落 7 架敌机，总数达到 19 架，当时是美国海军王牌飞行员的第一名，不过到 10 月就被麦坎贝尔反超

来源：维基百科

\*\*\*

　　米彻尔虽然对他飞行员的优异表现很高兴，但还是对于失去了追歼敌人的机会而深感失望。他还不知道，日军的航母舰队已经遭到了一记重击。当天早晨 8 点 10 分，在日军的空袭开始之前，J.W. 布兰查德中校指挥的"大青花鱼号"潜艇成功命中了崭新的"大

凤号"航母一枚鱼雷。*装甲厚重的"大凤号"对此简直不屑一顾，都没怎么减速，仍在继续放飞舰载机。然而，在"大凤号"舰体深处，汽油蒸气却开始透过被震裂的航空燃油箱在整个航母内部弥漫开来。与此同时，另一艘美国潜艇"马鲹号"的艇长赫尔曼·科斯勒也在潜望镜里看到了参加过珍珠港之战的日军老将"翔鹤号"航母，他在短短1 200码距离外呈扇面齐射了6枚鱼雷。其中3枚命中了目标，并在机库甲板上一众加满油的鱼雷机中引发了一系列殉爆。下午1点半，大火已无法控制，舰长松原博大佐下令弃舰。"翔鹤号"舰首向下，舰尾高高抬起到几乎垂直，就这样沉入大海，超过1 200人与舰偕沉。仅仅半小时后，"大凤号"先前被击中时泄漏的燃油蒸气引发了大爆炸，这艘航母也很快沉入海底。将"大凤号"用作旗舰的小泽只得转移到"羽黑号"重巡洋舰上。小泽还没有遭到任何空袭，就丢掉了自己最大、最强有力的两艘航母。[20]

然而，米彻尔仍然因为被束缚在塞班岛（他是这么认为的）而深感沮丧。6月20日，日军全面撤退，斯普鲁恩斯终于斩断了束缚米彻尔的"绳索"，放米彻尔前去寻歼敌人。但这场追击比米彻尔预想的久得多。由于刮东风，米彻尔在19日的空战中不得不频繁转向东航行收放飞机，因而远离了敌人；结果，当他掉头追击敌人时，他的舰队已经比战斗开始时的位置向东移动100多英里了。多出来的这段距离耗费了4个小时才追回来，直到太阳偏西，他才从他的一架侦察机那里收到了确切的侦察报告。飞行员报告称，敌人航母距离275英里——对美军轰炸机来说有点太远了。该怎么

---

\* 其实，要不是兵曹长小松幸男的举动，"大凤号"航母很可能会再挨一枚鱼雷。从"大凤号"上起飞后，他看到一枚鱼雷的航迹直奔其母舰而去。他随即掉转方向，撞向鱼雷，将其提前引爆。

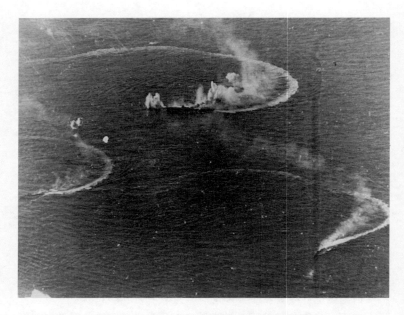

1944 年 6 月 20 日傍晚，在马里亚纳海战中，日本航空母舰"瑞鹤号"（中）和驱逐舰"秋月号""若月号"受到美国海军舰载机的攻击，正在进行规避机动

来源：维基百科

办？米彻尔盘算着，如果他的航母在飞机前去进攻时全速西进，那么攻击机群的返程就会短得多，大部分飞机就能安全返航。正如米彻尔在作战报告中所写，他觉得这可能是将日本海军的攻击力量"一网打尽"的最后机会。他仅仅犹豫了大约 10 分钟，就决定出击。第一批飞机升空之后，那架侦察机的飞行员又发回了一份经过纠正的报告，显示日军航母的位置比先前报告的更远——超过 330 英里。米彻尔没有召回攻击机群，但也没有再放飞第二批飞机。[21]

黄昏时分，216 架美军飞机追上了日军舰队。在越来越暗的天色下，一部分还是靠着日军高射炮闪光的指引，美机发动了进攻，轻松击退了小泽所剩无几的战斗机。他们击沉了日军小型航母"飞鹰号",击伤了"瑞鹤号"航母以及数艘其他军舰。幸存的几艘日军航母向本土列岛溃逃而去,飞机则已损失殆尽。

然而,美军飞行员们还要返回母舰,他们已经飞了这么远,这也就成了个难题。他们集合到一起向东飞去,在7 000英尺高度飞行(这是最省油的高度),眼看着油量表上的指针越来越低。首先耗尽燃油的是鱼雷攻击机。飞行员们用短程无线电报告了自己的处境,例行报出了各自的呼号,然后一架接着一架迫降在了海面上,直至所有鱼雷机全部落下去为止。大约半个小时后,俯冲轰炸机也耗尽了燃油,它们的螺旋桨开始安静地"风车转",引擎也熄了火,它们同样降落在了海面上。[22]

米彻尔在"列克星敦号"舰桥侧面的露台上等着,他一支接一支地抽着烟,随着天光的变暗时不时摸摸下巴。他在下令出击时就知道飞行员返航时会有困难,许多人根本不可能回得来。就算回来了,他们也没有足够的燃料来寻找那些按惯例在夜间进行灯火管制的航母。意识到了这一点之后,当第一批返航的飞机出现在雷达屏幕上时,他就通过舰对舰无线对讲系统发出了消息:"'白头鹰',这里是'蓝夹克'本人。开灯。"接着,除了航行灯,每一艘航母及护航的巡洋舰都把舰上巨大的30英寸聚光灯笔直地照向夜空,当作灯塔为返航的飞行员提供引导。如果附近有日军潜艇的话,那这简直就是在宣布,"我们在这里"。[23]

米彻尔开灯的决定——当时和后来都广受飞行员们感激——既不是心血来潮,也有先例可循。在中途岛战役中,斯普鲁恩斯也为了回收最后阶段返航的飞机而下令开灯。即便如此,米彻尔的决定在后来的年月里还是一直被反复提及。米彻尔还放出话,飞行员们不必寻找自己的航母,可以在最近的任何一艘航母着舰。有些飞机

1944年6月20日，"皮特"马克·米彻尔手里夹着香烟，在"列克星敦号"舰桥侧面的露天平台上等候着前去攻击小泽航母的飞行员们返航

来源：美国国家档案馆（照片编号：80-G-236867）

降落时燃油已经耗尽，无法向前滑行，不得不被人力推出跑道，以为下一架飞机腾出甲板。许多飞机完全无法降落，只能在航母的视距范围内迫降入水。这些飞机，还有那些被迫在远得多的地方迫降的飞机的飞行员只得给自己小小的救生筏充上气，等待救援。有些救生筏还凑到了一起。第二天，美军驱逐舰循着空袭的航线，在因燃油耗尽而迫降的177人中救回了143人。[24]

马里亚纳海战（或曰"马里亚纳猎火鸡"）中，美军赢得了压倒性的胜利。即便它没有完全按照美军计划人员20世纪30年代在海军学院兵棋推演中设想的方式来进行，但其决定性却毋庸置疑。

日本人损失了 3 艘航母，包括最新和最大的那艘，* 以及超过 400 架飞机。美军未损失任何舰艇，飞机损失也只有 100 架多一点，大部分还是在攻击日本航母后漫长的返程中损失的。更重要的是，日军还损失了数百位飞行员，而美军仅损失了 20 人。没有了飞机和训练有素飞行员的日军航母再也无法对美军的制海权构成威胁。日本人深知此战的灾难性程度。正如宇垣缠在日记中所写："对于这场决战，我们赌上了这么多，但其结果却令人悲痛欲绝。"[25]

即便如此，米彻尔还是不高兴。残存的日本航母逃走了，这让他深感沮丧，他始终没有彻底原谅斯普鲁恩斯，因为后者没有允许他在 6 月 19 日就发动进攻，特别是在已经确定没有另一支日军舰队想要"迂回进攻"之后。即便是极为欣赏斯普鲁恩斯的尼米兹，也对本该发生却未发生的事情表示了遗憾。他在 6 月的作战总结中写道，"或许可以认为"如果斯普鲁恩斯能让米彻尔的舰队冲向敌军，"双方就会打一场决定性的海空战，日军舰队会被消灭，战争的结束也会提前"。这种观点给后续的战事留下了长长的影响。[26]

***

在塞班岛上，双方激战正酣。美国海军陆战队第 2 师和第 4 师于 6 月 15 日登陆，随着美军向内陆推进时遇到顽强抵抗，陆军第 27 师也很快加入了战斗。和太平洋的其他岛屿一样，日本守军宁

---

\* 日本海军在二战期间建造的最大航母"信浓号"当时仍未下水，此前最大的"赤城号"和"加贺号"则已于中途岛海战沉没，故排水量 29 300 吨的"大凤号"是当时日本最大的航母。——编者注

愿自杀也不投降。7月6日，驻塞班岛的中太平洋舰队司令，曾经率领"机动部队"进攻珍珠港和中途岛的南云忠一海军中将举枪自尽。4天后，守岛日军指挥官斋藤义次陆军中将用日本的传统方式剖腹自杀，副官在他剖腹之后尽职地对着他的脑袋补了枪。由于将领们的示范，抑或是出于冲动，这种狂热也蔓延到了日本平民身上。日军指挥官们曾告诉这些平民，他们一旦被俘就会被美军折磨至死，结果，那些在战斗中躲进了山洞的平民，美军再怎么请求也不肯出来，反而引爆手雷自杀。数百名惊恐的美军士兵目睹了最大的一场悲剧，岛屿最北端马尔皮角800英尺高的悬崖顶上发生了大规模的集体自杀。随着美军的逼近，他们退到了海边，举家自杀，要么引爆手榴弹自尽，要么跳崖而死。父亲们把孩子扔下悬崖，看着妻子跳崖，接着自己也纵身跃下。如此惨剧固然令人震惊，却也是日本当局长期以来强行灌输军国主义狂热的必然结果。[27]

东条英机也成了这场战役的牺牲品。他本已饱受批评者的攻击，此次未能守住塞班岛让他彻底失去了权威，被迫于7月18日下台，由另一名陆军大将小矶国昭取而代之。岛田繁太郎海军大将也失去了海军大臣的职位，由米内光政接替，此人曾任日本首相，在1940年时曾反对签订《德意日三国同盟条约》。至少在表面上，新内阁的重心仍是努力把战争打下去，但是私下里，一些新内阁大臣已经开始寻找退出战争的途径了。小矶国昭醉心于幻想日本仍有可能与英美私下媾和，他想过派遣和谈使团前往像瑞典或瑞士这样的中立国家，但他最终还是决定，若能等到打赢一场战役后再安排此事，日本将会得到更有利的和平条件。[28]

1944年6月可谓是整场二战中最具决定性的一个月。无论是在菲律宾海还是诺曼底海岸，盟军都打破了敌人的核心防线，轴心国再也无法完全恢复战线了。海军和海运方面的压倒性物质优势，使得盟军可以几乎同时发动这两场大规模攻势。两年前在北非和瓜岛，盟军突破了轴心国的外围防线。而到了此时，1944 年 6 月，轴心国的家门已经被踢开了。

\*\*\*

7 月 26 日，也就是美军舰载机飞行员们在菲律宾海消灭了日本海军航空兵的 37 天后，美军"巴尔的摩号"（USS Baltimore）重巡洋舰绕过夏威夷瓦胡岛威基基海滩旁的钻石头火山，驶过檀香山市旁的海面，开进了珍珠港入口水道。罗斯福总统就坐在这艘舰上，这原本应该是严格保密的，但消息还是不胫而走。这座巨大军港内所有的美军舰艇都升起了巨幅旗帜，水兵们在栏杆旁列队，向他们的总司令欢呼致敬。能让国家元首进行这样的远航，这本身就彰显了美国对东太平洋的完全掌控。

罗斯福这趟 5 000 英里之旅有几个目的。表面上看，他是要会见他在太平洋上的两位战区指挥官，道格拉斯·麦克阿瑟和切斯特·尼米兹，以确定太平洋上的下一步进攻方向。然而还有一个原因：罗斯福很享受离开白宫的日子，坐在海军军舰上出海远航尤其能让他放松。早在 1935 年他的第一届总统任期内，他就乘坐"休斯敦号"重巡洋舰进行了一趟与此次相同的旅程，不过现在"休斯敦号"已经长眠于巽他海峡的海底了。此行的第三个原因是，罗斯福深知，让公众看到自己与取得辉煌胜利的太平洋战场指挥官们在一起，会有何种政治价值。出行途中，他被自己所在政党提名参选第四个总统任期，他敏锐地意识到，自己在珍珠港的军舰上与尼米兹和麦克阿瑟共商大事的照片将对选战大有裨益。然而，麦克阿瑟却不喜欢这整场活动。实际上他起初完全不想来，说这场活动

1944 年 7 月 26 日，在珍珠港里"巴尔的摩号"巡洋舰的甲板上，面带笑容的罗斯福坐在他两位板着脸的战区指挥官中间，道格拉斯·麦克阿瑟（左）和切斯特·尼米兹（右）

来源：美国海军历史与遗产司令部

是"旅游拍照"，最后被下了命令才前来参会。[29]

　　会谈的议题聚焦于太平洋战略。既然已经突破了日本内层防御圈，美军便占据了有利位置，可以阻断日本从东南亚获取战争所需资源。这一点只要拿下台湾岛或者菲律宾群岛就能实现。海军作战部长欧内斯特·金强烈支持攻打台湾岛。虽然台湾是个大岛，但毕竟只是一个岛，金认为这里比由 7 000 多个岛屿组成的菲律宾群岛更容易拿下。而且，美军可以依托台湾岛，更加方便地支援亚洲大陆上的中国军队。尼米兹尽责地维护海军的立场，他提出，应当绕过菲律宾群岛并切断其补给线，就像拉包尔和特鲁克那样。

　　然而，麦克阿瑟却认为尼米兹的建议不仅不明智，而且不道德。麦克阿瑟坚持认为解放菲律宾是"重大的国家责任"。全世界都知道麦克阿瑟曾于1942年发誓一定要打回菲律宾，现在他警告说，如果美国不能兑现诺言，亚洲人民就再也不会相信美国说的话了。此外，他还提醒总统，菲律宾的战俘营里还关着3 700名美军战俘，他暗示这些人将永远记得自己被祖国"绕过"了。罗斯福觉得这样的论调无法反驳，他知道"解放"一词的政治意义。但他还是把最终决定权留给了参谋长联席会议。参谋长联席会议投票决定进攻菲律宾，随即起草进攻命令，预定进攻日期是1944年12月20日。[30]

　　美军面临着一个复杂因素，他们进攻菲律宾的计划需要尼米兹和麦克阿瑟齐心协力，但这样一来他们的指挥结构就会出问题。麦克阿瑟将全权指挥此次进攻，包括掌控托马斯·金凯德海军中将的第七舰队。然而，第三舰队到底要扮演何种角色，尚不清楚。

　　第三舰队其实就是改了名字的第五舰队。攻占马里亚纳群岛之后，斯普鲁恩斯及其参谋团队返回珍珠港去制订新一轮作战计划，而哈尔西及其幕僚班子则接掌"大蓝舰队"，准备进行菲律宾战役。调整之后，斯普鲁恩斯的第五舰队便改成了哈尔西的第三舰队。哈尔西将这一调整形容为驿站马车，只不过把换马不换车夫改成了车夫轮换，马儿则一直在跑。但也不是所有高级将领都要轮换，"皮特"米彻尔继续指挥他的快速航母特混舰队，只不过把第58特混舰队更名为第38特混舰队而已。[31]

　　换车夫没有影响到第七舰队。金凯德指挥的这支舰队常被称为"麦克阿瑟的海军"，编有美国和澳大利亚两国的军舰，当然，美国军舰占绝大多数。时间回到1943年3月，麦克阿瑟表达了对时任第七舰队司令的阿瑟·S.卡朋德少将的不满，于是金指派金凯德接替他。这还引起了一些小麻烦，因为按约定，澳大利亚政府对于美澳联合海军部队的指挥官人选是有发言权的。金少见地后退了一步，他告诉澳大利亚总理约翰·柯廷，对金凯德的任命仅仅是提名，还需要柯廷批准。柯廷也知趣地同意金凯德上任。这件事凸显了一个事实——金凯德的政治处境微妙：他要对华盛顿的金、布里斯班的麦克阿瑟，以及堪培拉的柯廷负责，却处于尼米兹和哈尔西所在的指挥体系之外。[32]

他的第七舰队大部分都是两栖舰艇和运输船，其中还有很多是专门为了登陆菲律宾而从第三／第五舰队那里借来的此类舰船。金凯德还有 6 艘老式战列舰——其中 5 艘都是珍珠港之战的幸存者——它们由杰西·奥尔登多夫海军少将指挥。* 鉴于其航速很慢，它们在登陆中的任务是舰炮火力支援。金凯德没有大型舰队航母，但是有 18 艘"吉普航母"以为滩头提供空中支援。这些"婴儿平顶"看上去和它们大个头的兄弟很像，都有一块长方形飞行甲板，舯部有一座舰岛，只不过它们要小得多（8 000~10 000 吨），很慢（只有 18 节），而且完全没有装甲——正如一名水兵所说，它的钢板厚度"只够挡住水"。武器方面，它们只有 1 门 5 英寸尾炮，几乎就是设计完后随便加装的。每艘舰可以搭载二三十架飞机，大部分都是改进型"复仇者"轰炸机和 FM-2 "野猫"式战斗机，后者是 F4F 战斗机的升级版本。它们的设计目标是保护船队或者掩护滩头，而不是用来打海战的。[33]

有一个问题是，金凯德和哈尔西所属的指挥链无法融合。金凯

---

\* 严格说来，直接指挥这 6 艘战列舰的是乔治·L.韦勒海军少将，而坐镇"路易斯维尔号"巡洋舰的杰西·奥尔登多夫少将则统管全部水面作战舰艇。

德听令于麦克阿瑟，麦克阿瑟听令于马歇尔，马歇尔听令于战争部长，而战争部长则听令于美国总统；哈尔西听令于尼米兹，尼米兹听令于金，金听令于海军部长，而海军部长也听令于美国总统。虽然需要两支舰队密切配合，但华盛顿以下没有人能同时指挥这两支舰队。此外，为了确保尼米兹无法篡夺自己的指挥权，麦克阿瑟禁止金凯德直接联系尼米兹，而且两支舰队之间——哈尔西和金凯德之间的通信必须经由阿德默勒尔蒂群岛中马努斯岛的通信中心。此举让麦克阿瑟及其幕僚班子能够随时掌握情况，却也让两个舰队之间传递消息的时间延长了两个小时。事实证明，这不仅是麻烦，而且几乎是灾难性的。[34]

还有一个情况，哈尔西坚持认为斯普鲁恩斯在马里亚纳海战中命令米彻尔的航母部队待在滩头附近是错误的。虽然哈尔西和斯普鲁恩斯两人是挚友，但哈尔西却坚信斯普鲁恩斯错过了一个历史性机遇。为确保这种情况不会重演，哈尔西说服尼米兹修改了菲律宾战役的命令，将歼灭敌人舰队主力作为首要目标。命令中的这句话很关键："一旦出现或能够创造消灭敌舰队大部的机会，歼敌则成为首要任务。"认为马里亚纳海战中错失良机的观点，不可抗拒的决战诱惑（决战理念本身就是此前二十年战争计划和兵棋推演的遗留物），都在哈尔西带入这场战役的想法和命令中留下了深深的烙印。[35]

\*\*\*

日军也在制订作战计划。虽然他们的海军航空力量在菲律宾海几乎被全歼，但日军仍拥有一支强大的水面作战舰队，包括超级战列舰"大和号"和"武藏号"以及另外 6 艘战列舰，十几艘重巡洋舰，以及配备有令人谈之色变的"长矛"鱼雷的强大驱逐舰部队。

有两个突出的缺陷制约了这支水面舰队的战斗力。一是缺乏空中掩护。自从"威尔士亲王号"战列舰在太平洋战争的第一个月被击沉后，事情就很明显了：若没有空中掩护，即便是最强大的战列舰也无法在敌方协调一致的空袭下幸存。在 1944 年秋，日军已经失去了空中掩护的能力。日军的陆基航空兵在 1944 年上半年美军的反复空袭中所剩无几，舰载航空兵也在菲律宾海被一扫而空。在参与偷袭珍珠港的 6 艘航母中，此时仅剩"瑞鹤号"还未沉没。日本人倾尽全力重建其航母舰队，在 4 月完工并交付了崭新的"大凤号"航母，结果却在仅仅两个月后的 6 月就被击沉了。日本人还付出了相同的努力，把原来的第三艘超级战列舰"信浓号"改造成航母，这一改造工程在中途岛战役后就开始了。整个 1944 年里，日本船厂的工人们疯狂赶工，想要让"信浓号"赶上菲律宾战役；然而，即便他们成功做到这一点，日本也没有足够的飞机和受过训练的飞行员来让它——其他任何航母也一样——成为合格的战争利器。日本人也大大增加了飞机产量，只是依然赶不上损失的速度。[36]

另一个难题是燃料。与意大利人一样，日本人缺乏军舰出海、飞机升空所需的燃油。受训飞行员的缺乏不仅仅是因为在战场上损失惨重，还因为他们没有足够的航空燃油来保证飞行学员的飞行时数，进而无法成为熟手。到了 1944 年下半年，日本唯一可以得到原油的地方是 1942 年占领的苏门答腊岛油田。正因为如此，此时仍算强大的日军水面舰队主力就集结在苏门答腊北岸，巨港旁的林加锚地，由老练而可靠的栗田健男指挥。这支舰队将成为日军计划中在菲律宾迎击来袭美军的中坚力量。[37]

这套计划被命名为"捷一号作战"，它与马里亚纳海战中斯普鲁恩斯对日军企图的猜测几乎完全不谋而合。一支来自北方的诱饵舰队将会争取将美军作战舰队主力诱离登陆滩头，栗田的水面作战舰队则会趁机溜到敌人后方，歼灭敌登陆舰队。充当诱饵的是小泽的航母舰队——或者说是其残部。小泽舰队只是不到三年前曾经袭击珍珠港的那支强大"机动部队"的残影，拥有"瑞鹤号"和3艘小航母（"瑞凤号"、"千岁号"和"千代田号"），以及2艘可以被称为"混合型战列舰"*的怪异军舰：对战列舰进行改造，在其舰尾加装一块临时飞行甲板。这块短飞行甲板能让这种改造战列舰放飞飞机，却无法回收它们。这种战舰的出现，本身就再次证明航母已经取代战列舰成了海战中的主角。理论上说，这支后来美国人所称的"北路舰队"拥有6艘航空母舰，但是这些航母上可用的飞机加起来才将将100架；那两艘"混合型战列舰"则干脆一架飞机也没有。小泽舰队无论在何种情况下，只要遭遇米彻尔的第38特混舰队——哪怕只是其一部分——都会陷入毫无希望的劣势，还很可能被全歼。然而小泽接到的任务并非硬拼，而是要吸引美军的注意力，引诱他们北上，小泽毅然决然地接受了这一任务。[38]

一旦小泽成功完成诱饵的使命，那么由停在林加水道的战列舰和巡洋舰组成的栗田的水面作战舰队就会向美军打出重拳。被美军称为"中路舰队"的栗田舰队完全没有航母，却拥有超级战列舰"大和号""武藏号"以及其他5艘战列舰，外加10艘重巡洋舰。无论怎么看，这都是一支实力强大，甚至令人生畏的作战舰队。小

---

* 两艘战列舰分别为"伊势号"和"日向号"，原为1917—1918年建成的"伊势"级战列舰，中途岛战役后由于航母不足而投入改造，因工期和资金所限只将舰尾部分改作航母之用，日军称之为"航空战列舰"。——编者注

泽诱走美军航母后，栗田就会穿过菲律宾群岛，直扑美军登陆舰队。栗田接到的具体命令是"穿过圣贝纳迪诺海峡前进，歼灭敌登陆舰队"。[39]

日军预计美军的进攻目标要么是棉兰老，菲律宾南部的大岛，日军在岛上的达沃建有军港；要么是吕宋，菲律宾最大也是最北边的岛屿，首都马尼拉就在这里。然而，美军却选择了莱特岛，这是两座大岛之间的 6 个中等岛屿之一。莱特岛的东部海岸既有非常适合登陆的海滩，也有适合新建机场的平原，海岸外还在北面萨马岛和南面迪纳加特岛的保护下形成了巨大的锚地。登陆滩头外的这片水域被称为莱特湾。

***

虽然栗田舰队是整场行动的关键，但栗田本人却搞不清自己能从莱特湾里的美军身上捞到些什么。命令要求他"快速冲过去，赶在敌人运输船**卸载部队之前**将其击沉在海上"。但他很明白，等到他从林加水道出发，航行 1 600 英里抵达登陆滩头时，美军的运输船和补给船肯定已经卸完了部队和货物，留给他去击沉的恐怕只剩下空船了。这一任务与日本人的武士道传统相悖。对于日本人而言，此前二十多年关于决战的反复计划让他们认定，消灭敌人的作战舰艇才是海军的真正目标，当然美国人也是一样。栗田健男的参谋长小柳富次表达了栗田的执念："以强大水面舰队为代价去击沉卸空的运输船是愚蠢的。"在栗田看来，"最优先的任务应该是攻击敌航母打击舰队"。持此观点的绝非他一人。事实上，几乎所有日本海军军官都相信，击沉美军的作战舰艇才是海战的终极目标，就像美国海军将领们也在寻求攻击日本军舰一样。[40]

鉴于此，丰田要求栗田集中攻击美军运输舰船的命令不仅值得注意，也令人好奇。一个可能的解释是塞班岛的陷落引发的东京政治变局。东条英机于 7 月 18 日辞职，米内光政海军大将复出担任海军大臣，这意味着日本政府眼见无法取胜，已经开始寻求其他的出路了。丰田本人也曾坚决反对对美开战，现在看来他的直觉是正确的，完全胜利的可能性即便曾经有过，现在也已不复存在。当然，东京方面不可能有人公开承认这一点，但米内和丰田可能希望把战争拖下去，为找到体面而不用投降的退出方案争取时间。击沉美军运输船队无助于日本打赢战争，但很有可能会拖延美军的进攻，削弱美国的决心，为日本领导层寻求某种解决方案争取时间。如果这就是隐藏在丰田命令背后的真实目的，那么他并没有以此向自己的作战指挥官解释；而且不论是何种情况，这一策略都违背了日本海军对决战理念的狂热投入。在攻击航母编队时牺牲生命是光荣的，但如果只是为了击沉空运输船而死，无论其政治目的何在，那都不仅不光彩，而且是卑鄙的。

8 月 10 日，丰田的参谋长神重德大佐与栗田的参谋长小柳富次在马尼拉见面，商讨"捷号作战"的细节。会上，小柳直接问神重德，如果遇到攻击美军战舰，尤其是航母的机会，栗田舰队该怎么做。神重德的答复与尼米兹对哈尔西说的话惊人地一致：如果机会真的出现，栗田应将美军航母作为主要目标。10 天后的日军第 87 号行动命令确认了这一思路：日军舰艇攻击目标的优先顺序依次为航母，战列舰，运兵船。海上决战的诱惑对于日本和美国海军——以及对于栗田和哈尔西——都是无法抗拒的。对这两人而言，这都意味着要击沉对方的航母。二人很快就会得到实现这一愿望的机会。[41]

# 第 25 章

# 决战莱特湾

1944 年 8 月 24 日，哈尔西接掌"大蓝舰队"，并在新建成的快速战列舰"新泽西号"上升起了自己的将旗。一个星期后，"新泽西号"从珍珠港出发驶向西太平洋，在那里，它将随同米彻尔的航空母舰向日军基地发动一系列空袭。此时，美军舰队已经能够在西太平洋畅行无阻。米彻尔的特混舰队拥有 17 艘航母，搭载了超过 1 000 架飞机，还有一支勤务船队保障其作战，包括补给舰、修理舰，甚至还有浮船坞。燃油完全不是问题，因为美国是世界上首屈一指的原油生产国。民用油轮将成品油从美国西海岸运至夏威夷 900 万桶容量的油库里，海军油轮再从这里把它们运至加罗林群岛乌利西环礁的油轮集中地，这里位于马里亚纳群岛和菲律宾的中间，是美军建在西太平洋的一座巨大的海上加油站。[1]

在 9 月的舰载机空袭中，升空迎击美军的日军飞机比哈尔西和米彻尔预料的都要少。眼见日军抵抗微弱，哈尔西向尼米兹建议，进攻菲律宾的日期可以从 12 月提前到 10 月。尼米兹将此提议呈递给了此时正在加拿大魁北克开会的英美联合参谋部，在征得麦克阿瑟同意之后，登陆菲律宾的日期便从 12 月 20 日提前到了 10 月 20 日。

尼米兹在批准加快时间表的同时，却并不愿意取消另一个已经箭在弦上的行动：攻占位于菲律宾以东600英里处帕劳群岛中的贝里琉岛。美军参谋长联席会议本来认为必须拿下这座岛屿，以免那里的日军飞机袭击菲律宾登陆舰队。事实上，贝里琉岛的日军航空力量过于弱小，无法对金凯德和哈尔西构成任何实质性威胁，但既然陆战1师已经出海开往贝里琉，尼米兹也就让他们继续行动了。这是他在战争中所犯的为数不多的错误之一。

9月15日，陆战队员们登上了贝里琉的海滩。尽管登陆困难而且伤亡惨重，陆战队员们还是向腹地推进，三天内就拿下了那座至关重要的机场。然而，这还只是噩梦的开始。从地质上说，贝里琉岛大部分都是连绵的石灰岩山岭，其中密布着山洞和隧道，空中轰炸和舰炮轰击都对其无可奈何。1万名日本守军退入山洞，决意要让美军为每一寸土地付出血的代价。在经常超过46摄氏度的高温下，陆战1师和很快增援而来的陆军第81师的官兵们不得不逐一攻入山洞，消灭里面的守军。美军花了整整10个星期才肃清该岛，双方都付出了极大的代价。1万日本守军几乎全员战死——仅有200人被生俘。美军的损失轻一些，但也堪称惨痛：1 000人战死，5 000人受伤——比塔拉瓦的损失更加惨重。[2]

\*\*\*

当血腥的贝里琉之战行将结束时，两支规模庞大的美军登陆舰队开始向莱特岛进发，其中一支来自阿德默勒尔蒂群岛的马努斯岛，而另一支则来自新几内亚的荷兰迪亚（今称查亚普拉）。此举引发了有史以来最大的一场海战——莱特湾海战。这场海战如此复杂，地理分布如此分散，以至于很多历史学家倾向于将其视为四场彼此独立的战斗。这种视角虽然有助于厘清每场战斗的详情，却模糊了它们之间的内在联系，因为爆发在这方圆近十万平方千米内的四场主要战斗，都是这场宏大事件的一部分。[3]

10月20日早晨，美国陆军的士兵们登上了莱特岛东岸，麦克阿瑟则在轻巡洋舰"纳什维尔号"的甲板上观看着这一切。在他周围，第七舰队的数百艘舰艇散布在莱特湾的海面上：有突击运输舰、货轮、坦克登陆舰、步兵登陆艇，以及一种被称为"中型登陆舰"的新型舰艇，这种登陆舰的大小仅为坦克登陆舰的2/3，但装载量却几乎相同。6艘战列舰和差不多同样数量的巡洋舰负责提供炮火支援。在更东边，莱特湾入口之外，还有18艘小型"吉普航母"以及为其护航的驱逐舰，它们编成三个大队，每队6艘航母，各大队的无线电呼号分别是："塔菲1""塔菲2""塔菲3"。[4]

这次登陆是教科书式的。唯一的困难是海岸的缓坡致使坦克登陆舰无法直接驶上海滩卸货，为此，"海蜂"们修建了深入海湾的栈桥，这样坦克登陆舰就能卸货了。[5]

当天下午，麦克阿瑟兑现了自己两年半之前许下的诺言。麦克阿瑟和菲律宾总统塞尔吉奥·奥斯梅尼亚登上一艘希金斯登陆艇，离开"纳什维尔号"驶向海岸。为了方便拍照，最后他们蹚着深至膝盖的海水走上了岸。然后，麦克阿瑟来到一个话筒前，用他那浑厚的男中音宣布："菲律宾人民，我回来了。"他敦促菲律宾人民揭竿而起，打击侵略者。"为了你们的家园和家庭，站起来！为了孩子们，站起来！以烈士之名，站起来！"简短地巡视了一番滩头阵地后，他停下来在"塔克洛班附近的海滩"给罗斯福写了一封信。然后他就回到了"纳什维尔号"。登陆还在继续，到了当天夜幕降临时，美军已有4个步兵师和10.7万吨物资登上了莱特岛。[6]

同一天下午，在 2 600 英里外，小泽的诱饵航母舰队驶离濑户内海岸边的吴港，穿过九州岛与四国岛之间的丰后水道，然后向南驶去。小泽并不指望能活着回来，他知道自己的任务是吸引美军注意力，将其引向北边，他后来承认自己已经做好了"全灭"的准备。讽刺的是，虽然小泽一心**盼着**被美军发现，但蹲守濑户内海出口的三艘美军潜艇已在两天前离开此地，出去战斗巡逻了，小泽的舰队就这么溜了出来而未被发现。他们接着又向南航行了三天，美军还是没能发现他们。[7]

当小泽的航母南下之时，栗田的战列舰和巡洋舰也离开了林加水道，向东北方婆罗洲岸边的文莱湾驶去。在文莱湾，各舰加满燃油，栗田也借此机会召集各舰舰长会商作战方案。直到作战行动已经展开的这个时候，栗田才决定将自己的部队一分为二，派遣一部分兵力从南面向莱特湾发动助攻。这个作战方案最初由丰田的参谋长草鹿龙之介海军中将在东京提出，但草鹿把最终决定权交给了栗田。在文莱，栗田告诉他的舰长们，主力舰队将穿过圣贝纳迪诺海峡从北面攻击美军，而分出去的"南路舰队"将穿过苏里高海峡从南边进入莱特湾，这支"南路舰队"由 2 艘老式战列舰"山城号"和"扶桑号"、老将"最上号"巡洋舰和 4 艘驱逐舰组成，由西村祥治将军指挥。这将是一幕经典的两翼合围作战，将美军夹于其中。*

栗田选择这一方案是出于几个原因。除了草鹿给他的提示，以

---

\* 日军在最后时刻将另一支水面舰队，由志摩清英将军指挥的 3 艘巡洋舰和 7 艘驱逐舰加强给了"南路舰队"。不过志摩一直没能追赶上西村，因而在接下来的战斗中没能发挥任何值得一提的作用。

日本海军标准照中面相凶恶的栗田健男
将军。他在莱特湾海战中的行为不仅在当
时引起巨大争议，而且至今都是一个谜

来源：美国海军历史与遗产司令部

及两面合围确实是个漂亮的战术之外，他自己很可能也乐于甩掉那两艘又老又慢的战列舰，两舰都建成于"一战"之前。不仅如此，考虑到西村舰队实力薄弱，他们在栗田眼中很可能并非助攻舰队，而是另一支诱饵。在6月的塞班岛战役中，日本军令部曾考虑过派"山城号"和"扶桑号"去执行一项实际上是自杀性的任务——冲到塞班岛滩头坐滩，扮演固定炮台的角色。在小泽治三郎于菲律宾海海战中遭遇惨败之后，这项任务被取消了，但既然动过这样的念头，就充分说明这两艘舰是可以被牺牲掉的。[8]

当天在栗田旗舰上的另一个议题便是丰田那道不受欢迎的命令，即集中攻击美军运输船。这道命令完全不受栗田本人和他的舰长们的待见。正如有人所说："我等不畏死，但如果我们伟大海军的最后一战是去攻击一群空货船，那东乡大将和山本大将是会在坟墓里流泪的。"为了鼓励大家，栗田告诉舰长们，他相信"帝国大本营给了我们一个光荣的机会"。他说，他们完全有可能会与美国航母舰队狭路相逢。"谁说我们的舰队没机会通过一场决战扭转乾坤呢？我们有机会见见我们的敌人。**我们会和敌人特混舰队交战的。**"舰长们都激动地跳了起来，高呼"万岁"。[9]

10 月 22 日黎明时，栗田的战列舰和巡洋舰开始起锚。它们一艘接一艘驶入大海，编成巡航队形向北驶去。当天晚些时候，西村的两艘老式战列舰及其护航舰也出海了。在全长 1 000 英里的菲律宾群岛中，只有两条水道可供深吃水的舰船从西面驶入莱特湾：栗田要走的圣贝纳迪诺海峡，以及西村要走的苏里高海峡。毫无疑问，美军将重点盯防这两个航道，他们发现来袭日军只是个时间问题。

＊＊＊

10 月 23 日凌晨零点刚过几分钟，两艘美军潜艇"镖鲈号"（USS Darter）和"鲦鱼号"（USS Dace）正在巴拉望岛北面地形复杂的海域水面航行，给蓄电池充电。这里散布着几十处浅滩，令航行十分危险。当"镖鲈号"的雷达屏幕上出现光点时，艇长戴维·H. 麦克林托克中校立刻向对面的"鲦鱼号"艇长布莱登·克拉格特中校喊道："我们的雷达发现目标。出发！"[10]

潜艇跟上去之后，这些目标的特征也就显露了出来。麦克林托克立即向上级发出目击报告："多艘舰艇，其中三艘疑似战列舰，北纬 8 度 28 分，东经 116 度 30 分。航向 40 度，航速 18 节。正在追击。"他是想要"追击"，但考虑到他自己的最高航速仅有约 18 节，他不太可能追上栗田的任何一艘舰。然而恰在此时，栗田命令其麾下舰艇减速至 15 节，以安全通过巴拉望水道的危险水域，于是麦克林托克喊道："追上它们了！"不久之后，两艘美军潜艇赶到栗田舰队的前方占据了伏击阵位，等待黎明的到来。[11]

清晨 5 点半，晨光刚刚够"从舰桥上分辨出暗淡的舰影"时，麦克林托克下潜至潜望镜深度，向最近的一艘敌舰呈扇面一口气射出了全部 6 枚鱼雷，这艘敌舰正是栗田的旗舰——"爱宕号"重巡洋舰。麦克林托克在掉转艇体用艇尾鱼雷管对敌时听到了 5 次爆炸。他立刻用潜望镜环视四周，看到了他形容为"一生仅见的盛况"。由于距离太近，"爱宕号"塞满了他潜望镜的视场，麦克林托克看到"爱宕号""浓烟滚滚……明亮的橙色火焰从舰首到尾炮塔的整个主甲板侧面向外喷射"。就在麦克林托克眼前，这艘巨大巡洋舰的舰首沉入水中，军舰一边继续向前，一边冲下海底。虽然麦克林托克猜测舰上"就算有幸存者也不会太多"，但事实上该舰有超过 600 人幸存，包括栗田本人，他被一艘驱逐舰捞了上来，转移到了战列舰"大和号"上。[12]

美军潜艇还不打算收手。在几秒钟之内，"镖鲈号"艇尾鱼雷管射出的 4 枚鱼雷击中了"高雄号"重巡洋舰。接着"鲦鱼号"也发动了进攻，又命中"摩耶号"重巡洋舰 4 枚鱼雷。其中一枚鱼雷引爆了"摩耶号"的弹药库，这艘巨大的巡洋舰发生了大爆炸，不到 4 分钟就沉没了。巡洋舰解体的时候，"鲦鱼号"上的克拉格特听到了"碎裂声"和"沉重的隆隆声"，他报告说这是"我听到过的最可怕的声音"。此后，这两艘美军潜艇急速下潜，尽力保持静音潜航，日军驱逐舰则蜂拥而来。"鲦鱼号"上的艇员们能听到日军驱逐舰的螺旋桨在自己头上高速旋转，他们的眼睛盯着声音传来的方向，从艇尾到艇首。克拉格特写道，"焦虑比深水炸弹还要糟糕"，在没有一枚深水炸弹的炸点近到足以伤及潜艇的情况下，尤为如此。[13]

"爱宕号"和"摩耶号"沉没了，"高雄号"则身负重伤，栗田只得派两艘驱逐舰护送它蹒跚返回文莱。*如此，栗田还没抵达菲律宾，他的舰队就少了 3 艘巡洋舰和 2 艘驱逐舰。对于即将到来的决战，"镖鲈号"和"鲦鱼号"发出去的那几份接触报告也同等重要。到当天早晨 6 点半，哈尔西便知道栗田已经带着数艘战列舰和重巡洋舰出海了，其航向显示它们将横穿锡布延海驶往圣贝纳迪诺海峡。接到报告后的几分钟内，哈尔西就命令侦察机飞往锡布延海进行扇面搜索，寻找栗田。

***

早晨 8 点刚过，他们就找到了栗田。当时，在圣贝纳迪诺海峡外杰拉尔德·博根航母特混大队中"勇猛号"（USS Intrepid）起飞的一架侦察机报告说，发现 5 艘战列舰、9 艘巡洋舰和 13 艘驱逐舰正在驶入锡布延海。几分钟之内，哈尔西就命令"勇猛号"和"卡伯特号"（USS Cabot）航母的舰载机前往进攻，他的命令一如既往地简明扼要："进攻！重复，进攻！"严格说来，哈尔西应当指示米彻尔下达这一命令，毕竟米彻尔才是航母特混舰队的指挥官。但考虑到哈尔西的脾性，他绕过米彻尔直接下达命令倒也不让人意外。至于米彻尔的想法，则并无记载。[14]

几乎与此同时，在南面 300 英里外，拉尔夫·戴维森航母特混大队起飞的 12 架侦察轰炸机在苏禄海发现了西村的"南路舰队"，并立即上报。发出报告后，这些侦察轰炸机便发动攻击，给西村

---

\* 麦克林托克想要消灭受创的"高雄号"，然而在试图抢占射击阵位时，"镖鲈号"重重撞上了蓬勃暗沙。虽然竭尽全力，但艇员们还是无法让潜艇脱身，只好撤到了"鲦鱼号"上。

的两艘战列舰造成了有效的损伤，尤其是"扶桑号"被命中两弹，一枚落在二号炮塔附近，而另一枚命中了后甲板。相当讽刺的是，向南开来的小泽的诱饵航母舰队始终未被发现，美军倒是早早就发现了日军的主攻舰队。[15]

栗田原本希望在他一路穿越菲律宾群岛时能得到陆基飞机的空中掩护，结果却完全落了空，原因有二。其一是日军在10天前浪费了大部分陆基飞机，当时他们徒劳地想要在台湾岛外海击退哈尔西航母舰队的空袭，结果损失了近500架飞机。其二是东京的作战计划人员认为，手中有限的航空力量的最佳用法是攻击哈尔西的航母，为栗田提供他们所谓的"间接支援"。结果，当栗田驶入锡布延海时，舰队上空仅仅出现了4架友军飞机。[16]

日军的空袭集中在哈尔西最北端的航母特混大队身上，这支大队由弗雷德里克·谢尔曼海军少将指挥。大部分来袭日机几乎立刻就成了美军"地狱猫"战斗机的牺牲品。戴维·麦坎贝尔曾在马里亚纳海战中一次起飞击落5架日机，这次他又一次出航击落9架零战，这一纪录在整个战争中绝无仅有，并为他赢得了荣誉勋章。但美军未能击落全部日机。快到10点时，一架"彗星"轰炸机单枪匹马从低垂的云层中飞出，扑向"普林斯顿号"轻型航母，命中其飞行甲板正中央附近一枚炸弹。这枚炸弹穿入了机库甲板，在6架正在加油的鱼雷机中间爆炸，引发了一系列二次爆炸。情况立刻就清楚了，"普林斯顿号"有麻烦了。"伯明翰号"巡洋舰靠过来支援，但其自身也在"普林斯顿号"后部弹药库爆炸时遭受重创。两舰的舰员们英勇奋战，努力拯救"普林斯顿号"，但事实证明这是一场打不赢的战斗。[17]

当"普林斯顿号"熊熊燃烧时，从博根和戴维森的航母特混大队起飞的美军飞机攻击了锡布延海中的栗田舰队。他们迅速赶走

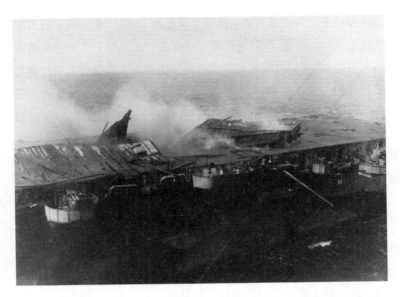

1944 年 10 月 24 日，在锡布延海海战中，美军"独立"级轻型航母"普林斯顿号"被日军舰载机投下的一颗炸弹击中，在机库和弹药库剧烈爆炸的冲击后，其飞行甲板已经扭曲。"普林斯顿号"最终无法挽救，于当天傍晚由美军驱逐舰击沉

来源：维基百科

了日军薄弱的防空战斗机群，随后向栗田的大部分军舰发动了多轮炸弹和鱼雷攻击。"妙高号"重巡洋舰是最先遇袭的军舰之一，它遭到重创，脱离了队形，蹒跚西撤。后续的美军攻击机群将火力集中在了那两艘最大的战列舰，尤其是"武藏号"上。虽然美机的命中精度一般，但杀过来的飞机如此之多，这艘巨型战列舰还是被炸弹和鱼雷反复击中——美军飞行员们后来宣称总共命中了 17 枚炸弹和 20 枚鱼雷。没有任何军舰能承受如此摧残。人们很快就明白，这艘"永不沉没"的战列舰已经在劫难逃。在空袭中，栗田虽然因没有己方空中掩护而备感挫败，但他还是坚定地向东行进。

他在发给东京的无线电报中体现了自己的不满："我们成了敌人舰载机反复攻击的靶子。"与栗田一同待在"大和号"上的小柳富次后来写道："我们已经做好了遭遇空袭的准备，但这一天的空袭几乎让我们失去了信心。"小柳称："如果我们继续闯入狭窄的〔圣贝纳迪诺〕海峡而空袭仍然继续，我们就会全军覆没。"这是显而易见的。[18]

到下午 3 点半，栗田实在承受不住了，于是命令他的舰队掉头向西。他并不是想要彻底退出战斗，而只是想在无休止的空袭中获得片刻喘息。他向东京的丰田发去了一条电报，解释说自己计划"暂时退出敌机的攻击范围"，他可能还希望这份电报能带来更多的陆基飞机支援。[19]

到了下午 4 点 40 分，太阳已经西垂时，美军"列克星敦号"的一架侦察机发回了一条爆炸性的消息：一支由"4 艘航母、2 艘轻巡洋舰以及 5 艘驱逐舰"组成的日军舰队出现在吕宋岛恩加尼奥角以北 300 英里处。小泽终于被发现了。这条消息于 5 点半左右传到了"新泽西号"上的哈尔西手中，此时他刚刚收到栗田掉头撤退的消息。由于后者看上去似乎是被击败了，哈尔西立即决定去追杀敌人航母。正如他后来解释的那样，他相信栗田的中路舰队"其上层甲板已遭到沉重打击，尤其是其舰炮和火控设备，因此……可以丢给金凯德了"。在哈尔西看来，金凯德的第七舰队承担着保护登陆舰队的首要职责，而自己的部队则应当自由寻找并摧毁敌军的主力舰队。米彻尔在马里亚纳丧失的机会，现在就在眼前。

哈尔西走进了"新泽西号"指挥室，指着海图上小泽的位置，宣布道："这就是我们要去的地方。"哈尔西向自己的参谋长"米克"罗伯特·B.卡尼下达了决定命运的命令："米克，让他们向北去。"[20]

这张照片由美军轰炸机拍摄，展示了 1944 年 10 月 24 日日军超级战列舰"武藏号"
在锡布延海中遭到攻击的场面。它被十余枚炸弹和相当多的鱼雷命中，于当晚沉没

来源：美国国家档案馆（照片编号：80-G-281766）

　　现在轮到卡尼把这道简单的命令转变为发往哈尔西第三舰队各
部的具体指示了。在接下来的一个小时里，"新泽西号"通过舰对
舰无线对讲系统和无线电发出了一系列命令。博根和戴维森的航母
刚刚打完栗田，要收回飞机并向正北方（航向 0°）航行。北上途中
他们将与"特德"谢尔曼的大队会合，后者刚刚花了一天时间来
迎击日军空袭，还被击沉了"普林斯顿号"。第四支航母大队由约
翰·S. 麦凯恩海军少将指挥，哈尔西原本要他们前往乌利西加油，
他们将以"最快速度"与其他三支大队会合。虽然金凯德并不在
哈尔西所属的指挥体系之中，但哈尔西的一份电报还是抄送给了
他，以保障他知晓情况："据空袭报告，敌中路舰队已遭重创。我

正率三支大队北上，于拂晓时攻击敌航母舰队。"[21]

这条电文带来了诸多问题。第一个问题是，通信流程要求两支舰队之间的电报必须经由马努斯岛中转，因此它要等到几个小时后才能送到金凯德手中。另一个同样重要的问题是，这道电文本身也是模棱两可。所谓"三支大队"北上，这是否意味着第四支大队被留下来掩护第七舰队的北翼？若如此，留下来的是哪个大队？是麦凯恩的航母还是李的战列舰？电文中完全没有提及战列舰队的事，这就留下了隐患。[22]

5个小时前的下午3点12分，哈尔西发出一份电文，命令编成一支水面作战舰队，番号为"第34特混舰队"。这支舰队将由李的4艘快速战列舰（包括哈尔西的旗舰"新泽西号"）、2艘重巡洋舰、3艘轻巡洋舰和19艘驱逐舰组成。如果此时仍在坚定东进的栗田舰队成功穿过圣贝纳迪诺海峡，这支舰队就将予以迎头痛击。哈尔西把电报发给了坐镇旗舰"华盛顿号"上的李和所涉及各舰舰长，并抄送给了珍珠港的尼米兹和华盛顿的金，却没有发给金凯德；因为在哈尔西看来，金凯德没必要知道这些。然而金凯德的无线电室还是收到了这条电报，解码后送上了指挥舰桥。基于此，金凯德得出结论，这支水面作战舰队——第34特混舰队——将防守圣贝纳迪诺海峡，掩护自己的北翼。几个小时后，哈尔西又发出一条消息对前一条命令进行澄清，指示说第34特混舰队只有在"我发出指示时"才组建。然而，这第二条消息却是通过短程的舰对舰无线对讲系统发出的，这意味着金凯德，还有尼米兹和金，都不会收到这条消息。哈尔西从来都没觉得金凯德需要知道他的计划和行动。

现在，五个多小时过去了，哈尔西发给金凯德的最新电报称"三支大队"正在北上。这让金凯德确信"第34特混舰队"被留了

# 莱特湾海战，1944年10月23日—26日

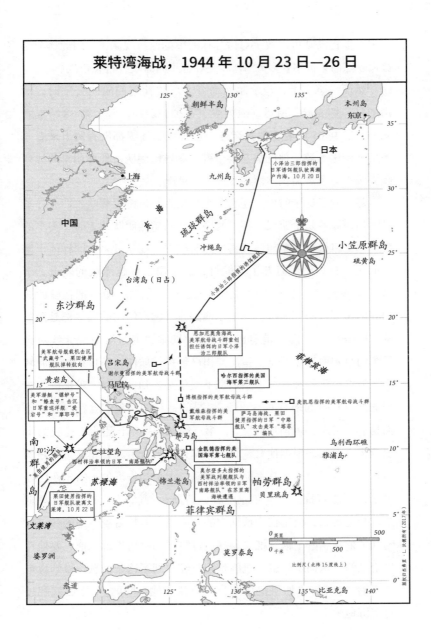

小泽治三郎指挥的日军诱饵舰队驶离濑户内海，10月20日

小泽治三郎指挥的诱饵舰队

朝鲜半岛

本州岛
东京

日本

九州岛

上海

东海

琉球群岛

中国

冲绳岛

小笠原群岛
硫黄岛

台湾岛（日占）

东沙群岛

恩加尼奥角海战，美军航母战斗群重创担任诱饵的日军小泽治三郎舰队

菲律宾海

美军航母舰载机击沉"武藏号"，栗田健男舰队掉转航向

吕宋岛

谢尔曼指挥的美军航母战斗群

哈尔西指挥的美国海军第三舰队

黄岩岛

马尼拉

博根指挥的美军航母战斗群

麦凯恩指挥的美军航母战斗群

美军鱼雷艇"镖铲号"和"鲦鱼号"击沉日军重巡洋舰"爱宕号"和"摩耶号"

戴维森指挥的美军航母战斗群

萨马岛海战，栗田健男指挥的日军"中路舰队"攻击美军"塔菲3"编队

乌利西环礁
雅浦岛

南沙群岛

巴拉望岛

萨马岛

金凯德指挥的美国海军第七舰队

西村祥治率领的日军"南路舰队"

苏禄海

棉兰老岛

奥尔登多夫指挥的美军战列舰队与西村祥治率领的日军"南路舰队"在苏里高海峡遭遇

帕劳群岛
贝里琉岛

栗田健男指挥的日军舰队驶离文莱湾，10月22日

文莱湾

菲律宾群岛

婆罗洲

莫罗泰岛

赤道

比亚克岛

比例尺（北纬15度线上）

0 英里 500
0 千米 500

原权归苏布里·L. 沃默斯有（2017年）

第25章　决战莱特湾　　721

下来，他自己则可以放手对付苏禄海中的西村舰队了。因此，金凯德命令杰西·奥尔登多夫海军少将在苏里高海峡"准备夜战"。[23]

然而，事实上，当哈尔西命令卡尼"让他们向北去"时，他指的是一切舰艇：航母、战列舰、各种护航舰，整个第 38 特混舰队——总共 65 艘舰。他甚至连一艘警戒驱逐舰都没有留下来看守圣贝纳迪诺海峡。他已决心要全歼日军航母舰队，他要用李的战列舰去消灭空袭之后仍然浮在水面上的残舰。[24]

甚至到了这个时候，还有几个重要人物试图提醒哈尔西弃守圣贝纳迪诺海峡是个错误，特别是因为当哈尔西舰队北上时，美军的夜航巡逻机报告说栗田已经再次掉转航向，向东驶来。同样值得警惕的是，日军已经打开了导航灯，标示出了穿越海峡的航道。李从"华盛顿号"上两次用灯光信号建议哈尔西，应当把自己的战列舰队留下来防守海峡。但哈尔西的旗舰两次给出的回复都是简单的"Roger"，意即"消息已收到"。博根也通过舰对舰无线对讲系统向哈尔西发出消息，指出栗田已经掉转航向，圣贝纳迪诺海峡的导航灯也已打开——这条消息不仅仅是告知，也是一种提醒。旗舰的回复却听起来有些不耐烦："是的，是的，我们已经收到这条消息了。"在"新泽西号"上，第三舰队情报组长迈克·奇克海军上校告诉卡尼，根据他对截获的日军计划的分析，日军航母只是诱饵，更大的威胁来自其水面作战舰队。卡尼却告诉他，哈尔西已经睡了，不能打扰。米彻尔也一样，待航母舰队刚一北上他就睡觉了，毫无疑问，他是在为预期中的黎明空袭养精蓄锐。他的参谋长阿利·伯克叫醒了他，把海峡导航灯打开的事情告诉了他，要他转告哈尔西。米彻尔问道，旗舰是否已经收到了这条消息，得到肯定答复后，他说："如果他想要我的建议，他会问的。"之后就翻过身沉沉地睡去。[25]

当天晚上，日军也是电报不断。栗田在下午 4 点发出的，说自己要"暂时"掉转航向的电报花了不少时间才送达东京。之后，丰田做出回应，要求栗田不计困难、不计后果地恢复进攻。"确信天佑，"丰田在电报中写道，"全军突击。"事实上，栗田在收到的这条电报之前就已经掉转航向再次向东，转向时间是下午 5 点 14 分，此时美军的空袭已结束。然而，他的耽搁严重影响了战役时间表。此时，他通知东京和西村，自己要直到次日上午 11 点左右才能抵达莱特湾。[26]

西村也收到了丰田"确信天佑"的进攻令，他回复道："我计划于 25 日 0400〔凌晨 4 点〕突入莱特湾。"这比栗田早了 7 个小时，原计划的两面同时夹击自然也就成了泡影。他本来可以试着推迟抵达时间以配合栗田，这也能让志摩清英的巡洋舰和驱逐舰赶上来，增强他的攻击力。不过，西村否决了这个想法。这么做意味着他要在苏禄海上慢慢兜 7 个小时的圈子，成为美军潜艇和飞机的大靶子。此外，志摩清英的到来或许反而会带来尴尬：这俩人一直彼此反感，而且既然他们都是海军中将，那么谁来指挥这场战斗或许会成为问题。于是，西村决定继续前进，听天由命。无论让他这支部队独立作战的初衷如何，现在都已经很清楚了，他将发动一场日本人所谓的"特攻"。在发给丰田和栗田的最后一条电报中，他写道："我们将前往莱特湾'玉碎'。"玉碎，这是自杀式进攻的形象比喻。[27]

＊＊＊

当哈尔西北上之时，奥尔登多夫把他的舰长们召集到旗舰"路易斯维尔号"（USS Louisville）上，制订与西村的夜战计划。既然苏里高海峡是从南面进入莱特湾的唯一通道，那么日军便只有这唯一的航线可选，奥尔登多夫尽可以在这里布下天罗地网。他把他的战列舰和重巡洋舰在海峡北端一字排开，驱逐舰部署在海峡两侧。在海峡南入口处则是罗伯特·A. 利森少校的 39 艘 PT 鱼雷艇。除了观察和报告，奥尔登多夫并不指望这些蚊子般的小艇还能做什么，但毕竟它们都带着鱼雷，或许能够找到发挥其威力的机会。如此布阵，西村的 2 艘战列舰在见到奥尔登多夫的 6 艘战列舰之前，要先闯过美军 PT 鱼雷艇和驱逐舰队这两关。[28]

奥尔登多夫并不知道西村已经决意要驶向自己的末日，他还有"一个担心"，他后来写道，"那就是敌人可能会半途放弃"——西村将会判断出所面临危险的程度并知难而退。第二个担心则是他战列舰的弹药情况。他的舰队此次出海主要是为了执行岸轰任务，弹药库里大部分都是高爆弹（HE），而不是用于对付军舰的穿甲弹（AP）。奥尔登多夫有 2 艘战列舰（"马里兰号"和"西弗吉尼亚号"）装有 16 英寸主炮，但两舰总共只有 440 枚穿甲弹。因此，奥尔登多夫告诉舰长们，要等敌人接近到 2 万码距离之内再开火。[29]

10 月 24 日至 25 日午夜刚过，西村进入了苏里高海峡。几乎与此同时，栗田也驶出了圣贝纳迪诺海峡。二人的境遇差别不啻霄壤。西村遭遇了成群的美军 PT 鱼雷艇，它们三艇一组向他发动攻击。美军的鱼雷没有造成任何损失，却迫使日舰进行机动规避，他们的报告也让奥尔登多夫随时掌握着西村的动向。

再看看北方远处的栗田，他的舰艇驶出圣贝纳迪诺海峡时，发现竟然平安无事。栗田大吃一惊。他已经命令全员进入战位，准备与美军舰队激战，可是当他的舰队进入菲律宾海时，却只见到无边的黑暗和空荡荡的大海。目瞪口呆的栗田立即转向南，沿着萨马岛海岸直奔莱特岛的美军登陆场而去。

与此同时，在赶走了一群群像蚊虫一样讨厌的 PT 鱼雷艇之后，西村向北驶入了苏里高海峡。凌晨 2 点左右，他的舰队遇到了第一批美军驱逐舰。这些驱逐舰属于美军第 54 驱逐舰中队，由杰西·科沃德上校指挥，它们射出的鱼雷被证明更加有效。其中一枚鱼雷击中了已经受伤的"扶桑号"战列舰，致使其锅炉舱被水淹没。这艘巨舰慢了下来，明显向右倾斜，脱离了队形。还有一枚鱼雷击中了"山城号"，三枚击中了日军驱逐舰——其中两枚几乎同时击中"山云号"驱逐舰，令其发生了大爆炸。海峡还没走到一半，西村就失去了超过一半的兵力。但他依旧坚决前行。[30]

到了 3 点半，西村的残余舰艇终于进入了奥尔登多夫那些重型舰艇的射击范围。美军巡洋舰首先开炮，向来袭敌舰打出了超过 3 000 发炮弹。随后，战列舰也开火了。其中 3 艘美军战列舰装有新式 Mk-8 型火控系统，它们的齐射极其精准。"西弗吉尼亚号"战列舰上 9 门 16 英寸主炮打出去的炮弹每发都重达 2 700磅，它们从奥尔登多夫的旗舰"路易斯维尔号"的几乎正上方飞过。奥尔登多夫后来写道，那声音"就像一列货运列车从高架桥上驶过"。穿甲弹不足的问题被证明无关紧要，因为仅仅 18 分钟之后，美军就没什么目标可以去打了。"扶桑号"最先沉没，它的舰体旋转着下沉，就好像它想要钻进海水中一样。"山城号"坚持得略久一些，沉没时它的舰首仍然指着美国舰队，然后向左翻倒，迅速下沉。两艘日本战列舰上的 3 500 人几乎全部阵亡，仅有 20 人幸存。[31]

"最上号"巡洋舰仍然浮在海面上，但它也受损严重。由于正副舰长双双阵亡，这艘舰只能由高级炮术长指挥。由于舵已失灵，他只好试着仅仅依靠引擎来调整航向，让这艘受创的军舰回到海峡中。正在此时，他却撞上了志摩清英的旗舰"那智号"重巡洋舰，志摩的巡洋舰和驱逐舰编队此时正以 30 节速度向北赶来支援西村。此后，志摩舰队和受损的"最上号"双双南撤。奥尔登多夫率领巡洋舰展开了追击，又打中"最上号" 10 发到 20 余发炮弹，但它依然顽强地浮在水面上，直到第二天才最终沉没。西村的"南路舰队"几乎全军覆没。这支进攻舰队的 7 艘舰中，仅有"时雨号"驱逐舰幸免于难，却也伤痕累累。正是"时雨号"舰长西野繁中佐向丰田发去了消息："除'时雨号'之外，所有军舰均在炮火和鱼雷攻击中沉没。"[32]

当天清晨，在北边 500 多英里之外，米彻尔正在准备向小泽的诱饵舰队发动"全甲板攻击"。在四个小时之前的凌晨 2 点 55 分，正当美军鱼雷射入西村的战列舰时，哈尔西终于下令组建第 34 特混舰队，他这么做并不是为了防守圣贝纳迪诺海峡——现在就是想防守也晚了——而是为了让它们开到航母前方，以便将舰载机空袭后的日军舰队残部纳入大炮射程，予以歼灭。此时，就在他的第一批轰炸机已经起飞去空袭日军航母之时，哈尔西收到了金凯德几个小时前发给他的一份电报，通告了奥尔登多夫与西村作战的进展。在电文中，金凯德几乎是随口一提地问道："第 34 特混舰队是否在守卫圣贝纳迪诺海峡？"哈尔西吃了一惊。金凯德为什么会这么想？他是怎么知道第 34 特混舰队的事情的？但他还是做了答复："没有。第 34 特混舰队正与航母大队一起与敌航母舰队作战。"金凯德这才知道圣贝纳迪诺海峡竟然已无人防守。[33]

\*\*\*

这一夜里，当西村在苏里高海峡被全歼，哈尔西正在筹划对小泽发动拂晓空袭之时，栗田的战列舰和巡洋舰则在沿着萨马岛东岸一路南下。日军的雷达扫描着空荡荡的海面，瞭望员也焦急而徒劳地巡视着暗夜。直到6点27分太阳升起，栗田都没能看到敌人——除了西野繁发来的那份报告西村舰队近乎全灭的电文，他什么也没有发现。前一天下午，栗田还在锡布延海上时，收到了一架水上飞机发来的报告，称莱特湾东南方有12艘美军航母，他自然认定这就是哈尔西的舰队，于是从驶出圣贝纳迪诺海峡的那一刻起，他就期待着与这支敌舰队遭遇。之后，还差几分钟到早晨7点时，瞭望员报告，水天线上出现不明船只。栗田抓起了他的双筒望远镜，没错，就是它们：美军航母及其护航舰。正如他在文莱湾向他的舰长们许诺的那样，他们总有机会与美军航母决一雌雄。他马上兴高采烈地向丰田发去电报："天赐良机，我们正向敌航母冲刺。"为了抓住战机，栗田没有制订什么计划，而是简单下令："全军突击！"[34]

栗田的瞭望员这天早上看到的当然不是哈尔西的大型航母，它们此时都在北边500英里外攻击小泽。它们是克利夫顿·斯普拉格少将的"塔菲3"编队的"吉普航母"，这是莱特湾外三支护航航母编队中最北边的一支。在"塔菲3"南边的水天线以外的海域上还有"塔菲2"编队，由费利克斯·斯坦普少将指挥；再往南是"塔菲1"编队，由整个护航航母大队的总指挥托马斯·L.斯普拉格直接指挥。（虽然两位斯普拉格是海军学院的同班同学，但二人并没有亲缘关系。）此时，挡在栗田舰队与莱特湾内第七舰队运输船之间的，就只有这三个"塔菲"编队了。

克利夫顿·斯普拉格是美国海军学院的毕业生，因为喜欢在班克罗夫特宿舍楼的走廊里像在橄榄球场上突破防守时那样之字形跑动而得到了一个"拐子"的绰号。作为一名职业航空兵军官，他曾于1936年在老"约克城号"上进行第一次弹射起飞和拦阻降落。

1941 年日军攻击珍珠港时，他是港内"丹吉尔号"（USS Tangier）油轮的指挥官。然而在 1944 年 10 月 25 日之前，他最出名的方面可能是，他的妻子是美国著名作家 F. 斯科特·菲茨杰拉德的妹妹，不过他的妻子和这位兄弟之间的关系一度不睦。在这个历史性的早晨，斯普拉格完全不知道附近竟有一支强大的日军水面舰队。早晨 6 点 46 分，斯普拉格正站在他的旗舰"方肖湾号"（USS Fanshaw Bay）护航航母的舰桥上看早晨的反潜巡逻机起飞，此时，雷达室报告说发现不明目标。1 分钟后，"圣洛号"（USS St. Lô）上的一架侦察机发回了令人震惊的目击报告："在你特混大队西北 20 英里处发现敌水面舰队，4 艘战列舰、4 艘重巡洋舰、2 艘轻巡洋舰，和 10 艘到 12 艘驱逐舰，正以 30 节速度向你接近。"20 英里！这简直就在舰炮射程内了。这太难以置信了，斯普拉格于是命令飞行员再探究竟："航空室，要他检查目标身份。"飞行员俯冲下去再次查看后发来了报告："我能看见宝塔式的桅杆，我看到了我见过的最大的红丸旗，飘在我见过的最大的战列舰上。"得此消息后，斯普拉格连下两道命令：第一道命令是让他的所有航母立即转向迎风，"让所有能飞的都飞出去"；第二道命令则是让护航的驱逐舰施放烟幕并组织鱼雷攻击。之后，他打开无线电，请求支援。[35]

在苏里高海峡这边，斯普拉格的无线电呼叫打断了奥尔登多夫的胜利带给金凯德的喜悦。7 点 07 分，他向哈尔西发出了急电：自己的护航航母正遭受攻击。由于绕经马努斯岛的通信路径，这条电文直到 8 点 22 分才送到"新泽西号"上。[36]

与此同时，"塔菲 3"编队的驱逐舰向着日军重型战舰冲了过去——就像几只小猎犬扑向一群大象。其中一艘驱逐舰"约翰斯顿号"（USS Johnston）甚至没等收到斯普拉格的命令就发动了进攻。它的舰长欧内斯特·E. 埃文斯中校径直冲向了刚刚出现在海

"拐子"克利夫顿·斯普拉格站在他的旗舰"方肖湾号"护航航母的舰桥上，看上去面容紧张。这张照片摄于1945年4月冲绳岛外海的战斗中，却传递出了1944年10月25日"方肖湾号"上的紧张氛围

来源：美国国家档案馆（照片编号：80-G-371327）

平线上的"熊野号"重巡洋舰。"约翰斯顿号"仅有一年舰龄，而且80%的舰员都是第一次参加实战，但埃文斯已经竭尽了全力让他们达到实战水准。官兵们把这艘舰称为"战备乔尼"（GQ Johnny），因为埃文斯常常会让他们进入一级战备。现在他们收到了回报。与斯普拉格一样，埃文斯也连续发出了多条指令："全员一级战备……所有引擎开足马力。开始施放烟幕并准备鱼雷攻击。左满舵。""约翰斯顿号"的枪炮长罗伯特·哈根上尉后来回忆道："我们就像是没有投石索的大卫\*。"在"约翰斯顿号"后面不远处是驱逐舰"霍埃尔号"（USS Hoel）和"希尔曼号"（USS Heermann），后面还跟着护航驱逐舰"塞缪尔·B. 罗伯茨号"（USS

---

\* 这是个《圣经》中的故事，以色列的牧羊人大卫用小小的投石索击杀了巨人歌利亚。——译者注

在1944年10月25日的萨马岛海战中，美国海军中校欧内斯特·埃文斯是"约翰斯顿号"驱逐舰的舰长。他向由战列舰和巡洋舰组成的强大水面舰队发动无畏冲锋，迟滞了日军的进攻。埃文斯在这场战斗中战死，后被追授荣誉勋章

来源：美国海军历史与遗产司令部

Samuel B. Roberts）。这4艘驱逐舰向日军舰队冲去，边发射鱼雷边施放烟幕，还用5英寸舰炮开火。[37]

　　至少有一些美军鱼雷击中了目标，那些没击中的也迫使日军转向规避，从而拖慢了他们的前进，让美军航母得到机会把飞机放出去。然而，日军还在不停地开炮。他们的有些重型穿甲弹击穿了薄皮的美舰而没有爆炸，但也有足够多爆炸的炮弹带来重创。3枚14英寸炮弹接连命中了"约翰斯顿号"。哈根回忆道，那就像是"一只小狗被大卡车碾过"。"约翰斯顿号"出于某种原因还浮在海面上，却只剩下一台引擎驱动，而且没有了罗盘和雷达。尽管如此，这艘打完了鱼雷的驱逐舰仍在用仅存的2门5英寸前主炮坚持作战。其他几艘护航舰也都被击中了："霍埃尔号"的官兵们数出了40

枚命中弹，"罗伯茨号"则被"一排5英寸炮弹击中轮机舱"，导致蒸汽管道破裂，轮机兵们被烫死烫伤。"霍埃尔号"和"罗伯茨号"都沉入大海，很快，"约翰斯顿号"也撑不住了。埃文斯的最后一道命令是要舰员们弃舰，于是"约翰斯顿号"的官兵们纷纷跳海。穿着救生衣漂在海面上的他们紧张地看着一艘日军驱逐舰从近旁驶过，不知道自己会不会被机枪打死在水里，因为双方的这种行为此时已经几乎成了太平洋战争的常态。然而他们没有被打死。当这艘日舰驶过时，他们还惊讶地看到有一位日本军官在舰桥上向他们敬礼。[38]

当"塔菲3"编队的驱逐舰自杀式地扑向日军时，斯普拉格的舰载机也发动了攻击。这些飞机大部分都是老式的"复仇者"和"野猫"，缺乏与装甲厚重的敌方战舰作战所需的装备。它们挂载和携带的弹药并不十分适于攻击有厚重装甲保护的敌军舰艇，"复仇者"挂载的是深水炸弹和100磅反步兵破片弹，"野猫"则只有0.5英寸口径机枪。每架FM-2"野猫"的弹药仅够射击约30秒，飞行员们很快就把它们打光了。然而，就算弹药打光，有些飞机还在继续向日舰发动模拟攻击，就是从战列舰和巡洋舰的桅顶低空掠过，给敌人制造仍在遭受空袭的假象。"基昆湾号"（USS Kitkun Bay）上的一名"野猫"飞行员保罗·B. 加里森上尉，向日军战列舰发动了10次扫射，打完弹药后又飞了10次模拟扫射。[39]

所有海战都有一定程度的混乱，但莱特湾海战尤其混乱，特别是对于一场昼间战斗而言。栗田毫无章法的冲锋和斯普拉格匆忙的反击，意味着双方的战舰都是各自为战，还时不时混在一起。由于海面上浓烟滚滚，不时还有雨飚，加之水中有鱼雷，天上有飞机，双方指挥官都不能清楚掌握战况。栗田仍然相信他面对的是哈尔西的大型航母，而且显然有几艘已经被击中了。"加里宁湾号"（USS

1944 年 10 月 25 日，在萨马岛海战中，美军护航航母"基昆湾号"准备放飞 FM-2 "野猫"战斗机。左侧停着的飞机是 TBF"复仇者"。远处的护航航母"白原号"正遭到日军"大和号"舰炮的跨射

来源：维基百科

Kalinin Bay）被命中了 15 次，但仍浮在海面上。"甘比尔湾号"（USS Gambier Bay）则没这么走运，成了自从 1940 年英国海军"光荣号"航母在北海被击沉以来，第一艘被舰炮击沉的航空母舰。[40]

在这段时间里，斯普拉格和金凯德还在持续发出求援电报，一条比一条紧急。在向哈尔西发出第一条关于斯普拉格遭到攻击的报告 20 分钟后，金凯德又向他发电："请让李以最快速度掩护莱特湾，请求快速航母立即发动空袭。"10 分钟后又是一条电报："情况危急。需要战列舰和快速航母空袭以阻止敌人突入莱特湾。"最

后是英语明码："李在哪里？让他来！"[41]

8点22分，哈尔西收到了金凯德的第一份求援电，莱特湾海战至此已达到了高潮。此时，他的飞机正向小泽的航母发动第一轮空袭，而且哈尔西无论如何也太远了，无法回应金凯德的请求。他后来声称，自己当时的第一反应是想知道："金凯德怎么让'拐子'斯普拉格搞成这样？"即便麦克阿瑟曾提醒他"第三舰队的全力支援"对于进攻部队来说"关键而且至关重要"，他仍然相信掩护滩头完全是金凯德的职责，他在战后的回忆录中坚称"保护第七舰队不是我的事"。哈尔西倒是确实命令正在从乌利西赶来的麦凯恩特混大队改变航向往西，虽然麦凯恩仍在335英里之外，不太可能及时赶到。但他却**没有**派出李的快速战列舰。如果他立刻调回快速战列舰，那么它们很有可能及时赶到圣贝纳迪诺海峡，把栗田堵截在菲律宾东部，但哈尔西却只想着要它们去对付受创的日本航母。在"新泽西号"的舰桥上，哈尔西大声地自言自语道："我讨厌放掉嘴边的猎物。"[42]

当天早晨，关注着这些电报往来的人并不只有哈尔西和金凯德。在超过5 000英里之外的珍珠港，尼米兹也在关注着金凯德和斯普拉格越来越凄惨的呼救。他想知道栗田是怎样穿过圣贝纳迪诺海峡而未被发现的。与金凯德一样，尼米兹也觉得第34特混舰队应该已经被留下来防守海峡了。他并不想干涉一名正在指挥战斗的舰队指挥官，但他觉得自己至少能向他问个问题。犹豫了一番之后，他同意向哈尔西发出简短的询问并抄送给金凯德和金，内容很简单："第34特混舰队现在何处？"

在整场战争中，为了让敌人更难破译己方的密电，美国海军会在电文的前后例行添加上所谓的"填字"（padding）。为了确保这些填字不会被当成正文的一部分，二者之间会用两个重复字母隔开，这样接收方的无线电报务员就能先把填字删掉再交给收电人。当天早晨，从珍珠港发给哈尔西的电文是这样的：

> 火鸡跃入水中 GG 发件人：太平洋舰队司令部；收件人：第三舰队司令；抄送：美国舰队总司令，第 77 特混舰队司令 X 第 34 特混舰队现在何处？重复，现在何处？RR 全世界都想知道。[43]

然而这一天，"新泽西号"上的报务员觉得文末的填字像是正文的一部分，因此在把电文交给"新泽西号"舰桥上的哈尔西前并未把它删掉。若是在平心静气的时候，哈尔西或许会看到"全世界都想知道"前的重复字母"RR"，但是现在，他期望能够决定战争胜负的海上决战正在进行当中，而且金凯德一而再再而三的呼救使他心烦意乱。在这样的心境下，当尼米兹的电报送到他手中时，哈尔西爆发了。他后来写道："我像是脸上挨了一记耳光。"他把电报扔在甲板上，又踩了几脚。据一位目击者的说法，他吼道："切斯特有什么权利给我发这种该死的电报！"卡尼抓住了哈尔西的肩膀。"别这样！"卡尼大喊道，"你到底怎么回事？振作起来！"[44]

哈尔西当时没有下达任何新的命令，而是和卡尼一起离开舰桥，向下来到了哈尔西的指挥官住舱，在里面待了一个多小时。没人知道那一个小时里发生了些什么，但哈尔西的舰队仍旧在以 25 节航速北上，离莱特湾越来越远。11 点 15 分回到舰桥时，他命令李的战列舰掉头。当然，李的舰队还要花 1 个小时才能追回在哈尔西待在住舱的那一个小时里向北开出去的距离。[45]

由于战列舰队需要空中掩护，哈尔西也命令博根的航母大队与其同行。另两支航母大队则被他留下来，交给米彻尔去消灭小泽。在那场被称为"恩加尼奥角海战"的战斗中，米彻尔的两个航母大队击沉了小泽的全部 4 艘诱饵航母，战绩堪比中途岛海战。"瑞鹤号"也在被击沉的航母之列，这是 3 年前袭击珍珠港的 6 艘日军航母中的硕果仅存者。日军只有混合战列舰"伊势号"和"日向号"，外加一艘轻巡洋舰和几艘驱逐舰逃出生天。

＊＊＊

栗田也是一样。虽然战场上一片混乱，他还损失了两艘巡洋舰，但是到了 9 点时，栗田有理由相信他这两个小时打得还不错。"金刚号""大和号""宇黑号"三舰的舰长各自报称击沉一艘"企业级航母"*，瞭望员和炮手们也把他们击沉的"弗莱彻"级驱逐舰报成了"巴尔的摩"级巡洋舰。考虑到在此之前美日两军水面作战舰艇的交锋几乎完全是在夜间进行的，这样的误报倒也可以理解，因为栗田舰队中没人在白天见过美军的航母或巡洋舰。基于这些报告，栗田得出结论，自己已经击沉了三四艘舰队航母，同等数量的巡洋舰，以及三艘驱逐舰——相当于摧毁了哈尔西的一支航母特混大队。不仅如此，他还截获了美军那充满恐慌的求援急电，并判断美军第二支航母舰队正从北面向他杀来。这当然是对的，但那些美舰还在数百英里之外，既构不成威胁，也不是打得着的目标。此时，栗田的军舰已经分散到了 30 英里的战线上，他想要在这一团混乱中整理出头绪来，于是，9 点 11 分，虽然美机的空袭仍在

---

\* 这是日军战报中的说法，实际上当时并没有"企业级航母"，而当时的"企业号"属于"约克城"级，且并未参加此次战斗。——译者注

继续，栗田仍然下令各舰重新整队。此令刚出，他就又失去了两艘重巡洋舰：9 点 18 分至 9 点 25 分之间，美机击沉了"筑摩号"和"鸟海号"。这样，栗田还有四艘战列舰，但重巡洋舰只剩下了两艘。[46]

在接下来从 9 点 15 分到 10 点 45 分的一个半小时里，栗田的机动相当混乱。时日久远，想要明确解释他的行为已不可能。他可能已是筋疲力尽，思维混乱，其行为就像林肯在 1863 年评价威廉·S. 罗斯克兰斯[*]将军那样，"像脑袋上挨了一下子的鸭子"。战后，他向一名采访者承认，"我的精神已经极度疲惫"，他还向原为一大佐说他"体力已经耗尽"。他也可能是在寻找那另一支美军航母大队。无论如何，在 11 点 20 分——与哈尔西命令李的战列舰南下几乎同时——他向丰田报告说自己要执行"计划中的突入莱特湾作战"，随即转向西南航向。然而，几乎就在此刻，他收到了一份目击报告——这份报告后来被证明有误——称一支美军航母大队正在北方不远处。栗田在他的战斗报告中写道，与其突入莱特湾，还不如去攻击这支新出现的敌航母舰队更"明智"，因为仗打到这个时候，大部分美军运输船很可能早已逃离莱特湾了。"下定决心之后，"他写道，"我们转向了北边。"战后，小柳富次明确写道："我们转向北，以寻找敌人的［另一支］航母大队。"[47]

眼见敌人离去，"拐子"斯普拉格感到难以置信。他后来承认，"我不敢相信我的眼睛"。当天早晨，当栗田的巨舰刚刚出现时，斯普拉格都不敢指望他的舰队能撑过 15 分钟。现在，四个小时过

---

[*] 威廉·S. 罗斯克兰斯是美国内战时期联邦军的一名将领，曾为北方赢得了其在美国内战中的第一场胜仗，但在 1863 年 9 月 19 日至 20 日的奇克莫加战役期间指挥不当，导致联邦军失败。——译者注

1944 年 10 月 25 日，在恩加尼奥角海战中，日本航空母舰"瑞鹤号"的船员在弃舰前的降旗仪式上敬礼

来源：维基百科

去了，敌人放弃了战斗。他旗舰上一名经过四个小时的恶战仍不失幽默感的信号兵喊道："见鬼，小子们，他们跑了！"[48]

眼看胜利唾手可得，栗田却决定掉头北上，这让那时的当事者困惑不已，让后世的历史学家们百思不得其解。栗田及其参谋长坚称他们是去寻歼更多的美军航母了。若真如此，其希望也渺茫到令人绝望：即便那里真有这样一支舰队近到能让他去打，他想要在光天化日之下赶在被美军航母的舰载机发现并击沉前冲到能动用巨炮的近处，也是痴心妄想。即便如此，考虑到栗田的个性和日本海军的信条，这样的解释也能说得通——美国海军在这方面也是半斤八

1944 年 12 月，海军中将约翰·麦凯恩（左）和海军上将威廉·哈尔西（右）在前往菲律宾的"新泽西号"战列舰上会谈

来源：维基百科

两。哈尔西和栗田都是强调决战重要性的职业道德观的产物，都是阿尔弗雷德·塞耶·马汉的信徒，而且都醉心于摧毁敌军的航母舰队。栗田从未真心接受过击沉敌人空运输船的任务，哈尔西也从未接受自己有责任保护它们的事实。战后，栗田在仅有的一次采访中告诉记者："摧毁敌人的航空母舰成了我的一种执念，我深受其害。"或许哈尔西也会这么说。[49]

当天下午，当栗田北上寻找那支子虚乌有的美军航母舰队时，他遭到了麦凯恩特混大队舰载机的远距离空袭。然而他没能找到美军航母。当晚 9 点 40 分抵达圣贝纳迪诺海峡时，他命令残余舰艇开进去。仅仅两个小时后，第 34 特混舰队的前锋战列舰就赶到了这里，这凸显了哈尔西先前浪费掉的那两个小时的重要性，当时他在司令住舱里，想要和"米克"卡尼一同决定如何应对眼前的危机。麦凯恩的飞机空袭了再次穿越锡布延海的栗田舰队，特别是"大和号"遭到了重创。10 月 28 日，栗田回到了文莱湾，军舰的数量恰好是他 6 天前离开此地时的一半。

　　这场战役还有一个尾声。甚至在萨马岛海战尚未结束时，菲律宾的日军指挥官们就派出了第一队"特攻"飞机，或称"神风"机。10 月 25 日上午，正当"塔菲 3"编队与栗田的巨舰拼死作战时，三名日军飞行员驾机撞上了美军的"吉普航母"："桑蒂号"（USS Santee）、"萨旺尼号"（USS Suwannee）和"圣洛号"。前两者的舰员们设法控制住了损伤，但在"圣洛号"上，"神风"机的炸弹在机库甲板爆炸，引发了大火并迅速蔓延。"圣洛号"不久便步"甘比尔湾号"后尘，沉入了大海。[50]

＊＊＊

　　莱特湾海战是有史以来规模最大的一场海战。虽然栗田的部分水面作战舰艇逃走了，哈尔西也为未能全歼小泽舰队而郁闷，这仍然是美军的一场压倒性胜利。美军损失了轻型航母"普林斯顿号"、2 艘护航航母、2 艘驱逐舰和 1 艘护航驱逐舰；而日军则损失 4 艘航母、3 艘战列舰、6 艘重巡洋舰、4 艘轻巡洋舰和 13 艘驱逐舰，这可谓是灭顶之灾。正如小柳所承认的那样，这些损失"意味着我们的海军不再是一支有效的作战力量"。[51]

　　战斗结束后，哈尔西和栗田两人都对各自错过的良机无法释怀。虽然栗田直到战后才知道自己当时距离突破只有咫尺之遥，而且与自己作战的并非哈尔西的大型航母，而只是一群小型护航航母。两人都成了其同僚口诛笔伐的目标，有些还相当尖刻，不过他们的上级都站在他们这边。尼米兹私下里曾表达过对哈尔西弃守圣贝纳迪诺海峡的恼怒，但在公开场合，他和金都表示支持哈尔西的一切行动，哈尔西也得以留任"大蓝舰队"司令。至于栗田健男，针对他的有些批评是如此恶毒，以至于军令部把他调去担任江田岛海军兵学校校长，以保护他免遭暗杀。

无论莱特湾海战带来了什么样的战术教训——关于统一指挥，清晰的通信渠道，保证让所有人知晓战场全局——其战略影响都是不言自明的：日本海军已经被有效歼灭。莱特湾海战并没有像丰田副武等人期待的那样拖延战争，反而加快了它的进程。

# 第 26 章

# 收紧绞索

10 月 23 日早，美军潜艇"镖鲈号"和"鲦鱼号"在巴拉望水道摧毁了日军三艘重巡洋舰，这只是美军潜艇在菲律宾战役，确切地说是整个太平洋战争中所扮演的关键角色的一个例子。同日，指挥美军"刺尾鱼号"（USS Tang）潜艇的理查德·奥凯恩在台湾海峡击沉了一支日本船队中的三艘货轮和一艘运输船。不到 24 个小时后，他又击沉了另一支船队中的两艘货轮。其中有几艘船装载的是装箱的飞机和供应驻菲律宾航空兵的航空燃料，栗田还指望着这些航空兵在自己穿越锡布延海时来提供空中掩护。它们的损失反映了美军潜艇部队在宏观上对战争发挥的间接作用。由于缺乏发动军事行动所需的补给、装备，特别是燃料，日本陆军、海军及其航空兵已经陷于瘫痪。[1]

潜艇战斗巡逻是很危险的。10 月 24 日至 25 日午夜前后，奥凯恩射出了艇上的第 24 枚，也是最后一枚鱼雷。谁知鱼雷离开发射管刚刚几码远，就突然跃出水面，然后向左急转，绕了个圈子直奔"刺尾鱼号"而来。奥凯恩下令左满舵，但为时已晚。鱼雷击中了"刺尾鱼号"的后部鱼雷舱，潜艇在几秒钟之内就沉了下去。艇上仅有 9 人幸存，奥凯恩也是其中之一。他们都被日军巡逻艇捞起，在战俘营中度过了剩余的战争岁月。[2]

　　总体而言，像"刺尾鱼号"这样的美军潜艇对日本的战时经济造成了巨大的战略影响。战争初期，它们最多只是些小麻烦，但到了 1944 年，任何时刻都有平均四五十艘美军潜艇在西太平洋巡弋，它们几乎就要让日本经济彻底停止运转了。有大约 100 艘潜艇以珍珠港为基地，它们要长途跋涉才能到达"猎场"，途中常需要在中途岛或关岛停留加油。另有 40 艘潜艇的基地是澳大利亚西海岸的弗里曼特尔或东海岸的布里斯班。查尔斯·洛克伍德负责指挥布里斯班的潜艇，拉尔夫·沃尔多·克里斯蒂则指挥弗里曼特尔的，二人都得到了麾下艇长们的坚定支持。正是在洛克伍德的大力推动下，华盛顿的专家们才对关于鱼雷失灵的抱怨认真起来。而克里斯蒂则喜欢在弗里曼特尔的码头上迎接凯旋的潜艇，欢迎他们并颁发勋章。此举大大鼓舞了潜艇艇员们的士气，但也让他和金凯德之间出现了嫌隙，因为克里斯蒂并没有颁发勋章的权力。两位将领僵持不下，最后金凯德请求上级解除了克里斯蒂的职务。1944 年11 月，克里斯蒂被调去管理普吉特湾海军造船厂，詹姆斯·法伊夫海军少将取而代之。[3]

　　美军新型的"白鱼"级潜艇在先前型号的基础上进行了诸多改进，受益良多。一方面说，它们更大——达到了 1 500 吨，是德国 VII 型潜艇的两倍，而且比许多护航驱逐舰的排水量还要大（在莱特湾战沉的"塞缪尔·B. 罗伯茨号"护航驱逐舰排水量仅为1 350 吨）。它们的耐压艇体更厚、更坚固，使得这些潜艇可以下潜到 300 英尺、400 英尺，乃至 500 英尺的深度；奥凯恩有一次甚至让"刺尾鱼号"下潜到 600 英尺水下。这一级潜艇装有对空搜索（SC）和对海搜索（SG）雷达，夜视潜望镜也使得它们在夜间潜航时能够看得更清楚。它们甚至还装备了一种声自导鱼雷，绰号

这是一艘与"刺尾鱼号"同型号的"白鱼"级潜艇，照片摄于 1943 年 12 月梅尔岛（Mare Island）海军造船厂外。这型潜艇比前代艇更大，战斗力也更强。总体而言，它们在 1944 年摧毁了日本的航运

来源：美国海军历史与遗产司令部

"美人儿"（Cutie），能通过追踪舰船螺旋桨的声音击中目标。[4]

当潜艇兵仍然是个苦差事。即便是新的大型潜艇也很狭窄，而且巡航时间很长（每趟通常为 45 天到 60 天，或者把鱼雷打光为止），大部分普通的事情到了这里都会变复杂。例如，这是一份贴在"白鱼"级潜艇厕所旁的告示："先关上马桶的挡板阀，打开通海阀和断流阀在马桶里注入海水，然后关闭这两个阀门。如厕后，操作挡板阀将马桶内污物冲入排出池，然后关上挡板阀。之后充高压气罐至气压比水压高 10 磅，打开排放管道上的闸门和旋塞阀，操作摆动阀，将排出池中的污物排出艇外。"若不准确按这一流程操作，就会搞得一团乱。[5]

虽然有着种种不便，但是到了 1944 年，美军潜艇上的生活质

量还是改善了不少。现在他们能偶尔冲个澡了，伙食也大为改善。一名艇长报告说："我们的冰柜中装满了各种去骨的肉，有牛排、烤肉、排骨和汉堡包。面包师每天凌晨 3 点就起床来做新鲜的面包、小餐包、蛋糕和曲奇。"大部分潜艇都奉行"开门政策"，艇员们可以 24 小时随时自取熟肉、三明治和热咖啡享用。有些潜艇上还有自助式的可口可乐饮料机，一位艇长称其为"真正的士气激发器"。艇员们还能隔三岔五聚在艇首鱼雷舱中看电影。这样的奢侈是那些德国"铁棺材"，当然还有英国和日本潜艇的艇员难以想象的。[6]

在战争的最初两年里，那些小型的老式美军潜艇都是独自外出作战，然而到了 1944 年，美军潜艇的数量已经足以三艘一组，有时还是四艘一组集中作战。它们的官方名称叫"协同攻击群"（CAG），但几乎所有人都学着纳粹德国海军的样子称其为"狼群"。大部分"狼群"都根据其最高指挥官的名字起了个颇有些浪漫主义色彩的名称，例如卢·帕克斯上校的艇群绰号是"帕克斯的海盗们"，厄尔·T. 海德曼中校的艇群叫"海德曼的地狱猫"，伯特·克莱克林上校的则叫"伯特的扫帚"。[7]

美军的新型潜艇作战效能也更高。鱼雷问题已经大部分解决（不过，"刺尾鱼号"潜艇的乌龙事件证明某些问题依然存在），击沉的日本船只数量也在急剧增长。1942 年，美军潜艇总共击沉船只 612 039 吨，1944 年则消灭了 2 388 709 吨，近乎前者的 4 倍。纵然这个数字还比不上邓尼茨手下数量更多的潜艇在 1942 年的"幸福时光"里取得的战绩，但是美军击沉吨位占日本船舶总计吨位的比例却远大于德军。1941 年，日本拥有近 640 万吨商船。虽然在战争期间又增加了 350 万吨——其中近一半都是在 1944 年建成的——但到 1944 年底却只剩下不足 250 万吨。日本拥有的全部商船总计吨位在不断下降，因为日本人实在无法像美国人那样，让造船速度跟上甚至超过敌方击沉的速度。[8]

美国潜艇战取得成功的另一个原因是，日本的反潜作战并不怎么有效。日军护航舰也有声呐和深水炸弹，但与大西洋上的英军或太平洋上的美军比起来，日军舰员们对这些装备的使用效率却差了很多。美军潜艇常常会承受漫长的深水炸弹攻击，却损伤不大或者毫发无损。有一次，"白鱼"级潜艇"蝙蝠鱼号"（USS Batfish）向一支船队射出数枚鱼雷，然后迅速下潜，当日军驱逐舰赶来"一枚接一枚"地投下数百枚深水炸弹时，它在深海待了超过 12 个小时。没有一枚日军深水炸弹能接近到足以伤及潜艇的程度。随着潜艇里的空气逐渐污浊，"蝙蝠鱼号"艇长韦恩·梅里尔少校决定，与其在水下被憋死，还不如到水面上决一死战。结果，"蝙蝠鱼号"上浮到了一片浓雾之中，便悄悄溜走了。当然，被迫静静待在水下忍受深水炸弹的攻击，即便不被击沉，也是一种精神折磨。不断的震动会把灯泡震碎，把舱壁上的软木衬垫震松，但只要耐压艇体承受得住，潜艇便不会沉。有鉴于日军在海战的大部分其他方面都格外高效，他们在深弹攻击方面的低能就特别令人好奇了。或许至少一部分原因在于日本海军的文化。日军重视进攻，轻视防御，驱逐舰官兵们更愿意努力完善鱼雷攻击技能，而不那么愿意执行为笨拙的商船护航或者压制看不见的美军潜艇这种乏味的任务。[9]

对日本人而言，除了船只数量越来越少，剩下来的船的使用率也越来越低。其中一个原因是缺乏装卸工。到 1944 年，日本绝大部分有经验的码头工人都被征召入伍，日本不得不依赖从占领区——菲律宾、朝鲜和中国——抓来的苦力以及日本的女人甚至美军战俘来承担码头工作。这些人完全没有经验，大部分人对这种工作也毫无热情，工作效率可想而知。另一个问题是日本人不愿意组织护航船队。他们直到1943年下半年才建立护航船队体系，到1944年春才开始例行组织船队。即便到了此时，日军的护航舰还是不敷分配，船队常常因为一艘护航舰没有到位而延误，有时甚至延误数个星期。在这种情况下，让船只单独出海看起来也就比较明智了，尤其是当船只的航线被认为位于安全海域时。问题是，到了1944年，"安全海域"已经不存在了。1943年10月，"大舌头"莫顿率领一支三艘潜艇组成的"狼群"潜入日本海，在被日本人认为是"天皇的澡盆"的海域击沉了一艘运兵船，这令日本人大为震惊。几天后，莫顿所在的"刺鲅号"潜艇在试图离开日本海时被击沉，但这也没给日本人带来多少安慰。[10]

航运遭遇的灾难影响到了日本战备的方方面面。日本的煤炭进口量从1941年的2 400万吨下跌至1944年的830万吨，铁矿石则从480万吨跌到100万吨。原油进口量从1943年到1944年下跌了48%，丢掉菲律宾之后又进一步下滑。面临严重威胁的油轮白天待在岸边，只敢在晚上冒险出海，赶在黎明前关灯航行，然后再次回到岸边。海洋中到处危机四伏。1944年5月，一艘美国潜艇在日本人认为安全的南海击沉了日本最大的油轮——1.7万吨的"日新丸"。1944年12月，乔治·格赖德在担任"松鲷号"（USS Flasher）潜艇艇长之后的首次战斗中就击沉了4艘各1万吨的日本油轮。这些油轮装的很可能是产自爪哇岛或婆罗洲的易挥发原油，它们"被炸成了碎片"。这一景象是如此壮观，以至于格赖德让艇员们两人一组轮流登上甲板，观看油轮燃烧。几天后，"松鲷号"又在中南半岛旁击沉了3艘油轮。在这样的攻击下，日军燃油日益紧缺，他们的军舰不得不用豆油充当燃料。日本人还在中南半岛强征稻米提炼生物燃料，结果导致当地发生大规模的饥荒。事实上，美军潜艇在日本身上做到了德国潜艇没能对英国做到的事情：掐断关键性的战争物资供应。[11]

　　到 1944 年末，日本人已经没有船可用了。在这一年的最后两个月里，日本的月均船只损失从超过 25 万吨下降到 10 万吨左右，这并非因为美国潜艇的作战效率下降，而是因为能够出海的日本船只越来越少了。由于缺乏运输船和油轮（和 1943 年时的意大利人一样），日本人转而使用潜艇和驳船——甚至小筏子——来运输物资。到了这一年年底，美国潜艇实际上已经没有目标可以打了。[12]

　　洛克伍德或者克里斯蒂（以及后来的法伊夫）都没有尝试过像邓尼茨在大西洋上那样让他们的潜艇密切协同作战，但他们也确实会时不时把一份"超级"情报发给"狼群"的艇长们。例如，11月时，密码破译人员获悉日军计划把陆军第 23 师团从中国战场运往菲律宾。由于这支船队价值较高，日军为其安排了一支特别强大的护航舰队，包括"隼鹰号"航母外加 6 艘驱逐舰。密码破译人员将情报告知了洛克伍德，后者随即引导两个"狼群"——总共6 艘潜艇——前往坐标位置。在 11 月中旬的 3 天里，它们击沉了 2艘运兵船，3 艘货轮，还把 3 枚鱼雷射入了"隼鹰号"。这同样是潜艇影响太平洋战争的一种方式。麦克阿瑟的士兵们在吕宋岛上面对的敌人又少了一个师团。[13]

＊＊＊

　　除了破坏航运，美军潜艇还被用于救援在海上迫降的轰炸机的机组成员。当 1944 年 11 月的最后一周，美国开始用新型 B-29 远程轰炸机从塞班岛出发对日本本土列岛进行密集轰炸时，潜艇的这一任务就变得格外关键。这种飞机令人印象深刻，它是二战中实际参战的最大的飞机，能够携带 10 吨炸弹在 3 万英尺高度飞行 4 200

英里，由于实现了完全气密，机上的 11 名机组人员无须使用氧气面罩。航空兵的领导人相信，有了这种武器，他们无须进行代价高昂的登陆作战就能打赢战争。[14]

起初，美国曾试图以第 20 轰炸机司令部从中国机场起飞轰炸日本，但是，要将炸弹，尤其是燃油，从印度穿过喜马拉雅山下的"驼峰"航线运过去，被证明是后勤的噩梦，导致这些飞机每周只能出击一次。从塞班岛出击的效率就高多了，岛上的机场刚一建成，新成立的第 21 轰炸机司令部便开始了对日本城市的持续轰炸。[15]

11 月 24 日首次轰炸时，超过 100 架 B-29 从塞班岛起飞直扑东京。即便对于 B-29 而言，这趟往返 3 000 英里的航程也是一种挑战。不可避免地，有些飞机会遭遇发动机故障，还有一些则被日军防空力量击伤。一旦如此，飞机就要在海上迫降，而那些提前在日本东海岸占据位置的美军潜艇则要去救援这些飞机的机组人员。在 11 月的最初几轮空袭中，有一艘被指派执行这一任务的是"白鱼"级潜艇"射水鱼号"（USS Archerfish）。[16]

"射水鱼号"是一艘新艇，舰龄刚过一年。虽然它已经在太平洋上执行过四次战斗巡逻，却还没有击沉一艘敌船。艇长约瑟夫·恩赖特中校希望改变这一状况，不过他实现愿望的可能性并不大，因为他的艇执行的是救援任务。但真到了指定位置，它在最初的几轮空袭中又没有机会捞救任何机组人员。11 月 28 日，没有空袭，于是恩赖特被松了绑，可以进行自由巡航了。问题是，他的雷达坏了，这天一整个下午，他都在指挥塔上不停地问下面维修进展。最终，晚上 8 点，工程人员报告说雷达恢复了。18 分钟后，这台雷达就发现了目标。[17]

恩赖特立刻抓起双筒望远镜，看向报告发现目标的方向，却

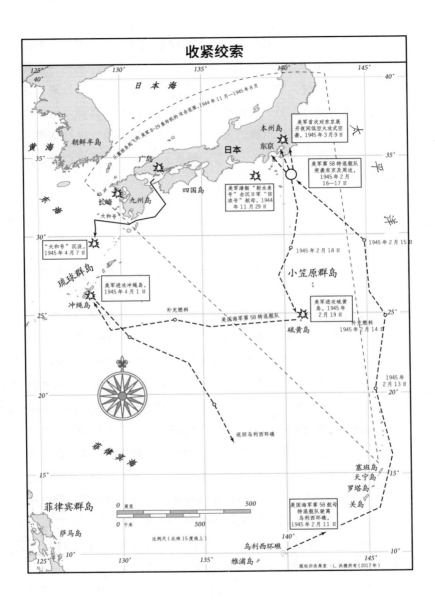

# 收紧绞索

日本海

朝鲜半岛

黄海

东海

从基地岛起飞的美军B-29轰炸机的袭击范围,1944年11月—1945年8月

本州岛

东京

日本

四国岛

广岛

长崎 九州岛

"大和号"

美军首次对东京展开夜间低空火攻式空袭,1945年3月9日

美军第58特混舰队突袭东京及周边,1945年2月16—17日

美军潜艇"射水鱼号"击沉日军"信浓号"航母,1944年11月29日

"大和号"沉没,1945年4月7日

1945年2月18日

1945年2月15日

琉球群岛

美军进攻冲绳岛,1945年4月1日

小笠原群岛

冲绳岛

补充燃料

美国海军第58特混舰队

美军进攻硫黄岛,1945年2月19日

硫黄岛

补充燃料1945年2月14日

1945年2月13日

返回乌利西环礁

塞班岛
天宁岛
罗塔岛
关岛

菲律宾海

菲律宾群岛

萨马岛

| 0 | | 英里 | 500 |
| 0 | | 千米 | 500 |

比例尺（北纬15度线上）

美国海军第58航母特混舰队驶离乌利西环礁,1945年2月11日

乌利西环礁

雅浦岛

什么都没看到。但是几分钟后，一名眼睛比他尖的瞭望员报告说看到了"海平面上有一个长而低矮的凸起"，很快，恩赖特也看见了。这是一艘大船，有一艘驱逐舰护航，正向他靠近过来。恩赖特推测这很可能是一艘油轮——战斗巡逻的首要目标。他很快想到了方案：先放护航舰过去，然后快速冲向油轮，进行全部鱼雷齐射。当他正在展望这一幕时，哨兵又开口了："那艘船看上去像是一艘航母。"[18]

***

回到 1940 年 4 月，在严格保密的情况下，日本人在东京湾南侧的横须贺造船厂铺设了一艘新战列舰的龙骨。这是日本的第三艘超级战列舰——"大和号"和"武藏号"的姊妹舰。建造的进度一直不紧不慢，甚至战争爆发后也是如此，直至中途岛惨败。这时，日本军令部决定把这艘在建的战舰改造为超大型航空母舰。它的舰体经过了改建，可以安装有重装甲保护的飞行甲板，以保护这艘舰免遭美军俯冲轰炸机 1 000 磅炸弹的打击，中途岛战役已经证明了这种炸弹的毁灭性。实际上，这艘舰上重 1.7 万吨的装甲占到了其总排水吨位的近三分之一。与此前从"泰坦尼克号"到"俾斯麦号"的很多舰船一样，它也被宣称为"永不沉没"。原定的完工日期是 1945 年 2 月，但是在马里亚纳海战中损失了三艘航母之后，这一计划被加快了。它原本有望及时完工赶上"捷号作战"，但是船厂的一起事故却让这一计划泡了汤。这艘舰于 11 月 11 日下水，8 天后服役，被命名为"信浓号"。[19]

满载排水量 71 890 吨的"信浓号"是到当时为止人类建造过的最大的航母，这一纪录直到 1961 年美国海军的"企业号"核动力航母服役后才被打破。11 月 24 日，美军第 21 轰炸机司令部首次发动空袭，远程轰炸机飞临东京上空，这令日本当局大为惊恐。日军高层认定，尽快让耗费巨资建成的"信浓号"离开东京湾是至关重要的。在南方 400 英里外的濑户内海，它应当可以受到更好的保护，舰员们也可以进行飞行训练以形成战斗力。结果，尽管舰上只有一半锅炉可用，许多水密门也还没有安装，舰长阿部俊雄还是接到了立即出海的命令。11 月 28 日日落后一个小时，阿部尽职地指挥"信浓号"在 4 艘驱逐舰的护卫下驶出了东京港。两个半小时后，它出现在了"射水鱼号"的雷达屏幕上。[20]

恩赖特简直不敢相信。1943 年，他在"鲦鱼号"潜艇上第一次作为艇长指挥战斗巡逻时也遇到过一次攻击敌人航母的机会，但那次敌人逃走了。恩赖特决心此番不让这一幕重演。这艘航母正向南驶来，却会在 9 英里距离外越过他。他需要再靠近一些。"射水

被"射水鱼号"潜艇击沉的日本超级航母"信浓号"，其服役时间如此之短，以至于几乎没有照片存世。这张素描是日本画家福井静夫于战后画的。虽然"射水鱼号"在这次巡逻中只击沉了一艘船，但从击沉吨位上说，这却是二战中最成功的一次战斗巡逻

来源：美国海军历史与遗产司令部

鱼号"的最高水面航速为 19 节，正常情况下航母可以轻松甩掉潜艇。于是恩赖特决定尽可能与航母保持平行航行，期待对手在下一次改变航向时主动靠上来。然而，12 台锅炉中只有 6 台可用的"信浓号"只能开出 20 节航速，当 6 台可用锅炉中又有一台发生故障后，其速度更是降到了 18 节。这就使得恩赖特和"射水鱼号"得以在航母右舷 9 英里处与其并驾齐驱。[21]

11 月 29 日凌晨 3 点，阿部命令"信浓号"及护航舰艇转向西，向海岸驶去。这正是恩赖特苦苦等待的机会。3 点 17 分，他射出了 6 枚鱼雷。攻击航母时，鱼雷深度通常会被定在 25 英尺至 30 英尺，但恩赖特觉得如果自己能击中这艘巨型航母的舰体更上方，就能让其头重脚轻，更容易翻覆。于是他下令将鱼雷深度设为仅 10 英尺。这一决定要了"信浓号"的命，因为鱼雷刚好击中了航母的装甲防雷突出部以上。"射水鱼号"下潜时，恩赖特觉得自己听到了 6 声爆炸，实际上他的鱼雷只有 4 枚命中。但这已经足够。成吨的海水涌入"信浓号"舰体，它几乎立刻就向右倾斜了 15°。由于许多水密门尚未安装，进水迅速蔓延开来，军舰的倾斜很快增加到 25°，然后是 30°。阿部让"信浓号"向岸边驶去，希望在浅水处坐滩以便回收和修复——但为时已晚。阿部的愿望落空了，"信浓号"于上午 10 点半沉没。此时距离它服役刚刚过去 10 天，出港仅仅 16 个半小时。[22] *

---

\* 美国海军起初并不认为恩赖特和"射水鱼号"击沉了一艘航母。"信浓号"的存在得到了如此严格的保密，以至于连密码破译人员都对此一无所知。美国海军记在恩赖特头上的战绩先是一艘油轮，然后又是一艘轻型航母，直到很久之后，他们才知道他击沉的是一艘大型航母，甚至是超大型航母。这为恩赖特赢得了一枚迟来的海军十字勋章。虽然"射水鱼号"在这次巡逻中只击沉了一艘船，但从击沉吨位上说，这却是二战中最成功的一次战斗巡逻。

***

当美军潜艇摧毁着日本的商船，美国陆军航空兵的轰炸机轰炸着日本的城市时，麦克阿瑟还在继续他征服菲律宾的战斗。莱特岛之后，他的下一个目标是民都洛岛，麦克阿瑟计划将这里作为重头戏（登陆吕宋岛、夺回马尼拉）的跳板。此番登陆再次由哈尔西的第三舰队提供支援，而且，由于受到莱特湾战役中被评论者称为"公牛冲刺"的错误的刺激，哈尔西决心全力以赴。为了做到这一点，他必须应对"神风"攻击带来的新威胁。从 10 月 29 日到 11 月 1 日，"神风"机撞中了他的 4 艘航母——"勇猛号"、"富兰克林号"（USS Franklin）、"贝劳森林号"（USS Belleau Wood）和"列克星敦号"。四舰无一沉没，但其中两艘不得不回到普吉特船厂大修。为了应对这一新威胁，哈尔西调整了航母上各机型的比例，减少了轰炸机和鱼雷机以增加战斗机的数量。这不仅是为了击落来袭的"特攻"，也是为了对民都洛岛和吕宋岛的日军机场进行压制覆盖，从第一时间阻止"神风"机离开地面。[23]

麦克阿瑟的民都洛岛登陆于 12 月 15 日打响。（当日，在半个地球之外，藏身于阿登森林的德军地面部队已准备好发动反攻，也就是后来的突出部战役——这是希特勒为了夺回欧洲战场主动权而发动的最后拼死一搏。）哈尔西的航母已经在海上连续待了近 4 个月之久，除了正常的人困马乏、机器磨损外，哈尔西还必须关注各舰对燃料和补给物资的需要。美军的大型航母可以连续航行 2 万英里乃至更远而无须加油，然而那些小型的驱逐舰和护航驱逐舰却像赛车一般耗油，必须经常加油。它们常常从大舰那里加油，然而大舰最终也是要加油的，这样它们就需要和来自乌利西舰队基地的油轮编队会合。在按计划发动 12 月 19 日的空袭民都洛作

1944 年 12 月 2 日，美国海军第 38 特混舰队第 3 大队完成对菲律宾日军目标的打击后，列队返回乌利西锚地，最前面的是轻型航母“兰利号”

来源：维基百科

战之前，哈尔西命令舰队于 12 月 17 日前往菲律宾群岛以东的一处会合点加油。[24]

　　5 月至 12 月是西太平洋的台风季，因此 12 月 15 日时有一场风暴开始在关岛以南生成也没什么特别的。它向西缓慢移动，横穿菲律宾海，并逐渐增强。哈尔西旗舰“新泽西号”上的气象专家是乔治·F. 考斯科（George F. Kosco）。他注意到了天气的不稳定，却没有今天天气预报员们所熟悉的卫星云图，因此他无法准确预测台风的路线，也没觉得会发生什么不同寻常的事情。12 月 15 日，

"新泽西号"上的气压计读数为 29.88 英寸汞柱 *，风力为 23 节，并无明显异常。[25]

哈尔西不是那种会被天气不稳定吓住的人，而且有些驱逐舰的燃料存量只剩下了 15%——达到了危险水平——于是他决定，继续按计划前往加油会合点。为了避开恶劣天气，他将会合点变更到了南面 180 英里处。他不知道的是，这样一来，他就径直来到了风暴的行进路线上，而这场风暴已经发展成了全面的台风。

到了预定加油的这天，天气却很明显不允许这么做。海面上巨浪滔天，哪怕是大型航母都受到了威胁。"大浪都打到飞行甲板上了，""企业号"一名舰员回忆道，"我都不知道我们是怎样浮在海面上的。"那些小型舰艇的处境更是糟糕得多，它们就像是浴缸里的玩具一般被抛来抛去。排水量 1 700 吨的"杜威号"（USS Dewey）驱逐舰的舰长雷蒙德·卡尔霍恩中校回忆道，他的船"旋转并扭动，就像是受伤的野兽"。风速越来越大，直至超过 100 节。浪花就像喷砂枪一样把军舰外壁上的油漆成片剥落。那些胆敢走出船舱的舰员发现，风吹浪花简直要把他们的脸皮撕下来。哈尔西却觉得无论如何都要想办法加油；如果驱逐舰用光了燃油，就会彻底陷入绝境。他的结论是："我们不得不想办法加油，不仅为了麦克阿瑟，也为我们自己。"接到这些命令后，雷蒙德·卡尔霍恩想知道："见鬼的舰队司令怎么会觉得这种时候还可能加油？"确实，这不可能。"杜威号"上的气压计跌到了 27.30 英寸汞柱，这是截至当时所有海军军舰记录过的最低值。在现实面前，哈尔西屈服了，他推迟了加油。[26]

驱逐舰现在要面对彻底用光燃料的十分现实的可能性了，而

---

\* 1 英寸汞柱 ≈3.39 千帕。——编者注

且，拼命想要逃离台风的哈尔西命令舰队向西航行，结果无意中与台风同向行驶，反而延长了遭受台风肆虐的时间。其实，哈尔西应当受责之处不是不知道台风行进路线，他错在让舰队按指定航向航行太久，过晚放手让舰长们自救。*对于三艘舰来说，这已经太晚了：驱逐舰"赫尔号"（USS Hull）、"莫纳汉号"（USS Monaghan）、"斯彭斯号"都沉没了，死了很多人。两艘航母——"考彭斯号"（USS Cowpens）和"蒙特雷号"（USS Monterey）——遭受重创，它们机库甲板里的飞机挣脱了系留索，相互碰撞，甚至在滔天巨浪从外面灌入航母之时仍然引发了大火。在这场灾难中，200架舰载机被摧毁，25艘舰艇受损，其中7艘受损严重，790人丧生。[27]

到风暴最终减弱时，舰队各舰就如一名军官回忆的那样"四处散落在太平洋上"。它们慢慢聚拢到一起，最后还是加了油。虽然哈尔西急于返回民都洛岛按计划发动空袭，但很明显，大部分军舰的状况已经无法这么做了，于是他指示这些军舰返回乌利西维修。在莱特湾海战中饱受争议的指挥后不到两个月，哈尔西再一次由于在这场后来所谓"哈尔西台风"中的不当决策而遭到来自官方和公众的批评。[28]

美国海军在乌利西组建了一个调查庭，尼米兹本人也从珍珠港飞来，参加调查并处理善后。在听证会上，哈尔西举证说自己对于台风的到来"没有得到警告"，确实如此，但调查庭也提出他本可

---

\* 有些驱逐舰舰长无论如何也要脱离指定航线，认为只有这样才能拯救自己的船。此事也成了赫尔曼·沃克的小说《叛舰"凯恩号"》的原型。在小说中，扫雷驱逐舰"凯恩号"的舰长菲利普·弗朗西斯·奎格不顾肆虐的台风，坚持要求军舰按指定航线航行。这时，舰上发生了"哗变"，副舰长斯蒂芬·马利克强行解除了奎格的舰长职务，以求自主航行。

以在驶往加油会合点时放出飞机进行气象侦察。尼米兹这边倒也不是完全没有批评哈尔西，但他想暂时把这次灾难放到一旁，先把仗打好。尼米兹承认哈尔西确实犯了错，但也坚持认为那都是"作战压力导致的判断失误，而且是出于完成作战任务这一值得表扬的动机"。金对此表示同意，他写道，虽然遭受损失的"主要责任"在于哈尔西，但不必采取更多措施。不过舰队里的其他一些人却不太赞同这一点。哈尔西麾下一支航母大队的指挥官杰拉尔德·博根在战后的一份口述历史中总结道，主要问题在于哈尔西不愿意根据客观的现实调整自己的行动。博根坚持认为，这就是因为"直白地说，他那该死的顽固"[29]。

一个月后，哈尔西把"大蓝舰队"的指挥权交给了斯普鲁恩斯，这是早就计划好了的，和台风事件毫无关系。第三舰队再次成了第五舰队，第 38 特混舰队也变成了第 58 特混舰队。在哈尔西指挥的 5 个月里，这支舰队击沉了 90 艘日本军舰、100 万吨船只，并摧毁了超过 7 000 架敌机。哈尔西的指挥任期充满争议，但是，他虽然因为"公牛冲刺"和"哈尔西台风"而受到批评，其勇猛而坚定的海上斗士的形象——海军中的乔治·S. 巴顿——却丝毫未受损。[30]

\*\*\*

与此同时，美军对日本列岛的空袭还在进行，而且实际上是日甚一日。这场战役的首要目标是摧毁日本的战争工业，尤其是飞机制造能力，不过盟军的计划人员也认为持续的轰炸将会打击日本民众的士气。然而，除了这一切，那些拥护在战后成立独立美国空军的人也急于展示战略轰炸的有效性。这就全要依靠新型 B-29 轰炸机了。就像邓尼茨坚持要求他的潜艇除了在北大西洋击沉盟国商船之外不能用于其他目的一样，"福将"亨利·阿诺德将军也坚持要求他的新型 B-29 轰炸机除了战略轰炸之外不能用于其他场合。他不想让这些飞机被调去为海战或两栖战提供战术支援，为了确保这一点，他说服参谋长联席会议规定，塞班岛上的第 21 轰炸机司令部不隶属于任何战区管辖——他们将作为一支独立部队发挥威力。当然，这些轰炸机还需要依靠海军提供物资支持。每架 B-29 每次飞行需要 6 400 加仑航空燃油和 8 吨炸弹，这需要超过 100 艘船近乎不断地往来运输才能维持。海军当局抱怨说，航空兵想要更多的零部件、更多的炸弹、更多的燃料，这让海军的海运能力不堪重负。反过来，航空兵机组则抱怨说海军人员吃得更好，住得更好，还可以洗热水澡。第 6 轰炸大队一名 19 岁的炮手在比较了自己和海军同僚的生活环境后，给家里写信道："我好遗憾那时没有参加海军。"陆军航空兵的军官们则发牢骚说："在海军这里我们就是后娘养的。"[31]

除了后勤困难和军种间的龃龉，轰炸计划还需要解决战术难题。阿诺德和其他战略轰炸支持者相信自己拥有了足以打赢战争的秘密武器——诺顿轰炸瞄准具，这种装备至少在理论上能够把一枚炸弹扔到一座建筑而不仅仅是一座城市里。在欧洲，当英国皇家空军专注于对德国城市进行夜间区域轰炸时，美军则进行了昼间空袭以攻击特定目标，例如德国施韦因富特的滚珠轴承厂以及罗马尼亚普洛耶什蒂的炼油厂。这些昼间空袭令美军损失了大量飞机和机组人员，代价高昂，其效果最终也被证明未能达到计划人员的预期——虽然这一点直到战后才完全弄明白。

秉持着这些信条，当 B-29 机群于 1944 年 11 月开始攻击日本列岛时，也是进行昼间轰炸，从 3 万英尺高空投下炸弹。从这一高度投弹，精度就无法保证了。一方面，日本在冬季的几个月里几乎一直浓云密布，这会挡住投弹手的视野，正如一名B-29机长所言："即便有诺顿瞄准具，投弹手也要看到目标才行。"另一个问题是，从3万英尺高处投下的炸弹会被日本上空的强风吹得四处散落，重磅炸弹也不例外。虽然投入的飞机和炸弹越来越多，但最初几个月轰炸的效果仍然令人失望。正如一名大队长在1945年2月的一篇日记中吐露的那样，这些空袭"是完完全全的失败"。这不仅是在作战上令人失望，还是一场政治灾难。美国已经在B-29项目上花费了40亿美元——超过了"曼哈顿计划"的花费——对于战略轰炸的拥护者而言，这一型飞机只能成功，不许失败。[32]

为了改善不佳的作战表现，陆军航空兵的领导人提出要为轰炸作战提供远程战斗机护航，至于战斗机的到来如何能提高轰炸精度，却没人知道。没有哪一种战斗机能从塞班岛出发飞到1 500英里外的东京再飞回来；但是在两地的正中间有一个小岛，即小笠原群岛中的硫黄岛，从那里起飞的P-51"野马"战斗机刚好可以飞到东京再飞回来。金后来写道，硫黄岛对美军的"唯一重要性"在于改善"陆军航空队远程飞机的作战表现"。除此之外，人们还认为，这个岛屿作为空袭后受伤归来的B-29的备降机场也是很有用的。[33]

攻占硫黄岛的想法并不是美国陆军航空队首先提出来的。早在B-29空袭远未开始之时，斯普鲁恩斯就主张，同时拿下硫黄岛和冲绳岛便可不必进攻台湾岛，而台湾岛一直是金看中的选项。金相信，拿下台湾岛可以彻底切断日本的关键物资进口，令其因物资匮乏而投降，这样也就不必再登陆日本本土列岛了。但是考虑到台湾岛面积太大，陆军将领们认同斯普鲁恩斯的观点，认为冲绳是个更好的选择。由于陆海军观点不一，阿诺德对进攻硫黄岛的支持便打破了平衡。"经过充分讨论"，参谋长联席会议批准了一份在 1945 年 2 月登陆并攻占硫黄岛的计划（代号为"分离行动"），这既是为冲绳之战热身，也是为了向 B-29 提供战斗机护航。[34]

日本人已经料到美军会进攻硫黄岛，于是他们进行了增援，令岛上守军超过 2 万人。这个数字原本会更多，但是美军潜艇又在这里发挥了作用，它们攻击了日军的增援船队。一支由 5 艘美军潜艇组成的"狼群"（根据指挥官巴尼·麦克马洪的姓名而被称为"麦克的扫帚"）在日本和小笠原群岛之间巡逻，击沉了几艘运兵船。"小体鲟号"（USS Sterlet）潜艇在硫黄岛外海击沉了一艘小型运输船后浮上海面，发现周围全是日军幸存者。"小体鲟号"的一名艇员后来回忆时解释道："当时许多人并不认同我们做的事，但是当你恨的时候，非常痛恨的时候，你懂的。所以我们做了我们认为不得不做的事。"[35]

硫黄岛是太平洋战争中最血腥的战役之一，双方总共有超过 4.5 万人伤亡，可怕的代价引发了战后的许多反思。\* 有一个争议在于斯普鲁恩斯在登陆的同时下令向日本本土列岛发动航母空袭的决定。在塞班岛之战时，斯普鲁恩斯曾把米彻尔的航母束缚在滩头附近，这一决定受到了海军航空兵们的猛烈批评。8 个月后的现在，他把米彻尔的第 58 特混舰队从登陆舰队身旁解脱开来，令他们前去攻击日本城市，尤其是东京。他的目的是阻止日军飞机——尤其

---

\*　最终的伤亡数字仍无定论。美国海军陆战队给出的官方数字是 5 875 人死亡，包括因伤而死者，另有 17 272 人负伤，合计 23 147 人。然而，这仅仅是 3 月中旬美军宣布占领硫黄岛之前的损失数字。后续的肃清作战将伤亡数字又增加到 6 821 人死亡，19 217 人受伤，合计 26 038 人。日军记录已然遗失，其数字只能靠估算，但大部分专家都认为日军有 1.8 万至 1.9 万人战死，1 083 人被俘。硫黄岛是太平洋战争中唯一一场美军伤亡超过日军的战役。

是"神风"机——前来破坏登陆。然而，除此之外，他还将此次空袭视为一个机会，可以将 B-29 远未实现的目标变成现实：从源头上消灭日军航空兵——摧毁飞机工厂。就在 11 月那头几次令人失望的 B-29 空袭结束一周后，他致信约翰·胡佛将军提出："我们不应继续在外围与日本飞机工厂的产品作战，而应该让航母航空兵深入老巢，把工厂本身干掉。"这当然是抢了陆军航空兵的生意，但斯普鲁恩斯坚持认为"从 3 万英尺高空'用精确投弹设备'轰炸，这个结果我们等不起"，他的这句引语简直就像是翻了个白眼。除了航母，斯普鲁恩斯还带上了舰队中的战列舰和巡洋舰，包括他自己的旗舰"印第安纳波利斯号"（USS Indianapolis），以为航母提供更多的防空火力支援。虽然目标上空的恶劣天气大大妨碍了航母空袭，但美军飞行员们仍然宣称摧毁了超过 500 架日机，自身仅损失 60 架。当然，这些空袭也让航母和快速战列舰远离了硫黄岛上的登陆滩头，直到登陆日当天才返回。[36]

另一个争议则在于硫黄岛登陆前时间相对较短的舰炮火力准备。由于新型快速战列舰都跟着米彻尔的航母走了，能够执行炮击任务的军舰数量有所下降；不仅如此，那些能参加炮击的军舰接到的命令仅仅是炮击 3 天。仍由霍兰·史密斯指挥的海军陆战队要求的炮击时间是 10 天；得知此事不可能后，他们改为请求炮击 4 天，结果还是被拒绝了。其中有两个原因。一个原因是，斯普鲁恩斯担心如果在航母空袭发起之前就对硫黄岛进行炮击，日军就会从本土出动飞机——包括"神风"自杀机——前来攻击登陆舰队。

海军拒绝对硫黄岛进行更长时间炮击的第二个原因是担心这会消耗掉舰队的大部分高爆弹。此时，麦克阿瑟的菲律宾之战尚未落幕，冲绳登陆也即将到来，对硫黄岛的长时间炮击很有可能会导致军舰需要长途跋涉回到乌利西补给，这就会打乱整个时间计划。此

LSM-238 号中型登陆舰把人员和装备送上硫黄岛的黑色沙滩。照片摄于美军登陆开始数天之后，从图中可以体会到美军登陆舰队的规模

来源：美国海军历史与遗产司令部

外，由于塞班岛上的美军 B-24 轰炸机已经连续轰炸硫黄岛 74 天，人们相信这足以补偿炮击时间的缩短而且绰绰有余。在这 74 天里，塞班岛飞来的飞机在硫黄岛上投下了 6 800 吨炸弹，大部分都是从高空投下的，此外还有军舰向这里打来了超过 2 万枚 8 英寸和 5 英寸炮弹。然而，几乎就在陆战队员们踏上海岸的那一刻起，局面就很清楚了：所有这一切都未能摧毁日军的防御。[37]

　　由于后续的战斗血腥恐怖，人们难免会觉得上述这些决定不仅不幸，而且冷血。事后，美国海军陆战队指责陆军航空兵和海军的支援不够充分。然而，就算空中轰炸再猛烈些，舰炮轰击再持久些，也不太可能带来什么大的变化；美军在硫黄岛伤亡惨重的真正原因在于日本守军的坚忍和守军指挥官栗林忠道中将的正确战术。与贝里琉岛一样，硫黄岛上的日军也深挖地下洞穴，将隧道连接到一起，从而令美军的炸弹和炮弹无法伤及他们。对于每一处阵地，美军都必须冲到近处用手榴弹和火焰喷射器才能拿下。不仅如此，日军没有像在其他太平洋岛屿上那样发动标志性的疯狂却无效的"万岁冲锋"，栗林命令他的士兵们待在地下掩体中，迫使美军陆战队员们攻上来，以便将其消灭。这才是硫黄岛战役如此旷日持久，如此代价惨重的原因。就和其他许多事件一样，对此事一锤定音的评论也是来自莫里森将军："没有理由相信 10 天甚至是 30 天的海空轰炸能给守军带来比实际情况更大的打击。"[38]

硫黄岛又是一场美国海军陆战队的标志性战役，有乔·罗森塔尔那张著名照片"折钵山上升起星条旗"和华盛顿特区的纪念碑为证。但美国海军也功不可没。登陆舰队的护航航母放出飞机，为地面上的官兵们进行校射和攻击，而第 58 特混舰队的大型航母在空袭东京归来后也发动了几乎是一刻不停的空袭。2 月 21 日傍晚，"萨拉托加号"航母正在为岛屿提供防空巡逻，这时，6 架敌机突然从云层中穿出，其中至少 4 架是"神风"机。2 架飞机被击落在航母旁，但它们的炸弹仍然在航母附近爆炸，造成了相当大的损伤；另 2 架飞机则成功撞上"萨拉托加号"，一架撞在左舷，一架撞在右舷。航母虽未沉没，却不得不退出战斗达 3 个月之久。次日夜里，一架单枪匹马的"神风"机撞中了护航航母"俾斯麦海号"（USS Bismarck Sea），引发了一连串殉爆，"俾斯麦海号"迅速沉没，舰上 218 人丧生。日军航空兵已经元气丧尽，但他们的"特攻"部队仍然危险。[39]

***

1945 年 1 月 20 日——富兰克林·罗斯福第四次宣誓就任美国总统这天——柯蒂斯·李梅少将来到塞班岛,接掌第 21 轰炸机司令部。在尝试了几次不成功的高空昼间轰炸后,李梅认定:"这种高空的活儿只有鸟儿们才能干。"他或许是受到了 2 月 13 日至 14 日夜间对德国德累斯顿市的毁灭性轰炸的启发。当时,805 架盟军轰炸机投下了 1 478 吨高爆弹和 1 182 吨燃烧弹,燃烧弹引发的火焰风暴摧毁了大部分城市,死亡人数或许达到了 6 万。李梅意识到,日本的房屋大部分都是由木头和纸建造的,高度易燃,于是他得出结论,自己的 B-29 轰炸机也可以使用燃烧弹。3 月 7 日,当硫黄岛上仍在激战之时,李梅把他的大队长们召到办公室,告诉他们,自己要改变比赛规则了。下一次空袭将不再是在白天从 3 万英尺投掷高爆弹,而是在夜间低空用燃烧弹空袭。他说目标是"把那里烧成白地"[40]。

就在第二天晚上,346 架 B-29 从关岛和塞班岛起飞,向东京发动了大规模空袭。这些飞机的飞行高度只有 5 000 英尺,它们把 50 万枚装着凝固汽油的 6 磅重 M-69 燃烧弹撒在东京市中心的大部分地区。每一枚燃烧弹后面都拖着一条 3 英尺长的"飘带",以确保触发引信朝下;在一名目击者看来,那就像是"银色的帷幔"飘然落地。燃烧弹一触碰到住宅或楼宇的屋顶就会爆炸,把燃烧的凝固汽油喷溅到四面八方最远 30 英尺外。随之而来的火焰风暴迅速蔓延,火柱直冲数千英尺的空中。一夜之间,大火毁灭了东京市的 1/3——大约 16 平方英里,10 万人死亡,100 万人无家可归。按照一名领队长机飞行员的话说,这"可能是飞机造成的最具毁灭性的打击",对日空袭新的篇章就此翻开。[41]

在接下来的三个星期里，B-29又向多个其他日本城市发动了火攻，包括名古屋、大阪和神户。由于轰炸机在夜间低空飞行，战斗机护航也就没有必要了，因为日军没有有效的夜间战斗机。李梅甚至拆掉了B-29上的机枪，好让飞机携带更多的燃烧弹。这意味着甚至在拿下硫黄岛之前，当初进攻这个岛屿的首要理由就已经不复存在了。回想当年1月，李梅曾告诉斯普鲁恩斯，"没有硫黄岛，我就无法有效轰炸日本"；他说这话时很可能确实是这么想的，但以后不再是这样了。[42]

在接下来的数月甚至数年里，美国海军和陆军航空兵都用硫黄岛作为应急备降机场的价值来解释在那里遭到的惨重损失。最终有2 251架次B-29降落在了这座岛上，由于每架飞机有11名机组人员，可以说美军打下硫黄岛拯救了约2.4万名飞行人员的生命。甚至连海军陆战队也接受了这种观点，这或许部分是为了证明他们所付出的牺牲的价值；为无法改变的决定做出解释，这是人的本能。然而实际上，硫黄岛上的护航战斗机并未发挥出保护B-29的作用，那些飞往日本的战斗机接到的命令仅仅是扫射随机目标。不仅如此，在降落硫黄岛的B-29之中，80%都只不过是按计划进行的降落加油，而不是真正的应急备降。如此，因美军占领硫黄岛而获救的机组人数可能只有一两千人，远少于为夺取这里而丢掉的6 821条人命。[43]

对日本大城市的火攻带来了末日般的效果。战后的战略轰炸调查显示："遭受攻击的66座城市中，约有40%的建筑区域被毁。日本全部城市人口中的近30%无家可归，还失去了大部分财产。"如此灾难对日本战时经济的影响尚不清楚。当时，美国陆军航空队坚持认为他们摧毁了日本工厂工人的"住宅区"，打击了日本工业。然而，当地大部分被火攻摧毁的工厂在空袭前就已经停工很久

1945年6月4日，美国B-29"超级堡垒"向日本神户投下燃烧弹

来源：维基百科

了，因为美军潜艇已经切断了大部分原材料供应。一座失去了原材料的工厂只能算是一栋建筑。例如，有几次针对日本石油资源的空袭，只是炸毁了停工的炼油厂和空空如也的储油设施。历史学家马克·帕里洛用解剖学的术语精辟地阐释了这一问题："早在轰炸让心脏破裂之前很久，潜艇就已经切断了动脉，让心脏停止跳动了。"鉴于此，从1945年3月开始，并几乎不间断地持续到战争结束的

B-29 的火攻，与其说是战略轰炸，不如说是恐怖轰炸。[44]

战争是残酷的。自从 1937 年日军发动"七七事变"，标志着第二次世界大战正式爆发以来的 8 年里，日本人一直肆无忌惮，甚至是有组织地四处施暴，他们随意处死战俘，甚至用平民进行刺杀训练。欧洲东线的屠杀也是灾难性的，纳粹当局有组织地屠杀了几百万人。到 1945 年，盟国已经获得了全世界的支持，无论是潜艇战还是空中轰炸，任何能加速结束战争的手段都不仅是合理的，而且是必需的，甚至是值得赞许的。当火攻东京的消息传到美国媒体耳中时，《纽约时报》兴高采烈地报道称："东京的心脏停跳了。"该报还引用了柯蒂斯·李梅的声明："哪怕让战争结束只提前一天，攻击的目的也达到了。"[45]

# 第 27 章

# 落幕

希特勒在盟国特别是美国所谓的突出部战役中赌上了一切；当这一计划在 1945 年 1 月最终崩溃时，德国西部的大门已经洞开。同月，400 万苏联军队以 9 000 辆坦克为先锋，从东面发动了大规模进攻。进攻开始前，希特勒拒绝相信关于苏军正在集结兵力的报告，并禁止他的将军们调整防线部署。进攻开始后，他又拒绝撤退，将若干座城市指定为"要塞"，要求战至最后一人。但这只是徒增伤亡，并无益处。盟军就像一支收紧的铁钳，从两边逼近了德国的心脏。

1 月 16 日，希特勒撤至位于柏林帝国总理府地下的防弹掩体"元首地堡"中，他将在这里继续发号施令，只是大部分命令早已脱离了实际。他承诺马上就会有一种秘密武器能逆转战争的走势，还坚持要他的将军们必须寸土不让。看到这些将领不情不愿，希特勒撤掉了他们的职务，换上了一批资历更浅的无能之辈。在这场闹剧之中，德军将领们在公开场合仍继续效忠于当局，甚至连基层官兵也继续做着据说是他们义务的事情。[1]

海军元帅卡尔·邓尼茨表现出了几乎不亚于元首本人的狂热。历史学家、希特勒的传记作者伊恩·克肖将邓尼茨与戈培尔、希姆莱一同列为纳粹政权中"最残暴最激进的狂热分子"。甚至到了3月4日，这位海军元帅还给希特勒写信道："我们只有坚持战斗，才有机会逆天改命。"在这种思想的支配下，邓尼茨试图利用新一代的潜艇重启破交战，这些潜艇几乎全部装备了新型通气管。通气管的最大价值体现在比斯开湾里。此时，洛里昂和圣纳泽尔还在德军手中。没有通气管的潜艇试图从这里出发进入大西洋深处时，常常会在出港仅仅几个小时后就被盟军，尤其是英军航空兵发现并遭到攻击。通气管则使得潜艇得以在潜航状态下通过比斯开湾，进入大洋的概率更大。[2]

更具革命性的是最新的 XXI 型和 XXIII 型潜艇。直到 1944 年年底前，各国的潜艇还都只是"可下潜"而已——它们实际上仍是水面舰艇，只是在攻击或逃逸时能够短暂下潜而已。1944 年和 1945 年建造的这些新型潜艇才是世界上第一批真正意义上的潜艇。它们能在水面以下连续停留数日；此外，由于创造性的"水滴形"艇体设计，它们的水下航速最高能达到 17.5 节，比任何船队都快。邓尼茨幻想着"新的胜利唾手可得"，他说服希特勒把新型潜艇的建造置于国家工业生产的第一顺位。虽然有些顾虑，但邓尼茨还是接受了军备和战时生产部长阿尔贝特·施佩尔的建议，按照美国人建造商船的方式建造这些潜艇——流水线生产。事实证明邓尼茨的顾虑是有道理的，因为这样建造出来的潜艇出现了很多问题，以至于其生产被拖延了。结果，仅有两艘大型的 XXI 型潜艇能够形成战斗力并进行战斗巡逻。虽然有不少更小的 XXIII 型潜艇在 1945 年的头几个月里入列服役，但每艘艇仅能携带两枚鱼雷，丝毫无力扭转纳粹德国加速覆灭的趋势。[3]

至于德国的水面舰艇部队，到了 1945 年 1 月，其幸存舰艇数量已经用十个指头就能数清楚了。它们几乎全都部署在波罗的海，包括"俾斯麦号"的前僚舰"欧根亲王号"、最早建造的两艘装甲舰("舍尔海军上将号"和"吕佐夫号")以及三艘巡洋舰;其中两艘巡洋舰都停在基尔港的船坞里维修,而另一艘"纽伦堡号"则停在哥本哈根,由于没有燃油,它将在这里一直停留到二战结束。邓尼茨将这些屈指可数的幸存舰艇编为所谓的"第二战斗群",命令它们支援与苏联红军的战斗,苏军此时正沿着波罗的海南岸向前推进。[4]

1月27日,苏联红军攻下了立陶宛的梅默尔(今称克莱佩达),东普鲁士和波美拉尼亚的难民拼命逃亡。恰逢苦寒的冬日,数万人乘坐着各种交通工具——火车、马车、手推车,还有人步行,拉着装满行李的雪橇,大部分人的目的地是皮劳(今称波罗的斯克)、但泽和哥腾哈芬(今称格丁尼亚)等波罗的海港口。邓尼茨认为,"拯救德国东部地区的居民是德国海军的一项重要任务",为了落实这一点,邓尼茨实施了"汉尼拔行动",即德国版本的敦刻尔克大撤退。[5]

几乎所有还浮在水面上的舰船都被拉来了。有运输船、几艘残存的军舰,甚至还有1940年时为入侵英国而建造的"西贝尔渡轮"。这些船上挤满了拼命想要逃走的难民,穿过波罗的海开往德国西部或丹麦。与挪威一样,丹麦此时仍在德国手中。邓尼茨请求盟军保证这些船只的安全通行,然而由于许多船上运载的不仅有平民,还有士兵,他的请求被回绝了。时值隆冬,这些船出海了,船上面满载着——实际上是超载——各色人等,伤兵、女子辅助队员,以及数以千计的平民(其中很多都是妇孺),还有几个高官,特别是纳粹党卫队的官员,这些人正拼命逃避苏联人的抓捕。

以前作为邮轮的"威廉·古斯特洛夫号"(Wilhelm Gustloff)属于执行撤离任务的船只中最大的之列,1月30日,它驶离了但泽湾里的哥腾哈芬。根据旅客名单，这艘船上载有 6 000 名乘客，但是绝望的难民们纷纷挤上登船梯，甚至从小船爬到船上，这让船上的实际人数超过 8 000，甚至上万。此外，该船上还载着保罗·冯·兴登堡及其夫人的棺材。兴登堡是德国的战争英雄，后来担任德国总统直至 1934 年。两具棺材从坦能堡（今称斯滕巴尔克）附近的纪念墓园里被运出来，以防遭到毁坏。[6]

波罗的海风大浪急，不时还飘着雪花，"威廉·古斯特洛夫号"的船长弗里德里希·彼得森决定不必走"之"字形航线。当它在临近午夜时从苏联潜艇 S-13 面前驶过时，艇长亚历山大·马林内斯科（Alexander Marinesko）简直不敢相信自己的好运气。马林内斯科小心翼翼地潜近邮轮，射出 4 枚鱼雷。其中 1 枚鱼雷哑火，其余全部击中了邮轮的舷侧。虽然几艘德国军舰近在咫尺，包括"希佩尔海军上将号"重巡洋舰（它自身也载着 1 700 名难民），但"威廉·古斯特洛夫号"上获救者不足千人。死亡人数高达 9 000，是"泰坦尼克号"和"卢西塔尼亚号"死难人数之和的三倍。这是人类历史上最大的一场海难。一天后，马林内斯科又击沉了载着 6 000 名难民的邮轮"冯·施托伊本将军号"。虽然发生了这些灾难，但在 1945 年的头三个月里，德国舰船还是把百万之众（邓尼茨宣称有 200 万人）运过波罗的海，送到了德国西部和丹麦。[7]

"吕佐夫号"袖珍战列舰也参与了海运行动，该舰的命运正是德国海军短暂历史的缩影。它于希特勒就任德国总理两个月后的 1933 年 4 月服役，被命名为"德意志号"，象征着德国海军的复兴。二战打响之后，希特勒命令该舰更名，以防一艘名为"德意志号"的军舰战沉成为敌人的宣传把柄。二战期间，它在大西洋上充当过破交袭击舰，参加过入侵挪威之战，攻击过北角船队，后来又返回波罗的海成为训练舰。此刻，在第三帝国行将崩溃之际，它又载着难民逃离苏军的进攻路线。4月，它回到了基尔港，也就是它在12年前几乎同一天入役的地方，一架英国阿弗罗"兰开斯特"轰炸机投下的一枚重达1.2万磅的"高脚杯"炸弹正中该舰的甲板，将它击沉在泊位上。但它的炮塔仍在水面之上，于是它的主炮继续开火以防卫船坞，直至弹药耗尽。5月4日，舰员们引爆炸药，将这艘舰彻底炸毁。三天后，德国投降。*

\*\*\*

在1945年的整个春季，当希特勒在他的地堡里要么大发雷霆要么策划密谋时，他往昔的亲信们纷纷开始觊觎他的位置，看谁能继任元首。当希特勒获悉"最终解决方案"的主谋希姆莱，以及阿谀奉承而又骄奢淫逸的德国空军司令戈林都在密谋取代他，甚至接触中立国协商投降时，他不禁勃然大怒。于是他修改了政治遗嘱，指定没有参加这些阴谋的、忠诚的邓尼茨元帅为自己的接班人。当日，希特勒与其情妇埃娃·布劳恩举行了婚礼。第二天，驼着背、面色灰暗、浑身明显颤抖的希特勒走进了"元首地堡"里的私人宿舍，给了自己的新婚妻子一粒氰化物胶囊，然后向自己的脑袋扣动了扳机。[8]

次日，邓尼茨收到了希特勒的私人秘书马丁·鲍曼发来的一条电报，说他现在是德国元首了。虽然邓尼茨后来坚称自己想要立即结束战争，但他的第一本能反应是先巩固自己的位置，并组建一个新内阁。他甚至在广播中坚称要"继续军事斗争"。值得注意的是，

---

\* 故事到这里还没有结束。苏联占领基尔港后，打捞起"吕佐夫号"，拖到波罗的海上进行打靶训练，直至1947年7月22日其最终沉没。

他并未叫停潜艇战。就在几天前，他还宣布："我们海军军人知道自己该怎么做。我们一直在正确地遂行我们的军事使命，无论周围发生何事，我们都要成为一块耐久、勇敢、坚硬而忠诚的磐石。"正是这样的觉悟让他赢得了成为希特勒接班人的"荣耀"。[9]

作为一种策略，或者旁人认为是一种策略，邓尼茨想要尽可能久地顶住苏联人，以求和英美达成某种妥协。在他看来，这样可以使德国免受布尔什维克的影响。于是他一边命令东线德军继续战斗，一边派出代表开始与蒙哥马利元帅接洽。蒙哥马利并没有接待德国政府代表的权力，但他还是同意接受德国北部德军的投降。然而，蒙哥马利坚持要把丹麦与荷兰也纳入这一协议中，他还要求"所有军舰和商船也要同时投降"。这最后一项要求让邓尼茨迟疑了，因为德国的船只此刻仍在抢运苏军进攻路线上的难民。"要我们交出舰船的要求，"他写道，"让我十分苦恼。"[10]

如果说蒙哥马利接待德国政府密使是越权的话，那么政治头脑敏锐的艾森豪威尔就要谨慎得多了。他坚持要求德国人必须同意"立即、同时、无条件在各条战线上投降"。艾森豪威尔警告说，若是达不成一致，他就会让他的战线继续压向成千上万正在逃离苏联红军的德国人——既有军人，也有平民。此时苏军业已攻入柏林，邓尼茨别无选择，只得同意，并令德国国防军的将军们于5月7日在兰斯正式签署投降文书。苏联代表第二天也签了字，从5月8日至9日午夜起，双方的敌对关系正式结束。[11]

经过2 075天的战火之后，欧洲战事终告结束。

\*\*\*

太平洋上的战事也到了紧要关头。当希特勒还在"元首地堡"

里狂热地幻想着"世界末日"之时,在 6 000 多英里之外,美军突击登上了琉球群岛中最大的岛屿冲绳岛。琉球群岛位于日本九州岛以南,向西南面台湾岛的方向延伸,就像是风筝的尾巴。琉球人在文化上并不属于日本人,他们有自己的方言,然而由于琉球群岛在1879 年被日本吞并,冲绳岛也就被当成了日本本土的一部分。因此,对于日本领导层而言,当美军于 4 月 1 日登陆冲绳时,迫在眉睫的危机便已到来,即将到来的战斗再一次被宣布为"守卫本土的大决战"。[12]

当然,到了这个时候,日本人已经拿不出什么武器来打这一仗了。多达 500 万人的日本陆军仍然是一支庞大的力量,但其人员素质参差不齐,装备也是七拼八凑。其大约一半兵力部署在日本本土,另一半大部分在中国。冲绳岛上有 7.5 万守军,外加 2.5 万训练程度不佳的民兵,这些民兵是从 45 万当地人中征来的。与贝里琉岛、硫黄岛以及其他地方的日本守军一样,这些人也将死战到底。日本人虽然口出狂言,要把进攻的美军丢进海里;但他们很清楚,美国人全面掌控了制海权和制空权,这意味着日军如果想要守住冲绳岛,就需要真正极端的手段。[13]

回到当年 10 月美军登陆莱特岛时,驻菲律宾的第一航空舰队司令大西泷治郎海军中将就组织了所谓的"神风特攻队",这支队伍由那些愿意驾机撞击美舰,拿性命去摧毁美军军舰的飞行员组成。正如本书第 25 章所述,区区数架日机撞击了美军的"吉普航母",它们造成的损失堪比整个栗田舰队。大西的"特攻队"仅由 12 架飞机组成,却撞沉了美军"圣洛号"并重创了另外 5 艘护航航母,其中 3 艘伤势严重,不得不返回美国本土大修。

自杀式攻击大部分都是由训练不足的飞行员执行的,如今日本也只能够倚仗这些人了;而且由于都是单程飞行,飞机的作战距离

这张照片展现了 1944 年 10 月 25 日一架日军"神风"机撞击"圣洛号"护航航母的瞬间。第一批"神风"机在菲律宾战役中取得了显而易见的成功,使得日本人决心将"特攻"战术推而广之

来源:美国国家档案馆(照片编号:80–G–270516)

还能翻倍。由于这种战术要求飞行员为"皇国"献身,因此也就体现了所谓的"大和魂"。这种拼命的打法并不是大西第一个提出,却是他最早付诸实施的。[14]

在莱特湾海战后的数周之内,日军"神风特攻队"飞行员又击伤了几艘"埃塞克斯"级和"独立"级航母,在 1 月 6 日一天之内,就有 30 架日机撞上了不少于 15 艘美军舰船,造成 167 名美国人死亡,500 余人受伤。在日本人看来,这些"肉弹"部队的胜利成了他们自莱特湾战败以来仅存的亮点。对于这么多年轻飞行员的死，大西的解释是，如果让这些新手飞行员向美舰发动常规进攻，那也几乎无异于自杀，而且根本无法取得什么战绩，更谈不上改变战争的走向。另一方面，如果美军在进攻日本本土时舰艇损失严重，他们也可能会接受通过谈判停战。这些主张帮助大西说服了日本海军高层，包括海军大臣米内光政，应当以更大的规模采取自杀战术。[15]

就在东京大片城区被 B-29 的第一次火攻化为灰烬之前不久，"神风特攻队"正式成立。"神风"之名取自 13 世纪时两度摧毁忽必烈汗进攻日本舰队的风暴。这一次，日本人要用这些"神风"部队来刮起他们自己的"神风"。负责此事的指挥官是山本的前参谋长宇垣缠海军中将，大西则担任宇垣的参谋长。* 他们从日本各地，甚至从中国东北和朝鲜调来了数百架飞机，把它们藏在九州岛上的几十个小型机场里。虽然他们希望能集结起多达 3 500 架飞机，但米彻尔航母舰队的反复空袭将这一数字削去了一半。[16]

找飞行员就容易得多了。海军航空兵的学员们——很多都是刚刚开始飞行训练的青少年——会被集合起来，听一个个高级军官慷慨激昂的训话，之后就会拿到一张表格，要他们从三个选项中选一个：

（一）我不愿意加入"特攻队"。

---

\* 此处说法不准确，日军并未出现过名为"神风特攻队"的正式编制，这里所指应为 1945 年 2 月 10 日，日本海军军令部组建的第五航空舰队。该部队以执行"特攻"为主要任务，而在此之前，"神风特攻队"是中下层部队在既有编制中临时组织的，名义上是自发行为，高层并未明确下令。宇垣缠为第五航空舰队司令，其参谋长为横井俊之，而非大西泷治郎；大西时任第一航空舰队司令。——编者注

（二）我愿意加入"特攻队"。

（三）我热切希望加入"特攻队"。

几乎每个人都会选择第三项。正如其中一名学员如实讲述的："自打参军起，我们就已将生命献给了天皇……所以，特攻仅是我们履行军人职责的另一种方式。"[17]

除了常规飞机外，宇垣缠麾下还有一种被称为"樱花"的火箭推进炸弹；美国人无法理解日本人的这种做法，故称其为"八嘎弹"。和曾在地中海击沉了意大利战列舰"罗马号"的德国"弗里茨X"制导炸弹一样，"樱花"弹也要被挂在常规轰炸机——通常是双引擎的一式陆上攻击机——的机身下来到战场，在距离目标15英里到20英里处放出。区别在于，"樱花"弹并不像德国货那样用无线电控制，而是由一名自愿赴死的飞行员驾驶着飞向目标。一旦射出，"樱花"弹的飞行速度可以超过每小时500英里，这使得它们对防空炮火完全免疫。难题在于，日本人需要让笨重的一式陆上攻击机飞到距离美舰15英里到20英里处放出"樱花"弹。在早期的一次进攻中，9架挂载着"樱花"弹的一式陆上攻击机还没有接近发射距离就被"地狱猫"战斗机击落了8架，不过剩下那一枚成功发射的"樱花"弹击沉了一艘驱逐舰。后续的攻击又击伤了一些美舰，但造成的损失并不足以带来任何战略意义。[18]

普通的"神风特攻"飞机数量多得多，因而也危险得多。日军通常会使用零式战斗机进行"神风"攻击，它曾是太平洋上的顶级战斗机，但现在已经显著逊色于美军的新型战斗机了。每架零战会挂载一枚550磅炸弹，负重之后，它那著名的机动性便丧失大半。因此，它们需要被那些由更有经验的飞行员驾驶的常规战斗机

挂载"樱花"弹的一式陆上攻击机

来源：维基百科

护送到目标附近。初期，"神风"机常常三四架一组发动攻击，由两三架战斗机护航。在硫黄岛外，这样的特攻机群击沉了护航航母"俾斯麦海号"，重创了舰队航母"萨拉托加号"。然而，返航的飞行员们一如既往地高估了他们的战果。根据他们的报告，宇垣向东京报称他的特攻队摧毁了"敌方7艘航母、2艘战列舰和1艘巡洋舰"。[19]

对于接下来的冲绳战役，宇垣计划拿出所有的力量，不再一次只派三四架"神风"机，而是出动数百架蜂拥而上，压倒美军。在3月30日的登陆前火力准备中，一架"神风"机成功撞上了斯普鲁恩斯的旗舰"印第安纳波利斯号"。斯普鲁恩斯倒是安然无恙，但"印第安纳波利斯号"却不得不返回美国维修，于是斯普鲁恩斯把他的将旗转移到了战列舰"新墨西哥号"上。*事实证明，这才仅仅是个序幕。[20]

***

被称为"菊水作战"的全面"神风特攻"于4月6日打响。当天上午，宇垣从九州岛各地的机场出动了总共700架飞机。其中只有大约一半（355架）是"神风"机。其余要么是常规轰炸机，要么是护航战斗机，后者将负责击退"地狱猫"，以让"神风"机突破到美舰上空。"神风"机根本不缺目标。冲绳岛周围挤满了各种舰船，登陆冲绳的是自从诺曼底战役以来最大规模的登陆舰队。亲眼见到了这一幕的莫里森将军后来回忆道，除了战舰，"目力所及的每一处水面都布满了坦克登陆舰和其他登陆与指挥控制舰艇"[21]。

虽然"神风"飞行员们都被告知要集中攻击航母，但照做的人并不多。里奇蒙·凯利·特纳在登陆舰队主力外围40英里至70英里处布置了16艘较小型的驱逐舰和护航驱逐舰，组成一条弧线，担任雷达警戒哨，针对来袭敌机提供早期预警。它们便成了"神风"飞行员遭遇的第一批美舰。对于这些从来没在空中看过美军战舰的新手飞行员来说，这些雷达哨舰看上去和战列舰也没什么两

---

* "印第安纳波利斯号"的战争生涯并未结束。在加利福尼亚州的梅尔岛海军船厂修复之后，它在7月受命将第一枚原子弹"小男孩"运往天宁岛。完成运送任务后，它于7月30日在前往菲律宾途中被日军伊-58号潜艇发射的2枚鱼雷击中。"印第安纳波利斯号"在12分钟内就沉没了，约300名舰员与舰同沉，其余900人遭受了近四天的暴晒、脱水、不断的鲨鱼袭击，最终只有317人获救。这是美国海军在二战中单次人员死亡最多的一次。

第 27 章 落幕　　779

样，于是这些急于完成"神圣使命"的人便一压机头冲了下去。[22]

在4月的那个上午，最靠近九州岛的3艘驱逐哨舰是"布什号"（USS Bush）、"卡尔霍恩号"（USS Calhoun）和"埃蒙斯号"（USS Emmons），它们遭到了多达50架"神风"机的集中攻击。4架飞机撞上了"布什号"，5架撞上了"埃蒙斯号"；其余日机则坠入美舰近旁的海中，它们要么是精准高炮火力的牺牲品，要么干脆就是没能对准目标。结果，这3艘驱逐舰被悉数击沉，人员损失惨重。当天，日军"神风"机还在别处撞沉了1艘坦克登陆舰、2艘"胜利轮"和2艘弹药船，另外撞伤了10艘美舰，包括"马里兰号"战列舰。有一队"神风"机确实攻击了被宇垣视为首要目标的美军航母，但它们几乎全被执行防空巡逻的"地狱猫"击落，只有一架成功撞击了"汉考克号"（USS Hancock）航母。"神风"机带来的损失固然严重，但并不足以阻止美军登陆。[23]

宇垣缠并未灰心丧气。返航飞行员——就是那些执行护航任务的人——的报告再次夸大了战果。宇垣在日记中写道："冲绳岛周围的海域变成了海上屠场。"美军的损失虽然没有如此夸张，但也已足够惨重。在接下来的几个星期里，日本的"神风"攻击还将让美军舰队继续付出沉重代价。[24]

在接下来的进攻中，急于求战的"神风"飞行员们将继续集中攻击那些驱逐哨舰。其中一艘哨舰，驱逐舰"拉菲号"遭受了或许是战争中最顽固的一次空中突击。"拉菲号"是一艘新舰，以在瓜岛战沉的那艘驱逐舰的名字命名。4月16日上午，它占据了位于冲绳岛北端外30英里处的1号哨位。上午8点20分，舰上的雷达操作员报告说至少有50架来袭敌机"从北方迅速接近"。它们中有一半转向寻找其他目标去了，但其余的则直冲"拉菲号"扑来。"它们来啦！"一名瞭望员喊道。在接下来的1小时20分钟里，"神风"机从四面八方朝这艘驱逐舰杀来。[25]

　　"拉菲号"的炮手们每分钟都要打出超过 1 000 发炮弹，在友军战斗机的有力配合下，他们击落了最初 9 架来袭敌机。然后，到了 8 点 39 分，一架九九式舰载轰炸机擦过舰体前部，扫过甲板，在舰尾爆炸。几分钟后，一架"彗星"撞上了舰舯部的 20mm 高射炮群。之后，又一架九九式舰载轰炸机在二三十英尺高度从舰尾飞来，撞上了一座 5 英寸炮塔。当损管队拼命想要控制住火势时，

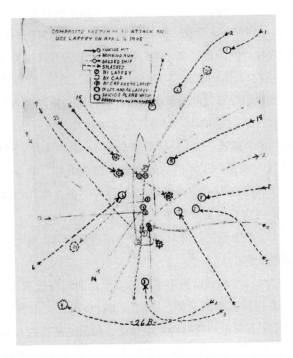

"拉菲号"舰长朱利安·贝克顿中校在战后报告中附上了这幅草图，还原了 1945 年 4 月 16 日上午 22 架日机的攻击。令人难以置信的是，"拉菲号"居然幸存了下来

来源："拉菲号"战斗报告，美国海军学院

第 27 章　落幕　　781

"拉菲号"也以32节航速剧烈机动。就在此时，一枚炸弹击中了左侧的螺旋桨护罩，将舵卡在了满舵状态，"拉菲号"顿时"像一条受伤的鱼一样疯狂打转"（弗兰克·曼森上尉语）。接着又有两架日机撞上了这艘受伤起火的驱逐舰。空袭无休无止，似乎毫无罢手的意思，直到9点47分才总算停了下来。[26]

当最终总算能舒一口气时，"拉菲号"的舰长朱利安·贝克顿中校检查了受损情况："我们的舰体上部从头到尾到处都是飞机残骸——有引擎、起落架、机翼、飞行员的尸体碎块，一团糟。"据他的评估，"拉菲号"被8架"神风"机和4枚炸弹命中，32名舰员遇难，另有71人受伤。但"拉菲号"无论如何仍旧浮在海面上。它被拖往冲绳进行抢修，随后依靠自身动力开往塞班岛，最后回到了美国西海岸。虽然它的战争已经结束，但"拉菲号"仍留存于世，至今仍停靠在南卡罗来纳州芒特普莱森特附近的爱国者角博物馆，靠在"约克城号"身旁，向游客开放。[27]

大规模的"神风"攻击持续了整个4月，直至5月。5月11日，两架"神风"机撞中了米彻尔的旗舰"邦克山号"航母，这位将军不得不将旗舰改为"企业号"。三天后，"企业号"也遭到了撞击，他只得再次转移到"伦道夫号"（USS Randolph）上。这些空袭虽然造成了严重损失，但未能迫使盟军放弃登陆，甚至没有妨碍他们支援岸上作战。

没过多久，宇垣缠就被迫承认，至少是向他自己承认，"神风特攻"不会扭转战争的走势。返航的飞行员报告说击沉了几十艘航母，但宇垣在日记中若有所思地写道，如果这是真的，就不会有"这么多未受损的航母还在继续作战了"。到了5月，事情已经很明显，虽然付出了可怕的代价，但"菊水作战"还是失败了。即便如此，它还是又持续了一整个月——日本已经没有别的资源能够

1945 年 5 月 11 日，米彻尔的旗舰"邦克山号"虽遭两架"神风"机撞击，但舰员们仍在冷静地执行任务。"邦克山号"在此次攻击中有 389 人死亡，另有 264 人受伤，米彻尔的司令部中有 12 人伤亡。它随后依靠自身动力返回了美国本土进行维修，直至二战结束

来源：美国国家档案馆（照片编号：80-G-323712）

砸向对手了，这让宇垣只能铁了心打下去。在 4 月的最后一天，他写道："值此决战，今春无悔。春将再至，我所忧者，恢复战局之机不再至。"这一天，在柏林，希特勒饮弹自尽。[28]

从 4 月 6 日至 6 月 22 日，日军组织了 10 次大规模"神风"攻击，向美军派出了总共 1 465 架飞机，当然还有同等数量的飞行员。他们撞沉了 36 艘美军舰船，另击伤了 300 艘。但无论如何，冲绳还是丢了，这使得盟军对日本本土的进攻不仅变得可能，而且迫在眉睫。[29]

战役期间，宇垣缠写下一首俳句，放进了自己的日记中：

1945 年 5 月 14 日，冲绳战役期间，一架实施"神风特攻"的零战撞入美军航空母舰"企业号"的升降机，舰员正在灭火。这次袭击造成 13 人死亡，68 人受伤，"企业号"只能返回本土大修

来源：维基百科

春天已逝去，

特攻之花正凋零，

樱花般男孩，

亦随春而逝，

徒留樱叶满枝头，

不见樱花盛。[30]


\*\*\*


当年 4 月，日本水面舰队几乎与德国海军一样无船可用。从莱

特湾海战中幸存下来的那两艘战列舰与航母的合体，"伊势号"和"日向号"，被美军空袭击伤，就算没有受伤，它们也没有飞机和足够的燃油可供出海作战。这使得日本只剩下了一艘还能参战的主力舰——"大和号"。海军省中的一些人主张把"大和号"保留下来，等时机来临时用于防守本土。另外一些人却觉得，当年轻飞行员们牺牲自己去守卫冲绳时，海军的标志性战舰却无所事事，这是不可忍受的。后一种观点的支持者们受到了来自天皇本人的有力刺激，甚至是不可违逆的驱策。在向天皇正式呈交关于使用"神风"攻击来防御冲绳的计划时，裕仁问："海军在哪里？"这或许只是简单一问，但对于日本海军的将领们而言，这却如同一记响亮的耳光打在脸上。有人还嘲笑"大和号"是"闲散无能的海军将领专用的水上宾馆"，这更令人难以忍受。草鹿将军向一名下属解释道，"大和号"必须出击，因为它的"名誉不可辱"。正是出于对受辱的担心，日军才让"大和号"加入了冲绳之战。[31]

只有单程燃料（其中许多还是由植物油提炼来的）的"大和号"计划从濑户内海南下，向登陆冲绳的盟军打光所有弹药，然后在岛上抢滩搁浅，3 500名舰员将加入陆军与来袭之敌作战。几乎所有人都意识到，没有空中掩护，"大和号"基本不可能抵达冲绳，就算到了冲绳，要让水兵们从甲板上跳下来与上陆的美国陆军、陆战队士兵交手，也只是天方夜谭。这只是一个姿态，英勇而绝望的最后进攻，就和那么多太平洋岛屿上的"万岁冲锋"一样。日军并不否认这一点，发给伊藤整一中将的命令中明确写道："这是一场特攻作战。"[32]

至少在官方口径中，"大和号"编队的任务是充当诱饵，将美军飞机从其航母上诱开，令这些航母更容易受到"神风"机的攻击。这个解释糊弄不了几个人。伊藤告诉他的军官们："我们得到了一个合适的捐躯机会。"就在"大和号"舰员们做出击准备时，舰上军官们集合起来，按传统喝壮行酒。当大家举起酒杯时，航海长不小心把自己的杯子掉在甲板上摔碎了。当这位军官羞愧地低下头时，周围一片死寂。这是不祥之兆。[33]

***

当天后半夜，负责监视濑户内海出口的两艘美军潜艇之一"线鳍鱼号"（USS Threadfin）报告，一个大型水面目标在若干小型目标伴随下出现在丰后水道。收到消息后，斯普鲁恩斯的第一反应就是向莫顿·德约（Morton Deyo）将军发出警报，要他的战列舰做好打水面战的准备。但米彻尔也不想错过这次机会，他命令远程舰载机在拂晓时进行搜索。4月7日上午8点半，此举见了效。一名飞行员报告，东海上出现了1艘大型战列舰、1艘轻巡洋舰和8艘驱逐舰。米彻尔立即命令从9艘航母上放飞280架舰载机发动全面空袭。直到这时，他才通过舰对舰无线对讲系统向斯普鲁恩斯问道："你攻还是我攻？"斯普鲁恩斯回复道："你攻。"此时，美军飞机已经出发了。[34]

"大和号"完全没有胜算。美军飞机在10艘日舰上空高处盘旋，精心选择目标。正午刚过，它们扑了下来。轻巡洋舰"矢矧号"的轮机舱首先被一枚鱼雷击中，瘫痪在海面上。这艘失去抵抗能力的军舰被多达12枚炸弹和7枚鱼雷击中，开始下沉，舰长随即命令弃舰。大部分护航驱逐舰也被击中，其中4艘沉没。但是美军的注意力还是集中在了"大和号"上。[35]

除了主炮之外，"大和号"还有6门6英寸炮、24门5英寸炮，以及至少162门1英寸机枪。它巨大的18.1英寸主炮也可以发射一种新型对空弹，将这些巨炮变成巨型霰弹枪，把破片打满天空。所有这些武器虽然令人生畏，却也无法保护"大和号"免遭美军飞机打击。美军的轰炸机和鱼雷机以15分钟到20分钟的间隔，向"大和号"发动一轮又一轮协同攻击。从这些打击下生还的日本军官寥寥无几，其中一位回忆自己看到"银色的鱼雷尾迹……从所有方向朝我们并拢"。这名年轻军官惊叹于"不断的爆炸、炫目的闪光、雷鸣般的巨响，以及冲击波的巨大震撼"[36]。

在头几轮攻击中，"大和号"的左舷被数枚鱼雷击中，舰体明显倾斜。炸弹在甲板上四处爆炸，把高射炮管炸到空中，将它的上层建筑变成了一堆扭曲的金属。随后，第三批飞机将5枚鱼雷射入它的舰体，军舰的倾斜扩大到了危险的程度。为了避免倾覆，伊藤将军不得不下令放水淹没锅炉舱和轮机舱，也牺牲掉了里面的水兵，当然，此举也令"大和号"失去了动力，瘫痪在了海面上。第四轮攻击接踵而至……然后是第五轮……第六轮。"大和号"的倾斜最终达到了80°——它已在劫难逃。为了确保剩下的舰员在"大和号"倾覆时不被困在甲板下面，伊藤号令全员上甲板。他郑重地与自己的参谋长握了握手，然后回到了住舱。大约下午2点半，巨舰爆炸了，"闪出巨大的火柱，直冲空中的浓云而去"，浓烟升腾到了1英里高处，从100英里外的九州岛都能看见。当浓烟散尽，"大和号"已经消失了。在两个小时的整场空袭中，美军只损失了10架飞机。[37]

\*\*\*

即便日本海军已经覆亡，盟军在太平洋上的海军力量仍在不断增长。更多的新建船只从美国的船厂来到这里，其他一些舰船则从

1945 年 4 月 7 日的这场爆炸标志着日本战列舰"大和号"的灭亡，也标志着日本海军的末日。对比近旁日本驱逐舰的轮廓，可以感受到爆炸之大

来源：美国海军历史与遗产司令部

欧洲战场调来，其中很大一部分是英国派来的。随着欧洲战事的结束，丘吉尔急于派遣英国皇家海军一支特混舰队前往太平洋，其主要目的是借此来影响前英国控制区——特别是中国香港和新加坡——的未来。当丘吉尔在 1944 年 9 月魁北克的"八边形会议"上提出这个想法时，美国人却并不热情。一贯心直口快的金坚持认为，自己既不需要，也不想要英国人，英军更像是一个负担，而不

是助力。他坚称皇家海军特混舰队来到太平洋后，会让本已复杂的指挥链变得更加复杂，还会增加美国的后勤负担。他还提出，英国军舰都是"短腿"（意指航程不足），这会令两国海军难以有效配合。他没有言明的是，金和其他人明显很厌恶英国此时参与进来；因为美国人已经和日本人打了三年仗，英国人却想要在最后时刻跳出来分一杯羹。虽然有这些顾虑，罗斯福却告诉丘吉尔，美国人乐于接受英国人的帮助。[38]

正如其名称显示的那样，英国太平洋舰队（BPF）的账面实力相当强大。它拥有两艘战列舰，其中一艘是曾于 1941 年猎杀过"俾斯麦号"的"英王乔治五世号"，以及四艘航母——"胜利号"、"不倦号"（HMS Indefatigable）、"可畏号"、"光辉号"。虽然舰队的司令是海军上将布鲁斯·弗雷泽爵士，但他的司令部设在悉尼的岸上，特混舰队的作战指挥权交给了伯纳德·罗林斯将军。按一位曾在他司令部里供职的美国人的说法，罗林斯是个"文雅的老派英国绅士"。航母部队由海军将领菲利普·维安爵士指挥，其番号为第 113 特混舰队。然而，虽然这支舰队的实力显而易见，金对其实际效能的怀疑却被证明是有依据的。在北海和地中海打过多年仗的英国老兵们发现，太平洋战场的极度辽阔令人畏惧。尽管英军有 22 艘油轮，但美国海军习以为常的航行中加油对英国人而言却极具挑战性。维安自己也承认，英国人在海上加油的做法"与美国人的方法相比笨拙而且不专业"。除了这些后勤难题外，英国海军的舰艇上还没有空调，其下甲板的温度有时会超过 37 摄氏度。[39]

在冲绳战役中，斯普鲁恩斯给维安航母舰队布置的任务是压制冲绳南边宫古岛和石垣岛上的日军机场。他们做到了这一点，把岛上的日军机场炸得千疮百孔，让岛上仅存的少量日军战机也无法起飞。尽管如此，就连维安本人也很明白，这些任务只是敲敲边鼓

很少有人的战时经历能比英国海军将领菲利普·维安爵士更丰富。1940年，当时还是上校的维安一路追杀"阿尔特马克号"深入约星峡湾；1942—1943年，他指挥了几支前往地中海马耳他的关键船队；1943年，他指挥了萨莱诺外海的航母舰队；1944年指挥了诺曼底的东线进攻舰队；1945年，他又指挥了太平洋上的英国皇家海军航母打击舰队

来源：英国帝国战争博物馆

而已。不过，英国航母的确被证明在一个方面显著优于美国同行。4月1日，美军登陆冲绳当天，一架"神风"机直接撞上了"不倦号"；然而由于舰上装有美国航母所没有的装甲飞行甲板，"不倦号"受到的影响相对轻微，在一个小时内就完全恢复了战斗力，"不倦号"名副其实。两个星期后，"可畏号"遭到了一次更加严重的打击，损伤更为严重，但这艘舰也在6个小时内就完全恢复了作战状态。第113特混舰队航母空袭的目标不仅有琉球群岛，还有台湾岛，然而，在陌生环境下持续作战带来的问题很快便显现了出

来。曾在 1940 年空袭过塔兰托的"光辉号"航母在 4 月中旬由于状态不堪而不得不回国。到 5 月底，罗林斯的所有舰艇都需要改造，于是也回了悉尼。维安打击舰队的飞机总共飞了 4 691 架次，摧毁日机 75 架，自身在战斗中损失 26 架。但英军还有 134 架飞机毁于事故或"神风"攻击。丘吉尔终于成功地把一支特混舰队派到了太平洋上，但舰队的表现却没能对他的政治目标起到多大作用。[40]

***

冲绳战役持续了近三个月之久，其间，政治变化已是风起云涌。4 月 7 日，"大和号"在东海沉没当天，日本首相小矶国昭辞职，由铃木贯太郎接替，他是个年近八旬的退役海军大将，从一开始就反对对美开战。铃木指定了其他几名退役海军将领加入内阁，这引来了宇垣的一阵嘲笑："没了船的海军，在这关键时候要靠组建内阁来作战了……哈哈。"[41]

5 天后，美国领袖也出事了，年仅 63 岁的富兰克林·罗斯福总统在佐治亚州的温泉别墅里因突发脑出血逝世。希特勒闻讯兴高采烈，对周围的人说这将会逆转战争走势，此时他自己距离自杀也已不足三个星期了。

冲绳岛上的抵抗于 6 月 22 日结束，大规模的"神风"攻击也随之告终。虽然陆地上进行了残酷的近战，但"神风"攻击令美国海军的死亡人数（4 907 人）超过了美国陆军（4 675 人）和海军陆战队（2 928 人）。当然，死伤最惨重的还是日本人。可能有 7 万日军士兵在 4 月 1 日到 6 月 22 日的三个月中丧生，另有 1.1 万人在随后所谓的"肃清作战"中死亡；此外还有超过 10 万平民遇难。双方的指挥官都在死者之列：牛岛满将军和西蒙·玻利

瓦尔·巴克纳将军，后者由于在这场漫长血腥战役中的指挥而饱
受批评。[42]

从任何理性的角度看，日本到 6 月底都已经被打败了。美军
的 B-29 已经把他们的城市化为了灰烬，美军潜艇则切断了哪怕
是最基础的物资进口。虽然李梅仍然醉心于对日本城市进行战略
轰炸，尼米兹还是说服他分出一部分飞机，在日本的各个港口周
围布设了 1.3 万枚水雷，这种空中布雷进一步扼杀了日本的物资
输入。美军潜艇在西太平洋任意行动，连日本海都不例外，6 月
的三个星期之内，厄尔·海德曼中校指挥的 9 艘美军潜艇在这里
击沉了 31 艘船。7 月，"吉恩"弗拉基指挥的"鲍鱼号"（USS
Barb）潜艇派出一支小组乘坐小艇登上了萨哈林岛（库页岛）[*]，在
一段沿海铁路下布设了炸药，炸毁了一列路过的火车。日本已然
任人宰割，只能挨打，无力还击。[43]

凡此种种，却并不意味着日本即将投降。军国主义者仍然统治
着政府，在日本被称为"主和派"的那些人，包括铃木首相，只
是相信日本应当通过谈判达成和平协议，不仅保住国家的独立和主
权，至少还能保住部分海外占领区。至于投降，没人愿意。日本政
府预计，冲绳战役之后美国人还要花上几个月才能发动下一场攻
势，这就为寻求其他可能性提供了时间，例如请求苏联居中调停。
虽然日本陆军的战线正在小心翼翼地向本土沿岸收缩，但他们仍然
在中国、缅甸、菲律宾激战。日本陆军参谋本部在九州储备了 1 万
架飞机以抵挡预计中的美军登陆。最后，日本军队中根深蒂固的
"下克上"和"武士道"狂热令大部分军队首脑宁愿让全日本的所

---

* 1905 年日俄战争后，日本获得岛的南半部，称桦太。二战后根据《雅尔塔
  协定》，南半部复归苏联。——编者注

有活物去殉葬，也不愿承受投降之辱。[44]

7月26日，盟国首脑在新占领的德国波茨坦举行会议。在苏联人未参与的情况下，英国和美国向日本领导人发出了《波茨坦公告》*。在保证了日本士兵将允许返乡，盟国无意奴役日本人民之后，公告文末发出了最后通牒："吾人通告日本政府立即宣布所有日本武装部队无条件投降"，否则就会面临"迅速完全毁灭"。由于日本人对美国的"曼哈顿计划"毫不知情，也不知道苏联此时已经秘密同意将于8月加入对日作战，他们以为这只不过又是个谈判姿态而已。日本人注意到苏联没有在公告上签字，因而仍然寄希望于苏联或许愿意充当调停人。[45]

美军关于登陆和征服日本本土的计划——"没落行动"——正确地预计到日本人会"把仗打到打不下去为止"。根据塞班岛上的日本平民宁愿自杀也不肯被俘，以及自己与"神风特攻队"作战的经历，美军预计会遇到"疯狂抵抗的民众"。似乎是要印证这一点，日本政府通过了一项法案，把所有年满15岁的男子和17~40岁的女子编入军队守卫本土列岛。日本当局还要求民众用一切手段保卫本土，靠着长矛、石头甚至拳头，如果手被砍断，就用牙咬死敌人。截获的"超级"情报显示，日军在九州岛集结的部队数量，多到足以让计划中的九州岛登陆战付出极其高昂的代价。如果没有某些近乎超自然的力量的话，战争将有可能，甚至很有可能以一场近乎灭绝性的战役而结束。[46]

这种超自然的力量以蘑菇云的形态出现了。

8月6日，第一枚原子弹的爆炸并没能让日本立刻投降；虽然

---

\* 中国并未参加波茨坦会议，但与美、英共同签署了公告。苏联则在8月8日对日宣战后才签署公告。——译者注

收到了来自广岛的报告，但日军高层仍不肯屈服。他们和日本政府中的其他人一道，继续坚持要日本打到底。陆军大臣阿南惟几大将坚称，日本宁可亡国灭种，也不接受投降。3 天后，另一枚原子弹毁灭了长崎市，同日，苏联对日宣战。这些事件迫使日本人不得不重新考虑选择。美国在 1945 年 8 月使用原子弹的做法通常被认为是合理的，因为这避免了登陆日本，从而挽救了几十万美国人的生命。或许还可以认为这也挽救了数百万日本生灵。

8 月 9 日深夜，就在苏联向中国东北推进，第二枚原子弹爆炸几个小时后，日本天皇召集御前会议；群臣激辩时，他就静静地听着。即便到了此时，日本陆军参谋总长梅津美治郎大将仍然坚称，虽然苏联进攻对日本"不利"，但并不意味着战争就一定打不赢。当最后铃木首相请天皇发表观点时，裕仁告诉他们，日本必须"忍所难忍"，只要保留天皇政体，就应接受《波茨坦公告》。说罢，他就离开了会场。

理论上说，天皇的声明是决定性的，于是日本政府知会盟国自己将接受《波茨坦公告》的条款。然而，自此之后一连几天，日本那边始终没有进一步消息。此时，B-29 的空袭由于天气恶劣而暂停了几天，哈里·杜鲁门总统也不愿恢复轰炸，以免被当作美国拒绝和谈的信号。但在东京方面沉寂了数日之后，杜鲁门批准美军于 8 月 13 日重新开始空袭。这一延误其实是因为日本军队内部仍然想要抵制投降。在中国和中南半岛的日军指挥官依旧控制着近 200 万士兵，在这几天里，人们并不确定他们是否会遵令放下武器，即便命令是来自天皇。而在东京，还有一些基层军官密谋想要夺取天皇发往无线电台的录有停战诏书的唱片，以阻止其播发。与此同时，燃烧弹再次落在了日本的城市中。

终于，8 月 15 日中午，天皇的诏书向全国播放了出去。对听众们而言，这是个震撼性的时刻，他们在此之前从未听到过天皇的声音。天皇告诉人们"战局并未好转，世界大势亦不利于我"，因此，日本将接受波茨坦公告。日本人对天皇如此尊崇，因此一旦这些词句通过电波发出去，军国主义者的阴谋就会随之破产。当晚，杜鲁门命令前线的美军指挥官停止作战行动。[47]

第二次世界大战到此结束。

尾　声

# 1945 年，东京湾

　　1945 年 9 月 2 日，星期天，上午 8 点 55 分，美军"格利夫斯"级驱逐舰"兰斯多恩号"（USS Lansdowne）缓缓靠泊到停泊在东京湾里的战列舰"密苏里号"身旁。"兰斯多恩号"是一员从瓜岛一路打到冲绳的太平洋老将，"密苏里号"则是美国最新也是最后的战列舰之一，服役于塞班岛上激战正酣的 1944 年 6 月。这艘舰线条优美而且现代化，但它是为了已经被扫入历史的面对面海上炮战而设计的。虽然它参与了硫黄岛和冲绳岛的战役，还在冲绳被一架"神风"机撞中，但这天上午才是它最伟大的历史性时刻。为了迎接这一时刻的到来，舰员们将这艘战列舰擦洗一新：黄铜部件被擦得锃亮，9 门 16 英寸主炮如同敬礼一般以 45° 角指向天空。它的桅顶通常挂着一面美国国旗，但这一天，英国、苏联和中国的国旗也一同飘扬在了那里。

　　"兰斯多恩号"的舰员们钩住"密苏里号"的登舰梯后，衣冠整齐、身着礼服、头戴黑色礼帽的日本外相重光葵小心翼翼地跨过两艘舰之间的走道，来到"密苏里号"登舰梯下方。他的攀爬有些吃力，多年前他被朝鲜抗日志士的炸弹炸断了一条腿，自此便安上了木质假肢。即便在登上"密苏里号"的甲板后，他仍旧跛着腿，

1945 年 8 月 28 日，美国第三舰队和英国太平洋舰队的战舰在佐美湾，为几天后日本的正式投降做准备。最近的一艘军舰是"密苏里号"，其后是"约克公爵号"和"英王乔治五世号"，背景是富士山

来源：维基百科

走走停停，依靠一根手杖支撑着身体。让重光葵率领日本官方代表团是一件很酸楚的事，因为他从一开始就反对日本军部那些军国主义者的野心。此时，那些人的疯狂已经为世人所知，而他却被派来签署投降书。

　　紧跟重光葵身后的是日本陆军参谋总长梅津美治郎，他身着绿色陆军制服，代表其军衔的金色绶带一丝不苟地挂在胸前。与重光葵不同，梅津美治郎是个狂热的主战派，天皇的投降决定令他震惊万分。他坚持认为日本应该打到最后，直到英美两国提供更为有利的条件。直到天皇亲自下令要他接受这一痛苦任务以表忠诚时，他才屈服。

梅津的海军同行、军令部总长丰田副武不在代表团中，实际上那些在太平洋战争中扮演过关键角色的日本海军将领无一参加代表团：小泽、近藤、栗田和宇垣。海军只派两名军衔相对较低的少将作为代表。其中之一是富冈定俊，与重光葵一样，他也曾反对偷袭珍珠港以及进攻中途岛，在战争的大部分时间里，他都是日本海军军令部作战局的一员。另一位是横山一郎，他是战前日本最后一任驻美武官，开战后被美国人扣押了一年，之后与美国驻日武官交换回国。

当日本代表团所有成员来到"密苏里号"的甲板上，美方会务官员将他们排成三排，重光葵和梅津美治郎站在前排。11 位日方代表沉默地站立着，面色凝重，官方摄影师拍下了这一历史瞬间。特别是对梅津美治郎来说，这一刻异常痛苦。

在他们前方 20 英尺外，铺着绿色桌布的普通餐桌另一边，是参加对日作战的 9 个国家的代表。主持投降仪式的道格拉斯·麦克阿瑟站在最前面，他穿着一身卡其色长袖军装，没有佩戴军衔，但两边领口处各绣着一圈五颗银星。他身后的盟军代表们也都穿着开领式卡其色军便服。唯有英国代表布鲁斯·弗雷泽将军与众不同，他穿着一身所谓的热带白，十分显眼：短袖白衬衫，及膝白短裤，以及白色鞋袜。托马斯·布莱米代表澳大利亚，曾掌管短命而又灾难性的 ABDA 联合司令部的康拉德·赫尔弗里赫代表荷兰。即便是参加太平洋战争仅三周的苏联也派出陆军中将库兹马·杰列维扬科作为代表，他穿着苏联陆军的深色军服，佩戴金色肩章，同样格外显眼。这一时刻对于中国代表徐永昌上将而言意义非凡。中国早在 1937 年就已对日全面开战，死亡人数高达 1 500 万至 2000 万，*

---

\* 中国正式公布的统计数字为，平民伤亡 3 120 万余人，军队伤亡 380 万余人，总计伤亡 3 500 余万人。——编者注

是美国死亡人数的 30 倍以上，仅次于苏联的 2 600 万人。

沿着舱壁列队观看的是诸多身穿卡其色军装的军官，大多数都是美国人，包括威廉·哈尔西、查尔斯·洛克伍德、约翰·麦凯恩和里奇蒙·凯利·特纳。在他们头上，数以百计的普通水兵挤在栏杆旁，坐在炮塔顶上，为这一历史性时刻寻找最佳的视角，有些人还把腿垂在炮塔旁。任何一位从眼角余光中看到这些人的日本代表都会反感这种毫无纪律的嬉闹，这在日本海军中是不可容忍的。

麦克阿瑟首先言明，刚刚结束的并不是一场谈判或者辩论，他说道："不同理念与意识形态的争端已在世界战场上决出了胜负，所以我们无须再来讨论和争辩。"在道出他的"热切期盼"，即"由过去的流血和屠杀中诞生一个更美好的世界"后，他邀请"日本天皇、日本政府和日本大本营代表在投降文书指定的地方签字"。

重光葵率先上前，一瘸一拐地走到桌子旁，摘下了礼帽。他看了一圈，没能找到一个可以放帽子的地方，于是把它放到了桌子上。之后，他坐到一把椅子上，对面是打败了他自己国家的各国人士。他探身向前，小心翼翼地用日本汉字签下自己的名字，然后回到他的位置上。随后，其他的日本代表陆续签字。在这个庄严的场合，麦克阿瑟始终以一种随意的姿势站立着，双手有时背在身后，有时又悠闲地插在口袋里。

在所有 11 位日本代表签字后，麦克阿瑟宣布他将"代表所有与日本交战的国家"签字。接着，其他盟国代表也相继受邀签字。首先签字的是美国将军乔纳森·温赖特和英国将军阿瑟·白思华。二人均在战争爆发的前几周被俘，前者是在科雷吉多尔岛战败，后者则是在新加坡被俘，他们在日本人的关押下生活了近 4 年。接着签字的是切斯特·尼米兹，随后是中国、英国、苏联、

1945 年 9 月 2 日，"密苏里号"上，切斯特·尼米兹在投降文件上签字。他身后（从左到右）分别是道格拉斯·麦克阿瑟、威廉·F. 哈尔西和福雷斯特·谢尔曼（正看着麦克阿瑟）

来源：美国国家档案馆（照片编号：80–G–701293）

澳大利亚、加拿大、法国、荷兰和新西兰的代表。签字过程花了些许时间，其间除了轻微的耳语，几乎无人作声。签完字，麦克阿瑟回到麦克风前。意识到他的听众并非"密苏里号"甲板上聚集的数百名观众，而是历史本身，麦克阿瑟用洪亮的男中音缓慢而郑重地宣布："现在，愿世界从此恢复和平，祈祷上帝永远保佑它。仪式到此结束。"[1]

# 后　记

　　第二次世界大战的战火燃及数十个战场，从挪威到锡兰，从缅甸到摩洛哥，从敦刻尔克到所罗门群岛。在斯大林格勒、瓜岛、突尼斯、许特根森林、库尔斯克、硫黄岛等处那些血腥而史诗般的战斗，成了这场战争留给历史的印记。盟国能打赢这场世界性较量，原因主要有三个。首先是英国人的决心，这集中体现在他们不屈的首相身上，从 1940 年 6 月 22 日至 1941 年 6 月 22 日，他们独自与轴心国战斗了整整一年，使得德国没能在第一个夏天就取得胜利。其次是苏联红军的坚韧，他们在随后的两年里毫不吝惜地流血牺牲，让德国终究未能横扫欧洲大陆。第三是盟军的海上优势，这来自美国的物质优势。虽然陆军在这场战争中至关重要（就像历史上的所有战争一样），但对海洋的掌控被证明才是决定性的。

　　正如本书所述，战斗的胜利是盟军在海上取胜的一个重要方面。技术的突破——飞机、鱼雷、密码破译、雷达以及最后的原子弹——也是故事的重点。然而，最终，对大洋上的胜利做出最重要贡献的是盟国——尤其是美国——造船厂和造船工人们利用丰富自然资源，建造运输船和各种类型军舰的能力，他们建造的速度比轴心国击沉这些舰船的速度要快得多。1939 年至 1944 年间英军和苏军付出的牺牲，使轴心国长期无法得手，为美国工厂和造船厂强大的生产力争取了必要的时间，制造出了盟国压倒轴心国所需要的一切。

人们曾经以为第一次世界大战应该会是"终结所有战争的战争"，而对第二次世界大战就不再有如此不切实际的幻想了，但是这一战还是改变了世界。德国和日本固然已被摧毁，但中国、苏联以及法国大部分地区和几乎整个东欧也是如此。即便是没有敌人踏足的英国，到了1945年也已是从前那个辉煌大帝国的灰暗背影。只有得到了两大洋屏护的美国，不仅所受损失相对较少，其经济和军事力量反而愈加强大。这场战争的结束意味着世界历史翻开了新的篇章，这一篇章至今仍在人类的手中继续撰写。

***

主导了第二次世界大战的六位个性强大、呼风唤雨的国家元首中，有三位没能活着看到它的结束，他们在1945年4月接连离世：罗斯福总统于12日死于脑出血，墨索里尼于28日死于意大利共产党游击队之手，希特勒则于30日自杀。

丘吉尔、斯大林和裕仁天皇都活过了战争，但他们的战后经历截然不同。丘吉尔几乎战争刚一结束就被赶出了唐宁街10号。英国人民虽敬重他鼓舞人心的领导才能和不屈的意志，却因近6年的"流血、辛劳、眼泪和汗水"而心力交瘁。但丘吉尔仍是议会成员，并于1951年再度出任首相。虽然身体每况愈下，但他还是在这个岗位上继续干了4年，直至1955年辞职。他仍然是一位深受爱戴的国家人物，还凭借自己所著的六卷《第二次世界大战回忆录》获得了诺贝尔文学奖。1965年，丘吉尔以91岁高龄在家中安静地离世。

当然，斯大林不可能被赶下台，他决心为苏联红军在战争中付出的可怕牺牲寻求领土补偿：约有 1 000 万人牺牲，超过德国、意大利、日本、英国和美国的总和。斯大林强势地控制了整个东欧，特别是波兰，这激起了西方国家的抵制，冷战紧随二战之后拉开了序幕。这场冲突于 1953 年 3 月 5 日 74 岁的斯大林因中风去世时达到顶峰。

虽然战败投降，但是裕仁仍旧保留了天皇之位，这是日本接受《波茨坦公告》的唯一条件。虽然裕仁继续受到日本民众的崇敬，甚至是膜拜，但他的统治角色大部分只是象征性的。战争期间，几乎所有的政策决定都是将军们做的。战后依旧如此，只不过做决定的不再是日本军队的军部，而是盟国的全权代表道格拉斯·麦克阿瑟，他以天皇之名施加统治。战后裕仁天皇继续在位 44 年，于 1989 年 1 月去世，终年 87 岁。

为了安抚盟军阵营中那些坚持要审判裕仁的人，美国人把东条英机大将描绘成日本战争野心的真正始作俑者。他意识到自己即将被捕，于是请医生用木炭在胸前画出心脏的准确位置，随后向医生画出的地方开枪自杀。但子弹并未打中他的心脏，他活了下来。康复后，他被远东国际军事法庭以战争罪名义逮捕和审判。庭审中，他揽下了发动战争的全部责任，并于 1948 年 12 月 23 日被处以绞刑。

埃里希·雷德尔也被逮捕并在纽伦堡国际军事法庭接受战争罪行审判。作为开战时的德国领导层成员，他被判处终身监禁，不过 9 年后的 1955 年 9 月就因健康状况不佳获释。他的余生在平静中度过，写写回忆录，有时参加老兵聚会。雷德尔于 1960 年 11 月 6 日去世，终年 84 岁。

邓尼茨也在纽伦堡被判犯下战争罪，法庭的主要依据是他发动无限制潜艇战，认为这违反了 1936 年关于人道使用潜艇的国际条约。辩方出示了切斯特·尼米兹海军上将的书面证词，承认太平洋上的美国潜艇指挥官也采取了近乎相同的作战原则。结果邓尼茨只被判刑 10 年，不过实际上还是比雷德尔多服刑一年。他于 1956 年 10 月被释放，在德国北部的一个小镇平静度日。直到去世前，他都始终坚称自己只是一名忠于职守的职业海军军官。邓尼茨于 1980 年平安夜因心脏病去世，终年 89 岁。

日本海军的众多将领没能在战争中活下来。1943 年山本五十六在布干维尔岛上空被击落毙命，南云则于 1944 年美军攻占塞班岛后举枪自尽。一些活过了战争的人却选择在战争刚刚结束时自杀。有些人选择了日本传统的切腹，例如大西泷治郎，还有些人则向自己痛恨的美国佬发动了象征性的最后攻击。8 月 15 日，就在裕仁的投降诏书广播当天，组织了"神风特攻"的宇垣缠写下最后一篇日记，爬进特攻飞机座舱起飞，亲自发动了自杀式攻击，其他十几名飞行员坚持随他一同前去。宇垣缠通过无线电报告说自己正准备撞击敌舰，但是这天并没有发生过"神风"攻击的记录，后来人们在冲绳附近的伊平屋岛上发现了他的飞机残骸。

代表日本陆军参谋本部签署投降书的陆军大将梅津美治郎，后来被逮捕、审判，因发动侵略战争而被判有罪，终身监禁。三年后，他在 67 岁生日的 4 天后死于癌症。在最后阶段统领日本海军的海军大将丰田副武，也被逮捕并被控犯有战争罪。尽管他批准了"神风攻击"，并坚持主张——尤其是在遭到原子弹轰炸之后——日本应战至最后一人，但他还是被法庭无罪释放，他也是日军最高领导层中唯一被判无罪的人。之后他又活了十年多，1957 年因心脏病去世，终年 72 岁。

承受了马里亚纳海战之败，并在莱特湾海战中指挥了诱饵舰队的海军将领小泽治三郎没有被捕。他只是回了家，再也不提当年的事，并于20年后的1966年离世，终年80岁。同样，在胜利几乎唾手可得时却率军撤离了莱特湾的栗田健男也没有被捕。战后他改行当了按摩师，与女儿一家生活在一起，寄情园艺。他没有写过回忆录，只在1954年接受过一次采访，受访时他承认从萨马岛撤退是一个错误，但他当时已"极度疲劳"。他一年两次参拜靖国神社，除此之外从不谈论关于战争的话题。1977年，88岁的栗田寿终正寝。

战后法国也进行了清算。战争刚一结束，那些抵抗组织成员和不过是憎恶维希政权的人就对通敌者进行了可怕的报复。虽然记录并不完整，但应当有多达1万人被正式法庭或临时法庭审判、判处死刑并处决。而在官方层面上，在所谓的"锄奸行动"中，法国高等法院以叛国罪又判处6 000人死刑；最终只有767人被处决，其余所有人都被减刑。被处决者当中最出名的当数亲德派总理皮埃尔·赖伐尔，他曾傲慢地宣称法国要自卫，来抵御盟军对北非的入侵。同样被法院判处死刑的还有海军将领让·德拉博德，1942年他未允许土伦的法国舰队加入盟军。与赖伐尔不同，德拉博德后被改判终身监禁，又在仅一年后的1947年6月被释放。他之后又活了30年，于1977年7月去世，终年98岁。

拉法埃莱·德库尔唐是意大利海军的最后一任总司令，1944年他在布林迪西加入维克托·伊曼纽尔国王和巴多利奥的政权，并继续在意大利政府中担任海军大臣，直至1946年12月，当时他以辞职抗议《巴黎和约》对意大利海外殖民地的剥夺，以及将伊斯特拉半岛划归南斯拉夫。1952年，他成为一家航运公司的总裁，1959年退休，于1978年距90岁生日仅差一个月时去世。

＊＊＊

在胜利者这一边，敦刻尔克和诺曼底的英雄伯特伦·拉姆齐没能活着看到战争结束。1944 年 12 月，德军发动阿登反攻，也就是后来所说的突出部战役，拉姆齐决定从巴黎飞往蒙哥马利的指挥所，看看自己能不能帮上忙。他的飞机虽然成功起飞，但几乎立即失去了动力，栽到了地上，飞机上所有人不幸遇难。

率领盟军在地中海赢得胜利的安德鲁·坎宁安海军上将活到了战争结束，并成为第一海务大臣。1945 年后，他以这一身份督导了英国皇家海军向和平状态的过渡，在战后几年预算大幅度削减时维持了这一军种的正常运转。1945 年，他受封为海恩德霍普男爵，1946 年又晋升子爵。次年他便退居乡间，偶尔会出席上议院会议。坎宁安于 1963 年 6 月去世，享年 80 岁。他被海葬于朴次茅斯附近的英吉利海峡，这与他的经历十分相称。

菲利普·维安，1940 年在约星峡湾追击"阿尔特马克号"，1941 年配合击沉"俾斯麦号"，1942 年至 1943 年护卫船队驶往马耳他时击退了来自空中和海面的反复攻击，1944 年在诺曼底指挥英国海军部队，1945 年率领一支英国海军航母舰队开到太平洋，1948 年晋升为本土舰队司令，1952 年以海军元帅军衔退役。他后来在伦敦成为一位成功的银行家，于 1968 年在家中去世，享年 73 岁。

一向板着脸、说话直截了当的美国海军作战部长欧内斯特·J. 金也于战后退役，定居华盛顿，担任美国海军历史基金会主席。1947 年，他经历了一次严重的中风，此后大部分时间都在毗邻华盛顿的贝塞斯达海军医院以及缅因州基特里的养老院度过。他于 1956 年 6 月 25 日在基特里因心脏病去世，享年 77 岁。

1945年，切斯特·尼米兹接替金担任美国海军作战部长，并主持了美国海军的大裁军，将在役军舰从战时巅峰期的约6.5万艘（包括武装登陆艇）缩减至1947年的1 000艘出头。当年，他从海军退役，先搬至加利福尼亚州的伯克利，之后又迁居旧金山湾里的耶尔巴布埃纳岛（Yorba Buena Island），这座岛位于奥克兰海湾大桥中段下方。尼米兹于1966年2月在那里去世，享年80岁。

许多认识雷蒙德·斯普鲁恩斯的人都说他颇具大学教授的风范。这话不假，战争结束后，斯普鲁恩斯成为位于罗得岛州纽波特市的美国海军战争学院第26任校长，并在这一岗位上干到两年后退役。之后，他担任美国驻菲律宾大使至1955年，然后他追随朋友兼老上级切斯特·尼米兹移居加利福尼亚，在蒙特雷附近的佩布尔比奇定居。斯普鲁恩斯于1969年12月在那里去世，安葬在金门国家公墓，与尼米兹为邻，享年83岁。

在太平洋战争期间与斯普鲁恩斯轮流执掌"大蓝舰队"的威廉·弗雷德里克·哈尔西在1945年晋升为海军五星上将。这一晋升原本犹豫未决，因为法律规定美国海军只有四个五星上将的名额，金、尼米兹和威廉·D.莱希（罗斯福总统的幕僚长）占据了三个，只剩下最后一个。杜鲁门总统最后之所以选择晋升哈尔西而不是斯普鲁恩斯，是因为哈尔西于1942年组织了早期的航母空袭，大大提振了国民士气。在接受了麦格劳-希尔出版公司的一大笔预付款后，哈尔西将他的回忆录口述给了约瑟夫·布赖恩，他在弗吉尼亚大学时一位好友的儿子。但他在这本书中对莱特湾海战的评论过于自私，因而没能增加他的公众声誉。1953年，哈尔西承认写这本书是一个错误。后来他移居纽约，出任美国国际电话电报公司董事，1959年8月16日因心脏病去世。他被安葬在阿灵顿国家公墓。

至于其他的人——经历过这场海上战争洗礼的海军上校、中校、上尉、飞行员、炮手、机械师、水手长、潜艇兵、密码破译员、报务员和雷达操作员、造船厂工人、商船水手，以及成千上万来自各国的其他人，各支海军的老兵们——他们回了家，重新开始生活。

# 致　谢

　　一如往常，我要由衷感谢在本书的筹备过程中给予我帮助和支持的诸多人士。本书的成功问世离不开牛津大学出版社编辑蒂姆·本特的鼓励。大约 5 年前，我和蒂姆正在探讨一项关于海军在二战中作用的项目的可行性，当时蒂姆的同事兼好友戴夫·麦克布赖德正在隔壁办公室，他把头探进来，说我应该把这个项目全部接下来。蒂姆立即支持这一想法，并给予了我充分的信心。我和蒂姆现已合作完成了五本书，他平缓柔和的文笔与热情的幽默感抹去了我文风中的诸多怪癖（但不是全部！）。他一直都是一位睿智的顾问和不倦的引路人。

　　我要再次说明，与牛津大学出版社高度专业的团队共事是一件真心愉悦的事。牛津大学出版社总裁兼出版商尼科·普丰德始终大力支持我。我要衷心感谢责任编辑艾米·惠特默以及蒂姆的助理玛丽亚·怀特。文字编辑苏·沃加帮我改正了书中无数的错误和不当之处，真是我的救星。我与负责宣传和营销的莎拉·罗素和艾琳·米汉也合作得相当愉快，她们总能在严肃的工作中保持一抹风趣和智慧。

　　在海外档案和文献资料查阅方面，要感谢我的朋友兼前同事理查德·波特，我们曾共事于达特茅斯的不列颠皇家海军学院，他引领我找到了皇家海军的资料，并提供了海军上将查尔斯·福布斯爵士的照片。此外，我还要感谢堪培拉澳大利亚战争纪念馆的梅根·瓦西和凯特·索斯韦尔，伦敦帝国战争博物馆的两位不愿意透露全名的助手丽莎和尼拉，以及位于柏林的德国联邦档案馆的工作人员，最后还要感谢我多年的老友迪·科贝尔不厌其烦地帮我翻译文件，在法国为我寻找各种独家资料。

在美国，我首先要向马里兰州安纳波利斯美国海军学院尼米兹图书馆的工作人员的热情帮助表示由衷的感谢，包括（但不限于）特藏馆的詹妮弗·布赖恩和流通处的琳达·麦克劳德。尼米兹图书馆拥有很可能是全球最完整的海军历史著作收藏。同时，我还要感谢得克萨斯州弗雷德里克斯堡太平洋战争国家博物馆尼米兹教育与研究中心的档案馆员里根·格劳、新奥尔良国家二战博物馆的林赛·巴恩斯，以及马里兰大学帕克分校美国国家档案馆的霍莉·里德和迈克尔·布卢姆菲尔德。在马里兰州安纳波利斯美国海军学院，贾尼斯·乔根森再次为我提供了珍贵的照片档案。我的同事罗伯特·汉瑟堪称助人为乐的模范，即使在忙于搬家，他也与我一同到华盛顿海军船厂的海军历史与遗产司令部搜寻资料。

还有几位人士帮助我更好地理解了其他国家海军的语言和文化差异，其中包括爱德华·陈、日本的香田洋二、德国的约翰尼斯·汉塞尔。杰弗里·沃德在绘制本书的二十多幅地图时，再一次展现了他精益求精的完美主义理念。

成年后，我将大部分时间都用来研究海军历史。作为海军历史学家最值得一提的就是其间多位学者为我指引方向，协助我细细探寻，并不时与我讨论，正是这一切让我的研究更为丰满翔实。需要感谢的人实在太多，我无法一一列举，在此一并谢过，希望大家可以谅解。对于本书，汤姆·卡特勒、理查德·弗兰克、詹姆斯·霍恩费舍尔和乔恩·帕歇尔等人阅读了部分手稿，他们都是我的朋友。当然，书中所有遗留的错误都是我的责任。宝贵的支持还来自我的家人，特别是在加利福尼亚州的杰夫、苏兹、威尔和比；来自我在纽约的朋友伊迪丝和哈罗德·霍尔泽，以及密西西比的约翰和珍妮·马沙勒克。他们都是（耐心地）支持我的好听众。

最后，我想再一次向我的妻子玛丽露表达我的钦佩与深情，她对这本书的贡献不亚于一位合著者。

# 注　释

**序幕　1930 年，伦敦**

1　*Times* (London), January 21, 1930, 16.

2　Ibid., 14.

3　*Proceedings of the London Naval Conference of 1930 and Supplementary Documents* (Washington, DC: Government Printing Office, 1931), 26–27.

4　Raymond G. O'Connor, *Perilous Equilibrium: The United States and the London Naval Conference of 1930* (New York: Greenwood Press, 1962), ch. 2; Sadao Asada, *From Mahan to Pearl Harbor: The Imperial Japanese Navy and the United States* (Annapolis: Naval Institute Press, 2006), 130; John H. Maurer and Christopher M. Bell, eds., *At the Crossroads Between Peace and War: The London Naval Conference of 1930* (Annapolis: USNI, 2013).

5　*Proceedings of the London Naval Conference*, 83.

6　Ibid., 85.

7　Asada, *From Mahan to Pearl Harbor*, 139, 153, 139–47.

8　*Proceedings of the London Naval Conference*, 115.

**第 1 章　潜艇战**

1　Gunter Prien, *I Sank the* Royal Oak (London: Grays Inn Press, 1954), 15–121.

2　Angus Konstam, *Scapa Flow: The Defences of Britain's Great Fleet Anchorage, 1914–1945* (Oxford: Osprey, 2009).

3　Stephen Roskill, *The War at Sea, 1939–1945* (London: Her Majesty's Stationery Office, 1954), 1:70–74.

4　Prien, *I Sank the* Royal Oak, 182–83.

5　Karl Doenitz, *Memoirs: Ten Years and Twenty Days* (Annapolis: USNI, 1958, 1959), 3.

6　Ibid., 5; Friedrich Ruge, "German Naval Strategy Across Two Wars," *Proceedings*, February 1955, 152–66.

7    Doenitz, *Memoirs*, 5–8; Erich Raeder, *My Life* (Annapolis: USNI, 1960), 138; Clay Blair, *Hitler's U-Boat War: The Hunters, 1939–1942* (New York: Random House, 1996), 31; Eberhard Rössler, *The U-Boat* (London: Cassell, 1981), 88–101; William A. Wiedersheim, "Factors in the Growth of the Reichsmarine, 1919–1939," *Proceedings*, March 1948, 317–24.

8    Wiedersheim, "Factors in the Growth of the Reichsmarine," 319.

9    Edward P. Von der Porten, *The German Navy in World War II* (New York: Thomas Y. Crowell, 1969); Joseph Maiolo, *The Royal Navy and Nazi Germany, 1933–1939: A Study in Appeasement and the Origins of the Second World War* (London: Macmillan, 1998); D. C. Watt, "The Anglo-German Naval Agreement of 1935: An Interim Judgment," *JMH* 2 (1956): 155–75. 1936 年的英国海军备忘录引自 Terry Hughes and John Costello, *The Battle of the Atlantic* (New York: Dial Press, 1977), 31。

10   Rössler, *The U-Boat*, 102–21; Wiedersheim, "Factors in the Growth of the Reichsmarine," 320; Doenitz, *Memoirs*, 7; Raeder, *My Life*, 138.

11   Rössler, *The U-Boat*, 122; Karl H. Kurzak, "German U-Boat Construction," *Proceedings*, April 1955, 274–89; Raeder, *My Life*, 280. Dönitz quotes his August 28, 1939, memo in his *Memoirs*, 43–44.

12   Francis M. Carroll, Athenia *Torpedoed: The U-Boat Attack That Ignited the Battle of the Atlantic* (Annapolis: USNI, 2012), 31; Peter Kemp, *Decision at Sea: The Convoy Escorts* (New York: Elsevier-Dutton, 1978), 1–8.

13   Doenitz, *Memoirs*, 47.

14   Prien, *I Sank the* Royal Oak, 123–24.

15   Ibid., 124.

16   Ibid., 187.

17   Alexandre Korganoff, *The Phantom of Scapa Flow* (Skepperton, Surrey: Ian Allen, 1974), 48–76; Prien, *I Sank the* Royal Oak, 189.

18   Prien, *I Sank the* Royal Oak, 190.

19   Ibid., 191.

20   Gerald S. Snyder, *The* Royal Oak *Disaster* (London: William Kimber, 1976), 94–96. 本的证词引自第 109 页。

21   Snyder, *The* Royal Oak *Disaster*, 113–31; Prien, *I Sank the* Royal Oak, 190.

22   有几本著作讲述了 U-47 号潜艇击沉 "皇家橡树号" 的经历。普里恩本人于 1940 年在德国出版的自传《我击沉了 "皇家橡树号"》(*I Sank the* Royal Oak) 扣人心弦，被用于战时宣传，并在 1954 年译作英文。除了这本书，还有另外几部作品提供了关于此事的不同说法。亚历山大·麦基（Alexander McKee）的《黑色星期六》(*Black Saturday*, 1959) 暗示此次袭击能够成功必在一定程度上得益于内应，否则解释不通；亚历山大·科尔加诺夫（Alexandre Korganoff）的《斯卡帕湾幽灵》(*The Phantom of Scapa Flow*, 1974) 从德国视角出发，将此事阐述为一众英勇官兵大胆冒险进取的故事；杰拉尔德·S. 斯奈德（Gerald S. Snyder）的《"皇家橡树号" 灾难记》(*The Royal Oak Disaster*, 1976) 则较为公允，既包含了 "皇家橡树号" 受害者的视角，又从 U-47 的角度进行了讲述。最近的一部著作是 H.J. 韦弗（H. J. Weaver）的《斯卡帕湾噩梦："皇家橡树号" 沉没的真相》(*Nightmare at Scapa Flow: The Truth About the Sinking of H.M.S.* Royal Oak, 1980)。

23   关于深水炸弹效果的描述来自美国海军 "鹦鹉螺号" 潜艇的艇员斯莱德·本森的

口述，记载于 Walter Lord Collection, NHHC, box 18。关于 U-47 艇员反应的描述来自 Korganoff, *The Phantom of Scapa Flow*, 119–23。

24　Blair, *Hitler's U-Boat War*, 90, 108.

25　Doenitz, *Memoirs*, 51–53.

## 第 2 章　装甲舰

1　Erich Raeder, *My Life* (Annapolis: USNI, 1960), 283–84; David Miller, *Langsdorff and the Battle of the River Plate* (Barnsley, South Yorkshire: Pen and Sword, 2013), 88–89.

2　Eugen Millington-Drake, *The Drama of the* Graf Spee *and the Battle of the Plate: A Documentary Anthology, 1914–1964* (London: Peter Davies, 1964), 97–99. 米林顿–德雷克的这部作品至今仍是评价“施佩伯爵号”的狂暴行动以及随后的拉普拉塔河河口之战的最有用文献。

3　此人为海军中校 A.D. 坎贝尔（A. D. Campbell），引自 Millington-Drake, *The Drama of the* Graf Spee, 97。

4　Ibid., 99–100, 123–25.

5　Ibid.; Eric Grove, *The Price of Disobedience: The Battle of the River Plate Reconsidered* (Annapolis: USNI, 2000), 26. 当晚，朗斯多夫将哈里斯船长和“克莱门特号”的轮机长移交给中立国希腊的一艘货轮。

6　Karl Doenitz, *Memoirs: Ten Years and Twenty Days* (Annapolis: USNI, 1958, 1959), 5; Raeder, *My Life*, 3, 239–44, 251–52, 255–63; Leonard Seagren, "The Last Fuehrer," *Proceedings*, May 1954, 525; Keith W. Bird, *Erich Raeder: Admiral of the Third Reich* (Annapolis: USNI, 2006), 31–90; Clay Blair, *Hitler's U-Boat War: The Hunters, 1939–1942* (New York: Random House, 1996), 41.

7　David Wragg, *"Total Germany": The Royal Navy's War Against the Axis Powers, 1939–45* (Barnsley, South Yorkshire: Pen and Sword, 2016), 6; D. L. Kauffman, "German Naval Strategy in World War II," *Proceedings*, January 1954, 2.

8　Raeder, *My Life*, 201–14; Erich Raeder, *Struggle for the Sea* (London: William Kimber, 1959), 27, 40–41; Friedrich Ruge, "German Naval Strategy Across Two Wars," *Proceedings*, February 1955, 157.

9　Terry Hughes and John Costello, *The Battle of the Atlantic* (New York: Dial Press, 1977), 34–35; *Edward P. Von der Porten, The German Navy in World War II* (New York: Thomas Y. Crowell, 1969), 29.

10　Andrew Roberts, *The Storm of War: A New History of the Second World War* (New York: Harper, 2011), 36–37.

11　Hughes and Costello, *The Battle of the Atlantic*, 35; Raeder, *My Life*, 282, 286.

12　Blair, *Hitler's U-Boat War*, 66–69; Ruge, "German Naval Strategy Across Two Wars," 158; Raeder, *My Life*, 287.

13　Millington-Drake, *The Drama of the* Graf Spee, 101–2. 关于庞德特征的描述来自 1970 年 3 月罗伯特·鲍尔（Robert Bower）致斯蒂芬·罗斯基尔（Stephen Roskill）的信件，引自 Corelli Barnett, *Engage the Enemy More Closely* (New York: W. W. Norton, 1991), 52。

14　Millington-Drake, *The Drama of the* Graf Spee, 102–4; James Levy, "Ready or Not? The Home Fleet at the Outset of World War II," *NWCR 52* (Autumn 1999): 92.

15 Millington-Drake, *The Drama of the* Graf Spee, 103; Stephen Roskill, *The War at Sea, 1939–1945* (London: Her Majesty's Stationery Office, 1954), 1:114; Dudley Pope, *The Battle of the River Plate* (Annapolis: USNI, 1956), 46–47.

16 Admiralty memo of October 5, 1939, printed in Millington-Drake, *The Drama of the* Graf Spee, 102–3.

17 Millington-Drake, *The Drama of the* Graf Spee, 116–7; Roskill, *The War at Sea*, 1:115–16.

18 Millington-Drake, *The Drama of the* Graf Spee, 114–16. The quotation is from F. W. Raseneck's memoir, *Panzerschiff* Admiral Graf Spee, which Millington-Drake quotes on 116.

19 Millington-Drake, *The Drama of the* Graf Spee, 120–25.

20 Langsdorff memo, dated Nov. 26, 1939, quoted in Millington-Drake, *The Drama of the* Graf Spee, 133.

21 Millington-Drake, *The Drama of the* Graf Spee, 141.

22 Ibid., 142.

23 Cecil Hampshire, "British Strategy in the River Plate Battle," *Proceedings*, December 1958, 86–87. Copies of Harwood's orders are in Millington-Drake, *The Drama of the* Graf Spee, 147 and 165. See also Grove, *The Price of Disobedience*, 57.

24 Hampshire, "British Strategy," 87.

25 朗斯多夫的评论被拉森内克中校记录下来，引自 Millington-Drake, *The Drama of the* Graf Spee, 189。

26 Miller, *Langsdorff and the Battle of the River Plate*, 119–20; Millington-Drake, *The Drama of the* Graf Spee, 191, 204–5, 216.

27 Miller, *Langsdorff and the Battle of the River Plate*, 120.

28 Millington-Drake, *The Drama of the* Graf Spee, 227; Miller, *Langsdorff and the Battle of the River Plate*, 127–28.

29 Hampshire, "British Strategy," 90.

30 与"施佩伯爵号"短暂停留于蒙得维的亚相关的外交文件，见 *Uruguayan Blue Book* (London: Hutchinson, 1940)。

31 Langsdorff is quoted in Grove, *The Price of Disobedience*, 121.

32 Ibid., 170.

33 Willi Frischauer and Robert Jackson, *"The Navy's Here!": The* Altmark *Affair* (London: Victor Gollancz, 1955), 212–13. 美国版名为 The Altmark *Affair* (New York: Macmillan, 1955)。

34 Philip Vian, *Action This Day: A War Memoir* (London: Frederick Muller, 1960), 26. 丘吉尔对自己在这段时期所扮演角色的讨论，见 *The Gathering Storm* (Boston: Houghton-Mifflin, 1949), 526–27, 561–64。

35 Ibid., 28–29; Frischauer and Jackson, *"The Navy's Here,"* 223–43.

36 David J. Bercuson and Holger Herwig, *The Destruction of the* Bismarck (Woodstock, NY: Overlook Press, 2001), 24.

37 Raeder, *My Life*, 290–91, 306–7.

### 第 3 章　挪威战役

1 Martin Fritz, *German Steel and Swedish Iron Ore, 1939–1945* (Goteborg: Institute of

Economics, 1974), 30–39, 41–48; Geirr H. Haarr, *The German Invasion of Norway, April 1940* (Annapolis: USNI, 2009), 27.

2    Erich Raeder, *My Life* (Annapolis: USNI, 1960), 308–9; 希特勒 3 月 1 日下达的命令见 *Fuehrer Conferences on Naval Affairs, 1939–1945* (Annapolis: USNI, 1990), 83–84。另外可见 Anthony Martienssen, *Hitler and His Admirals* (New York: E. P. Dutton, 1949), 50。威悉河是德国的一条河流，可能意在暗示这是一次内部演习而非外部侵略。

3    一些学者认为丘吉尔扮演的角色是海军战略家，例如可见以下文献: Max Hastings, *Winston's War: Churchill, 1940–1945* (New York: Alfred A. Knopf, 2010); Stephen S. Roskill, *Churchill and the Admirals* (London: Collins, 1977); and Christopher M. Bell, *Churchill and Sea Power* (New York: Oxford University Press, 2013)。

4    Bell, *Churchill and Sea Power*, 173–79; Corelli Barnett, *Engage the Enemy More Closely: The Royal Navy in the Second World War* (New York: W. W. Norton, 1991), 93–94, 100–102; Haarr, *The German Invasion of Norway*, 28.

5    Raeder, *My Life*, 309.

6    雷德尔的顾虑在其于 1940 年 3 月 9 日呈交希特勒的报告中十分明显，见 *Fuehrer Conferences*, 84–87 以及 Martienssen, *Hitler and His Admirals*, 51–53。另外可见 T. K. Derry, *The Campaign in Norway* (London: Her Majesty's Stationery Office, 1952), 18–21; and Raeder, *My Life*, 311。

7    Peter Dickens, *Narvik: Battles in the Fjords* (Annapolis: USNI, 1974), 17.

8    David Brown, ed., *Naval Operations of the Campaign in Norway, April–June 1940* (London: Frank Cass, 2000), 5–7; Dickens, *Narvik*, 18; Clay Blair, *Hitler's U-Boat War: The Hunted, 1939–1942* (New York: Random House, 1996), 147.

9    关于挪威海战的最全面历史著作是 Geirr Haarr, *The German Invasion of Norway, April 1940* (Annapolis: USNI, 2009)，哈尔在此书的第 90 页至 97 页探讨了"萤火虫号"的沉没。皇家海军的官方记述见 Brown, ed., *Naval Operations*, 128 以及 Richard Porter and M. J. Pearce, eds., *Fight for the Fjords: The Battle for Norway, 1940* (Plymouth: University of Plymouth Press, 2012)，后者是 Britannia Naval Histories of World War II 丛书中的一本，"萤火虫号"的损失记载于第 36 页至 37 页。

10    Porter and Pearce, eds., *Fight for the Fjords*, 40; Dickens, *Narvik*, 30.

11    Haarr, *The German Invasion of Norway*, 307–14; Porter and Pearce, eds., *Fight for the Fjords*, 49–51; Dickens, *Narvik*, 34–40; Vincent P. O'Hara, *The German Fleet at War, 1939–1945* (Annapolis: USNI, 2004), 24–26; Brown, ed., *Naval Operations*, 19–21; Stephen Roskill, *The War at Sea, 1939–1945* (London: Her Majesty's Stationery Office, 1954), 165–66.

12    Dickens, *Narvik*, 17.

13    Haarr, *The German Invasion of Norway*, 323–28; Brown, ed., *Naval Operations*, 19; Dickens, *Narvik*, 36–39; O'Hara, *The German Fleet at War*, 28–31.

14    Porter and Pearce, eds., *Fight for the Fjords*, 65–66; Dickens, *Narvik*, 42; Krigsmuseum, *Narvik* (Narvik: Krigsminnemuseum, n.d.), 4; Gardner, ed., *Evacuation of Dunkirk*, 52.

15    Porter and Pearce, eds., *Fight for the Fjords*, 66–68.

16    Ibid., 61–62; Dickens, *Narvik*, 46–47; O'Hara, *The German Fleet at War*, 33.

17    Porter and Pearce, eds., *Fight for the Fjords*, 61–64; Dickens, *Narvik*, 39; Haarr, *The German Invasion of Norway*, 336–46; O'Hara, *The German Fleet at War*, 25–36.

18    Porter and Pearce, eds., *Fight for the Fjords*, 61–64; Blair, *Hitler's U-Boat War*, 149.

19    Haarr, *The German Invasion of Norway*, 346–50; Dickens, *Narvik*, 78, 87–90; O'Hara, *The German Fleet at War*, 32–40.

20    Barnett, *Engage the Enemy More Closely*, 109, 122; Andrew Roberts, *The Storm of War: A New History of the Second World War* (New York: Harper, 2011), 40.

21    Brown, ed., *Naval Operations*, 32–36.

22    Porter and Pearce, eds., *Fight for the Fjords*, 77–86; Dickens, *Narvik*, 119–21, 124, 141; Haarr, *The German Invasion of Norway*, 357–71.

23    Derry, *The Campaign in Norway*, 145–46.

24    Porter and Pearce, eds., *Fight for the Fjords*, 103; Roskill, *The War at Sea*, 1:187.

25    Brown, ed., *Naval Operations*, 101, 111; Derry, *The Campaign in Norway*, 145–47.

26    Hastings, *Winston's War*, 11–19.

27    Derry, *The Campaign in Norway*, 171–72, 200–201.

28    Ibid., 207–11.

29    Earl F. Ziemke, "The German Decision to Invade Norway and Denmark," in *Command Decisions*, ed. Kent Roberts Greenfield (Washington, DC: Office of the Chief of Military History, 1960), 71; Raeder, *My Life*, 314.

30    O'Hara, *The German Fleet at War*, 54–59; Haarr, *The German Invasion of Norway*, 1. 关于法国洛林铁矿的价值，见 Marcus D. Jones, *Nazi Steel: Friedrich Flick and German Expansion in Western Europe, 1940–1944* (Annapolis: USNI, 2012)。

31    John Winton, *Carrier Glorious: The Life and Death of an Aircraft Carrier* (London: Leo Cooper, 1986), 166–73.

32    Brown, ed., *Naval Operations*, 127–29; Porter and Pearce, eds., *Fight for the Fjords*, 128–29; Barnett, *Engage the Enemy More Closely*, 136–38; Fritz-Otto Bush, *The Drama of the Scharnhorst* (London: Robert Hale, 1956), 47–50.

## 第 4 章　法国沦陷

1    Winston Churchill, *Their Finest Hour*, vol. 2 of *The Second World War* (Boston: Houghton Mifflin, 1949), 42; Walter Lord, *The Miracle of Dunkirk* (New York: Viking Press, 1982), 2.

2    Stephen S. Roskill, *The War at Sea* (London: Her Majesty's Stationery Office, 1954), 1:213–14.

3    W. S. Chalmers, *Full Cycle: The Biography of Admiral Sir Bertram Home Ramsay* (London: Hodder and Stoughton, 1959), 21.

4    Ibid., 29; David Divine, *The Nine Days of Dunkirk* (New York: W. W. Norton, 1959), 31.

5    Lord, *Miracle of Dunkirk*, 47.

6    Robert Carse, *Dunkirk, 1940* (Englewood Cliffs, NJ: Prentice-Hall, 1970), 40, 65.

7    Roskill, *The War at Sea*, 1:216–17; Carse, *Dunkirk, 1940*, 24–25; Robin Prior, *When Britain Saved the West: The Story of 1940* (New Haven: Yale University Press, 2015), 112, 114.

8    这位军官是"基思号"驱逐舰的上尉格雷厄姆·拉姆斯登，引自 *The Mammoth Book of Eyewitness Naval Battles* (New York: Carroll and Graf, 2003), 432。

9    Carse, *Dunkirk, 1940*, 54; Correlli Barnett, *Engage the Enemy More Closely: The Royal*

Navy in the Second World War (New York: W. W. Norton, 1991), 159–60.

10  Lord, Miracle of Dunkirk, 117; W. J. R. Gardner, ed., The Evacuation from Dunkirk: Operation
    Dynamo, 26 May–4 June 1940 (London: Frank Cass, 2000), 27–28; Prior, When Britain Saved
    the West, 115. 幸存者的评论由记者戈登·巴克尔斯记载，转引自 Lawrence, Eyewitness
    Naval Battles, 434。

11  Gardner, ed., The Evacuation from Dunkirk, 28.

12  M. J. Whitley, German Coastal Forces of World War Two (London: Arms and Armour,
    1992), 23.

13  Prior, When Britain Saved the West, 120–21.

14  Ibid., 123–24, 260; Gardner, ed., Evacuation from Dunkirk, 36; Roskill, The War at Sea,
    1:222–23.

15  Prior, When Britain Saved the West, 128–29.

16  Churchill, Their Finest Hour, 115; Lord, Miracle of Dunkirk, 227.

17  Churchill, Their Finest Hour, 141, 115.

18  值得注意的是，1940 年时法国没有作战航母。仅有的一艘航母"贝阿恩号"被指
    派在西印度群岛执行运输任务，计划用来接替它的"霞飞号"并未建成。关于二
    战初期法国海军实力的总结，见 John Jordan, "France: The Marine Nationale," in On Seas
    Contested, ed. Vincent P. O'Hara, W. David Dickson, and Richard Worth (Annapolis: USNI,
    2010), 16–20。

19  关于停战协定的部分转引自 Arthur Marder, From the Dardanelles to Oran (London:
    Oxford University Press, 1974), 196. 马德在第 214 页至 215 页讨论了 contrôle 一词含义
    的细微差别。还可参见 Churchill, Their Finest Hour, 158; Roskill, The War at Sea, 1:240–41;
    Warren Tute, The Deadly Stroke (New York: Coward, McCann and Geoghegan, 1973), 34;
    and George E. Melton, From Versailles to Mers el-Kebir: The Promise of Anglo-French Naval
    Cooperation, 1919–1940 (Annapolis: USNI, 2015)。

20  Roskill, The War at Sea, 1:240–41; Marder, From the Dardanelles to Oran, 200.

21  Barnett, Engage the Enemy More Closely, 211–12; Marder, From the Dardanelles to Oran,
    228–29; Michael Simpson, "Force H and British Strategy in the Western Mediterranean,
    1939–1942," Mariner's Mirror 83 (1977): 63–64.

22  这道命令见于 Marder, From the Dardanelles to Oran, 233–37。

23  Marder, From the Dardanelles to Oran, 212.

24  Barnett, Engage the Enemy More Closely, 221–22; Andrew Browne Cunningham, A
    Sailor's Odyssey (New York: E. P. Dutton, 1951), 244–55, quotations from 244 and 250.
    See also Marder, From the Dardanelles to Oran, 260–64; and René-Emile Godfroy,
    L'Aventure de la Force X à Alexandrie, 1940–1943 (Paris: Librarie Plon, 1953).

25  Barnett, Engage the Enemy More Closely, 232; Peter C. Smith, Critical Conflict: The Royal
    Navy's Mediterranean Campaign in 1940 (Barnsley, South Yorkshire: Pen and Sword,
    2011), 124–26.

26  丘吉尔这段著名大胆演讲的结语部分见 Churchill, Their Finest Hour, 118。

27  Marder, From the Dardanelles to Oran, 205; Smith, Critical Conflict, 129.

28  Marder, From the Dardanelles to Oran, 242–44.

29  Roskill, The War at Sea, 1:244; Marder, From the Dardanelles to Oran, 239–40. 丘吉尔发出
    的消息引自 Their Finest Hour, 236。

30  Jack Greene and Alessandro Massignani, *The Naval War in the Mediterranean, 1940–1943* (Annapolis: USNI, 2011), 58–61; *Raymond De Belot, The Struggle for the Mediterranean, 1939–1945* (Princeton: Princeton University Press, 1951), 26–29.

31  Somerville is quoted in Simpson, "Force H and British Strategy," 64. See also Smith, *Critical Conflict*, 131.

32  Churchill, *Their Finest Hour*, 233–34.

33  彼得·史密斯以大量篇幅深入探讨了这一问题，见 *Critical Conflict*, 151–227。另见 Barnett, *Engage the Enemy More Closely*, 204–5, 257–58; and Simpson, "Force H and British Strategy," 65–67。

34  Churchill, *Their Finest Hour*, 237–39; Greene and Massignani, *The Naval War in the Mediterranean*, 61; Max Hastings, *Winston's War: Churchill, 1940–1945* (New York: Alfred A. Knopf, 2010), 66.

35  Henri Noguères, *Le Suicide de la Flotte Française à Toulon* (Paris: Robert Laffont, 1961).

## 第 5 章　意大利海军

1  Marc Antonio Bragadin, *The Italian Navy in World War II* (Annapolis: USNI, 1957), 3–14; James J. Sadkovich, *The Italian Navy in World War II* (Westport, CT: Greenwood Press, 1994), 1–44; Peter C. Smith, *Critical Conflict: The Royal Navy's Mediterranean Campaign in 1940* (Barnsley, South Yorkshire: Pen and Sword, 2011), 26–33.

2  Jack Greene and Alessandro Massignani, *The Naval War in the Mediterranean, 1940–1942* (London: Chatham, 2002), 51; Alan J. Levine, *The War Against Rommel's Supply Lines, 1942–1943* (Westport, CT: Praeger, 1999), 4–6.

3  Correlli Barnett, *Engage the Enemy More Closely: The Royal Navy in the Second World War* (New York: W. W. Norton, 1991), 224–25; Smith, *Critical Conflict*, 29–31. 将这段时期的地中海战事比作游击战的说法来自 Giorgio Giorgerini, *La Battaglia dei Convogli in Mediterraneo* (Milan: Murcia, 1977)，引自 Sadkovich, *The Italian Navy in World War II*, 45。

4  Sadkovich, *The Italian Navy in World War II*, 55–63; Friedrich Ruge, *Der Seekrieg* (Annapolis: USNI, 1957), 134. 齐亚诺的日记写于 1940 年 7 月 13 日，见 Galeazzo Ciano, *Diary, 1937–1943* (New York: Enigma Books, 2002), 370. 此处提到的权威是小罗伯特·S. 埃勒斯，见 Robert S. Ehlers Jr., *The Mediterranean Air War: Airpower and Allied Victory in World War II* (Lawrence: University Press of Kansas, 2015), 17–18, 53。

5  Ehlers, *The Mediterranean Air War*, 17–18; Raymond De Belot, *The Struggle for the Mediterranean, 1939–1945* (Princeton: Princeton University Press, 1951), 42; Andrew B. Cunningham, *A Sailor's Odyssey* (New York: E. P. Dutton, 1951), 258–59, 262.

6  Bragadin, *The Italian Navy in World War II*, 28–29; Sadkovich, *The Italian Navy in World War II*, 58–59; Greene and Massignani, *The Naval War in the Mediterranean*, 74; Smith, *Critical Conflict*, 34–76.

7  Sadkovich, *The Italian Navy in World War II*, 55–58. 引用部分来自 1979 年 4 月帕克致彼得·史密斯的一封信，见 Smith, *Critical Conflict*, 67。坎宁安的官方报告和他的"作战记述"（"Narrative of Operations"）注明的日期为 1941 年 1 月 29 日，见 John Grehan and Martin Mace, eds., *The War at Sea in the Mediterranean, 1940–1944* (Barnsley, South Yorkshire: Pen and Sword, 2014), 1–12。

8  Greene and Massignani, *The Naval War in the Mediterranean*, 93–97.

9  Ciano, *Diary, 1937–1943* (entry of Sept. 9, 1940), 381.

10  Greene and Massignani, *The Naval War in the Mediterranean*, 95, 101–14.

11  Thomas P. Lowry and John W. G. Wellham, *The Attack on Taranto: Blueprint for Pearl Harbor* (Mechanicsburg, PA: Stackpole Books, 1995), Appendix B.

12  Cunningham to Secretary of the Admiralty, Jan. 16, 1941, in *The Fleet Air Arm in the Second World War* (Farnham, Surrey: Ashgate, 2012), 1:314–27.

13  Ibid., 1:318; Stephen Roskill, *The War at Sea* (London: Her Majesty's Stationery Office, 1954), 1:301. 埃特纳火山的比喻来自飞行员查尔斯·兰姆，引自 Richard R. Lawrence, *The Mammoth Book of Eyewitness Naval Battles* (New York: Carroll and Graf, 2003), 523–24。

14  Lowry and Wellham, *Attack on Taranto*, 73–82; report of Cunningham to Secretary of Admiralty, Jan. 16, 1941, in *Fleet Air Arm*, 1:319; Greene and Massignani, *The Naval War in the Mediterranean*, 106–7; Sadkovich, *The Italian Navy in World War II*, 90–95; Cunningham, *A Sailor's Odyssey*, 286; Ciano, *Diary, 1937–1943* (entry of Nov. 12, 1940), 395.

15  Lowry and Wellham, *Attack on Taranto*, 87–100. 劳里和威勒姆在此夸大了塔兰托港突袭与日军后来偷袭珍珠港之间的关系。

16  关于卡瓦那里的解职，见 Robert Mallett, *The Italian Navy and Fascist Expansionism, 1935–1940* (London: Frank Cass, 1998); Winston S. Churchill, *Their Finest Hour* (Boston: Houghton Mifflin, 1949), 544。

17  Smith, *Critical Conflict*, 259–61, 271–81.

18  Ibid., 280, 282–84.

19  Somerville's report, dated Dec. 18, 1940, is in Grehan and Mace, eds., *The War at Sea in the Mediterranean*, 27–46; Sadkovich, *The Italian Navy in World War II*, 96–97.

20  Smith, *Critical Conflict*, 307, 315–22.

21  De Belot, *The Struggle for the Mediterranean*, 87–88; Ruge, *Der Seekrieg*, 147–51; Cunningham, *A Sailor's Odyssey*, 298.

22  "Conference Between the C-in-C Navy and the Fuehrer," Sept. 14, 1940, in *Fuehrer Conferences on Naval Affairs, 1939–1945* (Annapolis: USNI, 1990), 137–38. See also Egbert Kieser, *Hitler on the Doorstep: Operation "Sea Lion": The German Plan to Invade Britain, 1940* (Annapolis: USNI, 1997), 254–57.

23  Ciano, *Diary* (Oct. 12, 1940), 300.

24  "Evaluation of the Mediterranean Situation," Nov. 14, 1940, in *Fuehrer Conferences*, 154–56.

25  "Report to the Fuehrer," Feb. 13, 1942, and "Report by the C-in-C, Navy to the Fuehrer," Mar. 12, 1942, both in *Fuehrer Conferences*, 261–65, 265–68.

26  Sadkovich, *The Italian Navy in World War II*, 120–24. 马克·安东尼奥·布拉加丁在他的书中指出："作者从个人角度可以提出，至少在某些情况下，至少在战争的第一年里，墨索里尼直接影响了意大利海军的决定，站在谨慎的一边。" Bragadin, *The Italian Navy in World War II*, 83.

27  Roskill, *The War at Sea*, 2:52–53. See also Rowena Reed, "Central Mediterranean Sea Control and the North African Campaigns," *NWCR* 32 (July-Aug. 1984): 85, 88–89.

28  相关备忘录见 S. W. C. Pack, *The Battle of Cape Matapan* (New York: Macmillan, 1961), 19。

亚基诺后来写道，德方施加的压力是意军出击的"决定性因素"。Iachino, *Gaudo e Matapan*, 263–67, reprinted in *Dark Seas: The Battle of Cape Matapan*, Britannia Royal Naval College series, ed. G. H. Bennett, J. E. Harrold, and R. Porter (Plymouth: University of Plymouth Press, 2012), 141 n. 2. 关于意大利的燃油状况，见 Greene and Massignani, *The Naval War in the Mediterranean*, 142–44。

29    De Belot, *The Struggle for the Mediterranean*, 100–102; Ronald Seth, *Two Fleets Surprised: The Story of the Battle of Cape Matapan, March, 1941* (London: Geoffrey Bles, 1960), 13–19; Pack, *Battle of Matapan*, 60–63.

30    Pack, *Battle of Cape Matapan*, 64.

31    Greene and Massignani, *The Naval War in the Mediterranean*, 141; J. Valerio Borghese, *Sea Devils: Italian Navy Commandos in World War II* (Annapolis: USNI, 1995), 27, 78–82 (originally published in 1950 as *Decima Flottiglia Mas*).

32    Cunningham, *A Sailor's Odyssey*, 312–13, 321.

33    关于布莱奇利庄园密码破译工作所扮演的角色，见 John Winton, *ULTRA at Sea: How Breaking the Nazi Code Affected Allied Naval Strategy During World War II* (New York: William Morrow, 1988), 14–16。Cunningham's report, Nov. 11, 1941, in Grehan and Mace, eds., *The War at Sea in the Mediterranean*, 48. See also Greene and Massignani, *The Naval War in the Mediterranean*, 146–48; Seth, *Two Fleets Surprised*, 34–37; Cunningham, *A Sailor's Odyssey*, 325–26.

34    Greene and Massignani, *The Naval War in the Mediterranean*, 148–49; S. W. C. Pack, *Night Action off Cape Matapan* (Shepperton, Surrey: Ian Allan, 1972), 34–35.

35    亚基诺在 *Gaudo e Matapan* 中强调了这个缺点。见 Pack, *Battle of Cape Matapan*, 65。

36    Seth, *Two Fleets Surprised*, 42–43; Cunningham, *A Sailor's Odyssey*, 327. 一字不差的敌情报告见 Appendix D of Bennett, Harrold, and Porter, eds., *Dark Seas*, 110–111。

37    "Sighting Reports," Appendix D of Bennett, Harrold, and Porter, eds., *Dark Seas*, 111; Seth, *Two Fleets Surprised*, 62–66; Cunningham, *A Sailor's Odyssey*, 327.

38    Greene and Massignani, *The Naval War in the Mediterranean*, 151–52; "Sighting Reports," Appendix D of Bennett, Harrold, and Porter, eds., *Dark Seas*, 114.

39    Seth, *Two Fleets Surprised*, 68–69.

40    Vincent P. O'Hara, *Struggle for the Middle Sea: The Great Navies at War in the Mediterranean Sea, 1940–1945* (Annapolis: USNI, 2009), 90–91; Angelo Iachino, *Gaudo e Matapan*, in *Dark Seas*, 130; Seth, *Two Fleets Surprised*, 92, 100; Greene and Massignani, *The Naval War in the Mediterranean*, 153.

41    Seth, *Two Fleets Surprised*, 107; Pack, *Battle of Cape Matapan*, 116.

42    Seth, *Two Fleets Surprised*, 108; Pack, *Battle of Cape Matapan*, 117–20.

43    Cunningham, *A Sailor's Odyssey*, 332.

44    O'Hara, *Struggle for the Middle Sea*, 94; Cunningham, *A Sailor's Odyssey*, 332; Seth, *Two Fleets Surprised*, 117, 119–21.

45    此处的叙述来自轮机长 G.S. 帕罗迪，收录于 Seth, *Two Fleets Surprised*, 145–46。

46    Cunningham's report, Nov. 11, 1941, in Grehan and Mace, *The War at Sea in the Mediterranean*, 51; Greene and Massignani, *The Naval War in the Mediterranean*, 158; Cunningham, *A Sailor's Odyssey*, 334.

47    Sadkovich, *The Italian Navy in World War II*, 130; Ehlers, *The Mediterranean Air War*, 80.

48  Cunningham, *A Sailor's Odyssey*, 373.

49  Ibid., 380–89; Ehlers, *The Mediterranean Air War*, 84.

50  特德的话转引自 Ehlers, *The Mediterranean Air War*, 129。

## 第 6 章　破交战（一）

1   Karl Doenitz, *Memoirs: Ten Years and Twenty Days* (Annapolis: USNI, 1959), 111–13, 125; Lars Hellwinkel, *Hitler's Gateway to the Atlantic: German Naval Bases in France, 1940–1945* (Annapolis: USNI, 2014), 12–25; Eberhard Rössler, *The U-Boat: The Evolution and Technical History of German Submarines* (London: Cassell, 1981), 126.

2   Doenitz, *Memoirs*, 104–5.

3   Correlli Barnett, *Engage the Enemy More Closely: The Royal Navy in the Second World War* (New York: W. W. Norton, 1991), 199–200; Doenitz, *Memoirs*, 137–41.

4   Clay Blair, *Hitler's U-Boat War: The Hunters, 1939–1942* (New York: Random House, 1996), 87–93, 149–66. Dönitz is quoted on 159.

5   Doenitz, *Memoirs*, 137–40.

6   Terry Hughes and John Costello, *The Battle of the Atlantic* (New York: Dial Press, 1977), 97.

7   Blair, *Hitler's U-Boat War: The Hunters*, 168–75; Kevin M. Moeller, "A Shaky Axis," *Proceedings*, June 2015, 30–35; Hughes and Costello, *The Battle of the Atlantic*, 102–3.

8   Arnold Hague, *The Allied Convoy System, 1939–1945* (Annapolis: USNI, 2000), 26–28. 黑格在附录 1 里列举了护航船队编号。

9   Antony Preston and Alan Raven, *Flower Class Corvettes* (Norwich: Bivouac Books, 1973); Chris Howard Bailey, *The Battle of the Atlantic: The Corvettes and Their Crews* (Annapolis: USNI, 1994), 6. 蒙萨拉特的部分引自他自己的著作 *Three Corvettes* (London: Cassell, 1945), 22, 27，黑体为作者所加。

10  Peter Kemp, *Decision at Sea: The Convoy Escorts* (New York: Elsevier-Dutton, 1978), 12; Hughes and Costello, *The Battle of the Atlantic*, 36–37.

11  Bernard Edwards, *Convoy Will Scatter: The Full Story of* Jervis Bay *and Convoy HX84* (Barnsley, Yorkshire: Pen and Sword, 2013), 15–17; Bruce Allen Watson, *Atlantic Convoys and Nazi Raiders: The Deadly Voyage of HMS* Jervis Bay (Westport, CT: Praeger, 2006), 46. 关于在 "波纹海军" 中服役之人的传闻，可见 J. Lennox Kerr and David James, eds., *Wavy Navy, by Some Who Served* (London: George G. Harrap, 1950)。

12  Marc Milner, *North Atlantic Run: The Royal Canadian Navy and the Battle for the Convoys* (Annapolis: USNI, 1985), 26–27; W. A. B. Douglas, Roger Sarty, and Michael Whitby, *No Higher Purpose* (St. Catharines, ON: Vanwell, 2002), 181.

13  Winston Churchill, *Their Finest Hour*, vol. 2 of *The Second World War* (Boston: Houghton Mifflin, 1949), 406; WSC to FDR, July 31, 1940, Aug. 15, 1940, both in *Roosevelt and Churchill: Their Secret Wartime Correspondence*, ed. Francis L. Loewenheim, Harold Langley, and Manfred Jones (New York: E. P. Dutton, 1975), 107–10; George VI to FDR, June 26, 1940, in John W. Wheeler-Bennett, *King George VI: His Life and Reign* (New York: St. Martin's Press, 1958), 511. See also Philip Goodhart, *Fifty Ships That Saved the World: The Foundation of the Anglo-American Alliance* (Garden City, NY: Doubleday,

1965).

14    WSC to FDR, Aug. 15, 1940, in *Roosevelt and Churchill*, 109.

15    Hague, *Allied Convoy System*, 28.

16    Ibid., 29; Stephen Roskill, *The War at Sea, 1939–1945* (London: Her Majesty's Stationery Office, 1954), 1:93.

17    Hague, *Allied Convoy System*, 45; Edwards, *Convoy Will Scatter*, 19.

18    Hague, *Allied Convoy System*, 25; Samuel McLean and Roger Sarty, "Gerald S. Graham's Manuscript Diary of His Voyage in HMS *Harvester*, 1942," *Northern Mariner*, April 2016, 177, 180.

19    Paul Lund and Harry Ludlam, *Night of the U-Boats* (London: W. Foulsham, 1973), 41–57.

20    Ibid., 32–40.

21    McLean and Sarty, "Gerald S. Graham's Manuscript Diary," 180.

22    Bernard Ireland, *The Battle of the Atlantic* (Annapolis: Naval Institute Press, 2003), 54–55.

23    Lund and Ludlum, *Night of the U-Boats*, 79–86.

24    Ibid., 94.

25    这名船队幸存者是亨利·里维利（Henry Revely），见其著作 *The Convoy That Nearly Died: The Story of ONS 154* (London: William Kimber, 1979), 13。克雷奇默的战时日志引自 Doenitz, *Memoirs*, 108。另一版译文稍有差异，见 Blair, *Hitler's U-Boat War: The Hunters*, 198。

26    Lund and Ludlam, *Night of the U-Boats*, 93–151, 180; Blair, *Hitler's U-Boat War: The Hunters*, 199–200.

27    Lund and Ludlam, *Night of the U-Boats*, 174–75; Hughes and Costello, *The Battle of the Atlantic*, 109–11.

28    Blair, *Hitler's U-Boat War: The Hunters*, 212–13; Hughes and Costello, *The Battle of the Atlantic*, 62.

29    Walter Karig, "Murmansk Run," *Proceedings*, Jan. 1946, 32.

30    Erich Raeder, *My Life* (Annapolis: USNI, 1960), 273, 345–46.

31    Theodor Krancke and H. J. Brennecke, *The Battleship* Scheer (London: William Kimber, 1956), 21–30.

32    Edwards, *Convoy Will Scatter*, 10–11, 15, 19; Watson, *Atlantic Convoys*, 76.

33    Watson, *Atlantic Convoys*, 87.

34    Krancke, *The Battleship* Scheer, 40.

35    Edwards, *Convoy Will Scatter*, 43–45; Krancke, *The Battleship* Scheer, 40; Watson, *Atlantic Convoys*, 89–95.

36    Edwards, *Convoy Will Scatter*, 76–84; Krancke, *The Battleship* Scheer, 44–47.

37    Watson, *Atlantic Convoys*, 95.

38    Ibid., 101.

39    Edwards, *Convoy Will Scatter*, 61–65; Calum MacNeil, *San Demetrio* (Sydney: Angus and Robertson, 1957), 37, 81–82.

40    MacNeil, *San Demetrio*, 86, 88.

41    Ibid., 88.

42    Ibid., 94, 99–100. 1943 年，"圣德梅特里奥号"的故事被改编成大众电影，名为《圣德梅特里奥》，由查尔斯·弗伦德执导。

43　Krancke, *The Battleship* Scheer, 199.

44　Raeder, *My Life*, 249–50; Vincent P. O'Hara, *The German Fleet at War, 1939–1945* (Annapolis: USNI, 2004), 70–74; Fritz-Otto Busch, *The Drama of the* Scharnhorst (London: Robert Hale, 1956), 32–34.

45　August K. Muggenthaler, *German Raiders of World War II* (New York: Prentice-Hall, 1977); Bernard Edwards, *Beware Raiders! German Surface Raiders in the Second World War* (Annapolis: USNI, 2001); Friedrich Ruge, *Der Seekrieg* (Annapolis: USNI), 1957), 174–83; Olivier Pigoreau, *The Odyssey of the Komet: Raider of the Third Reich* (Paris: Histoire et Collections, 2016), 13.

46　Bernhard Rogge with Wolfgang Frank, *Under Ten Flags: The Story of the German Commerce Raider* Atlantis (London: Weidenfeld and Nicolson, 1955), 16–21; Joseph P. Slavick, *The Cruise of the German Raider* Atlantis (Annapolis: USNI, 2003), 27–45; Ulrich Mohr and A. V. Sellwood, *Ship 16: The Story of the Secret German Raider* Atlantis (New York: John Day, 1956).

47　Rogge, *Under Ten Flags*, 19, 23–25; Slavick, *The Cruise of the German Raider* Atlantis, 44–48.

48　Eiji Seki, *Mrs. Ferguson's Tea-set, Japan, and the Second World War: The Global Consequences Following Germany's Sinking of the SS* Automedon *in 1940* (Folkestone, Kent: Global Oriental, 2007), 6–17; Rogge, *Under Ten Flags*, 99–103; Slavick, *The Cruise of the German Raider* Atlantis, 109–111; Roskill, *The War at Sea*, 1:381. 这名德军登船队成员是乌尔里希·莫尔（Ulrich Mohr），引自 *Ship 16*, 153。

49　Wesley Olson, *Bitter Victory: The Death of HMAS* Sydney (Annapolis: USNI, 2000), 271–72; Michael Montgomery, *Who Sank the* Sydney? (New York: Hippocrene Books, 1981); G. Herman Gill, *Royal Australian Navy, 1939–1942* (Canberra: Australian War Memorial, 1957), 453–57. 德方视角见 Joachim von Gösseln, "The Sinking of the *Sydney*," *Proceedings*, March 1953, 251–55。

50　Blair, *Hitler's U-Boat War: The Hunters*, 251–53.

51　Ibid., 256–58.

## 第 7 章 "俾斯麦号"战列舰

1　Erich Raeder, *My Life* (Annapolis: USNI, 1960), 272–75.

2　Iain Ballantyne, *Killing the* Bismarck: *Destroying the Pride of Hitler's Fleet* (Barnsley, South Yorkshire: Pen and Sword, 2010), 21–24; David Bercuson and Holger H. Herwig, *The Destruction of the* Bismarck (Woodstock, NY: Overlook Press, 2001), 21–22.

3　Bercuson and Herwig, *Destruction of the* Bismarck, 29–30; Raeder, *My Life*, 351.

4　Raeder, *My Life*, 351–52.

5　Albert Vulliez and Jacques Mordal, *Battleship* Scharnhorst (Fair Lawn, NJ: Essential Books, 1958), 110–11. 雷德尔 1941 年 3 月 6 日的日记，引自 Bercuson and Herwig, *Destruction of the* Bismarck, 43。

6　Raeder, *My Life*, 351–53; Bercuson and Herwig, *Destruction of the* Bismarck, 50–59.

7　Bercuson and Herwig, *Destruction of the* Bismarck, 50–59.

8　Ibid.

9    Correlli Barnett, *Engage the Enemy More Closely: The Royal Navy in the Second World War* (New York: W. W. Norton, 1991), 50; Bercuson and Herwig, *Destruction of the* Bismarck, 84–89.

10   Bercuson and Herwig, *Destruction of the* Bismarck, 62–63; Barnett, *Engage the Enemy More Closely*, 283.

11   Russell Grenfell, *The* Bismarck *Episode* (New York: Macmillan, 1949), 22–25, 29–30.

12   Ibid., 33–35.

13   Bercuson and Herwig, *Destruction of the* Bismarck, 101–4.

14   Grenfell, *The* Bismarck *Episode*, 40–41, 46–47; Bercuson and Herwig, *Destruction of the* Bismarck, 129–30.

15   Bercuson and Herwig, *Destruction of the* Bismarck, 138–9; Grenfell, *The* Bismarck *Episode*, 47.

16   根据历书，5 月 20 日丹麦海峡纬度上的日出时间为凌晨 4 点。帕克的祈祷词见 Bernard Ash, *Someone Had Blundered* (Garden City, NY: Doubleday, 1961), 75。

17   关于"俾斯麦号"与"胡德号"之间的战斗，见 Bercuson and Herwig, *Destruction of the* Bismarck, 147–149, and Burkard Müllenheim-Rechberg, *Battleship* Bismarck*: A Survivor's Story* (Annapolis: USNI, 1980), 105–7。拉塞尔·格伦费尔在《"俾斯麦号"遭遇记》（*The* Bismarck *Episode*）中毫不留情地痛批了霍兰的部署，总结称"英军战术的构想和指挥堪称拙劣"（第 62 页）。

18   Müllenheim-Rechberg, *Battleship* Bismarck, 104–6, 109–10.

19   Bercuson and Herwig, *Destruction of the* Bismarck, 162–64; Müllenheim-Rechberg, *Battleship* Bismarck, 113; Grenfell, *The* Bismarck *Episode*, 32–34, 66; Stephen Roskill, *The War at Sea* (London: Her Majesty's Stationery Office, 1954), 1:401–6.

20   Müllenheim-Rechberg, *Battleship* Bismarck, 114–15. 战后一些文献断言，吕特晏斯和林德曼的激烈争论与林德曼想要返回港口有关，但大部分证据，包括此处引用的米伦海姆-雷希贝格提供的证据表明，二人发生争执是因为林德曼想要继续作战。

21   Winston Churchill, *The Grand Alliance*, vol. 3 of *The Second World War* (Boston: Houghton-Mifflin, 1950), 307. 20 年后，托维称庞德曾扬言要把利奇和韦克-沃克送上军事法庭，直到托维以辞职来威胁他才打消这个念头。Tovey to Roskill, Dec. 14, 1961, in Roskill Papers, quoted by Barnett, *Engage the Enemy More Closely*, 299. 丘吉尔则在战后写道："韦克-沃克将军决定不再继续作战……他的这一决定是正确的，无可争议。" Churchill, *The Grand Alliance*, 310.

22   Bercuson and Herwig, *Destruction of the* Bismarck, 147–49, 163, 168; Raeder, *My Life*, 358.

23   Barnett, *Engage the Enemy More Closely*, 247–48.

24   Grenfell, *The* Bismarck *Episode*, 87–95; Bercuson and Herwig, *Destruction of the* Bismarck, 186–93; Müllenheim-Rechberg, *Battleship* Bismarck, 133; Anthony Martienssen, *Hitler and His Admirals* (New York: E. P. Dutton, 1949), 111.

25   Müllenheim-Rechberg, *Battleship* Bismarck, 134–35, 138.

26   Bercuson and Herwig, *Destruction of the* Bismarck, 225–26, 230–31; Grenfell, *The* Bismarck *Episode*, 97–98.

27   Müllenheim-Rechberg, *Battleship* Bismarck, 147.

28   Grenfell, *The* Bismarck *Episode*, 101–4; Barnett, *Engage the Enemy More Closely*, 303–5.

29    Bercuson and Herwig, *Destruction of the* Bismarck, 237–39.

30    Ibid., 231, 236–41; Grenfell, *The* Bismarck *Episode*, 118–20, 132–33.

31    Bercuson and Herwig, *Destruction of the* Bismarck, 251–52, 256; Grenfell, *The* Bismarck *Episode*, 133–34.

32    Bercuson and Herwig, *Destruction of the* Bismarck, 257–59; Grenfell, *The* Bismarck *Episode*, 138–47.

33    Grenfell, *The* Bismarck *Episode*, 154.

34    Müllenheim-Rechberg, *Battleship* Bismarck, 168–69; Bercuson and Herwig, *Destruction of the* Bismarck, 259–66. "俾斯麦号" 收发的无线电报告见 *Fuehrer Conferences on Naval Affairs, 1939–1945* (Annapolis: USNI, 1990), 209–13。

35    Grenfell, *The* Bismarck *Episode*, 160–61, 164–69.

36    Ibid., 177–79; Müllenheim-Rechberg, *Battleship* Bismarck, 204–5.

37    Grenfell, *The* Bismarck *Episode*, 184–87.

38    Müllenheim-Rechberg, *Battleship* Bismarck, 211–14.

39    Bercuson and Herwig, *Destruction of the* Bismarck, 297; Churchill, *The Grand Alliance*, 319.

40    Friedrich Ruge, *Der Seekrieg: The German Navy's Story* (Annapolis: USNI, 1957), 172; Raeder, *My Life*, 358.

41    Andrew Roberts, *The Storm of War: A New History of the Second World War* (New York: Harper, 2011), 160.

## 第 8 章　日出之国

1    Sadao Asada, *From Mahan to Pearl Harbor: The Imperial Japanese Navy and the United States* (Annapolis: USNI, 2006), 153–56, 164–66.

2    Stephen E. Pelz, *Race to Pearl Harbor: The Failure of the Second London Naval Conference and the Onset of World War II* (Cambridge, MA: Harvard University Press, 1974), 27–29; Sadao Asada, "The Japanese Navy and the United States," in *Pearl Harbor as History*, ed. Dorothy Borg and Shumpei Okamoto (New York: Columbia University Press, 1973), 229–31. 69.75% 的数据来自麻田贞雄的《从马汉到珍珠港》表 2，见 Asada, *From Mahan to Pearl Harbor*, 298。

3    Stephen Howarth, *The Fighting Ships of the Rising Sun* (New York: Atheneum, 1983), 170–72.

4    Craig Symonds, *The Battle of Midway* (New York: Oxford University Press, 2011), 27–29. 我要感谢日本海上自卫队前舰队司令官香田洋二，他帮忙厘清了日本帝国海军战前复杂的政治局面。

5    Howarth, *Fighting Ships of the Rising Sun*, 176–77; Asada, *From Mahan to Pearl Harbor*, 170–71.

6    Tsuneo Watanabe, ed., *Who Was Responsible? From Marco Polo Bridge to Pearl Harbor* (Tokyo: Yomiuri Shimbun, 2006), 21–22, 49; Howarth, *Fighting Ships of the Rising Sun*, 191.

7    Richard J. Smethurst, *A Social Basis for Prewar Japanese Militarism* (Berkeley: University of California Press, 1974), xvii; Howarth, *Fighting Ships of the Rising Sun*, 177.

8  Pelz, *Race to Pearl Harbor*, 15–17; Howarth, *Fighting Ships of the Rising Sun*, 190–91.

9  Hiroyuki Agawa, *The Reluctant Admiral: Yamamoto and the Imperial Navy* (Tokyo: Kodansha International, 1979), 70–76; Symonds, *Midway*, 23–27; Katō is quoted by Sadao Asada in "The Japanese Navy and the United States," 240.

10  Alfred Thayer Mahan, *The Influence of Sea Power upon History, 1660–1783* (Boston: Little, Brown, 1890). 第一章总结了马汉的战列舰主导论。麻田贞雄在《从马汉到珍珠港》的第二章探讨了马汉对日本战略思维的影响，见 Asada, *From Mahan to Pearl Harbor*, 26–46。

11  Mark R. Peattie, *Sunburst: The Rise of Japanese Naval Air Power, 1909–1941* (Annapolis: USNI, 2001), 83; Agawa, *Reluctant Admiral*, 93; Symonds, *Midway*, 30.

12  Agawa, *Reluctant Admiral*, 13.

13  Peattie, *Sunburst*, 80–81, 86–89; Asada, *From Mahan to Pearl Harbor*, 185; Symonds, *Midway*, 32–33.

14  Thomas Wildenberg, *All the Factors of Victory: Admiral Joseph Mason Reeves and the Origin of Carrier Airpower* (Washington, DC: Brassey's, 2003), 1–10; Craig C. Felker, *Testing American Sea Power: U.S. Navy Strategic Exercises, 1923–1940* (College Station: Texas A&M University Press, 2007), 121.

15  David C. Evans and Mark R. Peattie, *Kaigun: Strategy, Tactics, and Technology in the Imperial Japanese Navy, 1887–1941* (Annapolis: USNI, 1997), 250–63; Pelz, *Race to Pearl Harbor*, 30–32; Asada, "The Japanese Navy," 239.

16  Evans and Peattie, *Kaigun*, 238–39; Mark R. Peattie, "Japanese Naval Construction, 1919–41," in Phillips P. O'Brien, ed., *Technology and Naval Combat in the Twentieth Century and Beyond* (London: Frank Cass, 2001), 97.

17  Ibid., 266–70.

18  Asada, "The Japanese Navy," 239.

19  Howarth, *Fighting Ships of the Rising Sun*, 192–93, 198–203.

20  Agawa, *Reluctant Admiral*, 95–96; W. D. Puleston, *The Armed Forces of the Pacific* (New Haven: Yale University Press, 1941), 45.

21  Watanabe, *Who Was Responsible?*, 71. See also Howarth, *Fighting Ships of the Rising Sun*, 178; Asada, *From Mahan to Pearl Harbor*, 170–72; Smethurst, *A Social Basis of Prewar Japanese Militarism*, xiii–xiv.

22  Frank Dorn, *The Sino-Japanese War, 1937–41* (New York: Macmillan, 1974), 33–37.

23  Peattie, *Sunburst*, 91–92; Jon Parshall and Anthony Tully, *Shattered Sword: The Untold Story of the Battle of Midway* (Washington, DC: Potomac Books, 2005), 78.

24  Asada, *From Mahan to Pearl Harbor*, 238.《基本国策纲要》全文见 David J. Lu, *Japan: A Documentary History* (New York: M. E. Sharpe, 1997), 418–20。

25  Kitaro Matsumoto, *Design and Construction of the* Yamato *and* Musashi (Tokyo: Haga, 1961), 337–54; Akira Yoshimura, *Build the* Musashi! *The Birth and Death of the World's Greatest Battleship* (Tokyo: Kodansha International, 1991), 37.

26  Janusz Skulski, *The Battleship* Yamato: *Anatomy of a Ship* (Annapolis: USNI, 1988; Matsumoto, *Design and Construction of the* Yamato *and* Musashi; Yoshimura, *Build the* Musashi!, 46–47.

27  Agawa, *Reluctant Admiral*, 91.

28　关于南京大屠杀的遇害者人数，有几种不同的说法。多恩在日本攻入南京时是日方随军人员，他给出的数字是 20 万人，见 Dorn, *The Sino-Japanese War*, 92–95。其他文献在这方面提供的数据低至 9 万，高至 30 多万。张纯如在《南京大屠杀：第二次世界大战中被遗忘的大浩劫》中断言遇难人数超过 30 万，日本右翼团体对此提出强烈反驳，其中一些人还坚称在南京没有出现过强奸这种恶性事件。关于此争议的讨论，见 Masahiro Yamamoto, *Nanking: Anatomy of an Atrocity* (Westport, CT: Praeger, 2000)。西方最新的相关研究是 Peter Harmsen, *Nanjing, 1937: Battle for a Doomed City* (Havertown, PA: Casemate, 2015)。关于斯旺森和罗斯福对"帕奈号"危机的反应，见 Frank Freidel, *Franklin D. Roosevelt: A Rendezvous with Destiny* (Boston: Back Bay Books, 1990), 291。

29　《德意日三国同盟条约》全文见 Lu, ed., *Japan: A Documentary History*, 424–25。

30　Fujiwara Akira, "The Role of the Japanese Army," in *Pearl Harbor as History*, ed. Dorothy Borg and Shumpei Okamoto (New York: Columbia University Press, 1973), 190–91, 194.

31　Asada, *Mahan to Pearl Harbor*, 237. 当时传阅的一份备忘录写道："假如不可避免与美作战，我们便应充分备战。"见 Watanabe, ed., *Who Was Responsible?*, 90。

32　Ibid., 239. See also William L. Langer and S. Everett Gleason, *The Undeclared War, 1940–1941* (New York: Harper and Brothers, 1953), 7.

33　Agawa, *Reluctant Admiral*, 219–22, 225.

## 第 9 章　两洋海军

1　Robert F. Cross, *Sailor in the White House: The Seafaring Life of FDR* (Annapolis: USNI, 2003); Joseph E. Persico, *Roosevelt's Secret War: FDR and World War II* (New York: Random House, 2001), 161.

2　Frank Freidel, *Franklin D. Roosevelt: A Rendezvous with Destiny* (Boston: Little, Brown, 1990), 92–98.

3　Stephen E. Pelz, *Race to Pearl Harbor: The Failure of the Second London Naval Conference and the Onset of World War II* (Cambridge, MA: Harvard University Press, 1974), 77–81.

4　关于战争计划特别是橙色方案的权威著作，见 Edward Miller, *War Plan Orange: The U.S. Strategy to Defeat Japan, 1897–1945* (Annapolis: USNI, 1991)。

5　Major Ellis's 1921 article is available at www.biblio.org/hyperwar/USMC/ref/AdvBaseOps.

6　Skipper Steeley, *Pearl Harbor Countdown: Admiral James O. Richardson* (Gretna, LA: Pelican, 2008), 84; Craig C. Felker, *Testing American Sea Power: U.S. Navy Strategic Exercises, 1923–1940* (College Station: Texas A&M University Press, 2007), 57–59.

7　Freidel, *Franklin D. Roosevelt*, 291; *Time* magazine, March 28, 1938; Patrick Abbazia, *Mr. Roosevelt's Navy: The Private War of the U.S. Atlantic Fleet, 1939–1942* (Annapolis: USNI, 1975), 3–4.

8　FDR to WSC, Feb. 1, 1940, and WSC to FDR, Dec. 7, 1940, both in *Roosevelt and Churchill: Their Secret Wartime Correspondence*, ed. Francis L. Loewenheim, Harold Langley, and Manfred Jones (New York: Saturday Review/E. P. Dutton, 1975), 93, 122.

9　Abbazia, *Mr. Roosevelt's Navy*, 62–68; Thomas A. Bailey and Paul B. Ryan, *Hitler vs. Roosevelt: The Undeclared Naval War* (New York: Free Press, 1979), 32–33, 41, 70.

Wheeler is quoted on 45.

10    Abbazia, *Mr. Roosevelt's Navy*, 71–74.

11    Ibid., 80. 做出这些决策时，罗斯福倚仗的权力基本上都是他自己赋予自己的。1940年 5 月 21 日，他启用应急管理办公室，获得了管理军队各部门的权力。Freidel, *Franklin D. Roosevelt*, 341–42.

12    Pelz, *Race to Pearl Harbor*, 317–18; Mark R. Peattie, "Japanese Naval Construction, 1919–41," in *Technology and Naval Combat in the Twentieth Century and Beyond*, ed. Phillips P. O'Brien (London: Frank Cass, 2001), 101.

13    James R. Leutze, *Bargaining for Supremacy: Anglo-American Naval Collaboration, 1937–1941* (Chapel Hill: University of North Carolina Press, 1977), 117.

14    Stark to Knox, Nov. 12, 1940, quoted in Craig L. Symonds, *Neptune: The Allied Invasion of Europe and the D-Day Landings* (New York: Oxford University Press, 2014), 11.

15    Symonds, *Neptune*, 12–13.

16    United States–British Staff Conversations Report, March 27, 1941, printed as exhibit #49 (copy no. 98 of 125), U.S. Congress, *Pearl Harbor Attack Hearings* (Washington, DC: Government Printing Office, 1946), 15:1487–96. See also Symonds, *Neptune*, 13–17.

17    Robert W. Love Jr., "Ernest Joseph King," in *The Chiefs of Naval Operations*, ed. Robert W. Love Jr. (Annapolis: USNI, 1980), 139; Abbazia, *Mr. Roosevelt's Navy*, 136.

18    Abbazia, *Mr. Roosevelt's Navy*, 136; Ernest J. King and Walter Muir Whitehill, *Fleet Admiral King, a Naval Record* (New York: W. W. Norton, 1952), 313, 319.

19    Gordon Prange, with Donald M. Goldstein and Katherine V. Dillon, *At Dawn We Slept: The Untold Story of Pearl Harbor* (New York: McGraw-Hill, 1981), 39–40, 47; Steeley, *Pearl Harbor Countdown*, 165–82.

20    *Complete Presidential Press Conferences of Franklin D. Roosevelt* (New York: Da Capo Press, 1972), 17:285–86. See also H. W. Brands, *Traitor to His Class: The Privileged Life and Radical Presidency of Franklin D. Roosevelt* (New York: Anchor Books, 2009), 590.

21    金梅尔对于从他掌管的太平洋舰队抽调众多军舰表示了抗议。斯塔克向他解释说："我们清楚这些调动可能会影响对日作战，但如果我们想在大西洋上有所作为，就必须接受这些影响。"U.S. Congress, *Pearl Harbor Attack Hearings*, 15:2163. See also Harold Ickes, *The Secret Diary of Harold Ickes* (New York: Simon and Schuster, 1954), 3:523 (entry of May 25, 1941); Prange, *At Dawn We Slept*, 130–33.

22    Abbazia, *Mr. Roosevelt's Navy*, 159–65, 176.

23    Bailey and Ryan, *Hitler and Roosevelt*, 138–40.

24    FDR to Ickes, July 1, 1941, in Ickes, *Secret Diary*, 3:567.

25    Robert E. Sherwood, *Roosevelt and Hopkins: An Intimate History* (New York: Harper Collins, 1948), 242–44.

26    T. R. Fehrenbach, *F.D.R.'s Undeclared Naval War* (New York: David McKay, 1967), 254–55; Abbazia, *Mr. Roosevelt's Navy*, 223–24.

27    Abbazia, *Mr. Roosevelt's Navy*, 223–31.

28    *FDR's Fireside Chats* (Norman: University of Oklahoma Press, 1992), 189, 196; Abbazia, *Mr. Roosevelt's Navy*, 229.

29    *Fuehrer Conferences on Naval Affairs, 1939–1945* (Annapolis: USNI, 1990), 231–35.

30    Jon Meacham, *Franklin and Winston: An Intimate Portrait of an Epic Friendship* (New

York: Random House, 2004), 105–6; Sherwood, *Roosevelt and Hopkins*, 276–78.

31  Abbazia, *Mr. Roosevelt's Navy*, 255–61.

32  Action Report, USS *Kearny*, October 20, 1941, USNA. Available at www.destroyers.org/bensonlivermore/USS%Kearny/Kearnyreport.html.

33  Abbazia, *Mr. Roosevelt's Navy*, 270–72.

34  Ibid., 276–79.

35  "Report by the C-in-C, Navy," Sept. 17 and Nov. 13, 1941, both in *Fuehrer Conferences on Naval Affairs*, 231–35, 235–39.

36  Abbazia, *Mr. Roosevelt's Navy*, 298–300.

37  Ickes, *Secret Diary*, 3:650 (entry of Nov. 23, 1941).

38  Memorandum of Conversation, July 24, 1941, *Documentary History of the Franklin D. Roosevelt Presidency* (Dayton, OH: University Publications of America/LexisNexis, 2001), 9:265–73.

39  James C. Thomson Jr., "The Role of the Department of State," in *Pearl Harbor as History: Japanese American Relations, 1931–1941*, ed. Dorothy Borg and Shumpei Okamoto (New York: Columbia University Press, 1973), 101. 关于艾奇逊在打乱罗斯福石油政策的过程中所扮演的角色，见 Jonathan Utley, *Going to War with Japan* (Knoxville: University of Tennessee Press, 1985), 95–101, 126–33, 151–56，引用部分见第 154 页。See also Jonathan W. Jordan, *American Warlords: How Roosevelt's High Command Led America to Victory in World War II* (New York: Random House, 2015), 97.

40  Prange, *At Dawn We Slept*, 3–8; Sadao Asada, *From Mahan to Pearl Harbor: The Imperial Japanese Navy and the United States* (Annapolis: USNI, 2006), 272–76.

41  Prange, *At Dawn We Slept*, 205; U.S. Congress, *Report on the Joint Committee on the Investigation of the Pearl Harbor Attack* (New York: Da Capo Press, 1972), 32–35. 史汀生在日记中坚称，赫尔告诉他："这事我甩手不管了。现在归你和诺克斯，也就是陆军和海军来处理了。"赫尔后来表示自己从未说过这样的话，不过这可能确实反映了他的态度。See Barbara Wohlstetter, *Pearl Harbor: Warning and Decision* (Stanford: Stanford University Press, 1962), 234, 258.

42  Prange, *At Dawn We Slept*, 406; Wohlstetter, *Pearl Harbor*, 228–46, 259.

## 第 10 章 "AI 行动"：偷袭珍珠港

1  Jisaburō Ozawa, "Outline Development of Tactics and Organization of the Japanese Carrier Air Force," in *Pacific War Papers: Japanese Documents of World War II*, ed. Donald M. Goldstein and Katherine V. Dillon (Washington, DC: Potomac Books, 2004), 78–79; Mark R. Peattie, *Sunburst: The Rise of Japanese Naval Air Power, 1909–1941* (Annapolis: USNI, 2001), 149, 151.

2  Hiroyuki Agawa, *The Reluctant Admiral: Yamamoto and the Imperial Navy*, trans. John Bester (Tokyo: Kodansha International, 1979), 264; Gordon Prange interview of Genda (Sept. 5, 1966), Prange Papers, box 17, Hornbake Library, University of Maryland, College Park; Matome Ukagi, *Fading Victory: The Diary of Admiral Matome Ukagi, 1941–1945* (Annapolis: USNI, 1991), 13 (diary entry of Oct. 22, 1941).

3  Atsushi Oi, "The Japanese Navy in 1941," in *Pacific War Papers*, 16; Peattie, *Sunburst*, 76.

4    John Campbell, *Naval Weapons of World War II* (London: Conway Maritime, 1985); Craig L. Symonds, *The Battle of Midway* (New York: Oxford University Press, 2011), 38–39.

5    Gordon Prange, with Donald M. Goldstein and Katherine V. Dillon, *At Dawn We Slept: The Untold Story of Pearl Harbor* (New York: McGraw-Hill, 1981), 382.

6    Jonathan Parshall and Anthony Tully, *Shattered Sword: The Untold Story of the Battle of Midway* (Washington, DC: Potomac Books, 2005), 130; John Campbell, *Naval Weapons of World War II*; Peattie, *Sunburst*, 95.

7    Prange, *At Dawn We Slept*, 390; Walter Lord, *Day of Infamy* (New York: Holt, Rinehart, and Winston, 1957), 19.

8    Prange, *At Dawn We Slept*, 393–94.

9    Ibid., 22; Lord, *Day of Infamy*, 17–19, 26.

10   Husband E. Kimmel, *Admiral Kimmel's Story* (Chicago: Henry Regnery, 1955), 25; Prange, *At Dawn We Slept*, 409.

11   Prange, *At Dawn We Slept*, 440.

12   Robert E. Sherwood, *Roosevelt and Hopkins: An Intimate History* (New York: Enigma Books, 2008, orig. 1948), 334.

13   Prange, *At Dawn We Slept*, 490–92.

14   Lord, *Day of Infamy*, 27–28, 38, 43.

15   Prange, *At Dawn We Slept*, 501.

16   Ibid., 397, 504.

17   Paul H. Backus, "Why Them and Not Me?" in Paul Stilwell, *Air Raid: Pearl Harbor!* (Annapolis: USNI, 1981), 163.

18   Prange, *At Dawn We Slept*, 268–70.

19   Ibid., 515.

20   Lord, *Day of Infamy*, 219–20; Prange, *At Dawn We Slept*, 515; Andrieu D'Albas, *Death of a Navy: Japanese Naval Action in World War II* (New York: Devin-Adair, 1957), 35–37.

21   Sherwood, *Roosevelt and Hopkins*, 347; Winston S. Churchill, *The Grand Alliance* (Boston: Houghton Mifflin, 1950), 603–4; Lynne Olson, *Citizens of London* (New York: Random House, 2010), 143–44.

22   Frank Freidel, *Franklin D. Roosevelt: Rendezvous with Destiny* (Boston: Little, Brown, 1990), 406.

23   Brian P. Farrell, *The Defense and Fall of Singapore, 1940–1942* (Stroud, Gloucestershire: Tempus, 2005), 139–42; D'Albas, *Death of a Navy*, 38–43.

24   Farrell, *The Defense and Fall of Singapore*, 141; Geoffrey Bennett, *The Loss of the* Prince of Wales *and* Repulse (Annapolis: USNI, 1973), 131.

25   Farrell, *The Defense and Fall of Singapore*, 142–43.

26   Russell Grenfell, *Main Fleet to Singapore* (New York: Macmillan, 1952), 92–93; Arthur Nicholson, *Hostage to Fortune: Winston Churchill and the Loss of the* Prince of Wales *and* Repulse (Stroud, Gloucestershire: Sutton, 2005), 33–48.

27   Christopher M. Bell, *Churchill and Sea Power* (New York: Oxford University Press, 2013), 239–47.

28   Bennett, *The Loss of the* Prince of Wales *and* Repulse, 31–34.

29   Ibid., 43; David Thomas, *Battle of the Java Sea* (New York: Stein and Day, 1968), 67–71.

30    Bernard Ash, *Someone Had Blundered: The Story of the "Repulse" and the "Prince of Wales"* (Garden City, NY: Doubleday, 1962), 210, 217.

31    Thomas, *Battle of the Java Sea*, 88.

32    Farrell, *The Defense and Fall of Singapore*, 143.

33    Grenfell, *Main Fleet to Singapore*, 118.

34    Thomas Wildenberg, *Billy Mitchell's War with the Navy: The Interwar Rivalry over Air Power* (Annapolis: USNI, 2014), 70–94.

35    Thomas, *Battle of the Java Sea*, 92–95. 那名上尉是杰弗里·布鲁克（Geoffrey Brooke），引自 Richard R. Lawrence, *The Mammoth Book of Eyewitness Naval Battles* (New York: Carroll and Graf, 2003), 462。

36    Ash, *Someone Had Blundered*, 246; Bennett, *The Loss of the* Prince of Wales *and* Repulse, 52.

37    Churchill, *The Grand Alliance*, 620.

## 第 11 章　斗兽出笼

1    这位英国历史学家是戴维·A. 托马斯，见 David A. Thomas, *Battle of the Java Sea* (New York: Stein and Day, 1968), 147。See also Ian W. Toll, *Pacific Crucible: War at Sea in the Pacific, 1941–1942* (New York: W. W. Norton, 2012), 237–40.

2    Stark to Kimmel, Dec. 15, 1941, and Stark to Pye, Dec. 22, 1941, both in Nimitz Papers, box 1:49–50, 72, NHHC; John B. Lundstrom, *Black Shoe Carrier Admiral: Frank Jack Fletcher at Coral Sea, Midway, and Guadalcanal* (Annapolis: USNI, 2006), 23, 31.

3    Thomas, *Battle of the Java Sea*, 117–19; Lodwick H. Alford, *Playing for Time: War on an Asiatic Fleet Destroyer* (Bennington, VT: Merriam Press, 2006), 95; Jeffrey R. Cox, *Rising Sun, Falling Skies: The Disastrous Java Sea Campaign of World War II* (Oxford: Osprey, 2014), 155–61.

4    Craig L. Symonds, *The Battle of Midway* (New York: Oxford University Press, 2011), 65–75; Toll, *Pacific Crucible*, 203–27.

5    Thomas, *Battle of the Java Sea*, 120; Toll, *Pacific Crucible*, 233–34.

6    Cox, *Rising Sun, Falling Skies*, 129, 137.

7    英美双方关于太平洋上联合指挥的对话，见 Craig L. Symonds, *Neptune: The Allied Invasion of Europe and the D-Day Landings* (New York: Oxford University Press, 2014), 38–41。See also Stephen W. Roskill, *The War at Sea, 1939–1945* (London: Her Majesty's Stationery Office, 1956), 2:6.

8    Alford, *Playing for Time*, 116, 118; Cox, *Rising Sun, Falling Skies*, 178; G. Hermon Gill, *Royal Australian Navy, 1939–1942* (Canberra: Australia War Memorial, 1957), 515, 553.

9    Toll, *Pacific Crucible*, 252–54; Thomas, *Battle of the Java Sea*, 105–7; James D. Hornfischer, *Ship of Ghosts* (New York: Bantam Books, 2006), 7–13.

10    Hubert V. Quispel, *The Job and the Tools* (Rotterdam: WYT & Sons, 1960), 37–38; Thomas, *Battle of the Java Sea*, 157; Cox, *Rising Sun, Falling Skies*, 257; Gill, *Royal Australian Navy*, 556–57.

11    Churchill is quoted in Andrew Roberts, *The Storm of War: A New History of the Second World War* (New York: Harper, 2011), 205.

12    Andrieu D'Albas, *Death of a Navy: Japanese Naval Action in World War II* (New York: Devin-Adair, 1957), 65–66; Paul S. Dull, *A Battle History of the Imperial Japanese Navy, 1941–1945* (Annapolis: USNI, 1978), 54; Alford, *Playing for Time*, 69–79; Cox, *Rising Sun, Falling Skies*, 216–22.

13    Roskill, *The War at Sea*, 2:9.

14    Thomas, *Battle of the Java Sea*, 128–30; Cox, *Rising Sun, Falling Skies*, 209–11.

15    F. C. van Oosten, *Battle of the Java Sea* (Annapolis: USNI, 1976), 27.

16    Thomas, *Battle of the Java Sea*, 140–47; Dull, *Battle History of the Imperial Japanese Navy*, 55–60; Cox, *Rising Sun, Falling Skies*, 232–40.

17    Dwight R. Messimer, *Pawns of War: The Loss of the USS* Langley *and the USS* Pecos (Annapolis: USNI, 1983), 51–79; Cox, *Rising Sun, Falling Skies*, 265–79.

18    Ibid., 281–82; Tameichi Hara, *Japanese Destroyer Captain* (Annapolis: USNI, 1967), 64–65.

19    Roskill, *The War at Sea*, 2:13–14; Thomas, *Battle of the Java Sea*, 159; Cox, *Rising Sun, Falling Skies*, 253.

20    Thomas, *Battle of the Java Sea*, 160.

21    Ibid., 153, 170; Cox, *Rising Sun, Falling Skies*, 263–64.

22    Cox, *Rising Sun, Falling Skies*, 283–85.

23    Ibid., 259–60.

24    Hara, *Japanese Destroyer Captain*, 72; Thomas, *Battle of the Java Sea*, 178–80.

25    Thomas, *Battle of the Java Sea*, 187–89; Cox, *Rising Sun, Falling Skies*, 296.

26    Thomas, *Battle of the Java Sea*, 191, 196, 198–99, 201–2; Cox, *Rising Sun, Falling Skies*, 297–300; P. C. Boer, *The Loss of Java* (Singapore: NUS Press, 2011), 194–95, 197.

27    Gill, *Royal Australian Navy*, 614–15.

28    Hara, *Japanese Destroyer Captain*, 74–75; Thomas, *Battle of the Java Sea*, 209–13; Cox, *Rising Sun, Falling Skies*, 312–16; Hornfischer, *Ship of Ghosts*, 92.

29    Hornfischer, *Ship of Ghosts*, 47–48; Gill, *Royal Australian Navy*, 615–16.

30    Hornfischer, *Ship of Ghosts*, 100–102.

31    Roskill, *The War at Sea*, 2:16; Hornfischer, *Ship of Ghosts*, 108.

32    Quoted in Hornfischer, *Ship of Ghosts*, 116.

33    Hornfischer, *Ship of Ghosts*, 122–25; Gill, *Royal Australian Navy*, 621.

34    Hornfischer, *Ship of Ghosts*, 128; W. G. Winslow, *The Fleet the Gods Forgot: The U.S. Asiatic Fleet in World War II* (Annapolis: USNI, 1982), 195. 在马塔潘角海战中同样扮演了关键角色的沃勒在战后也因"英勇和决心"而被追授荣誉,1999 年入役的澳大利亚潜艇"沃勒号"便是以他的名字命名的。

35    Roskill, *The War at Sea*, 2:18; Toll, *Pacific Crucible*, 260; Thomas, *Battle of the Java Sea*, 148–49.

36    Gordon Prange interview of Watanabe Yasuji (Sept. 25, 1964), Prange Papers, box 17, UMD; H. P. Willmott, *The Barrier and the Javelin: Japanese and Allied Pacific Strategies, February to June 1942* (Annapolis: USNI, 1983), 43–44; Matome Ukagi, *Fading Victory: The Diary of Admiral Matome Ukagi* (entry of Jan. 5, 1942), trans. Masataka Chiyada, ed. Donald M. Goldstein and Katherine V. Dillon (Annapolis: USNI, 1991), 68.

37    Quoted in Willmott, *The Barrier and the Javelin*, 79; Prange interview of Watanabe (Feb.

3–4, 1966), Prange Papers, box 17, UMD.

38　Donald MacIntyre, *Fighting Admiral: The Life of Admiral of the Fleet Sir James Somerville* (London: Evans Brothers, 1961), 186–88.

39　Dull, *A Battle History of the Imperial Japanese Navy*, 108–9; Roskill, *The War at Sea*, 2:26–27.

40　Mark R. Peattie, *Sunburst: The Rise of Japanese Naval Air Power, 1909–1941* (Annapolis: USNI, 2001), 67–70; Dull, *A Battle History of the Imperial Japanese Navy*, 109–10.

41　Symonds, *The Battle of Midway*, 95–6.

42　Somerville is quoted in MacIntyre, *Fighting Admiral*, 179. 对英军在此战中海军战略的详细分析，见 Angus Britts, *Neglected Skies: The Demise of British Naval Power in the Far East, 1922–42* (Annapolis: USNI, 2017)。

## 第 12 章　破交战（二）

1　Stephen W. Roskill, *The War at Sea, 1939–1945* (London: Her Majesty's Stationery Office, 1956), 2:28.

2　Ed Offley, *The Burning Shore: How Hitler's U-Boats Brought World War II to America* (New York: Basic Books, 2014), 57–58; Michael Gannon, *Operation Drumbeat* (New York: Harper and Row, 1990), 97–99.

3　Clay Blair, *Silent Victory* (Philadelphia: J. B. Lippincott, 1975), 106–7. See also Joel Holwitt, *"Execute Against Japan": The U.S. Decision to Conduct Unrestricted Submarine Warfare* (College Station: Texas A&M University Press, 2013), esp. 141–49.

4　Karl Doenitz, *Memoirs: Ten Years and Twenty Days* (Annapolis: USNI, 1959), 154, 161; Robert S. Ehlers Jr., *The Mediterranean Air War: Airpower and Allied Victory in World War II* (Lawrence: University of Kansas Press, 2015), 97–98.

5　J. Valerio Borghese, *Sea Devils: Italian Navy Commandos in WWII* (Annapolis: USNI, 1995), 131–60.

6　Vian's report, dated Mar. 31, 1942, is printed in John Grehan and Martin Mace, eds., *The War at Sea in the Mediterranean, 1940–1944* (Barnsley, South Yorkshire: Pen and Sword, 2014), 180–94. 维安在其回忆录中记述了这场战斗，见 Vian, *Action This Day* (London: Frederick Muller, 1960), 89–91。See also S. W. C. Pack, *The Battle of Sirte* (Annapolis: USNI, 1975), 54–82. C.S. 福里斯特的读者可能会发现，他的小说《船》（*The Ship*）便是根据维安死守 MW-10 船队的经历创作的。

7　Winston S. Churchill, *The Hinge of Fate*, vol. 4 of *The Second World War* (Boston: Houghton Mifflin, 1950), 273.

8　Corelli Barrett, *Engage the Enemy More Closely* (New York: W. W. Norton, 1991), 272–76; Doenitz, *Memoirs*, 152–54, 161.

9　"Report of Admiral Commanding Submarines," May 14, 1942, and Apr. 21, 1943, in *Fuehrer Conferences on Naval Affairs, 1939–1945* (Annapolis: USNI, 1990), 280–83, 316. The Navy Training Manual is quoted by Samuel Eliot Morison in *The Battle of the Atlantic, September 1939–May 1943*, vol. 1 of *History of United States Naval Operations in World War II* (Boston: Little, Brown, 1947), 127–28.

10　See Appendix R in Roskill, *The War at Sea*, 1:615–18; Doenitz, *Memoirs*, 178, 197.

11　W. J. R. Gardner, *Decoding History: The Battle of the Atlantic and Ultra* (Annapolis: USNI, 1999), 130–33.

12　Jak P. Mallmann Showell, *German Naval Codebreakers* (Annapolis: USNI, 2003), 39, 88–93; Offley, *The Burning Shore*, 83; David Kahn, *The Codebreakers: The Story of Secret Writing* (New York: Macmillan, 1967), 465–66.

13　David Kahn, *Seizing the Enigma: The Race to Break the German U-Boat Codes, 1939–1943* (Boston: Houghton Mifflin, 1991), 195–96.

14　Ibid., 53, 62–66, 68–71.

15　John Winton, *Ultra at Sea* (New York: William Morrow, 1988), 22–24; Kahn, *Seizing the Enigma*, 1–14, 161–68; David Syrett, *The Defeat of the German U-Boats: The Battle of the Atlantic* (Columbia: University of South Carolina Press, 1994), 20; Terry Hughes and John Costello, *The Battle of the Atlantic* (New York: Dial, 1977), 153–54.

16　F. W. Winterbotham, *The Ultra Secret* (New York: Harper and Row, 1974), 24–26; Offley, *The Burning Shore*, 87–88; Kahn, *Seizing the Enigma*, 184.

17　Syrett, *The Defeat of the German U-Boats*, 19–20.

18　Gannon, *Operation Drumbeat*, 152; Gardner, *Decoding History*, 165; Hughes and Costello, *The Battle of the Atlantic*, 165–66.

19　Jürgen Rohwer, "The Operational Uses of 'Ultra' in the Battle of the Atlantic," in *Intelligence and International Relations*, ed. Christopher Andrew and Jeremy Noakes (Exeter: University of Exeter, 1987), 283–84. See also David Syrett's introduction to his edited volume *The Battle of the Atlantic and Signals Intelligence* (Aldershot: Navy Records Society, 1998), xvi.

20　Hughes and Costello, *The Battle of the Atlantic*, 180–83.

21　Gardner, *Decoding History*, 137. 有关数据参见 Appendix O in Roskill, *The War at Sea*, 2:485。

22　Peter Cremer, *U-Boat Commander: A Periscope View of the Battle of the Atlantic* (Annapolis: USNI, 1982), 53–61; Clay Blair, *Hitler's U-Boat War: The Hunters, 1939–1942* (New York: Random House, 1996), 453–54.

23　Gannon, *Operation Drumbeat*, 206–9.

24　Ernest J. King and Walter Muir Whitehall, *Fleet Admiral King: A Naval Record* (New York: W. W. Norton, 1952), 349–55; Walter R. Borneman, *The Admirals: Nimitz, Halsey, Leahy, and King* (New York: Little, Brown, 2012), 212.

25　历史学家在金不愿意建立沿岸护航队的问题上分成了两派。迈克尔·甘农（Michael Gannon, *Operation Drumbeat*, 1990）认为金对护航队的漠视近乎渎职，克莱·布莱尔（Clay Blair, *Hitler's U-Boat War: The Hunters*, 1996）则捍卫金的立场，并且坚称批评金的声音主要来自英方，因为他们认为金过于重视太平洋战场了。关于德国潜艇袭击美国东海岸的最新研究是 Ken Brown, *U-Boat Assault on America: The Eastern Seaboard Campaign, 1942* (Annapolis: USNI, 2017)。

26　Blair, *Hitler's U-Boat War: The Hunters*, 439; Gannon, *Operation Drumbeat*, 466–67. 哈德根在 18 日夜到 19 日凌晨沉的四艘船是"布拉索斯号""亚特兰大城号""奇尔特瓦伊拉号""马来号"。

27　Blair, *Hitler's U-Boat War: The Hunters*, 475; Doenitz, *Memoirs*, 203; Cremer, *U-Boat Commander*, 69; Michael L. Hadley, *U-Boats Against Canada: German Submarines in Canadian Waters* (Kingston, ON: McGill-Queen's University Press, 1985), 52–74.

28 Blair, *Hitler's U-Boat War: The Hunters*, 481.

29 Homer H. Hickam, *Torpedo Junction: U-Boat War off America's East Coast, 1942* (Annapolis: USNI, 1989), 114–29.

30 See the table of ship losses in Blair, *Hitler's U-Boat War: The Hunters*, 695.

31 Hickam, *Torpedo Junction*, 108–13.

32 Blair, *Hitler's U-Boat War: The Hunters*, Appendix 4, 727–30; Cremer, *U-Boat Commander*, 78. 海明威的小说遗作《岛在湾流中》便取材于他在"流氓海军"中的这段经历。

33 Hickam, *Torpedo Junction*, 149–57, 179, 188–95.

34 Ibid., 165–67.

35 关于"奶牛",见 Blair, *Hitler's U-Boat War: The Hunters*, 534n（克雷默的战绩在第 545 页至第 546 页有详细记述）。潜艇击沉船只的详细数据见 Jürgen Rohwer, *Axis Submarine Successes, 1939–1945* (Annapolis: USNI, 1983)。

36 Carl Boyd and Akihiko Yoshida, *The Japanese Submarine Force and World War II* (Annapolis: USNI, 1995), 65–67; *New York Times*, Jan. 21, Jan. 24, and Feb. 24, 1942, all stories page 1.

37 Hickam, *Torpedo Junction*, 230.

38 "Report by Chief of Staff," Jan. 22 and Jan. 29, 1942, in *Fuehrer Conferences on Naval Affairs*, 259–60; Cremer, *U-Boat Commander*, 53; Roskill, *The War at Sea*, 2:100–101, 116; Doenitz, *Memoirs*, 206.

39 Jan Drent, "The Trans-Pacific Lend-Lease Shuttle to the Russian Far East, 1941–46," *The Northern Mariner*, January 2017, 33–34, 45–46. 运输队中的大部分船为建于美国但移交给苏联使用的自由轮。

40 "Memorandum Concerning the Report of the C-in-C, Navy," Jan. 12, 1942, *Fuehrer Conferences on Naval Affairs*, 256–57.

41 Roskill, *The War at Sea*, 2:150; Erich Raeder, *My Life* (Annapolis: USNI, 1960), 360–61.

42 Roskill, *The War at Sea*, 2:156–57.

43 London *Times*, Feb. 14, 1942; Raeder, *My Life*, 361.

44 Richard M. Leighton and Robert W. Coakley, *Global Logistics and Strategy, 1940–1943* (Washington, DC: Office of the Chief of Military History, 1955), 555; Michael G. Walling, *Forgotten Sacrifice: The Arctic Convoys of World War II* (Oxford: Osprey, 2012), 9–36; Richard Woodman, *Arctic Convoys, 1941–1945* (London: John Murray, 1994), 24–32; Walter Karig, "Murmansk Run," *Proceedings*, Jan. 1946, 27.

45 Roskill, *The War at Sea*, 118–20.

46 Richard M. Leighton and Robert W. Coakley, *Global Logistics and Strategy, 1940–1943* (Washington, DC: Office of the Chief of Military History, 1955), 557.

47 Winton, *Ultra at Sea*, 53–65; Roskill, *The War at Sea*, 2:120–23, 127; Max Hastings, *Winston's War: Churchill, 1940–1945* (New York: Knopf, 2010), 207.

48 布鲁姆是从一支混编的护航舰队（包括一艘波兰驱逐舰和一艘"自由法国"驱逐舰）手中接过护航任务的。See Woodman, *Arctic Convoys*, 195–200, and Jack Broome, *Convoy Is to Scatter* (London: William Kimber, 1972), 103.

49 Walling, *Forgotten Sacrifice*, 153–54; Roskill, *The War at Sea*, 2:137; Winton, *Ultra at Sea*, 60–65.

50 Woodman, *Arctic Convoys*, 213; Walling, *Forgotten Sacrifice*, 156–57; Broome, *Convoy Is to*

*Scatter*, 160. 德军攻击机还有一枚鱼雷击中了苏联油轮"阿塞拜疆号",不过并未将其击沉。

51　Woodman, *Arctic Convoys*, 211–12; Winton, *Ultra at Sea*, 63–65, 68; Broome, *Convoy Is to Scatter*, 178.

52　Broome, *Convoy Is to Scatter*, 182–83.

53　Winton, *Ultra at Sea*, 68–69; Broome, *Convoy Is to Scatter*, 182; Woodman, *Arctic Convoys*, 255; Walling, *Forgotten Sacrifice*, 170, 173–79. The quotation is from the memoir of William A. Carter, *Why Me, Lord?* (Millsboro, DE: William A. Carter, 2007), 174. 盟国在 8 月的确派美国巡洋舰"塔斯卡卢萨号"送了一船物资,但一艘军舰能够运载的补给只是杯水车薪,此举更多是在表示善意,而非真正要输送物资。

54　关于潘泰莱里亚海战,见 James J. Sadkovich, *The Italian Navy in World War II* (Westport, CT: Greenwood Press, 1994), 256–65. 船只损失的具体数据至今不详。最详细和权威的文献是 Jürgen Rohwer, *Axis Submarine Successes, 1939–1945* (Annapolis: USNI, 1983),此书按时间顺序列举了二战期间被潜艇击沉的所有船只。不过罗韦尔并没有将北海、北大西洋和美国东海岸单独分类统计,所以这些海域的船只损失总数和总计吨位需要手动清点。克莱·布莱尔逐条列举了"击鼓行动"中的船只损失情况,见 Clay Blair, Appendix 4 of *Hitler's U-Boat War: The Hunters*, 727–32. 更便于阅读的表格见 Morison, *The Battle of the Atlantic*, 412 和 Roskill, *The War at Sea*, 2:485,不过其估算的数据没有利用新近的研究成果。罗斯基尔还将大多数船只损失归因于潜艇,莫里森则认为其中一部分船只是因水雷和飞机而沉没的。

## 第 13 章　转海回天

1　Theodore Taylor, *The Magnificent Mitscher* (Annapolis: USNI, 1954), 112.

2　Duane Schultz, *The Doolittle Raid* (New York: St. Martin's Press, 1988), 5–10.

3　James A. Doolittle oral history (Aug. 3, 1987), and Henry Miller oral history (May 23, 1973), both USNI.

4　E. B. Potter, *Nimitz* (Annapolis: USNI, 1976), 16–30; William F. Halsey and J. Bryan III, *Admiral Halsey's Story* (New York: McGraw-Hill, 1947), 101.

5　Henry Miller oral history (May 23, 1973), 1:37, and James Doolittle oral history (Aug. 3, 1987), 27, both USNI; Mitscher to Nimitz, April 28, 1942, Action Reports: Part I, CINCPAC, reel 2.

6　Lowell Thomas and Edward Jablonsky, *Doolittle: A Biography* (Garden City, NY: Doubleday, 1976), 178–79; James H. Doolittle and Carroll V. Glines, *I Could Never Be So Lucky Again: An Autobiography by General James H. "Jimmy" Doolittle* (New York: Bantam Books, 1991), 4; Halsey and Bryan, *Admiral Halsey's Story*, 101.

7　John B. Lundstrom, *The First Team: Pacific Naval Air Combat from Pearl Harbor to Midway* (Annapolis: USNI, 1984), 148; Thomas and Jablonsky, *Doolittle: A Biography*, 181; Doolittle oral history (Aug. 3, 1987), USNI, 19.

8　Quentin Reynolds, *The Amazing Mr. Doolittle* (New York: Appleton-Century-Crofts, 1953), 209–12; Doolittle and Glines, *I Could Never Be So Lucky Again*, 10–11.

9　Carroll V. Glines, *Doolittle's Tokyo Raiders* (New York: D. Van Nostrand, 1964), 337; Gordon Prange interview of Watanabe (Sept. 25, 1964), Prange Papers, box 17, UMD.

10 Elliot Carlson, *Joe Rochefort's War* (Annapolis: USNI, 2011), esp. 172–84, 211; John Winton, *Ultra in the Pacific: How Breaking Japanese Codes and Ciphers Affected Naval Operations Against Japan* (London: Leo Cooper, 1993), 6; Rochefort oral history (Aug. 14, 1969), USNI, 99, 104.

11 Craig L. Symonds, *The Battle of Midway* (New York: Oxford University Press, 2011), 145; Wilfrid Jasper Holmes, *Double-Edged Secrets: U.S. Naval Intelligence Operations in the Pacific During World War II* (Annapolis: USNI, 1979), 65; Carlson, *Joe Rochefort's War*, 268–70.

12 Frederick C. Sherman, *Combat Command: The American Aircraft Carriers in the Pacific War* (New York: E. P. Dutton, 1950), 92; Frederick D. Parker, *A Priceless Advantage: U.S. Navy Communications Intelligence and the Battle of Coral Sea, Midway, and the Aleutians* (Washington, DC: Center for Cryptologic History, National Security Agency, 1993), 25; "Running Summary, April 18, 1942," and "Estimate of the Situation, April 22, 1942," both in Nimitz Papers, box 1, 501–5, 516, NHHC; Edwin Layton, *"And I Was There": Pearl Harbor and Midway—Breaking the Secrets* (New York: William Morrow, 1985), 367–68; John Prados, *Combined Fleet Decoded: The Secret History of American Intelligence and the Japanese Navy in World War II* (New York: Random House, 1995), 300; Rochefort oral history (Sept. 21, 1969), USNI, 174–75.

13 John Lundstrom, *The First South Pacific Campaign: Pacific Fleet Strategy, December 1941–June 1942* (Annapolis: USNI, 1976), 98; H. P. Willmott, *The Barrier and the Javelin: Japanese and Allied Pacific Strategies, February to June 1942* (Annapolis: USNI, 1983), 171–200.

14 Nimitz to King, June 17, 1942, Action Reports: Part I, CINCPAC, reel 2, 3; Samuel Eliot Morison, *Coral Sea, Midway and Submarine Actions, May 1942–August 1942* (Boston: Little, Brown, 1975), 25–26; John Lundstrom, *Black Shoe Carrier Admiral: Frank Jack Fletcher at Coral Sea, Midway, and Guadalcanal* (Annapolis: USNI, 2006) 146, 149; Willmott, *The Barrier and the Javelin*, 217–18.

15 Richard W. Bates, *The Battle of the Coral Sea, May 1 to May 11 Inclusive, 1942: Strategical and Tactical Analysis* (Washington, DC: Bureau of Naval Personnel, 1947), 7–12; Lundstrom, *First South Pacific Campaign*, 103–4, as well as his article "A Failure of Radio Intelligence: An Episode in the Battle of the Coral Sea," *Cryptologia* 7, no. 2 (1983): 108–110, 115; and Willmott, *The Barrier and the Javelin*, 234–35.

16 Lundstrom, *The First Team*, 193; Lundstrom, *Black Shoe Carrier Admiral*, 165; Stuart D. Ludlum, *They Turned the War Around at Coral Sea and Midway* (Bennington, VT: Merriam, 2000), 77.

17 Ludlam, *They Turned the War Around*, 74–79; Lundstrom, *The First Team*, 199, 205.

18 Lundstrom, *The First Team*, 191; Paul S. Dull, *A Battle History of the Imperial Japanese Navy, 1941–1945* (Annapolis: USNI, 1978), 124.

19 Pederson to Buckmaster, May 16, 1942, Action Reports: Part I, CINCPAC, reel 2; Ludlum, *They Turned the War Around*, 86; Morison, *Coral Sea and Midway*, 49–51. 引文来自飞行员诺埃尔·盖勒，见 Noel Gayler oral history (Feb. 15, 2002), NHF, 6。

20 Buckmaster to Nimitz, May 25, 1942, Action Reports: Part I: CINCPAC, reel 2, 10; Sherman, *Combat Command*, 109–111, 114; Gustave Sembritzky oral history (OH00601),

NMPW.

21    金一开始对"列克星敦号"的沉没秘而不宣，对外只称该舰受到损伤。

22    Buckmaster to Nimitz, May 25, 1942, Action Reports: Part I: CINCPAC, reel 2, 7, 40.

23    Matome Ukagi, *The Diary of Admiral Matome Ukagi*, ed. Donald Goldstein and Katherine
      Dillon (Annapolis: USNI, 1991), 125 (diary entry of May 10, 1942).

24    *New York Times*, May 9, 1942, 1.

25    Holmes, *Double-Edged Secrets*, 90; Rochefort oral history (Oct. 5, 1969), 211, and Dyer
      oral history (Sept. 14, 1983), 241, both USNI.

26    *Traffic Intelligence Summaries, Combat Intelligence Unit, Fourteenth Naval District* (16
      July 1941–30 June 1942), Special Collections, Nimitz Library, USNA, 3:326.

27    "Estimate of the Situation," May 26, 1942, Nimitz Papers, box 1:516, 520, NHHC.

28    指挥"大黄蜂号"的马克·米彻尔是个航空兵，但他要听从斯普鲁恩斯的战略方针，
      见 Thomas B. Buell, *The Quiet Warrior: A Biography of Admiral Raymond A. Spruance* (Boston:
      Little, Brown, 1974), and Lundstrom, *Black Shoe Carrier Admiral*。

29    Donald Goldstein and Katherine Dillon, eds., *The Pearl Harbor Papers: Inside the
      Japanese Plans* (Washington, DC: Brassey's, 1993), 348.

30    Jonathan P. Parshall and Anthony P. Tully, *Shattered Sword: The Untold Story of the Battle
      of Midway* (Washington, DC: Potomac Books, 2005), 63–66.

31    Symonds, *Battle of Midway*, 102–6, 212–13; Parshall and Tully, *Shattered Sword*, 48–51;
      Gordon W. Prange with Donald Goldstein and Katherine Dillon, *Miracle at Midway* (New
      York: McGraw-Hill, 1982), 162–64, 170; Willmott, *The Barrier and the Javelin*, 81–82.

32    Symonds, *Battle of Midway*, 231–32; Prange, *Miracle at Midway*, 206; Parshall and Tully,
      *Shattered Sword*, 149.

33    Symonds, *Battle of Midway*, 236–38; Parshall and Tully, *Shattered Sword*, 153; Ryunosuke
      Kusuka interview with Gordon Prange (1966), Prange Papers, box 17, UMD.

34    "CINC First Air Fleet Detailed Battle Report," Feb. 1, 1943, *ONI Review*, May 1947;
      Kusaka interview with Prange, Prange Papers, box 17, UMD; Parshall and Tully, *Shattered
      Sword*, 132, 159, 161–66; Symonds, *Battle of Midway*, 238–44.

35    Symonds, *Battle of Midway*, 244; Parshall and Tully, *Shattered Sword*, 165–66.

36    Symonds, *Battle of Midway*, 274–75.

37    Ibid., 260–61, 267–73.

38    "Memorandum for the Commander in Chief," June 7, 1942, Action Reports: Part I,
      CINCPAC, reel 2; George Gay, *Sole Survivor: The Battle of Midway and the Effects on His
      Life* (Naples, FL: Naples Ad/Graphics, 1979), 119–21.

39    Symonds, *Battle of Midway*, 287, 301–2; Parshall and Tully, *Shattered Sword*, 233–35.

40    Symonds, *Battle of Midway*, 52–54.

41    关于"不知飞往何处的飞行"的完整讨论，见 Symonds, *Battle of Midway*, 245–65,
      plus Appendix F, 389–91。

42    John S. Thach oral history (Nov, 6, 1970), 252, USNI; Richard Best interview (Aug. 11, 1995),
      17, NMPW; Norman (Dusty) Kleiss oral history (Sept. 3, 2010), BOMRT; Parshall and Tully,
      *Shattered Sword*, 250. 乔恩·帕歇尔（Jon Parshall）对此次攻击进行过最详尽的研究，
      他得出的结论是，算上小型的 100 磅炸弹，美军总共有 12 枚炸弹击中了"加贺号"，
      见 BOMRT, Aug. 25, 2010。

43　Best to Walter Lord, Jan. 27, 1966, Lord Collection, box 18, NHHC; Richard Best interview (Aug. 11, 1995), 42, NMPW.

44　Max Leslie to Smith, Dec. 15, 1964, Prange Papers, box 17, UMD; Parshall and Tully, *Shattered Sword*, 264.

45　Symonds, *Battle of Midway*, 321–26; John S. Thach Oral History (Nov. 6, 1970), USNI Oral History Collection, 1:268.

46　Symonds, *Battle of Midway*, 347–50.

47　Gallaher to Walter Lord, Feb. 26, 1967, Walter Lord Collection, box 18, NHHC; Parshall and Tully, *Shattered Sword*, 326–29.

## 第 14 章　两岛存亡

1　苏联在黑海也有海军力量，由 1 艘战列舰、1 艘重巡洋舰和 5 艘轻巡洋舰组成。C. W. Koburger Jr., *Naval Warfare in the Baltic, 1939–1945* (Westport, CT: Praeger, 1994), 27–33; V. I. Achlasov and N. B. Pavlovich, *Soviet Naval Operations in the Great Patriotic War, 1941–1945* (Annapolis: USNI, 1981), 8, 25; I. S. Isakov, *The Red Fleet in the Second World War* (London: Hutchinson, 1947), 26–27; Friedrich Ruge, *The Soviets as Naval Opponents, 1941–1945* (Annapolis: USNI, 1979), 16, 20–21.

2　Alan J. Levine, *The War Against Rommel's Supply Lines, 1942–1943* (Westport, CT: Praeger, 1999), 27–28; Peter C. Smith, *Pedestal: The Convoy That Saved Malta* (London: William Kimber, 1970), 17–20.

3　Richard B. Frank, *Guadalcanal: The Definitive Account of the Landmark Battle* (New York: Penguin, 1990), 25–28.

4　Bruce Gamble, *Fortress Rabaul: The Battle for the Southwest Pacific, January 1942—April 1943* (Minneapolis: Zenith Press, 2010), 210–11; James D. Hornfischer, *Neptune's Inferno: The U.S. Navy at Guadalcanal* (New York: Bantam Books, 2011), 4; Ian Toll, *The Conquering Tide: War in the Pacific Islands, 1942–1944* (New York: W. W. Norton, 2015), xxiv–xxxi; Frank, *Guadalcanal*, 31; Patrick Lindsay, *The Coast Watchers: The Men Behind Enemy Lines Who Saved the Pacific* (North Sydney, Australia: William Heinemann, 2010), 197.

5　Ronald H. Spector, *Eagle Against the Sun: The American War with Japan* (New York: Free Press, 1985), 184–87; Ernest J. King and Walter Muir Whitehill, *Fleet Admiral King: A Naval Record* (New York: W. W. Norton, 1952), 387.

6　Frank, *Guadalcanal*, 32–36.

7　Richard M. Leighton and Robert W. Coakley, *Global Logistics and Strategy, 1940–1943* (Washington, DC: Office of the Chief of Military History, 1955), 202; Samuel Eliot Morison, *The Struggle for Guadalcanal, August 1942–February 1943*, vol. 5 of *A History of United States Naval Operations in World War II* (Boston: Little, Brown, 1949), 15.

8　Hornfischer, *Neptune's Inferno*, 32–35; George C. Dyer, *The Amphibians Came to Conquer: The Story of Admiral Richmond Kelly Turner* (Washington, DC: Naval Historical Center, 1969), 1:258–67. 评价特纳的人是海军将领哈里·希尔（Harry Hill），引自 James D. Hornfischer, *The Fleet at Flood Tide: America at Total War in the Pacific, 1944–1945* (New York: Bantam Books, 2016), 25。

9　King to Fletcher, March 30, 1942, Nimitz Papers, series 1, box 1, and Nimitz to King, May

29, 1942, King Papers, series 1, box 2, both NHHC. See also John B. Lundstrom, *Black Shoe Carrier Admiral: Frank Jack Fletcher at Coral Sea, Midway, and Guadalcanal* (Annapolis: USNI, 2006), 107.

10 Hornfischer, *Neptune's Inferno*, 32–35.

11 Frank, *Guadalcanal*, 64–65; Lindsay, *The Coast Watchers*, 197. Tsukahara is quoted by Bruce Gamble in *Fortress Rabaul*, 217.

12 这名目击者是乔·詹姆斯·卡斯特（Joe James Custer），见他后来所著的 *Through the Perilous Night: The Astoria's Last Battle* (New York: Macmillan, 1944), 120。

13 Lundstrom, *Black Shoe Carrier Admiral*, 366; Ian W. Toll, *The Conquering Tide: War in the Pacific Islands, 1942–1944* (New York: W. W. Norton, 2015), 31–33.

14 Lundstrom, *Black Shoe Carrier Admiral*, 358–60; Gamble, *Fortress Rabaul*, 218.

15 Turner to Ghormley, Aug. 7, 1942 (9:30 p.m.), Action Reports, Part I, CINCPAC, reel 1. 这封电报也载于 Lundstrom, *Black Shoe Carrier Admiral*, 370。

16 Lundstrom, *Black Shoe Carrier Admiral*, 368, 386.

17 John J. Domagalski, *Lost at Guadalcanal: The Final Battles of the* Astoria *and* Chicago *as Described by Survivors and in Official Reports* (Jefferson, NC: McFarland, 2010), 71; Dyer, *The Amphibians Came to Conquer*, 358–59.

18 The critic is Richard W. Bates, in *The Battle of Savo Island, August 9th, 1942: Strategical and Tactical Analysis* (Newport, RI: Naval War College, 1950), 55–61; Domagalski, *Lost at Guadalcanal*, 80.

19 Toshikazu Ohmae, "The Battle of Savo Island," *Proceedings*, Dec. 1957, 1270.

20 Ibid., 1271.

21 Ibid.; Hornfischer, *Neptune's Inferno*, 58; Morison, *The Struggle for Guadalcanal*, 19. Turner is quoted in Dyer, *The Amphibians Came to Conquer*, 1:372.

22 Ohmae, "The Battle of Savo Island," 1273; Domagalski, *Lost at Guadalcanal*, 84.

23 Morison, *The Struggle for Guadalcanal*, 37; Hornfischer, *Neptune's Inferno*, 59–60.

24 Ohmae, "The Battle of Savo Island," 1275; U.S. Office of Naval Intelligence, *The Battles of Savo Island and the Eastern Solomons* (Washington, DC: Naval Historical Center, 1994, orig. 1943), 10; Domagalski, *Lost at Guadalcanal*, 92.

25 Ohmae, "The Battle of Savo Island," 1273; Morison, *The Struggle for Guadalcanal*, 44–46; John Costello, *The Pacific War* (New York: HarperCollins, 1981), 325–27.

26 Ohmae, "The Battle of Savo Island," 1275; Hornfischer, *Neptune's Inferno*, 63, 75–87; Frank, *Guadalcanal*, 105, 111–13; Domagalski, *Lost at Guadalcanal*, 144; Custer, *Through the Perilous Night*, 161–62; Office of Naval Intelligence, *Battles of Savo Island and Eastern Solomons*, 21, 24, 40–43.

27 三川的评论以附录形式载于 Ohmae, "Battle of Savo Island," 1276。另见 Morison, *The Struggle for Guadalcanal*, 53。

28 Fletcher to Ghormley, Aug. 9, 1942 (3:15 a.m.), and COMSOPAC (Ghormley) to CINCPAC (Nimitz), Aug. 9, 1942 (8:30 a.m.), both in Action Reports, NARA, reel 1. See also Lundstrom, *Black Shoe Carrier Admiral*, 384–87.

29 *New York Times*, Aug. 18, 1942, 1.

30 Morison, *Struggle for Guadalcanal*, 61–64; Lundstrom, *Black Shoe Carrier Admiral*, 399–405; King to Stark, Sept. 14, 1943, in Hornfischer, *The Fleet at Flood Tide*, 28. 伦德斯特伦为弗莱

彻进行了辩护，他认为特纳也犯了错误，这不仅是因为他在战斗中不知所措，而且因为他在事后的指责是很不职业的做法。

31  Lewis Richie, *The Epic of Malta* (London: Odhams, 1943), 5; Ernle Bradford, *Siege: Malta, 1940–1943* (New York: William Morrow, 1986), 240–41. The quoted survivor was Jack Belden, who authored *Still Time to Die* (New York: Harper and Brothers, 1943), 186.

32  Erich Raeder, *My Life* (Annapolis: USNI, 1960), 364; Gerhard Weinberg, *A World in Arms* (Cambridge: Cambridge University Press, 1994), 229.

33  Levine, *The War Against Rommel's Supply Lines*, 20–24; Michael Pearson, *The Ohio and Malta: The Legendary Tanker That Refused to Die* (Barnsley, South Yorkshire: Leo Cooper, 2004), 12–13. 到访马耳他的这位美国海军将领是 H. 肯特·休伊特，引自其回忆录 H. Kent Hewitt, *Memoirs* (Newport, RI: Naval War College Press, 2004), 192.

34  Robert S. Ehlers Jr., *The Mediterranean Air War: Airpower and Allied Victory in World War II* (Lawrence: University of Kansas Press, 2015), 173–74; Smith, *Pedestal*, 32–37.

35  Charles A. Jellison, *Besieged: The World War II Ordeal of Malta, 1940–1942* (Hanover, NH: University Press of New England, 1984), 167, 218–25; Richard Woodman, *Malta Convoys, 1940–1943* (London: John Murray, 2000), 369–72, 377; Bradford, *Siege*, 247–48; James J. Sadkovich, *The Italian Navy in World War II* (Westport, CT: Greenwood Press, 1994), 256–64. 见亨利·哈伍德 1942 年 6 月 2 日致海军部的报告，载于 John Grehan and Martin Mace, eds., *The Air War in the Mediterranean, 1940–1944* (Barnsley, South Yorkshire: Pen and Sword, 2014), 175–80。值得注意的是，哈伍德警告海军部："下次往马耳他运送物资之前，务必保证岛屿上空拥有空中优势。" Jackson is quoted in Smith, *Pedestal*, 40, and Parks in Jeremy Harwood, *World War II at Sea* (Minneapolis: Zenith, 2015), 124.

36  Peter Shankland and Anthony Hunter, *Malta Convoy* (New York: Ives Washburn, 1961), 70–72; Sam Moses, *At All Costs* (New York: Random House, 2006), 100, 107; Pearson, *The* Ohio and Malta, 33.

37  Smith, *Pedestal*, 43; Dennis A. Castillo, *The Santa Marija Convoy* (Lanham, MD: Lexington Books, 2012), 198.

38  Woodman, *Malta Convoys*, 392–94; Moses, *At All Costs*, 132–36; Smith, *Pedestal*, 82–90. The witness is quoted on 83–84. 罗森鲍姆被召回柏林，获颁骑士十字勋章。

39  Castillo, *The Santa Marija Convoy*, 199; Sadkovich, *The Italian Navy*, 289; Moses, *At All Costs*, 142. 此处描述高炮发射场面的目击者是护航舰队旗舰 "尼日利亚号" 上的无线电收发员安东尼·克里明斯（Anthony Krimmins），引自 Smith, *Pedestal*, 95–96。

40  认为 "不挠号" 像沙丁鱼罐头的目击者是电报员查尔斯·麦库姆（Charles McCoombe），引自 Smith, *Pedestal*, 134; Moses, *At All Costs*, 144。

41  Syfret's Report to the Admiralty, Aug. 25, 1942, in Grehan and Mace, eds., *Air War in the Mediterranean*, 153–61; Smith, Pedestal, 91–92, 121–22; Moses, *At All Costs*, 131.

42  Shankland and Hunter, *Malta Convoy*, 150–53; Smith, *Pedestal*, 144–51; Pearson, *The* Ohio and Malta, 72–73.

43  Pearson, *The* Ohio and Malta, 70; Smith, *Pedestal*, 155–60.

44  Bradford, *Siege, Malta*, 263–66; Shankland, *Malta Convoy*, 167–72.

45  Shankland and Hunter, *Malta Convoy*, 173–82; Woodman, *Malta Convoys*, 419–20; Smith, *Pedestal*, 193–96. 此处提到的德国海军将领是埃伯哈德·维克霍尔德（Eberhard Weichold），引自 Smith, *Pedestal*, 199。

46    Shankland and Hunter, *Malta Convoy*, 197–203.

47    Woodman, *Malta Convoys*, 382; Shankland and Hunter, *Malta Convoy*, 209–14; Smith, *Pedestal*, 227–30.

48    Shankland and Hunter, *Malta Convoy*, 241; Syfret's Report to the Admiralty, Aug. 25, 1942, in Grehan and Mace, eds., *Air War in the Mediterranean*, 158.

49    Syfret's Report to the Admiralty, Aug. 25, 1942, in John Grehan and Martin Mace, eds., *War at Sea in the Mediterranean, 1940–1944* (South Yorkshire, England: Pen and Sword Maritime, 2014), 153–61.

50    Levine, *The War Against Rommel's Supply Lines*, 27–28; I. S. O. Playfair, *The Mediterranean and Middle East*, vol. 4 of *History of the Second World War* (London: Her Majesty's Stationery Office, 1966), 1–4.

## 第 15 章    两洋作战

1    Craig L. Symonds, *Neptune: The Allied Invasion of Europe and the D-Day Landings* (New York: Oxford University Press, 2014), 146–48; Frederic Lane, *Ships for Victory: A History of Shipbuilding Under the U.S. Maritime Commission in World War II* (Baltimore: Johns Hopkins University Press, 1951), 3–6.

2    J. R. M. Butler, *Grand Strategy II*, vol. 3 of *History of the Second World War* (London: Her Majesty's Stationery Office, 1964), esp. Appendix III, 675–81; Forrest Pogue, *George C. Marshall, Ordeal and Hope, 1939–1942* (New York: Viking Press, 1966); Symonds, *Neptune*, 51–54.

3    1941 年 12 月 16 日至 20 日，丘吉尔在"约克公爵号"上写的一份备忘录里勾勒了他的战略蓝图，可见于 FRUS, Special Conferences Series, 1:30。另见 Symonds, *Neptune*, 29–42。

4    Bernard Fergusson, *The Watery Maze: The Story of Combined Operations* (New York: Holt, Rinehart and Winston, 1961), 175–81; Robin Neillands, *The Dieppe Raid: The Story of the Disastrous 1942 Expedition* (Bloomington: Indiana University Press, 2005).

5    Maurice Matloff and Edwin M. Snell, *Strategic Planning for Coalition Warfare* (Washington, DC: Department of the Army, 1953), 278; Samuel Eliot Morison, *Operations in North African Waters* (New York: Little, Brown, 1947), 15; Symonds, *Neptune*, 67–70. FDR's memo, dated July 16, 1942, is in Robert E. Sherwood, *Roosevelt and Hopkins: An Intimate History* (New York: Harper Collins, 1948), 471.

6    Andrieu d'Albas, *Death of a Navy: Japanese Naval Action in World War II* (New York: Devin-Adair, 1957), 172; Richard B. Frank, *Guadalcanal: The Definitive Account of the Landmark Battle* (New York: Penguin, 1990), 139–40; Gerhard Weinberg, *A World in Arms: A Global History of World War II* (Cambridge: Cambridge University Press, 1994), 347.

7    Richard Camp, "Flying in the Eye of the Guadalcanal Storm," *Naval History*, August 2017, 14–19. 这名陆战队参谋是奥托·K. 威廉姆斯，见 Otto K. Williams oral history (OH00821), NMPW, 28。

8    日本海军参谋的话引自 John F. Wukovits, *Tin Can Titans* (Boston: Da Capo, 2017), 76。美军航母在 3 月 10 日空袭莱城和萨拉马瓦时击沉三艘大型运输舰，另击伤一艘。Craig L. Symonds, *The Battle of Midway* (New York: Oxford University Press, 2011), 86–87;

Samuel E. Morison, *The Struggle for Guadalcanal, August 1942–February 1943* (Boston: Little Brown, 1949), 81.

9    Frank, *Guadalcanal*, 151–56.

10   Morison, *Struggle for Guadalcanal*, 82; D'Albas, *Death of a Navy*, 172–73. 虽然弗莱彻总是对自己掌管的舰船加油的需求格外敏感（有些人认为是过于敏感了），但这次轮流加油的规定是出自戈姆利的要求。8 月 22 日，他致电弗莱彻："重要的是，加油应尽快进行。如果可行，每次可撤回一支航母特混舰队来完成这一目标。"COMSOPAC to CTF 61, Aug. 22, 1942, Chester Nimitz Papers [Graybook], NHHC, 1:808. 战斗序列见 Frank, *Guadalcanal*, 167–74。

11   Morison, *Struggle for Guadalcanal*, 87–88; John B. Lundstrom, *Black Shoe Carrier Admiral: Frank Jack Fletcher at Coral Sea, Midway, and Guadalcanal* (Annapolis: USNI, 2006), 435–41.

12   Tameichi Hara, *Japanese Destroyer Captain* (Annapolis: USNI, 1967), 100.

13   James D. Hornfischer, *Neptune's Inferno: The U.S. Navy at Guadalcanal* (New York: Bantam Books, 2012), 114–15; Morison, *Struggle for Guadalcanal*, 97–99; Lundstrom, *Black Shoe Carrier Admiral*, 438–42, 445–46, 461; Frank, *Guadalcanal*, 176–84. The quotation is from Arthur Brown oral history, NMPW, 5.

14   COMSOPAC to CTF 17, Aug. 24, 1942 (1102), Nimitz Papers, box 1 (809), NHHC. Slonim is quoted in Lundstrom, *Black Shoe Carrier Admiral*, 451.

15   Hornfischer, *Neptune's Inferno*, 115–16; Raizo Tanaka, "The Struggle for Guadalcanal," in *The Japanese Navy in World War II*, ed. David C. Evans (Annapolis: USNI, 1969, 1986), 168–69; Morison, *Struggle for Guadalcanal*, 104–5; D'Albas, *Death of a Navy*, 176–77.

16   Lundstrom, *Black Shoe Carrier Admiral*, 460–64.

17   John Costello, *The Pacific War* (New York: HarperCollins, 1981), 344.

18   1949 年，塞缪尔·埃利奥特·莫里森将"黄蜂号"受到的攻击归于伊 -19，却认为"北卡罗来纳号"和"奥布赖恩号"是被伊 -15 的鱼雷击中的，大多数历史学者沿用了莫里森此说。30 多年后，在《海军学院学报》的一篇文章中，本·布利海军上校提供了证据，表明三艘舰船是由伊 -19 的一次齐射击中的，现在几乎所有海军学者都支持这一观点。见 Morison, *Struggle for Guadalcanal*, 130–38, and Ben Blee, "Whodunnit?" *Proceedings*, June 1982, 42–47。我要感谢理查德·B. 弗兰克帮助我说明海军史领域的这个小插曲。关于运兵船队，见 Costello, *The Pacific War*, 347。

19   Clark, *Calculated Risk* (New York: Harper and Brothers, 1950), 45–46.

20   Symonds, *Neptune*, 72–73.

21   I. S. O. Playfair and C. J. C. Molony, *The Mediterranean and Middle East*, vol. 4 of *History of the Second World War* (London: Her Majesty's Stationery Office, 1966), 113; Vincent P. O'Hara, *Torch: North Africa and the Allied Path to Victory* (Annapolis: USNI, 2015), 77; Symonds, *Neptune*, 83–84.

22   Symonds, *Neptune*, 76–78; O'Hara, *Torch*, 20–29. The quotation is from Playfair and Molony, *The Mediterranean and Middle East*, 127.

23   美军海上编队表见 Samuel Eliot Morison, *Operations in North African Waters, October 1942–June 1943* (Annapolis: USNI, 2010, orig. 1947), 36–40。英军战斗序列见 Playfair and Molony, *The Mediterranean and the Middle East*, 139。

24   George E. Mowry, *Landing Craft and the War Production Board*, April 1942 to May 1944,

Historical Reports on War Administration, Special Study No. 11 (Washington, DC: War Production Board, 1944), 1–4; O'Hara, *Torch*, 27–29; Jerry E. Strahan, *Andrew Jackson Higgins and the Boats That Won World War II* (Baton Rouge: LSU Press, 1994), 57–58, 64; Morison, *Operations in North African Waters*, 29.

25    Morison, *Operations in North African Waters*, 137.

26    Morison, *Struggle for Guadalcanal*, 147–48; Costello, *The Pacific War*, 349–50.

27    Louis Brown, *A Radar History of World War II* (Bristol: Institute of Physics, 1999), 370; Charles Cook, *The Battle of Cape Esperance: Encounter at Guadalcanal* (Annapolis: USNI, 1968), 16–18; Frank, *Guadalcanal*, 294.

28    Hornfischer, *Neptune's Inferno*, 169–70; Morison, *Struggle for Guadalcanal*, 151–52, 156; Cook, *Battle of Cape Esperance*, 39–42; Frank, *Guadalcanal*, 300–301.

29    Hornfischer, *Neptune's Inferno*, 171–73; Morison, *Struggle for Guadalcanal*, 157–58; Frank, *Guadalcanal*, 301.

30    Cook, *Battle of Cape Esperance*, 70; Morison, *Struggle for Guadalcanal*, 159–60.

31    Hornfischer, *Neptune's Inferno*, 175; Morison, *Struggle for Guadalcanal*, 160.

32    Cook, *Battle of Cape Esperance*, 77–78.

33    Morison, *Struggle for Guadalcanal*, 163–66; Frank, *Guadalcanal*, 303–4.

34    Morison, *Struggle for Guadalcanal*, 171; Costello, *The Pacific War*, 352.

35    Thomas Alexander Hughes, *Admiral Bill Halsey: A Naval Life* (Cambridge, MA: Harvard University Press, 2016), 94, 175–76; Ian W. Toll, *The Conquering Tide: War in the Pacific Islands, 1942–1944* (New York: W. W. Norton, 2015), 145–46.

36    Hughes, *Admiral Bill Halsey*, 94; Hornfischer, *Neptune's Inferno*, 216–17; Morison, *Struggle for Guadalcanal*, 182–83, 201.

37    Morison, *Struggle for Guadalcanal*, 199. 日军战斗序列见于该书的第 206 至 207 页，简化的版本见 Hornfischer, *Neptune's Inferno*, 226。

38    Frank, *Guadalcanal*, 352–54; Hornfischer, *Neptune's Inferno*, 226; Morison, *Struggle for Guadalcanal*, 204.

39    Hornfischer, *Neptune's Inferno*, 226–27; Morison, *Struggle for Guadalcanal*, 209–10.

40    Hornfischer, *Neptune's Inferno*, 223–29; Morison, *Struggle for Guadalcanal*, 212, 219–21; Toll, *The Conquering Tide*, 150–53.

41    Morison, *Struggle for Guadalcanal*, 213. 美军飞行员称有 6 枚炸弹命中目标，但日军报告称只有 3 枚。Hornfischer, *Neptune's Inferno*, 228–30.

42    Hornfischer, *Neptune's Inferno*, 230–32; Morison, *Struggle for Guadalcanal*, 215–19; Toll, *The Conquering Tide*, 151–52.

43    Costello, *The Pacific War*, 364–66.

44    Ibid., 364; Hughes, *Admiral Bill Halsey*, 195–96; Hornfischer, *Neptune's Inferno*, 235–36; Toll, *The Conquering Tide*, 154.

## 第 16 章　引爆点

1    I. S. O. Playfair and C. J. C. Molony, *The Mediterranean and Middle East*, vol. 4 of *History of the Second World War* (London: Her Majesty's Stationery Office, 1966), 15–17, 27–30.

2    Alan J. Levine, *The War Against Rommel's Supply Lines* (Westport, CT: Praeger, 1999),

33–34; Winston Churchill, *The Hinge of Fate* (Boston: Houghton Mifflin, 1950), 588–89; James J. Sadkovich, *The Italian Navy in World War II* (Westport, CT: Greenwood Press, 1994), 278–83, 302–6; Playfair and Molony, *The Mediterranean and Middle East*, 25, 101n.

3    Richard M. Leighton and Robert W. Coakley, *Global Logistics and Strategy, 1940–1943* (Washington, DC: Office of the Chief of Military History, 1955), 204; Stephen Roskill, *The War at Sea, 1939–1945* (London: Her Majesty's Stationery Office, 1956), 213; Vincent P. O'Hara, *Torch: North Africa and the Allied Path to Victory* (Annapolis: USNI, 2015), 73–75；战斗序列见该书 Appendix III, 305–13。

4    O'Hara, *Torch*, 78–79.

5    有些资料认为袭击"托马斯·斯通号"的是潜艇 U-205 上的弗朗茨–格奥尔格·雷施克海军少校。然而英国方面的资料明确指出其损伤来自空袭。见 Playfair and Molony, *The Mediterranean and Middle East*, 131; and O'Hara, *Torch*, 330, note 11。

6    Oakes Combat Report, Dec. 17, 1942, is available at www.ww2survivorstories.com; O'Hara, *Torch*, 79–80.

7    一群支持盟军的法国人在墨菲的劝说下，在阿尔及尔夺占了几个据点，但未能撑到被盟军解放的时候，情况因此更加复杂了。See William L. Langer, *Our Vichy Gamble* (Hamden, CT: Archon Books, 1947), esp. 345–49. See also George F. Howe, *Northwest Africa: Seizing the Initiative in the West*, vol. 11 of *The United States Army in World War II* (Washington, DC: Office of the Chief of Military History, 1957), 249–50; Churchill, *The Hinge of Fate*, 611–15, 623; and Paul Auphan and Jacques Mordal, *The French Navy in World War II* (Annapolis: USNI, 1959), 219.

8    Playfair and Molony, *The Mediterranean and Middle East*, 130; Orr Kelly, *Meeting the Fox: The Allied Invasion of Africa from Operation Torch to Kasserine Pass to Victory in Tunisia* (New York: John Wiley and Sons, 2002), 55.

9    Auphan and Mordal, *The French Navy in World War II*, 226–27; O'Hara, *Torch*, 123–26, 132–35.

10   Kelly, *Meeting the Fox*, 69–70; Leslie W. Bailey, *Through Hell and High Water: The Wartime Memories of a Junior Combat Infantry Officer* (New York: Vantage Press, 1994), 45–50.

11   Craig L. Symonds, *Neptune: The Allied Invasion of Europe and the D-Day Landings* (New York: Oxford University Press, 2014), 89; Auphan and Mordal, *The French Navy in World War II*, 222; O'Hara, *Torch*, 91; Kelly, *Meeting the Fox*, 75.

12   Playfair and Molony, *The Mediterranean and Middle East*, 145, 160–61; O'Hara, *Torch*, 99–105.

13   Symonds, *Neptune*, 74–75.

14   Ibid., 81–83; Playfair and Molony, *The Mediterranean and Middle East*, 130; Samuel Eliot Morison, *Operations in North African Waters* (Boston: Little, Brown, 1965, orig. 1947), 43–45.

15   Hewitt to C-in-C Atlantic, Nov. 28, 1942, Battle Action Reports (Mss. 416), USNA, box 3 (hereafter Hewitt Report); H. Kent Hewitt, *The Memoirs of H. Kent Hewitt*, ed. Evelyn M. Cherpak (Newport, RI: Naval War College Press, 2004), 149–50; Morison, *Operations in North African Waters*, 84.

16    Hewitt Report; Symonds, *Neptune*, 90–91; Morison, *Operations in North African Waters*, 63, 65, 79.

17    Symonds, *Neptune*, 92.

18    Auphan and Mordal, *The French Navy in World War II*, 232–34; O'Hara, *Torch*, 195–205; Morison, *Operations in North Africa*, 100.

19    文森特·奥哈拉称这场战斗为"二战期间大西洋上进行的海空及潜艇部队同时参战的最大规模海军行动",并且提供了详尽的叙述,见 O'Hara, *Torch*, 195–218。另见 Morison, *Operations in North African Waters*, 101–7。此处提到的法军将领为加布里埃尔·奥方(Gabriel Auphan),见 Auphan and Mordal, *The French Navy in World War II*, 233, 236。

20    "马萨诸塞号"用了多达 60% 的 16 英寸炮弹,"威奇托号"和"塔斯卡卢萨号"巡洋舰各发射了 1 200 枚 8 英寸炮弹,"布鲁克林号"用光了其 2 691 枚 6 英寸炮弹。见 O'Hara, *Torch*, 213–18。

21    Patton to Beatrice Patton, Nov. 8, 1942, and diary entry, Nov. 8, both in *The Patton Papers, 1940–1945*, ed. Martin Blumenson (Boston: Houghton Mifflin, 1974), 2:103, 105.

22    DesRon 19 to C-in-C, Atlantic, Nov. 20, 1944, Action Reports (Mss 416), box 3, USNA.

23    Symonds, *Neptune*, 92–93; Morison, *Operations in North African Waters*, 144–48.

24    Levine, *Rommel's Supply Line*, 80; Playfair and Molony, *The Mediterranean and Middle East*, 28; Sadkovich, *The Italian Navy*, 283, 286, 303–6.

25    Raeder's report, Nov. 17, 1942, is in *Fuehrer Conferences on Naval Affairs, 1939–1945* (Annapolis: USNI, 1990), 300.

26    Levine, *Rommel's Supply Line*, 58–60, 84–86.

27    Ibid., 83–84.

28    Ibid., 76, 81, 83–86, 89.

29    关于"火炬行动"之后盟军运输船队的锐减,见 Table 13 in Leighton and Coakley, *Global Logistics and Strategy*, 485。

30    DDE to Smith, Nov. 10, DDE to GCM, Nov. 17, and DDE to Thomas T. Handy, Dec. 7, 1942, all in *PDDE*, 2:686, 729–32, 812.

31    有些停于突尼斯的法国军舰被德军俘获。魏刚的评论出现在他为奥方与莫道尔所著作品撰写的序言中,见 Auphan and Mordal, *The French Navy in World War II*, v。

32    约翰·L. 霍尔少将在其口述史中谈到了米舍利耶的处境,见 John L. Hall Jr. oral history, Columbia University, 119–20。关于戈德弗鲁瓦,见 Playfair and Molony, *The Mediterranean and the Middle East*, 164。

33    Tameichi Hara, *Japanese Destroyer Captain* (Annapolis: Naval Institute Press, 1967), 149–50.

34    James D. Hornfischer, *Neptune's Inferno: The U.S. Navy at Guadalcanal* (New York: Bantam Books, 2011), 250–52.

35    Ibid., 246.

36    对阿部弘毅性格过度谨慎的描述来自原为一,其判断可能受到了接下来发生的战斗的影响,见 Hara, *Japanese Destroyer Captain*, 126。

37    Samuel Eliot Morison, *The Struggle for Guadalcanal: August 1942–February 1943* (Boston: Little, Brown, 1949), 237–43; Hornfischer, *Neptune's Inferno*, 263–74; Frank, *Guadalcanal*, 436–40; Timothy S. Wolters, *Information at Sea* (Baltimore: Johns Hopkins

University Press, 2013), 202–3.

38　Richard B. Frank, *Guadalcanal: The Definitive Account of the Landmark Battle* (New York: Penguin, 1990), 436–38; Hara, *Japanese Destroyer Captain*, 130–31.

39　Morison, *Struggle for Guadalcanal*, 244. "奥班农号"副舰长的话引自 John F. Wukovits, *Tin Can Titans* (Boston: Da Capo Press, 2017), 52。帕克的话引自 James Hornfischer, *Neptune's Inferno*, 302，但也请参见该书第 275 页和第 292 页。另外见 Julian Becton, *The Ship That Would Not Die* (Englewood Cliffs, NJ: Prentice Hall, 1980), 9。"海伦娜号"舰长指令的顺序引自 C. G. Morris, *The Fightin'est Ship: The Story of the Cruiser* Helena (New York: Dodd, Mead, 1944), 91。

40　Robert M. Howe Oral History, NMPW, 4; Becton, *The Ship That Would Not Die*, 9–10.

41　Howe Oral History, NWPW, 5; J. G. Coward, "Destroyer Dust," *Proceedings*, Nov. 1948, 1375; Hornfischer, *Neptune's Inferno*, 282–89, 299, 301–2 (Du Bose is quoted on 302).

42　Frank, *Guadalcanal*, 454–55; Thomas G. Miller Jr., *The Cactus Air Force* (New York: Harper and Row, 1969), 184–89.

43　Matome Ugaki, *Fading Victory: The Diary of Matome Ugaki* (Pittsburgh: University of Pittsburgh Press, 1991), 278 (diary entry of Nov. 17).

44　Morris, *The Fightin'est Ship*, 95; Dan Kurzman, *Left to Die: The Tragedy of the USS Juneau* (New York: Pocket Books, 1994), 1–4, 10–26.

45　Raizo Tanaka, "The Struggle for Guadalcanal," in *The Japanese Navy in World War II*, ed. David C. Evans (Annapolis: USNI, 1969, 1986), 192–95.

46　Hornfischer, *Neptune's Inferno*, 335–36, 347–50.

47　Ibid., 357–62; Wolters, *Information at Sea*, 203.

48　Louis Brown, *A Radar History of World War II* (Bristol: Institute of Physics, 1999), 370.

49　Frank, *Guadalcanal*, 582–94.

## 第 17 章　破交战（三）

1　对航运损失的整理，见 Appendix 20 of Clay Blair, *Hitler's U-Boat War: The Hunted* (New York: Random House, 1996), 820。引文来自 WSC to FDR, Oct. 31, 1942, in *Roosevelt and Churchill: Their Secret Wartime Correspondence*, ed. Francis L. Loewenheim, Harold D. Langley, and Manfred Jones (New York: E. P. Dutton, 1975), 262。

2　*Proceedings of the London Naval Conference of 1930 and Supplementary Documents* (Washington, DC: Government Printing Office, 1931), 83.

3　James P. Duffy, *The Sinking of the* Laconia *and the U-Boat War: Disaster in the Mid-Atlantic* (Santa Barbara, CA: Praeger, 2009), 53, 71–84.

4　Léonce Peillard, *The* Laconia *Affair* (New York: G. P. Putnam's Sons, 1963), 166–70; Blair, *Hitler's U-Boat War: The Hunted*, 58–64.

5　Duffy, *The Sinking of the* Laconia, 96; Peillard, *The* Laconia *Affair*, 190; Blair, *Hitler's U-Boat War: The Hunted*, 65.

6　Karl Doenitz, *Memoirs: Ten Years and Twenty Days* (Annapolis: USNI, 1958, 1990), 29–94; Blair, *Hitler's U-Boat War: The Hunted*, 767.

7　Stephen S. Roskill, *The War at Sea, 1939–1945* (London: Her Majesty's Stationery Office, 1956), 2: 290–98; A. E. Sokol, "German Attacks on the Murmansk Run," *Proceedings*,

Dec. 1952, 1333; Erich Raeder, *My Life* (Annapolis: USNI, 1960), 370.

8    Keith Bird, *Erich Raeder: Admiral of the Third Reich* (Annapolis: USNI, 2006), 196–97; Winston S. Churchill, *The Hinge of Fate*, vol. 4 of *The History of the Second World War* (Boston: Houghton Mifflin, 1950), 275–76.

9    John Winton, *The Death of the* Scharnhorst (New York: Hippocrene Books, 1983), 5–6; Raeder, *My Life*, 369–70.

10    "Conference Between the C-in-C Navy and the Fuehrer," Jan. 11, 1943, in *Fuehrer Conferences on Naval Affairs* (Annapolis: USNI, 1990), 307; Bird, *Erich Raeder*, 202–3.

11    Raeder, *My Life*, 374; Doenitz, *Memoirs*, 299–300, 311; "Minutes of Conference Between the C-in-C Navy and the Fuehrer," Feb. 13, 1943, in *Fuehrer Conferences*, 310.

12    Jürgen Rohwer, *The Critical Convoy Battles of March 1943* (Annapolis: USNI, 1977), 47; Doenitz, *Memoirs*, 315–16; Blair, *Hitler's U-Boat War: The Hunted*, 24–25, 40.

13    Blair, *Hitler's U-Boat War: The Hunted*, 25; Peter Padfield, *The War Beneath the Sea: Submarine Conflict During World War II* (New York: John Wiley and Sons, 1995), 280–81, 286.

14    Doenitz, *Memoirs*, 316; Blair, *Hitler's U-Boat War: The Hunted*, 234–35.

15    John M. Waters Jr., *Bloody Winter* (Annapolis: USNI, 1967, 1984), 178–94.

16    Rohwer, *Critical Convoy Battles*, 50–51; Blair, *Hitler's U-Boat War: The Hunted*, 260–65.

17    有些书详细描写了 HX-229 ／ SC-122 船队遇袭的经过，尤其见 Rohwer, *Critical Convoy Battles*, 55–62, 109–85 (plus Appendix 9); Martin Middlebrook, *Convoy* (New York: William Morrow, 1977), 126–278 (plus Appendix 4); and Michael Gannon, *Black May: The Epic Story of the Allies' Defeat of the German U-Boats in May 1943* (New York: HarperCollins, 1998). 这名下级军官是海军少尉弗兰克·皮林（Frank Pilling），引自 Middlebrook, *Convoy*, 188。

18    Doenitz, *Memoirs*, 329.

19    Blair, *Hitler's U-Boat War: The Hunted*, 271, 768–69. 迈克尔·甘农的结论是，贸易办公室的皇家海军军官变得不那么担心了，因为数据显示德国潜艇正在输掉这场战争。见 Gannon, *Black May*, xvii–xxviii。

20    William T. Y'Blood, *Hunter Killer: U.S. Escort Carriers in the Battle of the Atlantic* (Annapolis: USNI, 1983), 35–39; Herbert A. Werner, *Iron Coffins: A Personal Account of the German U-Boat Battles of World War II* (New York: Holt, Rinehart and Winston, 1969), 120.

21    Dönitz's War Diary, March 5, 1943, is printed as Appendix 4 in Rohwer, *Critical Convoy Battles*, 212–14; Doenitz, *Memoirs*, 324–25; Blair, *Hitler's U-Boat War: The Hunted*, 191.

22    "萨佩罗号"上的这位船员是 E.E. 利普克，他在一篇文章中描述了这次袭击，见 E. E. Lipke, "A North Atlantic Convoy," *Proceedings*, March 1947, 292。

23    迈克尔·甘农对 ONS-5 遭遇的战斗进行了细致的描述，见 *Black May*, 115–240；格雷顿的话引自第 233 页。另见 Roskill, *The War at Sea*, 2:373–74 和 Peter Gretton, *Crisis Convoy: The Story of HX231* (Annapolis: USNI, 1974), 149–53。

24    Roskill, *The War at Sea*, 2: 375–76.

25    Ibid., 2:377; Doenitz, *Memoirs*, 341.

26    Gretton, *Crisis Convoy*, 159–76.

27    Minutes of a Conference Between Donitz and Hitler on April 11, 1943, in *Fuehrer Conferences on Naval Affairs* (Annapolis: USNI, 1990), 2:20. See also Padfield, *War*

*Beneath the Sea*, 220.

28  Frederic C. Lane, *Ships for Victory: A History of Shipbuilding Under the U.S. Maritime Commission in World War II* (Baltimore: Johns Hopkins University Press, 1951, 2001), 138–44; GCM to FDR, Feb. 18, 1942, Franklin D. Roosevelt Library, Hyde Park, NY, Secretary's File, box 3. 这位英国历史学家是马克斯·黑斯廷斯，见 Max Hastings, *Retribution: The Battle for Japan, 1944–45* (New York: Alfred A. Knopf, 2008), 96。

29  Lane, *Ships for Victory*, 72–74.

30  Ibid., 257.

31  Ibid., 214.

32  Ibid., 145, 207.

33  Craig L. Symonds, *Neptune: The Allied Invasion of Europe and the D-Day Landings* (New York: Oxford University Press, 2014), 159–60; Lane, *Ships for Victory*, 144, 149, 167; Padfield, *War Beneath the Sea*, 276. The quotations are from Knox to Stimson, Feb. 8, 1943, *Papers of George Catlett Marshall*, ed. Larry I. Bland (Baltimore: Johns Hopkins University Press, 1996), 3:535n; King to Stark, Aug. 29, 1942, Commander U.S. Naval Forces Europe [Stark] Subject File, RG 313, box 24, NARA; and WSC to FDR, Oct. 31, 1942, in *Roosevelt and Churchill* (New York: E. P. Dutton, 1975), 262–63. 在同一封信里，丘吉尔还提到他对于损失众多舰船感到"痛心"。

34  Clay Blair, *Silent Victory: The U.S. Submarine War Against Japan* (Philadelphia: J. B. Lippincott, 1975), 109–12.

35  引语来自 William Coffey oral history (OH 00833), NMPW, 7。See also Buford Rowland and William B. Boyd, *U.S. Navy Bureau of Ordnance in World War II* (Washington, DC: Bureau of Ordnance, 1953), 90; Robert Gannon, *Hellions of the Deep: The Development of American Torpedoes in World War II* (University Park, PA: Penn State University Press, 1996), 75–76; Blair, *Silent Victory*, 169–70; and Mark P. Parillo, *The Japanese Merchant Marine in World War II* (Annapolis: USNI, 1993), 204.

36  "独角鲸号"的故事见 Blair, *Silent Victory*, 319；引文来自 Edward L. Beach, *Submarine!* (New York: Pocket Books, 1946), 21。

37  Samuel Eliot Morison, *Coral Sea, Midway, and Submarine Actions, May 1942–August 1942* (Boston: Little, Brown, 1949), 189.

38  David B. Bell oral history (OH 00646), 20, NMPW.

39  Ibid., 3; Edward M. Hary oral history (OH00830), 2; and Wiley Davis oral history (`OH 00843), 1, all NMPW.

40  Blair, *Silent Victory*, 109; Corwin Mendenhall, *Submarine Diary* (Annapolis: Naval Institute Press, 1991), 8 (entry of Dec. 9, 1942); and Coffey oral history, 10, NMPW.

41  Davis oral history, 11; Tim Dearman oral history (OH 00533), 10, both NMPW.

42  对潜艇的受害者感到抱歉的军官是"乌贼号"艇长戴维·B. 贝尔中校，见 David B. Bell oral history, 16。

43  莫顿扫射"武洋丸"幸存者一事记述于 Richard H. O'Kane, Wahoo: *The Patrols of America's Most Famous World War II Submarine* (Novato, CA: Presidio Press, 1987), 150–54。See also Blair, *Silent Victory*, 384–85; and Don Keith, *Undersea Warrior: The World War II Story of "Mush" Morton and the USS* Wahoo (New York: New American Library, 2011), 168–73. 总统部队嘉奖颁奖词中的强调处为作者所加。

44　Bell oral history, 16. 关于 1942—1943 年美国潜艇巡逻的统计数字，见 Appendix F in Blair, *Silent Victory*, 900–983。关于美国潜艇给日本船只带来的损失，更详细的分析见 *Japanese Naval and Merchant Shipping Losses During World War II by All Causes* (Washington, DC: Government Printing Office, 1947), 29–37（对 1942 年的分析）。布莱尔的话来自 *Silent Victory*, 360。

45　Blair, *Silent Victory*, 275–78; Charles A. Lockwood and Hans Christian Adamson, *Hellcats of the Sea* (New York: Greenberg, 1955), 3–23. 那名愤怒的艇长是爱德华·L. 比奇，见 Edward L. Beach, *Submarine!*, 21。

46　Charles A. Lockwood, *Sink 'Em All: Submarine Warfare in the Pacific* (New York: E. P. Dutton, 1951), 93–95; Blair, *Silent Victory*, 435–39.

47　Samuel Eliot Morison, *Breaking the Bismarcks Barrier, 22 July 1942–1 May 1944* (Boston: Little, Brown, 1950), 66; Blair, *Silent Victory*, Appendix F; Gannon, *Hellions of the Deep*, 89.

48　Blair in *Hitler's U-Boat War: The Hunted*, 338–39, 353–54. The Dönitz quotations are from his *Memoirs*, 342–43, and from Padfield in *War Beneath the Sea*, 371.

## 第 18 章　飞机和船队

1　Wesley Frank Craven and James Lea Cate, *Army Air Forces in World War II*, vol. 4: *The Pacific: Guadalcanal to Saipan* (Chicago: University of Chicago Press, 1950), 136–37; Bruce Gamble, *Fortress Rabaul: The Battle for the Southwest Pacific, January 1942–April 1943* (Minneapolis: Zenith Press, 2010), 303.

2　John Prados, *Storm over Leyte: The Philippine Invasion and the Destruction of the Japanese Navy* (New York: New American Library, 2016), 39–40; Lex McAulay, *Battle of the Bismarck Sea* (New York: St. Martin's Press, 1991), 47–48.

3　Craven and Cate, *Army Air Forces in World War II*, 4:140–41. 这名日本水兵是增田令二（Masuda Reiji），其记述载于 Haruko Taya Cook and Theodore F. Cook, eds., *Japan at War: An Oral History* (New York: New Press, 1992), 301。

4　Cook and Cook, *Japan at War*, 301–2; McAulay, *Battle of the Bismarck Sea*, 77, 120– 22; Thomas E. Griffith, *MacArthur's Airman: General George C. Kenney and the War in the Southwest Pacific* (Lawrence: University of Kansas Press, 1998), 106–8. 增田令二的描述见 Cook and Cook, eds., *Japan at War*, 302。

5　McAulay, *Battle of the Bismarck Sea*, 102–3, 138; Gamble, *Fortress Rabaul*, 310–11; Griffith, *MacArthur's Airman*, 106–7; Samuel Eliot Morison, *Breaking the Bismarcks Barrier*, vol. 6 of *History of United States Naval Operations in World War II* (Boston: Little, Brown, 1950), 62.

6　McAulay, *Battle of the Bismarck Sea*, 136, 155; Gamble, *Fortress Rabaul*, 312–15. 根据飞行员的报告，麦克阿瑟发布了一份新闻通稿，声称其部队击沉 6 艘驱逐舰或轻巡洋舰，外加 22 艘商船。当后续证据表明这个数字严重夸大时，麦克阿瑟暗示道，任何胆敢质疑他的报告的人，都将面临违反军纪的处罚。肯尼本人写于战后的回忆录同样采用了这些夸大的数据，见 *General Kenney Reports* (New York: Duell, Sloan and Pearce, 1949), 205–6。

7　Gamble, *Fortress Rabaul*, 320–21; Matome Ugaki, *Fading Victory: The Diary of Admiral*

*Matome Ugaki, 1941–1945* (Pittsburgh: University of Pittsburgh Press, 1991), 216, 320 (diary entries of Dec. 29, 1942, and Apr. 3, 1943).

8   Ugaki, *Fading Victory* (diary entry of Apr. 16, 1943), 348–49; Gamble, *Fortress Rabaul*, 316–18.

9   Gamble, *Fortress Rabaul*, 323–27; Ian W. Toll, *The Conquering Tide: War in the Pacific Islands, 1942–1944* (New York: W. W. Norton, 2015), 202–3.

10  Stephen S. Roskill, *The War at Sea, 1939–1945* (London: Her Majesty's Stationery Office, 1956), 2:423.

11  Carroll V. Glines, *Attack on Yamamoto* (New York: Orion Books, 1990), 1–2.

12  Edwin T. Layton, with Roger Pineau and John Costello, *"And I Was There": Pearl Harbor and Midway—Breaking the Secrets* (New York: William Morrow, 1985), 475.

13  Glines, *Attack on Yamamoto*, 27–39.

14  引语来自 P-38 飞行员罗杰·埃姆斯（Roger Ames），见得克萨斯州弗雷德里克斯堡太平洋战争国家博物馆（NMPW）1988 年 4 月 16 日一次研讨会上提交的论文（"The Death of Yamamoto"）。

15  兰菲尔在其事件报告中声称是自己击落了第一架敌机，即山本的座机，他在 1966 年 12 月《读者文摘》一篇文章（"I Shot Down Yamamoto"）中也重复了这个说法。不过后来其他美军飞行员的证词，特别是日本零战飞行员（柳谷谦治）的证言，全都表示是巴伯从后方发起的攻击致使日军第一架轰炸机坠落的，而不是兰菲尔。贝斯比·霍姆斯对此事的描述（"Who Really Shot Down Yamamoto?"）登载于 1967 年 3 月／4 月刊的《大众航空》（*Popular Aviation*）。两篇文章均收录于 Clines, *Attack on Yamamoto*, 63–65, 70–73（还有 152–53）。在 1988 年 4 月 16 日得克萨斯州弗雷德里克斯堡的一次研讨会上，几乎所有仍然在世的飞行员一同意，击落第一架轰炸机并且协同（霍姆斯）击落第二架的战功应属于巴伯而非兰菲尔。

16  Glines, *Attack on Yamamoto*, 110–11.

17  Alan J. Levine, *The War Against Rommel's Supply Lines, 1942–1943* (Westport, CT: Praeger, 1999), 147–48; I. S. O. Playfair and C. J. C. Molony, *The Mediterranean and Middle East*, vol. 4: *The Destruction of the Axis Forces in Africa* (London: Her Majesty's Stationery Office, 1966), 240, 246; Richard Hammond, "Fighting Under a Different Flag: Multinational Naval Cooperation and Submarine Warfare in the Mediterranean, 1940–1944," *JMH*, April 2016, 452.

18  Playfair and Molony, *The Mediterranean and Middle East*, 407–8 (Cunningham is quoted on 410); Levine, *The War Against Rommel's Supply Lines*, 150–54, 160. See also Robert S. Ehlers Jr., *The Mediterranean Air War: Airpower and Allied Victory in World War II* (Lawrence: University of Kansas Press, 2015), 278, 282.

19  关于意大利驱逐舰的损失，见 Marc' Antonio Bragadin, *The Italian Navy in World War II* (Annapolis: USNI, 1957), 249。邓尼茨与里卡尔迪的对话见 "Conference at Supermarina, 12 May 1943," in *Fuehrer Conferences on Naval Affairs* (Annapolis: USNI, 1990), 323。

20  Playfair and Molony, *The Mediterranean and Middle East*, 411–16; Ehlers, *The Mediterranean Air War*, 287.

21  Ibid., 424, 460; Andrew B. Cunningham, *A Sailor's Odyssey* (New York: E. P. Dutton, 1951), 529–30. 根据 Robert S. Ehlers Jr., *The Mediterranean Air War*, 2，盟军总共俘获了 101 784 名德国人和 89 442 名意大利人，另有 47 017 名其他国籍的俘虏，所有人都毫发无伤。

记录中并未记载有多少伤者同样成为战俘。美国的记录显示，总共有 27 万人被俘，这个数字可能有些夸大。"Conference at Supermarina, 12 May 1943," 322.

22    Rick Atkinson, *An Army at Dawn: The War in North Africa, 1942–1944* (New York: Henry Holt, 2002), 536–39.

23    Minutes of a meeting of the Combined Chiefs of Staff, Jan. 18, 1943, in *FRUS*, Special Conferences Series, 1:598, 628–34, 678, 689. See also Carlo D'Este, *Bitter Victory: The Battle for Sicily, 1943* (New York: E. P. Dutton, 1988), 31–52.

24    本段内容来自艾森豪威尔的海军副官哈里·布彻 1943 年 7 月 11 日的日记。Harry C. Butcher, *My Three Years with Eisenhower* (New York: Simon and Schuster, 1946), 357.

25    Denis Smyth, *Deathly Deception: The Real Story of Operation Mincemeat* (New York: Oxford University Press, 2013); Bragadin, *The Italian Navy in World War II*, 253; "Report to the Fuehrer, 14 May 1943," in *Fuehrer Conferences*, 327.

26    Samuel Eliot Morison, *Sicily-Salerno-Anzio, January 1943–June 1944* (Boston: Little, Brown, 1954), 229.

27    Minutes of several meetings of the Combined Chiefs of Staff, May 13, 14, and 21, 1943, *FRUS*, Special Conferences Series, 3:41–44, 53–54, 348.

## 第 19 章 "哈士奇行动"

1    Bernard Fergusson, *The Watery Maze: The Story of Combined Operations* (New York: Holt, Rinehart, and Winston, 1961), 221; Carlo D'Este, *Bitter Victory: The Battle for Sicily* (New York: E. P. Dutton, 1988), 76–77.

2    D'Este, *Bitter Victory*, 115–16; C. J. C. Molony, *The Mediterranean and Middle East*, vol. 5: *The Campaign in Sicily, 1943* (London: Her Majesty's Stationery Office, 1973), 25; Cunningham to Pound, Apr. 28, 1942, quoted in John Winton, *Cunningham* (London: John Murray, 1998), 311; Diary of George Patton (entry of Apr. 29, 1942), in *The Patton Papers, 1940–1945*, ed. Martin Blumenson (Boston: Houghton Mifflin, 1974), 2:236.

3    Stephen S. Roskill, *The War at Sea, 1939–1945* (London: Her Majesty's Stationery Office, 1960), 3 (part 1): 107.

4    Molony, *The Mediterranean and Middle East*, 5:29–34. 战斗序列见 Appendix B (584–91) in D'Este, *Bitter Victory*。

5    Andrew B. Cunningham, *A Sailor's Odyssey* (New York: E. P. Dutton, 1951), 493, 524.

6    Ibid., 547–48, 553; Philip Vian, *Action This Day: A War Memoir* (London: Frederick Muller, 1960), 106; Molony, *The Mediterranean and Middle East*, 5:53; I. S. O. Playfair, *The Mediterranean and Middle East*, vol. 4 of *The Destruction of the Axis Forces in Africa* (London: Her Majesty's Stationery Office, 1966), Appendix 5, 482.

7    特拉斯科特的战后报告引用于 Samuel Eliot Morrison, *Operations in North African Waters* (Boston: Little, Brown, 1947), 123。

8    Craig L. Symonds, *Neptune: The Allied Invasion of Europe and the D-Day Landings* (New York: Oxford University Press, 2014), 152–55; Winston S. Churchill, *Closing the Ring* (Boston: Houghton Mifflin, 1951), 28.

9    Lucian Truscott, *Command Missions: A Personal Story* (New York: E. P. Dutton, 1954), 202.

10 Symonds, *Neptune*, 150; Charles C. Roberts Jr., *The Boat That Won the War: An Illustrated History of the Higgins LCVP* (Annapolis: USNI, 2017).

11 Samuel Eliot Morison, *Sicily-Salerno-Anzio, January 1943–June 1944* (Boston: Little, Brown, 1954), 106; Symonds, *Neptune*, 210, 210n.

12 D'Este, *Bitter Victory*, 157; Cunningham, *A Sailor's Odyssey*, 534–35; H. Kent Hewitt, "Naval Aspects of the Sicilian Campaign," *Proceedings*, July 1953, 707.

13 Rear Admiral Alan Goodrich Kirk oral history, Columbia University, 198.

14 Truscott, *Command Missions*, 203–4.

15 Ibid.

16 Roskill, *The War at Sea*, 3 (part 1): 116–17; Kirk and Patton are quoted in Morison, *Sicily-Anzio-Salerno*, 16–17, 22, 61; Hall's quotation is from his oral history, Columbia University, 173; and Hewitt's is from his article "Naval Aspects of the Sicilian Campaign," 714.

17 Rick Atkinson, *The Day of Battle: The War in Sicily and Italy, 1944–1945* (New York: Henry Holt, 2007), 75–78.

18 Action Report, Western Naval Task Force, Operation Husky, NHHC, 36; Atkinson, *The Day of Battle*, 65–66; Cunningham, *A Sailor's Odyssey*, 544; Truscott, *Command Missions*, 209.

19 U.S. Office of Naval Intelligence, *Sicilian Campaign* [*Combat Narrative*] (Washington, DC: U.S. Navy, 1945), 117–18; Morison, *Sicily-Salerno-Anzio*, 65–66.

20 Albert N. Garland and Howard M. Smith, *The Mediterranean Theater of Operations: Sicily and the Surrender of Italy* (Washington, DC: Office of the Chief of Military History, 1965), 125; U.S. Office of Naval Intelligence, *The Sicilian Campaign*, 28; Hugh Pond, *Sicily* (London: William Kimber, 1962), 72.

21 Morison, *Sicily-Salerno-Anzio*, 80.

22 Truscott, *Command Missions*, 196, 212; Jack Belden, *Still Time to Die* (New York: Harper and Bros., 1943), 251–52; D'Este, *Bitter Victory*, 255–57.

23 Garland and Smith, *Mediterranean Theater of Operations*, 128; Morison, *Sicily-Salerno-Anzio*, 81.

24 U.S. Office of Naval Intelligence, *The Sicilian Campaign*, 7, 24, 33; D'Este, *Bitter Victory*, 254–59, 264n; Molony, *The Mediterranean and Middle East*, 5:63.

25 Molony, *The Mediterranean and Middle East*, 5:59–62; Atkinson, *The Day of Battle*, 87; Mark Zuehlke, *Operation Husky: The Canadian Invasion of Sicily, July 10–August 7, 1943* (Vancouver: Douglas and McIntyre, 2008), 107.

26 Morison, *Sicily-Salerno-Anzio*, 30–31, 84–85.

27 Ibid., 100–101, 107–8; U.S. Office of Naval Intelligence, *The Sicilian Campaign*, 39–42; Zuehlke, *Operation Husky*, 112.

28 Belden, *Still Time to Die*, 267; John Mason Brown, *To All Hands: An Amphibious Adventure* (New York: Whittlesey House, 1943), 148; Morison, *Sicily-Salerno-Anzio*, 106, 108.

29 D'Este, *Bitter Victory*, 285–89; Atkinson, *The Day of Battle*, 100.

30 Robert L. Clifford and William J. Maddocks, "Naval Gunfire Support of the Landings in Sicily," monograph No. 5 (Oct. 1984), 45th Infantry Division Museum, Oklahoma City,

25–26, 30; U.S. Office of Naval Intelligence, *The Sicilian Campaign*, 69; Atkinson, *The Day of Battle*, 103; Morison, *Sicily-Salerno-Anzio*, 113, 117.

31　U.S. Office of Naval Intelligence, *The Sicilian Campaign*, 4–10; Hewitt, "Naval Aspects of the Sicilian Campaign," 710.

32　D'Este, *Bitter Victory*, 296; Morison, *Sicily-Salerno-Anzio*, 111–13; George S. Patton, *War as I Knew It* (Boston: Houghton Mifflin, 1947), 59.

33　Morison, *Sicily-Salerno-Anzio*, 118; Hewitt, "Naval Aspects of the Sicilian Campaign," 718.

34　D'Este, *Bitter Victory*, 412–27; Morison, *Sicily-Salerno-Anzio*, 179–85; Butcher (diary entry of Aug. 2, 1943) in Harry C. Butcher, *My Three Years with Eisenhower* (New York: Simon and Schuster, 1946), 376. The American visitor was H. Kent Hewitt; *The Memoirs of Admiral H. Kent Hewitt*, ed. Evelyn Cherpak (Newport, RI: Naval War College Press, 2004), 192.

35　D'Este, *Bitter Victory*, 476–81; Cunningham, *A Sailor's Odyssey*, 554.

36　Morison, *Sicily-Salerno-Anzio*, 209–18.

## 第 20 章　德意海军的落幕

1　Albert N. Garland and Howard McGaw Smith, *The Mediterranean Theater of Operations: Sicily and the Surrender of Italy* (Washington, DC: Office of the Chief of Military History, 1965), 440–41, 443.

2　WSC to FDR, July 29 and 31, 1943, in Winston S. Churchill, *Closing the Ring* (Boston: Houghton-Mifflin, 1951), 61, 64.

3　DDE to CCS, July 18, 1943, *FRUS*, The Conferences at Washington and Quebec (1943), 1056; Samuel Eliot Morison, *Sicily-Salerno-Anzio, January 1943–June 1944* (Boston: Little, Brown, 1954), 238.

4　CCS to DDE, Aug. 18, 1943, and Conference Minutes, Aug. 21, 1943, both in *FRUS*, The Conferences at Washington and Quebec, 1061, 1072, 1073, 1075；强调处为作者所加。Garland and Smith, *Sicily and the Surrender of Italy*, 445, 459; D. K. R. Crosswell, *Beetle: The Life of General Walter Bedell Smith* (Lexington: University of Kentucky Press, 2010), 472–73.

5　Garland and Smith, *Sicily and the Surrender of Italy*, 459.

6　Minutes of Meetings held on July 17 and Aug. 1–3, 1943, *Fuehrer Conferences on Naval Affairs* (Annapolis: USNI, 1990), 343–44, 352–53.

7　Minutes of Discussions, Aug. 9 and 11, 1943, in *Fuehrer Conferences*, 359–60; Antonio Bragadin, *The Italian Navy in World War II* (Annapolis: USNI, 1957), 310.

8　DDE to Smith, Sept. 8, 1943, PDDE, 3:1401–2; Garland and Smith, *Sicily and the Surrender of Italy*, 466–67, 474–76.

9　Garland and Smith, *Sicily and the Surrender of Italy*, 483; Bragadin, *The Italian Navy in World War II*, 310. 意大利的投降书印于 *FRUS*, The Conferences at Washington and Quebec, 1162–64。

10　Bragadin, *The Italian Navy in World War II*, 311; Garland and Smith, *Sicily and the Italian Surrender*, 480; Jack Greene and Alessandro Massignani, *The Naval War in the Mediterranean, 1940–1943* (Annapolis: USNI, 2002), 299.

11 Greene and Massignani, *The Naval Air War in the Mediterranean*, 299; Garland and Smith, *Sicily and the Surrender of Italy*, 508.

12 艾森豪威尔的广播声明见 *PDDE*, 3:1402n。

13 Garland and Smith, *Sicily and the Surrender of Italy*, ch. 9; Ralph S. Mavrogordata, "Hitler's Decision on the Defense of Italy," in *Command Decisions*, ed. Kent Roberts Greenfield (Washington, DC: Office of the Chief of Military History, 1960), 315.

14 Badoglio to DDE, Sept. 8, 1943, *PDDE*, 3:1403.

15 DDE to Badoglio, Sept. 8, 1943, PDDE, 3:1403; Garland and Smith, *Sicily and the Surrender of Italy*, 510–12, 524, 543; Greene and Massignani, *The Naval War in the Mediterranean, 1940–1943*, 300–301.

16 Bragadin, *The Italian Navy in World War II*, 312, 313. 布拉加丁当时为海军中校，他在意大利海军总部亲眼见证了他所描述的事情。

17 Morison, *Sicily-Salerno-Anzio*, 243; Bragadin, *The Italian Navy in World War II*, 316.

18 The eyewitness is quoted by Greene and Massignani in *The Naval Air War in the Mediterranean*, 305; Bragadin, *The Italian Navy in World War II*, 318; Morison, *Sicily-Salerno-Anzio*, 243; Stephen S. Roskill, *The War at Sea, 1939–1945* (London: Her Majesty's Stationery Office, 1960), 3 (part 1): 167.

19 Morison, *Sicily-Salerno-Anzio*, 236.

20 Garland and Smith, *Sicily and the Surrender of Italy*, 533: Greene and Massignani, *The Naval Air War in the Mediterranean*, 304–5, 307.

21 Benito Mussolini, *Memoirs, 1942–1943*, ed. Raymond Klibansky (New York: Howard Fertig, 1975), 78–79.

22 "Report by the Combined Staff Planners at Quebec," Aug. 26, 1943, in *FRUS*, The Conferences at Washington and Quebec, 1134.

23 Morison, *Sicily-Salerno-Anzio*, 253; H. Kent Hewitt, "The Allied Navies at Salerno," *Proceedings*, Sept. 1953, 965; John L. Hall Jr. oral history, Columbia University, 147.

24 Mavrogordata, "Hitler's Decision on the Defense of Italy," 317–19.

25 Carlo D'Este, *Fatal Decision: Anzio and the Battle for Rome* (New York: HarperCollins, 1991), 36–38, 41; Morison, *Sicily-Salerno-Anzio*, 250, 265. 英军登陆海滩有过短暂的炮击（15分钟），但美军登陆海滩完全没有。

26 Morison, *Sicily-Salerno-Anzio*, 266–68. 姓名不详的美军士兵的话引自 Rick Atkinson, *The Day of Battle: The War in Sicily and Italy, 1943–1944* (New York: Henry Holt, 2013), 205。

27 Andrew B. Cunningham, *A Sailor's Odyssey* (New York: E. P. Dutton, 1951), 571; Roskill, *The War at Sea*, 3 (part 1): 172, 177; Morison, *Sicily-Salerno-Anzio*, 276–78.

28 Corelli Barnett, *Engage the Enemy More Closely* (New York: W. W. Norton, 1991), 659–60; Cunningham, *A Sailor's Odyssey*, 571; Roskill, *The War at Sea*, 3 (part 1): 155; Atkinson, *The Day of Battle*, 213.

29 DDE to GCM, Sept. 13, 1943, *PDDE* 3:1411; C. J. C. Molony, *The Mediterranean and Middle East* (London: Her Majesty's Stationery Office, 1973), 5:28; Atkinson, *The Day of Battle*, 205.

30 Hewitt, "The Allied Navies at Salerno," 969.

31 Morison, *Sicily-Salerno-Anzio*, 290; Roskill, *The War at Sea*, 3 (part 1): 178–79; Cunningham, *A Sailor's Odyssey*, 568–69, 571.

32  Morrison, *Sicily-Salerno-Anzio*, 296; Greene and Massignani, *The Naval War in the Mediterranean*, 302.

33  Cunningham, *A Sailor's Odyssey*, 571.

34  希特勒的评论见 "Notes Taken at Conferences on Feb. 26, 1943," *Fuehrer Conferences on Naval Affairs*, 311。

35  David Woodward, *The Tirpitz and the Battle for the North Atlantic* (New York: W. W. Norton, 1953), 147–48; Michael Ogden, *The Battle of North Cape* (London: William Kimber, 1962), 43; John Wilton, *The Death of the Scharnhorst* (New York: Hippocrene Books, 1983), 40–41.

36  Roskill, *The War at Sea*, 3 (part 1): 65–66; Woodward, *The Tirpitz and the Battle for the North Atlantic*, 152–53; Barnett, *Engage the Enemy More Closely*, 734–36.

37  Woodward, *The Tirpitz and the Battle for the North Atlantic*, 154–56; G. H. Bennett, J. E. Harrold, and R. Porter, *Hunting Tirpitz: Royal Naval Operations Against Bismarck's Sister Ship*, Britannia Naval Histories of World War II (Plymouth: University of Plymouth Press, 2012), 196–97; Roskill, *The War at Sea*, 3 (part 1): 67.

38  Albert Vulliez and Jacques Mordal, *Battleship Scharnhorst* (Fair Lawn, NJ: Essential Books, 1958), 198–202; Woodward, *The Tirpitz and the Battle for the North Atlantic*, 156–57. 卡梅伦上尉和普莱斯上尉均在战争中幸存，后被授予维多利亚十字勋章。

39  Woodward, *The Tirpitz and the Battle for the North Atlantic*, 150–59; Roskill, *The War at Sea*, 3 (part 1): 68; "Conference Minutes of the C-in-C Navy," Sept. 25, 1943, *Fuehrer Conferences*, 369; Barnett, *Engage the Enemy More Closely*, 737.

40  Churchill, *Closing the Ring*, 163–64; Christopher M. Bell, *Churchill and Sea Power* (New York: Oxford University Press, 2013), 262–63; Max Hastings, *Winston's War: Churchill, 1940–1945* (New York: Alfred A. Knopf, 2010), 211, 218; Winton, *Death of the Scharnhorst*, 45–46.

41  Winton, *Death of the Scharnhorst*, 46–47; Churchill, *Closing the Ring*, 270–74.

42  B. B. Schofield, *The Russian Convoys* (Philadelphia: Dufour Editions, 1964), 164.

43  档案里的这份备忘录将时间误标为 1944 年 1 月 8 日，但在正式出版的版本中改为了正确的日期，即 1943 年 12 月 19 日至 20 日。*Fuehrer Conferences on Naval Affairs*, 373–74.

44  Karl Doenitz, *Memoirs: Ten Years and Twenty Days* (Annapolis: USNI, 1958), 375; Ogden, *The Battle of North Cape*, 101; Vulliez and Mordal, *Battleship Scharnhorst*, 212; Winton, *Death of the Scharnhorst*, 79.

45  Ogden, *The Battle of North Cape*, 97–103; A. J. Watts, *The Loss of the Scharnhorst* (London: Ian Allan, 1970), 26–27; Vulliez and Mordal, *Battleship Scharnhorst*, 216.

46  Ogden, *The Battle of North Cape*, 103; Schofield, *The Russian Convoys*, 172. 战后，邓尼茨写道："尽管我自己认为让'沙恩霍斯特号'单独行动是种错误，但参谋们和我本人都看不出有什么理由干预舰队司令［拜］的作战指令。" Karl Doenitz, *Memoirs: Ten Years and Twenty Days* (Annapolis: USNI, 1958), 378.

47  Schofield, *The Russian Convoys*, 172; Winton, *The Death of the Scharnhorst*, 67; Roskill, *The War at Sea*, 3 (part 1): 80.

48  Winton, *The Death of the Scharnhorst*, 85–86.

49  Watts, *The Loss of the Scharnhorst*, 26–27, 38; Vulliez and Mordal, *Battleship Scharnhorst*,

220; Doenitz, *Memoirs*, 380; Derek Howse, *Radar at Sea: The Royal Navy in World War 2* (Annapolis: USNI, 1993), 188; Ogden, *The Battle of North Cape*, 122–25; Winton, *Death of the* Scharnhorst, 82–83.

50  Schofield, *The Russian Convoys*, 178–79; Roskill, *The War at Sea*, 3 (part 1): 85.

51  Vulliez and Mordal, *Battleship* Scharnhorst, 225.

52  Ibid., 228–34; Roskill, *The War at Sea*, 3 (part 1): 87; Ogden, *The Battle of North Cape*, 186; Winton, *Death of the* Scharnhorst, 77. "野蛮人号"上的瞄准手是乔治·吉尔罗伊（George Gilroy），引自 Richard R. Lawrence, *The Mammoth Book of Eyewitness Naval Battles* (New York: Carroll and Graf, 2003), 481。

53  Watts, *The Loss of the* Scharnhorst, 48–50; Schofield, *The Russian Convoys*, 179. 梅里的话引自 Winton, *Death of the* Scharnhorst, 1。


## 第 21 章  破盾

1  James C. Shaw, "Introduction," in Samuel Eliot Morison, *Aleutians, Gilberts, and Marshalls* (Boston: Little, Brown 1954); Ian Toll, *The Conquering Tide: War in the Pacific Islands, 1942–1944* (New York: W. W. Norton, 2015), 300–305; Alex Vraciu oral history (OH03808), NMPW, 22.

2  Morison, *Aleutians, Gilberts, and Marshalls*, 22–66.

3  Bob Barnett oral history (OH00702), NMPW; Robert Sherrod, *Tarawa: The Story of a Battle* (Fredericksburg, TX: Admiral Nimitz Foundation, 1973, orig. 1944), 57; John L. Chew, "Some Shall Escape," *Proceedings*, Aug. 1945, 887; John F. Wukovits, *Tin Can Titans* (Boston: Da Capo, 2017), 123.

4  最完整的麦克阿瑟长篇传记为 D. Clayton James, *The Years of MacArthur* (New York: Houghton Mifflin, 1970)；另一部杰出的单卷本传记为 William Manchester, *American Caesar: Douglas MacArthur, 1880–1964* (Boston: Little, Brown, 1978)。若是想迅速对麦克阿瑟有个简明的认识，见 Richard B. Frank, *MacArthur: Lessons in Leadership* (New York: Palgrave Macmillan, 2007)。

5  Max Hastings, *Retribution: The Battle for Japan, 1944–45* (New York: Alfred A. Knopf, 2008), 23.

6  Thomas Alexander Hughes, *Admiral Bill Halsey: A Naval Life* (Cambridge, MA:Harvard University Press, 2016), 259.

7  William F. Halsey and J. Bryan, *Admiral Halsey's Story* (New York: McGraw-Hill, 1947), 154–55, 189–90; Jonathan W. Jordan, *American Warlords: How Roosevelt's High Command Led America to Victory in World War II* (New York: Random House, 2016), 320–21; Toll, *The Conquering Tide*, 220–22.

8  Samuel Eliot Morison, *Breaking the Bismarcks Barrier* (Boston: Little, Brown, 1950), 284–86. 百武晴吉的话引自 John Miller Jr., *Cartwheel: The Reduction of Rabaul* (Washington, DC: Office of the Chief of Military History, 1959), 239。

9  U.S. Office of Naval Intelligence, *The Bougainville Landings and the Battle of Empress Augusta Bay*, Combat Narratives (Washington, DC: U.S. Navy, 1945), 47–48; Morison, *Breaking the Bismarcks Barrier*, 338–39.

10  C. G. Morris and Hugh B. Cave, *The Fightin'est Ship: The Story of the Cruiser* Helena (New

York: Dodd Mead, 1944), 117; Ralph Bailey oral history (OH00770), NWPW.

11    Miller, *Cartwheel*, 91, 98.

12    Timothy S. Wolters, *Information at Sea: Shipboard Command and Control in the U.S. Navy from Mobile Bay to Okinawa* (Baltimore: Johns Hopkins University Press, 2013), 204–5; Louis Brown, *A Radar History of World War II: Technical and Military Imperatives* (Philadelphia: Institute of Physics, 1999), 368–71; Morison, *Breaking the Bismarcks Barrier*, 160–75; Harry A. Gailey, *Bougainville, 1943–1945: The Forgotten Campaign* (Lexington: University Press of Kentucky, 1991), 29.

13    Morris, *The Fightin'est Ship*, 151–156.

14    Ibid., 156. 那名战地记者是邓肯·诺顿–泰勒（Duncan Norton-Taylor），引于 Wukovits, *Tin Can Titans*, 145。John J. Domagalski, *Sunk in Kula Gulf* (Washington, DC: Potomac Books, 2012), 74, 85–90; Morison, *Breaking the Bismarcks Barrier*, 255–57; Chew, "Some Shall Escape," 888.

15    Morison, *Breaking the Bismarcks Barrier*, 180–91. 引文在其第 194 页。

16    小约翰·米勒在其书中描述了"马车轮行动"里夺取蒙达的地面战役，见 John Miller Jr., *Cartwheel*, 91–164。另见 Toll, *The Conquering Tide*, 231–34。哈尔西语来自 Halsey and Bryan, *Admiral Halsey's Story*, 170。

17    Douglas MacArthur, *Reminiscences* (New York: McGraw-Hill, 1964), 169; Morison, *Breaking the Bismarcks Barrier*, 226–27, 238.

18    Morison, *Breaking the Bismarcks Barrier*, 261–68; Frank, *MacArthur*, 82.

19    Miller, *Cartwheel*, 217–21; Morison, *Breaking the Bismarcks Barrier*, 269–75.

20    Gailey, *Bougainville*, 4; Morison, *Breaking the Bismarcks Barrier*, 300; Miller, *Cartwheel*, 246.

21    Morison, *Breaking the Bismarcks Barrier*, 290–91. 盟军空袭列表见 Appendix A in *The Bougainville Landing and the Battle of Empress Augusta Bay*, 77–78。

22    Morison, *Breaking the Bismarcks Barrier*, 290, 323. 导航军官的话引自该书第 299 页。

23    Miller, *Cartwheel*, 236; *The Bougainville Landing and the Battle of Empress Augusta Bay*, 38–43; Gailey, *Bougainville*, 68–69.

24    Tameichi Hara, *Japanese Destroyer Captain: Pearl Harbor, Guadalcanal, Midway—the Great Naval Battles as Seen through Japanese Eyes* (Annapolis: USNI, 1967), 218.

25    Morison, *Breaking the Bismarcks Barrier*, 305–6; Miller, *Cartwheel*, 248–49; E. B. Potter, *Admiral Arleigh Burke: A Biography* (New York: Random House, 1990), 94.

26    Hara, *Japanese Destroyer Captain*, 223.

27    Potter, *Admiral Arleigh Burke*, 97–98; *The Bougainville Landing and the Battle of Empress Augusta Bay*, 60–63; Morison, *Breaking the Bismarcks Barrier*, 315–18.

28    Hara, *Japanese Destroyer Captain*, 224–25; Morison, *Breaking the Bismarcks Barrier*, 320–22.

29    Potter, *Admiral Arleigh Burke*, 99; Halsey and Bryan, *Admiral Halsey's Story*, 183.

30    Morison, *Breaking the Bismarcks Barrier*, 323–30 (the quotation is on 329); Miller, *Cartwheel*, 232.

31    Miller, *Cartwheel*, 225, 225n; Potter, *Admiral Arleigh Burke*, 102–6.

32    Morison, *Breaking the Bismarcks Barrier*, 401, 406–7; Masatake Okumiya, *Zero* (New York: Dutton, 1956), 222–24.

33    Jordan, *American Warlords*, 281–82. 金非但完全没有为萨默维尔的直白感到恼怒，反而

像是心生敬意。事后金特意告诉萨默维尔，如果萨默维尔想进行深入的讨论，他随时都欢迎。

34 Philip A. Crowl and Edmund G. Love, *Seizure of the Gilberts and Marshalls* (Washington, DC: Office of the Chief of Military History, 1955), 13–14; MacArthur, *Reminiscences*, 173; Jordan, *American Warlords*, 318–19.

35 麦克阿瑟的猜测是对的，金确实想要提升海军在战争中的地位。在回忆录中，金承认自己"坚决地付出了努力，好看到［下一场战役］由陆战队和海军来负责"。Ernest J. King and Walter Muir Whitehill, *Fleet Admiral King, a Naval Record* (New York: W. W. Norton, 1952), 481.

36 Samuel Eliot Morison, *Aleutians, Gilberts, and Marshalls* (Boston: Little, Brown, 1951), 85; Ashley Halsey Jr., "The CVL's Success Story," *Proceedings*, April 1946, 527. 诺克斯公布的信息是 1943 年 11 月 27 日《纽约时报》报道的。

37 Crowl and Love, *Seizure of the Gilberts and Marshalls*, 24; Morison, *Aleutians, Gilberts, and Marshalls*, 91.

38 比尔为斯普鲁恩斯写的传记为 Thomas B. Buell, *The Quiet Warrior: A Biography of Admiral Raymond A. Spruance* (Boston: Little, Brown, 1974)。另一名采访者是戈登·普兰格（Gordon Prange），时间为 1964 年 9 月 5 日，见 Prange Papers, UMD, box 17.

39 Joseph H. Alexander, *Across the Reef: The Marine Assault of Tarawa*, Marines in World War II Commemorative Series (Washington, DC: Marine Corps Historical Center, 1993), 3.

40 正如莫里森所言："他们必须在几天之内剿灭敌人，否则自己就会被赶下大海。"Morison, *Aleutians, Gilberts, and Marshalls*, 109.

41 Holland M. Smith, *Coral and Brass* (New York: Charles Scribner's Sons, 1949), 120; Henry I. Shaw, Bernard C. Nalty, and Edwin T. Turnbladh, *Central Pacific Drive* (Washington, DC: Headquarters U.S. Marine Corps, 1966), 30–31; Maynard M. Nohrden, "The Amphibian Tractor, Jack of All Missions," *Proceedings*, Jan. 1946, 17; James R. Stockman, *The Battle for Tarawa* (Washington, DC: Historical Section U.S. Marine Corps, 1947), 4; Crowl and Love, *Seizure of the Gilberts and Marshalls*, 31–33.

42 Alexander, *Across the Reef*, 9.

43 Sherrod, *Tarawa*, 52, 62; John Wukovits, *One Square Mile of Hell: The Battle for Tarawa* (New York: Penguin, 2006), 103–4.

44 Sherrod, *Tarawa*, 41.

45 Alexander, *Across the Reef*, 13; Fred H. Allison, "We Were Going to Win . . . or Die There," *Naval History*, Oct. 2016, 35.

46 Alexander, *Across the Reef*, 39; Wukovits, *One Square Mile of Hell*, 108. 除了这 17 个日本人（一人是军官，其余为普通士兵），还有 129 个朝鲜劳工也幸存下来。

47 Smith, *Coral and Brass*, 126–28; James D. Hornfischer, *Last Stand of the Tin Can Sailors* (New York: Bantam Books, 2004), 67.

48 *New York Times*, Nov. 27, 1943.《与陆战队在塔拉瓦》(*With the Marines at Tarawa*) 可在网上观看。

## 第 22 章 "大型慢速靶子"

1 James L. McGuinness, "The Three Deuces," *Proceedings*, Sept. 1946, 1157; Roy Carter

oral history, USNA, 6–8. See also Clendel Williams, *Echoes of Freedom: Builders of LSTs, 1942–1945* (Kearney, NE: Morris, 2011), 3; Craig L. Symonds, *Neptune: The Allied Invasion of Europe and the D-Day Landings* (New York: Oxford University Press, 2014), 152–53.

2    George E. Mowry, *Landing Craft and the War Production Board, April 1942 to May 1944* (Washington, DC: War Production Board, 1944), 11–13, 21–22, 34; Symonds, *Neptune*, 157–58.

3    Mowry, *Landing Craft and the War Production Board*, 14–15, 17; Frederic C. Lane, *Ships for Victory: A History of Shipbuilding Under the U.S. Maritime Commission in World War II* (Baltimore: Johns Hopkins University Press, 1951), 183–84, 311; Symonds, *Neptune*, 158–59.

4    H. Kent Hewitt, "The Allied Navies at Salerno," *Proceedings*, Sept. 1953, 961; Symonds, *Neptune*, 154–55, 63.

5    Jonathan W. Jordan, *American Warlords: How Roosevelt's High Command Led America to Victory in World War II* (New York: Random House, 2016), 312–13.

6    Conference Minutes, Sept. 24, 1943, *Fuehrer Conferences on Naval Affairs, 1939–1945* (Annapolis: USNI, 1990), 369.

7    Martin Blumenson, *Anzio: The Gamble That Failed* (Philadelphia: J. B. Lippincott, 1963), 34.

8    Minutes kept at Tehran, Nov. 28, 1943, *FRUS*, Special Conferences Series, 2:487, 490, 500; WSC to British Chiefs of Staff, Dec. 19, 1943, in Winston S. Churchill, *Closing the Ring*, vol. 5 of *The Second World War* (Boston: Houghton Mifflin, 1951), 429.

9    此处我借用了马丁·布吕芒松的一些说法，他写道："不受约束的丘吉尔会用一个令人眼花缭乱的愿景来迷惑自己和他人。" Blumenson, *Anzio*, 8–9. 丘吉尔后来声称，他本来希望能有三个师发动进攻，但又担心如果索求过度的话，他可能一点兵力都得不到了。Churchill, *Closing the Ring*, 435. See also Samuel Eliot Morison, *Sicily-Salerno-Anzio, January 1943–June 1944* (Boston: Little, Brown, 1954), 324–25.

10   Henry L. Stimson, *On Active Service in Peace and War*, with McGeorge Bundy (New York: Harper and Brothers, 1947), diary entry of Nov. 4, 1943; Carlo D'Este, *Fatal Decision: Anzio and the Battle for Rome* (New York: HarperCollins, 1991), 93; Symonds, *Neptune*, 164–65; Churchill, *Closing the Ring*, 432.

11   C. J. C. Molony, *The Mediterranean and the Middle East*, vol. 5 of *The Campaign in Sicily*, History of the Second World War (London: Her Majesty's Stationery Office, 1973), 644; D'Este, *Fatal Decision*, 98–99; WSC to Chiefs of Staff, Dec. 26, 1943, in *Closing the Ring*, 434.

12   海军战斗序列见 Appendix III in Morison, *Sicily-Salerno-Anzio*, 395–97。

13   卢卡斯的话引于 Blumenson, *Anzio*, 61–62。

14   D'Este, *Fatal Decision*, 4, 122–24.

15   Blumenson, *Anzio*, 83–86.

16   D'Este, *Fatal Decision*, 328–29; Theodore C. Wyman, "Red Shingle," *Proceedings*, Aug. 1947, 923–24.

17   WSC to Dill, Feb. 8, 1944, in Churchill, *Closing the Ring*, 487; Blumenson, *Anzio*, 20.

18   DDE to CCS, Jan. 23, 1944, in *PDDE*, 3:1673–75.

19   JCS to DDE, Jan. 25, 1944, in *PDDE*, 3:1691–92n; DDE to JCS, Mar. 9, 1944, in *PDDE*, 3:1763. See also Symonds, *Neptune*, 180–83.

20   Field Marshal Lord Alanbrooke [Alan Brooke], *War Diaries, 1939–1945*, entry of Mar. 29, 1944 (London: Weidenfeld and Nicholson, 2001), 535. The proposal to swap LSTs from the Med is in DDE to the British COS, February 18, 1944, *PDDE*, 3:1732, and GCM to DDE, Mar. 25, 1944, in *Papers of George Catlett Marshall*, ed. Larry I. Bland (Baltimore: Johns Hopkins University Press, 1996), 4:374–75. See also Symonds, *Neptune*, 183.

21   Churchill, *Closing the Ring*, 435.

22   DDE to JCS, Mar. 9, 1944, in *PDDE*, 3:1763–64; DDE to GCM, Mar. 20 and 21, 1944 (italics added), and DDE, Memo for Diary, Mar. 22, 1944, all in *PDDE*, 3:1775, 1777, 1783. See also Symonds, *Neptune*, 178–84.

23   DDE Memo for Diary (Feb. 7, 1944), in *PDDE*, 3:1711–12.

24   Philip A. Crowl and Edmund G. Love, *Seizure of the Gilberts and Marshalls*, The War in the Pacific (Washington, DC: Department of the Army, 1955), 166. 我此前在另一本书中也用过项链的比喻，见 Craig L. Symonds, *The Battle of Midway* (New York: Oxford University Press, 2011), 71。

25   Crowl and Love, *The Seizure of the Gilberts and Marshalls*, 206–9; E. B. Potter, *Nimitz* (Annapolis: USNI, 1976), 265.

26   Henry I. Shaw, Bernard C. Nalty, and Edwin T. Turnbladh, *Central Pacific Drive* (Washington, DC: Headquarters U.S. Marine Corps, 1966), 3:109–11; Samuel Eliot Morison, *Aleutians, Gilberts, and Marshalls, June 1942—April 1944* (Boston: Little, Brown, 1951), 210; Robert D. Heinl Jr., "The Most-Shot-At Island in the Pacific," *Proceedings*, Apr. 1947, 397–99.

27   Mowry, *Landing Craft and the War Production Board*, 30; Morison, *Aleutians, Gilberts, and Marshalls*, 208–9; Shaw et al., *Central Pacific Drive*, 108–9; Symonds, *Neptune*, 164.

28   Shaw et al., *Central Pacific Drive*, 135; Crowl and Love, *The Seizure of the Gilberts and Marshalls*, 313.

29   Shaw et al., *Central Pacific Drive*, 157; Crowl and Love, *The Seizure of the Gilberts and Marshalls*, 290, 312–13.

30   Shaw et al., *Central Pacific Drive*, 156; Morison, *Aleutians, Gilberts, and Marshalls*, 243–44, 246.

31   James D. Hornfischer, *The Fleet at Flood Tide: America at Total War in the Pacific, 1944–1945* (New York: Bantam Books, 2016), 23; Morison, *Aleutians, Gilberts and Marshalls*, 215–22; H. E. Smith, "I Saw the Morning Break," *Proceedings*, Mar. 1946, 403.

32   Bertram Vogel, "Truk—South Sea Mystery Base," *Proceedings*, Oct. 1948, 1269–75.

33   *New York Times*, June 5 and 6, 1944.

## 第 23 章　诺曼底登陆

1   W. S. Chalmers, *Full Cycle: The Biography of Admiral Sir Bertram Home Ramsay* (London: Hodder and Stoughton, 1959), 134–36.

2   "Training Schedule of U.S. Naval Advanced Amphibious Training," General File 2002.570, NWWIIM-EC; Ralph A. Crenshaw oral history, NWWIIM-EC, 5.

3   Nigel Lewis, *Exercise Tiger: The Dramatic True Story of a Hidden Tragedy of World War II* (New York: Prentice Hall, 1990), 4.

4   Ibid., 73–74; Craig L. Symonds, *Neptune: The Allied Invasion of Europe and the D-Day Landings* (New York: Oxford University Press, 2014), 210–12.

5   Lewis, *Exercise Tiger*, 66; Symonds, *Neptune*, 212–13.

6   Lewis, *Exercise Tiger*, 79.

7   Eugene V. Eckstam, "Exercise Tiger," in *Assault on Normandy: First Person Accounts from the Sea Services*, ed. Paul Stilwell (Annapolis: USNI, 1994), 43.

8   Lewis, *Exercise Tiger*, 219–34. 死亡人数多少有些争议。此处给出的数字来自海军官方报告。后来的研究显示，实际上死者可能多达 739 人，这是刻在斯莱普顿沙滩纪念碑上的数字。见 Symonds, *Neptune*, 210–18。

9   关于艾森豪威尔的担忧，见 DDE to GCM, Apr. 29, 1944, *PDDE*, 3:1838–39。另见 Com 12th Fleet (Stark) to COMINCH (King), May 2, 1944, both in ComUSNavEur, Message File, RG 313, box 13, NA。

10  Symonds, *Neptune*, 221.

11  Ibid., 225–26.

12  Ibid., 226–27.

13  "Suggested Operating Procedures for LCT," Flotilla Nine, in George Keleher File, NWWIIM-EC.

14  Anthony Beevor, *D-Day: The Battle for Normandy* (New York: Penguin, 2009), 11.

15  Carlo D'Este, *Eisenhower: A Soldier's Life* (New York: Henry Holt, 2002), 782 n. 38.

16  Max Hastings, *Overlord: D-Day and the Battle of Normandy* (New York: Simon and Schuster, 1984), 348. 引语来自 oral history of Curtis Hansen, NWWIIM-EC, 6。

17  Symonds, *Neptune*, 252–53.

18  Ibid., 252.

19  Rick Atkinson, *The Guns at Last Light* (New York: Henry Holt, 2013), 57.

20  Executive Officer's Report, USS *Nevada*, June 23, 1944, Action Reports, USNA; Joseph H. Esclavon oral history (14) and Edwin Gale oral history (11), both NWWIIM-EC. See also L. Peter Wren and Charles T. Sele, *Battle Born: The Unsinkable USS* Nevada (n.p.: Xlibris, 2008), 43–47.

21  Symonds, *Neptune*, 272–76.

22  布赖恩特的恳求被记者塞西尔·卡恩斯（Cecil Carnes）听到了，他将其登在了《星期六晚邮报》上。同样记载了这段话的还有 Samuel E. Morison, *The Invasion of France and Germany* (Boston: Little, Brown, 1957), 143。

23  Action Reports, USS *McCook*, June 27, 1944, USS *Doyle*, June 8, 1944, and USS *Carmick*, June 23, 1944, USNA. See also Symonds, *Neptune*, 290–98.

24  Action Report, USS *Carmick*, June 23, 1944, USNA.

25  Atkinson, *Guns at First Light*, 73; Adrian Lewis, *Omaha Beach: Flawed Victory* (Chapel Hill: University of North Carolina Press, 2001), 25; Action Report, USS *Carmick*, June 23, 1944, USNA.

26  Symonds, *Neptune*, 306.

27  Roy Carter oral history, USNA, 13; Robert T. Robertson oral history, NWWIIM-EC, 9. See also Symonds, *Neptune*, 316–17.

28  在"奥马哈滩","桑葚"建成前的三天里，坦克登陆舰每天提供了 8 502 吨补给；
    而在"桑葚 A"投入使用的三天里，坦克登陆舰每天的供应量只多了 200 吨（8 700
    吨）；"桑葚"被毁后的一周里，坦克登陆舰每天供给的物资则多达 13 211 吨。见
    Symonds, *Neptune*, 328。

29  Karl Doenitz, *Memoirs: Ten Years and Twenty Days* (Annapolis: USNI, 1958), 396.

30  Doenitz, *Memoirs*, 422–23.

31  Stephen Roskill, *The War at Sea* (London: Her Majesty's Stationery Office, 1961), 3 (part
    2): 123–35.

32  DDE to GCM, Sept. 14, 1944, *PDDE*, 2143–44. See also Terry Copp, *Cinderella Army:
    The Canadians in Northwest Europe, 1944–1945* (Toronto: University of Toronto Press,
    2006), 42–43, 47.

33  盟军攻占瓦尔赫伦岛的细节，包括军兵种间的争执，见 Roskill, *The War at Sea*, 3
    (part 2): 147–52; Karl Dönitz and Gerhard Wegner, "The Invasion and the German Army,"
    in *Fighting the Invasion: The German Army at D-Day*, ed. David C. Isby (London: Greenhill,
    2000), 87; Copp, *Cinderella Army*, 166–73。

## 第 24 章　寻敌决战

1   Samuel Eliot Morison, *New Guinea and the Marianas* (Boston: Little, Brown, 1964), 6–12.

2   William T. Y'Blood, *Red Sun Setting: The Battle of the Philippine Sea* (Annapolis: USNI,
    1981), 16.

3   John Prado, *Storm over Leyte: The Philippine Invasion and the Destruction of the Japanese
    Navy* (New York: New American Library, 2016), 126. 丰田副武的话引于 Charles A.
    Lockwood with Hans Christian Adamson, *Battle for the Philippine Sea* (New York: Thomas Y.
    Crowell, 1967), 47。

4   Harold J. Goldberg, *D-Day in the Pacific: The Battle of Saipan* (Bloomington: Indiana
    University Press, 2007), 50; James D. Hornfischer, *The Fleet at Flood Tide: America at
    Total War in the Pacific, 1944–1945* (New York: Bantam, 2016), 85. 海军参战部队列表见
    Appendix II in Morison, *New Guinea and the Marianas*, 407–11。

5   Morison, *New Guinea and the Marianas*, 171; Hornfischer, *The Fleet at Flood Tide*, 60–61.
    这名目击者是一等兵卡尔·马修斯（Carl Matthews），引于 Goldberg, *D-Day in the
    Pacific*, 48。

6   Goldberg, *D-Day in the Pacific*, 51.

7   关于日本飞行员的训练，见 Atsushi Oi, "The Japanese Navy in 1941," in *The Pacific
    War Papers: Japanese Documents of World War II*, ed. Donald M. Goldstein and Katherine V.
    Dillon (Washington, DC: Potomac Books, 2004), 23; and Mark R. Peattie, *Sunburst: The Rise
    of Japanese Naval Air Power, 1909–1941* (Annapolis: USNI, 2001), 133–34。

8   Morison, *New Guinea and the Marianas*, 214; Y'Blood, *Red Sun Setting*, 17; Craig L.
    Symonds, *The Battle of Midway* (New York: Oxford University Press, 2011), 40–42.

9   Goldberg, *D-Day in the Pacific*, 95; Morison, *New Guinea and the Marianas*, 232–37. 6 月 15
    日，宇垣缠在日记中指出："陆基飞机必须在决定性战役爆发前击沉敌人三分之一
    的航母。" Matome Ugaki, *Fading Victory* (Annapolis: USNI, 1991), 402.

10  Morison, *New Guinea and the Marianas*, 221, 224–25, 241, 243; Lockwood and Adamson,

*Battles of the Philippine Sea*, 82–82. 尽管洛克伍德并未提及（他的著作于 1967 年出版），
不过美国潜艇是收到了珍珠港发来的破译电文后，才在其引导下发现敌军动向的。
见 Prados, *Storm over Leyte*, 25。

11    Goldberg, *D-Day in the Pacific*, 92; Charles F. Barber oral history, NWC, 19–20;
      Hornfischer, *The Fleet at Flood Tide*, 168, 170.

12    Morison, *New Guinea and the Marianas*, 250; Hornfischer, *The Fleet at Flood Tide*, 100; J.
      J. Clark with Clark Reynolds, *Carrier Admiral* (New York: Davis McKay, 1967), 166.

13    Hornfischer, *The Fleet at Flood Tide*, 172–73.

14    Y'Blood, *Red Sun Setting*, 93, 96; Hornfischer, *The Fleet at Flood Tide*, 175; Morison, *New
      Guinea and the Marianas*, 252.

15    J. Periam Danton, "The Battle of the Philippine Sea," *Proceedings*, Sept. 1945, 1025;
      Y'Blood, *Red Sun Setting*, 106; Alex Vraciu oral history (Oct. 9, 1994), NMPW, 74.

16    Danton, "The Battle of the Philippine Sea," 1024–5.

17    Hornfischer, *The Fleet at Flood Tide*, 182. 这名枪炮长是威廉·范杜森（William Van
      Dusen）上尉，引于 Bruce M. Petty, *Saipan: Oral Histories of the Pacific War* (Jefferson, NC:
      McFarland, 2002), 162; Morison, *New Guinea and the Marianas*, 269–71。

18    Y'Blood, *Red Sun Setting*, 1118–19; Vraciu oral history, NMPW, 77; Morison, *New Guinea
      and the Marianas*, 267.

19    日本人称这场战役为"马里亚纳海战"。Danton, "The Battle of the Philippine Sea,"
      1025–26; Vraciu oral history, NMPW, 68–69。

20    Lockwood and Adamson, *Battle of the Philippine Sea*, 92–95; Y'Blood, *Red Sun Setting*,
      127–29. "马鲹号"现在成了得克萨斯州加尔维斯顿的潜艇博物馆。

21    Hornfischer, *The Fleet at Flood Tide*, 212–14; Y'Blood, *Red Sun Setting*, 148–49;
      Theodore Taylor, *The Magnificent Mitscher* (New York: W. W. Norton, 1954), 232.

22    Hornfischer, *The Fleet at Flood Tide*, 222–25; Y'Blood, *Red Sun Setting*, 177–80.

23    Hornfischer, *The Fleet at Flood Tide*, 225–26; Norman Delisle oral history (OH00468),
      NMPW, 7.

24    Hornfischer, *The Fleet at Flood Tide*, 229–31; Taylor, *The Magnificent Mitscher*, 236–37.

25    Ugaki, *Fading Victory*, 416 (diary entry of June 21, 1944).

26    西奥多·泰勒讨论了人们对斯普鲁恩斯之决定的不同反应，见 Theodore Taylor, *The
      Magnificent Mitscher*, 238–40。尼米兹的话引自 Thomas J. Cutler, *The Battle of Leyte Gulf,
      23–26 October 1944* (New York: HarperCollins, 1994), 20。

27    Goldberg, *D-Day in the Pacific*, 202.

28    Prados, *Storm over Leyte*, 31–33; Max Hastings, *Retribution: The Battle for Japan, 1944–45*
      (New York: Alfred A. Knopf, 2008), 39. 迟至 1945 年 2 月，裕仁天皇还宣称不宜过早寻
      求和谈，"除非我们再打一场胜仗"。Quoted in Richard Frank, *Downfall: The End of the
      Imperial Japanese Empire* (New York: Random House, 1999), 90.

29    Prados, *Storm over Leyte*, 13; Hastings, *Retribution*, 24.

30    Samuel Eliot Morison, *Leyte: June 1944–January 1945* (Boston: Little, Brown, 1958), 11;
      Prados, *Storm over Leyte*, 7–18.

31    Morison, *Leyte*, 11; William F. Halsey with J. Bryan, *Admiral Halsey's Story* (New York:
      McGraw-Hill, 1947), 197–98.

32    Gerald E. Wheeler, *Kinkaid of the Seventh Fleet* (Washington, DC: Naval Historical Center,

1995), 343–45.

33    Dean Moel oral history (OH001257), NMPW, 4.

34    Thomas Alexander Hughes, *Admiral Bill Halsey: A Naval Life* (Cambridge, MA: Harvard University Press, 2016), 345.

35    Morison, *Leyte*, 58–60.

36    Prados, *Storm over Leyte*, 52–53.

37    Milan Vego, *The Battle for Leyte, 1944* (Annapolis: USNI, 2006), 64–65.

38    Morison, *Leyte*, 160–69; Prados, *Storm over Leyte*, 52–53, 258; Vego, *The Battle for Leyte*, 55–59.

39    Prados, *Storm over Leyte*, 170.

40    Tomiji Koyanagi, "With Kurita in the Battle of Leyte Gulf," *Proceedings*, Feb. 1953, 119–21（强调处为作者所加）; Prados, *Storm over Leyte*, 66, 100。

41    Koyanagi, "With Kurita," 120; Prados, *Storm over Leyte*, 66, 100.

## 第 25 章　决战莱特湾

1    Samuel Eliot Morison, *Leyte: June 1944–January 1945* (Boston: Little, Brown, 1958), 75; Waldo Heinrichs and Marc Gallicchio, *Implacable Foes: War in the Pacific* (New York: Oxford University Press, 2017), 34–35.

2    Morison, *Leyte*, 30–47. 生动描写了贝里琉岛战斗的一部作品是 E. B. Sledge, *With the Old Breed at Peleliu and Okinawa* (Novato: Presidio Press, 1981)。

3    讲述莱特湾海战的优秀著作有很多。其中有（按著者姓氏字母顺序排列）Thomas J. Cutler, *The Battle of Leyte Gulf* (New York: Harper/Collins, 1994); Morison, *Leyte*; John Prados, *Storm over Leyte: The Philippines Invasion and the Destruction of the Japanese Navy* (New York: New American Library, 2016); Evan Thomas, *Sea of Thunder* (New York: Simon and Schuster, 2006); Milan Vego, *The Battle for Leyte: Allied and Japanese Plans, Preparations, and Execution* (Annapolis: USNI, 2006); and H. P. Willmott, *The Battle of Leyte Gulf: The Last Fleet Action* (Bloomington: Indiana University Press, 2005)。重点关注此战特定方面的著作有主要描写萨马岛海战的 James Hornfischer, *Last Stand of the Tin Can Sailors* (New York: Bantam Books, 2004)，以及 Anthony Tully, *Battle of Surigao Strait* (Bloomington: Indiana University Press, 2009)。

4    Morison, *Leyte*, 142, 156；任务组织表见该书第 415 页至第 432 页。

5    Ibid., 133–35.

6    Ibid., 137; Prados, *Storm over Leyte*, 164, 167. 麦克阿瑟的演讲通过 "自由之声" 广播，其讲稿则刊于《财富》杂志上，见 *Fortune*, June 1945, 157–58。

7    Morison, *Leyte*, 168–69; Prados, *Storm over Leyte*, 261; Cutler, *The Battle of Leyte Gulf*, 84–85.

8    Tully, *The Battle of Surigao Strait*, 44–45; Prados, *Storm over Leyte*, 125–27.

9    这个姓名不详的日本军官的话引于 Max Hastings, *Retribution: The Battle for Japan, 1944–45* (New York: Alfred A. Knopf, 2008), 134. 栗田的评论见 Masanori Ito and Roger Pineau, *The End of the Imperial Japanese Navy* (New York: W. W. Norton, 1956), 120（强调处为作者所加）。另见 Prados, *Storm over Leyte*, 177–78。

10    Patrol Report, USS *Darter* (Nov. 5, 1944), USNA; John G. Mansfield, *Cruisers for*

*Breakfast: War Patrols of the U.S.S.* Darter *and U.S.S.* Dace (Tacoma, WA: Media Center, 1997), 149–50.

11  William F. Halsey with J. Bryan, *Admiral Halsey's Story* (New York: McGraw-Hill, 1947), 210; Patrol Report, USS *Darter* (Nov. 5, 1944), 22, USNA; Mansfield, *Cruisers for Breakfast*, 153–54. 目击报告先是发给弗里曼特尔的潜艇指挥官拉尔夫·克里斯蒂少将，再从此处转交给哈尔西和金凯德。

12  Patrol Report, USS *Dace* (Nov. 6, 1944), 37, and USS *Darter* (Nov. 6, 1944), 30, both USNA. "爱宕号"上总共有 684 人获救，损失了 360 人。Mansfield, *Cruisers for Breakfast*, 163.

13  Patrol Report, USS *Dace* (Nov. 6, 1944), 38, USNA.

14  Cutler, *Battle of Leyte Gulf*, 135–36.

15  Halsey and Bryan, *Admiral Halsey's Story*, 214; Tully, *Battle of Surigao Strait*, 68–69, 72–74; Prados, *Storm over Leyte*, 231.

16  Cutler, *Battle of Leyte Gulf*, 70–71, 116–17.

17  Ibid., 122–28; Morison, *Leyte*, 177–82.

18  Prados, *Storm over Leyte*, 47, 203–8, 218; Cutler, *Battle of Leyte Gulf*, 146–49; Tomiji Koyanagi, "With Kurita in the Battle of Leyte Gulf," *Proceedings*, February 1953, 123.

19  Koyanagi, "With Kurita," 123.

20  Carl Solberg, *Decision and Dissent: With Halsey at Leyte Gulf* (Annapolis: USNI, 1995), 112; Vego, *The Battle for Leyte*, 248–49; Halsey and Bryan, *Admiral Halsey's Story*, 216–17; Prados, *Storm over Leyte*, 222; Thomas Alexander Hughes, *Admiral Bill Halsey* (Cambridge, MA: Harvard University Press, 2016), 360–62.

21  Halsey and Bryan, *Admiral Halsey's Story*, 217; Prados, *Storm over Leyte*, 223.

22  Hornfischer, *Last Stand of the Tin Can Sailors*, 138–39; Prados, *Storm over Leyte*, 223–25.

23  Cutler, *Battle of Leyte Gulf*, 160–61, 170–71; Tully, *Battle of Surigao Strait*, 82–85.

24  Halsey and Bryan, *Admiral Halsey's Story*, 214.

25  Morison, *Leyte*, 195; Cutler, *Battle of Leyte Gulf*, 206–13; Hornfischer, *Last Stand of the Tin Can Sailors*, 129; Solberg, *Decision and Dissent*, 125; Hughes, *Admiral Bill Halsey*, 362–64; Theodore Taylor, *The Magnificent Mitscher* (New York: W. W. Norton, 1954), 161–62.

26  Prados, *Storm over Leyte*, 215, 234; Morison, *Leyte*, 187, 189.

27  西村之子早先已在菲律宾战死，这也许让他在执行此次任务时增加了一些悲壮感。Tully, *Battle of Surigao Strait*, 101–7; Heinrichs and Gallicchio, *Implacable Foes*, 183; Willmott, *Battle of Leyte Gulf*, 140–41. 伊藤正德与很多西村那代人有过交流，他总结道："西村决意不惜一切代价冲向莱特湾。" *The End of the Imperial Japanese Navy*, 135.

28  Tully, *Battle of Surigao Strait*, 94; Prados, *Storm over Leyte*, 236; Willmott, *Battle of Leyte Gulf*, 142–43.

29  Jesse Oldendorf, "Comments on the Battle of Surigao Strait," *Proceedings*, April 1959, 106; Tully, *Battle of Surigao Strait*, 87; Morison, *Leyte*, 201.

30  第 24 和第 56 驱逐舰中队也攻击了西村的纵队。Morison, *Leyte*, 222; Prados, *Storm over Leyte*, 236–39; Cutler, *Battle of Leyte Gulf*, 190–93; Willmott, *Battle of Leyte Gulf*, 147.

31  Willmott, *Battle of Leyte Gulf*, 148–51; Oldendorf, "Comments," 106; Morison, *Leyte*, 221, 228; Tully, *Battle of Surigao Strait*, 176–78, 217–18; Heinrichs and Gallicchio, *Implacable*

*Foes*, 182–83.

32  Morison, *Leyte*, 238; Prados, *Storm over Leyte*, 242–50.

33  Taylor, *Magnificent Mitscher*, 262–63; Prados, 254; Cutler, *Battle of Leyte Gulf*, 237; Hornfischer, *Last Stand of the Tin Can Sailors*, 212.

34  Cutler, *Battle of Leyte Gulf*, 221; Ito and Pineau, *The End of the Imperial Japanese Navy*, 135–36; Hornfischer, *Last Stand of the Tin Can Sailors*, 158.

35  关于斯普拉格，见 John F. Wukovits, *Devotion to Duty: A Biography of Admiral Clifton A. F. Sprague* (Annapolis: USNI, 1995)。伍科维茨在这本书的第 14 页谈到了斯普拉格绰号的来源，第 40 页至第 41 页提到了他妻子与其兄弟菲茨杰拉德疏远的关系，关于萨马岛海战的部分在第 159 页至第 180 页。Hornfischer, *Last Stand of the Tin Can Sailors*, 135–37; Prados, *Storm over Leyte*, 299.

36  Prados, *Storm over Leyte*, 272.

37  Robert C. Hagen with Sidney Shalett, "We Asked for the Jap Fleet—and We Got It," *Saturday Evening Post*, May 26, 1945, 10.

38  Ibid., 74; Cutler, *Battle of Leyte Gulf*, 227–32, 239, 248; Hornfischer, *Last Stand of the Tin Can Sailors*, 203–10, 276–77, 293–302; J. Henry Doscher Jr., *Little Wolf at Leyte* (Austin, TX: Sunbelt Media, 1996), 42.

39  Morison, *Leyte*, 280; Hornfischer, *Last Stand of the Tin Can Sailors*, 241; Willmott, *Battle of Leyte Gulf*, 161. 此处我不能放过机会指出，向日军战列舰发动了十次模拟扫射的保罗·加里森上尉，正是作者的舅舅。

40  Cutler, *Battle of Leyte Gulf*, 236; Hornfischer, *Last Stand of the Tin Can Sailors*, 239–40.

41  Prados, *Storm over Leyte*, 272–74; Hornfischer, *Last Stand of the Tin Can Sailors*, 213.

42  Halsey and Bryan, *Admiral Halsey's Story*, 219; Solberg, *Decision and Dissent*, 152–53.

43  有意思的是，哈尔西记忆中的这段话，还有他在 1947 年的回忆录中引述的这段话，是这样的："全世界都想知道第 34 特混舰队现在何处。"哈尔西责怪珍珠港的"小兔崽子"用"全世界都想知道"作为电文的尾部填字。但主要问题出在哈尔西自己旗舰上的报务员罗伯特·鲍尔弗中尉和伯特·戈尔茨坦上尉身上，前者没有删去这部分填字，后者则将其原样交到了舰桥上。Halsey and Bryan, *Admiral Halsey's Story*, 220–21; Solberg, *Decision and Dissent*, 154.

44  Halsey and Bryan, *Admiral Halsey's Story*, 220–21; Solberg, *Decision and Dissent*, 154; Hughes, *Admiral Bill Halsey*, 370–71.

45  Solberg, *Decision and Dissent*, 154–55.

46  Willmott, *Battle of Leyte Gulf*, 171–72; Hornfischer, *Last Stand of the Tin Can Sailors*, 318; James A. Field, *The Japanese at Leyte Gulf: The Sho Operation* (Princeton: Princeton University Press, 1947), 123.

47  Field, *The Japanese at Leyte Gulf*, 125–26; Ito and Pineau, *The End of the Imperial Japanese Navy*, 166; Koyanagi, "With Kurita," 126; Tameichi Hara, *Japanese Destroyer Captain* (Annapolis: USNI, 1967), 256. 围绕着栗田声称自己收到的"目击报告"，有相当多的争议。有些人（尤其是 H.P. 威尔莫特）怀疑压根不存在这份报告，提出那可能是栗田在事后捏造出来以"有意掩盖［其］真实意图的"。Willmott, *Battle of Leyte Gulf*, 188–91.

48  Morison, *Leyte*, 288; Cutler, *Battle of Leyte Gulf*, 259; Hornfischer, *Last Stand of the Tin Can Sailors*, 322–23.

49    Morison, *Leyte*, 296–99; Prados, *Storm over Leyte*, 296, 327; and Cutler, *Battle of Leyte Gulf*, 262–63——以上几本著作均强调栗田当时已精疲力竭。此处提到的采访者为伊藤正德，他在自己的书里引用了栗田的话，见 *The End of the Imperial Japanese Navy*, 160。米兰·维戈（Milan Vego, *Battle for Leyte*, 270）总结称，栗田向北驶去是"想找到敌人的航母"。H.P. 威尔莫特（H. P. Willmott, *Battle of Leyte Gulf*, 185）则表示怀疑，他这样写道："历来为栗田的决定提出可能依据的种种观点根本站不住脚……尤其是说他决定北上寻找敌人的观点。"几十年后，栗田表示他的真实目的是避免进一步伤亡，不过此话很可能是战后和解气氛的一种体现。

50    Cutler, *Battle of Leyte Gulf*, 268–73.

51    Koyanagi, "With Kurita," 128.

## 第 26 章　收紧绞索

1     Richard H. O'Kane, *Clear the Bridge: The War Patrols of the U.S.S.* Tang (Chicago: Rand McNally, 1977), 314–20, 445–54.

2     Ibid., 321–40, 455–65. 奥凯恩后来被授予荣誉勋章。See also Clay Blair, *Silent Victory: The U.S. Submarine War Against Japan* (Philadelphia: J. B. Lippincott, 1975), 766–70.

3     Blair, *Silent Victory*, 814–15; David Jones and Peter Nunan, *U.S. Subs Down Under* (Annapolis: USNI, 2005), 233–34.

4     Blair, *Silent Victory*, 787.

5     William R. McCants, *War Patrols of the USS* Flasher (Chapel Hill, NC: Professional Press, 1994), 322; Wiley Davis oral history (OH00843), NMPW, 7.

6     Joseph Enright, Shinano! *The Sinking of Japan's Supership* (New York: St. Martin's Press, 1987), 114; McCants, *War Patrols of the USS* Flasher, 245; Davis oral history, NMPW, 10.

7     F. G. Hoffman, "The American Wolf Packs: A Case Study in Wartime Adaptation," *Joint Force Quarterly* 80 (Jan. 2016).

8     Mark P. Parillo, *The Japanese Merchant Marine in World War II* (Annapolis: USNI, 1993), 204 (see especially the tables on 237–47, including Table A.5, on 239); Richard B. Frank, *Downfall: The End of the Imperial Japanese Empire* (New York: Random House, 1999), 78; Samuel Eliot Morison, *New Guinea and the Marianas* (Boston: Little, Brown, 1954), 16; Frederic C. Lane, *Ships for Victory: A History of Shipbuilding Under the U.S. Maritime Commission in World War II* (Baltimore: Johns Hopkins University Press, 1951), including the tables on 5 and 7.

9     Wiley Davis oral history (OH00843), NMPW, 10; Preston Allen oral history (OH00825), NMPW, 6.

10    Parillo, *The Japanese Merchant Marine*, 128–31; Max Hastings, *Retribution: The Battle for Japan, 1944–45* (New York: Alfred A. Knopf, 2008), 37; Richard H. O'Kane, Wahoo: *The Patrols of America's Most Famous Submarine* (Novato, CA: Presidio, 1987), 316–30.

11    Frank, *Downfall*, 81; Hastings, *Retribution*, 17; Parillo, *The Japanese Merchant Marine*, 131; McCants, *War Patrols of the USS* Flasher, 304–12, 332–33; Blair, *Silent Victory*, 794–96, 799.

12    Parillo, *The Japanese Merchant Marine*, 174–77, 209. 另见战争巡逻表，Blair, *Silent Victory*, 898–982，特别是 1944 年的，位于第 942 页至第 967 页。

13  Blair, *Silent Victory*, 773–74.

14  Curtis E. LeMay and Bill Yenne, *Superfortress: The Story of the B-29 and American Air Power* (New York: McGraw-Hill, 1988), 59–73.

15  Ibid., 74–91.

16  Ibid., 103–4.

17  Enright, *Shinano*, 34–39; LeMay and Yenne, *Superfortress*, 103; Daniel T. Schwabe, *Burning Japan: Air Force Bombing Strategy Change in the Pacific* (Sterling, VA: Potomac Books, 2015), 100–102.

18  Enright, *Shinano*, 71–72.

19  Lynn L. Moore, "*Shinano*: The Jinx Carrier," *Proceedings*, Feb. 1953, 142–49.

20  Enright, *Shinano*, 10–15.

21  Ibid., 90–100.

22  Ibid., 190–95; Blair, *Silent Victory*, 778–79.

23  William F. Halsey and J. Bryan, *Admiral Halsey's Story* (New York: McGraw-Hill, 1947), 229–31.

24  Ibid, 236.

25  C. Raymond Calhoun, *Typhoon: The Other Enemy* (Annapolis: USNI, 1981), 36; Halsey, *Admiral Halsey's Story*, 237.

26  Arthur Brown oral history, NMPW, 12; Halsey, *Admiral Halsey's Story*, 237–38; Calhoun, *Typhoon*, 52, 54, 59. 后来又有了更低的气压读数。现在的纪录为 25.96 英寸汞柱，是 2006 年在关岛以南距离"哈尔西台风"极近的地方记录的。

27  Calhoun, *Typhoon*, 201; Hughes, *Admiral Bill Halsey*, 382–83.

28  Don McNelly oral history (OH01256), 12, NMPW.

29  Ibid., 167. Nimitz's letter of Feb. 13, 1945, and King's endorsement of Nov. 23, 1945, are both in Calhoun, *Typhoon*, 209, 216–23. Gerald Bogan oral history, USNI, 125–26.

30  Thomas B. Buell, *The Quiet Warrior: A Biography of Admiral Raymond A. Spruance* (Boston: Little, Brown, 1974), 323.

31  Samuel Eliot Morison, *Victory in the Pacific* (Boston: Little, Brown, 1960), 157; Hastings, *Retribution*, 290; LeMay and Yenne, *Superfortress*, 111.

32  Samuel Harris, *B-29s over Japan: A Group Commander's Diary* (Jefferson, NC: McFarland, 2011), 201 (diary entry of Feb. 7, 1945).

33  Ernest J. King and Walter Muir Whitehill, *Fleet Admiral King: A Naval Record* (New York: W. W. Norton, 1952), 596.

34  Spruance to CMC, Jan. 5, 1952, quoted in William S. Bartley, *Iwo Jima: Amphibious Epic* (Washington, DC: Historical Branch, U.S. Marine Corps, 1954), 21.

35  Blair, *Silent Victory*, 825–27; William Coffey oral history (OH00833), NMPW, 14.

36  Spruance to Hoover, Nov. 30, 1944, quoted in Thomas B. Buell, *The Quiet Warrior* (Boston: Little, Brown, 1974), 318–19. 飞机损失情况列于 Morison, *Victory in the Pacific*, 25。

37  Morison, *Victory in the Pacific*, 12–13.

38  Bartley, *Iwo Jima*, Appendix III (218–21); Robert S. Burrell, *The Ghosts of Iwo Jima* (College Station: Texas A&M University Press, 2006), 83–84; Morison, *Victory in the Pacific*, 15–16, 38–39. The quotation is from 73.

39  Morison, *Victory in the Pacific*, 53–55.

40  LeMay and Yenne, *Superfortress*, 121–22; Frank, *Downfall*, 45–46; Samuel Harris, *B-29s over Japan*, 218 (diary entry of Mar. 7, 1945).

41  LeMay and Yenne, *Superfortress*, 123; Frank, *Downfall*, 6–7; Schwabe, *Burning Japan*, 120–21; Harris, *B-29s over Japan*, 218 (diary entry of Mar. 9). 对 3 月 9 日至 10 日东京空袭特别生动的刻画见 Frank, *Downfall*, 3–19 以及 Hastings, *Retribution*, 296–305。

42  Buell, *The Quiet Warrior*, 324.

43  有观点认为夺取硫黄岛对盟军的胜利至关重要，有用地纠正了这一观点的有 Burrell, *Ghosts of Iwo Jima*, esp. 106–11。

44  "United States Strategic Bombing Survey," July 1, 1946 (Summary Report), 17; Parillo, *The Japanese Merchant Marine*, 225.

45  *New York Times*, March 11, 1945, 1, 13.

## 第 27 章　落幕

1  Ian Kershaw, *The End: The Defiance and Destruction of Hitler's Germany, 1944–45* (New York: Penguin, 2011), 167–86.

2  Ibid., 264, 396, 400; Karl Doenitz, *Memoirs: Ten Years and Twenty Days* (Annapolis, USNI, 1958, 1990), 355–58, 421–22. See also Brian McCue, *U-Boats in the Bay of Biscay* (Washington, DC: National Defense University, 1990).

3  Barry Turner, *Karl Doenitz and the Last Days of the Third Reich* (London: Icon Books, 2015), 37–43; Doenitz, *Memoirs*, 355–58 (quotation on 427).

4  Doenitz, *Memoirs*, 372–73, 399.

5  Kershaw, The End, 391–92; Turner, *Karl Doenitz and the Last Days*, 142–46; Cathryn J. Prince, *Death in the Baltic: The World War II Sinking of the* Wilhelm Gustloff (New York: Palgrave Macmillan, 2013), 47–51, 66–67; Doenitz, *Memoirs*, 431.

6  Prince, *Death in the Baltic*, 47–86; A. V. Sellwood, *The Damned Don't Drown: The Sinking of the* Wilhelm Gustloff (Annapolis: USNI, 1973), 16–17.

7  Prince, *Death in the Baltic*, 129–49, 169; Sellwood, *The Damned Don't Drown*, 116–24; Doenitz, *Memoirs*, 434.

8  Turner, *Karl Doenitz and the Last Days*, 2–11; Kershaw, *The End*, 346; Walter Kempowski, ed., *Swansong, 1945* (New York: W. W. Norton, 2014), 210–11.

9  Doenitz, *Memoirs*, 445; Kershaw, *The End*, 306.

10  Doenitz, *Memoirs*, 437, 457–88.

11  Kershaw, *The End*, 363–73; Doenitz, *Memoirs*, 462–63.

12  Samuel Eliot Morison, *Victory in the Pacific*, 1945 (Boston: Little, Brown, 1965), 93.

13  Charles S. Nichols and Henry I. Shaw Jr., *Okinawa: Victory in the Pacific* (Washington, DC: Historical Branch, U.S. Marine Corps, 1955), 1–11.

14  Robert Stern, *Fire from the Sky: Surviving the Kamikaze Threat* (Annapolis: USNI, 2010), 32–37; Max Hastings, *Retribution: The Battle for Japan, 1944–45* (New York: Alfred A. Knopf, 2008), 164–73.

15  Stern, *Fire from the Sky*, 33, 53, 69–80, 85, 119.

16  Raymond Lamont-Brown, *Kamikaze: Japan's Suicide Samurai* (London: Arms and Armour, 1997), 7–24; Maxwell Taylor Kennedy, *Danger's Hour: The Story of the USS*

Bunker Hill *and the Kamikaze Pilot Who Crippled Her* (New York: Simon and Schuster, 2008), 125–26, 175.

17　Rikihei Inoguchi and Tadashi Nakajima, *The Divine Wind: Japan's Kamikaze Force in World War II* (Annapolis: USNI, 1958), 83.

18　Ibid., 154.

19　Tameichi Hara with Fred Saito and Roger Pineau, *Japanese Destroyer Captain* (Annapolis: USNI, 1967), 259.

20　Morison, *Victory in the Pacific*, 138.

21　Philip Vian, *Action This Day: A War Memoir* (London: Frederick Muller, 1960), 178; Morison, *Victory in the Pacific*, 148.

22　F. Julian Becton with Joseph Morschauser III, *The Ship That Would Not Die* (Englewood Cliffs, NJ: Prentice-Hall, 1980), 227.

23　Morison, *Victory in the Pacific*, 237.

24　Matome Ugaki, *Fading Victory: The Diary of Admiral Matome Ugaki, 1941–1945*, ed. Donald M. Goldstein and Katherine V. Dillon (Annapolis: USNI, 1995), 573 (entry of Apr. 6, 1945); Morison, *Victory in the Pacific*, 189–97.

25　Becton, *The Ship That Would Not Die*, 233–37; John Wukovits, *Hell from the Heavens: The Epic Story of the* USS Laffey *and World War II's Greatest Kamikaze Attack* (Philadelphia: Da Capo Press, 2015), 151.

26　Becton, *The Ship That Would Not Die*, 241. 曼森的话引自 Wukovits, *Hell from the Heavens*, 177。

27　Action Report and deck log of the USS Laffey, Apr. 27, 1945, both USNA. 根据战后的估计，实际上有 6 架神风机和 5 枚炸弹击中了"拉菲号"。见贝克顿自己的记述 Becton, *The Ship That Would Not Die*, 236–62; and Wukovits, *Hell from the Heavens*, 151–209。

28　Ugaki, *Fading Victory* (diary entries of Apr. 6, 13, and 30, 1945), 573, 583, 602.

29　冲绳岛外"神风"攻击的资料汇总见莫里森书中的图表，Morison, *Victory in the Pacific*, 233。

30　Ugaki, *Fading Victory* (diary entry of May 11, 1945), 610.

31　Hara, *Japanese Destroyer Captain*, 259; Russell Spurr, *A Glorious Way to Die: The Kamikaze Mission of the Battleship* Yamato, *April 1945* (New York: Newmarket Press, 1981), 109.

32　Spurr, *A Glorious Way to Die*, 105.

33　Ibid., 96; Hara, *Japanese Destroyer Captain*, 264; Mitsuru Yoshida, "The End of *Yamato*," *Proceedings*, Feb. 1952, 118.

34　Spurr, *A Glorious Way to Die*, 205–8, 217–21.

35　Ibid., 231–36; Hara, *Japanese Destroyer Captain*, 278.

36　Yoshida, "The End of *Yamato*," 122, 124, 128.

37　Hara, *Japanese Destroyer Captain*, 284.

38　Stephen S. Roskill, *The War at Sea, 1939–1945* (London: Her Majesty's Stationery Office, 1961), 3 (part 2): 188; Ernest J. King and Walter Muir Whitehill, *Fleet Admiral King, a Naval Record* (New York: W. W. Norton, 1952), 569.

39　Hastings, *Retribution*, 400–402; Vian, *Action This Day*, 175.

40　Hastings, *Retribution*, 402; Vian, *Action This Day*, 177–78, 185, 190; Roskill, *The War at*

*Sea*, 3 (part 2): 343–46.

41    Ugaki, *Fading Victory* (diary entry of Apr. 8, 1945), 577.

42    伤亡数字来自 Hastings, *Retribution*, 402。 See also Waldo Heinrichs and Marc Gallicchio, *Implacable Foes: War in the Pacific, 1944–1945* (New York: Oxford University Press, 2017), 465–66.

43    Richard S. Frank, *Downfall: The End of the Imperial Japanese Empire* (New York: Random House, 1999), 79.

44    Hastings, *Retribution*, 426–27, 439–40, 453; Heinrichs and Gallicchio, *Implacable Foes*, 525, 528.

45    Hastings, *Retribution*, 470–78; Heinrich and Gallicchio, *Implacable Foes*, 524–25.

46    Frank, *Downfall*, 118; Heinrichs and Gallicchio, *Implacable Foes*, 525.

47    Hastings, *Retribution*, 505–15; Frank, *Downfall*, 321–22; Anthony Beevor, *The Second World War* (New York: Little, Brown,), 775.

## 尾声　1945 年，东京湾

1    *New York Times*, September 2, 1945, 1, 3; James D. Hornfischer, *The Fleet at Flood Tide* (New York: Random House, 2016), 468–69. 投降仪式的彩色影片可见 www.youtube.com/watch? v=v5MMVd5XOK8。